日・英・ミャンマー3カ国語対訳

# 経済貿易・機械・医療関連用語集

重化学工業通信社

# 経済貿易関連

## economy ／ trade

စီးပွားရေးနှင့် နိုင်ငံတစ်ကာ ကူးသန်းရောင်းဝယ်ရေးဆိုင်ရာ

経済貿易関連

| 日 | 英 | ミャンマー |
|---|---|---|

## あ

| 日 | 英 | ミャンマー |
|---|---|---|
| R&D（研究開発）<br>*R&D (kenkyuukaihatsu)* | Research and Development | သုတေသန ဖွံ့ဖြိုးတိုးတက်မှု<br>トゥテェタナ・プゥインピョウ・トゥッテム |
| あいみつを取る<br>*aimitsu wo toru* | solicit multiple quotations | နေရာစုံမှ တန်ဘိုးရယူခြင်း<br>ネーヤーソンム・タンボー・ヤユーチン |
| アウトソーシング<br>*autosooshingu* | outsourcing | outsourcing<br>ပြင်ပ(ဌာန)သို့ အလုပ်အပ်ခြင်း<br>ピィンパ・トゥ・アルオアッチン |
| 赤字<br>*akaji* | deficit | အရှုံး<br>アション |
| 赤字部門、赤字製品<br>*akajibumon, akajiseihin* | loss maker | အရှုံးပြ လုပ်ငန်း (အဖွဲ့)<br>アションピャ・ロウ・ングァン |
| アジア開発基金（ADF）<br>*ajiakaihatsukikin(adf)* | ADF : Asian Development Fund | အာရှဖွံ့ဖြိုးမှုရန်ပုံငွေ<br>アシャ・プンピョウム・ヤンポン・ングエ |
| アジア太平洋経済協力会議（APEC）<br>*ajiataiheiyoukeizaikyouryokukaigi(apec)* | APEC : Asia-Pacific Economic Cooperation | အေးပက်(နိုင်ငံများ)<br>エーッペ（ナィン・ンガンミャンー） |
| アジア通貨危機<br>*ajiatsuukakiki* | Asian Currency | အာရှငွေကြေးဆိုင်ရာပြဿနာ<br>アァシャ・ングェチェーサィンヤ・ピャタナー |
| アジア開発銀行（ADB）<br>*ajiakaihatsuginkou(adb)* | ADB : Asian Development Bank | အာရှဖွံ့ဖြိုးမှုဘဏ်<br>アシャ・プンピョウム・バン |

1

経済貿易関連

| 日 | 英 | ミャンマー |
|---|---|---|
| アフィリエイト・プログラム<br>*afirieito・puroguramu* | Affiliate Program | Affiliate Program<br>ပူးပေါင်းဆောင်ရွက်ခြင်း အစီအစဉ်<br>プーパウン・サウンルェッチン・アセィアセン |
| 案件<br>*anken* | item,<br>matter,<br>lawsuit,<br>legal claim,<br>process,<br>proceeding,<br>demand | လုပ်ငန်း<br>ロッ・ングアン<br><br>ပရောဂျက် လုပ်ငန်းကြီးများအား ရည်ညွှန်းသောအခါ အသုံးပြုကြပါသည်။ အထူးသဖြင့် တင်ဒါခေါ် ဆိုလုပ်ကိုင်သော လုပ်ငန်းများကို ရည်ညွှန်း၍ အသုံးပြုကြပါသည်။ |
| (現場での)安全監督責任者<br>*(genbadeno)anzenkantokuseki ninsha* | safety captain | ဘေးကင်းစေရန် စောင့်ကြည့် (ထိန်းသိမ်း) သူ<br>ベーキンセェヤン・サウンチィトゥ |
| 安全基準、作業規定<br>*anzenkijun, sagyoukitei* | safety standards | စံပြ အန္တရာယ် ကင်းရှင်းမှု့<br>サンピャ・アンダイェ・キンシンム |
| 〜をeメールで送る<br>*〜 wo e meerude okuru* | send something by e-mail | 〜 ကို အီးမေးလ်(စာ)ပို့သည်<br>〜イーメェ・ポウティ |
| eメールのメッセージ<br>*e meeruno messeeji* | e-mail message | အီးမေးလ် မက်ဆေ့ (ချ်)<br>イーメェ・メッセッ |
| 異議<br>*igi* | objection | ကန့်ကွက်ခြင်း<br>カンクェッチン |
| 異議申立手続き<br>*igimoushitatetetsuzuki* | opposition procedure | ကန့်ကွက်စာတင်ခြင်း<br>カンクェサー・ティンチン |
| 意思決定<br>*ishikettei* | decision-making | ဆုံးဖြတ်ချက်<br>ソンピャッチェ |
| 異常処理<br>*ijoushori* | trouble shooting | ပြဿနာဖြေရှင်းခြင်း<br>ピャタナー・ピェシンチン |

経済貿易関連

| 日 | 英 | ミャンマー |
|---|---|---|
| イスラム金融<br>*isuramukinyuu* | Islamic Financial | အာရပ်(စော်ဘွားနိုင်ငံများ)ဒေသဆိုင်ရာ ငွေကြေး<br>アーッヤッ・(ソウブァ・ナィンガンミャー)・データァ・サィンヤー・ングェチェ |
| 委託販売契約<br>*itakuhanbaikeiyaku* | consignment agreement | ပို့ကုန်သဘောတူညီချက်<br>ポウクォン・タボートゥニィーチェッ |
| 一時的費用<br>*ichijitekihiyou* | nonrecurring charge | တစ်ကြိမ်တည်းကုန်ကျသော စားရိပ်<br>テッジェィンティ・クォンチャトオ・サーイェィ<br><br>ထပ်တစ်လဲလဲကုန်ကျသော စားရိပ် မဟုတ်သော |
| 一流銀行<br>*ichiryuuginkou* | prime bank | ဘဏ်အကြီးစား<br>バン・アチーサ |
| 一括受注契約<br>*ikkatsujuchuukeiyaku* | package contract | တစ်ပေါင်းတည်းမှာကြားမှု စာချုပ်<br>テッパウンティ・マァチャーム・サーチュォッ |
| 一般競争入札<br>*ippankyousounyuusatsu* | open tendering | သာမာန် တင်ဒါ<br>タザマン・テンダー<br><br>တင်ဒါရိုးရိုး<br><br>ယေဘုယျတင်ဒါ |
| 一般常識<br>*ippanjoushiki* | common knowledge | ယေဘုယျ အသိပညာ<br>イェブヤ・アティ・ピィンニャァ |
| 一般に<br>*ippanni* | in general | ယေဘုယျ<br>イェブヤ |
| 移転する<br>*itensuru* | relocate | နေရာရွှေ့သည်<br>ネーヤ・シュェティ |

3

経済貿易関連

| 日 | 英 | ミャンマー |
|---|---|---|
| 異物<br>*ibutsu* | foreign matter (body), alien object substance, matter of object in a place that does not belong | မ(သက်)ဆိုင်သောအရာ<br>マッ・サイントォ・アヤー<br><br>မလိုလားအပ်သော အရာ<br>マッローラー・アットォ・アヤー |
| 移民労働者<br>*iminroudousha* | guest worker | ရွှေ့ပြောင်းလုပ်သား<br>シュエピョウン・ロッタア |
| 医療法人<br>*iryouhoujin* | medical corporation | ဆေးကုသမှု့ ကုမ္ပဏီ<br>セークタム・コンマニー |
| インターネット<br>*intaanetto* | internet | အင်တာနက်<br>インターネッ |
| インターネットオークション<br>*intaanettoookushon* | internet auction | အင်တာနက် လေလံ(အော်ရှင်း)<br>(အွန်လိုင်းဈေးပြိုင်ဝယ်ခြင်း)<br>インターネッ・レーラン |
| インターネット広告<br>*intaanetto koukoku* | internet advertising | အင်တာနက်ကြော်ငြာ<br>インターネッ・チョウニャー |
| インターネット・ビジネス<br>*intaanetto bizinesu* | cyberspace activities | အင်တာနက် (ပေါ်တွင်လုပ်သော)<br>စီးပွားရေး<br>インターネッ・セィパァイェー |
| インターン制度、<br>インターンシップ、<br>学生の企業研修(就業体験)<br>*intaanseido, intaanshippu, gakuseino kigyoukenshuu (shuugyoutaiken)* | internship | အလုပ်သင် (စနစ်)<br>アッロティン |

# 経済貿易関連

| 日 | 英 | ミャンマー |
|---|---|---|
| インタビュー<br>*intabyuu* | interview | အင်တာဗျူး<br>インタービュ<br><br>တစ်ဖက်သား၏ အကြောင်းအား<br>စာဖြင့်သော်၎င်း၊ ဖုံးဖြင့် သော်၎င်း၊<br>တိုက်ရိုက်တွေ့ ဆုံ၍သော်၎င်း၊<br>သိသင့်သိထိုက်သိလိုသည်များကို<br>မေးမြန်းခြင်း။ |
| インフレ<br>*infure* | inflation | ဖေါင်းပွမှု<br>パウン・プァ・ム<br><br>ငွေကြေးဖေါင်းပွခြင်း<br>ンゲェ・パウンプァチン |
| 請負業者<br>*ukeoigyousha* | contractor | ကန်ထရိုက်တာ<br>カン・トォ・ライター |
| 請負契約<br>*ukeoikeiyaku* | contract agreement | စာချုပ်သဘောတူချက်<br>サーチュオッ・タボウトゥッチェ |
| 受付<br>*uketsuke*<br>受付ロビー<br>*uketsukerobii* | reception area | (စာရွက်စာတမ်း) လက်ခံသည့်နေရာ<br>レッカンティ・ネーヤ<br><br>လက်ခံတွေ့ဆုံသည့် ဧည့်ခန်း |
| 受取人、荷受人<br>*uketorinin, niukenin* | recipient | (စာရွက်စာတမ်း) လက်ခံသူ<br>レッカントゥ |
| 受渡条件、引渡条件<br>*ukewatashijouken, hikiwatashijouken* | delivery terms | ကုန်ပို့သဘောတူညီချက်<br>クォンポ・タボートゥニィーッチェ |
| 内訳<br>*uchiwake* | breakdown | အသေးစိတ် (ခွဲခြားပြုခြင်း)<br>アテーッセィ |

経済貿易関連

| 日 | 英 | ミャンマー |
|---|---|---|
| 裏取引<br>*uratorihiki* | under-the-counter deal | (တရားမဝင်) ညှိနှိုင်းခြင်း<br>(タヤーマウィン)ニィ・ナィン・チン |
| 売上額<br>*uriagegaku* | revenue,<br>sale amount | အရောင်းပမာဏ<br>アヤウン・パマナ |
| 売上高<br>*uriagedaka* | sale,<br>proceeds,<br>earnings,<br>profit | အရောင်းအား<br>アヤウンアー<br><br>အရောင်း<br>アヤウン<br><br>ရောင်းချခြင်း<br>ヤンチャチン |
| 売上予測、販売予測<br>*uriageyosoku, hanbaiyosoku* | sales forecast | ရောင်းအားခန့်မှန်းခြင်း<br>ヤウンアァ・カァンマァンチン |
| 売掛金<br>*urikakekin* | accounts receivable | ရောင်းပြီးငွေ<br>ヤウンピー・ングェ<br><br>အကြွေးရောင်းထားငွေမျိုးကို ဆိုလိုပါသည်။ |
| 売掛金を回収する<br>*urikakekin wo kaishuusuru* | collect accounts receivable | ရောင်းပြီးငွေ ကောက်ခံခြင်း<br>ヤウンピー・ングェ・カゥ・カン・チン |
| 運転資金、運転資本<br>*untenshikin, untenshihon* | working capital | (လုပ်ငန်း)လည်ပါတ်မှု့ ရင်းနှီးငွေ<br>レッパム・インニー・ングェ |
| 運転要員<br>*untenyouin* | operating personnel | စက်မောင်းသူ<br>セッマウントゥ |
| 運搬作業、マテハン<br>*unpansagyou, matehan* | material handing | (ကုန်ပစ္စည်း) သယ်ယူပို့ဆောင်ရေး<br>テェユーポゥサウンイェー |

経済貿易関連

| 日 | 英 | ミャンマー |
|---|---|---|
| 運用資金<br>*unyoushikin* | invested funds | လုပ်ငန်းလည်ပါတ်မှု၊ ရင်းနှီးငွေ<br>ロウ・ングアン・レッパム・インニー・ングェ |
| 営業会議<br>*eigyoukaigi* | sales conference | အရောင်းအဝယ်အစည်းအဝေး<br>アヨウンアウェ・アセィアウェー<br><br>Sales meeting |
| 営業活動<br>*eigyoukatsudou* | sales activity | အရောင်းဌာန လုပ်လှုပ်းမှု<br>アヨウンダーナ・ロゥシャーム |
| 営業収益、営業利益<br>*eigyoushuueki, eigyourieki* | operating income | (ရိုးရိုး) အမြတ်<br>(ヨゥヨゥ)アッミャ |
| 営業所<br>*eigyousho* | sales office | အရောင်းဌာန (ရုံး)<br>アヤゥン・ダーナ |
| 営業資料、<br>マーケティング資料<br>*eigyoushiryou,*<br>*maakethingushiryou* | marketing material | ဈေးကွက် (ဆိုင်ရာ)<br>သတင်းအချက်အလက်<br>(စာရွက်စာတန်း)<br>ゼェックェ・タティン・アッチェアッレ |
| 営業担当区域<br>*eigyoutantoukuiki* | sales area | ဇရိယာ အရောင်းတာဝန်ခံ<br>エリア・アヤゥンターウィンカン |
| 営業秘密、企業秘密<br>*eigyouhimitsu, kigyouhimitsu* | trade secret | ကုန်သွယ်မှု၊ လျှို့ဝှက်ချက်<br>クォントエイェー・ルォウェッチェ |
| 営業部門、営業部隊<br>*eigyoubumon, eigyoubutai* | sales department,<br>sales force | အရောင်းဌာန<br>アヤゥンダーナ<br><br>အရောင်းတိုးမြှင့်ရေးအဖွဲ့ |
| 営業力<br>*eigyouryoku* | marketing clout | စီးပွားရေး ခွန်အား<br>セィパイェー・クォンアー |

経済貿易関連

| 日 | 英 | ミャンマー |
|---|---|---|
| 営利企業<br>*eirikigyou* | business enterprise | စီးပွားရေးလုပ်ငန်း<br>セィプァイェーロッ・ングァン |
| エコロジー<br>*ekorojii* | ecology | စီးပွားရေး(တွက်ချေကိုက်)ခြင်း<br>セィプァイェ(ツェチェーカィ)チン |
| ＦＯＢ<br>*fob*<br>※本船渡し価格<br>*honsenwatashikakaku* | FOB：<br>free on board | အက်(ဖ်)အိုဘီ<br>エフ・オー・ビー<br><br>သွင်းကုန်ထုပ်ကုန် လုပ်ငန်း၏ တန်ဘိုးတစ်မျိုး၊ free on board ၏ အတို ကောက်စကားလုံး။ သင်္ဘောပေါ် အရောက်ဈေးဟု ခေါ်ဆိုနိုင် ပါသည်။ ဝယ်သူ၏ ညွှန်ကြားချက်အတိုင်းသင်္ဘောတတ် ထားသောသင်္ဘော (လေယာဉ် အစရှိသည့်) ပေါ် သို့ စာချုပ်ပါ ကုန်ပစ္စည်းအား တင်ပေးရုံဖြင့် ရောင်းသူ,တာဝန်ကျေ(Freeဖြစ်) သွားသောကြောင့် free on boardဟုခေါ် ဆိုခြင်း ဖြစ်သည်။ ထိုကဲ့သို့ စာချုပ်ချုပ်ဆိုရောင်းချ ခြင်းကို F.O.BTermဖြင့် ရောင်းချ ခြင်းဟုခေါ် ဆိုကြပါသည်။ |

経済貿易関連

| 日 | 英 | ミャンマー |
|---|---|---|
| L／C<br>*l/c* | L・C<br>letter of credit | အယ်လ်စီ<br>エ・セィー<br><br>သွင်းကုန်ထုပ်ကုန်လုပ်ငန်းအတွက်အဆင်ပြေချောမွေ့စွာ ငွေပေးငွေယူလုပ်နိုင်ရန်အတွက် နည်းတစ်မျိုးပင်ဖြစ်ပါသည်။ ဘဏ်တိုက်မှ ထုပ်ပေးသောငွေ ပေးချေမှု ဆိုင်ရာသက်သေခံ အထောက်အထား စာရွက်ဖြစ်ပါသည်။ Letter of Creditအပြင် Documentary Credit ဟုလည်း ခေါ်ပါသည်။ LCတွင်မြောက်မြားစွာသောအချက်အလက်များကို ထည့်သွင်းရေးဆွဲထားပြီး တစ်စုံတစ်ခုကြောင့်လွဲမှားသွားပါက ဘဏ်တိုက်သို့ ဝန်ဆောင်မှုငွေ ထပ်မံပေး၍ပြင်ဆင်ရန်လိုအပ်ပါသဖြင့်အချိန်ကုန် ငွေကုန်လူပင်ပန်းသည့်အပြင်ကုန်သွယ်မှုတစ်ခုလုံးဖျက်သိမ်းသည် အထိဖြစ်နိုင်သောကြောင့် LCကိုလက်ခံရရှိပါက သေသေချာချာ ဖတ်ရှုပြီးမှ လက်မှတ်ထိုးပါ။ |
| 応札保証、入札保証証券<br>*ousatsuhoshou, nyuusatsuhoshoushouken* | bid bond | တင်ဒါ အာမခံ<br>ティンダー・アーマカン |
| 往復代<br>*oufukudai* | cost of round trips | အသွားအပြန်ခ<br>アトゥ・アピャン・カ |
| 大株主<br>*ookabunushi* | major shareholder | အဓိက အစုပိုင်ရှင်<br>アディカ・アァスパインシン |

経済貿易関連

| 日 | 英 | ミャンマー |
|---|---|---|
| 大手企業<br>*ootekigyou* | major corporation | အဓိက (စီးပွားရေး) လုပ်ငန်း(ကုမ္ပဏီ)<br>アディカ・ロッングァン |
| 送り主<br>*okurinushi* | sender | (ကုန်ပစ္စည်း) ပို့သူ<br>ポウトゥ |
| 汚染物質<br>*osenbusshitsu* | pollutant | ညစ်ညမ်းစွန့်ပစ်ပစ္စည်း<br>ニィッニャン・スゥンピィ・ピィッセィ |
| オプション、選択権、予約権、選択肢<br>*opushon, sentakuken, yoyakuken, sentakushi* | option | option<br>オプシン |
| 親会社<br>*oyagaisha* | parent company | ကုမ္ပဏီအသစ်<br>クォンマニー・アッテェ |

## か

| 日 | 英 | ミャンマー |
|---|---|---|
| 海運会社、船会社<br>*kaiungaisha, funagaisha* | shipping line | ပို့ဆောင်ရေး ကုမ္ပဏီ<br>ポウサウンイェー・クォマニー |
| 海外売上<br>*kaigaiuriage* | overseas sales | နိုင်ငံရပ်ခြား ရောင်းရငွေ<br>ナィン・ングァン・ヤッチャー・ヤゥンヤ・ングェ |
| 海外勤務<br>*kaigaikinmu* | overseas assignment | နိုင်ငံခြားတွင် တာဝန်ထမ်းဆောင်သည်<br>ナィンガンチャートィン・タァウィン・タンサォンティ |
| 海外事業<br>*kaigaijigyou* | overseas operations | နိုင်ငံရပ်ခြား ကုန်သွယ်ရေးဌာန<br>ナィン・ングァン・ヤッチャー・クゥントェイェー・タァナ |
| 海外市場<br>*kaigaishijou* | international market | ပြည်ပဈေးကွက်<br>ピィパァ・ゼクエッ |

経済貿易関連

| 日 | 英 | ミャンマー |
|---|---|---|
| 海外調達<br>*kaigaichoutatsu* | overseas procurement | နိုင်ငံရပ်ခြား သို့ ကုန်ပို့ဆောင်ခြင်း<br>ナィン・ングァン・ヤッチャートゥ・クォンポウサウンチン |
| 海外直接投資<br>*kaigaichokusetsutoushi* | direct investment | တိုက်ရိုက်နိုင်ငံခြား ရင်းနှီးမြုပ်နှံမှု<br>タィッヤィ・ナィンガンジャー・インニーミョウナンム |
| 海外通話<br>*kaigaitsuuwa* | overseas call | Overseas Call<br>オーバーセィ・コール<br><br>နိုင်ငံခြားဖုံးခေါ် ဆိုခြင်း |
| 海外展開<br>*kaigaitenkai* | overseas development | နိုင်ငံရပ်ခြား သို့<br>ပြောင်းလည်းလုပ်ကိုင်သည်<br>ナィンガンジャートォ・ピョウンレーロゥカィンティ |
| 改革、改造<br>*kaikaku, kaizou* | reform | ပြုပြင်ခြင်း<br>ピュピィンチン |
| 外貨準備<br>*gaikajunbi* | official assets foreign exchange reserves | နိုင်ငံခြားငွေ ပြင်ဆင်ခြင်း<br>ナィン・ングァン・チャー・ングェ・ピィンセィンチン |
| 会計監査<br>*kaikeikansa* | auditing | ငွေစာရင်းစစ်ခြင်း<br>ングェ・サーイン・セッチン |
| 解雇<br>*kaiko* | dismissal | ဖွင့်ထုပ်ခြင်း<br>ピィン・トゥチン |
| 概算<br>*gaisan* | rough calculation | အကြမ်းဖြင်း<br>アッチャンピィン |
| 会社<br>*kaisha* | company | ကုမ္ပဏီ<br>クォンマニー |
| 会社概要<br>*kaishagaiyou* | company profile | ကုမ္ပဏီ အကြောင်းအရာ<br>クォンマニー・アチャゥンアヤー |

11

## 経済貿易関連

| 日 | 英 | ミャンマー |
|---|---|---|
| 解釈／通訳<br>*kaishaku / tsuuyaku* | interpretation | စကားပြန်<br>サカーピャン |
| 会社を設立する<br>*kaisha wo setsuritsusuru* | incorporate a company | ကုမ္ပဏီ(တည်)ထောင်သည်<br>クォンマニー(ティ)タゥンティ |
| 回収<br>*kaishuu* | collect | စုစည်းခြင်း<br>ス・セィチン |
| 海上輸送<br>*kaijouyusou* | observance ocean transportation | သင်္ဘောဖြင့် (ကုန်) တင်ပို့ခြင်း<br>ティンボーピィン・ティンポゥチン |
| 改装する<br>*kaisousuru* | remodel | ပြင်(ဆောက်)သည်<br>ピィンティ |
| 外注<br>*gaichuu* | out sourcing, order from outside factory, outside order | ပြင်ပမှမှာယူခြင်း<br>ピィンパマッ・マァユゥチン |
| 外注会社<br>*gaichuugaisha* | subcontractor | တစ်ဆင့်ခံ (ကန်ထရိုက်တာ) ကုမ္ပဏီ<br>タセィンカン・クォンマニー |
| 解任する<br>*kaininsuru* | remove | ပယ်ဖျက်သည်<br>ペェ・ッピェティ |
| 概念設計<br>*gainensekkei* | preliminary design | ပျော့ဘူးပျ ပုံစံ(တွက်ခြင်း)<br>イェブヤ・ポンサン(トェッチン) |
| 開発<br>*kaihatsu* | development | ဖွံ့ဖြိုးမှု<br>ブイン・ピョウ・ム |
| | | တီထွင်မှု<br>ティ・トゥン・ム |
| 開発援助<br>*kaihatsuenjo* | development aid | ဖွံ့ဖြိုးတိုးတက်ရေး အထောက်အကူ<br>ブイン・ピョウ・トゥ・テッ・イェ・アタゥアクー |

経済貿易関連

| 日 | 英 | ミャンマー |
|---|---|---|
| 開発部 *kaihatsubu* | development department | တီထွင်မှု႒ာန<br>ティ・トゥン・ム　ダァナ |
| 外部 *gaibu* | external | ပြင်ပ (အဖွဲ့အစည်း)<br>ピィンパ(アフォ・アセィ) |
| 開放 *kaihou* | open | ဖွင့်လှစ်ခြင်း<br>プゥン・リェッ・チン |
| 価格 *kakaku* | price | ဈေးနှုန်း<br>ゼェ・ノゥン |
| 化学 *kagaku* | chemical, chemistry | ဓါတုဗေဒ<br>ダァトゥ・ベェダ<br><br>ဒြပ်ပစ္စည်းပေါင်းစပ်မှု နှင့်ပြောင်း လဲမှု အပေါ်တွင် လေ့လာသော ဘာသာ။ |
| 化学記号 *kagakukigou* | chemical symbols | ဓါတုသင်္ကေတ<br>ダァトゥ・ティンケタ |
| 格付け *kakuzuke* | rating | တန်ဘိုးဖြတ်ခြင်း<br>タンボー・ピャッチン |
| 拡販 *kakuhan* | sales expansion | အရောင်းတိုးချဲ့ခြင်း<br>アヤゥン・トーチェーチン |
| 確率 *kakuritsu* | odds probability | ဖြစ်နိုင်ခြင်း<br>ピィンナィンチン |
| 貸出金利 *skashidashikinri* | lending rate | ထုပ်ကြေးငွေ အတိုး<br>トゥチュエ・ングェ・アトー |
| 過失 *kashitsu* | negligence | ပေါ့ဆမှု<br>ポゥサム |
| カタログ *kaatarogu* | catalog | ကြော်ညာစာရွက်<br>チョーニャー・サーユエッ<br><br>ကက်တလောက် |

13

経済貿易関連

| 日 | 英 | ミャンマー |
|---|---|---|
| 合併<br>*gappei* | amalgamation | ပူးပေါင်းသည်<br>プーパウン・ティ<br><br>ပေါင်းစည်းသည် |
| 合併相手<br>*gappeiaite* | merger partner | တစ်ဘက်ပေါင်းစီးသူ<br>テッベ・パウンセィトゥ |
| 合併する<br>*gappeisuru* | merge | ပေါင်းစည်းသည်<br>パウンセィティ |
| 稼働率<br>*kadouritsu* | operating rate | (စက်၊ လုပ်ငန်း) လည်ပါတ်နှုန်း<br>レ・パッノン |
| 株式会社<br>*kabushikigaisha* | business corporation, company limited by shares, stock company | အများပိုင်ကုမ္ပဏီ<br>アミャーパイン・クォンパニー |
| 株主<br>*kabunushi* | shareholder | (အစု) ရှယ်ယာပိုင်ရှင်<br>シェヤ・パインシン |
| 加盟国<br>*kameikoku* | member-state | အဖွဲ့ဝင်နိုင်ငံများ<br>アプェウィン・ナイン・ンガァンミャー |
| 貨物船<br>*kamotsusen* | cargo ship | ကုန်တင်သင်္ဘော<br>クォンティン・テンボー |
| 借り入れを行う<br>*kariire wo okonau* | obtain borrowing | ချေးငွေရယူသည်<br>チェー・ングェ・ヤユーティ |
| 仮契約<br>*karikeiyaku* | preliminary contract | စာချုပ်ဖောက်ဖျက်ခြင်း<br>サーチュオッ・パゥピェッチン |
| 為替変動リスク<br>*kawasehendourisuku* | currency risk | ငွေလဲလှယ်မှု အန္တရာယ်<br>ングェ・レェ・レム・アンダイェ |

経済貿易関連

| 日 | 英 | ミャンマー |
|---|---|---|
| 為替レート<br>*kawasereeto* | currency exchange rates | ငွေလဲလှယ်မှုနှုန်းထား<br>ングェ・レェ・レム・ヌォンター |
| 環境<br>*kankyou* | environment, surroundings | ပါတ်ဝန်းကျင်<br>パッ・ウィンチン |
| 環境基準<br>*kankyoukijun* | environmental standards | စံပြ ပါတ်ဝန်းကျင် (ထိမ်းသိမ်းရေး)<br>サンピャ・パッウィンチン |
| 環境問題<br>*kankyoumondai* | environmental problem | ပါတ်ဝန်းကျင် (ထိမ်းသိမ်းရေး) ပြဿနာ<br>パッウィンチン (ディンティンイェ)・ピャッタナ |
| (顧客または取引先との)関係<br>*(kokyaku matawa torihikisakitono)kankei* | relationship | ဆက်သွယ်မှု<br>セッテェム |
| 関係書類<br>*kankeishorui* | relevant document | ပါတ်သက်ရာ စာရွက်စာတန်း<br>パッテヤー・サーユェサータン |
| 関係を維持する<br>*kankei wo ijisuru* | maintain relation | ဆက်ဆံရေးကို ထိမ်းသိမ်းခြင်း<br>セッサンイェークォ・ディンティンチン |
| 観光事業、観光産業<br>*konkoujigyou, kankousangyou* | tourism-related business | ခရီးသွားလုပ်ငန်း<br>カイートァ・ロッ・ングァン |
| 観光収入<br>*kankoushuunyuu* | tourist income | ခရီးသွားလုပ်ငန်း ဝင်ငွေ<br>カイートァ・ロウングァン・ウィン・ングェ |
| 関税<br>*kanzei* | customs duties | အကောက်ခွန်(ငွေ)<br>アカゥ・クォン(ングェ)<br><br>customs duties |
| 完全失業率<br>*kanzenshitsugyouritsu* | unemployment rate | အလုပ်လက်မဲ့နှုန်း<br>アロウ・レッメ・ヌォン |

経済貿易関連

| 日 | 英 | ミャンマー |
|---|---|---|
| 監督官庁・機関<br>*kantokukanchou·kikan* | regulatory agency | ကြီးကြပ်ရေးရုံး<br>チーチャッイェ・ヨウン |
| 監督庁の承認・認可<br>*kantokuchouno shounin·ninka* | regulatory approval | ကြီးကြပ်ရေးရုံးမှ ခွင့်ပြုချက်<br>チーチャッイェ・ヨウンマ・クィン ピュッチェ |
| 管理<br>*kanri* | control, management, supervision | ဦးစီးထိမ်းချုပ်ခြင်း<br>ウゥ・セィ・ティン・チョッチン |
| 還流させる、引き揚げる<br>*kanryuusaseru, hikiageru* | repatriate | တိုးမြှင့်သည်<br>トゥミィンティ |
| 関連会社<br>*kanrengaisha* | affiliated company | (ပါတ်သက်ရာ) သက်ဆိုင်ရာ ကုမ္ပဏီ<br>(パッテヤー)テッサィヤー・クォンパニー |
| 〜に関連して<br>*〜 ni kanshite* | in connection with 〜 | ပါတ်သက်၍<br>パッ・テ・ユェ |
| 基幹産業<br>*kikansangyou* | key industry | အဓိက ကုန်ထုတ်လုပ်မှု<br>アディカ・クォン・トゥ・ロウム |
| 旗艦店<br>*kikanten* | flagship store | ပင်ရင်းဆိုင်<br>ピンインサイン |
| 機関投資家<br>*kikantoushika* | institutional investor | (အဖွဲ့အစည်း) ရင်းနှီးမြှုပ်နှံသူ<br>(アプェアセィ)インニーミョゥナントゥ |
| 企業収益<br>*kigyoushuueki* | corporate profits | လုပ်ငန်းအမြတ်<br>ロッングアン・アッミャ |
| 企業戦略、事業戦略、長期戦略<br>*kigyousenryaku, jigyousenryaku, choukisenryaku* | corporate strategy | လုပ်ငန်း ယှဉ်ပြိုင်မှု<br>ロッングアン・シンピャインム |

経済貿易関連

| 日 | 英 | ミャンマー |
|---|---|---|
| 技術、科学技術<br>*gijutsu, kagakugijutsu* | technology | နည်းပညာ<br>ニーピィンニャー |
| 技術移転<br>*gijutsuiten* | technology transfer | နည်းပညာ လက်ကန်းမှု<br>ニーピィンニャー・レッカンム |
| 技術革新<br>*gijutsukakushin* | technological innovation | နည်းပညာအသစ်<br>(တီထွင်ဆန်းသပ်ခြင်း)<br>ニーピィンニャー・アッテェ |
| 技術提携<br>*gijutsuteikei* | technical tie up | နည်းပညာ ထောက်ပံ့မှု<br>ニーピィンニャー・タウパンム |
| 技術的ノウハウ<br>*gijutsutekinouhau* | technical know-how | ကိုယ်ပိုင် အတွေ့အကြုံ (ပညာရပ်)<br>コウパイン・アトェ・アクォ |
| 希少価値<br>*kishoukachi* | scarcity value | ရောင်းလိုသည့်ဈေး<br>ヤウンヨーティ・ゼー |
| 議事録、会議録<br>*gijiroku, kaigiroku* | minutes | အစည်းအဝေး မှတ်တမ်း<br>アセィアウェー・マッタン |
| 規制、制約、制限<br>*kisei, seiyaku, seigen* | restriction | သပ်မှတ်ချက်<br>タッマッチェ |
| 基礎<br>*kiso* | foundation | အခြေခံ အုပ်မြစ်<br>アチェカン・オッミィッ |
| 既存の工業用地<br>*kizonno kougyouyouchi* | brownfield site | လက်ရှိ စက်မှု (မြေ) နေရာ<br>レッシー・セッム・ネヤー |
| 議題、議事日程<br>*gidai, gijinittei* | agenda | အစည်းအဝေး(ဆွေးနွေးပွဲ) အစီအစဉ်<br>アセィアウェー・アセィアセン |
| 基本契約<br>*kihonkeiyaku* | main agreement | အခြေခံ သဘောတူချက်<br>アチェーカン・タボゥトゥッチェ |

経済貿易関連

| 日 | 英 | ミャンマー |
|---|---|---|
| 機密事項<br>*kimitsujikou* | classified materials | အရေးကြီးသော<br>(သိုဝှက်ထားသင့်သော)<br>အကြောင်းအရာ<br>アイェチートゥ・アチャウンアヤー |
| 客、依頼者、取引先<br>*kyaku, iraisha, torihikisaki* | client | သုံးဆွဲသူ<br>トゥンスエトゥ<br>ဖောက်သည် |
| キャッシュフロー<br>*kyasshufuroo* | cash flow | ငွေလည်ပတ်မှု<br>ングェ・レーパッム<br>ငွေသွားစီးဆင်းမှု<br>ングェター・セィセンム<br>(キャッシュフロー) |
| キャッシュフロー経営<br>*kyasshufurookeiei* | cash flow management | ငွေသွားစီးဆင်းမှု စီမံခြင်း<br>ングェター・セィセンム・セィマンチン<br>(キャッシュフロー) |
| キャッシュフロー計算書<br>*kyasshufurookeisansho* | cash flow statement | ငွေ(လည်ပတ်မှု)စာရင်း<br>ングェ(レーパッム)サーイン |
| キャンペーン<br>*canpeen* | campaign | ကန်ပိန်း<br>カンペィン<br>ဥပမာ ဈေးလျှော့ရောင်းခြင်း၊<br>အပိုပစ္စည်းပေးခြင်း |
| 救済(手段)、是正<br>*kyuusai(shudan), zesei* | redress | အလျော်<br>アヨゥ |
| 救済方法、法律上の救済、法的保護<br>*kyuusaihouhou, houritsujouno kyuusai, houtekihogo* | relief | ဥပဒေအရ ကာကွယ်မှု<br>ウパデェアヤ・カークェム |

経済貿易関連

| 日 | 英 | ミャンマー |
|---|---|---|
| 給油所、ガソリンスタンド<br>*kyuyujo, gasorinsutando* | retail gas station | ဓါတ်ဆီဆိုင်<br>ダッセィサイン |
| 給与、給料、俸給<br>*kyuuyo, kyuuryou, houkyuu* | salary | လစာ<br>ラァザ |
| 給与水準<br>*kyuuyosuijun* | pay level | လစာအနေအထား(မြင့်မားမှု)<br>ラーサァ・アネーアタァ<br>တိုက်ရိုက်ဘာသာပြန်မဟုတ် |
| 業界のリーダー、経済人<br>*gyoukaino riidaa, keizaijin* | business leader | (စီးပွားရေး) လုပ်ငန်းခေါင်းဆောင်<br>セィプアイエー・ロッ・ングァン・ガウンサウン |
| 業種、主力業務<br>*gyoushu, shuryokugyoumu* | line of business | စီးပွားရေး အမျိုးအစား<br>セィプアイエー・アミョウアサー |
| 業績<br>*gyouseki* | operational performance | လုပ်ငန်းဆောင်ရွက်မှု<br>ロゥ・ングァン・サウンユエム |
| 業績が上向く<br>*gyousekiga uwamuku* | results improve | လုပ်ငန်းအောင်မြင်ခြင်း<br>ロ・ングァン・アゥンミィンチン |
| 業績が落ちる・低下する<br>*gyousekiga ochiru・teikasuru* | results fall | လုပ်ငန်းကျဆင်းသည်<br>ロ・ングァン・チャセンティ |
| 競争／同業他社、競争相手、ライバル<br>*kyousou / dougyoutasha, kyousouaite, raibaru* | competition | ယှဉ်ပြိုင်ခြင်း<br>シンピャインチン |
| 共同出資<br>*kyoudoushusshi* | joint investment | အတူ(တစ်ကွ) ရင်းနှီး မြှုပ်နှံခြင်း<br>アトゥトゥ・インニィ・ミョッナンチン |
| 共同生産<br>*kyoudouseisan* | joint manufacturing | တွဲဖက်ထုပ်လုပ်ခြင်း<br>トェッペ・トゥロウチン |

経済貿易関連

| 日 | 英 | ミャンマー |
|---|---|---|
| 共同責任<br>*kyoudousekinin* | joint liability | အများ (အားလုံး) တာဝန်<br>アミャー(アーロン)タァウィン |
| (企業間の)業務提携／同盟<br>*(kigyoukanno)gyoumuteikei / doumei* | alliance | (အလုပ် အကျိုးတူ) ပူးပေါင်းသည်<br>(アルオ・アチョートゥ)プー・パウン・ティ |
| 協力する(力を合わせる)<br>*kyouryokusuru(chikara wo awaseru)* | cooperating | ပူးပေါင်းဆောင်ရွက်ခြင်း<br>プゥーパウン・サウンユェッチン |
| 居住者<br>*kyojuusha* | resident | နေထိုင်သူ<br>ネータィントゥ |
| 緊急<br>*kinkyuu* | urgency | အရေးတစ်ကြီး<br>アイェータッジー<br><br>အလောတစ်ဆယ် |
| 緊急財政<br>*kinkyuuzaisei* | restrictive fiscal policy | အရေးပေါ် ဖွည်းဥစ္စာ<br>アイェーポォ・ピィッセィ・オゥサー |
| 緊急事態、非常事態、不測の事態<br>*kinkyuujitai, hijoujitai, fusokuno jitai* | contingency | သာမာန်မဟုတ်သော အခြေအနေ<br>ターマン・マッホトゥ・アチェーアネー |
| 銀行借入金<br>*ginkoukariirekin* | note payable to banks | ဘက်မှ ချေးသောငွေ<br>バンマ・チェートォ・ングェ |
| 銀行口座<br>*ginkoukouza* | bank account | ဘက်စာအုပ်နံပါတ်<br>バン・サーオゥ・ナンパッ |
| 銀行振込<br>*ginkoufurikomi* | bank transfer | ဘက်လွဲငွေ<br>バン・ルェ・ングェ |
| 金融機関<br>*kinyuukikan* | financial institution | ဘဏ္ဍာရေး အဆောက်အအုံ<br>バンダーイェー・アサゥアオン |

経済貿易関連

| 日 | 英 | ミャンマー |
|---|---|---|
| 金融政策<br>*kinyuuseisaku* | monetary policy | ငွေရေးကြေးရေးဆိုင်ရာ ပေါ်လစီ<br>ンゲェイェー・チェイェー・サインヤ・ポーラセィ |
| 苦情、訴状、クレーム、申し立て<br>*kujou, sojou, kureemu, moushitate* | complaint | မကျေနပ်မှု<br>マチェーナッム |
| 国番号<br>*kunibangou* | country code | (တယ်လီဖုံး) နိုင်ငံနံပါတ်<br>ナィンガン・ナンパッ |
| 組合、労働組合、労組、組合側代表者<br>*kumiai, roudoukumiai, rouso, kumiaigawadaihyousha* | union | အဖွဲ့အစည်း<br>アプェ・アセィ |
| グレード<br>*gureedo* | grade | ဂရိတ်အဆင့်အတန်း<br>グレエッ・アセィンアタン |
| グローバル企業<br>*guroobarukigyou* | global corporation | အားလုံးနှင့်သက်ဆိုင်သော<br>(စီးပွားရေး) လုပ်ငန်း(ကုမ္ပဏီ)<br>アーロンネ・テッサィントゥ・ロッングァン |
| 黒字<br>*kuroji* | favorable balance | အမြတ်အစွန်းရှိသော<br>アミャアソン・シトォ<br><br>အကျိုးရှိသော |
| グロスウェイト<br>*gurosuweito*<br>総重量<br>*soujuuryou* | gross weight | စုစုပေါင်းအလေးချိန်<br>ススパウン・アレェチェイン<br><br>နိုင်ငံတစ်ကာကုန်သွယ်မှုလုပ်ငန်းများတွင် ကုန်ပစ္စည်းများအား သင်္ဘောကားနှင့်လေယာဉ်ပျံများဖြင့်တင်ပို့ရန်အတွက် ထုပ်ပိုးပြီးသောအခါတွင် အသုံးပြုသော ဝေါဟာရ တစ်မျိုး ဖြစ်ပါသည်။ |

21

経済貿易関連

| 日 | 英 | ミャンマー |
|---|---|---|
| グロスパワー<br>*gurosupawaa* | gross power | စုစုပေါင်းစွမ်းအင်<br>ススパウン・スゥァン・イン |
| 〜に加えて<br>〜 *ni kuwaete* | in addition to 〜 | 〜ဖြည့်စွက်၍<br>〜ピュエ・スッエ・ユェ |
| 軍事費、国防費<br>*gunjihi, kokubouhi* | military spending | စစ်အသုံးစားရိပ်<br>セッアトゥン・サッイエイ |
| 経営<br>*keiei* | management, administration | စီးပွားရေး<br>セィ・プァ・イエ |
| 経営計画<br>*keieikeikaku* | management plan | လုပ်ငန်းစီမံချက်<br>ロッ・ングァン・セィマンッチェ |
| 経営者<br>*keieisha* | manager, proprietor, executive | ပိုင်ရှင်<br>パイン・シン<br><br>စီးပွားရေးလုပ်ငန်းရှင်<br>セィ・プァ・イエ<br>ルオッ・ングァン・シン |
| 経営判断<br>*keieihandan* | management decision | လုပ်ငန်းဆုံးဖြတ်ချက်<br>ロッ・ングァン・ソウッピャッチェ |
| 経済<br>*keizai* | economy | စီးပွားရေး<br>セィ・プァ・レェ |
| 経済界、業界筋<br>*keizaikai, gyoukaisuji* | business community | စီးပွားရေးလောက<br>セィプァイェー・ロゥカ |
| 経済開発<br>*keizaikaihatsu* | economic development | စီးပွားရေး ဖွံ့ဖြိုးမှု<br>セィプァイエ・プィンピョゥム |
| 経済学<br>*keizaigaku* | economics | စီးပွားရေး ပညာရပ်<br>セィ・プァ・レェ　ピィンニャヤッ |
| 経済性<br>*keizaisei* | economy | စီးပွားရေးကျသော<br>スィプァ・イェ・チャトォ |

経済貿易関連

| 日 | 英 | ミャンマー |
|---|---|---|
| 経済政策<br>*keizaiseisaku* | economic policy | စီးပွားရေး ပေါ်လစီ<br>セィプァイェ・ポゥラセィ |
| 経済成長<br>*keizaiseichou* | economic growth | စီးပွားရေး တိုးတက်မှု့<br>セィプァイェ・トゥッテム |
| 経済成長率<br>*keizaiseichouritsu* | economic growth rate | စီးပွားရေး တိုးတက်မှု့အတိုင်းအတာ<br>(အချိုး)<br>セィプアイェー・トゥテッム・アタィンアター(アチョー) |
| 経済的<br>*keizaiteki* | economic, economical | စီးပွားရေး အရ<br>セィ・プァ・レェ・アヤァ |
| 計算<br>*keisan* | computation, calculation | တွက်ချက်ခြင်း<br>トェッチェ・チン<br><br>ငွေကြေး၊ ပစ္စည်းဥစ္စာ<br>စာရင်းစာရား ရှင်းလင်းခြင်း။ |
| 計算する<br>*keisansuru* | calculate | တွက်ချက်သည်<br>トウェ・チェッ・ティ<br><br>ချင့်တွက်သည်။ |
| 携帯電話市場<br>*keitaidanwashijou* | mobile phone market | (လက်ကိုင်) ဖုံးဈေးကွက်<br>ポンゼィクェッ |
| 経費<br>*keihi* | overhead cost, business expense | (ကုန်ကျ)စားရိပ်<br>サーイェイ<br><br>ကုန်ကျငွေ<br>クォンチャ・ングェ |
| 契約、契約書、合意<br>*keiyaku, keiyakusho, goui* | agreement | စာချုပ်<br>サーチュォ |

23

経済貿易関連

| 日 | 英 | ミャンマー |
|---|---|---|
| 契約違反<br>*keiyakuihan* | breach of contract | စာချုပ် ချိုးဖောက်ခြင်း<br>サーチュオ・チョーパウンチン<br><br>စာချုပ် ဖောက်ဖျက်ခြင်း |
| 契約が発効される<br>*keiyaku ga hakkousareru* | agreement comes into force | စာချုပ် ချုပ်ဆိုစေသည်<br>サーチュオ・チュオソウ・セエティ |
| 契約関係<br>*keiyakukankei* | privity | စာချုပ်နှင့် ပါတ်သက်သော<br>サーチュオニン・パッテエトオ |
| 契約期間を延長する<br>*keiyakukikan wo enchousuru* | extend a contract | စာချုပ်သက်တန်းတိုးခြင်း<br>サーッチョウ・テッタン・トゥチン |
| 契約金額<br>*keiyakukingaku* | contract price | သဘောတူညီမှု ငွေကြေး<br>アボウ・トゥ・ニィム・ングェチェー |
| 契約残<br>*keiyakuzan* | balance of contract | စာချုပ်လက်ကျန်<br>サーチュオ・レッチャン |
| 契約書案<br>*keiyakushoan* | draft agreement | စာချုပ်မူကြမ်း<br>サーチョウ・ムージャン |
| 契約書案を作る<br>*keiyakushoan wo tsukuru* | draw up an agreement | စာချုပ်မူကြမ်းပြုလုပ်သည်<br>サーチュオ・ムージャン・ピュルオティ |
| 契約条件<br>*keiyakujouken* | terms of agreement | စာချုပ်ပါအချက်အလက်များ<br>サーチュオ・パー・アチェアッレミャー |
| 契約条件(書)<br>*keiyakujouken(sho)* | conditions of contract | သဘောတူညီချက်<br>タボウ・トゥ・ニィ・チェッ |
| 契約に違反する<br>*keiyaku ni ihansuru* | breach an agreement | စာချုပ် ချိုးဖောက်သည်<br>サーチュオ・チョウパウティ<br><br>စာချုပ် ဖောက်ဖျက်သည် |

経済貿易関連

| 日 | 英 | ミャンマー |
|---|---|---|
| 契約の存続期間・有効期間<br>*keiyakuno sonzokukikan・yuukoukikan* | life of an agreement | စာချုပ်သက်တမ်း<br>サーチュオ・テッタン |
| 契約を解除する<br>*keiyaku wo kaijosuru* | terminate a contract | (သဘောတူညီမှု) စာချုပ် ဖျက်သည်<br>サーチュオ・ピェティ |
| 契約を締結する<br>*keiyaku wo teiketsusuru* | enter into an agreement | စာချုပ် ချုပ်ဆိုသည်<br>サーチュオ・チュオ・ソウティ |
| 経理部<br>*keiribu* | accounting department | ငွေစာရင်းဌာန<br>ングェ・サーイン・ターナ |
| 経歴、身分、立場、資質<br>*keireki, mibun, tachiba, shishitsu* | credentials | ရာဇဝင်<br>ヤザウィン |
| 結果を出す<br>*kekka wo dasu* | get results | အကျိုး(ကျေးဇူး) အား ထုပ်ဖော်သည်<br>アチョーアァ・トゥポーティ |
| 決済<br>*kessai* | settle [square] accounts | စာရင်းချုပ်ခြင်း<br>サーイン・チョッチン<br><br>ဈေးနှုန်းသပ်မှတ်ခြင်းငွေရေးကြေးရေးနှင့်ပါတ်သက်သောကိစ္စများအားဆုံးဖြတ်ရာတွင် အသုံးများပေသည်။ |
| 決裁<br>*kessai* | approval, sanction, endorsement | စာရင်းချုပ်သပ်မှတ်ခြင်း<br>サイィン・チョッ・タッマッチン<br><br>ငွေရေးကြေးရေး သာမက၊ တစ်ခြားသောစာရွက်စာတမ်းနှင့်အခြေအနေများပါ သက်ဆိုင်သော ကိစ္စများအားဆုံးဖြတ်ရာတွင် အသုံးများပေသည်။ |

経済貿易関連

| 日 | 英 | ミャンマー |
|---|---|---|
| 決済条件<br>*kessaijouken* | terms of settlement | စာရင်းချုပ်(ဆုံးဖြတ် သပ်မှတ်)ရန် စည်းကမ်းချက်<br>サイィン・チョッヤン・セィカンチェッ<br><br>ငွေရေးကြေးရေး ဆုံးဖြတ်ခွင့်ပြုရန် ကိစ္စများအတွက် သပ်မှတ်ထားသည့် စည်းမျဉ်းစည်းကမ်းများကိုဆို လိုပါသည်။ |
| 牽引役、原動力<br>*keninyaku, gendouryoku* | driving force | အဓိက မောင်းအား<br>アディカ・マウンアー |
| 減益<br>*geneki* | profit decline | အမြတ်ရှော့ခြင်း<br>アッミャ・ヨゥチン |
| 原価<br>*genka* | cost price,<br>expence | ကုန်ကျငွေ<br>クオン・チャ・ングェ |
| 減価償却<br>*genkashoukyaku* | depreciation,<br>devaluation,<br>reduction in value<br>(of an item or a<br>currency) | တန်ဘိုးလျှော့ချခြင်း<br>タンボー・シュォ・チャチン |
| 研究開発投資<br>*kenkyuukaihatsutoushi* | R&D<br>investment | တီထွင်စမ်းသပ်မှု့မြှတ်နံ့ခြင်း<br>ティティィン・サンタッム・ミョゥナンチン |
| 現在進行中の案件<br>*genzaishinkouchu no anken* | ongoing program | လက်ရှိဆောင်ရွက်နေသော ပရောဂျက်<br>レッシ・サウンユェネトォ・パロージェ |
| 原材料費、材料費<br>*genzairyouhi, zairyouhi* | material<br>cost | ကုန်ကြမ်းဈေး<br>クオンジャンゼー |

経済貿易関連

| 日 | 英 | ミャンマー |
|---|---|---|
| 建設会社<br>*kensetsugaisha* | building firm | ဆောက်လုပ်ရေး ကုမ္ပဏီ<br>サウッロッレー・クォンマニー |
| 建設計画<br>*kensetsukeikaku* | building scheme | ဆောက်လုပ်ရေးပုံစံ<br>サウッロイェー・ポゥンサン |
| 建設資材<br>*kensetsushizai* | construction material | ဆောက်လုပ်ရေး ပစ္စည်း<br>サウッツィェー・ピィッセィ |
| 原則として<br>*gensokutoshite* | in principle | တစ်ကွဲ သပ်မှတ်ချက်အရ<br>テッケ・タッマッチェ・アヤァ |
| 建築規制<br>*kenchikukisei* | building code | ဆောက်လုပ်ရေး စည်းမျဉ်း<br>サウッロッレー・セィミィン |
| 建築許可<br>*kenchikukyoka* | building permit | ဆောက်လုပ်ခွင့် (ပါမစ်)<br>サウッロクィン |
| 現地代理店<br>*genchidairiten* | local agent | အေးဂျင့်(local agent)<br>エージン |
| 現地通貨<br>*genchitsuuka* | local currency | ပြည်တွင်းသုံး ငွေကြေး (ယူနစ်)<br>ピィトィントゥン・ングェ・チェー |
| 限定独占ライセンス<br>*genteidokusenraisensu* | open exclusive license<br>limited exclusive license | အကန့်အသတ်ရှိ တစ်ဦးတည်းပိုင်လိုင်စင်<br>アカンアッタシ・タッウティパイン・ラィンセィン |
| (工場の)現場、製造現場、生産現場<br>*(koujouno)genba, seizougenba, seisangenba* | working place<br>shop floor | လုပ်ငန်းခွင်<br>ロゥ・ングァン・クィン |
| 現場検査<br>*genbakensa* | field inspection<br>field manager | လုပ်ငန်းခွင် စစ်ဆေးခြင်း<br>ロッ・ングァンクィン・セィセーチン |
| 現場責任者<br>*genbasekininsha* | | လုပ်ငန်းခွင် တာဝန်ခံ<br>ロッ・ングァンクィン・ターウィンカン |

## 経済貿易関連

| 日 | 英 | ミャンマー |
|---|---|---|
| 憲法<br>kenpou | constitutional law | (အခြေခံ ဖွဲ့စည်းပုံ) ဥပဒေ<br>ウパデェ |
| 原油価格、石油価格<br>genyukakaku, sekiyukakaku | price of oil | ရေနံ(စိမ်း)ဈေးနှုန်း<br>イェナン・ゼーノウン |
| (条文の)項、節<br>(joubunno)kou, setsu | paragraph | အပိုဒ်<br>アッパィ |
| (契約の)更改<br>(keiyakuno)koukai | novation | (သဘောတူစာချုပ်ကို) ပြုပြင်ခြင်း<br>ピュピィンチン |
| 公害、汚染<br>kougai, osen | pollution | ညစ်ညမ်းခြင်း<br>ニィ・ニャンチン |
| 高級品<br>koukyuuhin | quality merchandise | ပစ္စည်းကောင်း (ကုန်ပစ္စည်း)<br>ピィッセィカウン<br><br>အရည်အသွေးကောင်း ပစ္စည်း |
| 高級品ブランド<br>koukyuuhinburando | luxury brand | တန်ဘိုးမြင့် တံဆိပ် (ကုန်) ပစ္စည်း<br>タンボーミィン・タンセェ・ピッセィ |
| 工業<br>kougyou | industry, manufacturing | စက်မှုလက်မှု<br>セェッム・レッム |
| 公共事業<br>koukyoujigyou | public works project | (အများ)ပြည်သူပိုင်လုပ်ငန်း<br>ピィトゥパイン・ロウ・ングァン |
| 工業団地<br>kougyoudanchi | industrial estate | စက်မှုဇုံ<br>セッムゾウン |
| 広告、宣伝、広告活動<br>koukoku, senden,<br>koukokukatsudou | advertising | ကြော်ငြာ<br>チョウ・ニャ |
| 口座開設申込書<br>kouzakaisetsumoushikomisho | account opening form | ဘဏ်စာအုပ်လျှောက်လွှာ<br>バン・サーオウ・シュオ・ルア |

経済貿易関連

| 日 | 英 | ミャンマー |
|---|---|---|
| 口座番号<br>*kouzabangou* | account number | ဘဏ်စာအုပ်နံပါတ်<br>バン・サーオゥ・ナンパッ<br><br>ဘဏ်အကောင့် |
| 口座を開く<br>*kouza wo hiraku* | open an account | ဘဏ်(စာအုပ်)ဖွင့်သည်<br>バン(サーオゥ)プィンティ |
| 工事現場<br>*koujigenba* | construction site | (လက်တွေ့အလုပ်လုပ်သည့်) စက်ရုံ<br>セッヨン |
| 交渉<br>*koushou* | negotiation | စေ့စပ်ခြင်း<br>セェ・サッチン<br><br>အပေးအယူ ညှိနိုင်းခြင်း။ |
| 工場<br>*koujou* | factory,<br>manufacture | စက်ရုံအလုပ်ရုံ<br>セェッ・ヨン・アロウッヨン |
| 工場がフル稼働する<br>*koujouga furukadousuru* | plant operates at<br>full capacity | (စက်ရုံ) အပြည့်(အဝ)လည်ပတ်ခြင်း<br>(セッヨン)アッピェ(アワ)レッパチン |
| 交渉手腕、交渉技術<br>*koushoushuwan,*<br>*koushougijutsu* | negotiating skill | အပေးအယူ(ညှိနိုင်းမှု့) လုပ်ခြင်း<br>アペーアユー・ロウッチン |
| 交渉担当者<br>*koushoutantousha* | negotiator | ညှိနိုင်းသူ<br>ニィーナイントゥ |
| 工場の生産能力<br>*koujouno seisannouryoku* | plant capacity | (စက်ရုံ) ထုတ်လုပ်မှု့ စွမ်းရည်<br>トゥロウム・スアンイェー |
| 交渉を打ち切る<br>*koushou wo uchikiru* | break off a<br>negotiation | ညှိနိုင်းမှု့ကို ရပ်ဆိုင်းသည်<br>ニィナインムコ・ヤッサィンティ |
| 工場を建設する<br>*koujou wo kensetsusuru* | build a<br>plant | စက်ရုံတည်ဆောက်ခြင်း<br>セッヨン・ティサウッチン |
| 工程管理<br>*kouteikanri* | production control | ထုတ်လုပ်မှု့ ခွဲခြင်း<br>トゥロウム・カンクェチン |

29

経済貿易関連

| 日 | 英 | ミャンマー |
|---|---|---|
| 工程図、工程表<br>*kouteizu, kouteihyou* | operation flow chart | လုပ်ငန်း အစီအစဉ်<br>ロゥ・ングァン・アセィアセィン |
| (為替の)公定レート<br>*(kawaseno)kouteireeto* | official exchange rate | တရားဝင်ငွေလွှဲနှုန်း<br>タヤーウィン・ングェ・ルェ・ノゥン |
| 購買部門、資材調達部門<br>*koubaibumon, shizaichoutatsubumon* | purchasing department | (ပစ္စည်း)ဝယ်ယူရေးဌာန<br>ウェーユーイェ・ダーナ |
| 合弁会社<br>*goubengaisha* | joint-venture company | အကျိုးတူ ပူပေါင်း လုပ်ဆောင်သော ကုမ္ပဏီ<br>アチョートゥ・プゥパウン・ロゥサ ウントゥ・コンパニー |
| 公募入札情報、招聘状<br>*koubonyuusatsujouhou, shouheijou* | letter of invitation | ဖိတ်ကြားစာ<br>ペィチャーサー |
| 小売業<br>*kourigyou* | retail business | လက်လီ (ရောင်းဝယ်ခြင်း)<br>レッリ |
| 小売市場<br>*kourishijou* | retail market | လက်လီဈေးကွက်<br>レッリ・ゼェクェ |
| 効率<br>*kouritsu* | efficiency | စွမ်းရည်စွမ်းအား<br>スゥン・イェ・スゥンアァ |
| | | (စွမ်းဆောင်နိုင်အား)အကျိုးအား<br>ア・チョウ・アァ |
| 子会社<br>*kogaisha* | subsidiary | လက်အောက်ခံ ကုမ္ပဏီ<br>レァゥカン・クォンパニー |
| 国営企業<br>*kokueikigyou* | government enterprise | အစိုးရ(စီးပွားရေး)လုပ်ငန်း<br>アソーヤ・ロゥングァン |
| 国際アクセス番号<br>*kokusaiakusesubangou* | international access code | နိုင်ငံတစ်ကာ (အသုံးပြုသည့်) နံပါတ်<br>ナィン・ンガン・ッテカ・ナンパッ |

経済貿易関連

| 日 | 英 | ミャンマー |
|---|---|---|
| 国際競争力<br>*kokusaikyousouryoku* | international competitiveness | နိုင်ငံတစ်ကာနှင့် ယှဉ်ပြိုင်နိုင်သော (စွမ်း)အား<br>ナィン・ンガン・ッテカニン・シンピャイン・ナィントゥ・アァ |
| 国際取引<br>*kokusaitorihiki* | international deal | နိုင်ငံတစ်ကာ စီးပွားရေး<br>ナィンガン・ッテカ・セィプァイェー |
| 国籍法<br>*kokusekihou* | citizenship law | နိုင်ငံသား ဥပဒေ<br>ナィンガンタァ・ウパデェ |
| 国内市場<br>*kokunaishijou* | home market, domestic market | ပြည်တွင်းဈေးကွက်<br>ピィートィン・ゼェクェッ |
| 国民シェア<br>*kokuminshea* | national market share | ပြည်တွင်းဈေးကွက်ရှယ်ရာ<br>ピィトィン・ゼークェ・シェヤー |
| 国民所得<br>*kokuminshotoku* | national income | ပြည်သူ့ ဝင်ငွေ<br>ピィトゥ・ウィン・ングェ |
| 国民総生産(GNP)<br>*kokuminsouseisan(gnp)* | GNP : gross national product | စုစုပေါင်း ပြည်တွင်းထုပ်ကုန်<br>ススパウン・ピィトィンドゥクォン |
| 国有化する<br>*kokuyuuka suru* | nationalize | ပြည်သူပိုင်သိမ်းခြင်း<br>ピィトゥパイン・ティンチン |
| 誤差<br>*gosa* | error | အလွဲအမှား<br>アルェ・アマァ |
| 個人<br>*kojin* | person, individual | ကိုယ်ပိုင်<br>コォ・パイン |
| 個人差<br>*kojinsa* | personal equation | တစ်ဦးနှင့်တစ်ဦး ကွာခြားခြင်း<br>タゥウ・ネ・タウ・クァ・チャァチン |
| 個人情報<br>*kojinjouhou* | private information | ပုဂ္ဂလိက သတင်း (ကိုယ်ပိုင် အကြောင်းအရာ)<br>ポガリカ・タティン |

## 経済貿易関連

| 日 | 英 | ミャンマー |
|---|---|---|
| コストおよび費用、諸経費<br>*kosuto oyobi hiyou, shokeihi* | costs and expenses | ကုန်ကျငွေ<br>クォンチャ・ングェ<br><br>ဈေးစားရိပ်<br>စားရိပ်စားခ |
| コスト競争力<br>*kosutokyousouryoku* | cost-competitiveness | ဈေးကွက်ပြိုင်ဆိုင်မှု<br>ゼークェ・ピャインサインム |
| コストの内訳<br>*kosutono uchiwake* | cost breakdown | ဈေးစားရိပ် အသေးစိတ်<br>ゼーサッイェッ・アテーセイ |
| コストを回収する<br>*kosuto wo kaishuusuru* | recover costs | ကုန်ကျငွေ ပြန်လည်ရယူသည်<br>クォンチャ・ングェ・ピャンレーヤユティ |
| 国家財政<br>*kokkazaisei* | national finance | တိုင်းပြည် ဘဏ္ဍာ<br>タィンピィー・バンダー |
| 固定資産<br>*koteishisan* | fixed assets<br>[property] | မရွှေ့ပြောင်းနိုင်သောပစ္စည်း<br>(ပိုင်ဆိုင်မှု)<br>マシェピャウン・ナイン・トゥ・ピッセイ |
| コマーシャル、広告<br>*komaasharu, koukoku* | commercial | ကြော်ငြာ<br>チョーニャー |
| ゴミ収集<br>*gomishuushuu* | refuse collection | အမှိုက်သိမ်းခြင်း<br>アマイティンチン |
| 顧問、最高顧問<br>*komon, saikoukomon* | senior advisor | အကြံပေး အရာရှိ<br>アチャンペェ・アヤーシ |
| 雇用<br>*koyou* | employment | အလုပ်ခန့်ခြင်း<br>アルオッ・カァンチン |
| コンサルタント<br>*konsarutanto* | consultant | အကြံပေး အရာရှိ<br>アチャンペー・アヤーシ |

経済貿易関連

| 日 | 英 | ミャンマー |
|---|---|---|
| コンサルティング会社<br>*konsarutingugaisha* | consulting firm | အကြံပေး(အတိုင်ပင်) ကုမ္ပဏီ<br>アチャンペェ・クォンマニー |
| コンセンサス<br>*consensasu* | consensus | (အများ)ဆန္ဒ<br>サンダ |
| コンソーシアム、共同事業体<br>*consooshiamu,*<br>*kyoudoujigyoutai* | consortium | (စီးပွားရေး လုပ်ငန်းရှင်များ) သမဝါ<br>タマガー |
| コンテナ<br>*kontena* | container | ကွန်တိန်နာ<br>コンテンナー |
| コンテナ船<br>*kontenasen* | container ship | ကွန်တိန်နာ သင်္ဘော<br>コンテンナー・ティンボゥ |
| コンビニ店<br>*konbiniten* | convenience store | စတိုးဆိုင် (ငယ်)<br>サトーサイン |
| コンピューターウイルス<br>*conpyuutaauirusu* | computer virus | (ကွန်ပျူတာ) ဗိုင်းရပ်(စ်)<br>(コンピューター)バインヤッ |
| コンプライアンス<br>*konpuraiansu* | compliance | compliance<br>ဥပဒေကို မချိုးဖောက်သော<br>ウパデェ・コ・マチョーパウトゥ<br><br>နည်းဥပဒေကိုစောင့်ထိန်းသော |
| 梱包<br>*konpou* | packing | ထုပ်ပိုးခြင်း<br>トゥ・ポゥ・チン |
| 梱包材<br>*konpouzai* | packing material | ထုပ်ပိုးပစ္စည်း<br>トゥ・ポゥ・ピッセィ<br><br>ထုပ်ပိုးရာတွင်သုံးသောပစ္စည်း<br>トゥ・ポゥ・ヤァトィン・トゥント<br>ゥ　ピィッセィ |

経済貿易関連

| 日 | 英 | ミャンマー |
|---|---|---|
| サーバー<br>*saabaa* | server | ဆာဗာ<br>サーバー |
| 債権者<br>*saikensha* | oblige | (ဂတိ) စာချုပ်ရှိတာဝန်များကို တာဝန်ယူ (ဆောင်ရွက်)စေသူ<br>サーチュオシ・タウィンミャークォ・ターウィンユ・セエトゥ<br><br>ကုန်ပစ္စည်းရောင်းဝယ်ရာတွင် ငွေပေးချေစေသော ရောင်းသူ |
| 再検討する<br>*saikentousuru* | reexamine | ထပ်မံစဉ်းစားသည်<br>タッマン・セインサーティ |
| 在庫<br>*zaiko* | stock,<br>inventory | လှောင်ကုန်<br>ラウン・クォン<br><br>စတော့<br>サットゥ<br><br>ကုန်ပစ္စည်း သိုလှောင်ခြင်း<br>クォンピィセィ・トゥラウンチン<br><br>သိုလှောင်ကုန်များလေလေ စားသုံး သူများ၏ ယုံကြည်မှု့ကို ပို၍ ရနိုင် သကဲ့သို့,သိုလှောင်ကုန်များများပြား မှုကြောင့်စက်ရုံကုမ္ပဏီများပျက်စီး သွားသည်လည်းရှိတတ်ပါသည်။ သို့ဖြစ်၍ ဈေးကွက်အားအစဉ်အမြဲ စောင့်ကြည့်နေကာသိုလှောင်ကုန် ပစ္စည်း ကိုစီစဉ်တတ်မှု, မှာလည်း စီးပွားရေးလုပ်ဆောင်ရာတွင်အရေး ကြီးသောအပိုင်းတစ်ခုဖြစ်ပေသည်။ |

経済貿易関連

| 日 | 英 | ミャンマー |
|---|---|---|
| 在庫回転率<br>*zaikokaitenritsu* | turnover of inventories | သိုလှောင်ကုန် လည်ပါတ်မှု (အချိုးအစား)<br>トゥラウン・クォン・レッパム（アチョーアサー）<br><br>ကုန်ပစ္စည်းသိုလှောင်ခြင်း ခေါင်းစဉ်တွင် ဖော်ပြသကဲ့သို့ သိုလှောင်ကုန်ပစ္စည်း ကိုစီစဉ်တတ်မှု့ မှာလည်း စီးပွားရေး လုပ်ဆောင်ရာတွင်အရေးကြီးသော အပိုင်းတစ်ခုဖြစ်သော ကြောင့်မျက်စိဖြင့် အလွယ်တစ်ကူ သိမြင်နိုင်ရန် ဖော်ပြသော ကိန်းဂဏန်းဖြစ်ပါသည်။ |
| 在庫管理<br>*zaikokanri* | stock control, inventory control | သိုလှောင်ကုန် ထိမ်းသိမ်းမှု့<br>トォ・ルオン・コン デェンテェンッム<br><br>ကုန်ပစ္စည်းသိုလှောင်ခြင်း ခေါင်းစဉ်တွင် ဖော်ပြသကဲ့သို့သိုလှောင်ကုန်ပစ္စည်းကို စီစဉ်တတ်မှု့ မှာလည်း စီးပွားရေး လုပ်ရာတွင်အရေးကြီးပေသည်။<br>မလိုအပ်သည်ကိုပိုမို၍ မသိုလှောင်မိစေခြင်း၊<br>လိုအပ်သည်များကို ဈေးကွက်အပေါ်မူတည်၍သိုလှောင်စေခြင်း၊ သိုလှောင်ထားသော ပစ္စည်းများ၏ အရည်အသွေးများ မကျဆင်းစေရန်ထိမ်းသိမ်း စောင့်ရှောင့်ခြင်း စသည်များကိုခြို၍ရည်ညွှန်းသည်။ |

35

経済貿易関連

| 日 | 英 | ミャンマー |
|---|---|---|
| 在庫品<br>*zaikohin* | stock product, inventory | သိုလှောင်ကုန်ပစ္စည်း<br>トォ・ラォン・コン・ピッセィ<br><br>စားသုံးသူများ အလိုရှိသည့်<br>အချိန်တွင် လိုသလောက်<br>ထုတ်ယူရောင်းချပေးနိုင်ရန်<br>သိုလှောင်ထားသော ပစ္စည်း။ |
| 採算、収益性、収益力<br>*saisan, shuuekisei, shuuekiryoku* | profitability | အမြတ်အစွမ်း<br>アッミャ・アスゥン |
| 財政赤字<br>*zaiseiakaji* | budgetary deficit | အရှုံးရှိသော<br>アションシトォ |
| 再生可能エネルギー<br>*saiseikanouenerugii* | renewable energy | ပြန်လည်(အ)သုံး(ပြု)နိုင်သော<br>စွမ်းအင်<br>ピャンレェ・トゥン・ナイントゥ・スァンイン |
| 財政黒字<br>*zaiseikuroji* | budget surplus | အမြတ်အစွန်းရှိသော<br>アッミャッ・アスォン・シートォ |
| 最善を尽くす<br>*saizen wo tsukusu* | do one's best | အကောင်းဆုံး လုပ်ခြင်း<br>アカウンソン・ロッチン |
| 裁定、決定、裁判<br>*saitei, kettei, saiban* | ruling | ဆုံးဖြတ်ချက်<br>ソウン・ッピャッチェ |
| 再投資する<br>*saitoushi suru* | plow back | ထပ်မံ ရင်းနှီးသည်<br>タッマン・インニーティ |
| 債務、負債<br>*saimu, fusai* | debt | အကြွေး<br>アチョー |
| 債務、義務<br>*saimu, gimu* | obligation | တာဝန် (ဝတ္တရား)<br>ターウィン<br><br>ဝတီ |

経済貿易関連

| 日 | 英 | ミャンマー |
|---|---|---|
| 財務、資金手当て、資金調達、ファイナンス、金融<br>*zaimu, shikinteate, shikinchoutatsu, fainansu, kinyuu* | finance | ဘဏ္ဍာရေး<br>バンダーイェー |
| 債務者<br>*saimusha* | obligor | (ဂတိ) စာချုပ်ရှိတာဝန်များကို တာဝန်ယူ (ဆောင်ရွက်)သူ<br>サーチュオシ・タウィンミャークォ・ターウィンユー・トゥ<br><br>ကုန်ပစ္စည်းရောင်းဝယ်ရာတွင် ငွေပေးချေသော ဝယ်သူ |
| 財務分析<br>*zaimubunseki* | financial analysis | ဘဏ္ဍာရေး ဆန်းစစ်ချက်<br>バンダーイェー・サンセィッチェ |
| 債務免除、債権放棄<br>*saimumenjo, saikenhouki* | debt forgiveness | အကြွေး ခြေချခြင်း<br>アチョー・チェーチャチン |
| 最優先のプロジェクト<br>*saiyuusenno purojekuto* | top-priority project | အထူးဦးစားပေး ပရောဂျက်<br>アドゥ・ウーサーペェ・プロージェッ |
| (従業員を)採用する<br>*(juugyouin wo)saiyousuru* | recruit | အလုပ်ခန့်ခြင်း<br>アッロカンチン |
| 採用通知、辞令<br>*saiyoutsuuchi, jirei* | appointment letter | ခေါ်စာ<br>コウサア<br><br>ခန့်စာ |
| 作業工程<br>*sagyoukoutei* | procedure of operating, operating procedure | လုပ်ငန်းခွင် အစီအစဉ်<br>ロッグャン・グェン アセィアセェン<br><br>လုပ်ငန်းခွင်ကြီး တစ်ခုလုံး၏ အစီအစဉ်၊ ခန့်မှန်းထားသော ရက်ပိုင်း အစရှိသည်များကို ခြုံ၍ ပြောဆိုပါသည်။<br>Schedule ဟုပြောလျှင်လည်း ရနိုင်ပါသည်။ |

37

経済貿易関連

| 日 | 英 | ミャンマー |
|---|---|---|
| 作業台<br>*sagyoudai* | working bench (table) | (လုပ်ငန်းခွင်ရှိ) အလုပ်စားပွဲ<br>アッロ・スプェ<br><br>သာမာန်အားဖြင့် လုပ်ငန်းခွင်သုံး လက်နက်ကရိယာများ ထည့်ရန် အံဆွဲ၊ ပစ္စည်းများကို ညှပ်ဖန်းရန် ကရိယာများ တပ်ဆင်ထားလေ့ရှိ ပါသည်။ပုံဆွဲလုပ်ငန်းတွင်မူ ပေတံ၊ စက်ဝိုင်းများ ကိုတင်ထားနိုင်ရန် သို့မဟုတ် ညှပ်ဖန်းနိုင်ရန် စီစဉ် ထားသော အလုပ်စားပွဲများ လည်း ရှိပါသည်။ |
| 傘下企業<br>*sankakigyou* | affiliated enterprise, affiliated company | လက်အောက်ခံ ကုမ္ပဏီ<br>レッアゥカン・コンパニー |
| 産業政策<br>*sangyouseisaku* | industrial policy | ထုပ်လုပ်မှု စီမံကိန်း<br>トゥロウム・セイマンケイン |
| 産業用ロボット<br>*sangyouyourobotto* | industrial robot | လုပ်ငန်းသုံး စက်ရုပ်<br>ロッ・ングァン・トゥン・セッヨゥ<br><br>စက်ရုံသုံး စက်ရုပ် |
| CIF (運賃保険料込条件)<br>*cif(unchinhokenryoukomijouken)* | CIF : cost, insurance and freight | စီအိုင်အက်(ဖ်)<br>セィ・アィン・エフ |
| C&F (運賃込み条件)<br>*c&f (unchinkomijouken)* | cost and freight | C&F<br>セィ・アン・エッ<br><br>ကုန်ပစ္စည်းခနှင့် သယ်ဆောင်ခ |
| GDP (国内総生産)<br>*gdp (kokunaisouseisan)* | GDP : gross domestic product | ပြည်တွင်း စုစုပေါင်း ကုန်ထုပ်ပမာဏ<br>ピィートィン・ススパウン・クォン トゥ・パマーナ |

## 経済貿易関連

| 日 | 英 | ミャンマー |
|---|---|---|
| 時価、市価、市場価格、株価、相場<br>*jika, shika, shijoukakaku, kabuka, souba* | market price | ကာလဈေး<br>カーラゼー |
| 資格、学歴・職歴<br>*shikaku, gakureki・shokureki* | qualifications | အရည်အချင်း<br>アイェ・アチン |
| 事業、企業<br>*jigyou, kigyou* | enterprise | လုပ်ငန်း<br>ロウ・ングァン |
| 事業計画、経営計画<br>*jigyoukeikaku, keieikeikaku* | business plan | စီးပွားရေး စီမံကိန်း<br>セイプアイェ・セイマンケイン |
| 事業の譲渡<br>*jigyouno jouto* | sale of assets | လုပ်ငန်းပိုင်ဆိုင်မှု<br>ロウ・ングァン・パインサインム |
| 事業部門の責任者<br>*jigyoubumonno sekininsha* | departmental manager | လုပ်ငန်းတာဝန်ခံ<br>ロウ・ングァン・ターウィンカン |
| 事業目的<br>*jigyouumokuteki* | business purpose | (စီးပွားရေး) ရည်ရွယ်ချက်<br>イルェッチェ |
| 事業を行っている<br>*jigyouu wo okonatteiru* | in business | လုပ်ငန်းလုပ်ကိုင်နေသည်<br>ロウングアン・ロウ・カイン・ネェティ |
| 資金援助<br>*shikinenjo* | financial aid | (ရင်းနှီးမှု) ငွေကြေးထောက်ပံ့ခြင်း<br>ングェチェー・タウパンチン |
| 資金繰り<br>*shikinguri* | funds flow management | ရင်းနှီးမြှုပ်နှံမှု၊ ဘဏ္ဍာရေး အခြေအနေ<br>インニーミョウナンム・バンダーイェー・アチェーアネェ |
| 資金計画<br>*shikinkeikaku* | financial plan | (ရင်းနှီးမှု) ငွေကြေးအစီအစဉ်<br>ングァチェー・アセィアセイン |
| 資金需要<br>*shikinjuyou* | funding requirements | လိုအပ်သော ရင်းနှီးမြှုပ်နှံမှု<br>ローアットゥ・インニーミョウナンム |

## 経済貿易関連

| 日 | 英 | ミャンマー |
|---|---|---|
| 資金調達<br>*shikinchoutatsu* | fund raising | ရင်းနှီးငွေ ပို့ပန်းခြင်း<br>インニー・ングェ・ポッパンチン |
| 資金を調達する<br>*shikin wo choutatsusuru* | raise capital | အရင်းအနှီးကို (ရှာဖွေ) ထုပ်ပေးသည်<br>アインアニーコ・(シャプェ)トゥペーティ |
| 自国通貨<br>*jikokutsuuka* | home currency | မိမိ နိုင်ငံသုံး ငွေကြေး (ယူနစ်)<br>ミミ・ナィンガントゥン・ングェチェー |
| 仕事上のつながり、人脈<br>*shigotojouno tsunagari, jinmyaku* | business connection | အဆက်အသွယ် ကောင်းခြင်း<br>アッセエアトェ・カウンチン |
| 指示、指図、説明<br>*shiji, sashizu, setsumei* | instructions | ညွှန်ကြားချက်<br>ニュンチャー・チェッ |
| 支出<br>*shishutsu* | outlay | ထွက်ငွေ<br>トゥエ・ングェ |
| 自署、サイン<br>*jisho, sain* | autograph | [အမှတ်တရ]လက်မှတ်<br>レッ・マッ |
| 市場<br>*shijou* | market | ဈေးကွက်<br>ゼェ・クェッ |
| 市場開発<br>*shijoukaihatsu* | market development | ဈေးကွက် ဖွံ့ဖြိုးမှု<br>ゼェクェッ・プウイン・ピョウ・ム |
| 市場環境、経営環境<br>*shijoukankyou, keieikankyou* | business condition | ဈေးကွက် အခြေအနေ<br>ゼェクェ・アチェーアネェ<br><br>လုပ်ငန်း အခြေအနေ |
| 市場研究<br>*shijoukenkyuu* | market research | ဈေးကွက် လေ့လာမှု<br>ゼェクェッ・レェラアム |

経済貿易関連

| 日 | 英 | ミャンマー |
|---|---|---|
| 市場占有率、<br>マーケットシェア<br>*shijousenyuuritsu, maakettoshea* | market share | ဈေးကွက်ရယ်ရာ<br>ゼェクェ・シェヤー<br><br>ဈေးကွက်အစု<br>ဈေးကွက် (ပိုင်ဆိုင်မှု) အချိုး |
| 市場調査<br>*shijouchousa* | market research<br>market survey | ဈေးကွက်စုံစမ်းခြင်း<br>ゼェクェ・ソンサンチン<br><br>ဈေးကွက် လေ့လာမှု<br>ゼェ・クェッ　レェラァム |
| 市場ニーズ<br>*shijouniizu* | market needs | ဈေးကွက် လိုအပ်ချက်<br>ゼェクェ・ロー・アッチェ |
| 市場を調査する<br>*shijou wo chousasuru* | research a market | ဈေးကွက်ကို စုံစမ်းသည်<br>ゼークェッコ・ソンサンティ |
| 指針<br>*shishin* | needle,<br>indicator,<br>pointer,<br>index,<br>guide | လမ်းညွှန်သည့်ကရိယာ<br>ランニョンティ　カリィヤァ<br><br>မျှား ညွှန်ပြသည့်အရာ။ |
| 事前の同意<br>*jizennodoui* | prior consent | ကြိုတင်သဘောတူညီမှု။<br>チュオティン・タボートゥニーム |
| 下書き、草案<br>*shitagaki, souan* | rough draft | အကြမ်းရေးခြင်း<br>アッチャンイェーチン |
| 失業率、失業率水準<br>*shitsugyouritsu, shitsugyouritsusuijun* | rate of unemployment | အလုပ်လက်မဲ့နှုန်း<br>アッロレッメヌォン |
| 実行可能なプロジェクト<br>*jikkoukanouna purojekuto* | feasible project | (လက်တွေ့) အကောင်အထည်<br>ဖော်နိုင်သော ပရောဂျက်<br>アカウンアテェ・ポゥナィントォ・<br>パロージェッ |

経済貿易関連

| 日 | 英 | ミャンマー |
|---|---|---|
| 実際は<br>*jissaiwa* | in fact | အမှန်အတိုင်း<br>アマァン・アタィン |
| 実施<br>*jisshi* | operation,<br>enforcement,<br>proceed,<br>carry out,<br>enact,<br>put into practice | အကောင်အထည် ဖော်ဆောင်ခြင်း<br>アカウン・アデェ・ポウ・サウン・チン |
| 実質所得<br>*jisshitsushotoku* | real income | (အမှန်) ဝင်ငွေ<br>(アマァン) ウィン・ングェ |
| 実地調査<br>*jicchichousa* | on-site survey | (လက်တွေ့ အကောင်အထည်<br>ဖော်သော) လုပ်ငန်းခွင် လေ့လာခြင်း<br>ロウ・ングァン・クィン・レーラァチン |
| 実地調査を行う<br>*jicchichousa wo okonau* | do fieldwork | လက်တွေ့လေ့လာခြင်း<br>レットェ・レーラーチン |
| 実費、現金支出<br>*jippi, genkinshishutsu* | out-of-pocket expenses | လက်တွေ့ (တစ်ကယ်တန်း၊<br>အမှန်တစ်ကယ်) ကုန်ကျစားရိပ်<br>レットェ・クォンチャサーイェィ |
| 支店<br>*shiten* | branch | ဆိုင် (ရုံး) ခွဲ<br>サィンクェ |
| 自動車販売台数<br>*jidoushahanbaidaisuu* | automobile sales | ရောင်းရသော ကားအရည်အတွက်<br>ヤウンヤトォ・カーアイェアットェ |
| 支払条件<br>*shiharaijouken* | terms of payment | (ငွေ) ပေးချေမှု့ စည်းမျဉ်း<br>ペーチェーム・セィミィン |
| 支払能力<br>*shiharainouryoku* | solvency | (ငွေ) ပေးချေနိုင်မှု့ (စွမ်းအား)<br>ペェチェーナィンム |
| 資本<br>*shihon* | capital,<br>fund | ရင်းနှီးမြှုပ်နှံမှုငွေ<br>イィン・ニィ・ミョゥナンム・ングェ |

経済貿易関連

| 日 | 英 | ミャンマー |
|---|---|---|
| 資本金<br>*shihonkin* | share capital | ရင်းနှီး(မြှုပ်နှံမှု)ငွေ<br>インニー・ングェ<br><br>အရင်း |
| 資本財<br>*shihonzai* | capital goods | ရင်းနှီးမြှုပ်နှံမှု ပစ္စည်း<br>インニー・ミョウナンム・ピッセイ |
| 資本参加する<br>*shihonsankasuru* | acquire capital in | ပါဝင်ရင်းနှီးမြှုပ်နှံသည်<br>パーウィン・インニー・ミュオナンティ |
| 資本市場<br>*shihonshijou* | capital market | ရင်းနှီးမြှုပ်နှံမှု ဈေးကွက်<br>インニー・ミョウナンム・ゼェクエッ |
| 資本主義<br>*shihonshugi* | capitalism | အရင်းရှင်စနစ်<br>アチンシン・サッニ |
| 資本ストック<br>*shihonsutokku* | capital stock | ရင်းနှီးမြှုပ်နှံမှု ရှယ်ယာ<br>インニー・ミョウナンム・シェア |
| 事務手続き<br>*jimutetsuzuki* | administrative procedure | လုပ်ငန်းဆိုင်ရာ လုပ်ဆောင်မှု<br>ロウ・ングァン・サィンヤー・ロウサウンム |
| 社長<br>*shachou* | managing director | (ကုမ္ပဏီ) ဒါရိုက်တာချုပ်<br>ダーライター・チュオッ |
| 社内手続き<br>*shanaitetsuzuki* | office procedure | ရုံး (လုပ်ငန်း၊ ကုမ္ပဏီ)တွင်း လုပ်ဆောင်ချက်<br>ヨウントィン・ロウリウッチェ |
| 社名、商号<br>*shamei, shougou* | corporate name | ကုမ္ပဏီတံဆိပ်<br>コンマニータンセィッ<br><br>ကုန်ပစ္စည်း တံဆိပ် |
| 収益、売り上げ<br>*shuueki, uriage* | revenue | ရောင်းရငွေ<br>ヤウンヤ・ングェ |

経済貿易関連

| 日 | 英 | ミャンマー |
| --- | --- | --- |
| 収益機会、ビジネスチャンス<br>*shuuekikikai, bijinesuchansu* | market opportunity | စီးပွားရေး အခွင့်အလမ်း<br>セィプァイエー・アクィンアラン |
| 収益力<br>*shuuekiryoku* | earning power | ဝင်ငွေအား<br>ウィン・ングェ・アー |
| 就業<br>*shuugyou* | start [begin, set about] work, employment, starting work | အလုပ်ဝင်ခြင်း<br>アッロ・ウィンチン |
| 従業員<br>*juugyouin* | employee | ဝန်ထမ်း<br>ウィンダン<br><br>အလုပ်သမား |
| 従業員数<br>*juugyouinsuu* | headcount | ဝန်ထမ်းအင်အား<br>ウィンダン・インアー |
| 就業規則<br>*shuugyoukisoku* | office [shop] regulations, work regulation, | အလုပ်စည်းမျဉ်း<br>アッロ・セィミィン |
| 充当する<br>*juutousuru* | appropriate | သင့်သည်<br>テン・ティ<br><br>လျော်ကန်သည်<br>ショウ・カンティ |
| 自由貿易<br>*jiyuuboueki* | free trade | လွတ်လပ်စွာ ကုန်သွယ်မှု<br>ルッラッスァ・クォントェム |
| 住民登録<br>*juumintourokou* | resident registration | နေထိုင်ရန်လျှောက်ထားခြင်း<br>ネータィンヤン・シャゥタァチン |
| 重要な問題<br>*juuyouna mondai* | major problem | အဓိက ပြဿနာ<br>アディカ・ピャタナー |

経済貿易関連

| 日 | 英 | ミャンマー |
|---|---|---|
| 修理工場<br>*shuurikoujou* | repair shop | ပြုပြင်ရေးစက်ရုံ<br>ピュピインイェー・セッヨン |
| 収率<br>*shuuritsu* | improvement<br>yield,<br>produce | မွန်းမံမှု<br>ムゥンマンム<br><br>အထွက်ပမာက<br>アットェ・パマナ |
| (契約の)終了、契約解除、解雇<br>*(keiyaku no)shuuryou, keiyakukaijo, kaiko* | termination | ပယ်ဖျက်ခြင်း<br>ペェピェッチン |
| 主契約<br>*shukeiyaku* | prime contract | အဓိက စာချုပ်<br>アディカ・サーチュオッ |
| 主契約者<br>*shukeiyakusha* | prime contractor | စာချုပ်ချုပ်သူ<br>サーチュオ・ッチョウ・ソートゥ |
| 受注状況<br>*juchuujoukyou* | order rates<br>order status | အော်ဒါ အခြေအနေ<br>オーダー・アチェーアネェ |
| 受注生産<br>*juchuuseisan* | make-to-order | အော်ဒါမိတ်<br>オーダーメィッ |
| (司法手続きでの)主張、抗弁<br>*(shihoutetsuzukideno)syuchou, kouben* | plea | ထုချေချက်<br>トゥチェーチェッ<br><br>လျှောက်လဲချက်<br>シャウッレェチェッ |
| 出荷地、船積み地<br>*shukkachi, funazumichi* | port of<br>embarkation | သင်္ဘောတင်သည့် နေရာ<br>ティンボーティンティ・ネーヤ |
| 出資する<br>*shusshisuru* | contribute to<br>capital | ရင်းနှီးသည်<br>インニィ・ティ |

45

経済貿易関連

| 日 | 英 | ミャンマー |
|---|---|---|
| 出張中、旅行中<br>*shucchouchuu, ryokouchuu* | on the business trip,<br>on the road | အလုပ်ဖြင့် ခရီးသွားစဉ် (အတွင်း)<br>アロッピィン・カ・イー・トァセィン<br><br>အပျော် ခရီးသွားစဉ် (အတွင်း)<br>アピョウ・カ・イー・トァセィン |
| 需要<br>*juyou* | demand | တောင်းဆိုခြင်း<br>タウンソゥ・チン |
| 需要予測<br>*juyouyosoku* | demand forecast | ခန့်မှန်းချေ လိုအပ်ချက်<br>カンマンチェー・ロォーアッチェ |
| 順守<br>*junshu* | observance | (အလေ့အကျင့်) ထုံးစံ<br>トゥンサン |
| 純利益<br>*junrieki* | net profit | အသားတင်အမြတ်<br>アターティン・アッミヤ |
| ジョイントベンチャー、<br>合弁事業、合弁会社<br>*jointobenchaa,*<br>*goubenjigyou, goubengaisha* | joint venture | အကျိုးတူ ကုမ္ပဏီ<br>アチョートゥ・クォンマニー<br><br>joint venture |
| 紹介状<br>*shoukaijou* | letter of introduction | မိတ်ဆက်စာ<br>メィッセサー |
| 試用期間<br>*shiyoukikan* | trial period | အစမ်းကာလ<br>アサン・カァラ<br><br>စမ်းသပ်ကာလ<br>サンッタァ・カァラ |
| 償却<br>*shoukyaku* | repayment,<br>redemption,<br>amortization | တန်ဖိုးလျှော့ချခြင်း<br>タンボィ・ショウ・チャチン<br><br>ပြန်လည်ပေးဆပ်ခြင်း။ |

経済貿易関連

| 日 | 英 | ミャンマー |
|---|---|---|
| 商業<br>*shougyou* | commerce | (အရောင်းအဝယ်၊ကုန်သွယ်ရေး)<br>လုပ်ငန်း<br>ロッングァン |
| (契約の)条項<br>*(keiyakuno)joukou* | clause | အပိုဒ်ငယ်<br>アパイングェ |
| 詳細に<br>*shousaini* | in detail | အသေးစိတ်<br>アテェ・セィ |
| 商社<br>*shousha* | trade house | ကုန်သွယ်ရေး ကုမ္ပဏီ<br>クォントェイエー・クォンマニー |
| 仕様書、仕様、スペック、規格<br>*shiyousho, shiyou, supekku, kikaku* | specification | ညွှန်ကြားချက်<br>ニョン・チャー・チェッ |
| 上場企業、上場会社<br>*joujoukigyou, joujougaisha* | listed company | (အစုရှယ်ရာ) ဈေးကွက်ဝင် ကုမ္ပဏီ<br>ゼェクェウィン・クォンマニー |
| 常態<br>*joutai* | normal condition, normalization | ပုံမှန်<br>ポンマン<br><br>မပြောင်းလဲသော အခြေအနေ<br>マピャウン・レェ・トゥ・アチェアネェ |
| 承諾書、注文請書<br>*shoudakusho, chuumonukesho* | letter of acceptance | ကုန်မှာလွှာ<br>クォンマールア |
| 商談<br>*shoudan* | business meeting | (စီးပွားရေးအရ) ဆွေးနွေးခြင်း<br>スェ・ヌェ・チン |
| 商店<br>*shouten* | shop, store | ကုန်စုံ(ဆိုင်)<br>クォン・ソン・サィン |

経済貿易関連

| 日 | 英 | ミャンマー |
|---|---|---|
| 消費者<br>*shouhisha* | consumer | (စား) သုံးဆွဲသူ<br>トゥンスェトゥ |
| 商標<br>*shouhyou* | brand,<br>trademark | ကုန်(ပစ္စည်းအမှတ်အသား)တံဆိပ်<br>クォン・タッセェ |
| | | (ကုန်ပစ္စည်းအမှတ်အသား)တံဆိပ်<br>タッセェッ |
| 商品開発<br>*shouhinkaihatsu* | product<br>development | ရောင်းကုန် တည်ထွင်ထုပ်လုပ်ရေး<br>ヤウンクオン・ティトゥイン・トゥ・ロウ・イェ |
| 情報<br>*jouhou* | information | သတင်းအချက်အလက်<br>タティン・アチェ・アレッ |
| 情報セキュリティー<br>*jouhousekyuritii* | information<br>security | သတင်းလုံခြုံမှု<br>タティン・ロウンチョンム |
| (大使館の)商務官<br>*(taishikanno)shoumukan* | commercial<br>counselor | စီးပွားရေး ကောင်စစ်ဝန်<br>セィプアイェー・カウンセウィン |
| 証明<br>*shoumei* | proof,<br>evidence (of),<br>testimony | ရှင်းပြချက်<br>シンピャ・チェッ |
| | | သက်သေပြချက်<br>テェッテェ・ピャチェッ |
| 消耗品<br>*shoumouhin* | consumption<br>articles,<br>expendable<br>supplies,<br>consumable goods | သုံးစွဲမှု ပစ္စည်း<br>トゥン・スェム・ピッセイ |
| | | အသုံးချ ပစ္စည်း<br>アトゥンチャ・ピィッセイ |
| 乗用車販売台数<br>*jouyoushahanbaidaisuu* | car sales | (လူစီး)ကား ရောင်းရ အရည်အတွက်<br>カー・ヤウンヤ・アイェアトェツ |

48

## 経済貿易関連

| 日 | 英 | ミャンマー |
|---|---|---|
| 剰余金<br>*jouyokin* | surplus | ငွေပို(ငွေလျှံ)<br>ングェ・ポゥー<br><br>ပိုငွေ |
| 初期投資<br>*shokitoushi* | seed money | ဦးဆုံး မြှုပ်နှံမှု<br>ウーソン・ミョウナンム |
| 初期投資額<br>*shokitoushigaku* | initial investment | အစ(မူလ) ရင်းနှီးမြှုပ်နှံမှု<br>アサァ(ムーラ)インニー・ミョウナンム |
| 初期費用<br>*shokihiyou* | initial cost | အစ(မူလ)ကုန်ကျမှု<br>アサァ(ムーラ)クォンチャム |
| 職場<br>*shokuba* | workplace,<br>office | အလုပ်ဌာန<br>アルオッ・タァナ |
| 諸経費、雑費<br>*shokeihi, zappi* | miscellaneous<br>expenditure | အထွေထွေကုန်ကျငွေ<br>アトェトェ・クォンチャ・ングェ |
| 所得税<br>*shotokuzei* | income tax | ဝင်ငွေခွန်<br>ウィンングェ・クォン |
| 署名する、捺印する<br>*shomeisuru, natsuinsuru* | affix | လက်မှတ်ထိုးသည်<br>レッマ・トゥティ |
| 書面にて<br>*shomennite* | in writing | စာဖြင့်<br>サーピィン |
| 書面による通知<br>*shomenniyoru tsuuchi* | notice in writing | စာဖြင့် အကြောင်းကြားစာ<br>サーピィン・アチャゥンチャーサー |
| 処理<br>*shori* | processing,<br>dealing,<br>treatment,<br>disposition,<br>disposal | လုပ်ဆောင်ခြင်း<br>ロッサウン・チン<br><br>(ကုန်) ထုတ်လုပ်မှုနည်းစနစ်<br>トゥッロウム・ニィ・サッニ |

経済貿易関連

| 日 | 英 | ミャンマー |
|---|---|---|
| 辞令<br>*jirei* | letter of appointment | (အလုပ်)အမိန့်စာ<br>アメィンサー<br><br>အမိန့်ကြေညာစာ |
| 人員を削減する<br>*jinin wo sakugensuru* | cut the payroll | ဝန်ထမ်းလျှော့ချခြင်း<br>ウィンダン・ショウチャジン |
| 新技術<br>*shingijutsu* | new technology | နည်းပညာအသစ်<br>ニーピィンニャー・アッテェ |
| 新規注文、新規取引、新規事業<br>*shinkichuumon, shinkitorihikiki, shinkijigyou* | new business | အော်ဒါအသစ်<br>オーダーアッテェ<br><br>စီးပွားရေးအသစ်<br>セィパイエー・アッテェ |
| 人口<br>*jinkou* | population | လူဦးရေ<br>ルウ・ウゥ・イェ |
| 新興経済<br>*shinkoukeizai* | young economy | စီးပွားရေးအသစ်<br>セィパイエー・アッテェ |
| 人種差別<br>*jinshusabetsu* | race discrimination | လူသား(လူတန်းစား)ခွဲခြားမှု<br>ルータァ・クェチャーム |
| 進出する<br>*shinshutsusuru* | make a foray | ဝင်ရောက်သည်<br>ウィン・ヤゥ・ティ |
| 申請書を提出する<br>*shinseisho wo teishutsusuru* | file an application | လျှောက်လွှာ တင်သည်<br>シャゥルア・ティンティ |
| 浸透<br>*shintou* | penetration | ဖောက်ထွင်း(မှု)<br>パウ・トゥン(ム)<br><br>ထိုးဖောက်မှု<br>トゥ・パウ・ム |

50

## 経済貿易関連

| 日 | 英 | ミャンマー |
|---|---|---|
| 浸透性<br>*shintousei* | osmosis, permeability | ဖေါက်ထွင်းမှု (အတိုင်းအတာသတ္တိ)<br>パウトィンム |
| 新聞広告<br>*shinbunkoukoku* | newspaper advertisement | သတင်းစာကြော်ငြာ<br>タティンサー・チョウニャー |
| 新聞報道<br>*shinbunhoudou* | newspaper report | သတင်း(စာ) ထုတ်လွှင့်မှု<br>タティンサー・トゥルィンム |
| 信用状<br>*shinyoujou* | letter of credit | L/C<br>エル・シー |
| 信用状を発行する<br>*shinyoujou wo hakkousuru* | issue a letter of credit | အယ်လ်စီ ဖွင့်သူ<br>エーセィ・プィントゥ |
| 信用調査をする<br>*shinyouchousa wo suru* | run a credit check | ယုံကြည်မှု့ကိုရှာဖွေသည်<br>ヨンチームコ・シャープェティ<br><br>ဘက်မှငွေချေးသည့်အခါ၊ အလုပ်စတင်လုပ်သည့်အခါ တစ်ဘက်သား၏ စီးပွားရေးတောင့်တင်းမှု့အား စိစစ်ခြင်း |
| 信頼<br>*shinrai* | trust belief, reliance, confidence, dependence, faith | ယုံကြည်(မှု့)<br>ヨンチィ(ムゥ) |
| 信頼性<br>*shinraisei* | reliability, credibility, trustworthiness, dependability | ယုံကြည်မှု့(အတိုင်းအတာ)<br>ヨンチィ・ムゥ |
| 随意契約<br>*zuiikeiyaku* | negotiated contract | အပေးအယူ(ညှိနိုင်းမှု့) လုပ်ထားသည့် စာချုပ်<br>アペーアユー・ロゥタァティ・サーッチュオ |

経済貿易関連

| 日 | 英 | ミャンマー |
|---|---|---|
| スーパーコンピューター<br>*suupaakonpyuutaa* | supercomputer | ဆူပါကွန်ပြူတာ<br>スーパーコンピューター |
| スーパーバイザー<br>*suupaabaizaa* | supervisor | ဆူပါဗိုက်ဇာ(အကြံပေးသူ)<br>スーパーバイザー |
| スカイプ<br>*sukaipu* | Skype | စကိုက် (အပလီကေးရှင်း)<br>スッカィ |
| すき間、ニッチ<br>*sukima, nicchi* | niche | နေရာကလေး<br>ネーヤカレー<br><br>နေရာတစ်ခု |
| スケジュールを立てる<br>*sukejuuru wo tateru* | draw up a schedule | အချိန်ဇယားကို လုပ်ခြင်း<br>アチェインザヤークォ・ロウッチン |
| スケジュールを調整する<br>*sukejuuru wo chouseisuru* | adjust a schedule | အချိန်ဇယားကို ညှိခြင်း<br>アチェインザヤークォ・ニィッチン |
| スマートフォン<br>*sumaatofon* | Smartphone | စမတ်ဖုံး<br>スッマ・フォン |
| 寸法<br>*sunpou* | measurements | အတိုင်းအတာ<br>ア・タイィ・ア・タァ |
| 税<br>*zei* | tax | အကောက်အခွန်<br>アカゥ・アクォン |
| 生活水準<br>*seikatsusuijun* | living standard | လူနေမှု့အဆင့်အတန်း<br>ルーネェム・アセィンアタン |
| 税関、通関手続き<br>*zeikan, tsuukan tetsuzuki* | customs | အကောက်ခွန်(ဌာန)<br>アカゥ・クォン(ターナ)<br><br>customs |
| 税関で引っかかる、税関で呼び止められる<br>*zeikande hikkakaru, zeikande yobitomerareru* | be stopped at customs | အခွန်(ဌာန) တွင် တစ်နေသည်<br>アクォン・ダナ・トィン・ティッネティ |

経済貿易関連

| 日 | 英 | ミャンマー |
|---|---|---|
| 税関を通る<br>*zeikanwo tooru* | get through customs | အခွန်ကောက်သည်<br>アクォン・カウティ |
| 正規分布<br>*seikibunpu* | normal distribution | တရားဝင် (ပုံမှန်)ဖြန့်ဖြူးခြင်း<br>タヤウィン・ピャンピューチン |
| 請求額、残金<br>*seikyuugaku, zankin* | balance due | တောင်းငွေ<br>タウン・ングェ<br><br>ငွေကျန်(ကြွေးကျန်) |
| 請求書(インボイス)<br>*seikyuusho(inboisu)* | bill, invoice | ဘေ<br>ベェ<br><br>ကုန်ပို့လွှာ<br>クオン・ポウ・ルア<br><br>(ကျသင့်)ငွေတောင်းခံလွှာ<br>ングェ・タウンカン・ルア<br><br>ကုသကုန်ကျမှု အတွက် ငွေတောင်းခံခြင်း။ |
| 請求を支払う、<br>請求書を決済する<br>*kseikyuu wo siharau,*<br>*seikyuusho wo kessaisuru* | settle a bill | ငွေတောင်းလွှာကို ပေးချေသည်<br>ングェ・タウン・ルア・コ・ペーチェティ |
| 制限、規制、限定<br>*seigen, kisei, gentei* | limitation | သပ်မှတ်ချက်<br>タッマチェッ |
| 清算<br>*seisan* | liquidation | ရှင်းလင်းသည်<br>シンリンティ<br><br>ကြွေးရှင်းသည်<br>ဖြေရှင်းသည်<br>ရှင်းထုပ်သည် |

## 経済貿易関連

| 日 | 英 | ミャンマー |
|---|---|---|
| 生産<br>*seisan* | production, manufacture, output | ကုန်ပစ္စည်း ထုတ်လုပ်ခြင်း<br>クォン・ピッセィ・トゥロウ・チン |
| 生産工程、生産プロセス<br>*seisankoutei, seisanpurosesu* | production process | ထုတ်လုပ်မှု့ အဆင့်ဆင့်<br>トゥッロウム・アセィンセイン |
| 生産国<br>*seisankoku* | producer country | ထုတ်လုပ်သည့်တိုင်းပြည်<br>トゥロウティ・ティンピィー |
| 生産性<br>*seisansei* | productivity | ထုတ်လုပ်မှု့<br>トゥロウム |
| 生産高<br>*seisandaka* | output | (ကုန်ပစ္စည်း) ထုတ်လုပ်မှု့<br>トゥッロウム |
| 生産目標<br>*seisanmokuhyou* | production goal | ထုတ်လုပ်မှု့ ဦးတည်ချက်<br>トゥロウム・ウーティジェッ |
| 生産量<br>*seisanryou* | production volume | ထုတ်လုပ်မှု့ ပမာဏ<br>トゥロウム・パマーナ |
| 正式の回答<br>*seishikino kaitou* | official response | တရားဝင်ပြန်ကြားချက်<br>タヤーウィン・ピャンチャージェッ |
| 製造業<br>*seizougyou* | manufacturing sector | ထုတ်လုပ်မှု့ လုပ်ငန်းပိုင်း<br>トゥッロウム・ロ・ングァン・パィン |
| 製造コスト、製品コスト<br>*seizoukosuto, seihinkosuto* | product cost | ထုတ်လုပ်မှု့ ကုန်ကျစားရိပ်<br>トゥロウム・クォンチャサーイェッ |
| 製造年月日<br>*seizounengappi* | manufacturing date | (ကုန်ပစ္စည်း) ထုတ်လုပ်သည့်နေ့<br>トゥッロウティネェ |
| 製造物責任<br>*seizoubutsusekinin* | products liability | ကုန်ပစ္စည်း တာဝန်(အာမခံ)<br>クォンピッセィ・ターウィン |
| 成長、伸び、増加、発展<br>*seichou, nobi, zouka, hatten* | growth | တိုးတက်မှု့<br>トゥッテム |

経済貿易関連

| 日 | 英 | ミャンマー |
|---|---|---|
| 成長産業<br>*seichousangyou* | growth industry | ကုန်ထုတ်တိုးမြှင့်မှု<br>クォントウッ・トゥ・ミィンム |
| 成長戦略<br>*seichousenryaku* | growth plan | တိုးတက်မှု စီမံကိန်း<br>トゥッテム・セィマンケイン |
| 製品<br>*seihin* | product,<br>manufactured goods,<br>finished goods | ကုန်ပစ္စည်း<br>クォン・ピッセィ |
| 製品開発<br>*seihinkaihatsu* | product development | ကုန်ပစ္စည်း တီထွင်မှု<br>クォンピッセィ・ティトィンム |
| 製品管理<br>*seihinkanri* | product management | ထုပ်လုပ်မှု စီစဉ်ခြင်း<br>トゥロウム・セィセィンチン |
| 製品原価<br>*seihingenka* | cost of product | (ကုန်ပစ္စည်း ကုန်ကျငွေ) အရင်း<br>ア・イィン |
| 製品別売上構成<br>*seihinbetsuuriagekousei* | expense breakdown of sales by product | ကုန်ပစ္စည်းအလိုက် ရောင်းပုံရောင်းနည်း<br>クォンピィセィ・アッライ・ヤウンポン・ヤオンニー |
| 政府開発援助(ODA)<br>*seifukaihatsuenjo(oda)* | ODA : official development assistance | ဂျပန်(အစိုးရ) အကူအညီ<br>ジャンパン(アソーヤ)アクーアニィ<br><br>အိုဒီအေ ဟုခေါ်သော်လည်း အရှေ့တောင်အာရှ နိုင်ငံများက အများအားဖြင့် ဂျိုက်ကာ ပရောဂျက် ဟုခေါ်ဆိုကြလေသည်။ |
| セーフガード<br>*seefugaado* | safeguard | ဆွေ(ဖ)ဂါတ်<br>セーガッ |
| セールスポイント<br>*seerusupointo* | selling point | (ကုန်ပစ္စည်း) ထူးခြားချက်<br>ドゥーチャーッチェ |

55

経済貿易関連

| 日 | 英 | ミャンマー |
|---|---|---|
| 世界銀行<br>*sekaiginkou* | World Bank<br>IBRD :<br>International Bank for Reconstruction and Development | ကမ္ဘာ့ဘဏ်<br>カッバ・バン |
| 世界経済<br>*sekaikeizai* | world economy | ကမ္ဘာ့စီးပွားရေး<br>カバア・セィーブァイエー |
| (任務を遂行する・法的)責任、職責、義務<br>*(ninmu wo suikousuru · houteki) sekinin, shokuseki, gimu* | responsibility, liability | တာဝန်<br>タァーウィン |
| 施工管理<br>*sekoukanri* | construction supervision | (ဆောက်လုပ်ရေး) ဆူပါဗိုက်ဆာ<br>スーパーバイザー |
| 接待<br>*settai* | business entertaining | (စီးပွားရေးအရ) ဖိတ်ကြားခြင်း<br>ペッチャーチン |
| 設定<br>*settei* | setting up, establishment, creation, founding, installation | သပ်မှတ် (ပြဋ္ဌာန်း၊ ချမှတ်) ခြင်း<br>タァ・マッ・チン |
| 設定条件<br>*setteijouken* | set up condition, setting condition | သပ်မှတ်ချက်<br>タァ・マッ・チェッ |
| | | စည်းမြင်း<br>セィ・ミィン |
| | | သပ်မှတ်ခြင်း ဆိုင်ရာ စည်းကမ်း။ |

経済貿易関連

| 日 | 英 | ミャンマー |
|---|---|---|
| 設備投資<br>*setsubitoushi* | business capital spending | အဆောက်အဦး ရင်းနှီးမှု<br>アサウア・ウゥ・インニーム |
| 説明資料<br>*setsumeishiryou* | briefing note | (အသုံးချနည်း) ရှင်းပြချက်<br>シンピヤッチェ |
| 全体として<br>*zentaitoshite* | on the whole | ခြုံကြည့်လျှင်<br>チョンチィルイン |
| 先端技術<br>*sentangijutsu* | advanced technology | အသစ်အဆန်း ပညာရပ်<br>アティアサン・ピィン・ニャ・ヤッ |
| 前提条件<br>*zenteijouken* | prerequisite | မရှိမဖြစ်လိုအပ်သောသပ်မှတ်ချက်<br>マシマッピィ・ローアットオ・タッマチェッ<br><br>တစ်ခုခုကို ပထမဦးဆုံး သပ်မှတ်ပြီးမှ စည်းမျဉ်းချက်ချသော သပ်မှတ်ချက် |
| 宣伝、広報活動<br>*senden, kouhoukatsudou* | publicity | ကြော်ငြာ<br>チョーニャー |
| 戦略、長期計画<br>*senryaku, choukikeikaku* | strategy | ဗျူဟာ<br>ビューハー |
| 総売上<br>*souuriage* | gross sales | စုစုပေါင်း ရောင်းအား<br>スゥスゥパウン・ヤゥンアァ |
| 増益<br>*zoueki* | profit growth | အမြတ်တိုးခြင်း<br>アッミャトゥチン |
| 掃気<br>*souki* | scavenging air | လေအညစ်အကြေး<br>レェ・アニィ・アチェ<br><br>အမိုက်အညစ်အကြေးမှ ထွက်သောလေ။ |

経済貿易関連

| 日 | 英 | ミャンマー |
|---|---|---|
| 創業<br>*sougyou* | establishment, established institution, founding | လုပ်ငန်းတည်ထောင်ခြင်း<br>ロウングァン・ティ・タウ・チン |
| 増強する<br>*zoukyousuru* | ramp up | ပိုမိုအားစိုက်သည်<br>ポーモーアァサイティ |
| 送金<br>*soukin* | remittance | ပို့ငွေ<br>ポゥ・ングェ |
| 相互<br>*sougo* | reciprocal, mutuality, reciprocally | အပြန်အလှန် (အကျိုးသက်ရောက်မှု)<br>アピャン・アラン |
| 相殺する<br>*sousaisuru* | offset | ချေခြင်း<br>チェーチン<br><br>ကာမိစေခြင်း (ပေးစရာရစရာများကို) ထေခြင်း |
| 操作説明書、取扱説明書<br>*sousasetsumeisho, toriatsukaisetsumeisho* | operating instructions | အသုံးပြုပုံ လမ်းညွှန်<br>アトウンピュ・ランニュン |
| 増資<br>*zoushi* | capital increase | ရင်းနှီးမြှုပ်နှံမှု ပမာဏ တိုးခြင်း<br>インニーミョナンム・パマーナ・トゥチン |
| 増資する<br>*zoushisuru* | increase capital | (ရင်းနှီး) မြှုပ်နှံမှု တိုးချဲ့ခြင်း<br>ミョウナンム・トーチェチン |
| 総重量<br>*soujuuryou* | gross weight | စုစုပေါင်း အလေးချိန်<br>スゥスゥパウン・アレーチェィン |
| 送料<br>*souryou* | carriage charge | ပို့ဆောင်ခ<br>ポサウンカ |

経済貿易関連

| 日 | 英 | ミャンマー |
|---|---|---|
| ソース<br>*soosu* | source | ဆော့(စ်)<br>ソオッ |
| | | အခြေခံ<br>ア・チェ・ガン |
| 組織改革<br>*soshikikaikaku* | organizational change | အဖွဲ့အစည်း (ပြုပြင်) ပြင်ဆင်ခြင်း<br>アプェアセィ・ピィンセィンチン |
| 組織労働者<br>*soshikiroudousha* | organized labor | အဖွဲ့အစည်း အလုပ်သမား<br>アプェアセィ・アロウタマア |
| (民事)訴訟<br>*(minji)soshou* | litigation | တရားစွဲခြင်း<br>タヤースェーチン |
| 措置期間<br>*sochikikan* | lock-up period | (လုံခြုံစွာ) ထိမ်းချုပ်ထားသော ကာလ<br>ティンチュオタァトゥ・カーラァ |
| ソフトウエア<br>*sofutouea* | software | ဆော့(ဖ်)ဝဲယား<br>ソーフ・ウェヤー |
| 損益計算書<br>*sonekikeisansho* | profit and loss statement, | ပီအယ် စတိတ်မန့်<br>ピーエ・スティーメン |
| | income statement | လုပ်ငန်း အရှုံးအမြတ်ကို ဖော်ပြသော စာရင်း။ |
| 損害、損失<br>*songai, sonshitsu* | damage | ဆုံးရှုံးမှု<br>ソンションム |
| 損害保険<br>*songaihoken* | casualty insurance | ထိခိုက်မှု့အာမခံ<br>ティッカイム・アーマカン |
| 損失を出す<br>*sonshitsu wo dasu* | lose money | ဆုံးရှုံးသော ငွေကြေး<br>ソンシュオントォ・ングェ・チェー |

経済貿易関連

| 日 | 英 | ミャンマー |
|---|---|---|

## た

| 第一次産業<br>*daiichijisangyou* | primary sector | ပထမဦးဆုံး ကုန်ထုတ်လုပ်မှု<br>パダマウーソン・クォントゥロウム |
|---|---|---|
| 大企業<br>*daikigyou* | big enterprise | ကုမ္ပဏီအကြီးစား<br>コンマニー・アチィサア |
| 大規模開発<br>*daikibokaihatsu* | large-scale development | အကြီးစား ဖွံ့ဖြိုးမှု (စီမံကိန်း)<br>アチーサ・プィンピョウム（セィマンキィン） |
| (出入国手続きでの)滞在許可、残留許可証<br>*(shutsunyuukokutetsuzukideno) taizaikyoka, zanryuukyokashou* | residence permit | နေထိုင်ခွင့်<br>ネタィンクィン |
| 代表<br>*daihyou* | representative, delegate | ကိုယ်စားလှယ်၊ ခေါင်းဆောင်<br>コゥサレー／ガウンサウン<br><br>ကိုယ်စားဆောင်ရွက်ခွင့် ပေးခြင်း ခံရသူ။<br><br>ကုမ္ပဏီ ပိုင်ရှင်အားလည်း 代表 DAIHYOU ဟု လွယ်လွယ်ကူကူ ခေါ်ဆိုတတ်ကြပါသည်။ |
| 耐用年数<br>*taiyounensuu* | useful life | အသုံးဝင်မှု ကာလ<br>アトゥンウィンム・カーラァ |
| 耐用年数<br>*taiyounensuu* | durable years, period of depreciation, service life | ကြာရှည်အသုံးပြုနိုင်သော သက်တမ်း (နှစ်)<br>チャーシェ・アトゥンピュナィントゥ・テッタン（ニッ） |

経済貿易関連

| 日 | 英 | ミャンマー |
|---|---|---|
| 代理店<br>*dairiten* | distributor | ကိုယ်စားလှယ် (အရောင်းဆိုင်)<br>コウサレー（アヤウン・サイン）<br><br>ကုမ္ပဏီစက်ရုံများကိုယ်စား တာဝန်ခံ ရောင်းချပေးသော ဆိုင် သို့မဟုတ် ကုမ္ပဏီများကို ဆိုလိုပါသည်။ ကုန်ရောင်းချရှုံသာမက အာမခံပါ လုပ်ရသောကြောင့် သာမန်ရောင်းချရှုံ သက်သက် ဖြစ်သော အရောင်းဆိုင် နှင့် အနည်းငယ် အဝိပွယ် ကွာခြားပါသည်။ |
| 代理店契約を打ち切る<br>*dairitenkeiyaku wo uchikiru* | terminate an agent | အေးဂျင့်စာချုပ်ဖျက်ခြင်း<br>エージン・サーチュオ・ピェチン |
| 大量生産、量産<br>*tairyouseisan, ryousan* | mass production | အမြောက်အများထုပ်လုပ်ခြင်း<br>アミョウアミャア・トゥロウチン |
| 多国籍企業<br>*takokusekikigyou* | multinational corporation | နိုင်ငံပေါင်းစုံ လုပ်ငန်း<br>ナィンガン・パウンソン・ロウ・ングアン |
| 他社<br>*tasha* | other's company | တစ်ခြား ကုမ္ပဏီ<br>テッチャ・コンマニー |
| 立会い<br>*tachiai* | attending (inspection), attendance, witnessing, presence | သက်သေခံခြင်း<br>テッティ・カンチン<br><br>သက်သေအဖြစ် ရပ်တည်ခြင်း<br>テッテェ・アピィッ・ヤッティチン |
| 立会人<br>*tachiainin* | observer witness | သက်သေ<br>テェッテェ |
| 多方面<br>*tahoumen* | various | အဘက်ဘက် (အမျိုးမျိုး)<br>アベッベェ（アミョウミョウ） |

61

経済貿易関連

| 日 | 英 | ミャンマー |
|---|---|---|
| 多目的の<br>*tamokutekino* | multipurpose | ဘက်စုံ ရည်ရွယ်ချက်<br>ベッソン・イユェッチェ |
| 短期見通し<br>*tankimitooshi* | near-term outlook | နှစ်တို အလားအလာ<br>ネェットゥ・アラーアッラ |
| 単身赴任する<br>*tanshinfunin suru* | be on an unaccompanied assignment | (တစ်ဦးတည်း ပြောင်းရွှေ့)<br>တာဝန်ပေးသည်<br>(タウティ ピャオンシュェ)ターウィンペーティ<br><br>(မိသားစုမပါ တစ်ယောက်တည်း နယ်ပြောင်းသည်) |
| 担当業務<br>*tantougyoumu* | work assignment | တာဝန်ခံသည်၊ လုပ်ငန်း(ပိုင်း)<br>ターウィンカンティ・ルォングァン |
| 治安<br>*chian* | public peace,<br>public order,<br>law and order | လုံခြုံရေး<br>ロン・チョン・レェ<br><br>စစ်မက်ရေးရာအရရည်ညွှန်းသော လုံခြုံရေး၊ သာမကအထူးသဖြင့် ကမ္ဘာလှည့်ခရီးသည်များ၊ အားနည်သည့် မိန်းမ သားများ နှင့် ကလေး သူငယ်များက စိုးရိမ်ပူပန်ခြင်းမရှိ ပြင်ပ သို့သွားရောက်နိုင်သော လုံခြုံ ရေးမျိုးကို ရည်ညွှန်းပါသည်။ |
| 地域開発援助<br>*chiikikaihatsuenjo* | regional aid | ဒေသတွင်း ဖွံ့ဖြိုးမှု အကူအညီ<br>デァタトィン・プィンピョーム・アクーアニィ |

経済貿易関連

| 日 | 英 | ミャンマー |
|---|---|---|
| チェック項目<br>*chekkukoumoku* | check item | စစ်ဆေးရန်ခေါင်းစဉ်<br>セィッセーヤン・ガウンセイン<br><br>ကုန်ပစ္စည်းများ ထုပ်လုပ်ရာတွင် အလေးထား၍ စစ်ဆေး သင့်သည် အကြောင်းအရာများကို ကြိုတင်၍ ခေါင်းစဉ် တတ်ထားသော စာရွက် စာတမ်း ကိုညည်ညွှန်းပါသည်။ |
| チェックシート<br>*chekkushiito* | check sheet | စစ်ဆေးရေး စာရွက်<br>セィッセーイェ・サーユェッ<br><br>စစ်ဆေးသင့်သည် နေရာများ၊ စစ်ဆေးရန်ခေါင်းစဉ်များ နှင့် စစ်ဆေး ရမည့် အကြောင်းအရာများကို ကြိုတင်၍ ရေးထား သော စာရွက်။ |
| チェックポイント<br>*chekkupointo* | check point | စစ်ဆေးရန်နေရာ<br>セィッセーヤン・ネーヤ<br><br>ကုန်ပစ္စည်းများ ထုပ်လုပ်ရာတွင် အလေးထား၍ စစ်ဆေးသင့်သည် နေရာ (အချက်အလက်) ကို ရည်ညွှန်း သည်။<br>ထို့အပြင် ဟိုင်းဝေး လမ်းမကြီးများ တွင် ရှောင်တခင် စစ်ဆေးသော နေရာကိုလည်း ရည်ညွှန်းတတ်ကြ ပါသည်။ |
| 地価<br>*chika* | price of land | မြေဈေး<br>ミェ・ゼェ<br><br>ခြိမြေဈေးကို အဓိကရည်ညွှန်းပါ သည်။ ဂျပန်ပြည်တွင် အများ အားဖြင့် ၁မီတာ ပတ်လည်အကျယ် ဖြင့်မြေဈေးကို သပ်မှတ်ကြပါသည်။ |

経済貿易関連

| 日 | 英 | ミャンマー |
|---|---|---|
| 違い<br>*chigai* | difference | လွဲမှားခြင်း<br>ルェ・マーチン<br><br>ထူးခြားခြင်း<br>トゥ・チャー・チン<br><br>ကွဲပြားခြင်း<br>クェ・ピャー・チン<br><br>တိုက်ရိုက်ဘာသာပြန်ပါက၊ လွဲမှား ခြင်းဟူ၍ ဆိုနိုင်သော်လည်း၊ ကုန် ပစ္စည်း ၂ခုအား ယှဉ်၍ ပြောဆို ကြသော အခါ ၎င်းပစ္စည်း အသီး သီး၏ အရည်အသွေးများ မတူ ညီမှု၊ သာလွန်မှုများကို ရည်ညွှန်း ပါသည်။ |
| 地価税<br>*chikazei* | land value tax | မြေခွန်<br>ミェ・クォン |
| 力不足<br>*chikarabusoku* | strong weakness,<br>lacking of ability,<br>insufficiency,<br>inadequacy | အင်အားမပြည့်စုံခြင်း<br>イン・アー・マピェ・スォンチン<br><br>လုပ်ငန်းခွင်အတွင်း မျှော်လင့် ထားသော အရာ၊ အဆင့်နှင့် အချိန်ပိုင်း အတွင်း လုပ်ငန်း မပြီးမြောက်သောအခါတွင် လည်း ကျွေပေါ်ဟာရအား အသုံးများကြပါသည်။ |

経済貿易関連

| 日 | 英 | ミャンマー |
|---|---|---|
| 地方<br>*chihou* | local,<br>district,<br>area,<br>up-country | မြို့စွန်<br>ミョウ・スォン<br><br>နယ်စွန်<br>ネェ・スォン<br><br>မြို့ပါတ်<br>ミョウ・パッ<br><br>မြို့လည်မှမြို့ပါတ်၊ မြို့စွန်များအား ရည်ညွှန်း၍ ပြောဆိုတတ် သကဲ့သို့ မြို့ကြီးပြကြီးများမှ တစ်ခြားသော မြို့ရွာအသေးလေးများကို ရည်ညွှန်း ပြောဆိုရာတွင်လည်း အသုံးပြုကြပါ သည်။ |
| 中央銀行<br>*chuuouginkou* | central bank | ဗဟိုဘဏ်<br>バホーバン |
| 中核事業<br>*chuukakujigyou* | core business | (အလည်ဗဟို) စီးပွားရေး<br>セィパイエー |
| 中規模の<br>*chuukibono* | middle-sized | အလယ်အလတ်တန်းစား<br>アレーアッラタンザー |
| 中継貿易<br>*chuukeieboueki* | transit trade | ကြားခံကုန်သွယ်ရေး<br>ジャアカン・クォントェ・イェ<br><br>ထုတ်ကုန်တိုင်းပြည်နှင့် သွင်းကုန် တိုင်းပြည်အကြား အခြား တိုင်းပြည် တစ်ခုက ဝင်ရောက်၍ ကုန်သွယ်မှု ပြုလုပ်ခြင်း။ တစ်နိုင်ငံမှ သွင်းကုန် အား သပ်မှတ်ထားသော ကာလ အတွင်း တစ်ခြားတိုင်းပြည်ထုတ်ကုန် အဖြစ်ပို့ဆောင်ခြင်း။ ကုန်ပစ္စည်း ထုတ်လုပ်သူက ပစ္စည်းအာမခံကို ယူ၍၊ ကြားခံကုန်သွယ်သူက ဝန် ဆောင်မှု အာမခံကိုယူ၍ အရောင်း အဝယ် လုပ်သူကများ ပေသည်။ |

65

経済貿易関連

| 日 | 英 | ミャンマー |
|---|---|---|
| 中元<br>*chuugen* | mid year gift | နှစ်လည် လက်ဆောင်<br>ニッレェ・レッサウン<br><br>ဂျပန်လူမျိုးများသည် နှစ်လည် နှင့်နှစ်ကုန်ခါနီးတွင် လူအခြင်းခြင်း၊ ကုမ္ပဏီအခြင်းခြင်းလက်ဆောင်များကို ပေးလေ့ပေးထ ရှိပါသည်။ အထူးသဖြင့် ဤနှစ်အတွင်းမိမိအား ကူညီစောင့်ရှောက် ပံ့ပိုး ပေးခဲ့သူ အားကျေးဇူးတင်ရှိသည့် အနေနှင့် လက်ဆောင် ပေးသောသဘောမျိုး ရှိ ပါသည်။ |
| 中国株<br>*chuugokukabu* | Chinese stocks | တရုပ် စတော့<br>タヨウ・サ・トゥ |
| 中国の環境問題<br>*chuugokuno kankyoumondai* | environmental issues in China | တရုပ်နိုင်ငံ ပါတ်ဝန်းကျင် (ထိမ်းသိမ်းရေး) ပြဿနာ<br>タヨウナィンガン・パッウィンチン・(ディンティンイェー)ピャッタナー |
| 中国の資本市場<br>*chuugokuno shihonshijou* | stock markets in China | တရုပ်နိုင်ငံ ရင်းနှီးမြှုပ်နှံ့မှု ဈေးကွက်<br>タヨウナィンガン・インニー・ミョウナンム・ゼェクェッ |
| 中古車<br>*chuukosha* | used car | ကားဟောင်း<br>カァ・ハウン<br><br>အသုံးပြုပြီးသားယာဉ်<br>アトゥン・ピュピィタァ・イン |
| 中小企業<br>*chuushoukigyou* | minor small enterprises | အသေးစားနှင့် (အလည်လတ်စား)လုပ်ငန်းရှင်များ<br>アテェサァ・ルオッ・ンガンシンミャア |

66

経済貿易関連

| 日 | 英 | ミャンマー |
|---|---|---|
| 中途採用<br>*chuutosaiyou* | mid-career recruitment | ကြားဖြတ်အလုပ်ခန့်ခြင်း<br>ジャア・ピャッ・アッロ・カァンチン<br><br>ဘဏ္ဍာရေးနှစ် အစတွင် ကျောင်းဆင်းပြီးစ ဝန်ထမ်းများအား အလုပ်ခန့်ထားခြင်း မဟုတ်ပဲအလုပ် ပမာဏနှင့်အလုပ်သမားအခြေအနေ အပေါ် မူတည်၍ဘဏ္ဍာရေးနှစ်လည် အတွင်းကြားဖြတ်အလုပ်ခန့်ထားခြင်း။ |
| 注文書、発注書、購買注文<br>*chuumonsho, hacchuusho, koubaichuumon* | purchase order | အော်ဒါစာရွက်<br>オーダー・サーユェッ<br><br>ကုန်ပစ္စည်းမှာကြားလွှာ |
| 長期計画<br>*choukikeikaku* | long-range plan | နှစ်ရှည် စီမံကိန်း<br>ニッシェーセィマンケィン |
| 長期契約<br>*choukikeiyaku* | long-term contract | နှစ်ရှည်စာချုပ်<br>ニッシェーサーチュオッ |
| 長期目標<br>*choukimokuhyou* | long-term objective | နှစ်ရှည် ရည်မှန်းချက်<br>ネッシェーイマンッチェ |
| 調査、研究、研究論文、調査報告<br>*chousa, kenkyuu, kenkyuuronbun, chousahoukoku* | investigation | စုံစမ်းခြင်း<br>ソウサンチン |
| 調査<br>*chousa* | survey, investigation | စုံစမ်းခြင်း<br>スォン・サン・チン<br><br>အခြေအနေကို သိရအောင် စုံစမ်း စစ်ဆေးခြင်း။ |
| 調査結果<br>*chousakekka* | result of survey | စုံစမ်းမှုရလာဒ်<br>スォン・サンム・ラァラッ |

経済貿易関連

| 日 | 英 | ミャンマー |
|---|---|---|
| 調速機(ガバナ)<br>*chousokuki (gabana)* | governor | ဘုရင်ခံ(British)<br>バインカン<br><br>အစိုးရ<br>アソウヤ<br><br>ပြည်နယ်အုပ်ချုပ်ရေးမှူး။<br><br>အဖွဲ့ အစည်းတစ်ခု၏ အကြီးအကဲ<br>အုပ်ချုပ်ရေးအဖွဲ့.ဝင်၊ အာဏာပိုင်<br>အဖွဲ့ ဝင်။ |
| (資材等の)調達<br>*(shizaitouno)choutatsu* | procurement | ဖြည့်စည်းခြင်း<br>ピェセィチン<br><br>ရှာဖွေတင်ပို့ခြင်း |
| 頂点<br>*chouten*<br>[航空]アペックス、<br>事前購入割引回遊運賃<br>*[koukuu]apekkusu,jizenkouny-*<br>*uuwaribikikaiyuuunchin*<br>apex fare(アペックス運賃)<br>*(apekkusuunchin)* | APEX | ထိပ်ဆုံး<br>ティッソン<br><br>လေယာဉ်လက်မှတ်ကို<br>သတ်မှတ်ချိန်၌ကြိုတင်<br>စာရင်းပေးခြင်းအားဖြင့်<br>လေယာဉ်ခ လျော့ယူသော<br>စနစ်။ |
| 直接投資<br>*chokusetsutoushi* | direct investment | တိုက်ရိုက်ရင်းနှီးမြှုပ်နှံမှု<br>タィヤィ・インニー・ミュオナンム |
| 著作権<br>*chosakuken* | copyright | ပိုင်ဆိုင်မှု.<br>パィンサィンム |
| 貯蓄、貯金、節約、倹約<br>*chochiku, chokin, setsuyaku,*<br>*kenyaku* | savings | စုဆောင်းငွေ<br>スサウン・ングェ |

経済貿易関連

| 日 | 英 | ミャンマー |
|---|---|---|
| 賃<br>*chin* | charge | ကုန်ကျငွေ<br>クォン・チャ・ングエ<br><br>လူ၊ အရာဝတ္ထုအား အသုံးချသည့်အတွက် တူညီသော အခကြေးငွေ။ လုပ်လုပ်ကိုင်ခြင်း ကြောင့် ရရှိသော လုပ်အားခ။<br>အလုပ်သမားခ<br>賃金 Labor Charge<br>သင်္ဘောခ<br>船賃 Ocean Fright Charge<br>အိမ်လခ<br>家賃 House Rental Fee |
| 賃金<br>*chingin* | wages,<br>salary | လစာ<br>ラ・サア |
| 賃金交渉<br>*chinginkoushou* | pay negotiations | လစာညှိနှိုင်းမှု<br>ラーサア・ニィナインム |
| 陳謝<br>*chinsha* | apology | တောင်းပန်ခြင်း<br>タウン・パン・チン |
| 賃借人<br>*chinshakunin* | lessee | (မြေစသည်တို့ကို) ငှားယူသူ<br>ングア・ユートゥ |
| 賃貸<br>*chintai* | rent,<br>lease | အိမ်ငှားခ<br>エィン・ングア・ガ<br><br>အခြားတစ်ဦးတစ်ယောက်၊ အသင်းအဖွဲ့အစည်း နှင့် ကုမ္ပဏီကပိုင်ဆိုင်သော အိမ် သို့မဟုတ် အခန်းတွင် ငှားရန်၍ နေထိုင်သောကြောင့် ပေးဆောင်ရသော သပ်မှတ်ထားသည့် အခကြေးငွေ။ |

経済貿易関連

| 日 | 英 | ミャンマー |
|---|---|---|
| 賃貸人<br>*chintainin* | lessor | (မြေစသည်တို့ကို) ငှားရန်းသူ<br>ングァ・ヤントゥ |
| 賃貸物件<br>*chintaibukken* | rental property | ငှားရန်အိမ်ခန်း<br>ングァヤン・エィカン |
| 賃料<br>*chinryou* | rental payment | အိမ်(ငှား)ခ<br>エィンガ<br><br>အိမ်လခ |
| 通常<br>*tsuujou* | normal,<br>usual,<br>general,<br>regular | ပုံမှန်<br>ポン・マン |
| 通常価格<br>*tsuujoukakaku* | normal price | ပုံမှန်ဈေး<br>ポゥンマンゼー |
| 通常品<br>*tsuujouhin* | normal goods,<br>regular items | ပုံမှန်ပစ္စည်း<br>ポンマン・ピッセィ |
| 通信記録、業務日誌<br>*tsushinkiroku, gyoumunisshi* | log book | ဆက်သွယ်ရေး မှတ်တမ်း<br>セットェイェーマッタン<br><br>လုပ်ငန်းနေ့စဉ်မှတ်တမ်း |
| 通信障害<br>*tsuushinshougai* | breakdown in communications | ဆက်သွယ်မှု့ မကောင်းခြင်း<br>セットェム・マカウンチン |
| 通知する<br>*tsuuchisuru* | notify | အကြောင်းကြားသည်<br>アチャウン・チャーティ |
| 積荷目録<br>*tsuminimokuroku* | manifest | ပစ္စည်းစာရင်း ထုတ်ပြန်ကြေညာချက်<br>ピッセィーサーイン・トゥピャンッチェ |
| 提案する、勧める<br>*teiansuru, susumeru* | propose | တင်ပြအကြံဥာဏ်ပေးသည်<br>ティンピャ・アチャンニャン・ペーティ |

経済貿易関連

| 日 | 英 | ミャンマー |
|---|---|---|
| ディーラー<br>*diiraa* | dealer | ဒီလာ (ကိုယ်စားလှယ်)<br>ディラー(クォサーレー) |
| 定期便(航空便)<br>*teikibin(koukuubin)* | scheduled flight | ပုံမှန် လေကြောင်း<br>ポンマン・レェジョン |
| 低金利<br>*teikinri* | lower interest rate | အသေးစားအတိုးနှုန်း<br>アテェサァ・アトゥノゥン |
| 停電<br>*teiden* | electricity outage | မီးပြတ်ခြင်း<br>ミーピャッチン |
| 低予算<br>*teiyosan* | low budget | ရာထားငွေအနည်းငယ်<br>ヤータァ・ングェ・アネェ・ングェ |
| データベース<br>*deetabeesu* | data base | အခြေခံဒေတာ (အချက်အလက်)<br>アチェーカン・データ(アッチェアッレ) |
| 手書き、肉筆、自筆<br>*tegaki, nikuhitsu, jihitsu* | longhand | လက်ရေး<br>レッイェー |
| デジタル家電<br>*dejitarukaden* | digital appliance | အိမ်သုံးလျှပ်စစ်ပစ္စည်းများ<br>エィントゥン・ルェッセ・ピィッセィミャンー |
| デジタル放送<br>*dejitaruhousou* | digital signal broadcasting | ဒယ်ဂျီတယ်(တီဗွီ)လိုင်း<br>デジテェ・(ティヴィ)ライン |
| 手数料、コミッション<br>*tesuuryou, komisshon* | commission | ဝန်ဆောင်ခ<br>ウィンサウンカ |
| 撤退する、脱退する<br>*tettaisuru, dattaisuru* | pull out | ရုပ်ဆဲသည်<br>ヤッセーティ |
| デフォルト<br>*deforuto* | default | ပင်ကိုမှုရင်း (ဒက်ဖို့)<br>ピンコー・ムーイン(デッポ) |

経済貿易関連

| 日 | 英 | ミャンマー |
|---|---|---|
| デフレ<br>*defure* | deflationary spiral | ကျဆင်းခြင်း<br>チャセィンチン<br><br>(ငွေကြေးတန်ဘိုး ကျဆင်းခြင်း) |
| 電子書籍<br>*denshishoseki* | e-book | အီး ဘွတ်(ခ်)<br>イー・ブッ<br><br>(လျှပ်စစ်စာအုပ်) |
| 電子署名<br>*denshishomei* | digital signature | ဒယ်ဂျီတယ်ဆိုင်း(လက်မှတ်)<br>デジテェ・サイン |
| 伝送<br>*densou* | transmit<br>communication | သတင်းအချက်အလက် ပေးပို့ခြင်း<br>タティン・アチェ・アレェ ペーポ・チン |
| 伝送器<br>*densouki* | transmitter | သတင်းအချက်အလက်<br>ပေးပို့သည့်စက်<br>タティン・アチェ・アレェ ペーポッ・ティセェッ |
| 天然資源<br>*tennenshigen* | natural resources | သဘာဝ သယံဇာတ<br>タバワー・タヤンザーター |
| 伝票<br>*denpyou* | receipt | ပြေစာ<br>ピェーサ<br><br>တစ်ဦးမှ တစ်ဦးသို့၊ တစ်ဌာနမှ တစ်ဌာနသို့ ပေးဆောင်သင့်သော ငွေကြေးပမာဏ၊ ကုန်ပစ္စည်းကိုလက်ခံ/လက်လွှဲပေးဆောင် ပြီးကြောင်း သက်သေခံ စာရွက်စာတန်းပင် ဖြစ်ပါသည်။ |

経済貿易関連

| 日 | 英 | ミャンマー |
|---|---|---|
| 電話会議<br>*denwakaigi* | teleconference | တယ်လီဖုံး အစည်းအဝေး<br>テレフォン・アセィアウェー<br><br>တယ်လီးဖုံးသို့ မဟုတ် အင်တာနက်ကို အသုံးပြု၍ ဝေးကွာသော နေရာမှ သူများ တစ်ပြိုင်နက် အစည်းအဝေးလုပ်ခြင်း |
| 問い合わせ、照会、調査<br>*toiawase, shoukai, chousa* | inquiry | စုံစမ်းစစ်ဆေး (မေးမြန်း) မှု<br>ソウンサン・セィッセー(メーミャン)ム |
| 同意書<br>*douisho* | LOA : letter of approval | သဘောတူညီချက်(စာရွက်စာတမ်း)<br>タボートゥニィーッチェ |
| 動議／申し立て<br>*dougi / moushitate* | motion | လုပ်လျှားမှု<br>ロウシャーム |
| 投機的資金<br>*toukitekishikin* | hot money | တက်ကြ (တိုးမြှင့်)သော ငွေကြေး<br>テッチュアトゥ・ングェチェー |
| 統計、統計データ<br>*toukei, toukeideeta* | statistics | စာရင်းအင်း<br>サイン・イン<br><br>တစ်ပေါင်းတစ်စီးတည်းသော အချက်အလက် |
| 倒産、破綻<br>*tousann, hatam* | bankrupt, collapse | ကုမ္ပဏီပျက်ခြင်း<br>クォンマニー・ピェッチン |
| 投資<br>*toushi* | investment | ရင်းနှီးမြှုပ်နှံမှု<br>インニィ・ミョウナン・ム |
| 投資家<br>*toushika* | investor | ရင်းနှီးမြှုပ်နှံသူ<br>インニィ・ミョウナン・トゥ |

73

## 経済貿易関連

| 日 | 英 | ミャンマー |
|---|---|---|
| 投資環境<br>*toushikankyou* | investment environment | (ရင်းနှီး) မြတ်နံ့မှု ပတ်ဝင်းကျင် (အခြေအနေ)<br>(インニー)ミョウナンム・パウィンチン(アチェーアネェ) |
| 投資収益<br>*toushishuueki* | investment gain | (ရင်းနှီး) မြတ်နံ့မှု အမြတ်<br>(インニー)ミョウナンム・アッミャ |
| 投資判断<br>*toushihandan* | investment decision | ရင်းနှီးမှု ဆုံးဖြတ်ချက်<br>インニーム・ソンピャッチェ |
| 同社<br>*dousha* | same company | ကုမ္ပဏီတူ<br>コンマニートゥ |
| 投資リスク<br>*toushirisuku* | investment risk | ရင်းနှီးမှု အန္တရာယ်<br>インニーム・アンダイェー |
| 投票、投票用紙<br>*touhyou, touhyouyoushi* | ballot | မဲပြား<br>メーピャー |
| 登録、登記、記録<br>*touroku, touki, kiroku* | recording | မှတ်ပုံတင်ခြင်း<br>マッポンティンチン |
| 登録商標<br>*tourokushouhyou* | registered trade name | မှတ်ပုံတင်ပြီး (ကုန်ပစ္စည်း) တံဆိပ်<br>マッポンティンピー・タンセィ |
| 都市計画<br>*toshikeikaku* | city planning | မြို့ပြစီမံကိန်း<br>ミョピャ・セィマンケイン |
| 都市部<br>*toshibu* | urban areas | မြို့ (ပြ) တွင်း<br>ミョウ・トィン |
| 途上国<br>*tojoukoku* | developing country | ဖွံ့ဖြိုးတိုးတက်ဆဲနိုင်ငံ<br>プィンピョウートーッテセェ・ナィンガン |
| 土地価格、不動産価格<br>*tochikakaku, fudousankakaku* | land assets | မြေဈေး<br>ミェッセェ |

経済貿易関連

| 日 | 英 | ミャンマー |
|---|---|---|
| 土地の購入<br>*tochino kounyuu* | land purchase | မြေဝယ်ခြင်း<br>ミェ・ウェ・チン |
| 特許、特許権<br>*tokkyo, tokkyoken* | patent | မူပိုင်<br>ムーパイン |
| 取消可能信用状<br>*torikeshikanoushinyoujou* | revocations L/C | ဖျက်၍ရသော အယ်လ်စီ<br>ピェッルェ・ヤトゥ・エーセィ |
| 取消不能信用状<br>*torikeshifunoushinyoujou* | irrevocable L/C | ဖျက်၍မရသော အယ်လ်စီ<br>ピェッルェ・マヤトゥ・エーセィ |
| 取締役<br>*torishimariyaku* | director | (ဘုတ်အဖွဲ့ဝင်) ဒါရိုက်တာ<br>ダーライター |
| 取締役会<br>*torishimariyakukai* | board | ဒါရိုက်တာ ဘုတ်အဖွဲ့<br>ダーライター・ボアプェ |
| 取締役会議事録<br>*torishimariyakukaigijiroku* | minutes of the directors' meeting | ဘုတ်ဒါရိုက်တာ အဖွဲ့အစည်းအဝေး မှတ်တမ်း<br>ボウッダライターアプェ・アセィア ウェー・マッタン |
| 取締役会決議<br>*torishimariyakukaiketsugi* | board resolution | ဒါရိုက်တာ အဖွဲ့(၏) ဆုံးဖြတ်ချက်<br>ダーライター・アプェ・ソンピャッチェ |
| 取締役会の承認<br>*torishimariyakukaino shounin* | board approval | ဒါရိုက်တာ အဖွဲ့(၏) သဘောတူညီချက်<br>ダーライター・アプェ・タボウトゥ・ニィーッチェ |
| 取引<br>*torihiki* | deal | အရောင်းအဝယ်<br>アヤゥンアウェー |
| 取引条件<br>*torihikijouken* | business terms | အရောင်းအဝယ် သပ်မှတ်ချက်<br>アヤゥンアウェ・タッマッチェ |

経済貿易関連

| 日 | 英 | ミャンマー |
|---|---|---|
| 内需、国内内需<br>*naiju, kokunainaiju* | domestic demand | ပြည်တွင်းလိုအပ်ချက်<br>ピィトィン・ローアッチェ |
| 二国間貿易<br>*nikokukanboueki* | bilateral trade | နှစ်နိုင်ငံ ကုန်သွယ်ရေး<br>ニッナィンガン・クォントェイェー |
| 日常業務<br>*nichijougyoumu* | day-to-day operations | နေ့စဉ် ရုံးတာဝန်<br>ネセィン・ヨンターウィン |
| 入札実施通知書<br>*nyuusatsujisshitsuuchisho* | notice to bidders | တင်ဒါခေါ်စာ<br>ティンダー・クォサー |
| 入力<br>*nyuuryoku* | input | (အချက်အလက်)(တင်) သွင်းခြင်း<br>トィン・チン |
| ネット犯罪<br>*nettohanzai* | cyber crime | အင်တာနက် ပေါ်မှသုစရိုက်<br>インターネッ・ポウマ・トゥサヤッ |
| 年間売上、年商<br>*nenkanuriage, nenshou* | annual sales | နှစ်ပါတ်လည် ရောင်းအား<br>ニッパンレェ・ヤウンアァ |
| 年間消費量<br>*nenkanshouhiryou* | annual consumption | (နှစ်ပါတ်လည်)<br>သုံးစွဲမှု ပမာဏ<br>(ニッパッレェ) トゥン・スェ・ム |
| 年間生産能力<br>*nenkanseisannouryoku* | annual capacity | (နှစ်ပါတ်လည်)<br>ကုန်ထုပ်လုပ်မှု စွမ်းအား<br>(ニッパッレェ) クォントゥ・ロウム・スァン・アァ |
| 年間予算<br>*nenkanyosan* | annual budget | (နှစ်ပါတ်လည်) ဘတ်ဂျက်<br>(ニッパッレェ) バッジェ |
| 年次報告書、<br>アニュアル・レポート<br>*nenjihoukokusho,*<br>*anyuaru・repooto* | annual report | (နှစ်ပါတ်လည်) အစီရင်ခံစာ<br>(ニッパッレェ) アセィイン・カンサァ |

| 日 | 英 | ミャンマー |
|---|---|---|
| 燃料・水・電気等の消費量<br>*nenryou・mizu・denkitouno shouhiryou* | utility consumption | အသုံးပြုသည့် (လောင်စာ) ရေမီးပမာက<br>アトゥンピュティ・イェミーパマーナ |
| 納期、納入日、引渡日<br>*nouki, nounyuubi, hikiwatashibi* | delivery date | ကုန်ပစ္စည်း ပို့သည့်ရက်<br>クォンピッセイ・ポティッイェッ |
| 納品<br>*nouhin* | delivered (goods), supply | ကုန်ပစ္စည်းပို့ခြင်း<br>クォン・ピッセイ・ポォチン |
| 納品書<br>*nouhinsho* | statement of delivery,<br><br>delivery Invoice | (ကုန်ပစ္စည်းပို့ပြီး /လက်ခံရရှိပြီး) ပြေစာ<br>(クォン・ピッセイ・ポゥピィ)ピェサア |
| 能力、適性<br>*nouryouku, tekisei* | competence | စွမ်းသော<br>スアントオ |

| 日 | 英 | ミャンマー |
|---|---|---|
| バーター貿易<br>*baataaboueki* | counter trade | ပစ္စည်းလဲလှယ်သော ကုန်သွယ်မှု<br>ピィッセイ・レレートゥ・クォントェム |
| 廃棄物<br>*haikibutsu* | waste product | စွန့်ပစ်ပစ္စည်း<br>スゥンピッ・ピッセイ |
| 買収<br>*baishuu* | purchase | ဝယ်ယူခြင်း<br>ウェユチン |
| (企業を)買収する<br>*(kigyouwo)baishuusuru* | acquire | ဝယ်ယူသည်<br>ウェ・ユーティ |

## 経済貿易関連

| 日 | 英 | ミャンマー |
|---|---|---|
| 賠償<br>*baishou* | indemnity | နစ်နာကြေး<br>ニッナー・ジェー<br><br>လုပ်ငန်းခွင့်နစ်နာကြေး၊ မတော် တဆ ထိခိုက်မှုကြောင့် ပေးဆောင် သော လျော်ကြေးမျိုးအပြင်အဓိက ရည်ရွယ်ချက် ဖြစ်သော ၂ဦး ၂ဘက် က ပြေ ပြေ လည်လည်ဖြင့်တရားရုံး တွင် ရင်ဆိုင် ခြင်းမရှိရလေအောင် သတ်မှတ်ကြသောငွေကြေးပမာဏ တစ်ခုကို ခေါ်ဆိုပါသည်။ |
| 配当金<br>*haitoukin* | dividend | (ခွဲယူရမည့်) အမြတ်ငွေ<br>アッミャ・ングェ<br><br>အစုအပေါ်အမြတ် |
| 売買・買取代金、購入価格<br>*baibai·kaitoridaikin, kounyuukakaku* | purchase price | ရောင်းဝယ်ဈေး<br>ヤウンウェゼー |
| 売買契約<br>*baibaikeiyaku* | purchase and sale agreement | အရောင်းအဝယ်စာချုပ်<br>アヤウンアウェー・サーチュォ |
| 破産者<br>*hasansha* | bankrupt | စီးပွားရေးပျက်သူ<br>セィパイェー・ピェトゥ |
| 破綻する<br>*hatansuru* | fold up | ပြိုကွဲသည်<br>ピョークェティ |
| 発注<br>*hacchu* | order entry | အော်ဒါ<br>オーダー |
| 発注書、注文書<br>*hacchusho, chuumonsho* | order form | အော်ဒါစာရွက်<br>オーダー・サァユェッ |

| 日 | 英 | ミャンマー |
|---|---|---|
| バブル経済<br>*baburukeizai* | bubble economy, economic bubble | လေပူပေါင်းစီးပွားရေး<br>レーブーバウン・セィプァイエ<br><br>အတွင်းအဆီ အနှစ်မရှိ လေပူပေါင်း ကဲ့သို့သော စီးပွားရေး ကိုရည်ညွှန်းပါသည်။<br>အထူးသဖြင့် အိမ်မြေဈေး နှင့် ရှယ်ယာဈေးများက အမှန်တစ်ကယ်တိုးတက် နေသော စီးပွားရေးအောင်မြင်မှုထက် ပို၍ ကြီးမားနေသောစီးပွားရေး။ |
| 払込資本、資本金<br>*haraikomishihon, shihonkin* | paid-up capital | ရင်းနှီးငွေ<br>インニー・ングェ |
| パラメータ<br>*parameeta* | parameter | အချက်အလက် (ပါရာမေတာ)<br>アチェ・アレェッ |
| 販売委託<br>*hanbaiitaku* | sales commitment | အရောင်းလက်လွှဲ(လက်ခံ)ခြင်း<br>アヤウン・レッルェチン<br><br>အရောင်းလုပ်ငန်းနှင့်ပါတ်သက်၍ လွှဲအပ်ခြင်း |
| 販売実績、売上実績<br>*hanbaijisseki, uriagejisseki* | actual sales | အမှန်တစ်ကယ် ရောင်းရငွေ<br>アマンテェケェ・ヤウンヤ・ングェ |
| 販売促進、販促<br>*hanbaisokushin, hansoku* | sales promotion | ကြော်ငြာ<br>チョーニャー |
| 販売的<br>*hanbaiteki* | sales | အရောင်းအဝယ်<br>アヨン・アウェ |
| 販売店契約、販売契約<br>*hanbaitenkeiyaku, hanbaikeiyaku* | distributorship agreement | ကိုယ်စားလှယ် စာချုပ်<br>クォサーレェ・サーチュォ |
| 販売網<br>*hanbaimou* | sales network | အရောင်းကွန်ရက်<br>アヤウン・クォンイェッ |

## 経済貿易関連

| 日 | 英 | ミャンマー |
|---|---|---|
| 引き合い<br>*hikiai* | business inquiry | (စီးပွားရေးအရ) မေးမြန်းခြင်း<br>メーミャンチン |
| 非居住者<br>*hikyojuusha* | nonresident | (အစဉ်အမြဲ) မနေထိုင်သောသူ<br>マネータィントゥー・トゥ |
| 引渡条件<br>*hikiwatashijouken* | terms of delivery | ပို့ဆောင်မှု (ဆိုင်ရာ) သပ်မှတ်ချက်<br>ポウ・サウンム・タッマッチェ |
| 非行、不正行為<br>*hikou, fuseikoui* | misconduct | စည်းကမ်းမဲ့<br>セィカンメェ |
| ビジネスチャンス、商機<br>*bijinesuchansu, shouki* | business opportunity | စီးပွားရေးအခွင့်အလမ်း<br>セィプアイェ・アクィンアラン |
| ビジネス・リスク<br>*bisinesu・risuku* | business risk | စီးပွားရေး အန္တရာယ်<br>セィプアイェー・アンダィエ |
| 非常事態、緊急事態<br>*hijoujitai, kinkyuujitai* | emergency | အရေးကြီးသော အခြေအနေ<br>アイェーチトォ・アチェアネ<br><br>သာမာန်မဟုတ်သော အခြေအနေ |
| 非製造業<br>*hiseizougyou* | nonmanufacturing industry | စက်ရုံလုပ်ငန်း မဟုတ်သော<br>セッヨン・ロ・ングァン・マホゥトォ |
| 一言で言うと<br>*hitokotode iuto* | in a word | အလွယ်ဆုံးပြောရလျှင်<br>アルェソン・ピョゥヤ・ルィン |
| 表<br>*hyou* | table, list | စာရင်း<br>サーイン<br><br>ဇယား<br>ザヤァ<br><br>လက်ရှိအခြေအနေအချိန်အကြောင်းအရာများအားသိသာထင်ရှားစေသော အရာကိုရည်ညွှန်းပါသည်။ |

経済貿易関連

| 日 | 英 | ミャンマー |
|---|---|---|
| 評価<br>*hyouka* | evaluation | ချီးမွမ်းခြင်း<br>チーモンチン |
| | | လက်ခံခြင်း<br>レッカンチン |
| | | တိုင်းတာခြင်း<br>タイン・ターチン |
| | | အလုပ်သမားအား အလုပ်ရှင်မှ၊ ကျောင်းသားအား ဆရာမှ၊နိုင်ငံရေး သမားအား ပြည်သူမှစသဖြင့် ၎င်း တို့၏ လုပ်ရည်ကိုင်ရည်ပြောပုံ ဆိုပုံများအား လက်ခံ(ကန့်ကွက်) ချီးမွန်း (ရှုံ့ချ) ခြင်းကိုဆိုလိုပါသည်။ |
| 評価、鑑定評価、不動産鑑定<br>*hyouka, kanteihyouka, fudousankantei* | appraisal | (ကောင်းသည်…ဆိုးသည်ကို)<br>ဝေဖန်သည်<br>(カウンティ/ソウティクォ)ウェパンティ |
| 標準価格<br>*hyoujunkakaku* | standard price | ပုံမှန်ဈေး<br>ポウンマンゼィ |
| ビル<br>*biru* | building | အဆောက်အအုံ<br>アサウ・アオン |
| | | ဆောက်လုပ်ခြင်း၊ဆောက်လုပ်ရေး။ |
| 品質<br>*hinshitsu* | quality | (ကုန်) ပစ္စည်းအရည်အသွေး<br>(クォン)ピッセィ・アイェ・アトェ |
| 品質管理<br>*hinshitsukanri* | quality control | (ကုန်) ပစ္စည်းအရည်အသွေး<br>ထိန်းချုပ်မှု<br>(クォン)ピッセィ・アイェ・アトェ<br>ディンチォッ・ム |
| 品質管理検査<br>*hinshitsukanrikensa* | quality control inspection | (ကုန်ပစ္စည်း) အရည်အသွေး<br>စစ်ဆေးခြင်း<br>アイェアトェ・セィセーチン |

81

経済貿易関連

| 日 | 英 | ミャンマー |
|---|---|---|
| 品質規格<br>*hinshitsukikaku* | quality specification | (ကုန်) ပစ္စည်းအရည်အသွေး အသေးစိတ်သပ်မှတ်ခြင်း<br>(クォン) ピッセィ・アイェ・アトェ アテェセェッ タッマッチン |
| 品質基準<br>*hinshitsukijun* | quality standards | စံပြအရည်အသွေး<br>サンピャ・アイェアトェ |
| 品質表<br>*hinshitsuhyou* | quality table | ပစ္စည်းအရည်အသွေး ဇယား<br>(クォン) ピッセィ・アイェ・アトェ ザヤァ |
| 品質保証<br>*hinshitsuhoshou* | quality assurance | (ကုန်) ပစ္စည်းအရည်အသွေး အာမခံခြင်း<br>(クォン) ピッセィ・アイェ・アトェ アァマカンチン |
| 不可<br>*fuka* | impossible | မဖြစ်နိုင်ခြင်း<br>マ・ピィナイン・チン |
| 付加価値税(消費税)<br>*fukakachizei(shouhizei)* | (V.A.T)<br>value added tax | တန်ဖိုးအပိုအကောက်ခွန်<br>タンボォ・アポゥ・アカウ・クゥン<br><br>ငွေပေးချေ၍ အရောင်းအဝယ်လုပ်သော အခါ ကျသင့်သည့်ကုန်ပစ္စည်းတန်ဖိုးထက်ထပ်ဆောင်း ပေးရသောအခွန်ကိုခေါ် ဆိုပါသည်။ ဥရောပတိုက်မှတိုင်းပြည်အများအပြားတွင်ကား စားသောက်ကုန်နှင့် ပါတ်သက်၍ တန်ဖိုးအပို အကောက်ခွန် ကို ကောက်ခံခြင်းမရှိပါချေ။ ဟိုတယ်နှင့်ခရီးသွားလာရေးကို ဦးစားပေးသော တိုင်းပြည်များတွင်မူကား တိုးရစ်ဗီဇာဖြင့် လာသောနိုင်ငံခြားသားများ အားတန်ဖိုးအပိုအကောက်ခွန် ကိုလေဆိပ်တွင် ပြန်လည်ထုတ်ယူနိုင်ရန်ဈေးဝယ်စဉ်ကတည်းက သက်ဆိုင်ရာစာရွက် စာတန်းများ ကို ကြိုတင်၍တောင်းယူပူးဖြည့်သွင်း ထား နိုင်ပါသည်။ |

経済貿易関連

| 日 | 英 | ミャンマー |
|---|---|---|
| 不具合<br>*fuguai* | inconvenient | အဆင်မပြေမှု<br>アセイン・マッピェム<br><br>လွယ်လွယ်ကူကူ မချောမွေ့သော။ အမှားအယွင်းများ ရှိသည်ဟူသော အဓိပ္ပါယ်ကိုလည်း ဆောင်ယူ ပါ သည်။ |
| 不合格<br>*fugoukaku* | (examination) failure, rejection, disqualification | မအောင်မြင်ခြင်း<br>マ・アウン・ミィンチン<br><br>သပ်မှတ်ထားသော အမှတ်၊ စည်းမျဉ်း နှင့် စည်းကမ်းချက်များ ထက်အောက်ကျနေကြောင်းကို ရည်ညွှန်းပါသည်။ |
| 負債<br>*fusai* | liabilities | ကြွေး(မြီ)<br>チュエ(ミィー) |
| 不採算事業<br>*fusaisanjigyou* | unprofitable business | အမြတ်မရှိသည့် လုပ်ငန်း<br>アッミャ・マシーティ・ロウンガン |
| 不順(順不同)<br>*fujun(junfudou)* | unseasonable, irregular | အစီအစဉ်မကျသော<br>アセィ・アセィン・マ・チャトオ |
| 付属品<br>*fuzokuhin* | accessories, appurtenances | အပိုပစ္စည်း<br>アポゥ・ピッセィ<br><br>လျှပ်စစ်ပစ္စည်းများအား ဝယ်ယူ ရာတွင် ပင်မစက်ပစ္စည်းအပြင် လျှပ်စစ်ကြိုး၊ Manual (Remote Control) စသည်ကဲ့သို့ ပစ္စည်းများ။ |
| 付属品リスト<br>*fuzokuhinrisuto* | accessory list | အပိုပစ္စည်းစာရင်း<br>アポゥ・ピッセィ・サアイイン<br><br>ပင်မ စက်အပြင် တွဲဖက်အသုံးချ ရသည့် ပစ္စည်းများ၏ စာရင်း။ |

## 経済貿易関連

| 日 | 英 | ミャンマー |
|---|---|---|
| 物流コスト<br>*butsuryuukosuto* | distribution cost | ဖြန့်ချိမှု ကုန်ကျငွေ<br>ピャンチーム・クォンチャ・ングェ |
| 不適合品、不良品<br>*futekigouhin, furyouhin* | nonconforming product | အရည်အသွေး မပြည့်ဝပစ္စည်း<br>アイェアトェ・マピェワ・ピィッセィ |
| 不手際<br>*futegiwa* | mishandling | အလွဲလွဲ အချော်ချော်ဖြစ်ခြင်း<br>アルェルェ・アチョウチョウ・ピィッチン |
| 不動産<br>*fudousan* | real-estate | အိမ်ခြံမြေရာ<br>エィン・チャン・ピェ・ヤ<br><br>မရွှေ့ပြောင်းနိုင်သောပစ္စည်းအိမ်မြေခြံကဲ့သို့သော ပစ္စည်းမျိုးကို ရည်ညွှန်းပါသည်။ |
| 不動産会社<br>*fudousangaisha* | property company | ခြံမြေ(အကျိုးတော်ဆောင်) ကုမ္ပဏီ<br>チャンミェー・クォマニー |
| 不動産開発業者<br>*fudousankaihatsugyousha* | property developer | ခြံမြေဖွံ့ဖြိုးအောင် လုပ်သူ<br>チャンミェー・プンピョーアウン・ロウトゥ |
| 不動産ブーム<br>*fudousanbuumu* | property boom | ခြံမြေ(ရောင်းဝယ်ရေး) ခေတ်<br>チャン・ミェ・ケッ |
| 不動産ブローカー、<br>不動産業者<br>*fudousanburookaa,*<br>*fudousangyousha* | estate agent | ပွဲစား<br>プェサー<br><br>အိမ်ခြံမြေ အကျိုးတော်ဆောင် |
| 船積期限<br>*funazumikigen* | shipment time | သင်္ဘောတင်ချိန်<br>ティンボゥ・ティン・チェイン |
| 船積条件<br>*funazumijouken* | shipping conditions | သင်္ဘောတင်မှု စည်းမျဉ်း<br>ティンボゥ・ティンム・セィーミィン |

## 経済貿易関連

| 日 | 英 | ミャンマー |
|---|---|---|
| 船積書類<br>*funazumishorui* | shipping document | သင်္ဘော(ဆိုင်ရာ) စာရွက်စာတန်းများ<br>ティンボゥ・サーユェ・サータン・ミャー |
| 船積日<br>*funazumibi* | shipping date | သင်္ဘောတင်(သည့်)ရက်<br>ティンボゥ・ティン(ティ・)ッイェ |
| 船積み港<br>*funazumikou* | port of loading | သင်္ဘောတင်သည့် ဆိပ်ကမ်း<br>テンボーティンティ・セィッカン |
| 船積予定<br>*funazumiyotei* | shipping schedule | ကုန်တင်မည့် (ခန့်,မှန်းချေ) နေ့<br>クォンティンミィ・ネェ |
| 船便<br>*funabin* | ocean freight | သင်္ဘောပို့ကုန်<br>ティンボー・ポゥ・ウォン |
| 腐敗、汚職<br>*fuhai, oshoku* | corruption | လဒ်ပေး (လဒ်ယူ)<br>ラッペー |
| 不払い<br>*fubarai* | nonpayment | ငွေမပေးခြင်း<br>ングェ・マペーチン<br><br>(တမင်တစ်ကာ) ငွေပေးမချေခြင်း |
| 部品工場<br>*buhinkoujou* | components factory | အစိတ်အပိုင်း ထုတ်လုပ်သည့် စက်ရုံ<br>アッセアパイン・トゥロゥティ・セッヨン |
| 部品表、材料表、資材購入表、BOM<br>*buhinhyou, zairyouhyou, shizaikounyuuhyou, bom* | bill of materials(BOM) | စက်ကရိယာ ဇယား<br>セカリヤー・ザヤー |
| 不明<br>*fumei* | unknown | မသေချာသော<br>マ・テェ・チャ・トォ<br><br>မရေရာသော<br>マ・レェ・ヤァ・トォ |

85

経済貿易関連

| 日 | 英 | ミャンマー |
|---|---|---|
| ブラックリスト<br>*burakkurisuto* | blacklist | နာမည်ပျက်(စာရင်းသွင်းသည်)<br>ナン・メェ・ピェッ |
| ブランド、銘柄<br>*burando, meigara* | brand | အမှတ်တံဆိပ်<br>アッマ・タンセェ |
| ブランド・イメージ<br>*burando·imeeji* | brand image | အမှတ်တံဆိပ် အမြင်<br>アッマ・タンセェ・アミィン |
| ブランド戦略<br>*burandosenryaku* | brand strategy | (ကုန်) ပစ္စည်းတံဆိပ် ပြိုင်ဆိုင်မှု၊<br>ピィッセィ・タンセィ・ピャィンサィンム<br><br>ပစ္စည်းတံဆိပ်ကို အဓိက ထား၍ ရောင်းချမှုပြုလုပ်ခြင်း |
| 不利<br>*furi* | contrary<br>froward<br>hostile,<br>minus,<br>unfavorable,<br>disadvantage,<br>drawback,<br>handicap | ဆုံးရှုံးသော<br>ソン・シュオン・トォ<br><br>အနုတ်လက္ခဏာ<br>アッノッ・レッカナァ<br><br>အဆင်မပြေသော<br>アセィン・マピェトォ |
| 不良債権、<br>(金融機関の)不良資産<br>*furyousaiken,*<br>*(kinyuukikanno)furyoushisan* | nonperforming assets | ကြွေးဆုံး<br>チュェソン<br><br>ပြန်ရရန်မရှိသော အကြွေး |
| 不良品<br>*furyouhin* | defects | (အပြစ်) အနာအဆာကုန်ပစ္စည်း<br>アナーアサー・クォンピッセィ |
| プレゼンテーション<br>*purezenteeshon* | presentation | တင်ပြချက်<br>ティンピャッチェ |
| プレゼンテーションをする<br>*purezenteeshon wo suru* | make a presentation | တင်ပြခြင်း<br>ティンピャチン |

86

経済貿易関連

| 日 | 英 | ミャンマー |
|---|---|---|
| ブローカー<br>*burookaa* | broker | ပွဲစား<br>プェサー |
| プログラム、企画、計画<br>*puroguramu, kikaku, keikaku* | program | ပရိုဂရမ်<br>プロガラン<br><br>အစီအစဉ်<br><br>ဂျူဟာ |
| プロジェクト ファイナンス<br>*purojekutofainansu* | project finance | ပရောဂျက်ငွေကြေး<br>プロッジェ・ングェチェー |
| プロジェクト マネジャー<br>*purojekutomanejaa* | project manager | ပရောဂျက် မန်နေဂျာ<br>プロッジェ・マンネジャー |
| プロセス仕様書<br>*purosesushiyousho* | process specification | လုပ်ဆောင်မှုညွှန်ကြားချက်<br>ロウサウンム・ニョンチャーチェッ |
| 弁解<br>*benkai* | explanation, excuse | ဆင်ခြေပေးခြင်း<br>セェンチエ・ペーチン<br><br>ရှင်းလင်းပြောကြားခြင်း<br>シンリンピョーピャチン<br><br>အကျိုးအကြောင်းအား ရှင်းလင်း တင်ပြသည် ဟုလည်း အဓိပ္ပါယ် ယူနိုင်သော်လည်း တစ်ချို့သော ဂျပန်များသည်ဆင်ခြေပေးသည် ဟူ၍ မကောင်းသော အဓိပ္ပါယ် ဖြင့် အသုံးပြုသည်က များသည်။ ထို့ကြောင့် မိမိကစ၍ စကားမမှား စေရန် အတွက် တတ်နိုင်သ၍ဤ ဝေါဟာရအား အသုံးမပြုခြင်း သည်အကောင်းဆုံးဖြစ်ပေသည်။ |

**経済貿易関連**

| 日 | 英 | ミャンマー |
|---|---|---|
| 勉強<br>*benkyou* | study | သင်ကြားခြင်း<br>ティン・チャーチン<br><br>လေ့လာခြင်း<br>レッラーチン<br><br>တစ်စုံတစ်ဦးထံမှ အတတ်ပညာကို တတ်မြောက်အောင် ဆည်းပူး ရယူ ခြင်း။ |
| 弁護<br>*bengo* | defense,<br>plea,<br>explanation,<br>pleading | ဥပဒေအကျိုးဆောင်မှု<br>ウパデェ・アチョウサウンム<br><br>လျှောက်လဲချက်<br>シャウ・レェ・チェッ<br><br>ရှင်းလင်းချက်<br>シンリン・チェッ<br><br>တစ်စုံတစ်ယောက်သော ပုဂ္ဂိုလ်၏ အကျိုးကို ရရှိစေရန် ပြုလုပ်ခြင်း။ တစ်စုံတစ်ယောက်သော ပုဂ္ဂိုလ်၏ ဖြစ်စဉ် ဖြစ်ရပ် များအား ကိုယ်စား ဝင်ရောက်၍ ရှင်းလင်း ပြောကြား ပေးခြင်း။ |
| 変動費、経費<br>*hendouhi, keihi* | running cost | လည်ပါတ်မှု ကုန်ကျငွေ<br>レッパム・クォンチャ・ングェ |
| 返品<br>*henpin* | return goods,<br>return | (ကုန်) ပစ္စည်းပြန် အပ်ခြင်း<br>(クォン)ピッセィ・ピャンアッチン |
| 便利<br>*benri* | itemsconvenience | အဆင်ပြေခြင်း<br>アセェン・ピェーチン<br><br>လွယ်ကူ ချောမောခြင်း။ |

## 経済貿易関連

| 日 | 英 | ミャンマー |
|---|---|---|
| 貿易<br>*boueki* | trade (with, between two countries), commerce | နိုင်ငံတကာကုန်သွယ်မှု<br>ナインガンタガ・クオン/トェム<br><br>နိုင်ငံရပ်ခြားဖြင့် ပြုလုပ်သော သွင်းကုန် ထုတ်ကုန် လုပ်ငန်း ကို ရည်ညွှန်း ပါသည်။ တစ်ဦးနှင့် တစ်ဦးငွေသား၊ ပိုင်ဆိုင်မှု ပစ္စည်း စာချုပ်စာတန်း များ နှင့် ကုန်ပစ္စည်းများကို လဲ လှယ်သော ကုန်သွယ်မှုလုပ်ငန်း။ |
| 貿易相手国<br>*bouekiaitekoku* | trading partner | ကုန်သွယ်မည့်နိုင်ငံ<br>クオントェミィ・ナイン・ングァン |
| 貿易赤字<br>*bouekiakaji* | trade deficit | ကုန်သွယ်ရေး အရှုံးပေါ်မှု<br>クオントェイエー・アションポオーム |
| 貿易事務<br>*bouekijimu* | trade affairs, international trade administration | နိုင်ငံတကာကုန်သွယ်မှုရုံးလုပ်ငန်း<br>ナイガンタガ・クオントェム・ヨンッ・ロッンガン<br><br>သွင်းကုန်ထုတ်ကုန်လုပ်ငန်း အတွက်လိုအပ်သော ကုန်တင်မှုပိုင်း ဆိုင်ရာ၊ ဘဏ်လုပ်ငန်း ဆိုင်ရာ၊ သွင်းကုန် ထုတ်ကုန် လုပ်ငန်း ဆိုင်ရာ စသည် လုပ်ငန်းများကို လုပ်ကိုင်သော အလုပ်ကို ခေါ်ဆို ပါသည်။ |
| 貿易収支<br>*bouekishuushi* | balance of trade | (အပြည်ပြည်ဆိုင်ရာ) ကုန်သွယ်ရေး စာရင်းလက်ကျန်<br>クオントェイエー・サーインレッチャン |
| 貿易障壁<br>*bouekishouheki* | trade barrier | ကုန်သွယ်မှု၊ အဟန့်အတား<br>クオントェム・アハンアタァ |

経済貿易関連

| 日 | 英 | ミャンマー |
|---|---|---|
| 貿易保険<br>*bouekihoken* | trade insurance | နိုင်ငံတကာကုန်သွယ်မှုအာမခံ<br>ナイガンタガ・クオントェム・アーマガン<br><br>နိုင်ငံတစ်ကာကုန်သွယ်မှု လုပ်ငန်းတွင် ကြုံတွေ့နိုင်သော သဘာဝဘေးအန္တရာယ်၊နိုင်ငံရေး၊ စီးပွားရေး၊ စစ်ရေးနှင့် တစ်ဘက်သား၏မသမာမှုများကြောင့် ဆုံးရှုံးနိုင်သော တန်ဖိုးအားလျော့ကြေး ရရန် အတွက်ထားသော အာမခံဖြစ်ပါသည်။ အထက်ပါအကြောင်း အရာအားလုံး အတွက် တစ်ခုတည်းဖြင့် ပြီးပြည့်စုံသော အာမခံမျိုး ရှားပါးသော ကြောင့် မိမိဘာသာကြိုတင်၍ ရှာဖွေထားရှိ ရန်လိုအပ်ပါသည်။ |
| 放棄<br>*houki* | relinquishment | စွန့်လွှတ်ခြင်း<br>スォンルゥチン<br><br>လွှင့်ပစ်ခြင်း |
| 法人<br>*houjin* | legal person | ကုမ္ပဏီ<br>クォンマニー |
| 法定労働時間<br>*houteiroudoujikan* | statutory working hour | (ဥပဒေက သတ်မှတ်ထားသော)<br>အလုပ်ချိန်<br>アロウ・チェィン |
| 法的手続き<br>*houteki tetsuzuki* | legal proceeding warranty period | ဥပဒေအရ လုပ်ဆောင်မှု့<br>(အဆင့်ဆင့်)<br>ウーパデェ・アヤァ・ロゥ・サォンム(アセィンセン) |
| 法律を改正する<br>*houritsu wo kaiseisuru* | amend a law | ဥပဒေပြင်ဆင်ခြင်း<br>ウパデェ・ピィンセィンチン |

経済貿易関連

| 日 | 英 | ミャンマー |
|---|---|---|
| 法令順守、コンプライアンス<br>*houreijunshu, konpuraiansu* | compliance | ဥပဒေ(စည်းကမ်း) ကို လိုက်နာခြင်း<br>ウパデェ・コ・ライナーチン |
| 北米市場<br>*hokubeishijou* | american market | အမေရိကန်ဈေးကွက်<br>アメリカン・ゼェクェッ |
| 保証<br>*hoshou* | guarantee,<br>warranty | အာမခံ<br>アァ・マァカン |
| 保証期間<br>*hoshoukikan* | guarantee period | အာမာခံ ကာလအတွင်း<br>アァ・マァカン　カァラッアトィン |
| 保証状<br>*hoshoujou* | letter of guarantee | အာမခံစာ<br>アーマガン・サァ |
| 保税倉庫<br>*hozeisouko* | bonded warehouse | အခွန်မပေးဆောင်ရသေးသော ပစ္စည်းများ သိုလှောင်ထားသော ဂိုဒေါင်<br>アクォン・マサゥンヤテェトォ・ピッセイミャー・トゥラゥンダートォ・ゴーダゥン |
| 補正予算<br>*hoseiyosan* | supplementary budget | နောက်တိုးဘတ်ဂျက်<br>ナゥトゥ・バッジェッ |
| 保存<br>*hozon* | save,<br>keep | ထိန်းသိမ်းခြင်း<br>テェン・ティンチン<br><br>သိုလှောင်ခြင်း<br>トゥ・ラウン・チン |
| ボトルネック、制約条件、障害<br>*botorunekku, seiyakujouken, shougai* | bottleneck | ပိတ်ဆို့မှု<br>ペッソウム<br><br>တင်းကျပ်သော တားမြစ်ချက် |
| 本社、本部<br>*honsha, honbu* | headquarters | ပင်ရင်း (ကုမ္ပဏီ၊ အဖွဲ့အစည်း)<br>ピンイン |

経済貿易関連

| 日 | 英 | ミャンマー |
|---|---|---|
| 本社機構<br>*honshakikou* | head office organization | ပင်ရင်းကုမ္ပဏီ ဖွဲ့စည်းပုံ<br>ピンイン・クォンマニー・プェセィポン |
| 本社社屋<br>*honshashaoku* | head-office building | ပင်ရင်းကုမ္ပဏီ အဆောက်အဦး<br>ピンイン・クォンマニー・アサゥアウー |

## ま

| 日 | 英 | ミャンマー |
|---|---|---|
| マーケティング<br>*maaketingu* | marketing | ဈေးကွက်<br>ゼークェッ |
| マーケティング・コンサルタント<br>*maakeringu・konsarutanto* | marketing consultant | ဈေးကွက် အတိုင်ပင်ခံ<br>ゼェクェ・アタィン・ピンカン |
| マーケティングリサーチ<br>*maaketingurisaachi* | marketing research | ဈေးကွက်လေ့လာမှု<br>ゼークェッ・レーラァム |
| 前受金<br>*maeukekin* | advance | စရံငွေ<br>サヤン・ングェ |
| 前処理<br>*maeshori* | preprocessing | (ကြိုတင်ပြင်ဆင်ခြင်း) နည်းစနစ်<br>ニィ・サニッ |
| 前払費用<br>*maebaraihiyou* | prepaid expenses | ကြိုတင်ပေးသည့်ကုန်ကျငွေ<br>チョーティンペーティ・クォンチャ・ングェ |
| 間違い<br>*machigai* | mistake, error | လွဲမှားခြင်း<br>ルェ・マァ・チン |
| マネーロンダリング<br>*maneerondaringu* | money laundering | ငွေကြေး ခဝါချခြင်း<br>ングェチェー・カワーチャジン |
| 見込み<br>*mikomi* | hope, promise, expectation | ခန့်မှန်းချေ<br>カッン・マン・チェ |

## 経済貿易関連

| 日 | 英 | ミャンマー |
|---|---|---|
| 民間需要<br>*minkanjuyou* | private demand | ပြည်သူများကြား လိုအပ်ချက်<br>ピィトゥミャージャー・ローアッチェ |
| 名刺を交換する<br>*meishi wo koukansuru* | exchange business cards | အမည်ကဒ် လဲလှည်သည်<br>アミィカッ・レェ・レティ |
| 命令、規制<br>*meirei, kisei* | regulation | အမိန့်<br>アメィン |
| メインバンク<br>*meinbanku* | principal banker | အဓိက ဘဏ်တိုက်<br>アディカ・バンタィッ<br><br>main bank |
| 申し込み、見積書<br>*moushikomi, mitsumorisho* | proposal | အဆို(ပြု)လွှာ<br>アソー(ピュ)ルア |
| 申し出、申請、申込み<br>*moushide, shinsei, moushikomi* | application | လျှောက်လွှာ<br>シャウ・ルア |
| 申し出、条件提示、取引の申し込み<br>*moushide, joukenteiji, torihikino moushikomi* | offer | ကမ်းလှမ်းခြင်း<br>カン・ラン・チン |
| 目的、対象、物体<br>*mokuteki, taishou, buttai* | object | ရည်ရွယ်ချက်<br>イユェッチェ |
| 模造品、偽物、コピー製品、悪質な類似品<br>*mozouhin, nisemono, kopiiseihin, akushitsuna ruijihin* | knockoff | အတု<br>アトゥ |
| 最も有利な条件のオファー<br>*mottomo yuurina joukenno ofaa* | best bid | အကောင်းဆုံး အော်ဖာ<br>アカゥンソン・オーファー<br><br>bast offer |

経済貿易関連

| 日 | 英 | ミャンマー |
|---|---|---|
| 問題<br>*mondai* | problem | ပြဿနာ<br>ピャタナー |

## や

| 日 | 英 | ミャンマー |
|---|---|---|
| 家賃収入<br>*yachinshuunyuu* | rent income | အိမ်(ငှား)ခ ဝင်ငွေ<br>エィンカ・ウィン・ングェ |
| 雇う、(手段を)採用する<br>*yatou, (shudan wo)saiyousuru* | employ | အလုပ်ခန့်သည်<br>アロッカァンティ |
| 有限会社<br>*yuugengaisha* | limited company, incorporated company | ပုဂ္ဂလိကပိုင်ကုမ္ပဏီ<br>ポウッ・カリカ・パイン・クォンマニー<br><br>အများစုက အစုရှယ်ယာများမပါဝင်ပဲ တစ်ဦးတစ်ယောက် တစ်မိသားစုမှ ဖွဲ့စည်းတည်ထောင် ထားသော ကုမ္ပဏီ အမျိုးအစားကိုရည်ညွှန်းပါသည်။ |
| (信用状などの)有効期限<br>*(shinyoujou nadono) yuukoukigen* | validity period | သက်တမ်းကာလ<br>テッタン・カーラァ |
| 優先事項、優先権<br>*yuusenjikou, yuusenken* | priority | အဓိက(ကျသော) ခေါင်းစဉ်<br>アディカ・ガウンセェン |
| 郵送先、住所<br>*yuusousaki, juusho* | mailing address | နေရပ်လိပ်စာ<br>ネッヤ・レィサー |
| 有望な市場<br>*yuubouna shijou* | promising market | အလားအလာရှိသော ဈေးကွက်<br>アラーアラ・シトゥ・ゼークェツ |
| 有利子負債<br>*yuurishifusai* | interest bearing debt | အတိုး(ငွေ) ဆုံးရှုံးမှု့ (အကြွေးတင်ခြင်း)<br>アトゥ・ソンションム |

経済貿易関連

| 日 | 英 | ミャンマー |
|---|---|---|
| 優良企業 *yuuryoukigyou* | blue chip company | နာမည်ပျက်မရှိသော ကုမ္ပဏီ (လုပ်ငန်း)<br>ナーメーッピェ・マシトゥ・クォンマニー |
| 輸出 *yushutsu* | export, send abroad, sell overseas | ထုပ်(ပို့)ကုန်<br>トゥ・クォン |
| 輸出、輸出する *yushutsu, yushutsusuru* | export | (ပြည်ပ)ထုပ်ကုန်လုပ်ငန်း<br>(ピィパ)トゥクォン・ロウングアン |
| 輸出制限 *yushutsuseigen* | export limit | ပြည်ပထုပ်ကုန်သပ်မှတ်ချက်<br>ピィパ・トゥクォン・タッマッチェ |
| 輸出品 *yushutsuhin* | export goods | ထုပ်(ပို့)ကုန် ပစ္စည်း<br>トゥ・クォン ピッセイ |
| 輸送 *yusou* | transportation, transport | ပို့ဆောင်ရေး<br>ポゥ・サウン・イェ |
| 輸送手段 *yusoushudan* | mode of transport | (ကုန်ပစ္စည်း) ပို့ဆောင်ရေးလုပ်ငန်း အဆင့်ဆင့်<br>ポウサウンイェー・ロッ・ングァン・アセェンセェン |
| 輸入 *yunyuu* | import | သွင်းကုန်<br>トゥイン・クォン |
| 輸入関税 *yunyuukanzei* | import duties | သွင်းကုန် အခွန်ငွေ<br>トゥインクォン・アクォン・ングェ |
| 輸入許可 *yunyuukyoka* | import license | သွင်းကုန် လိုင်စင်<br>トゥイン・クォン・リンセェン |
| 輸入制限 *yunyuuseigen* | import limit | ပြည်ပသွင်းကုန်သပ်မှတ်ချက်<br>ピインパ・トィンクォン・タッマッチェ |
| 輸入品 *yunyuuhin* | imported goods | သွင်းကုန်ပစ္စည်း<br>トィンコン・ピッセイ |

経済貿易関連

| 日 | 英 | ミャンマー |
|---|---|---|
| 用地<br>*youchi* | plot | (ပူးပေါင်း) ကြိစည်မှု<br>チャンセイム |
| 用途<br>*youto* | application | အသုံးပြုနည်း<br>アトォン・ピューニー<br><br>ပစ္စည်း၊ ငွေများကိုအသုံးချပုံ ချနည်း။ |
| 容量<br>*youryou* | capacity | ပမာဏ<br>パマーナ |
| 予算案<br>*yosanan* | draft budget | ဘတ်ဂျက်အကြမ်း<br>バッジェ・アッチャン |
| 予定どおり<br>*yoteidoori* | on schedule | မှန်းထားသည့် အတိုင်း<br>マアンタァティ・アタイン |

## ら

| ライセンス<br>*raisensu* | license<br>米：license<br>英：licence | (ကိုယ်ပိုင် ပိုင်ဆိုင်ခွင့်၊ လုပ်ပိုင်ခွင့်)<br>လိုင်စင်<br>ライン・セイン<br><br>စက်ပစ္စည်း ကုန်ပစ္စည်းများ ထုပ်<br>လုပ်မှု ကုန်သွင်းကုန်ထုပ် လုပ်ငန်း<br>များအတွက် ခွင့်ပြုထားသော အခွင့်<br>အရေး။<br>သာမာန်လူများအတွက်ယာဉ်မောင်း<br>လိုင်စင် ဟု အသုံးပြု |
| --- | --- | --- |
| ライセンス契約<br>*raisensukeiyaku* | licensing agreement | များပါသည်။လိုင်စင်<br>သဘောတူညီချက်<br>ラィンセイン・タボゥ・トゥッチェ |
| ライセンスプレート<br>*raisensupureeto* | license plate | (ကိုယ်ပိုင် ပိုင်ဆိုင်ခွင့်၊<br>လုပ်ပိုင်ခွင့်)လိုင်စင်ကပ်ပြား<br>ラィンセィン・カッピャ |

経済貿易関連

| 日 | 英 | ミャンマー |
|---|---|---|
| ライセンス料 *raisensuryou* | license fee | လိုင်စင်ခကြေး ラインセインチェー |
| ライバル、競争相手 *raibaru, kyousouaite* | rival | ပြိုင်ဘက် ピャイン・ベッ |
| 落札決定者 *rakusatsuketteisha* | letter of award | တင်ဒါအောင်မြင်သူ ティンダー・アウンミィントゥ |
| 落札する *rakusatsusuru* | win a bid | တင်ဒါအောင်သည် ティンダーアウン・ティ |
| 利益、利益率 *rieki, riekiritsu* | margin<br>profit<br>profit ration<br>profit margin | အမြတ် (အစွန်း) アミャ<br><br>အမြတ်နှုန်း アミャッ・ノゥン |
| リコール *rikooru* | recall | ရီကော်(လ်) リーコー<br><br>စက်ရုံထုတ်ပစ္စည်းများတွင် အမှားအယွင်းရှိ၍ စက်ရုံသို့ပြန်လည် အပ်နှံရန် သို့ ပြန်ပြင်ရန် ကြေညာခြင်း |
| リスク、危険 *risuku, kiken* | risk | အန္တရာယ် アンデェイェ<br><br>ဆုံးရှုံးမှု |
| リスクがある *risukuga aru* | have a risk | အန္တရာယ်ရှိသည် アンダイェ・シティ |
| リスク管理 *risukukanri* | risk management | အန္တရာယ်ကို ကိုင်တွယ် (စီစစ်) ခြင်း アンダイェクォ・カィントェチン |
| リスク分析 *risukubunseki* | risk analysis | အန္တရာယ် ဆန်းစစ်ခြင်း アンダイェ・サンセィチン |
| リスクを分散する *risuku wo bunsansuru* | diversify risk | အန္တရာယ်ကို ခွဲဖြာသည် アンダイェ・クォ・クェセィピャーティ |

## 経済貿易関連

| 日 | 英 | ミャンマー |
|---|---|---|
| リストラ効果<br>*risutorakouka* | restructuring benefit | အလုပ်ထုပ်ခြင်း<br>အကျိုး(သက်ရောက်မှု)<br>アロウトゥチン・アチョー |
| リベート<br>*ribeeto* | rebate | ပြန်အမ်းငွေ<br>ピャンアン・ングエ<br><br>အမြတ်ခွန်၊ ငွေပေးချေခြင်း<br>တစ်စိတ်ပိုင်း ကိုပြန်လည်အမ်းခြင်း |
| 流通業界、物流業界<br>*ryuutsuugyoukai, butsuryuugyoukai* | distribution industry | (ကုန်ပစ္စည်း) ဖြန့်ချိမှု့ လုပ်ငန်း<br>ピャンチーム・ロウ・ングアン |
| 流通チェーン、<br>小売りチェーン<br>*ryuutsuucheen, kouricheen* | retail chain | လက်လီဆိုင်ခွဲများ<br>レッリ・サインクェミャー<br><br>ကုမ္ပဏီတစ်ခုတည်းမှ ဖွင့်ထားသော ဆိုင်များ |
| 料金<br>*ryoukin* | charge,<br>fee,<br>fare | ကုန်ကျငွေ<br>クォン・チャ・ングエ<br><br>လူ၊ အရာဝတ္ထုအား အသုံးချသည့် အတွက် တူညီသော အခကြေးငွေ။ အလုပ် လုပ်ကိုင်ခြင်းကြောင့် ရရှိသော လုပ်အားခ။<br>အလုပ်သမားခ<br>賃金 Labor Charge<br>သင်္ဘောခ<br>船賃 Ocean Fright Charge<br>အိမ်လခ<br>家賃 House Rental |
| 料金表<br>*ryoukinhyou* | scale of charges | Feeတန်ဘိုးဇယား<br>タンボーザヤー |
| 両者の合意<br>*ryoushano goui* | mutual consent | နှစ်ဘက်သဘောတူညီချက်<br>ネッベェ・タボウトゥニューッチェ |

## 経済貿易関連

| 日 | 英 | ミャンマー |
|---|---|---|
| 領収書<br>*ryoushuusho* | receipt | ပြေစာ<br>ピェ・サア<br><br>ဖြတ်ပိုင်း<br>ピャッ・パイン |
| 了承、了解、承認、同意、許可<br>*ryoushou, ryoukai, shounin, doui, kyoka* | approval | နားလည်သည်<br>ナーレェティ<br><br>သဘောပေါက်သည်၊သဘောတူသည် |
| 量販店<br>*ryouhanten* | mass merchandiser | ပွဲရုံ<br>プェヨン |
| レイアウト、配置図<br>*reiauto, haichizu* | layout | အထားအသို ပုံစံ<br>アタァ・アトゥ・ポンサン |
| 労使関係<br>*roushikankei* | labor relation | အလုပ်သမား နှင့်ပါတ်သက်သော<br>アロウタマァ・ニン・パッテェトゥ |
| 労働協定<br>*roudoukyoutei* | labor agreement | အလုပ်သမား စည်းကမ်း<br>アロウ・タマァ・セィカン |
| 労働コスト、人件費<br>*roudoukosuto, jinkenhi* | labor cost | လူအားခ<br>ルアーガ |
| 労働生産性<br>*roudouseisansei* | labor productivity | အလုပ်သမား ထုပ်လုပ်မှု့<br>アロウタマァ・トゥロウム |
| 労働力人口<br>*roudouryokujinkou* | total labor force | အလုပ်သမား လှဦးရေ<br>アロウタマァ・ルウーイェ |
| 賄賂<br>*wairo* | backhander | လာဒ်<br>ラッ |
| 割当、ノルマ<br>*wariate, noruma* | quota | ခွဲတန်း<br>クェタン<br><br>ဝေစု |

# 機械関連

## machinery
စက်မှုလုပ်ငန်းဆိုင်ရာ

機械関連

| 日 | 英 | ミャンマー |
|---|---|---|

## あ

| 日 | 英 | ミャンマー |
|---|---|---|
| アーク溶接<br>*aakuyousetsu* | arc welding | ဂဟေ(ဆက်နည်းတစ်မျိုး)<br>ゲヘイ<br><br>လျှပ်စစ်ဓါတ်ရှိ (Arc electric discharge=အပူချိန်မြင့်မားစွာ ထွက်ပေါ်စေသောအလင်းတန်း) ဖြစ်ပေါ်မှုကို အသုံးချ၍ အမျိုးတူ သတ္တုအား ဂဟေ ဆက်သောနည်း ဖြစ်ပါသည်။ |
| アーク溶接機<br>*aakuyousetsuki* | arc welder | (အပူချိန်မြင့်မားစွာထွက်ပေါ် သောအလင်းတန်းကို အသုံးချ သော)ဂဟေဆက်စက်<br>ゲヘイ・セッ・セ |
| アース<br>*aasu* | earth | အဒ်<br>アッ<br><br>a conducting wire မြေစိုက်ကြိုး ကို အသုံးပြု၍ လျှပ်စစ်ဆားကစ် တစ်စိတ်တစ်ပိုင်းသို့မဟုတ် ပစ္စည်း တစ်ခုလုံး၏ လျှပ်စစ်ဓါတ်ကိုမြေထု ဖြင့် ဆက်သွယ်ပေးကာ လျှပ်စစ်စီး ကြောင်းနှင့် ကမ္ဘာမြေထုအား လျှပ် စစ်ပိုတန်ရှယ် ညီမျှအောင် ပြုလုပ် ပေးခြင်းကိုခေါ်ပါသည်။<br>(ဓါတ်အား)မြေစိုက်လွှဲခြင်းလုပ်ထား ပါက Insulation အတွင်းတစ်စုံတစ် ခုအမှား အယွင်း ရှိစဉ် ထိကိုင် သော လည်းလူနှင့်စက်ကြား ပိုတန်ရှယ်က တူညီနေ၍ လူ့ခန္ဓာ ကိုယ်အတွင်းသို့ လျှပ်စီး စီးမသွားပဲ ဓါတ်လိုက်မှုမှ ကာ ကွယ်နိုင်ပါသည်။ သို့ရာတွင် လုံးဝ သုံးနှီးပါး လျှပ်စစ် ပိုတန်ရှယ်သည် မ တူညီနိုင်၍ မိုးကြိုးပစ်စဉ်တွင် စက်ကို မကိုင်တွယ်သည်မှာအကောင်းဆုံးဖြစ် သည်။ |

機械関連

| 日 | 英 | ミャンマー |
|---|---|---|
| アース線<br>*aasusen* | earth cable | အပ်ကြိုး<br>アッ・チョウ<br><br>(ဓာတ်အား) မြေစိုက်ကြိုး<br>လျှပ်စစ်ပစ္စည်းနှင့် မြေကြီးအား ဆက်သွယ်ထားသော ဝါယာကြိုး ပင်ဖြစ်ပါသည်။ ယေဘုယျအားဖြင့် စက်ရုံများတွင် ကြိုတင်၍ မြေစိုက်ကြိုး များကို အဆောက်အဦ နံရံတွင် မြှုပ်နှံထားပါသည်။ ထို့ကြောင့်လျှပ်စစ်ပစ္စည်း၏ မြေစိုက်ကြိုးအား နံရံရှိ မြေစိုက်ကြိုး တပ်ဆင်ရန် အရံသင့်လုပ်ထားသော နေရာတွင်ဝက်အူဖြင့်သော်၎င်း၊ လျှပ်စစ်ပလပ်ခေါင်းဖြင့် သော်၎င်း၊ ဆက်သွယ်ပေးရုံသာဖြစ်သည်။ သို့ရာတွင် Safety First ဟူသော ဆောင်ပုဒ်နှင့် အညီ၊ဆက်ဆိုင်ရာ အဆောက်အဦ တာဝန်ခံနှင့်ကြိုတင်၍ဆက်သွယ်မေး မြန်းထားသင့်သည်။ အိမ်သုံး လျှပ်စစ်ပစ္စည်း (တီဗွီ၊ စီဒီ၊ကွန်ပြူတာ စသကဲ့သို့) များ၏ မြေစိုက်ကြိုးသည် ပလပ်ခေါင်းထိပ်ရှိ အစိမ်းရောင်ကြိုးပင် ဖြစ်ပေသည်။ အိုဗင်၊အဝတ်လျှော်စက်ကဲ့ သို့သောပစ္စည်းများတွင် အစိမ်းရောင်ကြိုး ခွေအားထည့်ပေးထားသည်။ |
| アースバンド<br>*aasubando* | earth band,<br>wrist band | (ဓာတ်အား) မြေစိုက်ကြိုး<br>လက်ပတ်ဝတ်<br>ミェサイ・チョウ・レッパ・ウェッ<br><br>အထူးသဖြင့်စက်ရုံအလုပ်ရုံများတွင် ESD(Electro Static Discharge)ကို ကာကွယ်ရန် အတွက် အသုံးပြုကြ သည်။ IC များသည် ကြီးမားသော လျှပ်စစ် (an electric discharge) |

## 機械関連

| 日 | 英 | ミャンマー |
|---|---|---|
| | | စီးဆင်းပါက ပျက်စီးနိုင်သည်။လျှပ်စီးကြောင်းအတွင်းခုခံမှု Resistance ကိုထည့်သွင်းထားပါကလျှပ်စစ်ဝန်ဆောင်မှု၊လျှပ်စစ်ဓါတ်အားတူစေကာမှုလျှပ်စီးကြောင်းသည်လေးသွား၍ မီးပွားများမထွက်သလောက်ဖြစ်ကာ IC လျှပ်စစ်ပစ္စည်းများပျက်စီးခြင်းမှ ကာကွယ်နိုင်သည်။တစ်ချို့သော လက်ပတ်ဝတ်များသည် 1MΩ ခုခံမှု များအထိထည့်သွင်းထားပါသည်။ |
| ISOインチネジ<br>*iso inchineji* | ISO inch screw thread | ISOလက်မစနစ်ဝက်အူရစ်<br>ISOレッマ・サッニ・ウェウゥ・イィツ<br><br>နိုင်ငံတစ်ကာမှ ပုံသေ စံထား၍ ခေါ် ဆိုသော စနစ်မှ လက်မ အတိုင်း အတာ ဝက်အူရစ်ဖြစ်ပါသည်။ |
| ISOメートルネジ<br>*iso meetoruneji* | ISO metric screw thread | ISOမက်ထရစ်စနစ်ဝက်အူရစ်<br>ISOメッタリ・サニッ・ウェッ・ウウイィツ<br><br>နိုင်ငံတစ်ကာမှ ပုံသေ စံထား၍ခေါ် ဆိုသော စနစ်မှ မီလီမီတာအတိုင်း အတာဝက်အူရစ်ဖြစ်သည်။ |
| IC<br>アイシー<br>*ic*<br>集積回路<br>*shuusekikairo* | IC,<br>integrated circuit | (အိုင်စီဆားကစ်)<br>アイセィ・サーキッ<br><br>အတိချုပ်ထားသောလျှပ်စစ်စီး ကြောင်း IC ဆိုသည်မှာ လျှပ်စစ် လမ်းကြောင်းကို အထုပ်တစ်ခု Package အဖြစ်ပြုလုပ်ထားသော ဆားကစ်တစ်ခုပင်ဖြစ်ပါသည်။ ၁၉၅၀ခုနှစ်ပိုင်းတွင် ထရန်ဂျစ္စတာ ဖခင်ကြီး ဟုခေါ် ခေါ် ကြသော William Bradford Shockley နှင့် တစ်ခြားသောပုဂ္ဂိုလ်များကတည် ထွင် ထုတ်လုပ် ခဲ့ပါသည်။ |

機械関連

| 日 | 英 | ミャンマー |
|---|---|---|
| アクセル<br>*akuseru* | accelerator | (အရှိန်တိုးမြှင့်ကိရိယာ)လီဗာ<br>(Automobile)<br>リーバァ<br><br>အရှိန်တိုးမြှင့်သူ မော်တော်ကားစ သည်တို့ တွင်စက်အရှိန်အနေးအ မြန်ကိုထိမ်းသောခလုပ် (ကရိယာ)။<br><br>IT အသုံးအနှန်းတွင်မူကား ComputerProcessing Speed အားတိုးမြှင့်ပေးသည့် Software<br><br>ဝါတုဗေဒဘာသာ (ဆေးပညာ)ရပ် တွင်ကား ကလေး မြန်မြန်မွေးဖွား စေရန်အသုံးပြုသောဆေး။ |
| アセンブリライン<br>*asenburirain*<br>組み立てライン<br>*kumitaterain* | assembly line | တတ်ဆင်သည့် ဌာန<br>タッセン・ティ・ダァナ<br><br>စက်ပစ္စည်းတတ်ဆင်သည့်သည့် (လုပ်ငန်း)လိုင်း။<br><br>အစိတ်အပိုင်းလေးများအားစုစည်း ၍နောက်ဆုံး ကုန်ချောအဖြစ် ထုတ် လုပ်ရာဌာန ကိုခေါ် ဆိုပါသည်။ |
| アダプター<br>*adaputaa* | adapter | အဒက်ပတာ<br>アデッパタァ<br><br>အမျိုးအစားကွဲပြားသောစက်ပစ္စည်း များကိုဆက်သွယ်ရာတွင် အသုံးပြု သောကိရိယာ။<br>အဒက်ပတာကိုအသုံးပြုသောကြောင့် စနစ်၊ ပုံစံ၊ ဝါတ်အားမတူမှု ပြောင်းလဲ ၍ ဆက်သွယ်အသုံးပြု လာနိုင်သည်။ |

機械関連

| 日 | 英 | ミャンマー |
|---|---|---|
| | | Data Communication Systemတွင် Terminal Adapter(TA), Curcit Adapter, Chanel Adapterဟုအသုံးများ၍၊ Computerလောကတွင် Extension Board ဟုအသုံးများ ပါသည်။ International Hotelများတွင်မူ လျှပ်စစ်ပလတ်ခေါင်းဟု အသိများ ပါသည်။ |
| 厚さ *atsusa* | thickness | အထူ<br>ア・ドゥ<br><br>အရာဝတ္ထု၏ အထူအပါး၏ အတိုင်း အတာပမာဏကို ဖော်ပြရာတွင် အသုံးပြုသောဝေါဟာရဖြစ်ပါသည်။ |
| 暑さ *atsusa* | hot | အပူ<br>ア・プゥ<br><br>ရာသီဥတုအပူအအေး (အထူး သဖြင့်ပူအိုက်ခြင်း ပမာဏ) ကို ရည်ညွှန်းဖော်ပြသည့်အခါအသုံး ပြုသောဝေါဟာရ ဖြစ်ပါသည်။ |
| 熱さ *atsusa* | heat (of the weather), hotness | အပူ<br>ア・プゥ<br><br>တက်ကြွမှု<br>テェ・チュア・ム<br><br>ရာသီဥတု(အပူပမာဏ)မှလွဲသော အပူကိုဖော်ပြရာတွင်အသုံးပြုသည်။ ထို့အပြင်မိမိလုပ်ငန်းအပေါ် စိတ်အား တက်ကြွခြင်း၊ မိမိဆည်းသည်အပေါ် ဖော်ရွှေမှုစသည် များကိုဖော်ပြရာတွင် |

# 機械関連

| 日 | 英 | ミャンマー |
|---|---|---|
| | | အသုံးပြုသည်။ပူအိုက်သောတိုင်းပြည် နှင့်အေးသောတိုင်းပြည်များတွင် စိတ်ပိုင်းဆိုင်ရာဖော်ပြချက်များသည် ကွဲပြားပေသည်။<br>ဥပမာ။ ။ ဖော်ရွေခြင်းကို အေးသော တိုင်းပြည်များတွင် 暖か(TATAKAI) Warmဟုဖော်ပြကြသည်။ ပူသော တိုင်းပြည်များတွင်သုံးသော မိဘ မေတ္တာအေးမြကြည်လင်ခြင်းကို တိုက်ရိုက်ဘာသာပြန်၍ 冷たい (TSUMETAI)Coldဟု ဖော်ပြလျှင် အလွန်ကြီးမားသည့်လွဲမှားမှုကို ဖြစ်ပေါ်စေနိုင်သည်။ |
| 圧縮<br>*asshuku* | compress | ဖိနှိပ်စုစည်းခြင်း<br>フィネィッ・スセィチン<br><br>သာမာန်လေဖိအားထက် ပိုသော ဖိအားရှိသော လေကို ရည်ညွှန်း ပါသည်။<br>ထို့အပြင် ကော်ပီစက်များတွင် မူလ အရွယ်အစားထက် ချုံ့၍ ကော်ပီကူး ခြင်းကို လည်း ရည်ညွှန်းပါသည်။ |
| 圧縮機<br>*asshukuki* | (air) compressors | လေထိုးစက်<br>レ・トゥッセェ<br><br>လေဖိအားစက်<br>レ・ピアァ・セェ<br><br>လေဝတ္ထုပစ္စည်းအားစုတ်ယူ၍ ပြန်လည်မှတ်ထုတ်ချိန်အထိသပ် မှတ်ထားသော ဖိအားအတိုင်း အတာတစ်ခု အထိဖိနှိပ်သိုလှောင် ထားသောကရိယာ။လေအေးစက် |

機械関連

| 日 | 英 | ミャンマー |
|---|---|---|
| | | များတွင် အဓိက ကိရိယာ အဖြစ် အမိုးနီးယားသို့ မဟုတ် Freon ဓါရှန် ကဲ့သို့သော ဓါတ်ငွေ့များကို စုပ်ယူ ဖိနှိပ် တတ်ကြပါသည်။ စုပ်ယူမှု၊ တွန်းထုတ်မှု နှင့် စက် ပစ္စည်း ဖွဲ့စည်းမှုအပေါ် အခြေခံ၍ စက် အမျိုးမျိုး ရှိပါသည်။ |
| 圧縮工程 *asshukukoutei* | compression stroke, pressing operation | ဖိသိပ်နည်း ピッティ・ニィ<br><br>ဖိနှိပ်အား (လုပ်ထုံး) လေအေးစက်ကဲ့သောပစ္စည်းများ တွင် အောက်ပါကဲ့သို့သော ညီမျှ ခြင်းအား တစ်သက်မှတ်တည်း ပြေလည်စေရန် စီစဉ်လုပ်ခြင်းကို ဆိုလိုသည်။<br>Entropy ($\Delta S = \Delta Q/T$)<br>S ; Entropy<br>Q ; လက်ခံရရှိသောအပူချိန် ကမာဏ<br>T ; အပူချိန်<br>သာမာန် ပေါ်ဟာရဖြင့် ဖွဲ့ဆိုရလျှင် လေဖိအားကိုတစ်ဖြေးဖြေးမြင့်တက် လာစေရန် အတွက်တစ်ဆင့်ခြင်း လုပ်သောအဆင့်များကိုဆိုလိုသည်။ လေထုအား ဖိသိပ်ခြင်းလွှန်ကဲလာ ပါကလေ၏အပူချိန်သည်မြင့်မားရှိ လာပါသည်။ |
| 圧縮点火 *asshukutenka* | compression ignition | ဖိသိပ်မီးပွားခြင်း ピチェッ・ミィ・プアチン<br><br>ပိုမိုပြင်းထန်စွာ မီးတောက်လောင် ကြွစေရန် အတွက်လေထုကို ဖိအား ဖြင့်ဖိသိပ်၍ အပူချိန်ကို |

機械関連

| 日 | 英 | ミャンマー |
|---|---|---|
| | | မြှင့်တင်ပြီးမှ မီးရှို့ခြင်းကို ရည်ညွှန်းပါသည်။ Compressing Ignitionerဟုခေါ်သော ဖိသိပ်မီးပွား ကိရိယာသည် ပစ်စတွန်ဖြင့် ဖိသိပ်၍ အပူချိန်မြင့်တက် နေစေသော လေထုအတွင်းသို့လောင်စာကို မီးပွားပေးခြင်းဖြင့် ပိုမို၍ ပြင်းထန်စွာ ပေါက်ကွဲမှုကို ဖြစ်ပွားစေပါသည်။ |
| 圧力<br>*atsuryoku* | pressure | ဖိအား<br>ピィアア<br><br>သပ်မှတ်ထားသော ဧရိယာတစ်ခု အပေါ်တွင် သက်ရောက်သော အားကို ရည်ညွှန်းပါသည်။သာမာန် ရှုပေ ဗေဒဘာသာပေါ်ဟာရ၏အဓိပ္ပါယ် ကိုထုတ်ယူသုံးစွဲကာ အထက် အရာရှိမှ အဝင်း အကျပ် ခိုင်းစေခြင်းကို လည်းရည်ညွှန်းပါသည်။ |
| 圧力曲線<br>*atsuryokukyokusen* | pressure curve | ဖိအားကွေ့မျဉ်း<br>ピィアア・クェ ミィン |
| 圧力調整機<br>*atsuryokuchouseiki* | pressure regulator | ဖိအားအလျှော့အတင်းစက်<br>ピィアア・アショアッティン・セッ<br><br>ရေနွေးငွေ့ကို အသုံးပြုသောစက်၊ ဂတ်(စ်)ကို အသုံးပြု သော စက်များ တွင် ရှိသည် ဝါရာများ၊ အဖွင့်အပိတ် အဆိုရှင်များ၊ ပိုက်လိုင်းများ၏ ခံနိုင် ရည်စွမ်း ထက် မလွန်ကဲသွားစေရန် ထိန်းချုပ် ပေးသော (အထူးသဖြင့် ဖိအားလျှော့ချပေးသော) ကရိယာ အား ရည်ညွှန်းပါသည်။ |

機械関連

| 日 | 英 | ミャンマー |
|---|---|---|
| 圧力分布<br>*atsuryokubunpu* | pressure distribution | ဖိအားပြန့်ကွဲခြင်း<br>ピィアァ・ピャンクェ・チン<br><br>မျက်နှာပြင်တစ်ခုအပေါ်တွင်ဖိအားများက ပြန့်နှံ့စွာ သက်ရောက်နေမှုကို ရည်ညွှန်းပါသည်။ |
| 穴<br>*ana* | hole | အပေါက်<br>アパゥ<br><br>မျက်နှာပြင် တစ်ခုအောက်မှထိုးပေါက်နေသော မည်သည့်အပေါက်မျိုး ကို မဆို ရည်ညွှန်းပါသည်။ |
| 穴あけ<br>*anaake* | drilling | အပေါက်ဖောက်ခြင်း<br>アパゥ・ファゥチン<br><br>မျက်နှာပြင် တစ်ခုအောက်သို့ ထိုးဖောက်ခြင်းကို ဆိုလိုပါသည်။ |
| 穴あけ機<br>*anaakeki* | drilling machine | အပေါက်ဖောက်ကိရိယာ<br>アパゥ・ファゥ・カリィヤァ |
| アノード<br>*anoodo* | anode, positively changed electrode(electricity) | အဖိုတိုင်<br>アポォ・タイン<br><br>အဖိုခေါင်း၊ဓါတ်ဖိုတိုင်။ |
| アフタークーラー<br>*afutaakuuraa*<br>給気冷却器<br>*kyuukireikyakuki* | after cooler (or) inter cooler | အင်ဂျင်အအေးခံပစ္စည်း<br>エンジン・アエィ・カン・ピッセィ<br><br>Air Over Supplier (Turbo, Super Charger) ပါရှိသော ဘော်ဇီးရထား၊ မော်တော်ကား၊လေယာဉ်ပျံ၊မီးစက်များရှိ Internal combustion အင်ဂျင်များတွင်Air Over Supplier ၏ ဖိသိပ်မှုကြောင့်ဖြစ်ပေါ် နေသည့် လေပူကို အအေးခံသောကိရိယာဖြစ်သည်။ |

## 機械関連

| 日 | 英 | ミャンマー |
|---|---|---|
| アフターバーン<br>*afutaabaan* | after burn | နောက်ကျလောင်ကျွမ်းခြင်း<br>ナウチャ・ラウン・チュオンチン |
| アフターファイヤー<br>*afutaafaiyaa* | after fire | အင်ဂျင်အတွင်း တစ်ပိုင်းတစ်စ<br>သို့ မဟုတ် လုံးဝမလောင်ကျွမ်း ပဲ<br>ဆလင်ဒါ ပြင်ပသို့ ရောက်ရှိ ပြီး<br>မှလေထုဖြင့်ထိတွေ့ ကာ ပေါက်ကွဲ<br>ခြင်း။<br>အထူးသဖြင့် လီဗာကိုလျှော့ချချိန်<br>တွင် ပေါက်ကွဲသံကိုကြားရသည်။ |
| 危ない<br>*abunai*<br>危険<br>*kiken* | dangerous,<br>risk,<br>insecure,<br>critical | အန္တရာယ်<br>アンデェ・レェ<br><br>အကျိုးမဲ့ခြင်း<br>(စီးပွားရေးအခြေအနေ)<br>アチョーメッチン<br><br>စိတ်မချရခြင်း (အခြေအနေ)<br>セェ・マチャヤチン<br><br>စိုးရိမ်ရခြင်း (အသက်အန္တရာယ်)<br>ソォ・イェン・ヤチン |
| 油遮断器<br>*aburashadanki* | OCB,<br>oil circuit breaker | ဆီးတားသတ္တိရှိသောအရည်(ဆီ)<br>セィター・タッティ・シトゥ・アイェ<br><br>(JIS C2320) ထဲတွင် လျှပ်စစ်<br>စီးကြောင်းအားဖွင့်ပိတ်ပြု လုပ်သော<br>စက်။ |
| アルカリ電池<br>*arukaridenchi* | alkaline battery | အာရီကာရီဓါတ်ခဲ<br>アリカリ・ダッケェ<br><br>ဓါတ်ခဲဆိုသည်မှာ လျှပ်စစ်ဓါတ်<br>ကို သိုလှောင်ထားရာသတ္တုကျင်<br>ထောက်ငယ်ပင် ဖြစ်သည်။ |

機械関連

| 日 | 英 | ミャンマー |
|---|---|---|
| 泡<br>*awa*<br>あぶく<br>*abuku* | foam | အမြှုပ်<br>ア・ミョウッ<br><br>ရေ အရည်တို့ မှ ဖြစ်ပေါ် သော ဘူ ဘောင်းငယ်စု။<br>ရော်ဘာရေမြှုပ်ဆပ်ပြာ၊ ဘီယာ၊စက်ဆီများကြောင့် ဖြစ်ပေါ် သောအားလုံးသောလေစီဘူဘောင်း များကိုရည်ညွှန်းပါသည်။ |
| 泡止め剤<br>*awadomezai* | antifoaming agent (detergent) | အမြှုပ်မထွက်သောဆေး<br>アミョツ・マトエトウ・セェ |
| 安全注入<br>*anzenchyuunyuu* | safety injection | ဘီအားပြင်း ထိုးသွင်းစက်<br>ピ・アァ・ピィン トゥトィンッセェ |
| 安定<br>*antei* | stable | တည်ငြိမ်မှု<br>ティニャエンム<br><br>စက်၊ စီးပွားရေး၊ လျှပ်စစ်လိုင်း အစ ရှိသော အရာများ၏ ပြောင်းလဲမှုမရှိ သော အနေအထားကို ရည်ညွှန်း ပါသည်။ |
| 安定性<br>*anteisei* | stability | တည်ငြိမ်မှုအတိုင်အတာ<br>ティニャエンム・アタィンアタァ<br><br>လျှပ်စစ်အချက်ပြလိုင်း(Electric Single) များနှင့် ပတ်သက်၍ အသုံး ပြုကြပါသည်။ |
| アンテナ<br>*antena* | antenna | အန်တန်နာ<br>エン・テ・ナァ<br><br>လျှပ်စစ်သံလိုက်လိုင်းနှင့်လျှပ်စစ် စည်း လမ်းကြောင်း Electric Circuit အကြားစွမ်းအင်ကို ပြောင်းလဲ ပေး |

111

| 日 | 英 | ミャンマー |
|---|---|---|
| | | သော ကိရိယာ ဖြစ်ပါသည်။ လျှပ်စစ်စည်းလမ်းကြောင်း Electric Circuit ၏ စွမ်းအင်ကို လေထဲသို့ ပြောင်းပေးပါက အချက်ပြထုတ် အန်တာနာ ဟုခေါ်၍၊ လေထဲရှိ လျှပ်စစ်သံလိုက်လိုင်း၏ စွမ်းအားကို လျှပ်စစ်စည်းလမ်းကြောင်း Electric Circuit ၏ စွမ်းအင်သို့ ပြောင်းပေး ပါက အချက်ပြဖမ်းအန်တာနာ ဟု ခေါ်ပါသည်။<br>ထိုကဲ့သို့နေရာတိုင်းတွင် ထားရှိပြီး စွမ်းအင်ကို ပြောင်းလဲနိုင်သော ကြောင့် သတင်း အချက်အလက် များကို စုဆောင်းရန် သို့ မဟုတ် အစမ်းသဘောဖြင့် ကုန်ပစ္စည်းများ ရောင်းချရန်ဆိုင်ခွဲများ ကိုလည်း Antenna Shop ဟုခေါ်ဆိုပါသည်။ |
| アンプ<br>*anpu*<br>増幅器<br>*zoufukuki*<br>※中を通る信号の強度を増加させる電子的装置<br>*nakawotooru shingouno kyoudowo zoukasaseru denshitekisouchi* | amplifier | အသံချဲ့ စက်<br>アタァン・チェッセ<br><br>ဝင်ရောက်လာသောလျှပ်စစ်အချက် ပြလိုင်း Electric Single အားတိုး မြှင့်ပေးနိုင်သော စွမ်းအင်ရှိသည့် လျှပ်စစ်စည်းလမ်း ကြောင်း Electronic Circuit ပင်ဖြစ်ပါသည်။ အခြေခံအားဖြင့် မည်သည့် လျှပ်စစ် အချက်ပြလိုင်းကို မဆိုချဲ့ထွင်နိုင် သော်လည်း AV (Audio Visual) နှင့် ပတ်သက်၍ အသုံးများပါသည်။ |

機械関連

| 日 | 英 | ミャンマー |
|---|---|---|
| アンペア<br>*anpea*<br>電流の基本単位<br>*denryuuno kihontani* | ampere | အမ်ပီယာ<br>アンピヤー<br><br>သတ်မှတ်ထားသော အချိန်ပိုင်း အတွင်း စီးဆင်းသောလျှပ်စစ်စီး ဆင်းမှုအားယူနစ်။ ဥပမာ ရေပိုက် တစ်ခုတွင် Voltageသည် အား စိုက်ထုပ်သောPower ဖြစ်ပြီး Ampereသည်ဘုံဘိုင် ခေါင်းဆိုက် ဖြစ်၍ElectricPowerလျှပ်စစ်သည် ရေအားပင်ဖြစ်ပါသည်။<br>အထက်ပါသက်ဆိုင်မှုကို အောက်ပါ ကဲ့သို့ ဖော်ပြနိုင် ပါသည်။<br>W (Electricity) = V (Voltage) x A (Ampere) ဖြစ်ပါသည်။ |
| イーエクスゴーダウン<br>*iiekusugoodaun*<br>倉庫渡し値段<br>*soukowatashinedan* | EX-go down | ဂိုဒေါင် ဈေး<br>ゴゥダウン・ゼェ<br><br>သွင်းကုန်ထုတ်ကုန် လုပ်ငန်းသုံး ကုန်ပစ္စည်း သက်မှတ်ဈေး တစ်မျိုး ဖြစ်ပါသည်။<br><br>စက်ရုံမှထုပ်ပြီးပြီး ရောင်းချသော ဈေးဖြစ်ပါကစက်ရုံဈေး။<br><br>သင်္ဘောဆိပ်ကမ်းအရောက်ပို့ ဆောင်ပြီးရောင်းချပါက FOB စသဖြင့် အမျိုးမျိုး ခွဲခြား၍ ခေါ်ကြပါသည်။ |
| イオン<br>*ion* | ion | အီအွန်<br>イ・オン<br><br>လျှပ်စစ်ဓါတ်အား ကိုစုဆောင်း ထားသော အနုမြူ သို့မဟုတ် အနုမြူဓါတ်ပေါင်းစု |

113

機械関連

| 日 | 英 | ミャンマー |
|---|---|---|
| 異音<br>*ion* | abnormal sound, strange noise | (သာမာန်မဟုတ်သော အသံ)<br>ထူးခြားသော အသံ<br>トゥチャートゥ・アタン(プラス面)<br>ဆိုးဝါးသော အသံ<br>ソウワトゥ・アタン(マイナス面) |
| 異常<br>*ijou* | abnormality | သာမာန်ထက်လွန်ကဲသော<br>タァ・マン・テェッ ルウンケェトォ |
| 異常燃焼<br>*ijounenshou* | abnormal combustion | လွန်ကဲသော လောင်စာ<br>ルウンケェトゥ・ラウンサァ |
| 位相<br>*isou* | phase, topology, stage | ပမာဏ(ကိုဖော်ပြသော)ယူနစ်(တစ်မျိုး)<br>パマナ・ユッニ<br><br>အကွာအဝေး၊ ထောင့် နှင့် တစ်ခြားသော ပစ္စည်းများနှင့် နိုင်းယှဉ် တိုင်းထွာသော နည်းတစ်မျိုးဟု သပ်မှတ် နိုင်ပေသည်။ |
| 位置<br>*ichi* | location, position | နေရာ<br>ネエヤア<br><br>အဆင့်<br>ア・ッセェン |
| 一次電池<br>*ichijidenchi* | primary cell | (မူရင်း)ဓါတ်ခဲ<br>(ムリン・)ダッケッ<br><br>ဓါတ်ခဲမှ လျှပ်စစ်ဓါတ်အား ထုပ်ယူသုံးဆွဲပါက တဖြည်း ဖြည်း အား ကုန်သွားပြီး၊ ထိုကုန်ဆုံးသွားသော ဓါတ်အား ကိုပြန်လည် အားသွင်း ခြင်း မပြုလုပ်နိုင်ပဲ စွန့်ပြစ် ပစ္စည်း အဖြင့်သာအသုံးပြုသော တစ်ခါသုံး ဓါတ်ခဲအား ဆိုလိုပါသည်။ |

# 機械関連

| 日 | 英 | ミャンマー |
|---|---|---|
| 一部改良<br>*ichibukairyou* | partial improvement | တစ်စိတ်တစ်ပိုင်း ပြုပြင်ခြင်း<br>テッセェ・テッパイン・ピュピインチン |
| 糸ヒューズ<br>*itohyuuzu* | wire fuse | (ကြိုးနန်းကြိုး) ဖျူး(စ်)<br>ピュッ |
| 入子<br>*ireko* | core (metal), nest (of boxes), nesting | အူတိုင်<br>ウゥ・タイン<br><br>ပုံစံတူ အရွယ်အစား မတူသော ပစ္စည်းများအား ထည့်ထားသော အရာ။ |
| インサート<br>*insaato*<br>挿入<br>*sounyuu* | insert | ထည့်သွင်းခြင်း<br>テェットウィンチン |
| 印字<br>*inji* | printing | ပုံနှိပ်ခြင်း<br>ポンネェッチン |
| インジェクションノズル<br>*injekushonnozuru*<br>燃料噴射口<br>*nenryoufunshaguchi* | injection nozzle | (ထိုးသွင်း) နော်ဇယ်(ခေါင်း)<br>ノウゼェ<br><br>ပုလင်း၊ အခွံများတွင်းသို့အရည်များ ထိုးသွင်းရာတွင်အသုံးပြုသည့်စက် ခေါင်း။ |
| インジェクションポンプ<br>*injekushonponpu* | injection pump | ပန့်<br>パァン<br><br>ထိုးသွင်း ပန့်ခေါင်း။<br><br>ပုလင်း၊ အခွံများတွင်းသို့အရည်များ ထိုးသွင်းရာတွင် အသုံးပြုသည့် ပန့်ခေါင်း။ |

機械関連

| 日 | 英 | ミャンマー |
|---|---|---|
| インタークーラー<br>*intaakuuraa*<br>中間冷却器<br>*chuukanreikyakuki* | inter cooler | အအေးခံ ကရိယာ<br>アエェカン・カリィヤ<br><br>တာဘိုအင်ဂျင်ကဲ့သို့သော လေကိုဖိအားပေး၍ပေါက်ကွဲမှု၊ အားကောင်းစေရန် ပြုလုပ်သော ကြောင့်မြင့်တက်လာသော အပူချိန် အား ကျဆင်းစေရန် အအေးခံပေးသောကရိယာ။ |
| インターフェイス<br>*intaafeisu* | interface | ကြားခံ ကရိယာ<br>ジャァカン・カリィヤ<br><br>Hardwareတွင်သာမက၊ Software, Userနှင့်ပါတ်သက်၍ ကြားခံ ဆောင်ရွက်သောအရာများကိုလည်း ရည်ညွှန်းပါသည်။ |
| インターロック<br>*intaarokku* | interlock | အင်တာလော့(ခ်)<br>インター・ロッ<br><br>တံခါး ၂ဖက်ပါသော စက်/အခန်း များတွင် တံခါး ၂ခုစလုံးအားတစ် ပြိုက်နက် ဖွင့်၍ ပစ္စည်းများ/လူများ ကို အဝင်အထွက် လုပ်နိုင်သကဲ့ သို့ တစ်ခုချုံဖွင့်ခြင်း သို့မဟုတ် တစ်ခု ပြီးမှတစ်ခုဖွင့်ခြင်း သို့မဟုတ် တစ်ခု စီဖွင့်ခြင်း သို့မဟုတ် တံခါးတစ်ခုတည်း သာ အသုံးပြု ခြင်းများလုပ်နိုင်ရန် အတွက် တစ်ဖက်သောတံခါးအား လော့(ခ်) လုပ်နိုင်သော ကရိယာ သို့မဟုတ် လော့(ခ်) လုပ်ခြင်း။ |
| インチネジ<br>*inchineji* | inch thread | လက်မမူလီ<br>(レッマ)ムゥリィ |

機械関連

| 日 | 英 | ミャンマー |
|---|---|---|
| 引力<br>*inryoku* | attractive force, gravity, gravitation | ဆွဲငင်အား<br>スェ・ングィン・アァ |
| ウインチ<br>*uinchi* | winch | ဝန်ချီစက်<br>ウィン・チィ・セェッ |
| ウェーハー<br>*weehaa*<br>※集積回路の基板となるシリコンなどの薄片<br>*shuusekikairono kibantonaru sirikonnadono hakuhen* | wafer | ဝေဖါ<br>ウェーファー<br><br>Chip, Sensor အစရှိသည့် Semiconductorများကို ပြုလုပ်ရာတွင် အသုံးချသော အဓိက ကုန်ကြမ်းပင် ဖြစ်လေသည်။ |
| ウォーターバルブ<br>*wootaabarubu* | water valve | ရေ (ပိုက်/ဘူး/တိုင်ကီ) အဆို့ရှင်<br>イェ・アソゥシン |
| 薄い<br>*usui* | thin | ပါးလွှာသော<br>パア・ルア・トォ |
| 打ち込み<br>*uchikomi* | drive, strike, smash, shoot, pour, feed, apply | ရိုက်ထုပ် /လောင်းထည့် /သွင်းခြင်း<br>ライトゥ/ラウンテェ/トェンチン<br><br>ဂေါက်သီး/Baseball ရိုက်ခြင်း။<br>ကင်ဒို၊ ဂျူဒိုလေ့ကျင့်ရာတွင်တစ်ဘက်သားအားတိုက်ခိုက်မှု့မပြုစေပဲ မိမိကသာ တစ်ဘက်သပ်တိုက်ခိုက်ခြင်း။<br>ပုံစံခွက်အတွင်းသို့ အင်္ဂတေ(ကွန်ကရစ်) အား လောင်းထည့်ခြင်း။<br>ကွန်ပြူတာ နှင့် ဂီတပိုင်းဆိုင်ရာ တူရိယာများတွင် ကြိုတင်၍ အချက်အလက်များထည့်သွင်းခြင်း။ |
| 打ち込みネジ<br>*uchikomineji* | drive screw | (အတွင်းစိုက်) ဝက်အူ<br>ウェ・ウゥ |

**機械関連**

| 日 | 英 | ミャンマー |
|---|---|---|
| 宇宙開発<br>*uchuukaihatsu* | space development | အာကာသ (လေ့လာရှာဖွေရေး) ဖွံ့ဖြိုးတိုးတက်ရေး<br>アカァタ・プィンピョウ・トゥ・テッイェー |
| 宇宙ステーション<br>*uchuusuteeshon* | space station | အာကာသယာဉ်စခန်း<br>アァ・カァ・タッ・インサカン |
| 上塗り<br>*uwanuri* | top coat | အပေါ်ယံသုတ်ခြင်း<br>アポゥヤン・トゥッチン<br><br>ဖိုင်နယ်လ်ဆေးသုတ်ခြင်း |
| 上塗り塗料<br>*uwanuritoryou* | top coat paint | အပေါ်ယံသုတ်ဆေး<br>アポゥヤン・トゥッセェ<br><br>ဖိုင်နယ်လ်ဆေး |
| 運転<br>*unten* | drive | (ယာဉ်) မောင်းခြင်း<br>マウン・チン |
| 運転席<br>*untenseki* | driver seat | ယာဉ်မောင်းထိုင်ခုံ<br>イン・マウン・タィンクォン |
| 運転中<br>*untenchuu* | in operation | (စက်)မောင်းနေစဉ်<br>マウン・ネェ・セェン |
| 運動<br>*undou* | motion,<br>exercise | မောင်းနှင်ခြင်း<br>マウン・ニン・チン |
| 運動エネルギー<br>*undouenerugii* | kinetic energy,<br>energy produced<br>by motion | မောင်းနှင်စွမ်းအား<br>マウンニン・スゥンアァ |
| エアクリーナー<br>*eakuriinaa* | air cleaner | လေစစ်<br>イェ・セッ<br><br>အင်ဂျင် (သို့)<br>အဲယားကွန်းလေအေးစက်၏<br>လေဝင်ပေါက် အဝ |

機械関連

| 日 | 英 | ミャンマー |
|---|---|---|
| | | တွင်တပ်ဆင်ထားသော Air Filter သို့မဟုတ် ၎င်းအား ထည့်သွင်းတပ်ဆင်ထားသော ကရိယာဖြစ်ပါသည်။ ကားအင်ဂျင် လေဝင်ပေါက် တွင် တပ်ဆင်ထားသော အရာအား Air Element ဟုခေါ်၍၊ အဲယားကွန်းတွင် တပ်ထားသော အရာအား Air Filter ဟုခေါ် ဆိုတတ်ကြပါသည်။ |
| エアコン<br>*eakon* | air conditioner | လေအေးပေးစက်<br>レェ・エェ・ペェ・セェッ<br><br>အဆောက်အဦး အတွင်းသို့ဝင်သည့် လေကို စင်ကြယ်စေ၍ စိုထိုင်းမှုနှင့် အပူချိန်ကိုထိမ်းသိမ်းပေးသောစက်။ |
| エアコンプレッサー<br>*eakonpuressaa*<br>(空気圧縮機)<br>*kuukiattshukuki* | air compressor | လေအေးစက်ကွန်ပရက်စာ<br>レエィセッ・コンパレッサー<br><br>လေအေးဖိသိပ်စက်။ |
| エアコントロールバルブ<br>*eakontoroorubarubu* | air control valve | (လေဖြင့်ထိမ်းချုပ်သော)အဆို့ရှင်<br>アソゥ・シン |
| エアニッパ<br>*eanippa* | air nipper | (လေအားသုံး)သံဖြတ်ပလာယာ<br>タンッピャッ・パラヤァ<br><br>လူ့လက်အင်အားကို စိုက်ထုပ်ရန် မလိုပဲ သက်တောင့်သက်သာ ဖြင့် ဝါယာကြိုး၊ ပိုက် အစရှိသည်များကို ဖြတ်တောက်ရာတွင် အသုံးချ သော ကရိယာ။ |
| エアバッグ<br>*eabaggu* | air-bag | လေအိပ်<br>レェ・エイッ |

119

## 機械関連

| 日 | 英 | ミャンマー |
|---|---|---|
| エアハンマー<br>*eahanmaa* | air hammer | လေတူ<br>レェ・トゥ<br><br>လေဖိအားကို အသုံးချ၍ သံကဲ့ သို့သောပစ္စည်းမျိုးကို ရိုက်သွင်း ရာတွင် အသုံးများသော ကရိယာ။ |
| エアフィルター<br>*eafirutaa* | air filter | လေစစ်<br>レェ・セェッ<br><br>စက်ကရိယာ အတွင်းသို့ လေနှင့် အတူပြင်ပမှအညစ်အကြေး၊ ပိုးမွှား၊ ဖုန်များ ဝင်ရောက်လာခြင်း မရှိစေ ရန် ကာကွယ်ပေးသော လေစစ် ကရိယာ။<br>ယခုအခါ ၉၉.၉၉ ရာခိုင်နှုန်းခန့် သန့်စင်ပေးနိုင်သော လေစစ်များ ရှိပြီး အများအားဖြင့် (ရေဆေးနိုင် သော) အရံလေစစ် နှင့်(သပ်မှတ် ထားသောအချိန်ပိုင်း အထိသာ သုံးသင့်သည့်) ပင်မမိန်းလေစစ် ကိုတွဲ၍ အသုံးပြုတတ်ကြပါသည်။ |
| エアブリード<br>*eaburiido* | air bleed | လေထွက်ပေါက်<br>レェ・トェ・パウッ<br><br>စက်ကရိယာအတွင်းမှ ပိုလျှံသော လေအား ဖွင့်ထုပ်ပေးသောကရိယာ။ |
| エアブレーキシステム<br>*eabureekishisutemu* | air brake system | လေဘရိတ်စနစ်<br>レェ・ブレェッ サァニィッ<br><br>လေအားဖြင့် ထိမ်းချုပ်သော ကရိယာတစ်မျိုး ဖြစ်ပါသည်။ လေတိုင်ကီအတွင်းရှိ ဖိနိုင်သို့ လောင်ထားသော လေဖိအား ဖြင့် ဘရိတ်အုပ်သောစနစ်ဖြစ် ပါသည်။ |

機械関連

| 日 | 英 | ミャンマー |
|---|---|---|
| エアフローメーター<br>*eafuroomeetaa* | air flow meter | လေ(စီးကြောင်းနှင့်) ဖိအား အားတိုင်တာသောအရာ<br>レェ・ピ・アァ・タィン・カリヤ |
| エアベント<br>*eabento* | air vent | လေအားအဆို့ရှင်<br>レェ・アァ・アソゥシン<br><br>ရေနွေးငွေ့ (သို့) လေဖိအားထိန်းချုပ် မှုအတွက် အသုံးချသော အဆို့ရှင်။ ပိုက်လိုင်း သို့မဟုတ်စက်ကရိယာ အတွင်းမှ လေကို ဖွင့်ထုပ် ရာ တွင် အသုံးပြုသည့် အလိုအလျောက် အလုပ်လုပ် သော အဆို့ရှင် တစ်မျိုး ဖြစ်ပါသည်။<br>ရေပိုက်လုံး အတွင်းသို့ရေ(ရေနွေး ငွေ့) များ ပေးလွှတ်စဉ် ရှေးဦးစွာ လေကို ဖွင့်ထုပ်ရာ တွင် အသုံးပြု ပါသည်။ တစ်ကြိမ် ပိတ်ထားလိုက် ပါကအဆို့ရှင် အစိတ်အပိုင်းအတွင်း သို့ လေများစီးဆင်းဝင်လာစေကာမှု အဆို့ရှင်သည်နောက်တစ်ကြိမ်ပွင့် မသွားပါ။ ရေပိုပိုက်လိုင်း အတွင်းရှိ လေကို အလိုအလျောက် ဖွင့်ထုပ် ပေးသော အဆို့ရှင် ဖြစ်ပါသည်။ အထူးသဖြင့်ရေနွေးငွေ့, အားအာသုံး ပြုသည့် ပေါင်းစက်ကြီးများတွင်အ သုံးချကြသည်။ |
| エアポンプ<br>*eaponpu* | air pump | လေမှုတ်စက်<br>レェ・モゥッセェ<br><br>လေထိုးစက်<br>レェ・トゥ・セェ |

機械関連

| 日 | 英 | ミャンマー |
|---|---|---|
| 永久磁石<br>*eikyuujishaku* | permanent magnet | (အမြဲတန်း)သံလိုက်<br>タン・ライッ<br><br>သံကို စွဲငင်နိုင်သော သတ္တိရှိသည့် သံတစ်မျိုး။<br><br>သဘာဝသတ္တိဖြင့် အမြဲတန်း တောင်ဝန်ရိုးစွန်းနှင့်မြောက်ဝန်ရိုးစွန်းက ရှိနေသော သံလိုက်။ |
| 映像信号<br>*eizoushingou* | video signal | ရုပ်ပုံလိုင်း<br>ヨゥ・ポン・ライン |
| AD（エーディ）<br>*ad* | auto drive | အော်တိုမက်တစ်<br>オゥトゥ・メッテェ<br><br>အလိုအလျောက်မောင်းနှင်သော။ |
| A/T（エーティー）<br>*a/t*<br>自動変速機<br>*jidouhensokuki* | automatic transmission | အော်တော်မစ်တစ် (ဂီယာ)<br>オゥトゥ・メッテッ（ギーヤ<br><br>အလိုအလျောက် အရှိန်ပြောင်းလဲစေ၍ အင်ဂျင်၏လည်ပါတ်အားကို ယက်အားအဖြစ် ဘီးများသို့ ပို့ဆောင်ပေးသော ဂီယာအုံအစိတ်အပိုင်း။ |
| ATF（エーティエフ）<br>*atf*<br>自動変速機油<br>*jidouhensokukiyu* | automatic transmission fluid | အော်တော်မစ်တစ်(ဂီယာ) ဆီ<br>オゥトゥ・メッテッ（ギア）セィ |
| 液状グリース<br>*ekijouguriisu* | liquid grease | အရည်အမဲဆီ<br>アイェ・アメェセィ |
| エキスパートシステム<br>*ekisupaatoshisutemu* | expert system | အထူးနည်းလမ်း<br>アトゥ・ニィ・ラン |

# 機械関連

| 日 | 英 | ミャンマー |
|---|---|---|
| 液体<br>*ekitai* | liquid | အရည်<br>ア・レェ<br><br>ပိုစီးနိုင်သော ဓါတ်သတ္တုရှိသည့် အရာ။ |
| 液体空気<br>*ekitaikuuki* | liquid air | လေအရည် (ဝတ္ထု)<br>レェ・アイェ(ウィットゥ) |
| 液体天然ガス<br>*ekitaitennengasu* | liquid natural gas, natural liquid gas | သဘာဝဓါတ်ငွေ့အရည်<br>タバワ・ダァッ・ングェイェ |
| 液体燃料<br>*ekitainenryou* | liquid fuel | လောင်စာအရည်<br>ラウンサァ・アイェ |
| エクステンション<br>*ekusutenshon* | extension | တိုးချဲ့ခြင်း<br>トゥ・チン<br><br>ဝီဇာ၊ စာချုပ်၊ ဓါတ်ကြိုး စသည် များကို တိုးမြှင့်ဆွဲဆန့်ရာတွင် အသုံးပြုပါသည်။<br>See 延長 Extension |
| NAエンジン<br>*na enjin* | natural aspiration engine | (သဘာဝလေဖိအား) အင်ဂျင်<br>エンジン<br><br>တာဘို အင်ဂျင်၊ ဆူပါ ချာဂျာအင်ဂျင်များကဲ့သို့ လေကိုဖိအားပေးကာအင်ဂျင် အတွင်းသို့ ဖိနိုပ်၍ ထိုးသွင်းခြင်း မဟုတ်သဘာဝအတိုင်း လေဖိအားအတိုင်း ပစ်စတွန် အတွင်းသို့ လေကိုထိုးသွင်း သော အင်ဂျင်ဖြစ်ပေသည်။ |
| FF車<br>*ff sha* | FF type car | ရှေ့ဘီးယက်ကား<br>シェベイン・イェッカー |

123

**機械関連**

| 日 | 英 | ミャンマー |
|---|---|---|
| FFモデル<br>*ff moderu* | FF model | ရှေ့ဘီးယက်ကား<br>シェベイン・イェッ・カー |
| (MFB) エムエフビー<br>*mfb* | maintenance free battery | ဘက်ထရီခြောက်<br>ベッテリ・チャウ<br><br>ပြုပြင်ရန်မလိုသောဘက်ထရီ အထူးသဖြင့်ဘက်ထရီအခြောက်မျိုး ကိုရည်ညွှန်းပါသည်။ |
| 円<br>*en* | circle | စက်ဝိုင်း<br>セェ・ワイン |
| 遠隔制御<br>*enkakuseigyo* | remote control | Remote control<br>リモッ・コントロー<br><br>အဝေးထိန်းချုပ်ကရိယာ<br>アウェ・ティン・チョッ・カリィヤ<br><br>တယ်လီဗေးရှင်း၊အဲယားကွန်းအစ ရှိသည့် အိမ်တွင်းသုံး လျှပ်စစ်စက် များအပြင် ITခေတ်တွင် လက်ကိုင် ဖုံးအားအဝေးထိန်းချုပ် ကရိယာအ ဖြစ်အသုံးပြု၍လာ ကြသည်။ မြန်မာပြည်အတွင်းအချိန်အတိုင်း အတာတစ်ခုအထိ လွဲမှားစွာ Remove Control ဟုဖေါ်ပြခဲ့သော အဘိဓါန် အချို့ရှိခဲ့ဘူးပါသည်။ |
| 円周<br>*enshuu* | circumference | အဝိုင်း အနား<br>アワィン・アナァ<br><br>စက်ဝန်းတစ်လျှောက်။<br><br>စက်ဝန်းမျဉ်း၊အဝန်း။ |

機械関連

| 日 | 英 | ミャンマー |
|---|---|---|
| エンジン<br>*enjin* | engine | အင်ဂျင်<br>エンジン<br><br>ရေနွေးငွေ့၊ ဓါတ်ဆီ၊ လေယာဉ်ဆီဒီဇယ်၊ ဂတ်(စ်) နှင့် အနံ့ပြူစသဖြင့်လောင်စာများကို အသုံးချသောအင်ဂျင် အမျိုးမျိုး ရှိသော်လည်းအဓိကရည်ရွယ်ချက်မှာလူအင်အားထက်သာသော စက်အင်အားအားကိုအသုံးချ၍ ကြီးမားသောအလုပ် ကိုလုပ်စေခြင်းပင် ဖြစ်ပါသည်။တစ်နည်းအားဖြင့် ဝန်ရိုးအားအရှိန်ဖြင့် လည်စေခြင်း ပင်ဖြစ်ပါသည်။ |
| エンジンオイル<br>*enjinoil* | engine oil | အင်ဂျင်ဝိုင်( ဆီ)<br>インジン・ワイ<br><br>အင်ဂျင်စက်အတွင်း အပူချိန်ကိုထိမ်းသိမ်းပြီး စက်ကို ချောမွေ့စေရန်အသုံးပြုသော စက်ဆီ။ |
| エンジン発電機<br>*enjinhatsudenki* | engine generator | (အင်ဂျင်) မီးစက်<br>インジン・ミィセッ<br><br>အင်ဂျင်လည်ပါတ်မှု ဖြင့် လျှပ်စစ်ဓါတ်အား ဖြစ်ပေါ်စေသော စက်။ |
| エンジンマウント<br>*enjinmaunto* | engine mount | အင်ဂျင်ဟဒ်<br>エンジン・ヘッ<br><br>အင်ဂျင်ထပ်ပိဦးပိုင်း။ |
| エンジンルーム<br>*enjinruumu* | engine room | အင်ဂျင်ခန်း<br>エンジンカン |

機械関連

| 日 | 英 | ミャンマー |
| --- | --- | --- |
| 延長<br>*enchou* | extension | တိုးချဲ့ခြင်း<br>トウ・チェ・チン<br><br>ပီဇာ၊စာချုပ်၊ ဝါတ်ကြိုးစသည်များ<br>၏သက်တမ်း တိုးမြှင့်ဆွဲဆန့်ရာတွင်<br>အသုံးပြုပါသည်။<br>See<br>エクステンション Extension |
| 延長コード<br>*enchoukoodo* | extension cord | လျှပ်စစ်ကြိုးဆက်ကြိုး<br>ルェッセ・チョウ・セッチョウ<br><br>Extension ကြိုး<br>エシュタンション・チョウ<br><br>အဆောက်အဦးနံရံရှိ လျှပ်စစ်<br>ခေါင်းနှင့်အသုံးပြုသည့်လျှပ်စစ်<br>ပစ္စည်းကဝေးကွာနေသောအခါ<br><br>အသုံးပြုသည့်လျှပ်စစ် စီးနိုင်သော<br>ကြိုး။ |
| オイル回路<br>*oirukairo* | oil circuit | ဆီလမ်းကြောင်း<br>セィ・ラン・ジャウン |
| オイルクーラー<br>*oirukuuraa* | oil coolers | ဆီသုံးအအေးခံကရိယာ<br>セィ・トゥン・アエカン・カリヤ |
| オイルシール<br>*oirusiiru* | oil seals | ဆီဝါရှာ<br>セィ・ワシャァ<br><br>အုပိုင်း ဆီးလ်<br>オィワイン・セィ<br><br>oil seals |

126

機械関連

| 日 | 英 | ミャンマー |
|---|---|---|
| オイルストレーナ<br>*oirusutoreena* | oil strainer | ဆီစစ်<br>セィ・セェッ |
| オイルフィルター<br>*oirufirutaa* | oil filter | ဆီစစ်<br>セィ・セェッ |
| オイルプレッシャゲージ<br>*oirupuresshageeji*<br>油圧計<br>*yuatsukei* | oil pressure gauge | ဆီဖိအားပြဒိုက်ခွက်<br>セィピアァ・ピャ・ダインクェッ |
| オイルリング<br>*oiruringu* | grease rings | ဆီ(ဝါရှ)ကွင်း<br>セィ・グィン |
| 応答<br>*outou* | answer,<br>reply | အဖြေ<br>アピェ<br><br>ပြန်ကြားခြင်း<br>ピャン・チャァ・チン |
| 往復<br>*oufuku* | round (trip) | အသွားအပြန်<br>アトァ・アピャン |
| 応用化学<br>*ouyoukagaku* | applied chemistry | အသုံးချ ဓါတုဗေဒ<br>アトゥンチャ・ダァトゥベェダ |
| 大きさ<br>*ookisa* | big,<br>size,<br>dimensions,<br>volume,<br>capacity,<br>bigness,<br>largeness | (အရွယ်အစား) အကြီး<br>アチィ |
| オートドライブ<br>*ootodoraibu* | auto-drive | အလိုအလျောက်မောင်းနှင်ခြင်း<br>アロゥアラゥ・マウンニンチン |

機械関連

| 日 | 英 | ミャンマー |
|---|---|---|
| オートマチックトランスミッション<br>*ootomachikkutoransumisshon* | automatic transmissions | အော်တိုမတ်စစ်<br>オートメッティッ<br><br>အော်တိုမတ်စစ်(ဂီယာ) အရှိန်ပြောင်း စနစ်။ |
| オーバーヒート<br>*oobaahiito* | over heat | အပူလွန်ခြင်း<br>アプゥルンチン |
| オーバーヘッドバルブ<br>*oobaaheddobarubu* | over head valve | (အင်ဂျင်အပေါ်ဘက်ရှိ)<br>အဆို့ရှင်<br>アソーシン |
| オーバーラップ<br>*oobaarappu* | overlap, overlapping | အပေါ်မှ ဖုံးအုပ်ခြင်း<br>アポゥマ・ポゥン・オゥ・チン |
| オーバーロード<br>*oobaaroodo* | overload | ဝန်ပိုမှု<br>ウェン・ポゥ・ム |
| オーバドライブ<br>*oobadoraibu* | over drive | အရှိန်ပိုမောင်းနှင်ခြင်း<br>アシェイン・ポゥ・マウン・チン |
| オーリング<br>*ooringu* | o-ring | အိုပုံစံ ဝွင်း<br>オゥ・ポンサン・グイン |
| オクタン価<br>*okutanka* | octane number, | လောင်စာဆီ နံပါတ်<br>ラウンサァセィ・ナンッパ |
| 送り<br>*okuri* | delivery, send, seeing off, ship | (ကုန်ပစ္စည်း) ပို့ခြင်း<br>ポゥチン |
| 送りネジ<br>*okurineji* | feed screws | တွန်းမူလီ<br>トゥォン・ム・リィ<br><br>တိုးထွက်စေနိုင်သော မူလီ။ |

# 機械関連

| 日 | 英 | ミャンマー |
|---|---|---|
| 遅れ<br>*okure* | late,<br>fall,<br>behind,<br>delay | (အချိန်) နောက်ကျ<br>ナウチャァ |
| オペレーター<br>*opereetaa* | operator | အော်ပရေတာ<br>オゥ・プレェ・タァ |
| オペレーティングシステム<br>*opereetingushisutemu* | operating system | အော်ပရေးတင်း စစ်စတန်<br>オペレーティン・シッステン |
| 重さ<br>*omosa* | weight | အလေးချိန်<br>アレェ・チェン |
| 錘<br>*omori* | spindle | အလေး<br>アレェ |
| 親ネジ補正装置<br>*oyanejihoseisouchi* | correcting device<br>compensator | အဓိကမူလီ<br>アディカ・ムリィ |
| 温度<br>*ondo* | temperature | အပူချိန်<br>アプゥ・チェン |
| 温度上昇<br>*ondojoushou* | temperature increase | အပူမြင့်တက်ခြင်း<br>アプゥ・ミィン・テェッチン |
| 温度調整弁<br>*ondochouseiben* | temperature regulators | အပူညှိ အဆို့ရှင်<br>アプゥニィ・アソゥシン |

| 加圧器<br>*kaatsuki* | pressurizer | အပိုဖိအားပေး ကရိယာ<br>アポゥピアァ・ペェ・カリィヤ |
| カーボンファイバー<br>*kaabonfaibaa*<br>炭素繊維<br>*tansoseni* | carbon fiber | ကာဗွန်ဖိုင်ဘာ<br>カーボン ファイバ<br><br>မြင့်မားသော အပူချိန်ကိုပေးကာ ရေနံကျောက်မီးသွေးများမှ ပြုလုပ်ထားသော ဖိုင်ဘာစ။ |

## 機械関連

| 日 | 英 | ミャンマー |
|---|---|---|
| カーボンブラック<br>*kaabonburakku* | carbon black | (3-500nm အရွယ်သာရှိသော)<br>ကာဗွန်(ခြုပ်တစ်မျိုး)<br>カーボン |
| 外観<br>*gaikan* | appearance,<br>exterior facade | အပြင်ပန်း<br>アピィンバン<br>ရောက်ရှိလာခြင်း၊ပေါ်လာခြင်း။ |
| 外観検査<br>*gaikankensa* | visual inspection | ပြင်ပ(အနေအထား) အပြစ်အနာအဆာ<br>စစ်ဆေးခြင်း<br>ピィンパ・アッピィ・アナァアサァ<br>・セッセェ・チン |
| 外観図<br>*gaikanzu* | external view | ပြင်ပအနေအထားပုံ<br>ピィンパ・アネェ・アタァ・ポン |
| 外形<br>*gaikei* | external form | ပြင်ပပုံသကန်<br>ピィンパ・ポン・タ・ダン |
| 外径<br>*gaikei* | outer diameter | အပြင်စက်ဝန်း<br>アピィン・セェ・ワイン |
| 解析<br>*kaiseki* | analysis | သုံးသပ်ခြင်း<br>トゥン・タァッチン |
| 回転計<br>*kaitenkei* | tachometer,<br>revolution counter | လည်ပတ်မှု တိုင်းထွာကရိယာ<br>レッパ・ム・タィントァ・カリヤ |
| 回転式<br>*kaitenshiki* | rotary | လည်ပတ်ပုံ<br>レ・ッパポン |
| 回転式コンベヤー<br>*kaitenshikikonbeyaa* | carousel,<br>revolver | ကွန်ဘယ်ယာ<br>コンベヤァ<br>လေဆိပ်တွင်ခရီးသည်များ<br>ပစ္စည်းရွေးယူရာပစ္စည်းတင်ခြား။<br>ဆလိုက်ထိုး၍ပြရသည့်<br>ဖလင်အပိုင်းပြား။ |

機械関連

| 日 | 英 | ミャンマー |
|---|---|---|
| 回転数 *kaitensuu* | engine speed, number of rotations, speed of revolution, speed of rotation | လည်ပါတ်မှု့အရည်အတွက် レッパム・アレアトェッ |
| 回転弁 *kaitenben* | rotatable valve, rotary valve | လည်ပါတ် အဆို့ရှင် レッパッ・アスォ・シン |
| 解剖 *kaibou* | autopsy | အလောင်းခွဲခြင်း アラウン・クェチン<br><br>သူသေကောင်ခွဲစိတ်(စစ်ဆေး) ခြင်း။ |
| 開放型 *kaihougata* | open type | အပွင့်ပုံစံ アプィン・ポンサン<br><br>ပွင့်နေသော တိုက်(ပုံစံ)။ |
| 界面活性剤 *kaimenkasseizai* | surfactant | (သီးခြားစွမ်းအင်ကအရှိန်အဟုန်ဖြင့် လုပ်လျှားနိုင်ရန် ရောနောသော) ဓါတုပစ္စည်း ダアトゥ・ピィッセイ |
| 概要 *gaiyou* | outline, summary | အောက်လိုင်း アウ・ライン |
| 回路 *kairo* | circuit | လျှပ်စစ်စီးလမ်းကြောင်း ルェッセッ・セィー・ランチョン |
| 回路図 *kairozu* | circuit diagram | လျှပ်စစ်စီးလမ်းကြောင်း စနစ်ပုံ ルェッセッ・セィー・ランチョン・サネッ・ポン |
| 科学 *kagaku* | science | သိပ္ပံပညာ テェンパン・ピィンニャ |

機械関連

| 日 | 英 | ミャンマー |
|---|---|---|
| 化学結合<br>*kagakuketsugou* | chemical bond | ဓါတုပေါင်းစီးမှု<br>ダァトゥ・パウンセイム |
| 化学構造<br>*kagakukouzou* | chemical structure | ဓါတုဖွဲ့စည်းမှု<br>ダァトゥ・プェセイム |
| 化学式<br>*kagakushiki* | chemical formula | (ဓါတုဗေဒ ဆိုင်ရာ ပုံစံ)ပုံသေနည်း<br>ポンティニィ |
| 化学メッキ<br>*kagakumekki* | chemical plating,<br>electroless plating | ဓါတုအရောင်တင်ခြင်း<br>ダァトゥ・アヤウンティン・チン |
| 過給エンジン<br>*kakyuuenjin* | supercharged engine | ဆူပါချာချာ အင်ဂျင်<br>スーパーチャージャー・エンジン<br><br>အင်ဂျင်အတွင်းသို့ သွင်းယူသော လေအားသာမာန်လေဖိအားထက် မြင့်တက်ရန် ပြုလုပ်သောကရိယာ။ |
| 化合物<br>*kagoubutsu* | (chemical) compound | ဓါတုရောနှော် ပစ္စည်း<br>ダトゥ・ヨウ・ノゥ・ピッセィ |
| 化合物半導体<br>*kagoubutsuhandoutai* | compound semiconductor | (ဓါတုပစ္စည်း ရောနှော်) ဒိုင်အုပ်<br>ダイ・アゥ |
| 重ね板バネ<br>*kasaneitabane* | leaf spring,<br>laminated spring | လေး<br>レェ<br><br>သံပြားများကို အထပ်ထပ် ထပ်ခါ၊ သက်ရောက်အားကို ခွဲစိတ်ဖြာစေသော စပရိမ်။ |
| 数<br>*kazu(suu)* | number | အရေအတွက်<br>アイェ・アトェ |
| ガス<br>*gasu* | gas | ဂတ်စ်<br>ゲッ<br><br>ဓါတ်ငွေ့<br>ダァ・グェ<br><br>သဘာဝဓါတ်ငွေ့။ |

## 機械関連

| 日 | 英 | ミャンマー |
|---|---|---|
| ガス機関<br>*gasukikan* | gas engine | ဂတ်(စ်)အင်ဂျင်<br>ゲッ・インジン<br><br>ဓါတ်ဆီအစား ဂတ်စ် လောင်စာ ကိုအသုံးပြုသော အင်ဂျင်။ ယခုအခါ ဒုတိယနှင့်တတိယ စက်မှုနိုင်ငံများ တွင် ဓါတ်ဆီ အင်ဂျင်ကားများအား ဂတ်စ် အင်ဂျင်အဖြစ် မိမိနည်း မိမိဟန် ဖြင့် ပြုပြင်ပြောင်းလဲသုံးစွဲနေကြ ပါသည်။ |
| ガスケット<br>*gasuketto* | gasket | ဂတ်စ်ကတ် (ပါတ်ကင်း)<br>ガセケッ（パッキン）<br><br>မော်တော်ကားအင်ဂျင်များတွင် အသုံးပြုသော ဂတ်စ်ကတ်အား လူသိ များသော်လည်း တံခါး၊လျှပ် စစ်ထမင်းအိုးများရှိပါတ်ကင်းလိုင် နာသည်လည်းဂတ်စ်ကတ် တစ်မျိုး ဖြစ်ပါသည်။ |
| ガスセンサー<br>*gasusensaa* | gas sensor | ဂတ်(စ်) ဆန်(င်)ဆာ<br>ゲェッ・センサー<br><br>ဓါတ်ငွေ့ စိမ့်ယို မှု စစ်ဆေးကရိယာ။ |
| ガスタービン<br>*gasutaabin* | gas turbine | ဂတ်(စ်) တာဘိုင်<br>ゲェ・タアバイ<br><br>အပူချိန် မြင့်သော ဂတ်စ် ဖြင့် လောင်စာများကိုလောင်ကျွမ်း စေပြီး တာဘိုင်စက်ကိုလည် စေ၍ လည်ပါတ်မှုစွမ်းအင်ကို ဖြစ်ပေါ်စေသော |

機械関連

| 日 | 英 | ミャンマー |
|---|---|---|
| | | Internal combustion engine (အတွင်းပေါက်ကွဲမှု)အင်ဂျင်တစ်မျိုးဖြစ်ပါသည်။<br>တာဘိုင်ဆိုသည်မှာ ဓါတ်ငွေ့၏ လုပ်လှုပ် ရွေ့ရှားမှု့ စွမ်းအားမှ စက်ကရိယာ၏ လှုပ်လှုပ်လည် ပါတ်မှုစွမ်းအင်သို့ပြောင်းလဲ ပေးသော(အင်ဂျင်)စက်ကိုခေါ်ဆိုပါသည်။<br>ယူအခါဟယ်လီကော်ပတာနှင့် လေယာဉ်အင်ဂျင်များတွင်အသုံး ပြုကြပါသည်။ |
| ガスバーナー<br>*gasubaanaa* | gas burner | (ဂတ်(စ်)) ဘန်းနာ<br>バンナー |
| ガスフィルター<br>*gasufirutaa* | gas filter | ဂတ်(စ်) ဇကာ (ဖင်လ်တာ)<br>ゲェ・ザカァ |
| ガスボンベ<br>*gasubonbe* | gas cylinder | ဂတ်(စ်) အိုး<br>ゲェッ・オゥ |
| カセット<br>*kasetto* | cassette | ကက်ဆက်<br>ケッセ<br><br>ဓါတ်မှန်ဖလင်ပြားကု ထည့်သွင်းသောအရာ။<br>တစ်ရှူးစအား ထည့်သွင်းသောအရာ။ |
| 加速<br>*kasoku* | acceleration | အရှိန်<br>アシェン |
| 加速度<br>*kasokudo* | acceleration | အရှိန်နှုန်း<br>アシェン・ノゥン<br><br>အရှိန်နှင့်လိုက်၍ ပြောင်းလဲနှုန်း။ |

機械関連

| 日 | 英 | ミャンマー |
|---|---|---|
| ガソリン<br>*gasorin* | gasoline | ဓာတ်ဆီ<br>ダッセィ |
| ガソリン(レギュラー)<br>*gasorin (regyuraa)* | normal gasoline | (သာမာန်)ဓာတ်ဆီ<br>(タァマン)ダッセィ<br><br>ရိုးရိုးဓာတ်ဆီ<br>ヨウヨウ・ダッセィ<br><br>ရေနံစိမ်းမှထုပ်ယူသောလောင်စာဆီ<br>တစ်မျိုး။ |
| ガソリンエンジン<br>*gasorinengin* | gasoline engine | ဓာတ်ဆီအင်ဂျင်<br>ダッセィ・エンジン |
| 型<br>*kata* | form,<br>type | ပုံသဏ္ဍာန်<br>ポン・タァ・ダン |
| 硬い<br>*katai* | hard | မာကြောခြင်း<br>マァ・チョウ・チン |
| 硬さ<br>*katasa* | hardness | မာကြောမှု အတိုင်းအတာ<br>マァ・チョウ・ム・アタインアタァ |
| 型台<br>*katadai* | die shoe | ပုံစံခွက်<br>ポン・サン・クェッ |
| 型板<br>*kataita* | template | ပုံစံခွက်<br>ポン・サン・クェッ |
| 活性化<br>*kasseika* | activation | စွမ်းဆောင်နိုင်ခြင်း<br>スァン・サウン・ナィンチン<br><br>သီးခြားစွမ်းအင်က အရှိန်အဟုန်<br>ဖြင့်လုပ်လျှားခြင်း။<br><br>အဖွဲ့အစည်းက အရှိန်အဟုန်ဖြင့်<br>လုပ်လျှားခြင်း။<br><br>အထူးသဖြင့်ဆန့်ကျင်ဘက်အရာ<br>များလုပ်လျှားမှုတွင် သုံးတတ်၏။ |

機械関連

| 日 | 英 | ミャンマー |
|---|---|---|
| 過電流<br>*kadenryuu* | excess current,<br>over current | အိုဗာ ကာရန့်<br>オーバー・カァラン<br><br>(ဓါတ်အားပို လျှပ်စီးကြောင်း)<br>လျှပ်စစ် ပိုမို၍ စီးဆင်းခြင်း<br>ルェッセ・ポモルェ・セィセェンチン |
| 可動性<br>*kadousei* | mobility | လုပ်လျှား နိုင်သော<br>ルアシャア・ナィントォ |
| 金型<br>*kanagata* | metal pattern | မိုလ်<br>モゥー |
| 加熱<br>*kanetsu* | heat | အပို အပူ<br>アポーアプゥ<br><br>အပိုပေးအပူချိန်။ |
| 過熱<br>*kanetsu* | overheating,<br>superheating | အပူလွန်ကဲခြင်း<br>アプゥ・ルンケーチン |
| 可変性<br>*kahensei* | versatile | ဖြစ်နိုင်ခြေ<br>ピィ・ナイジェ |
| カム軸、カムシャフト<br>*kamujiku、kamushafuto* | camshaft | (ကင်း)ရှပ်<br>シャッ<br><br>အင်ဂျင်ကို အချိန်မှန်မှန်အပိတ်<br>အဖွင့်လုပ်ပေးသည့်အစိတ်အပိုင်း။ |
| 画面<br>*gamen* | screen,<br>terminal screen,<br>scene,<br>picture,<br>photo,<br>field in (TV) | မျက်နှာပြင်<br>ミャェ・ナァ・ピィン<br><br>တီဗွီ၊ ဒယ်ဂျီတယ်ကင်မရာ၊<br>ကွန်ပြူတာရှိဖန်သားမျက်နှာ<br>ပြင်များအပြင် ပန်းချီများ၏<br>မျက်နှာပြင်များ အားလည်း<br>ရည်ညွှန်း ပါသည်။ |

機械関連

| 日 | 英 | ミャンマー |
|---|---|---|
| 硝子質<br>*garasushitsu* | hyalomere | ဓါတ်သတ္တုပါဝင်မှု<br>ダッタトゥ・パアウィンム |
| 渦流<br>*karyuu* | overflow,<br>swirling current | အပိုစီးဆင်းခြင်း<br>アポゥ・セィ・セェン・チン |
| 渦流室式<br>*karyuushitsushiki* | whirl chamber,<br>swirl chamber,<br>turbulence chamber | (ဒီဇယ်အင်ဂျင်အတွင်း ပေါက်ကွဲမှု<br>ဖြစ်စေသော) အခန်း<br>アァカン |
| 火力<br>*karyoku* | heating power | မီးအား<br>ミィ・アァ |
| 過冷<br>*karei* | supercooling | အအေးပိုသော<br>アエェ・ポウトォ |
| 管<br>*kan* | pipe | ပိုက်<br>パイッ |
| 換気<br>*kanki* | ventilation | (လေ)လည်ပတ်မှု<br>レッパ・ム |
| 換気性能<br>*kankiseinou* | ventilation performance | လည်ပတ်လည်မှုစွမ်းအား<br>レッパ・ム・スアンアァ |
| 換気扇<br>*kankisen* | ventilating fan | လေထုပ် (စုပ်) ပန်ကာ<br>レ・トゥ・パンカ |
| 換算<br>*kanzan* | conversion,<br>change | ပြောင်းလဲခြင်း<br>ピョウンレェ・チン |
| 換算率<br>*kanzanritsu* | conversion ratio | ပြောင်းလဲ(တွက်ချက်)ခြင်းနှုံး<br>ピャウンレェ・チン・ノゥン |
| 乾湿球温度計<br>*kanshitsukyuuondokei* | wet and dry bulb thermometer | စိုထိုင်းမှု တိုင်းကရိယာ<br>ソウタインム・タィン・カリヤ<br><br>စိစွတ်ခြောက်သွေ့သော မီတာ။ |

137

機械関連

| 日 | 英 | ミャンマー |
|---|---|---|
| 乾性<br>*kansei* | dry,<br>dry property | ခြောက်သွေ့မှု<br>チャウ・トェ・ム |
| 完成<br>*kansei* | completion | ပြီးပြည့်စုံခြင်း<br>ピーピェ・ソンチン |
| 感性<br>*kansei* | sensitivity | ခံစားမှု (အာရုံ)<br>カンサーム |
| 慣性<br>*kansei* | inertia | လေးလံထိုမိုင်းခြင်း<br>レェラン・トゥンマイン・チン<br><br>လုပ်လျှားမှု နေးကွေးခြင်း။<br><br>နေမြဲတိုင်းနေလိုသည့်ဆန္ဒ။ |
| 慣性調速機<br>*kanseichousokuki* | inertia governor | အားထိမ်းကရိယာ<br>アァ・ティン・カリヤ<br><br>လုပ်လျှားမှုအား<br>ထိမ်းချုပ်သောကရိယာ။ |
| 完成品<br>*kanseihin* | finished products,<br>finished goods | ပြီးစီးပြည့်စုံသော ပစ္စည်း<br>ピィセイ・ピェソントォ・ピィッセイ |
| 間接資材<br>*kansetsushizai* | indirect material | တစ်ဆင့်ခံ ပစ္စည်း<br>タセインカン・ピッセイ |
| 間接測定<br>*kansetsusokutei* | indirect measurement | တစ်ဆင့်တိုင်းထွာခြင်း<br>タセインカン・タィントァ・チン |
| 完全な<br>*kanzenna* | absolute,<br>complete,<br>consummate,<br>entire,<br>immaculate,<br>infinite | ပြီးပြည့်စုံသော<br>ピーピェソントォ |

機械関連

| 日 | 英 | ミャンマー |
|---|---|---|
| 乾燥<br>*kansou* | dry | အခြောက်ခံခြင်း<br>アチャゥカンチン |
| 乾燥工程<br>*kansoukoutei* | drying process | (အခြောက်ခံပုံ) အခြောက်ခံနည်း<br>アチャゥ・カンニィ |
| 乾燥炉<br>*kansouro* | dry oven | အိုဗင်<br>オービン |
| 乾点<br>*kanten* | dry point | ခြောက်သွေ့သောနေရာ<br>チャゥ・トェ・トォ・ネヤァ |
| 観点<br>*kanten* | viewpoint | အမြင်<br>ア・ミィン |
| 感電<br>*kanden* | get a [an electric] shock | ဓာတ်လိုက်ခြင်း<br>ダッ・ライッ・チン |
| 乾電池<br>*kandenchi* | dry cell, battery | ဓာတ်ခဲ<br>ダッケェ |
| 看板<br>*kanban* | signboard | ကြော်ငြာဆိုင်းဘုတ်<br>チョウ・ニャァ・サインボッ |
| 管用ネジ<br>*kanyouneji* | pipe thread, gas thread, taper pipe thread | ပိုက်သုံးမူလီ<br>パイッ・トゥン・ムリィ |
| 管理者<br>*kanrisha* | administrator, manager | ဦးစီးထိန်းချုပ်သူ<br>ウゥセィ・ティン・チュゥットゥ |
| 管理図<br>*kanrizu* | control chart | ထိန်းချုပ်မှု့ပုံ<br>ティン・チュゥッ・ム・ポン |
| 顔料<br>*ganryou* | pigment | ဆိုးဆေး<br>ソゥ・セェ |
| ギアーボックス<br>*giaabokkusu* | gear box | ဂီယာအုံ<br>ギィヤァ・オン |

## 機械関連

| 日 | 英 | ミャンマー |
|---|---|---|
| ギアーポンプ<br>*giaaponpu* | gear pump | ဂီယာပန့်<br>ギィヤァッパン |
| 気圧<br>*kiatsu* | atmospheric [air] pressure | လေဖိအား<br>レェ・ッピ・アァ |
| キー<br>*kii* | key | အဓိက<br>ア・ディカ<br><br>သော့<br>トゥッ |
| 記憶<br>*kioku* | memory | မှတ်ဉာဏ်<br>マッニャン |
| 記憶容量<br>*kiokuyouryou* | memory [storage] capacity | မှတ်ဉာဏ်(အင်)အား<br>マッニャン・アァ |
| 機械<br>*kikai* | machine | စက်ကရိယာ<br>セェッ・カリヤァ |
| 機械化<br>*kikaika* | mechanization | စက်ဖြင့်ပြောင်းလဲခြင်း<br>セェッ・ピィン・ピャウンレェチン |
| 機械効率<br>*kikaikouritsu* | mechanical efficiency | စက်စွမ်းအား<br>セェッ・スアン・アァ |
| 気化器<br>*kikaki*<br>キャブレータ<br>*kyabureeta* | carburetor, vaporizer | ကာဗရိုက်တာ<br>カーブライ・タァ<br><br>ဆီနှင့်လေ ရောပေးသည့်<br>အင်ဂျင်အစိတ်အပိုင်း။ |
| 企画<br>*kikaku* | plan | အစီအစဉ်<br>アセィ・アセェン |
| 規格<br>*kikaku* | standard | စနစ် (စံ)<br>サ・ッニ |

# 機械関連

| 日 | 英 | ミャンマー |
|---|---|---|
| 期間<br>*kikan* | period | ကာလ<br>カァ・ラァ |
| 機関<br>*kikan* | engine | အဖွဲ့အစည်း<br>アプェ・アセィ |
| 機関車<br>*kikansha* | locomotive | (ဒီဇယ်) ရထား<br>ヤ・タァ |
| 器具、装置、設備<br>*kigu*、*souchi*、*setsubi* | apparatus,<br>appliance | ကိရိယာ(တန်ဆာပလာ)<br>カリィヤ<br><br>အသုံးအဆောင်ပစ္စည်း။ |
| 機構<br>*kikou* | mechanism,<br>machinery | စက်ဖွဲ့စည်း(တည်ဆောက်)ပုံ<br>セッ・プェ・セィ・ポン |
| 器差<br>*kisa* | instrumental error | (စက်ပိုင်းဆိုင်ရာ) လွဲမှားမှု．<br>ルェ・マァ・ム |
| 技術者<br>*gijutsusha* | technician,<br>engineer,<br>technical expert,<br>crafts-person | အတတ်ပညာရှင်<br>アッタァ・ピンニャ |
| 基礎ボルト<br>*kisoboruto* | foundation bolt | အုပ်မြစ် ဘိုးတိုင်<br>オウミィッ・ボータイン |
| 機体<br>*kitai* | frame,<br>body | စက်ကိုယ်ထည်<br>セェッ・コゥデェ |
| 気体<br>*kitai* | gaseous body | လေ(ဖြစ်) ထု<br>レェ・ドゥ |
| 気体燃料<br>*kitainenryou* | gaseous fuel | လေ(ဖြစ်)လောင်စာ<br>レェ・ラウンサー |
| 起動<br>*kidou* | starting,<br>motive power | လုပ်လျှားခြင်း<br>ルォ・シャア・チン |

機械関連

| 日 | 英 | ミャンマー |
|---|---|---|
| 機能<br>*kinou* | function | စွမ်းအား<br>スゥン・アァ |
| 規模<br>*kibo* | scale,<br>scope,<br>plan,<br>structure | ပမာဏ<br>パマーナ |
| 基本<br>*kihon* | basis/bases,<br>foundation | အခြေခံ<br>アチェカン |
| 逆電圧<br>*gyakudenatsu* | inverse voltage | ဓါတ်အားပြောင်းပြန်<br>ダッ・アァ・ピョンピャン |
| 逆時計回り<br>*gyakutokeimawari* | anticlockwise | နာရီပြောင်းပြန်လည်ပတ်မှု<br>ナイィ・ピョンピャン・レェパッム |
| 逆止め弁<br>*gyakudomeben* | directional control<br>check valve,<br>non-return valve | (ပြောင်းပြန်စီးဆင်းမှုတားဆီး)<br>အဆို့ရှင်<br>アソーシン<br><br>ချက်ဘား<br>チェッバァ |
| 逆方向<br>*gyakuhoukou* | reverse direction | ပြောင်းပြန် (လားရာ)<br>ピョンピャン |
| 逆流<br>*gyakuryuu* | reverse flow | ပြောင်းပြန်စီးဆင်းခြင်း<br>ピョンピャン・セィセンチン |
| ギャップ<br>*gyappu* | gap | ကွာခြားချက်<br>クァ・チャァ・チェッ |
| キャビン<br>*kyabin* | cabin | တဲ (အိမ်ငယ်)<br>テェ<br><br>(လေယာဉ်ပေါ်တွင်<br>ခရီးသယ်များထိုင်ရန်)<br>ထိုင်ခုံ<br>タイン・クォン |

## 機械関連

| 日 | 英 | ミャンマー |
|---|---|---|
| 球 *kyuu* | sphere | စက်လုံး セッロン <br> ပိုင်နက်။ <br> နယ်ပယ်။ |
| 吸引力 *kyuuinryoku* | attractive force | ဆွဲငင်အား スェ・ングイン・アァ |
| 吸音 *kyuuon* | sound absorption | အသံစုပ်ယူခြင်း アタン・ソウッ・ユゥチン |
| 吸音材 *kyuuonzai* | sound absorbing material, acoustic material, acoustic absorbent material | အသံလုံပစ္စည်း アタン・ロン・ピッセィ |
| 吸気温 *kyuukion* | temperature of air intake | လေပူဝင်ပေါက် レェ・プゥ・ウェインパウッ |
| 吸気温センサ *kyuukionsensa* | inlet air, temperature sensor | လေပူဝင်ပေါက်ဆန်(ဂ်)ဆာ レェプゥ・ウィンパウ・センサー |
| 吸気行程 *kyuukikoutei* | suction stroke | (ဆလင်ဒါအတွင်းသို့) လေစုပ်သွင်းသော အဆင့် レェ・ソウ・トィントゥ・アセン |
| 吸収 *kyuushuu* | absorption | စုပ်ယူခြင်း ソウッ・ユウ・チン |
| 給水 *kyuusui* | water supply | ရေပေးဝေ(ထောက်ပံ့)ခြင်း イェ・ペェ・ウェチン |
| 給水弁 *kyuusuiben* | feed-water valve, water supply valve | ရေပေးဝေသည့်အဆို့ イェ・ペェ・ウェティ・アッソ |
| 吸着 *kyuuchaku* | absorption | စုပ်ယူခြင်း ソウッ・ユウ・チン |

機械関連

| 日 | 英 | ミャンマー |
|---|---|---|
| 吸入<br>*kyuunyuu* | intake | (တစ်စုံတရာကို)ထဲ.သွင်းခြင်း<br>テェトィン・チン<br><br>ရှုသွင်းခြင်း။ |
| 吸入口<br>*kyuunyuuguchi* | suction port,<br>intake port | (လေ)သွင်းပေါက်<br>トィン・パウッ |
| 吸入弁<br>*kyuunyuuben* | suction valve,<br>inlet valve | (တစ်စုံတရာထဲ.သွင်းပြီးလျှင်<br>ဘားအဖြစ် တားဆီးသည့်)<br>အဆို့ရှင်<br>アソーシン |
| 給油<br>*kyuuyu* | oiling,<br>fueling | (စက်)ဆီဖြည့်ခြင်း<br>セィ・ピェ・チン |
| 給油設備<br>*kyuuyusetsubi* | facility for oiling | ဆီထောက်ပို့စနစ်<br>セィ・タウ・ポウ・サッニ |
| 供給<br>*kyoukyuu* | afford,<br>supply | ထောက်ပန့်သည်<br>タゥッパン・ティ<br><br>အကုန်ခံသည်။ |
| 業者<br>*gyousha* | contractor | ကန်ထရိုက်တာ<br>カンタライター |
| 凝縮<br>*gyoushuku* | condensation | လေဖိအားနှိပ်ခြင်း<br>レェピアァ・ネェッィ・チン<br><br>လေဖိအားပေး၍ ရေအခိုးငွေ့ဝါတ်<br>သို့ပြောင်းလဲစေသွားသည့်အပူချိန်<br>အထိပြောင်းလဲအောင် လုပ်ခြင်းကို<br>ရည်ညွှန်းပါသည်။ |
| 極性<br>*kyokusei* | polarity | ဝန်ရှိစွန်း<br>ウィン・ヨゥ・スオン |
| 曲線<br>*kyokusen* | curved line,<br>curve | မျဉ်းကောက်<br>ミィン・カゥッ |

機械関連

| 日 | 英 | ミャンマー |
|---|---|---|
| 許容範囲<br>*kyoyouhani* | permissible range,<br>acceptable extent | ခွင့်ပြုနိုင်သော (အပိုင်းအခြားနယ်)<br>クィン・ピュ・ナィン・トゥ |
| 距離<br>*kyori* | distance | အကွာအဝေး<br>アクァ・アウェ |
| 切り替えスイッチ<br>*kirikaesuicchi* | selector switch,<br>switching switch,<br>converting | (အလှည့်အပြောင်း) ခလုပ်<br>カッロッ |
| 記録<br>*kiroku* | switchrecord | မှတ်တမ်း<br>マッタン |
| 記録計<br>*kirokukei* | recorder | မှတ်တမ်းတင်ကရိယာ<br>マッタン・テン・カリヤァ |
| 金属<br>*kinzoku* | metal | သံသတ္တု<br>タン・タットゥ |
| 金属学<br>*kinzokugaku* | metallography | သတ္တု(များကို အသုံးချ၍)<br>ဆေးကုသခြင်း<br>タットゥ・(ミャァ・コ・アトゥン<br>チャ・ルェ) セェ・クタァ・チン<br><br>သံသတ္တု ဆိုင်ရာဘာသာရပ်။ |
| 金属パッキン<br>*kinzokupakkin* | metallic packing | သတ္တုဝါရှာပြား<br>タットゥ・ワーシャーピァア<br><br>သတ္တုအိပ်<br>タットゥ・エッ<br><br>အစားအသောက်များအား ထုပ်ပိုး<br>ရာတွင် အသုံးပြုသော သတ္တုအိပ်။<br>စက္ကူအိပ်ထက် အစိုခံ၍၊ ပလတ်<br>စတစ်အိပ်ထက်အပူခံနိုင်ပေသည်။ |
| 金メッキ<br>*kinmekki* | gilding,<br>plating (in gold) | ရွှေရည်စိမ်<br>シュエ・イェ・セィン |

機械関連

| 日 | 英 | ミャンマー |
|---|---|---|
| 空気圧<br>*kuukiatsu* | air pressure | လေဖိအား<br>レェ・ピアァ |
| 空気圧シリンダ<br>*kuukiatsushirinda* | air cylinder,<br>pneumatic cylinder | လေဖိအား ဆလင်ဒါ<br>レェ・ピアァ・サリェンダァ |
| 空気乾燥機<br>*kuukikansouki*<br>(ドライヤー *doraiyaa*) | air dryer | လေ(ဖြင့်) အခြောက်ခံစက်<br>レ・アチョウ・カン・セッ |
| 空気制御<br>*kuukiseigyo* | air control,<br>pneumatic control | လေထိန်းသိမ်းစက်<br>レェデイン・テェン・セッ |
| 空気清浄機<br>*kuukiseijouki* | air cleaner | လေသန့်ရှင်းစက်<br>レェタン・シン・セッ |
| 空気調和機<br>*kuukichouwaki* | air handling unit<br>air conditioner | လေဖိအား ထိန်းသိမ်းမှု့ စက်<br>レェ・ピアァ・ディンティンム・ッセ |
| 空気ドリル<br>*kuukidoriru* | pneumatic drills | လေ(အား) လှန်ပူဖောက်စက်<br>レェ・ルオンプゥ・パウ・ッセ |
| 空気バネ<br>*kuukibane* | air spring,<br>air suspension | (အောက်ပိုင်း) လေစပရိမ်<br>レェ・サパレェン |
| 空気弁<br>*kuukiben* | air valve | လေအဆို့ရှင်<br>レェ・アスォッシン |
| 空気ポンプ<br>*kuukiponpu* | air pump | လေမှုတ်ထုပ်စက်<br>レェ・ムォットゥ・セッ |
| 空燃比<br>*kuunenhi* | air fuel ratio | လိုအပ်သော (တောင်းဆိုသော)<br>လောင်ကျွမ်းမှု့ လေအချို့ အစား<br>ロアットウ・ラウンチュアンム・レ・アチョウ・アサァ<br><br>သာမာန်အားဖြင့် လေ(၁၄.၇)း<br>လောင်စာ (၁) ဖြစ်ပါကလုံးဝဉသုံ<br>လောင်စာက မီးလောင်ကျွမ်းနိုင်<br>ပါသည်။ |

146

機械関連

| 日 | 英 | ミャンマー |
|---|---|---|
| | | သို့ရာတွင် ၈ : ၁ မှ ၂၀ : ၁ အထိ မီးလောင်ကျွမ်း နိုင်လေသည်။ သို့ဖြစ်၍ တစ်ချို့သော စက်ထုပ် လုပ်သူများသည်လောင်ကြမ်းမှု့ လေအချိုးအစား ကိုလည်းသပ် မှတ်ကြသည်။ |
| クーラー（冷房機）<br>*kuuraa (reibouki)* | cooler,<br>air conditioner | (လေအေးစက်) အဲယားကွန်<br>エアコン |
| 空冷<br>*kuurei* | air-cooling | လေအေး<br>レェ・エィ |
| 空冷機関<br>*kuureikikan* | air-cooled engine | လေအေးပေးစက်<br>レェ・エィ・ペェ・セッ |
| くぎ(釘)<br>*kugi* | nail | သံ<br>タァン |
| くさび<br>*kusabi* | wedge,<br>chock | သပ်<br>タァッ |
| | | ဂျပန်ဘာသာတွင်လည်း လူ ၂ ဦး ၂ဘက်သင့်မြတ်နေသည်ကိုဖျက် စီးစေပါကာသပ်ရှိသွင်းသည်ဟုခေါ် ဆိုပါသည်။ |
| 駆動軸<br>*kudoujiku* | drive shaft,<br>driving axle | (အင်ဂျင်) စက်မောင်းတံ<br>セツェ・マウン・タン |
| 駆動力<br>*kudouryoku* | driving power | မောင်းနှင်အား<br>マウン・ニン・アァ |
| 組立<br>*kumitate* | construction,<br>framework,<br>erection,<br>assembly,<br>organization | တည်ထောင်ခြင်း<br>ティ・タゥ・チン |
| 組立性<br>*kumitatesei* | ease of assembly | တတ်ဆင်မှု့ လုပ်ငန်းပိုင်း<br>タッセィンム・ロゥ・ンガン・パィン |

機械関連

| 日 | 英 | ミャンマー |
|---|---|---|
| 組立ライン<br>*kumitaterain* | assembly line | တပ်ဆင်လိုင်း<br>タッセイン・ライン |
| クラッチ<br>*kuracchi* | clutch | ကလပ်<br>カッラァ |
| グリース<br>*gureesu* | grease | (အမဲ) ဆီ<br>(アメェ)セィ |
| クレーム<br>*kureemu* | claim | အပစ်ပြောခြင်း<br>アッピィ・ピョオチン<br><br>အထွန့်တက်ခြင်း<br>アトゥン・テッチン |
| クレーン<br>*kureen* | crane | ကရိန်း (ဝင်ချီစက်)<br>クレェン |
| 加える<br>*kuwaeru* | add | ပေါင်းခြင်း<br>パウン・チン |
| 計器<br>*keiki* | meter,<br>gauge,<br>instrument | တိုင်းထွာကရိယာ<br>タイン・トゥア・カイヤァ |
| 計器板<br>*keikiban* | dashboard,<br>instrument panel | တိုင်းထွာကရိယာ မျက်နှာပြင်<br>タイン・トゥア・カァイヤァ ミャッナア・ピイン |
| 傾向<br>*keikou* | tendency,<br>inclination,<br>leaning | ပြောင်းလဲမှု (ဘက်)<br>ピャウン・レェ・ム<br><br>လားရာ<br>ラァ・ヤァ<br><br>လုပ်ငန်း၊ စီးပွားရေးနှင့်ကုန်ပစ္စည်း ထုပ်လုပ်ရေး စသည်များသည်တိုး တက်/ဆုတ်ရပ်မှု၊ဘက်သို့ဦးတည် ပြောင်းလဲနေသည်ကိုဖော်ပြလိုသော အခါအသုံးပြုပါသည်။ |

148

機械関連

| 日 | 英 | ミャンマー |
|---|---|---|
| 蛍光<br>*keikou* | fluorescent | တောက်ပြောင်ခြင်း<br>タウ・ピョン・チン<br><br>蛍光ペン KEIKOUPEN<br>အရောင်တောက်မာကာဘော်ပင်<br><br>蛍光灯 KEIKOUTO<br>မီးချောင်း |
| 計算機<br>*keisanki* | calculator | ဂဏန်း(တွက်)ပေါင်းစက်<br>ガナン・パウンッセェ<br><br>ကာကုလေတာ<br>カクレター |
| 係数<br>*keisuu* | coefficient | ဆက်သွယ်ကိန်း<br>セェトェ・ケイン |
| 計測<br>*keisoku* | measurement | တိုင်းထွာခြင်း<br>タィン・トァ・チン |
| 計測器<br>*keisokuki* | measuring instrument | တိုင်းထွာကရိယာ<br>タィン・トァ・カリヤァ |
| 系統図<br>*keitouzu* | system diagram,<br>genealogy,<br>line of descent<br>from an ancestor | စီမံကိန်းပုံ<br>セィマン・ケイン・ポン<br><br>စက်ရုံဝန်ထမ်းဖွဲ့စည်းမှု့အခြေအနေ၊<br>စက်ကရိယာလုပ်လျှားမှု့အခြေအနေ<br>စသည်တို့အား ဖော်ပြသောပုံ။ |
| 経由<br>*keiyu* | via,<br>by way of | လှည့်ပတ် ကွေ့ခြင်း<br>レッパ・クェ・チン<br><br>အထူးသဖြင့်ဘတ်(စ်)ကားလိုင်း<br>များတွင် အသုံးပြုတတ်သည်။<br>တိုက်ရိုက်သွားရမည်နေရာသို့ |

149

## 機械関連

| 日 | 英 | ミャンマー |
|---|---|---|
| | | အရင်မသွားပဲ လူအများ သွားတတ်သောနေရာသို့ ကျွေ့ပတ်၍သွားခြင်းကိုဆိုလိုသည်။ ဥပမာ၊ ဘုရားကြီးပါတ်ကား၊ ဘုတာကြီးပါတ်ကား စသဖြင့်။ |
| 軽油 *keiyu* | diesel oil | ဒီဇယ် <br> ディゼェ |
| 計量 *keiryou* | meter, scale | ပမာဏ <br> パマーナ |
| 軽量 *keiryou* | light weight | အနည်းငယ် <br> アネェ・ングェ |
| ゲート弁 *geetoben* | gate valve | ဂိတ်ပေါက်အဆို့ရှင် <br> ゲェ・パウ・アスォシン |
| ケーブル止め *keeburudome* | cable lock | (ဝါယာ) ကြိုးအချုပ် <br> チョゥ・ア・チュオッ |
| | | ကြိုးစများဖွာမသွားရန် ဝါယာကြိုး ထိပ်တွင်ချုပ်စည်းထားသောခဲ၊သံ စသည့်အရာ။ |
| 結合 *ketsugou* | combination, union | ပေါင်းစီးခြင်း <br> パウン・セィ・チン |
| 結合度 *ketsugoudo* | coupling | တွဲဖက်ပေါင်းစပ်မှု <br> トゥェペッ・パウン・サッム |
| 結合力 *ketsugouryoku* | bonding strength, binding power, coupling, force, bonding power | တွဲဖက်ပေါင်းစပ်အား <br> トゥェペッ・パウン・サッアァ |
| 結晶 *kesshou* | crystal | ပုံဆောင်ခဲ <br> ポウン・サウン・ケ |

機械関連

| 日 | 英 | ミャンマー |
|---|---|---|
| 結晶型<br>*kesshougata* | crystal form | ပုံဆောင်ခဲ ပုံသဏ္ဍာန်<br>ポウン・サウン・ケ　ポンタダン |
| 欠点<br>*ketten* | fault,<br>defect,<br>blemish,<br>flaw | အပြစ်<br>ア・ピェッ |
| 減圧弁<br>*genatsuben* | pressure reducing valve | လေဖိအားလျှော့အဆို့ရှင်<br>レピィアァ・ショウ・アソゥ・シン |
| 原因<br>*genin* | cause | အကြောင်းအရင်း<br>アチョン・アヤァ |
| 限界<br>*genkai* | limit | အဆုံးအစွန်<br>アッソン・アスオン |
| 限界ゲージ<br>*genkaigeeji* | limit gauge | အတိုင်းအဆရှိသော ဂိတ်<br>アタィン・アサァ・シトゥ・ゲッ<br>မီတာကုန် (လစ်မစ်ကုန်) ဂိတ်။ |
| 原器<br>*genki* | standard,<br>criterion | ကုန်ကြမ်း<br>クオンジャン |
| 研究機関<br>*kenkyuukikan* | research institution | သုတေသန ဆိုင်ရာ ဌာန<br>トゥテタナ・サィンヤ・タァナ |
| 研究室<br>*kenkyuusitsu* | research laboratory,<br>study room | (သုတေသန) ဓာတ်ခွဲခန်း<br>ダァ・ックェ・カン<br><br>ဆေးရုံများရှိ ဓာတ်ခွဲခန်းများကို ရည်ညွှန်းခြင်း မဟုတ်၊သုတေသန ရည်ရွယ်ချက်ဖြင့် တည်ဆောက်ထားသော ဓာတ်ခွဲခန်း ကိုဆိုလိုပါသည်။ |
| 検査<br>*kensa* | inspection,<br>test | စစ်ဆေးခြင်း<br>セィッ・セェチン |

**機械関連**

| 日 | 英 | ミャンマー |
|---|---|---|
| 検定<br>*kentei* | official approval<br>certification | စစ်ဆေး သပ်မှတ်ခြင်း<br>セィッセェ・タッマッチン |
| 検電ドライバー<br>*kendendoraibaa* | spark-testing<br>screwdriver | တက်စတာ<br>テスター<br><br>လျှပ်စစ်စီးမစီး စမ်းသပ်သော ဝက်အူလှည့်။ |
| 原動機<br>*gendouki* | prime mover,<br>motor | အင်ဂျင်<br>エンジン |
| 検波<br>*kenpa* | detecting | လိုင်းမိခြင်း<br>ラィンミ・チン<br><br>(လိုင်း) ရှာဖွေတွေ့ရှိခြင်း။ |
| 研磨<br>*kenma* | grind | (ထက်မြက်အောင် ပွတ်တိုက်)<br>သွေးခြင်း<br>トゥエチン |
| 研磨機<br>*kenmaki* | grinding machine | သွေး(သော)စက်<br>トゥエ(トゥ)・ッセ<br><br>(ထက်မြက်အောင် ပွတ်တိုက်)<br>သွေးသောစက်။ |
| 研磨粉<br>*kenmafun* | grinding powder | သွေးဆေး(မှုန့်)<br>トェ・セェ<br><br>(ထက်မြက်အောင် ပွတ်တိုက်)<br>သွေးရာတွင်သုံးသည့် အမှုန့်။ |
| 原理<br>*genri* | principle,<br>theory | သီအိုရီ<br>ティオォリィ<br><br>အခြေခံသဘောတရား။ |

機械関連

| 日 | 英 | ミャンマー |
|---|---|---|
| 原料<br>*genryou* | raw material | ကုန်ကြမ်း<br>クオンジャン |
| コイル<br>*koiru* | coil | ကွိုင်<br>クァイン |
| コイルバネ<br>*koirubane* | coil spring | ကွိုင်စပရိမ်<br>クァイン・サプレェン |
| 高圧<br>*kouatsu* | high tension [voltage] | ဖိအားပြင်း<br>ピ・アァ・ピィン<br><br>မြင့်မားသောဖိအား<br>ミィンマートォ・ピィアァ |
| 高圧エア<br>*kouatsuea* | high pressure air | ဖိအားပြင်း လေ<br>ピ・アァ・ピィン・レェ |
| 高圧洗浄<br>*kouatsusenjou* | high pressure washing | ဖိအားပြင်း ဆေးကြောမှု<br>ピ・アァ・ピィン・セェ・チョウ・ム |
| 高圧点火<br>*kouatsutenka* | high-tension ignition | ဖိအားပြင်း မီးလောင်မှု<br>ピ・アァ・ピィン・ミィラウンム |
| 高温<br>*kouon* | high temperature | အပူချိန်အမြင့်<br>アプゥ・チェン・アミィン |
| 高温計<br>*kouonkei* | pyrometer | အပူချိန်မြင့်တိုင်းနိုင်သောကရိယာ<br>アプゥチェン・ミィン・タィンナィントゥ・カリヤ |
| 合格<br>*goukaku* | success, passing(e.g.exam), eligibility | အဆင့်အတန်းမှီခြင်း<br>アッセン・アッタン・ミィチン<br><br>အောင်မြင်ခြင်း<br>アウン・ミィン・チン |
| 光学機械<br>*kougakukikai* | optical instrument | အလင်းပညာ ဆိုင်ရာစက်ကရိယာ<br>アリン・ピィンニャ・サィンヤァ・セッカリヤァ |

153

**機械関連**

| 日 | 英 | ミャンマー |
|---|---|---|
| 光学系 *kougakukei* | optical system | အလင်းပညာ ဆိုင်ရာ<br>アリン・ピィンニャ・サィンヤァ |
| 工学系 *kougakukei* | engineering | စက်မှု့ပညာ<br>セッム・ピィンニャア<br><br>အင်ဂျင်နီယာ အတတ်ပညာဆိုင်ရာ။ |
| 硬化剤 *koukazai* | hardener,<br>curative agent,<br>stiffening agent | မာကြောစေသောဆေး<br>マア・チョウ・セェトゥ・セェ |
| 交換 *koukan* | exchange | လဲလှယ်မူ့<br>レェ・レム |
| 交換器 *koukanki* | exchange | ပြောင်းလဲကရိယာ<br>ピョンレェ・カリヤァ |
| 鉱業 *kougyou* | mining,<br>mining industry | သတ္တုတွင်းလုပ်ငန်း<br>タトゥ・トィン・ロッングアン<br><br>မိုင်းလုပ်ငန်း<br>マイン・ルオッ・ングアン |
| 工業計器 *kougyoukeiki* | industrial instrument | (စက်မှုပညာ )တိုင်းထွာကရိယာ<br>タゥントァ・カリヤ |
| 硬玉 *kougyoku* | jadeite | ကျောက်စိမ်း (တစ်မျိုး)<br>チャウ・セェン |
| 紅玉 *kougyoku* | ruby | ပတ္တမြား<br>パタミヤ |
| 合金 *goukin* | alloy | သတ္တုပေါင်း<br>タットゥ・パウン<br><br>တစ်ခုသော သတ္တုပစ္စည်းပေါ်တွင် တစ်ခြားသတ္တု သို့မဟုတ် ကာဗွန် ကဲ့သို့သောဓါတ်ပစ္စည်းများ၊သံဓါတ် မပါဝင်သောပစ္စည်းများကိုပေါင်းစပ် ၍ ပြုလုပ်ထားသော အရာဝတ္ထုကို ရည်ညွှန်းပါသည်။ |

# 機械関連

| 日 | 英 | ミャンマー |
|---|---|---|
| 合金鋼 *goukinkou* | alloy steel | (သတ္တုပေါင်း)စတီး サティー |
| 工具 *kougu* | tools | ကရိယာ カリヤァ |
| 航空電子工学 *koukuudenshikougaku* | avionics | လေကြောင်းအတတ်ပညာ レッチャウン・アッタ・ピィンニャ<br><br>လေယာဉ်ပုံစံပြုစုထုတ်လုပ်မှု အီလက်ထရှန်းနစ်ပညာ။ |
| 光源 *kougen* | light source, source of light, illuminant | အလင်းမြစ်ဖျား အခြေခံ アリィン・ミィッピャ・アチェカン |
| 交差 *kousa* | crossing, intersection | ဖြစ်သန်းခြင်း ピャッ・タン・チン |
| 工作 *kousaku* | construction, engineering work, handicraft | ဆောက်လုပ်ခြင်း サウ・ルオッ・チン |
| 工作員 *kousakuin* | spy, agent provocateur | စပိုင် サ・パイン |
| 工作物 *kousakubutsu* | manufactured articles | စက်ရုံသုံးပစ္စည်း セェッ・ヨウン・トォン・ピッセィ |
| 抗酸化作用 *kousankasayou* | antioxidative effect | ပြောင်းပြန် ピョン・ピャン<br><br>ခုခံမှု ク・カン・ム |
| 高周波 *koushuuha* | high frequency | အမြင့်လိုင်း アミィン・ライン |

155

**機械関連**

| 日 | 英 | ミャンマー |
|---|---|---|
| 高周波加熱<br>*koushuuhakanetsu* | radio-heating,<br>high frequency heating,<br>electronic heating,<br>radio frequency heating | ရေဒီယို သတ္တိကြွ ပူခြင်း<br>レディオ・タッティ・チュア・プュア・プ・チン |
| 硬水<br>*kousui* | hard water | ရေစေး<br>イェセェ |
| 構成<br>*kousei* | making,<br>make - up,<br>construction,<br>structure,<br>composition,<br>organization,<br>setup,<br>formation | ဖွဲ့စည်းတည်ဆောက်ပုံ<br>プェ・セィ・ティ・サゥ・ポン |
| 合成ゴム<br>*gouseigomu* | synthetic rubber | ရာဘာတု<br>ラバァ・トゥ<br><br>(သဘာဝမဟုတ်) ပေါင်းစပ်<br>ပြုလုပ်ထားသောရာဘာပစ္စည်း။ |
| 合成繊維<br>*gouseiseni* | synthetic fiber | ဓါတုချည်<br>ダァトゥ・チィ<br><br>(သဘာဝမဟုတ်) ပေါင်းစပ်<br>ပြုလုပ်ထားသောချည်ထည်။ |
| 合成皮革<br>*gouseihikaku* | synthetic leather | သားရေတု<br>タァレェトゥ<br><br>(သဘာဝမဟုတ်) ပေါင်းစပ်<br>ပြုလုပ်ထားသော သားရေတု။ |

機械関連

| 日 | 英 | ミャンマー |
|---|---|---|
| 合成物<br>*gouseibutsu* | synthetic, compound, substance composed of different elements | ဓါတ်ပေါင်း<br>ダッパウン<br><br>(သဘာဝမဟုတ်) ပေါင်းစပ်ပြုလုပ်ထားသော ရုပ်ဝတ္ထု။ |
| 合成羊毛<br>*gouseiyoumou* | synthetic wool | သိုးမွေးတု<br>トゥムエ・トゥ<br><br>(သဘာဝမဟုတ်) ပေါင်းစပ်ပြုလုပ်ထားသောသိုးမွေးတု။ |
| 光速<br>*kousoku* | speed [velocity] of light | အလင်းအလျှင်<br>アルイン・アリィン |
| 拘束<br>*kousoku* | restriction, restraint, binding, control | ဖမ်းဆီးခြင်း<br>パン・セイ・チン |
| 工程<br>*koutei* | progress, manufacturing process, work schedule, amount of work | တိုးတက်မှု့<br>トゥ・テェッ・ム<br><br>ရှေ့သို့ရွေ့လျှားခြင်း။ |
| 行程<br>*koutei* | excursion, stroke, distance, journey | စကေးဂျူး(လ်)<br>サケージュー<br><br>ရည်မှတ်ချက်ပန်းတိုင်အထိကြာမြင့်သော<br>......ခရီးအကွာအဝေး<br>......အချိန် |
| 工程解析<br>*kouteikaiseki* | process analysis | လုပ်ငန်းခွင်(အခြေအနေ)သုံးသပ်ခြင်း<br>ロウッ・ンガングィン・トゥンッタチン |

157

**機械関連**

| 日 | 英 | ミャンマー |
|---|---|---|
| 工程管理<br>*kouteikanri* | process control | လုပ်ငန်းခွင်(အခြေအနေ)စီစဉ်ခြင်း<br>ロウッ・ンガンヅイン・セィセンチン |
| 工程表<br>*kouteihyou* | work schedule | လုပ်ငန်း အချိန်ဇယား<br>ロッ・ン・グアン・アチェィン・サヤア |
| 光度<br>*koudo* | luminous intensity, luminosity | တောက်ပမှု<br>タウ・パ・ム |
| 硬度<br>*koudo* | hardness solidity | မာကြောမှု<br>マア・チョウ・ム |
| 高度<br>*koudo* | altitude | မြင့်မားမှု<br>ミイン・マア・ム |
| 光度計<br>*koudokei* | spectro photometer, device used to measure the intensity of light | တောက်ပမှု တိုင်းထွာကရိယာ<br>タウ・パ・ム タィン・トァ・カリヤ |
| 購入<br>*kounyuu* | buy, purchase | ဝယ်ယူခြင်း<br>ウェ・ユ・チン |
| 購買力<br>*koubairyoku* | buying [purchasing] power | ဝယ်ယူအား<br>ウェ・ユ・アア |
| 鋼板<br>*kouhan* | steel sheet, steel plate | သံပြား<br>タンピャ |
| 高密度<br>*koumitsudo* | high density | လွန်စွာ သိပ်သည်းခြင်း<br>ルウン・スア・テェッティチン |
| 更油<br>*kouyu* | replaced oil | (အင်ဂျင်)ဆီ လဲခြင်း<br>セィ・レェ・チン |
| 交流<br>*kouryuu* | alternating current (AC), cultural exchange | A・C<br>エーセィ<br>(အိမ်သုံး) အသွားအပြန်လျှပ်စစ် |

158

機械関連

| 日 | 英 | ミャンマー |
|---|---|---|
| 交流回路<br>*kouryuukairo* | AC circuit | အပြန်အလှန် လျှပ်စစ်စီးကြောင်း<br>アピャンアラン・ルェッセッ・セィチョン |
| 光力<br>*kouryoku* | illumination power | အလင်းအား<br>アリン・アァ |
| 効力<br>*kouryoku* | effect,<br>force,<br>validity | အကျိုးဆက်<br>アチョゥ・セッ |
| 抗力<br>*kouryoku* | drag,<br>resistance | ခုခံမှုအား<br>ク・カン・ム・アァ |
| コーティング<br>*kootingu* | coating | အပေါ်ဆေးသုတ်ခြင်း<br>アポゥ・セェ　トゥッチン |
| 国産<br>*kokusan* | domestic product,<br>domestic production | ပြည်တွင်းဖြစ်<br>ピィ・トェン・ピィッ<br><br>ဂျပန်လူမျိုးများသည် အများအား<br>ဖြင့် KOKUSAN = Made in Japan<br>ဟုအသုံးပြုကြလေသည်။<br>ထို့အပြင် KOKUSAN အရည်အသွေး<br>သည် Export အရည်အသွေးထက်<br>သာလွန်သည်ဟု　အများအားဖြင့်<br>သပ်မှတ်ကြသည်။ |
| 故障<br>*koshou* | breakdown,<br>failure | ပျက်စည်းခြင်း<br>ピェッセェ・チン |
| 固体<br>*kotai* | solid matter | အမာဝတ္ထု<br>アマァ・ウェットゥ |
| 固定<br>*kotei* | fixation | ပုံသေ<br>ポン・テェ |
| 固定ナット<br>*koteinatto* | locknut | နပ်ထိမ်း<br>ナッティン |

**機械関連**

| 日 | 英 | ミャンマー |
|---|---|---|
| 小ネジ<br>*koneji* | screw | မူလီအသေး<br>ムゥリィ・アテェ |
| 細かさ<br>*komakasa* | fineness | အသေးစိတ်<br>アテェ・セイッ<br><br>ချောမွေ့သော။ |
| ゴム硬度<br>*gomukoudo* | degree rubber hardness | ရော်ဘာမာကြောမှု<br>ロゥバー・マア・チョウム |
| ゴム引<br>*gomubiki* | rubber coated | ရော်ဘာအအုပ်<br>ロゥバー・アオゥ |
| 混合<br>*kongou* | mixing, mixture | ရောနှောခြင်း<br>ヨウ・ノゥ・チン<br><br>ရောထွေးသော<br>ヨウトエトォ |
| 混合ガス<br>*kongougasu* | gas mixture | ရောထွေးသောဂက်(စ်)<br>ヨウトエトゥ・ゲッ |
| 混合物<br>*kongoubutsu* | mixture | ရောထွေးသောစက်<br>ヨウトエトゥ・セェッ |
| コンセプトカー<br>*konseputokaa* | concept car | နမူနာကား<br>ナムナァ・カー<br><br>ကားပြပွဲများတွင်ကားထုပ်လုပ်သောကုမ္ပဏီများက ချက်ခြင်းလက်ငင်းထုတ်လုပ်ရောင်းချရန် ထက်နမူနာ ပြသရန် ရည်ရွယ်ချက်ဖြင့် ထုတ်လုပ်သောကားဖြစ်ပါသည်။ |

| 日 | 英 | ミャンマー |
|---|---|---|
| コンセント<br>*konsento* | (wall) socket,<br>[an electric] point | ပလပ်ပေါက်<br>プラッパゥ<br><br>ပလပ်ခေါင်း<br>パラッガゥン<br><br>နံရံကပ် လျှပ်စစ်ခေါင်း။ |
| コンバーター<br>*konbaataa* | converter | ကွန်ဘတ်တာ<br>コンバッター<br><br>တစ်ခုမှတစ်ခုသို့ပြောင်းလည်းခြင်း အထူးသဖြင့် အသွားအပြန်စီး AC လျှပ်စစ်မှတစ်လမ်းသွားDCလျှပ်စစ် သို့ပေးပြောင်းသော ကရိယာ။ |
| コンパウンド<br>*konpaundo* | compound | ခြပ်ပေါင်း<br>ドッラッ・パゥン |
| コンプレッサー<br>*konpuressaa* | compressor | ကွန်ပရက်စာ<br>コン・ッパレッサァ |
| コンベア<br>*konbea* | conveyer | ကွန်ဘယ်ယာ<br>コンベヤー |

## さ

| 日 | 英 | ミャンマー |
|---|---|---|
| 最高効率<br>*saikoukouritsu* | maximum efficiency | အမြင့်ဆုံး သက်ရောက်မှု<br>アミィンソン・テェッヤゥム |
| 最高速度<br>*saikousokudo* | maximum speed | အမြန်ဆုံး အရှိန်<br>アミャンソン・アシェィン |
| 最小<br>*saishou* | minimum | အသေးဆုံး<br>ア・テェ・ソン |
| 再生<br>*saisei* | play,<br>reclamation | ပြန်လည်(ပြသ/နားထောင်) ဖွင့်ခြင်း<br>ピャンレー・プィン・チン |

**機械関連**

| 日 | 英 | ミャンマー |
|---|---|---|
| 最大出力<br>*saidaishutsuryoku* | maximum power,<br>maximum output | အမြင့်ဆုံး ထုတ်လုပ်နိုင်ခြင်း<br>アミィンソン・トゥロウ・ナインチン |
| 最適<br>*saiteki* | most suitable,<br>optimum | အသင့်တော်ဆုံး<br>アテェン・トィ・ソン<br><br>အဆင်အပြေဆုံး<br>アセィン・ピェ・ソン<br><br>သင့်တော်သော<br>ティン・トゥ・トォー |
| 最適温度<br>*saitekiondo* | optimum temperature | အသင့်တော်ဆုံး<br>(အဆင်အပြေဆုံးသော) အပူချိန်<br>アテェン・トゥ・ソン・アプウチェイン |
| 最適値<br>*saitekichi* | optimum value | အသင့်တော်ဆုံး တန်ဘိုး<br>アティントゥソン・タンボウ |
| 材料<br>*zairyou* | material | ကုန်ကြမ်းပစ္စည်း<br>クォンチャン・ピィッセイ<br><br>ကုန်ပစ္စည်းများ ထုတ်လုပ်ရာတွင် အဓိက ကုန်ကြမ်းပစ္စည်း အဖြစ် အသုံးချရသော ပစ္စည်း။ |
| 材料表<br>*zairyouhyou* | material list | ကုန်ကြမ်းပစ္စည်းစာရင်း<br>クォンチャン・ピィセイ・サアリィン<br><br>ကုန်ပစ္စည်းများ ထုတ်လုပ်ရာတွင် အဓိက ကုန်ကြမ်းပစ္စည်း အဖြစ် အသုံးချ ရသော ပစ္စည်းများကို စာရင်းဇယားဖြင့် ပြုလုပ်ထား သောစာရင်း။ |

機械関連

| 日 | 英 | ミャンマー |
|---|---|---|
| 作業開始<br>*sagyoukaishi* | start work | လုပ်ငန်းခွင်အစ<br>ロウッ・ングァン・グィン　アサァ |
| 作業日報<br>*sagyounippou* | daily report | လုပ်ငန်းခွင် တင်ပြချက်<br>ロウッ・ングァン・グィン・ティン・ピャ・ッチェ |
| 作業服<br>*sagyoufuku* | working wear, work clothes | (လုပ်ငန်းခွင်သုံး) အဝတ်<br>アウェッ<br><br>အလုပ်အဝတ်<br>アロッ・アウェッ |
| サスペンションストローク<br>*sasupenshonsutorooku* | stroke amount of bump of suspension | ရှော့အိပ်ဇော့ဘား မောင်းတံ အရှည်(အလျား)<br>ショッ・エッゾ・バー・マウンタン・アシェ<br><br>ကားဘီးက မြင့်တက်လာစဉ် အတို ဆုံးဖြစ်နေသောရှော့အိပ်ဇော့ဘား မောင်းတံနေရာ (Full Bump)မှ ကားဘီး ကအောက်သို့ကျသွားပြီး ရှော့အိပ်ဇော့ ဘားမောင်းတံ (Full Bound) က အရှည်ဆုံးအလျားကို ခေါ် ဆိုပါသည်။<br>နောက်ဘီးကပိုမိုရှည်လျှားသော လည်းပျော့ဘူယအားဖြင့် 15～20cm ရှိသည်။ |
| サビ(錆)<br>*sabi* | rust | သံချေး<br>タン・チェ |
| サビ止め油<br>*sabidomeabura* | rust preventing oil | (သံချေးကာကွယ်) အဆီ<br>アセィ |
| サビ止めグリース<br>*sabidome guriisu* | rust preventing grease | (သံချေးကာကွယ်)အမဲဆီ<br>アメェセィ |

機械関連

| 日 | 英 | ミャンマー |
|---|---|---|
| 作用<br>*sayou* | acting, operating | အလုပ်လုပ်ခြင်း<br>アルオッ・ルオ・チン<br><br>အလုပ် လုပ်ငန်း /<br>စက်အားမောင်းနှင်ခြင်း။ |
| 三角形<br>*sankakukei* | triangle | တြိဂံပုံ<br>タ・リィガン・ポン |
| 三角ネジ<br>*sankakuneji* | triangular thread | သုံးမြှောင့်မူလီ<br>トンミャウ・ムリィ |
| 三脚<br>*sankyaku* | tripod | သုံးချောင်းထောက်စင်<br>トゥンジョン・タゥ・セイン |
| 三相回路<br>*sansoukairo* | three-phase circuit | (လျှပ်စစ်) ပါဝါလိုင်း circuit<br>(စီးကြောင်းလမ်း)<br>パーワーライン　サーキッ |
| 三相交流方式<br>*sansoukouryuuhoushiki* | using three-phase alternating circuit | (လျှပ်စစ်) ပါဝါလိုင်း<br>(စီးကြောင်းပုံသဏ္ဍန်)<br>パーワーライン |
| 酸素センサー<br>*sansosensaa* | oxygen sensor | အောက်ဆီဂျင်ဆန်ဆာ<br>(အာရုံခံကရိယာ)<br>アウセィジン・センサ |
| 三方コック<br>*sanpoukokku* | three way cock | သုံးဘက်ဖွင့်ပိတ်အဆို့<br>トンベップ・イン・ペィ・アソゥ |
| 三方バルブ<br>*sanpoubarubu* | three way valve | သုံးဘက်ဖွင့်ပိတ်အဆို့ရှင်<br>トンベップイン・ペィ・アソゥシン |
| | | Control Program အပေါ်မူတည်<br>၍သုံးဘက်သုံးတန်သို့ လေ သို့မ<br>ဟုတ် အရည်များ စီးဆင်းစေရန်<br>အဖွင့်အပိတ် လုပ်ပေးနိုင်သော<br>အဆို့ကို ရည်ညွှန်း၏။ |

機械関連

| 日 | 英 | ミャンマー |
|---|---|---|
| 残留<br>*zanryuu* | residual,<br>remainder | လက်(တင်)ကျန်<br>レッチャン<br><br>ကျန်ရစ်သော<br>チャンリィットオ |
| 残留ガス<br>*zanryuugasu* | residual gas | လက်ကျန်ဓါတ်ငွေ့<br>レッチャン ダッ・ングェ<br><br>ကုန်ပစ္စည်း ထုပ်လုပ်စဉ် အသုံးပြု<br>ခဲ့သော ဓါတ်ငွေ့က ကုန်ပစ္စည်း၏<br>မျက်နှာပြင်ပေါ်တွင် ကျန်ရှိနေခြင်း။ |
| 仕上げ<br>*shiage* | finish | ပြီးမြောက်မှု့(ခြင်း)<br>ピィミャウン(チン) |
| シート<br>*shiito* | seat | ထိုင်ခုံ<br>タィン・グォン |
| シート配列<br>*shiitohairetsu* | seat configuration,<br>seat arrangement | ထိုင်ခုံတန်း နေရာချထားပုံ<br>タィングォンタン・ネヤ・チャタ<br>ァポン |
| シール<br>*shiiru* | seal,<br>sticker | တံဆိပ်တုံး<br>タッセェトウン<br><br>ကပ်ခွာတံဆိပ်<br>カックァ・タッセェ |
| シールテープ<br>*shiiruteepu* | sealing tape | တိတ်<br>ティ<br><br>ရေပိုက်၊ လေပိုက်၊ ဂတ်(စ်)ပိုက်<br>နှင့်ရေနွေးပိုက်များအား ဆက်ရာ<br>တွင်အရည်အငွေ့များစိမ့်၍မထွက်<br>စေရန် သုံးသော တိတ်ဖြစ်ပါသည်။ |

機械関連

| 日 | 英 | ミャンマー |
|---|---|---|
| 試運転<br>*shiunten* | test operation,<br>test drive | စမ်းသပ်မောင်းနှင်ခြင်း<br>サンッタ・マウン・ニンチン |
| JC08モード燃費<br>*jc 08 moodonenpi* | JC-08 mode | JC-08 Mode ဆီစားနှုန်း(ပမာဏ)<br>JC-08 Mode<br>セイサァ・ノウン<br><br>လောင်စာဆီ 1L ကို အသုံးချ၍ မောင်းပုံအမျိုးမျိုး အပေါ် လိုက်၍ ကီလိုမည်မျှမောင်းနိုင်သည် ကိုတွက်ချက်သော နည်းတစ်မျိုးဖြစ်သည်။ ဤနည်း အပြင် 10.15 Mode လည်းရှိသည်။ |
| 磁界<br>*jikai* | magnetic field | သံလိုက်စက်ကွင်း<br>タンライ・セックイン |
| 磁界強度<br>*jikaikyoudo* | magnetic field strength | သံလိုက်ပြင်းအား<br>タン・ライッ・ピィンアァ |
| 仕掛品<br>*shikakarihin* | goods in process | (လုပ်ငန်းတွင်းဆိုင်ရာ) အသုံးအဆောင်များ<br>アトゥン・アサウン・ミャア |
| 四角<br>*shikaku* | square | လေးထောင့်<br>レェ・ダウン |
| 四角頭ボルト<br>*shikakutouboruto* | square head bolt | လေးထောင့်နပ်<br>レェ・ダウン・ナッ |
| 仕切弁<br>*shikiriben* | gate valve | မိန်းဘား<br>メインバァ<br><br>ဂိတ်အဆို့ရှင်။ |
| 資金<br>*shikin* | capital | ရင်းနှီးငွေ<br>リン・ニィ・ングェ |

## 機械関連

| 日 | 英 | ミャンマー |
|---|---|---|
| 試験 *shiken* / 検査 *kensa* | test, inspection | စမ်းသပ်စစ်ဆေးခြင်း<br>サン・タァッ・セィッセェ・チン |
| 試験官 *shikenkan* | inspector | စစ်ဆေးသူ<br>セィセエトゥ |
| 自己加熱 *jikokanetsu* | self-heating | ကိုယ်တိုင် (မီး)ပူစေသော<br>コウタィン(ミ)プセエトゥ |
| 磁石 *jishaku* | magnet, magnetic | သံလိုက်<br>タンラィッ |
| 磁石回路 *jishakukairo* | permanent magnet circuit | သံလိုက် စီးကြောင်း<br>タンライ・セィチョン |
| システム *shisutemu* | system | စနစ်<br>サニッ |
| システムエラー *shisutemueraa* | system error | စနစ်ချို့ယွင်းမှု<br>サニッ・チョウ・ユィンム |
| システム出力 *shisutemushutsuryoku* | system power (output) | (အင်ဂျင်) စွမ်းအား<br>(エンジン)スァンアァ |
| 下請 *shitauke* | subcontract, subcontractor | တစ်ဆင့်ခံ ကန်ထရိုက်<br>タセィンカン・カン・タラィッ<br><br>တစ်ဆင့်ခံ ကန်ထရိုက်တာ<br>タセンカン・カンタライター |
| 室温 *shitsuon* | room temperature | အခန်းအပူချိန်<br>アカン・アプゥ・チェイン |
| 実験 *jikken* | test | လက်တွေ့စမ်းသပ်ခြင်း<br>レットェ・サン・タッ・チン |
| 実行 *jikkou* | action, operating | လက်တွေ့(အကောင်အထည် ဖော်ခြင်း)လုပ်ခြင်း<br>レットェ・ルオ・チン |

# 機械関連

| 日 | 英 | ミャンマー |
|---|---|---|
| 実線<br>*jissen* | solid line | တစ်ဆက်တည်းမြင်း<br>タッセェテェ・ミィン |
| 湿度<br>*shitsudo* | humidity | ရေငွေ့ (ပါဝင်မှု)<br>イェ・ングェ（パァ・ウィン・ム） |
| 湿度計<br>*shitsudokei* | hygrometer<br>hygrograph | ရေငွေ့ဓါတ်တိုင်းကရိယာ<br>イェ・ングェ・ダッ・タィン・カリヤ |
| 湿度測定<br>*shitsudosokutei* | humidity measurement | ရေငွေ့ဓါတ်တိုင်းထွာခြင်း<br>イェ・ングェ・ダッ・タィン・トァチン |
| 湿分<br>*shitsubun* | hygroscopic surface moisture,<br>hygroscopic moisture | ရေငွေ့ဓါတ်<br>イェ・ングェ・ダッ |
| 質量<br>*shitsuryou* | mass<br>quality and quantity | အရည်အသွေး ပမာဏ<br>ア・イェ・ア・トェ・パマナ |
| 始動<br>*shidou* | starting,<br>beginning | စတင်လုပ်လှုပ်ခြင်း<br>サティン・ルアシャジン |
| 指導<br>*shidou* | guidance | ညွှန်ပြခြင်း<br>ンニョン・ピャチン |
| 自動<br>*jidou* | automatic | အလိုအလျောက်<br>アルォ・アルアゥ |
| 自動運転<br>*jidouunten* | automatic operation | အလိုအလျောက် မောင်းနှင်ခြင်း<br>アロゥアラゥ・マウンニンチン |
| 自動制御<br>*jidouseigyo* | automatic control | အလိုအလျောက် ထိန်းချုပ်ခြင်း<br>アロゥアラゥ・ティンチョッチン |
| 自動制御弁<br>*jidouseigyoben* | automatic control valve | အလိုအလျောက် ထိန်းချုပ်သော အဆို့ရှင်<br>アロゥアラゥ・ティンチョットォ・アソゥシン |

機械関連

| 日 | 英 | ミャンマー |
|---|---|---|
| 自動調整<br>*jidouchousei* | automatic adjustment | အလိုအလျောက် အတိုးအလျှော့ လုပ်ခြင်း<br>アルォ・アルアゥ・アトゥ・アショゥッ・ルオゥチン |
| 自動調整弁<br>*jidouchouseiben* | automatic regulating valve, control valve | (အလိုအလျောက် အတိုးအလျှော့ လုပ်သော)အဆို့ရှင်<br>（アルォ・アルアゥ・アトゥ・アショゥッ・ルオゥトォ）アソゥシン<br><br>အထူးသဖြင့် အလိုအလျောက် လျှော့အောင်လုပ်ရာတွင် အသုံးများလေသည်။ |
| 始動弁<br>*shidouben* | starter valve | (စတင်လုပ်လျှားသည့်) အဆို့ရှင်<br>アソゥシン |
| 指標<br>*shihyou* | index | အညွှန်း<br>ア・ンニョン |
| 絞り弁<br>*shiboriben* | throttle | စီးဆင်းမှုကို ထိမ်းသိမ်းသည့် (အဆို့ရှင်)<br>アソゥシン |
| 締めつけボルト<br>*shimetsuke boruto* | tie bolt,<br>stacking bolt | ထိန်းချုပ်နပ်<br>テェン・チョゥ・ナッ |
| 車検<br>*shaken* | an automobile inspection,<br>vehicle inspection | ယာဉ်လိုင်စဉ်<br>インラィンセィン |
| 車軸<br>*shajiku* | axle | ဘီးဝင်ရိုး<br>ビィ・ウィン・ヨゥ |
| 車種<br>*shashu* | the type (model) of car | ကားအမျိုးအစား<br>カー・アミョゥ・アサァ |

169

機械関連

| 日 | 英 | ミャンマー |
|---|---|---|
| 車台<br>*shadai* | chassis,<br>car body | အောက်ခံ ဘော်ဒီ<br>アゥカン・ボーディ<br><br>မော်တော်ကား<br>အောက်ခံကိုယ်ထည်။ |
| 車体製造、修理<br>*shataiseizou*、*shuuri* | bodywork | ဘော်ဒီရုံ<br>ボーディ・ヨン<br><br>ကား၊လေယာဉ်စသည့်<br>ကိုယ်ထည်ပြုလုပ်ပြင်ဆင်ခြင်း။ |
| ジャッキ<br>*jakki* | jack | ဂျိုက်<br>ジャイッ |
| シャフト<br>*shafuto* | shaft,<br>shaft (cam) | လက်ကိုင်အင်ရိုး<br>レッカィン・インヨゥ<br><br>ဝင်ရိုး<br>ウィンヨゥ<br><br>မောင်းတံ<br>マウン・タン |
| シャベル<br>*shaberu* | spade,<br>shovel | ဂေါ်ပြား<br>ゴゥピャ |
| 周期<br>*shuuki* | period,<br>cycle | အချိန်ကာလ<br>アチェィン・カァラ |
| 周期的<br>*shuukiteki* | periodically | (တူညီသော)အချိန်အတိုင်း<br>アチェィン・アタィン |
| 重工業<br>*juukougyou* | heavy industry | အကြီးစား စက်မှုလုပ်ငန်း<br>アチィサー セェッム ルゥッ・ングアン |
| 十字穴<br>*juujiana* | cross recess | မူလီထိပ်<br>ムリィ・テェッ |

## 機械関連

| 日 | 英 | ミャンマー |
|---|---|---|
| 収縮 shuushuku | constriction, shrinking | ကျုံ့သွားခြင်း チョウン・トァ・チン |
| 周面 shuumen | surface of a cylinder | ဆလင်ဒါ မျက်နှာပြင် အတွင်းပိုင်း サリンダァ・ミェッナピィン・アトィン・パィン |
| 重油 juuyu | heavy oil, [raw] petroleum | ရေနံစိမ်း イェナン・セェィン |
| 終了 shuuryou | finish, end | ပြီးစီးခြင်း ピィ・セィ・チン |
| 重量 juuryou | weight | အလေးချိန် アレー・チェィン |
| 重力 juuryoku | gravity | ဆွဲငင်အား スェ・ングィン・アァ |
| 縮尺 shukushaku | reduced scale, reduced size, decrease in size | လျှော့ချမှုနှုန်း ショウ・チャム・ンヌン |
| 主軸 shujiku | principal axis, main shaft | မူလဝန်ရိုး ムラァ・ウィンヨゥ |
| 受信機 jushinki | receiver | အသံဖမ်းစက် アタン・パン・セェッ |
| | | ရေးယခင် ရေဒီယို၊ ထရန်ဂျူစာ ခေတ်တွင် အသံလိုင်း တစ်ခုခု ထဲကို သာအဓိကထားဖမ်းဆီးသော်လည်း ယခုအခါ လေထဲရှိ လိုင်းမျိုးစုံ၊ Signal မျိုးစုံကို ဖမ်းယူနိုင်သော မည်သည့် စက်ကို မဆိုရည်ညွှန်းပါသည်။ |

## 機械関連

| 日 | 英 | ミャンマー |
|---|---|---|
| 10.15モード燃費<br>*10.15 moodonenpi* | 10.15 mode | 10.15 Mode ဆီစားနှုန်း(ပမာဏ)<br>10.15 Mode<br>セィサァ・ノゥン<br><br>လောင်စာဆီ1Lကို အသုံးချ၍ မောင်းပုံ အမျိုးမျိုး အပေါ် လိုက်၍ကီလိုမည်မျှမောင်းနိုင်သည် ကိုတွက်ချက်သောနည်းတစ်မျိုးဖြစ်သည်။ ဤနည်းအပြင် JC 08 Modeလည်း ရှိပါသည်။ |
| 出力<br>*shutsuryoku* | output | အထွက်<br>アットェ |
| 手動<br>*shudou* | manual | လက်မောင်း<br>レッマウン |
| 手動運転<br>*shudouunten* | manual operation | လူအားဖြင့်မောင်းနှင်ခြင်း<br>ルウ・アァ・ピィン・マウンニン・チン |
| 種類<br>*shurui* | kind,<br>sort,<br>variety,<br>species | အမျိုးအစား<br>アミョウ・アサァ |
| シュレッダー<br>*shureddaa* | shredder | စက္ကူ(အမြင့်) ဖြတ်စက်<br>セックゥ・ピャッセェッ<br><br>စက်ရုံအလုပ်ရုံနှင့်ရုံးများတွင် အသုံးမလိုတော့သော စာရွက်စာတမ်းများအား ဖျက်စီးလွှင့်ပစ်သောစက်ကို ရည်ညွှန်းပါသည်။<br><br>တိုးတက်နေသော တိုင်းပြည်များတွင် သာမာန် အိမ်များ တွင်လည်း အသုံးပြုပေသည်။ |

# 機械関連

| 日 | 英 | ミャンマー |
|---|---|---|
| 瞬間<br>*shunkan* | moment,<br>second,<br>instant | မြူးကနဲ<br>ビョンカネェ<br><br>ချက်ချင်း<br>チェッチン<br><br>တစ်ခက<br>ティッ・カナ |
| 循環<br>*junkan* | circulation | လှည့်လည်မှု<br>レェッレェー・ム |
| 循環する<br>*junkansuru* | circular,<br>circulate | လှည့်လည်စေခြင်း<br>レェッレェー・セェチン |
| 瞬間的に<br>*shukantekini* | momentarily<br>instantaneous,<br>lasting a moment,<br>brief | မြူးကနဲဖြစ်သော<br>ビョンカネェ・ピィットォ<br><br>ချက်ချင်းဖြစ်သော<br>チェッチン・ピィットォ<br><br>တစ်ခကဖြစ်သော<br>ティカナ・ピィットォ<br><br>တစ်ပြိုင်နက်ဖြစ်သော<br>タッピャインッネッ・ピィットォ |
| 純水<br>*junsui* | pure water | ရေသန့်<br>レェ・タァン |
| 仕様<br>*shiyou* | specification,<br>method,<br>way,<br>resource | သီးသန့်ညွှန်ကြားမှု<br>ティタァン・ンニョン・チャム |
| 常温<br>*jouon* | normal<br>temperature | (သာမာန်) အခန်း အပူချိန်<br>(タァマン) アカン・アプチェン |

機械関連

| 日 | 英 | ミャンマー |
|---|---|---|
| 消火剤 shoukazai | fire extinguishing compositions, extinguishing compositions | မီးသပ်ဘူး ミィッタ・ブゥ<br><br>မီးသပ်ဆေးရည် ミィッタ・セエイェ |
| 消火栓 shoukasen | hydrant fireplug, fire hydrant | မီးသပ်ရေပိုက်ဘုံဘိုင် ミィ・タァッ・イェパイ・ボンバイ |
| 蒸気 jouki | steam | ရေနွေးငွေ့ イェ・ヌェ・ングェ |
| 蒸気圧 joukiatsu | steam pressure | ရေနွေးငွေ့ဖိအား イェヌェ・ングェ・ピアァ |
| 浄水 jousui | filtration [purification] | ရေသန့် イェ・タン<br><br>သန့်စင်ထားသောရေ။ |
| 浄水器 jousuiki | water filter, water purifier | ရေသန့်စက် イェ・タン・セェッ |
| 小数点 shousuuten | decimal point | ဒဿမကိန်း ダタマ・ケィン |
| 状態 joutai | condition, situation | အခြေအနေ アチェアネェ |
| 照度 shoudo | illumination, lighting, brightening, light | မီးထွန်းညှိခြင်း ミィ・トゥン・ンニィ・チン |
| 蒸発 jouhatsu | evaporation, vaporization, transpiration | ရေနွေးငွေ့ပြန်ခြင်း イェヌェ・ングェ・ピャン・チン<br><br>လေအငွေ့ပြန်ခြင်း レェ・アグェ・ピャンチン |

174

## 機械関連

| 日 | 英 | ミャンマー |
|---|---|---|
| 情報処理<br>*jouhoushori* | data [information] processing | သတင်းအချက်အလက် ရှင်းလင်း ပြုလုပ်ခြင်း<br>タティン・アッチェアッレ・シンリン・ピュ・ロゥ・チン |
| 蒸留器<br>*jouryuuki* | distiller still | ပေါင်းအိုး<br>パウンオゥ |
| 蒸留水<br>*jouryuusui* | distilled water | ပေါင်းခံရည်<br>パウン・カンイェ |
| 試料<br>*shiryou* | sample, specimen | နမူနာ<br>ナムゥナァ<br><br>ဓါတ်ခွဲရန် နမူနာအသားဆိုင်။ |
| シリンダ<br>*shirinda* | cylinder | ဆီလင်ဒါ<br>セィリンダァ |
| 真空<br>*shinkuu* | vacuum | လေဟာနယ်<br>レェ・ハ・ネェ |
| 真空計<br>*shinkuukei* | vacuum gauge | လေဟာနယ် (ပမာဏအား) တိုင်းတာခြင်း<br>レェワァネ・タィンタァ・チン |
| 信号<br>*shingou* | signal | အချက်ပြမီး<br>アチェピャ・ミィ |
| 人工の<br>*jinkouno* | artificial | လူလုပ်သော<br>ルゥ・ロゥッ・トォ |
| 振動<br>*shindou* | vibration | တုန်ခါမှု<br>トンカァ・ム |
| 振動計<br>*shindoukei* | vibrometer, vibroscope | တုန်ခါမှု တိုင်းထွာကရိယာ<br>トンカァ・ム・タィントァ・カリィヤァ |

**機械関連**

| 日 | 英 | ミャンマー |
|---|---|---|
| 浸透漏れ<br>*shintoumore* | penetration leakage | ထွင်းဖောက်မှု့ပျက်ပြယ်ခြင်း<br>トェン・パウム・プエッブエ・チン<br><br>ဆူးရှ/ဖောက်ထွင်းမှု့ပျက်ပြယ်ခြင်း။ |
| 図<br>*zu* | picture drawing, illustration, figure, diagram | ပုံ<br>ポウン |
| 吸い上げポンプ<br>*suiageponpu* | suction pump | စုပ်ထုပ်ပန့်<br>ソウ・トゥ・パン |
| 水圧<br>*suiatsu* | water pressure | ရေဖိအား<br>レェ・ピアァ |
| 水位<br>*suii* | water level, level of water | ရေအမှတ်<br>イェ・アッマァ<br><br>ရေမျက်နာပြင် အမြင့်နှင့်ပါတ်သက်၍ အသုံးပြုကြပေသည်။ |
| 水車<br>*suisha* | water [mill] wheel, water turbine | ရေ(တင်)စက်<br>イェ・セェッ<br><br>ရေဘီး<br>イェ・ベイン<br><br>ကျေးလက်တောရွာများတွင် အထူးသဖြင့် များတွင် ရေအားကို အသုံးပြု၍ (အင်ဂျင်စက်)ကဲ့သို့ အသုံးပြုတတ်ကြပေသည်။ |
| 水準<br>*suijun* | water level, level, standard, average | ရေမျက်နာပြင်<br>イェ・ミェッナ・ピィン<br><br>လူတစ်ဦးတစ်ယောက်၏ လုပ်ရည်ကိုင်ရည် အဆင့်အတန်းကိုဖော်ပြရာတွင်လည်း အသုံးပြုတတ်ပေသည်။ |

機械関連

| 日 | 英 | ミャンマー |
|---|---|---|
| 水準器 *suijunki* | spirit level | ရေချိန် イェ・チェィン |
| 水中逆止弁 *suichuugyakushiben* | (underwater) check valve | (ရေအတွင်း ပြောင်းပြန်စီးဆင်းမှု တားမြစ်)အဆို့ရှင် アソーシン |
| 水中ケーブル *suichuukeeburu* | underwater cable | ရေအောက်ကြိုး イェアゥチョウ |
| 水中モーター *suichuumootaa* | underwater motor | ရေအောက်မော်တာ イェアゥ・モオタ |
| 垂直 *suichoku* | perpendicularity, verticality | တည့်တည့်မတ်မတ် テェテェ・マッマッ |
| 推定 *suitei* | estimate | ခန့်မှန်းခြင်း カッン・マン・ジン |
| 推定値 *suiteichi* | estimated value | ခန့်မှန်းချေ အတိုင်းအတာ カッン・マン・チェ・アタィンアタァ |
| 水道管 *suidoukan* | water pipe | ရေပိုက်လုံး イェ・パイ・ロン |
| 水平 *suihei* | horizontal, level | ရေမျက်နှာပြင် イェ・ミェッナ・ピィン |
| 水平軸 *suiheijiku* | horizontal axis | ရေပြင်ညီမျဉ်း イェ・ピィン・ニィ・ミィン |
| 水力 *suiryoku* | hydroelectric hydropower | ရေအား イェ・アァ |
| 数字化 *suujika* | digitization | ကိန်းဂဏန်းဖြင့် ဖော်ပြခြင်း ケィン・ガナン・ピィン・ポゥピャチン |
| 据付 *suetsuke* | installation | တပ်ဆင်(မှု)ခြင်း タァッセィンチン |

177

機械関連

| 日 | 英 | ミャンマー |
|---|---|---|
| 据付費用 *suetsukehiyou* | installation cost | တပ်ဆင်မှု့ ကုန်ကျငွေ<br>タァッセインム・クォンチャングェ |
| 図記号 *zukigou* | graphic symbol | ပုံပြသင်္ကေတ<br>ポウンピャ・テェンケェタァ |
| 図工 *zukou* | draftsman | ပုံထုတ်လုပ်မှု့ (လက်မှုပညာ)<br>ポウン・トゥ・ルォム<br><br>အိမ်တွင်းလက်မှု့ ပညာအပြင် ဂျပန်ပြည်ရှိ မူလတန်း၊ အလယ်တန်း ကျောင်းများတွင်ဘာသာရပ်တစ်ခု အဖြစ် ပန်းချီပန်းပုပညာကိုလက်မှု့ ပညာရပ် တစ်ခု အဖြစ် သင်ယူစေ ပါသည်။ |
| 素手 *sude* | empty handed, bare hands | လက်(သားအတိုင်း) ဗလာ<br>レッ・バラ<br><br>လက်အိပ်၊ အဝတ်များ ကိုသုံး၍ ကိုင်တွယ် လုပ်ကိုင်ခြင်း မဟုတ်ပဲ တိုက်ရိုက်ကိုင်တွယ် လုပ်ကိုင်သော လက်(သားချီး သက်သက်) ကိုဆိုလို ပါသည်။ |
| ステアリングホイール *sutearinguhoiiru* | steering wheel | လက်ကိုင် ဘီးခွေ<br>レッカィ・ベイングェ |
| ステーションワゴン *suteeshonwagon* | station wagon | စတေရှင်း ဝက်ဂွန်<br>サテエション・ウェゴン<br><br>ရှေ့ပိုင်တွင် လူစီးနိုင်၍ ကားနောက်ခန်းတွင် ပစ္စည်းများထားနိုင်သော ကားပစ္စည်းအထုတ်အသွင်းလုပ်စဉ် သာမန်လူစီး ဇိမ်ခံကားကဲ့သို့ ကား နောက်ဘက်သို့ သွား၍ နောက်ဖုံး အား ဖွင့်ရန် မလိုသော ကား ဖြစ်ပါ သည်။ |

# 機械関連

| 日 | 英 | ミャンマー |
|---|---|---|
| ストレーナー<br>*sutoreenaa*<br>こし器<br>*koshiki* | strainer | (တွန်း စက် (သို့မဟုတ်) ပိုစက်တွင် ရှိသော) ဇကာစစ်<br>ザカア・セッ<br><br>ရေနွေးပိုက်၊ ရေတင်စက်၊ ရေပိုစက် အတွင်းရှိ ရေ(ရေနွေးငွေ့) တွင်ပါလာသော အမှိုက်များအား စစ်ယူသော ဇကာ။<br><br>အသုံးပြု သော စက်၊ အပူချိန်၊ ခါတ်ဝတ္ထု၊ အမျိုးအစားအပေါ် လိုက်၍ဇကာ၏ အမျိုးအစား၊ အပေါက် အကျယ် အဝန်း ကွဲပြား ပါသည်။<br>စက်ကြံ့ခိုင်ရေးအတွက်သပ်မှတ် ထားသော အချိန်ကာလ အတွင်း ဆေးကြောသန့်ရှင်းရန် လိုအပ်သည်။ |
| スパナ<br>*supana* | spanner | ဝှ<br>グァ<br><br>စပန်နာ<br>スパンナァ |
| スピーカー<br>*supiikaa* | speaker | စပီကာ<br>スピィカァ |
| スプール<br>*supuuru* | spool | ဘီးလုံး<br>ベイン・ロン |
| スポーツクーペ<br>*supootsukuupe* | sports coupe | စပို့(စ်) တိုက် ကူပေကား<br>スポッ・タイッ・クーペェカー<br><br>အဓိက ထိုင်ရန်ခုံတစ်တန်း ပါသောကား(တံခါး ၂ချပ်ကား ကများပြားသည်။)<br>စီဒင်ဆိုသည်မှာ ရှေ့နောက်၄ |

179

機械関連

| 日 | 英 | ミャンマー |
|---|---|---|
| | | ယောက်စီး ထိုင်ခုံအားအဆင်သင့်ပြုလုပ်ထားပြီး၊ ပစ္စည်းထည့်ရန် အခန်းလည်းပါရှိပါသည်။(တံခါးအရေအတွက်နှင့် မသက်ဆိုင်ချေ။)<br>စတေးရှင်း ဝက်ဂွန်သည်<br>စီဒင်နှင့် တူညီသော်လည်း ပစ္စည်းထည့်ရန်အခန်းမှာလူစီးအခန်းအတွင်းတွင်ပါဝင်နေပါသည်။သာမာန်အားဖြင့်ကြည့်ပါက ဘန်းနှင့်တူသော်လည်း လူစီးရန်ရည်ရွယ်ချက်ဖြင့်ထုပ်လုပ်ထားသည်။ |
| 図面<br>*zumen* | drawing diagram, plan, blueprint, sketch, picture, illustration | ပုံ<br>ポウン<br><br>အဆောက်အဦး၊ စက်ပစ္စည်း စသည်တို့ကို မူလရည်ရွယ်ထားသည့်အတိုင်းကောင်အထည်ဖော်၍လုပ်ဆောင်နိုင်ရန်လမ်းညွှန်ပြသောပုံ။ |
| スリーブ<br>*suriibu* | sleeve | ပြွန်<br>ピョン |
| スリーブ弁<br>*suriibuben* | sleeve valve | ပြွန်အဆို့<br>ピョン・アソウ |
| 正確さ<br>*seikakusa* | accuracy | တိကျမှု<br>ティ・チャ・ム |
| 制御<br>*seigyo* | control | ထိမ်း(သိမ်း) ကြောင်းခြင်း<br>ティン・チャウン・チン |
| 制御盤<br>*seigyoban* | control board | ကွန်ထရိုးဘုတ်<br>コントロー・ボッ<br><br>ထိမ်း(သိမ်း) ကြောင်းသော လျှပ်စီးကြောင်း ကတ်ပြား။ |

機械関連

| 日 | 英 | ミャンマー |
|---|---|---|
| 制御方法<br>seigyohouhou | control method / way | ထိမ်း ကြောင်းနည်း<br>ディン・チャウン・ニィ<br><br>ထိမ်း(သိမ်း) ကြောင်းပုံ။<br><br>ထိမ်း(သိမ်း) ကြောင်းပုံ့နည်း။ |
| 制限速度<br>seigensokudo | limiting speed, speed limit | သပ်မှတ်ထားသော အရှိန်<br>タァッマ・タァトォ・アシェイン |
| 正三角形<br>seisankakukei | equilateral triangle | အနားညီ တြိဂံ<br>アナァンニィ・タリィガン |
| 生産管理<br>seisankanri | production control | (ကုန်ပစ္စည်း) ထုပ်လုပ်မှု့ ထိမ်းကြောင်းခြင်း<br>ティン・チャウン・チン |
| 生産技術<br>seisangijutsu | production technology | (ကုန်ပစ္စည်း)ထုပ်လုပ်မှု့နည်းပညာ<br>トゥルオッム・ニィ・ピィンニャ |
| 生産計画<br>seisankeikaku | production planning | (ကုန်ပစ္စည်း)ထုပ်လုပ်မှု့ အစီအစဉ်<br>トゥロッム・アセィ・アセェン |
| 生産能力<br>seisannouryoku | production capacity | (ကုန်ပစ္စည်း) ထုပ်လုပ်နိုင်မှု့ စွမ်းအင်<br>トゥッロッム・スァンイン |
| 性質<br>seishitsu | nature | ပင်ကိုယ် စရိုက်<br>(ဇာတိ/သဘာဝ/သတ္တိ)<br>ピンコウ・サアヤイッ |
| 正常<br>seijou | normal | သာမာန်<br>タァ・マン |
| 製図<br>seizu | drawing drafting | ပုံကြမ်းဖေါ် ဆောင်ခြင်း<br>ポンチャン・ポゥ・サウンチン |
| 製図板<br>seizuban | drafting [drawing] board | (ပုံကြမ်းဆွဲသော) ကပ်ပြား (စဉ်)<br>カッピャ |

**機械関連**

| 日 | 英 | ミャンマー |
|---|---|---|
| 精製装置 *seiseisouchi* | refining equipment | သန့်ရှင်းစင်ကြယ်စေသောစက် タンシン・センチェ・セェトゥ・セッ |
| 製造 *seizou* | manufacture | ကုန်ပစ္စည်း ထုတ်လုပ်ခြင်း クォン・ピィッセィ・トゥルオッチン |
| 製造技術 *seizougijutsu* | MfgT, (manufacturing technology) | ကုန်ပစ္စည်း ထုတ်လုပ်မှု့နည်းပညာ クォン・ピィッセィ・トゥルオッムッ・ニィピィンニャ |
| 静電気 *seidenki* | static electricity | လျှပ်စစ်ငြိမ် ルェッセッ・ニャイン |
| 静電場 *seidenba* | electrostatic field | လျှပ်စစ်ငြိမ်စက်ကွင်း ルェッセッ・ニャイン・セックイン |
| 制度 *seido* | institution, system | စည်းမျဉ်း セィ・ミィン |
| 精度 *seido* | precision | အရည်အသွေး アイェ・アトェ |
| 性能 *seinou* | performance | ဆောင်ရွက်လုပ်လျှားမှု スォン・ユェッ・ルア・シャム |
| 成分 *seibun* | component, ingredient | (ပါဝင်သော) ဓါတ်သတ္တုများ ダッ・タァトゥ・ミャア |
| | | ပါဝင်သော ဓါတ်ပစ္စည်း パアウィントゥ ダッピセィ |
| 精分 *seibun* | nutrition, nourishment, victuals | ဓါတ်သတ္တု ダッタァティ |
| 正方形 *seihoukei* | square | လေးဒေါင့်ပုံ レェ・タィンポン |
| 精密 *seimitsu* | precision | တိကျပြတ်သားခြင်း ティチャ・ピャッタ・チン |

機械関連

| 日 | 英 | ミャンマー |
|---|---|---|
| 精密機械 *seimitsukikai* | precision instrument | တိကျပြတ်သားသောစက် ティチャ・ピャッタァトゥ・セェッ<br><br>CT,MRIအစရှိသည့်ဆေးစစ်ဆေးမှု့ပြုလုပ်သည့် စက်များကိုရည်ညွှန်းပေသည်။ |
| 精密検査 *seimitsukensa* | detailed examination | တိကျပြတ်သားသော ティチャ・ピャッタァトォ<br><br>CT,MRIအစရှိသည့် ဆေးစစ်ဆေးမှု့များကို ရည်ညွှန်းတတ်ပေ သည်။ |
| 精油 *seiyu* | oil refining | ဆီသန့်စင်ခြင်း セィ・タン・セェン・チン<br><br>(ရေနံချက် စက်ရုံ)။ |
| 石炭 *sekitan* | coal | ကျောက်မီးသွေး チャゥ・ミィ・トゥエ |
| 石炭油 *sekitanyu* | coal oil | ကျောက်မီးသွေးဆီ チャゥ・ミィ・トゥエ・セ |
| 石油 *sekiyu* | oil | ရေနံ イェ・ナン |
| 石油化学製品 *sekiyukagakuseihin* | petrochemicals | ရေနံ ဓါတုဗေဒ ဆေးပစ္စည်း イェ・ナン・ダトゥベェダ・ピィッセィ |
| セダン *sedan* | sedan | စီဒင်လူစီးကား セィンディン・ルィセィカー<br><br>စီဒင်ဆိုသည်မှာ ရှေ့နောက် ၄ယောက်စီးထိုင်ခုံအားအဆင်သင့်ပြုလုပ်ထားပြီး၊ |

183

機械関連

| 日 | 英 | ミャンマー |
|---|---|---|
| | | ပစ္စည်းထည့်ရန်အခန်းလည်း ပါရှိပါသည်။(တံခါး အရေ အတွက်နှင့်မသက်ဆိုင်ချေ။) စတေရှင်း ဝက်ဝှန်သည်စီဒင် နှင့် တူညီသောလည်း ပစ္စည်း ထည့်ရန်အခန်းမှာလူစီးအခန်း အတွင်းတွင်ပါဝင်နေပါသည်။ သာမာန်အားဖြင့်ကြည့်ပါက ဘန်းကားနှင့် တူသော်လည်း လူစီးရန် ရည်ရွယ်ချက်ဖြင့်ထုတ် လုပ်ထားပါသည်။ ကူပေကားသည်မှာ အဓိကထိုင်ရန် ခုံတစ်တန်းပါသောကား(တံခါး ၂ချပ် ကားကများပြားသည်။) |
| 絶縁 *zetsuen* | insulation, isolation | ဓါတ်မကူးစေခြင်း ダッマクゥ・セェチン ဓါတ်မလိုက်/ဓါတ်မကူးအောင်ပြု လုပ်ခြင်း။ လျှပ်စစ်ပစ္စည်း သို့မဟုတ် လျှပ်စီး ကြောင်းများအပေါ်တွင် ဓါတ်မလိုက် စေရန် သို့တည်းမဟုတ်လျှပ်စစ် ဓါတ်မကူး စေရန် ရည်ရွယ်၍ လျှပ် မကူးပစ္စည်းများဖြင့် စီစဉ်ထားခြင်း ကို ဆိုလိုပါသည်။ 絶縁 ZETSUEN အား အင်္ဂလိပ် ဘာသာဖြင့် Insulation သို့တည်း မဟုတ် Isolation ဟူ၍ပြောဆိုကြ သော်လည်း ရည်ရွယ်ချက်နှင့် ပြု လုပ်ပုံပြုလုပ်နည်းအပေါ် မူတည်၍ အနည်းငယ် အဓိပ္ပါယ်ကွဲပြားလေ သည်။ |

184

機械関連

| 日 | 英 | ミャンマー |
|---|---|---|
| 絶縁材料<br>*zetsuenzairyou* | insulating material | ဓါတ်မကူးပစ္စည်း<br>ダッマクゥ・ピィッセィ<br><br>လျှပ်စစ်ဓါတ်မကူးစေသော ပစ္စည်း အောက်ပါကဲ့သို့သော ပစ္စည်းများ အားရည်ညွှန်းပါသည်။<br>၁) လေ၊ နိုက်ထြိုဂျင်၊ ကာဘွန်ဒိုင် အောက်ဆိုဒ်ကဲ့သို့အခိုးအငွေ့။<br>၂) သစ်သီးဝလံအဆီဓါတ်သထ္ထု၊ အဆီပံနှင့်အစေ့များမှထုတ်လုပ် သောအဆီ။<br>(ကွန်ဒင်စာ၊ ထရန်စဖော်မာ များတွင်အသုံးပြုကြလေသည်။)<br>၃) ကြွေထည်၊ ဖန် နှင့် မှန်ထည် solid insulating material<br>၄) ဇီဝအခြေခံဓါတ်ပေါင်း၊ organic insulating material စက္ကူ၊ ချည်၊ နိုင်လွန် အစရှိသော ပစ္စည်းများ။<br>၅) ပလတ်စတစ်၊ ယွန်းထည် ကဲ့သို့ သောပစ္စည်းများ။<br>၆) ရာဘာကဲ့သို့ပစ္စည်းများ။<br>၇) သဘာဝ သို့မဟုတ် ဓါတုဗေဒ နည်းဖြင့်ဖော်စပ် ထားသောသစ်စေး (သို့) အရောင်တင်ဆေးများ |
| 絶縁試験<br>*zetsuenshiken* | insulation test | ဓါတ်ကူးခြင်း(လျှပ်စစ်ယိုစိမ့်ခြင်း) ရှိမရှိ စစ်ဆေးခြင်း<br>ダックゥチン・シ・マシィ・セィッ セェチン |
| 絶縁電線<br>*zetsuendensen* | insulated wire | (ဓါတ်မလိုက်အောင် ပြုလုပ်ထားသော) ဝါယာကြိုး<br>ワーヤーチョー |
| 石灰石<br>*sekkaiseki* | limestone | ထုံးကျောက်<br>トゥン・チャウ |

機械関連

| 日 | 英 | ミャンマー |
|---|---|---|
| 設計<br>*sekkei* | plan | (ပန္နက်) ပုံစံချခြင်း<br>ポンサン・チャチン |
| 設計図<br>*sekkeizu* | drawing | (ပန္နက်) ပုံစံ<br>ポンサン |
| 接続<br>*setsuzoku* | connection | အဆက်အသွယ်<br>アッセェ・アトェ |
| 接続図<br>*setsuzokuzu* | connection diagram | ဆက်စပ်မှုပြပုံ<br>セッサァツム・ピャポン |
| 接続方法<br>*setsuzokuhouhou* | connection method | ဆက်သွယ်ပုံ ဆက်သွယ်နည်း<br>セッテェポン・セットェニィ |
| 絶対圧<br>*zettaiatsu* | absolute pressure | အစစ်အမှန်အား<br>アッセ・アッマン・アァ<br><br>အခြားသောမည်သည့်အကြောင်းအရင်းများနှင့်မသက်ဆိုင်ပဲရှိပ်အရာဝတ္ထုအပေါ်တွင် အမှန်တစ်ကယ်ကျရောက် နေသော အား။ |
| 絶対温度<br>*zettaiondo* | absolute temperature | ပကတိ အပူချိန်<br>パカティ・アプゥチェン |
| 絶対湿度<br>*zettaishitsudo* | absolute humidity | ပကတိ စိုထိုင်းမှု့<br>パカティ・ソウタィンム |
| 絶対単位<br>*zettaitani* | absolute unit | ပကတိ အတိုင်းအတာယူနစ်<br>パカティ・アタィンアタァ・ユニ |
| 絶対値<br>*zettaichi* | absolute value | အစစ်အမှန်တန်ဖိုး<br>アッセ・アッマン・タンボゥ<br><br>လက်တွေ့တန်ဖိုး<br>レットウェ・タンボゥ<br><br>အပေါင်းအနုတ်လက္ခဏာများ၊ရာခိုင်နှုန်းများနှင့် တစ်ခြား တန်ဖိုးများဖြင့် ယှဉ်၍ မဖော်ပြပဲ ပကတိ ရှိရင်းစွဲ အတိုင်း ဖော်ပြသော တန်ဖိုး။ |

## 機械関連

| 日 | 英 | ミャンマー |
|---|---|---|
| 切断 setsudan | cutting, amputation | ဖြတ်တောက်ခြင်း ピャッタゥ・チン |
| 設定値 setteichi | set value | သပ်မှတ်သော တန်ဘိုး タッマトゥ・タンボゥ |
| 接点 setten | point of contact | ထိတွေ့မှု (ဆိုင်ရာအစိတ်အပိုင်း) ティ・トェ・ム |
| 設備 setsubi | facilities | အသုံးအဆောင် アトウンアサウン |
| 説明 setsumei | explanation | ရှင်းပြချက် シンピャ・チェッ |
| 説明書 setsumeisho | manual | လမ်းညွှန် (လက်ဆွဲ)စာအုပ် ランニョン・サァオウッ |
| 説明図 setsumeizu | explanation drawing | လမ်းညွှန်ပုံ ラン・ニョン・ポン |
| セレクター serekutaa | selector | ရွေးချယ်သည့်ပစ္စည်း ルェチェティ・ピィッセイ |
| セロテープ seroteepu | cellulose tape | တိတ် テェッ |
| 繊維 seni | fiber | ဖိုင်ဘာ ファイバ |
| 繊維ガラス senigarasu | fiber glass | ဖိုင်ဘာ မှန် ファイバ・ンマン |
| 繊維素 seniso | cellulose | ဖိုင်ဘာသား ファイバ・タァ |
| 全高 zenkou | total height | စုစုပေါင်း အမြင့် ススパウン・アミィン |
| 前後バンパー zengobanpaa | front and back bumper | ရှေ့နောက် ဘန်ဘာ シェナウ・バンバー |

機械関連

| 日 | 英 | ミャンマー |
|---|---|---|
| 洗剤<br>*senzai* | cleaner,<br>cleansing agent,<br>detergent | ဆပ်ပြာ(ရည်)<br>サッピャ(イェ)<br><br>ဆပ်ပြာမှုန့်<br>サッピャ・モウン |
| 全自動<br>*zenjidou* | full automatic | အော်တိုမက်တစ်<br>オート・メッテッ<br><br>အလိုအလျောက်မောင်းနှင်ခြင်း<br>ယာဉ်များ၊ စက်များ၊ ကွန်ပျူတာ ပရိဂရန်များသည် Start ခလုပ်ကိုနှိပ်လိုက်သည်မှစ၍ ပြီးဆုံးသည့်တိုင်အောင် စက်ကသာ ဦးဆောင်၍လုပ်လျားမောင်းနှင် သွားခြင်းကိုဆိုလိုပါသည်။ |
| 全車<br>*zensha* | all model | မော်ဒယ်အားလုံး<br>モデ・アァロン |
| 洗浄<br>*senjou* | washing | လျှော်ဖွတ်ခြင်း<br>ショウプオッチン |
| 繊条<br>*senjou* | filament | ဖိုင်ဘာ(အဆင့်)<br>ファイバ |
| 線図<br>*senzu* | diagram | ကားချပ်ပုံ<br>カァ・チャッポン |
| センター<br>*sentaa* | center,<br>centre | ဗဟို<br>バァ・ホゥ<br><br>စင်တာ / အလယ်ဗဟို။ |
| 先端<br>*sentan* | tip | အစွန်းအဖျား<br>アスォン・アピャア |

機械関連

| 日 | 英 | ミャンマー |
|---|---|---|
| 全負荷<br>*zenfuka* | full load | အားကုန်<br>アァ・コン<br><br>အားသွန်ခွန်စိုက် အလုပ်လုပ်ခြင်း စက်ပစ္စည်းကြီးများအား မိုင်ကုန်၊ ဂီယာကုန်၊ အားကုန် မောင်းနှင်ခြင်း ကို ဆိုလိုပါသည်။ |
| 選別<br>*senbetsu* | sorting | အမျိုးအစားခွဲခြားခြင်း<br>アミョウ・アサァ・クェ・チャァチン |
| 専門<br>*senmon* | specialty | အဓိက (ဘာသာ)<br>アディカ |
| 騒音<br>*souon* | noise | ဆူညံခြင်း<br>スゥ・ニャン・チン |
| 増加<br>*zouka* | increase | အပိုဆောင်းခြင်း<br>アポゥ・サゥンチン |
| 早期<br>*souki* | early stage,<br>preliminary phase,<br>initial step of<br>something | ဦးစွာ<br>ウゥ・スァ |
| 掃気効率<br>*soukikouritsu* | volumetric<br>efficiency,<br>clean air effiency,<br>clean sir | လေသန့်ရှင်းနှုန်းထား<br>レェ・タン・シン・ノゥンタァ |
| 操業<br>*sougyou* | operation,<br>working,<br>performance,<br>handling | (အလုပ်) လျှပ်ရှားစေခြင်း<br>ルア・シャェ・セェ・チン |
| 操業日数<br>*sougyounissuu* | operated days,<br>working days | (အလုပ်) လုပ်ရက်<br>ロツイエツ |

189

**機械関連**

| 日 | 英 | ミャンマー |
|---|---|---|
| 双曲線<br>*soukyokusen* | hyperbola | ဟိုက်ပါဗိုလာလိုင်း<br>ハイパァ・ボラ・ライン |
| 総合<br>*sougou* | synthesis, putting together, total | အားလုံးပေါင်း<br>アァ・ロン・パウン |
| 操作<br>*sousa* | operate, operation | မောင်းနှင်ခြင်း<br>マウン・ニン・チン<br><br>ပြုလုပ်ဆောင်ရွက်ခြင်း<br>ピュロウ・サウンルエチン |
| 操作パネル<br>*sousapaneru* | operation panel | ပန်နဲ(လ်)<br>パンネ<br><br>(လုပ်ကိုင်မောင်းနှင်ရန် ခလုပ်များ ပါရှိသော)စက်မျက်နှာပြင်<br>セェッミエナァ・ピイン<br><br>ကော်ပီစက်၊ FAစက်များရှိ စက်အားအမိန့်ပေး လုပ်လျှား စေ သောမျက်နှာပြင်။ |
| 操作部<br>*sousabu* | operating portion, operating department. | (လုပ်ကိုင်/စက်)မောင်းနှင် ဌာန<br>マウンニン・ダァ・ナ |
| 操作量<br>*sousaryou* | manipulated variable | (သပ်မှတ်ထားသော ပမာဏနှင့် တူညီအောင် လုပ်သော)ပမာဏ<br>パマナ<br><br>ဥပမာ<br>Microwave စက်တွင် အပူချိန်၊ အချိန် စသည်တို့အားချိန်ကိုက် ထားပါက ထိုပမာအတိုင်းလုပ် ဆောင်သော စက်၏ ပမာဏကို ဆိုလိုပေသည်။ |

190

機械関連

| 日 | 英 | ミャンマー |
|---|---|---|
| 送信<br>*soushin* | transmission | အချက်အလက် ဒေတာပို့ခြင်း<br>アチェ・アレェッ・デェタァ・ポゥチン |
| 送信器<br>*soushinki* | transmitter | အသံပို့ကရိယာ<br>アタンポウ　カリィヤ |
| 送水管<br>*sousuikan* | transmission pipe | အချက်အလက် ဒေတာပို့ ပိုက်လိုင်း<br>アチェ・アレェッ・デェタァ・パイライン |
| 装置<br>*souchi* | device | ကရိယာ<br>カリィヤァ |
| 送電線路<br>*soudensenro* | transmission line | မီးကြိုးလိုင်း<br>ミィチョウ・ライン |
| 送電電圧<br>*soudendenatsu* | transmission voltage | မီးကြိုး<br>ミィ・チョウ |
| 挿入<br>*sounyuu* | insertion | အစားထိုးခြင်း<br>アサァ・トゥチン |
| 送風<br>*soufuu* | ventilation,<br>airing out | လေဝင်လေထွက်<br>レェウィン・レェトェッ<br><br>လေပို့ခြင်း |
| 送風機<br>*soufuuki* | blower,<br>fan,<br>ventilator | လေမှုတ်စက်<br>レェ・モゥ・ッセェ |
| 増幅<br>*zoufuku* | amplification | အပိုကြီးများတိုးပွားစေခြင်း<br>アポゥ・チィマァ・トゥテェッセチン |
| 増幅回路<br>*zoufukukairo* | amplifier circuit | (အပိုကြီးများ)တိုးပွားစေသောလျှပ်စစ်စီးကြောင်း<br>トゥプァ・セェトオ・ルェッセェ・セィ・ジョン |

191

機械関連

| 日 | 英 | ミャンマー |
|---|---|---|
| 増幅器<br>*zoufukuki* | amplifier | အသံချဲ့စက်<br>アタン・チェ・セェッ<br><br>အပိုကြီးမားတိုးပွားစေသောစက်။ |
| 増幅率<br>*zoufukuritsu* | amplification factor | (အပိုကြီးမား)ချဲ့ထွင်အား<br>チェ・トィン・アー |
| 総落差<br>*sourakusa* | total difference,<br>geodetic height of plant,<br>gross head | စုစုပေါင်း ကွာခြားသည့် ပမာက<br>ススパウン・クァチャ・ティ・パマナ |
| ソーダ<br>*sooda* | soda | ဆော်ဒါ<br>ソオダア |
| 測色機<br>*sokushokuki* | colorimeter | အရောင်တိုင်းကရိယာ<br>アヨンタィン・カリィヤ |
| 測深機<br>*sokushinki* | depth finder | နက်နဲစွာ ရှာဖွေသောကရိယာ<br>ネッネ・スァ・シャプェトゥ・カリヤ |
| 測定<br>*sokutei* | measurement | တိုင်းထွာခြင်း<br>タィン・トァ・チン |
| 測定器<br>*sokuteiki* | measuring instrument | တိုင်းထွာသည့်ကရိယာ<br>タィントァティ・カリィヤ |
| 測定値<br>*sokuteichi* | measured value | တိုင်းထွာချက် ပမာက(တန်ဘိုး)<br>タィントアッチェ・パマーナ |
| 測定範囲<br>*sokuteihani* | working range,<br>measuring range | တိုင်းထွာချက် အပိုင်းအခြား<br>タィン・トァッ・チェ・アパイン・アチャ |
| 測定量<br>*sokuteiryou* | measured variable | တိုင်းထွာသည့် ပမာက<br>タィントァ・ティ・カリィヤ |

機械関連

| 日 | 英 | ミャンマー |
|---|---|---|
| 速度<br>*sokudo* | speed | အမြန်<br>アミャン |
| 速度制御<br>*sokudoseigyo* | speed control | အမြန်နှုန်း ထိမ်းသိမ်းခြင်း<br>アミャンノン・ディン・ティンチン |
| 速度変調<br>*sokudohenchou* | VM (velocity modulation) | အမြန်ပြောင်းလဲခြင်း<br>アミャン・ピョン・レェチン |
| 測量<br>*sokuryou* | measurement, measuring, surveying, survey, survey work | တိုင်းထွာခြင်း<br>タィン・トァチン |
| ソケット<br>*soketto* | socket | ပလပ်ခေါင်း<br>プッラ・ガゥン |
| ソケットレンチ<br>*sokettorenchi* | socket wrench | ဘောက်စပန်နာ<br>ボィサパンナァ<br><br>See Wrench (レンチ) |
| ソレノイド<br>*sorenoido* | solenoid | သံလိုက်<br>タン・ライッ<br><br>သုံးဝင်ရိုး (ကွိုင်သုံး) သံလိုက်။ |
| ソレノイドバルブ<br>*sorenoidobarubu*<br>電磁弁<br>*denjiben* | solenoid valve | (လျှပ်စစ် သံလိုက်အားသုံး)<br>အဆို့ရှင်<br>アソゥシン |

## た

| タービン<br>*taabin* | turbine | တာဘိုင်(အင်ဂျင်စက်)<br>タァ・バイ |

機械関連

| 日 | 英 | ミャンマー |
|---|---|---|
| タービン効果<br>*taabinkouka*<br>タービン効率<br>*taabinkouritsu* | turbine efficiency | တာဘိုင် အကျိုးဆက်<br>ターバイ・アチョーセッ |
| タービン発電機<br>*taabinhatsudenki* | turbine generator | တာဘိုင် မီးဆက်<br>ターバイ・ミィセッ<br><br>တာဘိုင်လျှပ်စစ်ဓါတ်အား |
| ターボ搭載車<br>*taabotousaisha* | a turbo engine (turbo engine using car) | ထုပ်စက်။တာဘိုအင်ဂျင် အသုံးပြုကား<br>ターボ・エンジン アトゥンピュカー |
| ターンオフ<br>*taanofu* | turn off | အပိတ်<br>ア・ペエィッ |
| ターンオン<br>*taanon* | turn on | အဖွင့်<br>アプィン<br><br>ဖွင့်ခြင်း<br>プィン・チン |
| 耐圧力<br>*taiatsuryoku* | resist [endure] pressure, pressure resistance | ဖိအားခံနိုင်မှု<br>ピアァ・カンナイム |
| 耐アルカリ性<br>*taiarukarisei* | alkali resistance | (အယ်လကာလီ )ခံခံမှု<br>ク・カンム |
| 帯域<br>*taiiki* | band, zone, area, domain | ဘန်း<br>バン<br><br>(လိုင်းတို၊ လိုင်းလတ်စကဲ့သို့)<br>လိုင်းအလိုက် ဖွဲ့စည်းမှု။ |
| 帯域幅<br>*taiikihaba* | bandwidth | လိုင်း(အလိုက် ဖွဲ့စည်းမှု )အကျယ်<br>ライン・アチェ |

機械関連

| 日 | 英 | ミャンマー |
|---|---|---|
| ダイオード<br>*daioodo* | diode | ဒိုင်အုတ်<br>ダイ・オッ<br><br>Rectification(လျှပ်စီးကိုသပ်မှတ်ထားသောလားရာသို့သာစီးဆင်းစေသော) လျှပ်စစ် ကရိယာDevice။ ရှေးဦးမူလတွင် ဝင်ရိုးတန်း pole ၂ခု ပါဝင်သော Vacuum Tubeလေဟာနယ်ပြွန် တစ်ခု ဖြစ်သော်လည်း၊ နောက်ပိုင်းတွင် Semiconditor ဒိုင်အုတ်အားတည်ထွင်လာခဲ့ကြပါသည်။ ယွေ့အခါ ဒိုင်အုတ်ဟု ပြောပါက Semiconductor ဒိုင်အုတ်ဟု သပ်မှတ်ကြ ပါသည်။ |
| 耐火<br>*taika* | fireproof | မီးခံနိုင်ရည်<br>ミィカンナイ・イェ<br><br>မီးခံမှု<br>ミィカンナイ・ムゥ |
| 対角<br>*taikaku* | opposite angle,<br>diagonal | မျက်နှာခြင်းဆိုင် ထောင့်<br>ミェナァチン・サィン・ダウン<br><br>(ပြောင်းပြန်ထောင့်) |
| 対角線<br>*taikakusen* | diagonal (line) | မျက်နှာခြင်းဆိုင် အနား (လိုင်း)<br>ミェナァチンサィン・アナァ |
| 耐火セメント<br>*taikasemento* | refractory cement | မီးခံအင်္ဂတေ<br>ミィカン・イン・ガ・テェ |
| 耐火物<br>*taikabutsu* | fireproof,<br>fire resistant<br>material,<br>refractory,<br>heat resistance | မီးခံပစ္စည်း<br>ミカン・ピィッセィ |

## 機械関連

| 日 | 英 | ミャンマー |
|---|---|---|
| | material, high temperature resistance material | |
| 耐寒性 *taikansei* | cold resistance | အအေးခံနိုင်စွမ်းအား<br>アエェ・カン・ナイ・スァン |
| 体系 *taikei* | system, organization | ပေါင်းခြုံရှု့<br>パウン・チョン・ユェ |
| 台車 *daisha* | carriage, supply car, truck | (ပစ္စည်းတင်) လက်တွန်းလှည်း<br>レットウン・レェ<br><br>လှည်း<br>レェ<br><br>အလားတူ ပစ္စည်းများကိုတင်နိုင်သောလက်တွန်းလှည်းများ ရှိသော်လည်း အသုံးပြုရာပေါ်မူတည်၍ပြောင်းလဲ ခေါ်ဝေါ်တတ်ပါသည်။ ဆူပါမတ်ကက်များတွင်ဈေးချရောင်းသောအခါအသုံးပြုသည့် (ပစ္စည်းတင်)လက်တွန်းလှည်းအား ワゴン Wagon ဟုခေါ်ဆို၍။ ပစ်ကပ်ကားများရှိနောက်ဘက်ပစ္စည်းတင်သည့်နေရာကို 荷台 NIDAIဟုခေါ်ဝေါ်ပါသည်။ |
| ダイス *daisu* | dies | (အဖို) ဝက်အူရစ် ကရိယာ<br>(アポゥ)ウェッウ・リッ・カリヤ<br><br>အဖိုဝက်အူဆိုသည်မှာ ဝက်အူရစ်ထိပ်သည် ဆလင်ဒါပုံ သို့မဟုတ် ကတော့ပုံသဏ္ဍာန်ရှိသော ဝက်အူကို |

機械関連

| 日 | 英 | ミャンマー |
|---|---|---|
| | | ရေသန့်သောက်ရည်ဘူး၊ အချိုဘူးများတွင်အဖုံးရှိ အရစ်သည် အဖိဝက်အူဖြစ်ပြီး၊ ပလပ်စတစ်ဘူးခွန်ပေါ်ရှိ အရစ်သည်အမအရစ် ဖြစ်ပါသည်။ |
| 代数(数学系) *daisuu(suugakukei)* | algebra | မသိကိန်း<br>マティ・ケイン<br><br>သင်္ချာပုစ္ဆာများကို ဖြေရှင်းရာတွင် ကိန်းဂဏန်းအစား မသိကိန်းအဖြစ် ထည့်သွင်း၍ အသုံးပြုသော အက္ခရာ။<br>Y = A + B  A = 2B  B = 3<br>ကဲ့သို့သော ညီမျှခြင်းများတွင် Y တန်ဘိုး ၉ ဖြစ်သကဲ့သို့၊ ယင်း Y,A,x,B များကိုရည်ညွှန်း ပါသည်။ |
| 台数 *daisuu* | number of unit | အရည်အတွက်<br>アレェ・アトェ<br><br>ကား၊ စက်ပစ္စည်းများ ကဲ့သို့သော အရာများ၏ အရည်အတွက်ကို ဖော်ပြရာတွင်အသုံးပြုပါသည်။ |
| 帯電 *taiden* | take a [an electrical] charge, charge, electrification | လျှပ်စစ်သတ္တိဆောင်ခြင်း<br>リャッ.セェ・タッティ・サウンチン |
| 耐熱 *tainetsu* | heat - resistant | မီးခံ<br>ミィカン |
| 耐熱ガラス *tainetsugarasu* | heat resistant glass | မီးခံမှန်<br>ミィカン・マン |

機械関連

| 日 | 英 | ミャンマー |
|---|---|---|
| 耐熱金属<br>*tainetsukinzoku* | refractory metal,<br>heat resistant metal | မီးခံသတ္တု<br>ミィカン・タットゥ |
| 耐熱性<br>*tainetsusei* | heat-resisting | မီးခံသတ္တိ<br>ミィカン・タッティ |
| ダイヤモンドカッター<br>*daiyamondokattaa* | diamond cutter | မှန်ဖြတ်လွှ (စိန်သွား)<br>セィン・トァ<br><br>မှန်သားအား ဖြတ်တောက်ရာတွင် အသုံးပြုသော ဓါးသွား။ မာကြောသော မှန်သွားအား ဖြတ်တောက်ရသောကြောင့် အမာဆုံးသော စိန်သတ္တုကို အသုံးချပါသည်။ |
| ダイヤモンドドリル<br>*daiyamondodoriru* | diamond drill | စိန်ဆူးသွား<br>セェン・スゥ・トゥア<br><br>စိန်၏ မာကြောမှုကို အသုံးပြု၍ မြေကျောက်လွှာအားတူးဖော် ဖောက်ထုပ်ရာတွင် အသုံးပြုသောဆူးသွား။ နက်ရှိုင်းသည့်မြေအောက်မျက်နှာပြင် ကျောက်ပြားကျောက်လွှာကြီးများအောက်တွင်ရှိသော ရေနံကဲ့သို့သော သံယံဇာတများအားထုပ်ဖော်ရာတွင်အသုံးပြုကြပါသည်။ |
| ダイヤル<br>*daiyaru* | dial | မီတာခွက်<br>ミィタークェッ<br><br>လက်ကွက်<br>レクェッ<br><br>(လက်တံနာရီ၊ အနာလော့မီတာ စသဖြင့် စက်ဝိုင်းပုံသဏ္ဍာန် ပေါ်တွင် စာလုံးဖြင့် ရေးထားသော )<br>ဒိုင်ယာခွက်<br>ダイヤ・クェッ |

機械関連

| 日 | 英 | ミャンマー |
|---|---|---|
| ダイヤルゲージ<br>*daiyarugeeji* | dial gauge | မီတာဂိတ်<br>ミーター・クェッ<br><br>လက်ကွက်မီတာ<br>レクェッ・メーター<br><br>နာရီမျက်နာပြင်ကဲ့သို့ အမှတ်အသားများပါသော စက်အစိတ် အပိုင်းကရိယာ။ |
| ダイヤル式<br>*daiyarushiki* | dial type | လက်ကွက်(ပုံသဏ္ဍာန်)ပုံစံ<br>レクェッ・ポンサン<br><br>မျှားတံ တိုက် တိုက်ရိုက်ဘာသာပြန်ခြင်း မဟုတ်သော်လည်း Analog Type သို့ Analog Style ဆိုသောအဓိပ္ပါယ် ဖြင့် ရည်ညွှန်းပြောဆိုရာတွင်လည်း အသုံးပြုကြပါသည်။ |
| 耐油性<br>*taiyusei* | oil resistance,<br>oil proof | ဆီစိမ်ခံအား<br>セィ・セェン・カンアァ<br><br>(ဆီမကျန်စေသော သတ္တု)။ |
| 太陽エネルギー<br>*taiyouenerugii* | solar power,<br>solar energy | နေရောင်စွမ်းအား<br>ネェヤウン・スゥンアァ |
| 太陽電池<br>*taiyoudenchi* | solar battery | (နေရောင်စွမ်းအား)Sola ဓါတ်ခဲ<br>ソーラー ダッケ(ベッテリー) |
| 代用品<br>*daiyouhin* | substitute | အစားထိုးပစ္စည်း<br>アサァ・トゥ・ピッセィ<br><br>ကိုယ်စားပစ္စည်း။ |
| 高さ<br>*takasa* | height | အမြင့်<br>ア・ミィン |

199

機械関連

| 日 | 英 | ミャンマー |
|---|---|---|
| 卓上計算機 *takujoukeisanki* | desk-top calculator | ကာကုလေတာ カクゥ・レェター<br><br>စားပွဲတင် ကွန်ပြုတာ/ ဂဏန်းပေါင်းစက်။ |
| 卓上コンピューター *takujoukonpyuutaa* | desk-top computer | (စားပွဲတင်)ကွန်ပြုတာ コンピュタァ |
| 多シリンダ機関 *tashirindakikan* | multi-cylinder engine | တစ်ခုထက်ပိုသော ဆလင်ဒါ အင်ဂျင် タック・ッテェ・ポゥートォ・サリンダー・インジン<br><br>တစ်လုံးထိုး အင်ဂျင် テッロントゥ・エンジン |
| 立会検査 *tachiaikensa* | attending inspection presence, attendance | သက်သေအဖြစ် ရပ်တန့် စစ်ဆေးခြင်း テェッテェ・アピィッ・ヤッタン・セェッセェ・チン<br><br>သက်သေခံခြင်း テッティ・カンチン<br><br>သက်သေအဖြစ် ရပ်တန့် စစ်ဆေးခြင်း။ |
| 立ち上げ *tachiage* | starting up | လုပ်ငန်းအစ ロゥ・ングァン・アサァ<br><br>စတင်လုပ်ခြင်း サティン・ロゥチン<br><br>တိုးတက်ကြီးပွားခြင်း။ |
| 立ボイラー *tateboiraa* | vertical boiler | မတ်တတ်(ရပ်ပုံသဏ္ဍာန်) ဘွိုင်လာ マタッ・ボイラァ |

機械関連

| 日 | 英 | ミャンマー |
|---|---|---|
| 単位<br>*tani* | unit | ယူနစ်<br>ユ・ニッ |
| 単結晶<br>*tankesshou* | mono crystal | ပုံဆောင်ခဲ<br>ポンサオンケェ |
| 端子<br>*tanshi* | terminal | တာမီနာ<br>ターミナー<br><br>လျှပ်စစ် အစွန်း<br>(အဖိုစွန်းတိုင်၊ အမစွန်းတိုင်)။ |
| 単シリンダ<br>*tanshirinda* | single cylinder | ဆလင်ဒါ(တစ်ခု)<br>サ・レン・ダア |
| 単シリンダ機関<br>*tanshirindakikan* | single cylinder engine | ဆလင်ဒါတစ်ခု အင်ဂျင်<br>サレンダア・タック・エンジン |
| 断水<br>*dansui* | stopping (cut off) water | ရေပြတ်တောက်ခြင်း<br>(ရေမလာခြင်း)<br>イェ・ピャッタウチン |
| 弾性<br>*dansei* | elasticity | ပြင်းတွဲ မာကြောမှု<br>ピイン・トゥエ・マア・チョ・ム |
| 弾性バネ<br>*danseibane* | elasticity spring | (ပြင်းတွဲ မာကြောမှုရှိသော) စပရိန်<br>サパレイン |
| 断線<br>*dansen* | braking cable | ကြိုးပြတ်တောက်ခြင်း<br>チョウ・ピャッタウチン |
| 単相<br>*tansou* | single phase | (တစ်ပင်သွားလျှပ်စစ် )<br>အိမ်သုံးလျှပ်စစ်<br>エイン・トゥン・ルエッセ<br><br>လူနေအိမ်များတွင်အသုံးပြု<br>သောသာမာန်အိမ်သုံးလျှပ်စစ်<br>ပစ္စည်းအတွက်ဓါတ်ကြိုးဖြစ်<br>သည်။ (သာမာန်မျက်စေ့ဖြင့် |

201

機械関連

| 日 | 英 | ミャンマー |
|---|---|---|
| | | ကြည့်လျှင်အပေါင်း နှင့်အနုတ် အတွက်အပ်ကြိုးမပါ၂ကြိုးရှိ ပါသည်။ စက်ရုံအလုပ်ရုံများ တွင်မှု ပိုမို၍ခါတ်အား ကောင်း သော သုံးကြိုးသွားလျှပ်စစ်ကို အသုံးပြုသည်။အများအားဖြင့် ပါဝါလိုင်းဟုလည်းခေါ် သည်။ |
| 単段 <br> *tandan* | single stage | အဆင့်တစ်ခု <br> ア・セェン・タック <br><br> လှေကားတစ်ထစ် <br> レェカア・タッテェ <br><br> ဘဝတစ်ကွေ့ <br> バアワ・テックェ |
| 単電池 <br> *tandenchi* | single cell, single battery, cell | ဓါတ်ခဲ <br> ダッケェ |
| 単動機関 <br> *tandoukikan* | single acting engine | (တစ်ဘက်တည်း လုပ်လျှားသော) အင်ဂျင် <br> エンジン <br><br> မီးလောင်ပေါက်ကွဲမှု၊များ၊ ရေနွေးငွေ့ ဖိအားများသည် ပစ်စတွန်တစ်ဘက် တည်းတွင်သာ ဖြစ်စေသော အင်ဂျင်။ |
| 暖房(器) <br> *danbou(ki)* | heater | ဟီတာ <br> ヒーター <br><br> ရေနွေးကြိုသည့် ဟီတာကဲ့သို့ ကရိယာမျိုးမဟုတ်ပဲ ဆောင်းတွင်း တွင် အခန်းအပူချိန်အား မြင့်တက် စေသည့် လေနွေးစက် ကို ရည်ညွှန်း ပါသည်။ |

機械関連

| 日 | 英 | ミャンマー |
|---|---|---|
| 断面図<br>*danmenzu* | cross section plan (drawing) | ဖြတ်ပိုင်းပုံ<br>ピャッパイン・ポン<br><br>See<br>断面 DANMEN ဖြတ်ပိုင်း<br>Cross Section။ |
| 断面積<br>*danmenseki* | cross section area | ဖြတ်ပိုင်းဧရိယာ<br>ピャッパイン・エェリア |
| 短絡 ショートカット<br>*tanraku shoutokatto* | short circuit | စီးကြောင်းလမ်းတို<br>セィチョン・ラントゥ<br><br>(ခုခံမှုအနည်းဆုံးဖြစ်အောင်)အတို<br>ဆုံးစီးကြောင်း<br>アトゥサゥン・セィジョン |
| チーム<br>*chiimu* | team | အသင်း<br>ア・ティン<br><br>ကျောင်း၊ ဌာနဆိုင်ရာတွင်ရှိ အား<br>ကစား၊ လုပ်ငန်းဆိုင်ရာ ၂ဦး ထက်<br>ပိုသော အသင်းအဖွဲ့များကိုရည်ညွှန်း<br>ပါသည်။<br>အားကစားအသင်းအဖွဲ့မှလွဲ၍<br>အသင်းသားဦးရည် များပြားသော<br>အသင်း (ပါတီ) များကို 協会<br>KYOUKAI,団体 DANTAIဟု<br>ခေါ်ဆိုပါသည်။ |
| チェーンブロック<br>*cheenburokku* | chain block | (ချိန်းကြိုးတပ်ထားသော)<br>စက်သီး<br>セッティ<br><br>စက်ရုံဂိုဒေါင်များရှိအမိုးထုပ်တန်း<br>များတွင် လေးလံသော ပစ္စည်း များ<br>အား သယ်မရန် တွဲလွဲဆွဲထားသော |

203

| 日 | 英 | ミャンマー |
|---|---|---|
|  |  | စက်သီး။ စက်သီးဆိုသည်မှာ ဝန်ကိုကြီးဖြင့် ဆွဲ၍ ချီမရန် အတွက် ကြိုးသွားလမ်း တွင်းထားသော ဘီးတပ်ကရိယာ ပင်ဖြစ်ပါသည်။ |
| 力<br>*chikara* | force | အား<br>ア ア<br><br>(ခွန်အား၊ စွမ်းပကား၊ ကျိုးသက် |
| 地線<br>*chisen* | earth wire,<br>ground wire | မြေအောက်ဓါတ်ကြိုး<br>ミエアウ・ダッチョウ<br><br>လျှပ်စစ်ဓါတ်အား အားတစ်နေရာ မှ တစ်နေရာသို့ပို့ဆောင်ရာ တွင် အသုံးပြုသောဓါတ်ကြိုး။ အထူးသဖြင့်မိုးကြိုးပစ်ခြင်းမှ ကာ ကွယ်ရန် အတွက်မြေပေါ်မှ မြေ အောက်သို့ပြောင်းလဲလာကြပါ သည်။ မြို့ပြ တည်ဆောက်သူများ က ဓါတ်တိုင်များ မရှိစေရန်၊ မြို့အင်္ဂါ လှပစေရန်ရည်ရွယ်၍ပြုလုပ်မှုများ လည်း ရှိပါသည်။ |
| 着火点<br>*chakkaten* | ignition point | မီးကျရောက်လောင်ပွားခြင်း<br>ミチャラウッ・ラオン・プァ・チン<br><br>မီးလောင်နိုင်သော ဓါတ်ငွေ့တစ် မျိုးမျိုးကလေထဲရှိအောက်ဆီဂျင်နှင့် ပြင်းထန်စွာပေါင်းစည်း ဓါတ်ပြောင်း လဲကာမီးလောင်ခြင်းကိုရည်ညွှန်းပါ သည်။မီးလောင်လွယ် သော ပစ္စည်း အား အပူပေးခြင်းကြောင့် သဘာဝ အလျောက် မီးထ၍ လောင်ခြင်း မျိုး ကို မဆိုလိုပါ။ |

機械関連

| 日 | 英 | ミャンマー |
| --- | --- | --- |
| チャック(装置) <br> *chakku(souchi)* <br> つかみ具 <br> *tsukamigu* | chuck | ညှပ်ဖမ်းကရိယာ <br> ニャッパン・カリヤ <br><br> တွင်ခုံစက်တွင် ပုံစံဖော်ဆောင် လိုသော ကုန်ကြမ်းပစ္စည်း အား မလှုပ်လျှားစေရန် ထိန်းချုပ်သော အစိတ်အပိုင်းအား ရည်ညွှန်း ပါသည်။ တစ်ခါတစ်ရံ ဆူးသွားအား အသေ တပ်ထိမ်းချုပ်နိုင်ရန်အတွက် လည်း အသုံးပြုတတ်ပါသည်။ Vise (Vice) ညှပ်ခုံများကိုလည်း အသုံးပြု၍ Machine Elements ကိုပြုလုပ် တတ်ကြသော်လည်း အများအားဖြင့်တွင်ခုံတွင်ရှိသော အပိုင်းပုံသင်္ကန် ညှပ်ဖမ်းကရိယာ ကို ရည်ညွှန်းပါသည်။ |
| 中央 <br> *chuuou* | central, center | အလယ် <br> ア・レェ <br><br> အလည်ဗဟို <br> ア・レェ・バホゥ <br><br> အကြားဖြစ်နေသော နေရာ။ ဗဟို။ |
| 中央処理装置 <br> *chuuoushorisouchi* | CPU, central processing unit | CPU <br> シ・ピィ・ユ <br><br> ကွန်ပျူတာစက်ကိုဦးကျော်က် သာမာန်အားဖြင့် အင်္ဂလိပ် စာလုံး အတိုင်း (စီပီယူ CPU)ဟုခေါ် ဆိုကြ ပါသည်။ |
| 中央部 <br> *chuuoubu* | center part | အလယ် (အဓိက) အပိုင်း <br> ア・レェ(アディカ)ア・パイン |

205

機械関連

| 日 | 英 | ミャンマー |
|---|---|---|
| 中間スリーブ<br>*chuukansuriibu* | intermediate sleeve,<br>ductile iron pipe | (လျှပ်စစ်ကြိုးများ ဆက်ရာတွင် အသုံးပြုသော) ကြားခံစက်ကရိယာ<br>ジャァカン・カリィヤ<br><br>S ပုံသဏ္ဌာန်၊ အဝိုင်းပုံသဏ္ဌာန် များ လည်းရှိပါသည်။ (ဆောက်လုပ်ရေးလုပ်ငန်းတွင် ပိုက်လုံးများအား ဆက်သွယ်ရန် အတွက်) ဖေါက်ထားသော သေးငယ်သည့် အပေါက်။ |
| 中間ブッシュ<br>*chuukanbusshu* | intermediate bush | ကြားခံဘွတ်(ရှ်)<br>ジャァ・カン・ブシュッ<br><br>ယာဉ်အောက်ပိုင်း ပစ္စည်းများတွင် ရော်ဘာ သို့မဟုတ် မာကြောသော ထင်ရှူး၊ အင်တွဲနှင့်သစ်ဆေးများဖြင့် ပြုလုပ်ထားသော ကြားခံကရိယာ။ |
| 中継<br>*chuukei* | relay | ရီလေး (မွေးစားစကားလုံး)<br>リレー<br><br>အလဲအလှည့် လုပ်သောအရာ လျှပ်စီးကြောင်းအား ဖြတ်တောက်ခြင်း။<br><br>လားရာကိုပြောင်းလဲ၍ စေခြင်း သို့မဟုတ် တစ်ခြားသော လျှပ်စီးကြောင်းအား အလို အလျောက် ဖွင့် ပိတ် ပေးနိုင်သော ကရိယာ။ |
| 中止<br>*chuushi* | discontinue,<br>discontinuous | ရပ်ဆဲခြင်း<br>ヤッセェ・チン<br><br>ရပ်နားခြင်း<br>ヤッナァ・チン |

206

機械関連

| 日 | 英 | ミャンマー |
|---|---|---|
| 中心<br>*chuushin* | center | အလယ်ဗဟို<br>アレェ・バァホゥ<br><br>ပစ္စည်း၊ အရပ်ဒေသ ၏ အလည်၊ အချက်အခြာကိုရည်ညွှန်း၍ ပြောဆို တတ်ပါသည်။ |
| 中心線<br>*chuushinsen* | center line | အလယ်လိုင်း<br>アレェ・ライン<br><br>အချက်အခြာ (သို့) အလည် တည့်တည့် ကိုဖြတ်သွားသော မျဉ်း။ |
| 中心部<br>*chuushinbu* | central | အလယ်ဗဟိုချက်<br>アレェ・バァホゥ・チェッ<br><br>ပစ္စည်း၊ အရပ်ဒေသ၏ အလည်ဗဟို၊ အချက်အခြာကိုရည်ညွှန်း၍ ပြောဆို တတ်ပါသည်။ |
| 中性な<br>*chuuseina* | the neuter gender | ကြားနေပစ္စည်း<br>ジャアネ・ピィッセィ<br><br>အက်စစ်ဓါတ်လည်း မဟုတ်၊ သတ္တု၊ ဓါတ်လဲမကျသော ပစ္စည်း။ ဘက်ထရီ ကဲ့သို့သော ပစ္စည်းများ တွင် ပါဝင်တတ်ပါသည်။ |
| 注入<br>*chuunyuu*<br>輸血<br>*yuketsu* | injection,<br>transfusion | ထိုးသွင်းခြင်း<br>トゥ・トィン・チン<br><br>သွေးသွင်း(ကူး)ခြင်း<br>トェ・トィンチン |

機械関連

| 日 | 英 | ミャンマー |
|---|---|---|
| 注入機<br>*chuunyuuki* | injection machine | ထိုးသွင်းစက်<br>トゥ・トイン・セェッ<br><br>အိမ်သုံးပစ္စည်းကဲ့သို့ အသေးသုံးမှနေ၍ စက်ရုံကြီးများတွင် သုံးသော စက်ကြီးများ အထိရှိပါသည်။ ထိုးသွင်းအသုံးချနိုင်သော ပစ္စည်းများသည်လည်းစားကုန်သောက်ကုန်မှစ၍ ကော်၊ ပလပ်စတစ် ပစ္စည်းများအထိ အမျိုးမျိုး ရှိသည်။ |
| チューブ<br>*chuubu* | tube | ပိုက်လုံး<br>パイッ・ルォン<br><br>သံပိုက်လုံး၊ ပလပ်စတစ် အမာကဲ့သို့သော ပိုက်မျိုးမဟုတ်ပဲရာဘာ၊ ပလပ်စတစ် အပျော့ နှင့် သံစပရင် အပျော့ပိုက်များ ကဲ့သို့သောပြန်ပိုက်များ ကို ရည်ညွှန်းပါသည်။ |
| チューブカッター<br>*chuubukattaa* | tube cutter | ပိုက်ဖြတ်ကရိယာ<br>パイッ・ピャッ・カァリィア<br><br>လျှပ်စစ်ဝါတ်ကြိုးကြီးများ ကိုဖြတ်သည့် ကရိယာ။ |
| 超過<br>*chouka* | excess,<br>overage | ပိုမို၍<br>ポーモーユェ<br><br>လွန်ကဲ၍<br>ルィン・ケェ・ユェ<br><br>အပိုဆောင်း၍<br>アポウ・サウン・ユェ |

機械関連

| 日 | 英 | ミャンマー |
|---|---|---|
| 超過回転<br>*choukakaiten* | over revolution | လွန်ကဲ၍ လည်ပါတ်ခြင်း<br>ルイン・ケェ・ユェ・レェパッチン<br><br>သပ်မှတ်ထားသော လည်ပါတ်မှု အရည်အတွက်ထက် ပိုမို၍လည် ပါတ်ခြင်း။ |
| 超過速度<br>*choukasokudo* | over speed | အရှိန်လွန်ကဲခြင်း<br>アッシェイン・ルゥンケェ・チン<br><br>သပ်မှတ်ထားသော အရှိန်ထက် ပိုမို၍ မြန်ဆန်ခြင်း။ |
| 調整<br>*chousei* | adjustment | အလျှော့အတင်း လုပ်ခြင်း<br>アヨウ・アティン・ルオチン |
| 調整器<br>*chouseiki* | regulator | အလျှော့အတင်း ကရိယာ<br>アヨウ・アティン・カァリィア<br><br>လေဖိအားအတင်းအလျှော့ အတွက် သော်၎င်း၊ လျှပ်စစ်စီးကြောင်းအ တွက်သော်၎င်း အမျိုးမျိုး ရှိပါသည်။ ဥပမာ ။ဆေးရုံ တစ်ခုတွင် ပင်မ ဘွိုင်လာအိုးကြီးမှ လာသော ရေနွေး ငွေ့ ဖိအားသည် 4 Kg/Cm2 ရှိသော် လည်း ခွဲစိတ်ခန်းမှ ပေါင်းအိုးကြီး သည် 2.4 Kg/Cm2 သာ ခန်နိုင်မှု ရှိသောအခါ ပေါင်းစက်၏ရေနွေးငွေ့ ဝင်ပေါက်အတွင် 4Kg/Cm2မှ 2.4 Kg/Cm2အထိဖိအားအားလျှော့ချ ပေးသော အလျှော့အတင်းကရိယာ Regulator ကို တတ်ဆင်ပေးရန် လိုအပ်ပါသည်။ သို့မဟုတ်ပါက စက်ပေါက်ကွဲမှုများ ဖြစ်ပေါ် လာနိုင် ပါသည်။ |

機械関連

| 日 | 英 | ミャンマー |
|---|---|---|
| 調整ネジ<br>*chouseineji* | stretching screw | (အတင်းအလျှော့ပြုလုပ်နိုင်သော)<br>ဝက်အူ<br>ウェゥ<br><br>စားပွဲ၊ ကုလားထိုင်များ၏ခြေ<br>ထောက်များတွင် အသုံးချတတ်<br>ကြပါသည်။ |
| 調整弁<br>*chouseiben* | control valve | (အလျှော့အတင်း လုပ်သည့်)<br>အဆို့ရှင်<br>アソゥ・シン<br><br>အပူချိန်၊ ဖိအားနှင့် အရည်များကို<br>ထိမ်းချုပ်ပေးသော အဆို့ရှင်။<br>မညီမျှဖြစ်နေသော ဖြေရှင်းခြင်း၊<br>သပ်မှတ်ထားသောအရည် အသွေး<br>နှင့် ကိုက်ညီအောင် ပြုလုပ်ခြင်း<br>ဟန်ချက်ညီအောင် ပြုလုပ်ခြင်းများ<br>ကိုလည်း ရည်ညွှန်းပါသည်။ |
| 調整ワッシャー<br>*chouseiwasshaa* | adjust washer | (အတင်းအလျှော့ပြုလုပ်နိုင်သော)<br>ဝါရှာပြား<br>ワーシャー・ピャ |
| 調和<br>*chouwa* | harmony | လိုက်ဖက်ခြင်း<br>ライッベ・チン<br><br>ဆီလျော်ညီညွတ်ခြင်း။<br><br>နှစ်သက်ဖွယ် ပေါင်းစပ်ထားခြင်း။<br><br>သဟဇာတဖြစ်ခြင်း။ |

## 機械関連

| 日 | 英 | ミャンマー |
|---|---|---|
| 直接<br>*chokusetsu* | direct | တိုက်ရိုက်<br>タイッ・ヤイッ<br><br>ကြားခံမှုမရှိပဲ တစ်နေရာမှ တစ်နေရာ၊ တစ်ဌာနမှတစ်ဌာန သို့တိုက်ရိုက်ဆက်သွယ်လုပ်ခြင်း ကိုရည်ညွှန်းပါသည်။ |
| 直接測定<br>*chokusetsusokutei* | direct measurement | တိုက်ရိုက်တိုင်းထွာခြင်း<br>タイッ・ヤイッ・タイン・トァチン<br><br>ကြားခံမှုမရှိပဲမိမိသိလိုသောနေရာရှိ ပမာဏကို တိုက်ရိုက်တိုင်းထွာခြင်း ကို ရည်ညွှန်းပါသည်။ |
| 直線<br>*chokusen* | straight line | တိုက်ရိုက်(ဆက်ထားသော) မျဉ်း<br>タィッヤイ・ミィン<br><br>(မျဉ်းပြတ်၊ မျဉ်းကောက် မဟုတ် သော မျဉ်း) |
| 直前<br>*chokuzen* | just before | မတိုင်မီ<br>マ・タィンミィ<br><br>တစ်စုံတစ်ခုသော အချိန်အပိုင်း ကလေးမတိုင်မီ ကာလအား ရည်ညွှန်းပါသည်။ |
| 直流<br>*chokuryuu* | (D.C.)<br>direct current | တိုက်ရိုက်လျှပ်စီး<br>タィヤィッ・ルェセィ<br><br>တစ်ဖက်တည်းသို့ စီးသော လျှပ်စစ်စီးဝါတ်ခဲ၊ဘက်ထရီ ကဲ့သို့သောလျှပ်စစ်သိုလှောင် ပစ္စည်းများမှထွက်သောလျှပ်စစ် မျိုးကို ခေါ်ဆိုပါသည်။ |

211

機械関連

| 日 | 英 | ミャンマー |
|---|---|---|
| | | အဖိုဓါတ်မှ အမဓါတ်သို့ တစ်ဖက် သက်စီးသောလျှပ်စစ်ပင်ဖြစ်ပြီး လျှပ်စစ်ဓါတ်အား ပမာဏ လည်း နည်းပါးသောကြောင့်လျှပ်စစ်ဌာနမှ ထုတ်လွှတ် ပေးနေသော အဖိုအမ နှစ်လိုင်းသွား လျှပ်စစ်ဓါတ်အား ကဲ့သို့ လူအသက် အန္တရာယ်ကို ဒုက္ခမပေးနိုင်ပါ။ ကွန်ပျူတာ၊ တီဗွီ ကဲ့သို့သောIT ပစ္စည်းများတွင်A.Cလျှပ်စီးမှ အန္တရာယ်ကင်း၍ အသုံးပြုဓါတ်အား ပမာဏနည်းသောD.Cလျှပ်စစ်သို့ ပြောင်းလဲကာ အသုံးပြုကြ ပါသည်။ |
| 直流回路 *chokuryuukairo* | D.C. circuit | တိုက်ရိုက်လျှပ်စစ်စီးလမ်းကြောင်း タイヤイッ・ルェセィ・ランジョン<br><br>တစ်ဖက်တည်းသို့ စီးသော လျှပ်စစ်စီး လမ်းကြောင်း။ |
| 直列3気筒DOHC *chokuretsusankitou dohc* | series three-cylinder DOHC | (တန်းစီနေသော ပစ္စတွန်) ၃လုံးထိုး အင်ဂျင်(DOHC) トンロン・トゥ・エンジン<br><br>DOHC(Double OverHead Camshaft) ပစ်စတွန် ကိုအသုံးပြု သော reciprocating engineတွင် ပါရှိသည့် လေဝင်လေထွက် အဆို့ ရှင်၏ပုံစံတစ်မျိုးဖြစ်ပေသည်။ |
| 直列4気筒 *chokuretsuyonkitou* | inline-four cylinders, inline-four engine | လေးလုံးတန်းထိုးအင်ဂျင် レェ・ロントゥ・エンジン |

機械関連

| 日 | 英 | ミャンマー |
|---|---|---|
| 直列4気筒直噴ターボ<br>*chokuretsuyonkitou chokufuntaabo* | inline-four direct injection engine | ၄လုံးထိုး တိုက်ရိုက်တာဘိုအင်ဂျင်<br>レェ・ロントゥ・タィッヤィッ・ターボーエンジン<br><br>(တန်းစီနေသော ပစ်စတွန်) ၄လုံးထိုး: Gasoline Direct injection engine အမျိုးအစား ပင်ဖြစ်သည်။ |
| 直角<br>*chokkaku* | right angle | ထောင့်မှန်<br>ダウンッ・マン<br><br>ကျင်တွယ်ကဲ့သို့သောကရိယာကို လည်း ရည်ညွှန်းခေါ် ဆိုပါသည်။ |
| 直径<br>*chokkei* | diameter | စက်ဝိုင်း (အချင်း)<br>セッェ・ワイン<br><br>ပဟိုကိုဖြတ်၍ တစ်ဖက်မှတစ်ဘက်သို့ ဆွဲသော မျဉ်းဖြောင့် အကွာအဝေး။<br><br>လုံးဝန်းသောအရာ၏ မျက်နှာပြင် အဖြောင့် အကွာအဝေး။ |
| ツール<br>*tsuuru* | tool | ကရိယာ<br>カリィヤ |
| 低圧<br>*teiatsu* | low pressure, low voltage | ဖိအားနည်းခြင်း<br>ピアァ・ネェ・ジン |
| 定圧<br>*teiatsu* | constant pressure | တစ်သမတ် ဖိအား<br>タッタマッ・ピアァ |
| ディーゼル<br>*diizeru* | diesel | ဒီဇယ်<br>ディ・ゼェ<br><br>ဒီဇယ်အင်ဂျင်တွင် အသုံးပြုသော စက်ဆီ။ |

**機械関連**

| 日 | 英 | ミャンマー |
|---|---|---|
| ディーゼル機関<br>*diizerukikan* | diesel engine | ဒီဇယ်အင်ဂျင်<br>ディ・ゼェ・インジン<br><br>၁၉၁၃ ခုနှစ်တွင် ဂျာမာန်လူမျိုး ရူးဒေါ်ဒီဇယ် ကတည်ထွင်သော ကြောင့် ဒီဇယ်အင်ဂျင်ဟုခေါ် ဆိုပါသည်။<br>ဖိသိပ်အားဖြင့် လောင်စာဆီမှုန့်ကို ပေါက်ကွဲစေပြီး စက်လည် စေသော အင်ဂျင်စက် တစ်မျိုး။ |
| ディーゼル機関車<br>*diizerukikansha* | diesel (engine) train | ဒီဇယ်ရထား(ခေါင်းတွဲ)<br>ディ・ゼェ・ヤタァ<br><br>ဒီဇယ်အင်ဂျင်၏ စွမ်းအားဖြင့် လုပ်လျှားစေသော ရထားတွဲ DL(DieselLocomotive) ကို ရည်ညွှန်းပါသည်။<br>ရှေးယခင်က ဂျပန်ပြည်တွင်း တွင်ဒီဇယ်ရထား အပြင်Internal combustion engine ဖြစ်သော ဓါတ်ဆီ အင်ဂျင်ဖြင့် ပြေးဆွဲသော ရထားများလည်းရှိခဲ့ပါသည်။<br>တစ်ချို့သော တိုင်းပြည်များတွင် ဂတ်(စ်)အင်ဂျင်ဖြင့် ပြေးဆွဲသော ရထားများ လည်း ရှိပါသည်။ |
| 低下<br>*teika* | lowering | ကျဆင်းခြင်း<br>チャ・セィン・チン |
| 定格<br>*teikaku* | rating | စံနှုန်း<br>サン・ヌォン<br><br>အမျိုးနှုန်း<br>アチョウ・ヌォン |

機械関連

| 日 | 英 | ミャンマー |
|---|---|---|
| 定格回転速度<br>*teikakukaitensokudo* | rated speed | စံနှုန်းအတိုင်း လည်ပါတ်မှု<br>サンヌオン・アタイン・レッパツム |
| 定格出力<br>*teikakushutsuryoku* | rated horse power | (သပ်မှတ်ထားသော စံနှုန်း အတွင်း အန္တရာယ်ကင်းရှင်းစွာ အစွမ်းကုန် လုပ်ဆောင်နိုင်သော)အင်ဂျင်လည် ပါတ်နှုန်း ပမာဏ<br>エンジン・レッパ・ノウン・パマナ |
| 定期<br>*teiki* | periodic | သပ်မှတ်ထားသော ကာလ<br>タツマ・タアトゥ・カアラ |
| 定規<br>*jougi* | ruler | ပေတံ<br>ペェタン |
| 定期検査<br>*teikikensa* | periodic inspection | အချိန်ကာလအလိုက် စစ်ဆေးခြင်း<br>アチェン・カアラ・アツライ・セツ・セェチン |
| 定期点検<br>*teikitenken* | periodic check (inspection) | အချိန်ကာလအလိုက် စစ်ဆေးခြင်း<br>アチェン・カアラ・アツライ・セツ セェチン |
| 定期報告<br>*teikihoukoku* | periodic report | အချိန်ကာလအလိုက် အစီရင်ခံခြင်း<br>アチェン・カアラ・アツライ・アセィイン・カンチン |
| 抵抗回路<br>*teikoukairo* | resistance of circuit | လျှပ်စစ်စီးလမ်းကြောင်း ခုခံမှု<br>ルェツセツ・セイ・ラン・チョン クカンム |
| 停止<br>*teishi* | stop | ရပ်နား (တန့်) ခြင်း<br>ヤツナアチン |
| 停止ボタン<br>*teishibotan* | stop switch, stop button | ရပ်နား (တန့်) စေသော ခလုပ်<br>ヤツナアセェトゥ・カツロゥ |
| 低速(回転)<br>*teisoku(kaiten)* | low speed | အရှိန်ဖြေးစွာ လည်ပါတ်ခြင်း<br>アシェンピェスア レェパツチン |

215

機械関連

| 日 | 英 | ミャンマー |
|---|---|---|
| 定速調速機<br>*teisokuchousokuki* | constant speed governor | အရှိန်ပြင်းစွာ ပုံမှန် လည်ပါတ်နိုင်သောစက်<br>アシェン・ピィンスァ・ポンマン・レッパ・ナイン・トォ・セエッ |
| データ<br>*deeta* | data | အချက်အလက်<br>アチェ・アレッ<br><br>အကြောင်းအရာ။ |
| データ処理<br>*deetashori* | data processing | အချက်အလက် ဖြေရှင်းခြင်း<br>アチェ・アレッ ピェシンチン<br><br>အကြောင်းအရာ အပေါ်တွင် အခြေခံ၍ စီမံခြင်း ကိုဆိုလိုပါသည်။ |
| データ転送<br>*deetatensou* | data transmission | အချက်အလက် ပို့သခြင်း<br>アチェ・アレッ・ポゥ・タァチン |
| テーパー<br>*teepaa* | taper | ဆူးသွား<br>スゥ・トァ |
| テーパーネジ<br>*teepaaneji* | taper thread | ဆူး(လှွန်)သွားမှုလီ<br>スゥ・トァ・ムリィ |
| 手作業<br>*tesagyou* | manual operation, handiwork, handicraft | လက်ဖြင့်လုပ်သော အလုပ်<br>レッピィン・ロウトゥ・アルオッ |
| デシベル<br>*deshiberu* | decibel | ဒယ်စီဘယ်<br>デェ・セイ・ベェ<br><br>အသံအတိုးအကျယ် တိုင်တာသောအခြေခံယူနစ်။ |
| テスター<br>*tesutaa* | tester | တက်စတာ<br>テスタァ<br><br>လျှပ်စစ်(ဓါတ်အား / စီးဆင်းအား / ဗို့အားရှိမရှိ တိုင်းထွာသော ကရိယာ။ |

## 機械関連

| 日 | 英 | ミャンマー |
|---|---|---|
| テスト<br>*tesuto* | test | စမ်းသပ်မှု<br>サアン・ッタム |
| 鉄筋<br>*tekkin* | reinforcing steel,<br>iron reinforcing bar,<br>rebar | သံချောင်း<br>タアンジョン |
| 鉄筋コンクリート<br>*tekkinkonkuriito* | reinforced concrete | RC<br>アァ・セイ<br><br>သံချောင်းသုံး ကွန်ကရစ်။ |
| 鉄骨<br>*tekkotsu* | steel frame | သံဖရိမ်<br>タアン・フレェン |
| デュアルクラッチAMT<br>*dhuarukuracchi amt* | dual clutch transmission | ကလပ် ၂ထပ် ဂီယာဘောက်<br>カッラ・ネッダ・ギアボッ |
| 電圧<br>*denatsu* | electric pressure,<br>voltage,<br>pressure | လျှပ်စစ်ဓါတ်အား<br>ルェッセッ・ダッアー<br><br>နေရာ ၂ နေရာအတွင်း လျှပ်စစ် ယူနစ်ကွာခြားမှုကို ရည်ညွှန်း ပါ သည်။<br>ယူနစ်မှာ Voltage ဖြစ်သည်။ |
| 電圧計<br>*denatsukei* | voltmeter | မီတာ(တက်စတာ)<br>ミタァ(テスター)<br><br>လျှပ်စစ်စီးကြောင်းလမ်းရှိ လျှပ်စစ် ဓါတ်အား အား တိုင်းထွာ သော ကရိယာ Or လျှပ်စစ် ဓါတ်အားကို လျှပ်စစ်စီးကြောင်းနှင့် ပြိုင်၍တိုင်းထွာ သောကရိယာ။<br><br>တိုင်းထွာသော လျှပ်စစ်ဖိအား (Voltage)၊ A.C၊ D.C၊ High Frequency၊ Low Frequency နှင့် တိကျမှန်ကန်မှု အပေါ် လိုက်၍စက်အမျိုးမျိုးရှိပါသည်။ |

機械関連

| 日 | 英 | ミャンマー |
|---|---|---|
| 電圧降下<br>*denatsukouka* | voltage drop | ဓါတ်အား ကျခြင်း<br>ダッアァ・チャッチン<br><br>လျှပ်စစ်ဓါတ်အား ကျဆင်းခြင်း<br><br>လျှပ်စစ်စီးကြောင်းလမ်းတွင် လျှပ်စစ်က စီးသွားစဉ် ခုခံမှုကရိယာ ၏ အဝင် နှင့် အထွက်အကြား လျှပ်စစ်ဓါတ်က နိမ့်ကျကွာခြား သွားသော ဖြစ်စဉ်အား ရည်ညွှန်း ပါသည်။ |
| 電圧増幅<br>*denatsuzoufuku* | voltage amplification | ဓါတ်အား တင်ခြင်း<br>ダッアァ・テェチン<br><br>လျှပ်စစ်တွန်းအားမြှင့်တင်ခြင်း<br><br>ကျဆင်းသွားသော လျှပ်စစ်ဓါတ် အား အားမြှင့်တင်ပေးခြင်း ကို ရည်ညွှန်းပါသည်။ |
| 電圧電流計<br>*denatsudenryuukei* | voltammeter | မီတာ(တက်စတာ)<br>ミタァ(テスター)<br><br>လျှပ်စစ်ဓါတ်အား(ဓါတ်စီးကြောင်း တိုင်း ကရိယာ)။ |
| 転移<br>*teni* | transfer | ပြောင်းလဲခြင်း<br>ピョン・レェチン |
| 添加<br>*tenka* | addition | အပိုဆောင်းခြင်း<br>アポゥ・サウン・チン |
| 点火<br>*tenka* | ignition | မီးပွား<br>ミィプァ |

機械関連

| 日 | 英 | ミャンマー |
|---|---|---|
| 電荷 *denka* | electrical charge | တည်မြဲလျှပ်စစ် ティミェ・ルエッセ<br><br>အရာဝတ္ထုများတွင်အသေးဆုံးသော အဖွဲ့အစည်း အစိတ် အပိုင်း သည် Atom ပင်ဖြစ်လေသည်။ သို့သော် Atom သည် အလည် ဗဟိုတွင် ရှိသောAtomic Nuclear နှင့် ဘေးတွင်လည်ပါတ် နေ သော Electron ဖြင့်ဖွဲ့စည်း ထားပေသည်။ Atomic Nuclearရှိ အဖိုသတ္တိ Proton နှင့် အမသတ္တိရှိ Electronများကအပြန် အလှန် ဆွဲဆောင် နေကြသော ကြောင့် ရုပ်ဝတ္ထုများသည် တည်မြဲ ၍ နေ ပေသည်။ ထိုကဲ့သို့လျှပ်စစ်ဓါတ်အား အပြန် အလှန် ဆွဲဆောင် နေသော ရုပ်ဝတ္ထု သည် Electrical Charge တည်မြဲ လျှပ်စစ် ရှိနေ သည်ဟု ခေါ်ဆိုပြီး Q (Coulomb) Unit ဖြင့်ဖော်ပြလေ့ ရှိသည်။ |
| 電解 *denkai* | electrolysis | ဓါတ်ဆားရည် ダッサァ・イェ<br><br>(လျှပ်စစ်ကူးနိုင်သည့်အရည် ) လျှပ်စစ်ကူးသွားနိုင်သော ဓါတ်ဆားရည်များ အတွင်းသို့ လျှပ်စစ်အား ဖြတ်စေသော အခါ Poleမျက်နှာပြင်တွင် ဓါတ် ပြောင်းလဲ မှုများ ဖြစ်ပေါ် လာပြီး ရုပ်ဝတ္ထုများ က ကွဲထွက်၍ သွားလေသည်။ |

機械関連

| 日 | 英 | ミャンマー |
|---|---|---|
| 電界<br>*denkai*<br>荷電粒子を囲む力の場<br>*kadenryushiwo kakomu chikaranoba* | electric field | လျှပ်စစ်စက်ကွင်း<br>ルェッセッ・セェクゥイン<br><br>လျှပ်စစ်ပစ္စည်းများ (နှင့် အနီးပါတ်ဝန်းကျင်) တွင် လျှပ်စစ်က စီးဆင်း စေနိုင်သောနေရာ အစိတ်အပိုင်း တစ်ခု။ |
| 点火装置<br>*tenkasouchi* | ignition device | မီးချစ်<br>ミィ・チェッ<br><br>မီးပွားတောက်စေသော (မီးချစ်ကဲ့သို့) ကရိယာ။ |
| 添加物<br>*tenkabutsu* | food [artificial] additive, addition | အပိုဆောင်းပစ္စည်း<br>アポゥサゥン・ピィッセィ<br><br>ဟင်းခတ်အမွှေးအကြိုင်အဖြစ် အပိုဆောင်း သုံးစွဲသော ဓါတု ဗေဒပစ္စည်းအားဆိုလိုပါသည်။ |
| 点火プラグ<br>*tenkapuragu* | ignition plug, spark plug | ပလပ်<br>パッラアッ<br><br>အင်ဂျင်အတွင်း မီးပွားတောက် စေသောကရိယာ။ |
| 電気<br>*denki* | electric | လျှပ်စစ်<br>ルェッセッ<br><br>ဝါယာကြိုးတွင် စီးဆင်းဝင်ရောက် သွားနိုင်ပြီးအပူနှင့်အလင်း စွမ်းအင် ကို ဖြစ်စေသောစွမ်းအင်။<br>ဝါယာကြိုး အနီးတွင် သံလိုက်တုံး အား ရွှေ့စေပါကအလွန်တစ်ရာ |

## 機械関連

| 日 | 英 | ミャンマー |
|---|---|---|
| | | မှသေးငယ်သည့်လျှပ်စစ်ဓါတ်တစ်ခု ထွက်ပေါ်လာသည်။ ဝါယာကြိုး အား ကွိုင်ကဲ့သို့ အထပ်ထပ် ရစ်ပြီး ယင်းအနီးတွင် သံလိုက်တုံး ကိုရွှေ လျှား စေပါက ပို၍အားကြီးသော လျှပ်စစ်ဓါတ်အားထွက်လာပါသည်။ ကွိုင်အပါတ် အရည်အတွက်နှင့်သံ လိုက်ဓါတ် ပြင်းအားအပေါ် မူတည်၍ ပို၍ ပို၍ အားပြင်းသော လျှပ်စစ်က ထွက်ပေါ် လာပြီး၊သံလိုက်တုံး ကပို၍ လျှင်မြန်စွာလည်ပါတ် လုပ်လျှားစေ ပါကပို၍ကြီးမားသော လျှပ်စစ်အား ကိုထွက်ပေါ်စေသည်။ လျှပ်စစ်ဓါတ် များများ ရရှိနိုင်စေရန်တာဘိုင်စက် ကြီး များအားလည်ပါတ် စေပြီး လျှပ်စစ်ဓါတ်အား ထုပ်ယူ ကြသည်။ |
| 電気回路 *denkikairo* | electric circuit | လျှပ်စစ်လမ်းကြောင်း ルエッセッ・ランチョン<br><br>တစ်ခုနှင့် တစ်ခုဆက်သွယ် ထားပြီးစီးဆင်းစေသောလျှပ်စစ် စီးကြောင်းတစ်ခုလုံး ကိုခေါ်ဆို ပါသည်။ လွယ်ကူစွာဖြင့် လျှပ်စစ် စီးကြောင်းဟုခေါ်ဆိုသော လည်း လက်တွေ့တွင်မူကား Resistance, Transducer, Inductance,စသည့် အစိတ်အပိုင်းများ လည်းပါရှိပါသည်။ |
| 電気化学 *denkikagaku* | electrochemistry | ဓာတုလျှပ်စစ်ဗေဒ ダートゥ・ルエッセッ・ベェダ<br><br>ဓါတုဗေဒဆိုင်ရာ လျှပ်စစ်ပညာ ရပ်အား လေ့လာသည် ဘာသာ။ |

機械関連

| 日 | 英 | ミャンマー |
|---|---|---|
| 電気技師<br>*denkigishi* | electric engineer | လျှပ်စစ် အင်ဂျင်နီယာ<br>ルェッセッ・エンジニア<br><br>လျှပ်စစ်လုပ်ငန်း များကို တတ်မြောက် ကျွမ်းကျင်စွာ လုပ်ကိုင် နိုင်သော အတတ်ပညာရှင်။ |
| 電気計器<br>*denkikeiki* | electric meter | (လျှပ်စစ်တိုင်းတာသည့်အရာ) မီတာ(တက်စတာ)<br>ミタァ(テスター)<br><br>See လျှပ်စစ်ဓါတ်အား (ဓါတ်စီးကြောင်းတိုင်း ကရိယာ)။ |
| 電気工学<br>*denkikougaku* | electrical engineering | လျှပ်စစ်ဆိုင်ရာ အင်ဂျင်နီယာ ပညာရပ်<br>ルェッセッ・ピンニャ・ヤッ |
| 電気単位<br>*denkitani* | electrical unit | လျှပ်စစ်တိုင်းတာသည့်စနစ်<br>ルェッセッ・タインティ・サネエッ<br>(ဥပမာ- ဗို./ အမ်ပီယာ စသဖြင့်) |
| 電気抵抗<br>*denkiteikou* | electric resistance | လျှပ်စစ်ခုခံမှု<br>ルェッセッ・クカンム |
| 電気メッキ<br>*denkimekki* | electroplating galvanization | (လျှပ်စစ်ဖြင့်ပြုလုပ်သော သတ္တု) အရောင်တင်စက်<br>アヤウン・ティン・セッ |
| 電球<br>*denkyuu* | incandescent lamp | မီးလုံး<br>ミィ・ロン<br><br>လျှပ်စစ်အားဖြင့် မီးလင်းသော ဖန်လုံး။ |

機械関連

| 日 | 英 | ミャンマー |
|---|---|---|
| 電気溶接<br>*denkiyousetsu* | electric welding | လျှပ်စစ်ဂဟေဆော်ခြင်း<br>ルェッセッ・ガヘィ・ソォーチン<br><br>ဂဟေ = သတ္တုများကို အပူပေး၍ တစ်ခုနှင့်တစ်ခု ဆက်ရာတွင်အသုံးပြုသည့် အရည်ပျော်လွယ်သည် သတ္တု။<br>ဂဟေဆော်သည် = ဂဟေဖြင့် ဆက်စပ်သည်။<br>သို့ဖြစ်၍ လျှပ်စစ် ဓါတ်အားကို အသုံးပြု၍ ဂဟေဆော်ခြင်းကို ရည်ညွှန်းသော ဝေါဟာရ ဖြစ်ပါသည်။ |
| 電気用品<br>*denkiyouhin* | electric appliance | လျှပ်စစ်အသုံးအဆောင်ပစ္စည်း<br>ルェ・セッ・アトゥンアサウン・ピィッセイ |
| 電極<br>*denkyoku* | electrode | (အက်လက်ထရုဒ်) လျှပ်စစ်ဝင်ရိုး<br>ルェッセ・ウィンヨウ |
| 電気料金<br>*denkiryoukin* | electric charge | မီးမီတာခ<br>ミィ・ミターカ<br><br>ဓါတ်အားလျှပ်စစ်ကို အသုံးချသောကြောင့် ပေးဆောင် ရသောအခကြေးငွေ။ |
| 点検<br>*tenken* | checking | စစ်ဆေးခြင်း<br>セィッ・セェ・チン |
| 電源<br>*dengen* | electric power source | (ပင်မ) မီးခလုပ်<br>(ピンマ)ミィ・カロッ<br>メイン・ミィ・カロッ<br><br>အားလုံးသောလျှပ်စစ်စီးကြောင်းနှင့် လျှပ်စစ်စီးကြောင်းနှင့် လျှပ်စစ်စွည်းများအား တစ်ပြိုင်နက် ဖွင့်ပိတ်လုပ် နိုင်သည့် ခလုပ်။ |

223

機械関連

| 日 | 英 | ミャンマー |
|---|---|---|
| 電子<br>*denshi* | electron | အက်လက်ထရွန်<br>エレタロン<br><br>နျူကလိယား ဝန်းရံပါတ်လည်သော အမဂါတ်ရှိသည့် ခြုပ်။ |
| 電磁エネルギー<br>*denjienerugii* | electromagnetic energy | လျှပ်စစ် သံလိုက် စွမ်းအား<br>ルェッセ タンライ スァンアァ |
| 電磁開閉器<br>*denjikaiheiki* | electromagnetic switch | လျှပ်စစ်သံလိုက် ဖွင့်ပိတ်ကရိယာ<br>ルェッセ・タンライ・プィンペイツ・カリィヤ<br><br>လျှပ်စစ်ဓါတ်အားဖြင့် သံလိုက် ဓါတ်ကို ဖြစ်ပေါ် စေပြီး၊ ထိုစွမ်း အားကိုအသုံးချ၍တစ်ခြားလျှပ် စီးကြောင်းအား အဖွင့် အပိတ် ပြုလုပ်ပေးနိုင်သော ခလုပ်။ |
| 電子回路<br>*denshikairo* | electronic circuit | အက်လက်ထရွန်နစ် ဆားကစ် (လျှပ်စီး လမ်းကြောင်း)<br>エレットロニッ・サーキッ |
| 電磁クラッチ<br>*denjikuracchi* | magnetic clutch | လျှပ်စစ်သံလိုက်အား ဖမ်းချုပ် သည့်အရာ<br>ルェッセ・タンライ・アァ・パンチョッティ・アヤァ |
| 電子計器<br>*denshikeiki* | electronic instrument | ကွန်ပြူတာ<br>コンピューター |
| 電磁継電気<br>*denjikeidenki* | electromagnetic relay | (လျှပ်စစ်သံလိုက်ဆက်သွယ်ချက်) ရီလေး<br>リィレェ<br><br>လျှပ်စစ်သံလိုက်အားအသုံးပြု၍ ပင်မလျှပ်စီးကြောင်းအား စီးခြင်း။ |

機械関連

| 日 | 英 | ミャンマー |
|---|---|---|
| | | ဖြတ်တောက်ခြင်းများအား ပြုလုပ်သော ကရိယာ ပင်ဖြစ်သည်။ ဥပမာ- စပရိန် ပါရှိသော မီးခလုပ် အား လျှပ်စစ်သံလိုက်ဓါတ်ဖြင့် စပရိန်၏ဆွဲအားကို ကျော်လွှန်ကာ ပင်မလျှပ်စစ်စီးကြောင်းကို စီးဆင်း စေပြီး၊ လျှပ်စစ်သံလိုက်ဓါတ်အားကို ဖြတ်လိုက်သောအခါ စပရိန်၏ ဆွဲအားကြောင့် ပင်မ လျှပ်စစ် စီးကြောင်း အား ရပ်တံ့စေသော မီးခလုပ် မျိုးကို ရည်ညွှန်းပါသည်။ |
| 電子検流計<br>*denshikenryuukei* | galvanometer | မီတာ(တက်စတာ)<br>ミタァ(テスター)<br><br>အက်လက်ထရွန် လျှပ်စစ်ပမာက တိုင်း ကရိယာ<br>သေးငယ်သော လျှပ်စီး၊ လျှပ်စစ် ဓါတ်၊ လျှပ်စစ်ပမာက ကို တိုင်းထွာ သော ကရိယာ။ DC နှင့် AC ကို တိုင်းထွာနိုင်သည့် ကရိယာဟူ၍ ၂မျိုး ၂စားရှိပါသည်။ |
| 電子工学<br>*denshikougaku* | electronic engineering | အီလက်ထရွန်းနစ်(ဆိုင်ရာ) အင်ဂျင်နီယာ<br>エレットロニッ・エンジニア<br><br>နျူးကလိယား ဝန်းရံပတ်လည်သော အမဓါတ်ရှိသည့် ဒြပ်နှင့် သက်ဆိုင် သော ပညာရပ်အား လေ့လာတတ် ကျွမ်းကျင် သည့် ပညာရှင်။ |
| 電磁石<br>*denjishaku* | electro magnet | လျှပ်စစ်သံလိုက်<br>ルェッセッ・タンライ |

225

機械関連

| 日 | 英 | ミャンマー |
|---|---|---|
| | | သဘာဝအတိုင်းရှိသည် သံလိုက် မဟုတ်ပဲ၊ လျှပ်စစ်စီးကြောင်း နှင့် လျှပ်စစ် ဝါတ်၏ အဖိအမ သဘာဝ ကို အသုံးချ၍ ယာယီအခိုက် အတန် သာ ဖြစ်ပေါ်နေသော သံလိုက် အမျိုးအစားကို ရည်ညွှန်း ပါသည်။ သင်္ဘောဆိပ်ကမ်းများမှကရိန်းများ၊ ရဟတ်ယာဉ်များမှ ကရိန်းများ တွင် သုံးလေ့သုံးထ ရှိပါသည်။ |
| 電磁波 *denjiha* | electromagnetic wave | လျှပ်စစ်သံလိုက်လိုင်း ルェッセッ・タンライライン<br><br>လျှပ်စစ်(စက်ကွင်း) မှ/သို့ သံလိုက်(စက်ကွင်း) ပြောင်းလဲမှု သည့် လိုင်းများ အဖြစ်ထွက်ပေါ် လာခြင်းကို ဆိုလိုပါသည်။ လိုင်း အရှည်အတိုပမာဏပေါ် မူတည်၍ အနီရောင်လွန် ရောင်ခြည်၊ ခရမ်းလွန် ရောင် ခြည်၊ X-Ray ရောင်ခြည်၊ ဂါ မာရောင်ခြည် များရှိသည်။ |
| 電磁弁 *denjiben* | solenoid operated valve | လျှပ်စစ်သံလိုက် အဆို့ရှင် ルェッセッ・タンリッ・アソェンシン<br><br>သံလိုက်ဝါတ်ကို အသုံးပြု၍ အဖွင့်အပိတ်လုပ်သော အဆို့ရှင်။ တစ်ချို့သော စက်များတွင် လေအား ကို အသုံးပြု၍ အဖွင့်အပိတ် လုပ် သော အဆို့ရှင်များ ကိုလည်း အသုံး ပြုကြပါသည်။ |
| 電子望遠鏡 *denshibouenkyou* | electron telescope | အက်လက်ထရွန် မှန်ပြောင်း エレットロン マァンピョン |

機械関連

| 日 | 英 | ミャンマー |
|---|---|---|
| 電磁力<br>*denjiryoku* | electromagnetic force | လျှပ်စစ်သံလိုက်အား<br>ルェッセッ・タンラィッアァ<br><br>သဘာဝအတိုင်းရှိသည့် သံလိုက်မဟုတ်ပဲ၊ လျှပ်စစ်စီးကြောင်း နှင့် လျှပ်စစ် ဓါတ်၏ အဖို့ အမ သဘာဝ ကို အသုံးချ၍ ယာယီဖြစ် ပေါ် စေသောသံလိုက်၏အားကိုဆိုလိုသည်။ |
| 電子レンジ<br>*denshirenji* | microwave oven | အိုဗင်<br>オーベン<br><br>Microwave<br>マイクロ・ウェッ<br><br>ကြောင့်မော်လီကျူးများက တုန်ခါ လှုပ်ရှားမှုမှ ထွက်ပေါ် လာသော အပူအား အသုံးချ၍ အချိန်တိုတိုဖြင့် ဟင်းချက် ပြင်ဆင်နိုင်သော စက် ကရိယာ။<br>အိုင်ဗင်ဟု လွယ်လွယ်ကူကူ ခေါ် ဆိုသော်လည်း တန်ဘိုးအနည်း အများ အပေါ်မူတည် ၍ အိုဗင်စနစ်မပါဝင် ဟင်းနွေးစက်သာ ပါဝင်သော စက် マイクロ・ウェッ များ လည်း ရှိပါသည်။ |
| 点線<br>*tensen* | dotted line | မျဉ်းပြတ်<br>ミィンッピャッ |
| 伝染<br>*densen* | infectious | ကူးဆက်ရောဂါ<br>クゥセッ・ヨーガ<br><br>သတ္တဝါတစ်ဦးမှ တစ်ဦးသို့ ကူးဆက်ပြန့်ပွားလွယ်သော ပုလိပ်ရောဂါကဲ့သို့ ရောဂါမျိုး။ |

**機械関連**

| 日 | 英 | ミャンマー |
|---|---|---|
| 電線<br>*densen* | electric wire | ဝါယာကြိုး<br>ダッチョー<br><br>လျှပ်စစ်ဓါတ်အားပို့ဆောင်သည့် ကြိုး။ |
| 電池<br>*denchi* | battery | ဓါတ်ခဲ<br>ダッケエ<br><br>လျှပ်စစ်ဓါတ်သိုလှောင်(ထား) ရာကျည်ထောက်ငယ်။ |
| 点灯<br>*tentou* | lighting | မီးထွန်းထားခြင်း<br>ミィ・トゥン・ターチン |
| 伝導<br>*dendo* | conduction | လျှပ်စစ်ကူးခြင်း<br>ルェッセッ・クゥチン<br><br>လျှပ်စစ်ဓါတ်၊ အပူက ရုပ်ဝထ္ထု၊ အတွင်းသို့ ကူးပြောင်းသွားခြင်း ကို ရည်ညွှန်းပါသည်။ |
| 電動機<br>*dendouki* | electric motor | မော်တာ<br>モーター<br><br>လျှပ်စစ်စွမ်းအင်ဖြင့် လည်ပတ် လုပ်ရှား တွန်းကန်အားပြုသော စက်။ |
| 電動発電機<br>*dendouhatsudenki* | motor generator | မော်တာ မီးစက်<br>モーターミィセッ<br><br>မော်တာ နှင့် မီးစက်အား ဝန်ရိုး တစ်ခုတည်း တွင် ဆက်သွယ် ထား၍ဓါတ်အားအား ပြောင်းလည်း ပေးသော လျှပ်စစ်ကရိယာတစ်ခု ဖြစ်ပါသည်။ |

機械関連

| 日 | 英 | ミャンマー |
|---|---|---|
| | | အထူးသဖြင့် ဓါတ်အားပေးစက်ရုံ၊ အလုပ်ရုံနှင့် (ဂျပန်ပြည် မြေအောက်) ရထားများတွင် အသုံးများလေသည်။ |
| 電熱<br>*dennetsu* | electric heating | လျှပ်စစ်အပူချိန်<br>ルエッセッ・アプゥチェン |
| 電熱線<br>*dennetsusen* | electric heating wire | လျှပ်စစ် ဟီတာဝိုင်ယာကြိုး<br>ルエッセッ・ヒーター・ワイヤチョー |
| 天然<br>*tennen* | natural | သဘာဝ<br>タァバァワ |
| 天然ガス<br>*tennengasu* | natural gas | သဘာဝ ဂတ်(စ်)<br>タァバァワ・ゲッ |
| 電波<br>*denpa* | radio wave | လျှပ်စစ်လှိုင်း<br>ルエッセッライン |
| 添付<br>*tenpu* | attachment | တွဲဖက်<br>トェッベエ<br><br>ဒွန်တွဲ<br><br>ပူးတွဲ |
| 添付図面<br>*tenpuzumen* | attached drawing, accompanying drawing | ပူးတွဲပါ ပုံဇယား<br>プゥトェパ・ポンザヤァ |
| 点滅<br>*tenmetsu* | flashing, switching on and off, blin | မှိတ်တုတ် မှိတ်တုတ် (ဖွင့်လိုက်ပိတ်လိုက် ဖြစ်နေခြင်း)<br>メィットゥ・メィットゥ |
| 点滅ランプ<br>*tenmetsuranpu* | flashing lamp | (ဖွင့်လိုက်ပိတ်လိုက်ဖြစ်နေသော) မှိတ်တုတ်မှိတ်တုတ် မီး<br>メィットゥ・メィットゥ・ミィ |

機械関連

| 日 | 英 | ミャンマー |
|---|---|---|
| 点溶接<br>*tenyousetsu* | spot welding | အစက်ချ ဂဟေဆော်ခြင်း<br>アッセチャ・ガヘィ・ソゥチン |
| 電流<br>*denryuu* | electric current | လျှပ်စစ်စီးကြောင်း<br>ルェッセッ・セィチョン |
| 電流計<br>*denryuukei* | ammeter | လျှပ်စစ်စီးကြောင်း မီတာ<br>ルェッセッ・セィチョン・ミーター |
| 電流容量<br>*denryuuyouryou* | current capacity | လျှပ်စစ်စီးကြောင်း ပမာဏ<br>ルェッセッ・セィチョン・パマナ |
| 電力<br>*denryoku* | electric power | (လျှပ်စစ်)ဓါတ်အား<br>(ルェッセッ)ダッアァ |
| 電力計<br>*denryokukei* | wattmeter | လျှပ်စစ်ဓါတ်အားတိုင်းကရိယာ<br>ルェッセッ・ダッアァ・タイン・カリィヤ<br><br>See<br>လျှပ်စစ်ဓါတ်အား<br>(ဓါတ်စီးကြောင်းတိုင်း ကရိယာ)။ |
| 電力消費量<br>*denryokushouhiryou* | electric power consumption | လျှပ်စစ် အသုံးချပမာဏတိုင်း ကရိယာ<br>ルェッセッ・アトンチャ・パマナ・タィ・カリィヤ |
| 電力量<br>*denryokuryou* | electric energy | လျှပ်စစ်ပမာဏ<br>ルェッセ・パマナ<br><br>စီးလမ်းကြောင်းအတွင်းသပ်မှတ်ထားသောအတိုင်းအတာတစ်ခုအတွင်းလျှပ်စစ်စီး စင်းမှုကပြုလုပ်သောအလုပ်လျှပ်စစ်အား Electric Power နှင့်အချိန် Time အား integrating လုပ်ထားသော ပမာဏပင်ဖြစ်ပါသည်။အသုံးပြု |

230

## 機械関連

| 日 | 英 | ミャンマー |
|---|---|---|
| | | ယူနစ်မှာဝတ်စက္ကန့် W.s ၊ဂျူး J များဖြစ်သော်လည်း ဝတ်အာဝါ W.h သို့မဟုတ် ကီလိုဝတ်နာရီ kWhကိုအများအား ဖြင့်အသုံးပြု ကြပါသည်။ DC စီးကြောင်းတွင် $W = P \cdot t = V \cdot I \cdot t$ [W.s] AC စီးကြောင်းတွင် $W = P \cdot t = V \cdot I \cdot \cos\theta \cdot t$ [W.s] load ဖြစ်ပေါ်မှုအပေါ်မှုတည်၍ လျှပ်စစ်ခါဝိတ်(ဖိ)အားနှင့်လျှပ်စစ် စီးအားကြားအသွင်သကန် phaseကွာခြားမှု θကပေါ် ပေါက်သောကြောင့်ယင်း Power factor cosθကိုထည့်၍တွက်ရန်လိုပါသည်။ |
| 電力量計 *denryokuryoukei* | watt-hour meter | လျှပ်စစ်ပမာဏ တိုင်းသည့်ကရိယာ<br>ルェッセッ・パマナ・タィンティ・カリィヤ |
| 度 *do* | degree | အပူ(ချိန်တိုင်း )ယူနစ်<br>アプゥ・ユニッ<br><br>(90°C or 90°F )<br>အနားထောင့် တိုင်း ယူနစ် (90°)။ |
| 等圧力 *touatsuryoku* | uniform pressure | တူညီသော ဖိအား<br>トゥニィトゥ・ピ・アー |
| 投影 *touei* | projection, (cast) shadow | ပုံရိပ်ထင်စေခြင်း<br>ポンイェティンチン |
| 銅管 *doukan* | copper tube | ကြေးနီပိုက်<br>チェ・ニィ・パイッ<br><br>ကြေးနီသတ္တုဖြင့် ပြုလုပ်ထားသော ပိုက်။ |

機械関連

| 日 | 英 | ミャンマー |
|---|---|---|
| 統計<br>*toukei* | statistics | စုစုပေါင်း<br>スゥスゥ・ワウン<br><br>လက်ရှိအထိ တစ်ဆက်တည်း ပေါင်းချုံ၍ ဖော်ပြသော ကိန်းဂဏန်း။ |
| 統計学<br>*toukeigaku* | statistics | စာရင်းအင်း ပညာ<br>サイン・イン・ピィンナヤ<br><br>ပေါင်းခြုံ၍လေ့လာသော ဘာသာရပ်။ |
| 同軸(の)<br>*doujiku(no)* | coaxial | ဝန်ရိုးတူ<br>ウィン・ヨウ・トゥ |
| 同軸ケーブル<br>*doujikukeeburu* | coaxial cable | ဝန်ရိုးတူ ကေဘယ်လ်ကြိုး<br>ウィンヨウ・トゥ・ケベェチョー |
| 透明体<br>*toumeitai* | transparent body | ဖောက်ထွင်း မြင်နိုင်သော ဝတ္ထု<br>パウトィン・ミィンナイトゥ・ウィットゥ |
| 灯油<br>*touyu* | kerosene | ရေနံဆီ<br>イェ・ナン・セィ |
| 動力性能<br>*douryokuseinou* | engine performance | အင်ဂျင်စွမ်းရည်<br>インジンスァン・イェ |
| 特性<br>*tokusei* | characteristics | ထူးခြားမှု<br>トゥ・チャァム |
| 特別仕様車<br>*tokubetsushiyousha* | special edition model | အထူး(ထုပ်လုပ်သော) မော်ဒယ်<br>アトゥ・モゥデェ |
| 凸型<br>*totsugata* | convex | ခုံးသော<br>クォントゥ |
| 凸レンズ<br>*totsurenzu* | convex lens | မှန်ဘီလူးခုံး<br>マンブルゥ・クォン |

機械関連

| 日 | 英 | ミャンマー |
|---|---|---|
| 土木<br>*doboku* | civil | ဆောက်လုပ်ရေး<br>サウ・ルオウ・イェ<br><br>အဆောက်အဦး လမ်းတံတားကို တည်ဆောက်မှု။ |
| 土木工学<br>*dobokukougaku* | civil engineering | ဆောက်လုပ်ရေးပညာရပ်<br>サウ・ルオウ・イェ・ピィンニャァ・ヤッ |
| 止めネジ<br>*tomeneji* | set screw | ထိမ်းသိမ်း (အပိတ်) ဝက်အူ<br>ウェッ・ウゥ |
| 止弁<br>*tomeben* | stop valve | အဆို့ရှင်<br>アソーシン<br><br>ထိမ်းသိမ်း (အပိတ်) အဆို့ရှင်။ |
| ドライバー<br>*doraibaa* | screwdriver | ဝက်အူလှည့်<br>ウェッ・ウゥ・レェッ<br><br>ဝက်အူတတ်ရာ ဖြုတ်ရာတွင် အသုံးပြုသော ကရိယာ၊ ကျောက်လှည့်။ |
| トラブル<br>*toraburu* | trouble | ပြဿနာ<br>ピャッ・タァナァ |
| トランクエンジン<br>*torankuenjin* | trunk engine | (အရှယ်သေးငယ်ရန် ပစ်စတွန် ပိုင်းဆိုင်ရာကို ပြုပြင်ထားသော)<br>အင်ဂျင်<br>エンジン |
| トランクピストン<br>*torankupisuton* | trunk piston | ပစ်စတွန်<br>ピィストン |
| トランジスタ<br>*toranjisuta* | transistor | ထရန်စမစ်တာ<br>タラン・スゥミッタァ |

**機械関連**

| 日 | 英 | ミャンマー |
|---|---|---|
| トランスデューサー<br>*torannsudhuusaa*<br>変換機<br>*henkanki* | transducer | ထရန်ဂျူဆာ<br>タランジュサァ |
| トランスミッション<br>*toransumisshon* | transmission | ဂီယာပိုင်း (ပို့ဆောင်ပေးရေးပိုင်း)<br>ဆိုင်ရာ<br>ギアパイン・サインヤァ |
| 取り扱い<br>*toriatsukai* | handling,<br>treatment,<br>management,<br>usage | ကိုင်တွယ်ခြင်း<br>カィン・トェ・チン |
| 取扱説明書<br>*toriatsukaisetsumeisho* | operating manual,<br>user's manual,<br>user's guide,<br>handling<br>instructions | ကိုင်တွယ်အသုံးပြုရန် လမ်းညွှန်<br>စာအုပ်<br>カイントェ・アトゥンピュヤン・ランニュン・サァ・オゥ |
| 取扱方法<br>*toriatsukaihouhou* | handling method | ကိုင်တွယ် အသုံးချနည်း<br>カイントェ・アトゥンチャ・ニィ |
| 取り付け<br>*toritsuke* | installation,<br>attachment,<br>putting in place | တပ်ယူခြင်း<br>タッユチン |
| 取り付け方法<br>*toritsukehouhou* | mounting<br>arrangement,<br>installation<br>method | တပ်ပုံတပ်နည်း<br>タッポン・タッニィ |
| 取り外し<br>*torihazushi* | disconnection<br>disassembling | ဖြုတ်ယူခြင်း<br>ピョッ・ユウ・チン |
| 塗料<br>*toryou* | coating,<br>paint | သုတ်ဆေး<br>トゥセェ |

## 機械関連

| 日 | 英 | ミャンマー |
|---|---|---|
| ドリル<br>*doriru* | drill | စူးသွား<br>スゥ・トア<br><br>ချွန်ထက်၍ ထိုးဖောက်ထွင်းနိုင်သော အရာ(အချွန်) |
| ドレイン<br>*dorein* | drain | ရေ (အညစ်အကြေး) ထွက်ပေါက်<br>イェ・トェッパウ<br><br>စက်ပစ္စည်းများမှ အသုံးပြုပြီးသော ရေ(အရည်)အညစ်အကြေးများသို့ မဟုတ်လူများကအသုံးချပြီးသော ရေ(အရည်) အညစ်အကြေးများ အားထုပ်လွှတ်သော ထွက်ပေါက်။ |
| ドレイン弁<br>*doreinben* | drain valve | ရေ (အညစ်အကြေး) ထွက်ပေါက် အဆို့ရှင်<br>イェ・トェッパウ・アソゥ・シン |

| 日 | 英 | ミャンマー |
|---|---|---|
| 内径<br>*naikei* | internal [inside] diameter | အတွင်းပမာဏ<br>アトェン・パマーナ |
| 内部<br>*naibu* | inside,<br>interior,<br>inner part | အတွင်း<br>アトェン |
| ナイフスイッチ<br>*naifusuicchi* | knife switch | (ဓါးသွားနှင့် တူသော သံပြားအား သုံး၍ လျှပ်စစ်အား စီးဆင်းစေသော) ခလုပ်<br>カ・ロッ |
| 内部調整<br>*naibuchousei* | internal adjustment | အတွင်းပိုင်း ညှိနိုင်းမှု့<br>アトェンパイン・ニィナイム |
| 内部抵抗<br>*naibuteikou* | internal resistance | အတွင်းပိုင်း ခုခံမှု့<br>アトェンパイン・クカンム |

機械関連

| 日 | 英 | ミャンマー |
|---|---|---|
| 内部調査<br>*naibuchousa* | internal inspection | အတွင်းပိုင်း စုံစမ်းစစ်ဆေးမှု<br>アトェン・パイン・ソンサン・セィッセェム |
| ナット<br>*natto* | nut | နပ်<br>ナッ |
| 7速DCT<br>*nanasoku dct* | 7 speed dual clutch transmission | ဂီယာ ဂုရျက် (ပို့ဆောင်ရေး စနစ်) (ဂီယာစနစ်)<br>ギーヤ・クツニ・チェッ |
| 軟水<br>*nansui* | soft water | ရေပျော့ (ရေသွက်)<br>イェ・ピョウ |
| ナンバープレート<br>*nanbaapureeto* | license plate | (ကိုယ်ပိုင် ပိုင်ဆိုင်ခွင့်၊ လုပ်ပိုင်ခွင့်) လိုင်စင်ကပ်ပြား<br>ライン・セェン・カッピャ |
| ニードル弁<br>*niidoruben* | nozzle needle, needle valve, float needle valve, valve needle, float valve | အပ်ဖြားသုံး အဆို့ရှင်<br>アッピャァ・トゥン・アソゥシン |
| 逃がし弁<br>*nigashiben* | escape valve, release valve, relief valve | ဖွင့်ထုပ် အဆို့ရှင်<br>プェン・トゥ・アソゥシン |
| 日本工業規格（JIS）<br>*nihonkougyoukikaku(jis)* | JIS, Japanese Industrial Standards | JIS<br>ジェ・アイ・エス<br>ဂျပန်စက်မှု ပိုင်းဆိုင်ရာ စနစ်။ |
| 入出力<br>*nyuushutsuryoku* | input output | (အချက်အလက်) သွင်းထုပ် ခြင်း<br>トェン・トゥッチン |
| 入出力装置<br>*nyuushutsuryokusouchi* | input-output unit, input-output device | (အချက်အလက်) သွင်းထုပ်သည့်ကရိယာ<br>トェン・トゥッ・ティ・カリヤ |

## 機械関連

| 日 | 英 | ミャンマー |
|---|---|---|
| 入力装置<br>*nyuuryokusouchi* | input device | ဒေတာ(အချက်အလက်တင်)<br>သွင်းသည့်ကရိယာ<br>データ・トィン・ティ・カリィヤ |
| 入力端子<br>*nyuuryokutanshi* | input terminal | (အချက်အလက်တင်)<br>သွင်းသည့်အစိတ်အပိုင်း<br>トェンティ・アッセ・アッパイン |
| ネオン管<br>*neonkan* | neon tube | နီယွန်ဖန်ချောင်း<br>ニヨン・パン・ジャウン |
| (BA)ネジ<br>*(ba)neji* | BA- thread,<br>British Association thread | အင်္ဂလိပ်စနစ်မူလီ<br>インガレッ・サネッ・ムーリィ<br><br>ဗြိတိသျှအင်ပါရာ နိုင်ငံများအတွင်း<br>ပုံသေ စံထားရှိ ခေါ်ဆိုသောစနစ်မှ<br>ဝက်အူရစ်ဖြစ်ပါသည်။ |
| ネジ<br>*neji* | screw | မူလ<br>ムリィ |
| ネジ頭<br>*nejiatama* | screw head | မူလီခေါင်း<br>ムリィ・ガゥン |
| ネジ回し<br>*najimawashi* | screwdriver | မူလီလှည့်ခြင်း<br>ムリィ・レェ・チン |
| ネジ山<br>*nejiyama* | crest<br>thread | မူလီအရစ်<br>ムリィ・アッイ |
| 熱回路<br>*netsukairo* | thermal circuit | အပူစီးကြောင်း<br>アプゥ・セィ・ジャウン |
| 熱交換器<br>*netsukoukanki* | heat exchanger | အပူပြောင်းလဲခြင်း ကရိယာ<br>アプゥ・ピャウン・レェ・チン・カリィヤァ |
| 熱効率<br>*netsukouritsu* | thermal efficiency | အပူသက်ရောက်မှု<br>アプゥ・テェッ・ヤゥム |

237

## 機械関連

| 日 | 英 | ミャンマー |
|---|---|---|
| 熱消費率<br>*netsushouhiritsu* | specific heat consumption | အပူအသုံးချမှုနှုန်း<br>アプゥ・アトゥンチャ・ム・ヌオン |
| 熱消費量<br>*netsushouhiryou* | heat consumption | အပူအသုံးချမှုပမာဏ<br>アプゥ・アトン・チャム・パマーナ |
| 熱処理<br>*netsushori* | heat treatment | အပူနည်းစနစ်<br>アプゥニィ・サッニィ |
| 熱導体<br>*netsudoutai* | thermal conductor | အပူသုံး ကွန်ဒင်စာ<br>アプゥ・トォン・コン・ディン・サァ |
| 熱風<br>*neppu* | hot wind [blast], (a blast of) hot air | လေပူ<br>レェ・プゥ |
| 熱風乾燥<br>*neppukansou* | convecting drying, hot-air drying | လေပူအခြောက်ခံ<br>レェ・プゥ・アチャウ・カン |
| 熱放射<br>*netsuhousha* | thermal radiation | အပူဖြာမှု<br>アプゥ・ピャアム |
| 粘着剤<br>*nenchakuzai* | adhesive, agglutinant, pressure sensitive adhesive | (တွဲကပ်စေသောဆေး)ကော်<br>コゥ |
| 粘着性<br>*nenchakusei* | adhesiveness | တွဲကပ်သတ္တိ<br>トェ・カッタティ |
| 粘着度<br>*nenchakudo* | tack | တွဲကပ်အား<br>トェ・カッアァ |
| 粘度<br>*nendo* | coefficient of viscosity, viscosity | စေးကပ်မှု<br>セェッカッム |
| 粘土質<br>*nendoshitsu* | argillaceous | ရွှံ့ဆေး<br>ションセェ |
| 燃料<br>*nenryou* | fuel | လောင်စာဆီ<br>ラウンサァセィ |

機械関連

| 日 | 英 | ミャンマー |
|---|---|---|
| 濃度<br>*noudo* | density, thickness | သိပ်သည်းမှု<br>テェッティム |
| 能率<br>*nouritsu* | efficient | စွမ်းအားနံ<br>スアン・アァ・ノン |
| のこぎり<br>*nokogiri* | rip saw | လွ<br>ルウ |
| ノズル<br>*nozuru* | nozzle | နော်(လ) ဇယ်ခေါင်း<br>ノウゼェ・ガゥン |

## は

| パーセント<br>*paasento* | percent | ရာခိုင်နှုန်း<br>ヤーカイ・ノウン |
|---|---|---|
| ハードウェア<br>*haadowea* | hardware | ကွန်ပျူတာဆိုင်ရာစက်ကရိယာ<br>コンピューター・サィンヤ・セッカリィヤ<br><br>Application ကဲ့သို့သော ကိုင်တွယ်ထိတွေ့၍မရသော အရာများ မဟုတ်သည့်၊ မမြဲရှိ In Port Out Port ကွန်ပျူတာစက် ကဲ့သို့ရုပ်ဝတ္ထု၊ ပစ္စည်းများ |
| バーナー<br>*baanaa* | burner | ဘန်နာမီး<br>バン・ナァ・ミィ<br><br>လေထုတွင်းသို့လောင်စာအားပက်ဖြန်းကာ High Temperature ဖြင့်လောင်စေသော မီးတောက်ကိရိယာ။<br>ယူအခါ သာမာန်ဂတ်စ် မီးခြစ်မှ နေ၍ဘန်းနာမီးတောက်အဖြစ်သို့ ပြောင်းလဲနိုင်သောကရိယာများကို လွယ်ကူစွာဝယ်ယူနိုင်ပေသည်။ |

機械関連

| 日 | 英 | ミャンマー |
| --- | --- | --- |
| 煤煙<br>*baien* | smoke and soot | ပြာ (မီးခိုး)<br>ピャア<br><br>ကျောက်မီးသွေးကဲ့သို့ သော လောင်စာများလောင်ကျွမ်းမှု ကြောင့် ထွက်ပေါ်လာသော မီးခိုးငွေ့များ၊ပြာများဖုန်များကို ရည်ညွှန်းပါသည်။<br>အထူးသဖြင့် လုံးဝဟုသုံးလောင် ကျွမ်းမှုမရှိခြင်းကြောင့်ထွက် ပေါ်လာသောလေထုညစ်ညမ်း မှုထွက်ပစ္စည်းဖြစ်ပါသည်။ |
| 排気ガス<br>*haikigasu* | exhaust gas | မီးခိုး<br>ミィ・グォ<br><br>စက်ရုံ အလုပ်ရုံနှင့် မော်တော် ယာဉ်အင်ဂျင်များမှထွက်သော မီးခိုးအငွေ့အသက်များကိုရည် ညွှန်းပါသည်။<br>အထူးသဖြင့် ဒီဇယ်အင်ဂျင်များ မှထွက်သော အခိုးအငွေ့ များကို ဆိုလိုပါသည်။ |
| 排気口<br>*haikikou* | exhaust port | မီးခိုးထွက်ပေါက်<br>ミィ・ゴウ・トゥ・パウ<br><br>စားသောက်ဆိုင်များ၊ စက်ရုံ အလုပ်ရုံ ရှိလေထွက်ပေါက်ကို ဆိုလိုပါသည်။<br>အထူးသဖြင့် ပန်ကာများကို တပ်ဆင်ထားပြီး အတွင်းတွင် ရှိသောလေများကို စုပ်ထုပ်ပေ သည်။ |

機械関連

| 日 | 英 | ミャンマー |
|---|---|---|
| | | အင်ဂျင်စက်များတွင်မှ အင်ဂျင် အတွင်း လောင်ကျွမ်းပြီးသော ကာဘွန်ဒိုင်အောက်ဆိုဒ် အများ ဆုံးပါသောလေအားလွှင့်ထုပ်ရန် စီစဉ်ထားသော ထွက်ပေါက် (အဆို့)အား ရည်ညွှန်းပါသည်။ |
| 排気行程<br>*haikikoutei* | exhaust stroke | အဆင့်ဆင့် မီးခိုးထုပ် လုပ်ဆောင်မှု<br>アセン・セン ミーゴゥ・タゥ・ルォッサウンム<br><br>အင်ဂျင်အတွင်း လောင်ကျွမ်းပြီး သွားသော လေအား ပြင်ပသို့ စွန့် ပြစ်ရန်အတွက် အဆင့်ဆင့်သော လုပ်ဆောင်မှုအား ရည်ညွှန်းသည်။ |
| 排気する<br>*haikisuru* | exhaust | မီးခိုးထုပ်လွှတ်သည်<br>ミィゴゥ・タゥルウッティ |
| 排水<br>*haisui* | drain | ရေစွန်ပစ်ခြင်း<br>イェ・スォン・ピィッチン |
| 排水管<br>*haisuikan* | drain pipe | ရေစွန်ပစ်ရာပိုက်<br>イェ・スォン・ピィッヤァパイッ |
| 廃水処理<br>*haisuishori* | waste water treatment | ရေစွန်ပစ်ခြင်းလုပ်ငန်း<br>イェ・スォン・ピッチン・ルォンガン |
| 配線<br>*haisen* | wiring | ဝါယာကြိုး<br>ワヤーチョゥ(ワィンヤーチョゥ)<br><br>အဆောက်အဦးမော်တော်ယာဉ် များတွင် ဘက်ထွရီ၊ ခါတ်ခဲ၊ မီးစက် များမှ လျှပ်စစ်ဓါတ်အားကို မီးသီးကဲ့ သို့သော လျှပ်စစ်ကို အသုံးပြုသော ကရိယာများသို့ ပို့ဆောင်ရာတွင် အသုံးပြုသော ခါတ်ကြိုး။ |

機械関連

| 日 | 英 | ミャンマー |
|---|---|---|
| 配電子<br>*haidenshi* | distributor rotor, distributor arm | လျှပ်စစ်ပေးဝေ(သည့်) ကရိယာ(တိုင်)<br>ルェッセッ ペィウェ カリィヤ<br><br>လျှပ်စစ် ဝါတ်အား အလိုအလျောက် အလှည့်ကျ ပေးဝေသောကရိယာ၏ အလယ် ဗဟိုရှိ တိုင်။ |
| バイト<br>*baito* | cutting tool (bit) | (ဖြတ်စက်ဖေါက်စက်)ဆူးသွား<br>スートゥア |
| バイト(IT系)<br>*baito (it kei)*<br>情報量の単位<br>*jouhouryouno tani* | byte | ဘိုက် (ကွန်ပြူတာမဲမိုရီဆိုဒ်ယူနစ်)<br>バイッ<br><br>ကွန်ပြူတာ Circuitတွင် 0-5v ကိုအသုံးပြု၍ Signal များသည် ONနှင့် OFF သို့ မဟုတ် ၀ နှင့်၁ ကိုသာအသုံးပြုကြပါသည်။ ၎င်းကိုအခြေခံ၍ကိန်းဂဏန်း ရေတွက်နည်းမှာလည်း Binary Method ပင် ဖြစ်ပါသည်။ ဝသို့ ၁ အတွက် မှတ်သားနိုင် သော Memory တစ်နေရာစာကို 1 Bit ဟုခေါ်ဆိုပြီး 8Bitကို 1Byte ဟုသတ်မှတ်ပါသည်။<br>CD, DVD, Hard / Ram Disk အရွယ် အစားကို Byte ဖြင့် ကီလိုမေဂါသဖြင့်ဖေါ်ပြကြ ပါသည်။ |
| 倍率<br>*bairitsu* | magnification | ပုံကြီးချဲ့ခြင်း<br>ポンジーチェチン<br><br>မူလက ကော်ပီကူးစက်များတွင်သာ အသုံး ချသော ဝေါဟာရ ဖြစ်သော လည်း ယူကွန်ပြူတာခေတ်တွင် ဝါတ်ပုံနှင့် ပါတ်သက်သော Application များကြောင့် လူသိများ လာသည့် ဝေါဟာရတစ်ခု ဖြစ်ပါ သည်။ |

# 機械関連

| 日 | 英 | ミャンマー |
|---|---|---|
| 破壊<br>*hakai* | destruction | ဖျက်ဆီးပစ်ခြင်း<br>ピェセィ・ピィッチン |
| 破壊検査<br>*hakaikensa* | destructive inspection | ဖျက်ဆီးမှု စစ်ဆေးခြင်း<br>ピェセィ・ム・セィセェチン |
| 鋼<br>*hagane* | steel | သံ<br>タァン |
| 吐き出し(す)<br>*hakidashi(su)* | discharge | ရေနွေး၊<br>イェヌェ<br><br>စက်ဆီများကဲ့သို့စက်ကရိယာမှဆီထွက်ယိုစင်လာခြင်းရေဆူမှတ်ကိုကျော်လွန်သော်ကြောင့်အဖိုးအား တွန်း၍ရေနွေးငွေ့များ တွန်းထွက် လာရာတွင်လည်းအသုံးပြုပေသည်။ |
| 吐き出し圧力<br>*hakidashi atsuryoku* | discharge pressure | (စက်ကရိယာမှာတွင်းထွက်လာ သော)တွန်းအား<br>トゥンアア |
| 爆発<br>*bakuhatsu* | explosion | ပေါက်ကွဲခြင်း<br>パウ・クェ・チン<br><br>အတိုင်းအတာ တစ်ထုအား ကျော် လွန်သွားသောကြောင့်ပွင့်ထွက်ခြင်း။ |
| 波形<br>*hakei* | wave (form) | လှိုင်း<br>ルアン |
| 箱スパナ<br>*hakosupana* | box spanner | ဘောက်စပန်နာ<br>バゥ・スパンナー |
| 破砕<br>*hasai* | smashing | (ခွဲ)ဖျက်ဆီးခြင်း<br>(クェ)ピェッセィチン |
| 梯子<br>*hashigo* | ladder | (ထောက်ခွ) လှေကား<br>レェカァ |

機械関連

| 日 | 英 | ミャンマー |
|---|---|---|
| ハズミ車<br>*hazumikuruma* | flywheel | ဖလိုင်းဝီး<br>フライ・ウィー<br><br>လည်ပါတ်သောစက်ကရိယာ၏လုပ်ဆောင်းမှုအားတည်ညီမ်စွာ လုပ်ဆောင်းနိုင်စေရန် ပြင်ဆင်ထားသည့်အပိုင်း<br><br>အပ်ချုပ်စက်၏ ဘေးတွင်ရှိသော စက်ဘီးလုံးကဲ့သို့သော အစိတ်အပိုင်း ကိုခေါ် ဆိုပါသည်။ |
| バタフライ弁<br>*batafuraiben* | butterfly valve | လိပ်ပြာပုံသကန်အဆို့ရှင်<br>レッピャ・ポンタダン・アソウシン<br><br>လိပ်ပြာပုံ၊ အပ်ပုံ၊ စပရိန်၊ တွန်းခြင်း ဆို့ခြင်းနှင့် လေအဆို့ရှင်များရှိ သော်လည်း သုံးစွဲရာနေရာ၊အသုံး ပြုသော ဓါတ်ပစ္စည်း နှင့် ကုန်ကျ စရိတ်အပေါ်မူတည်၍ ကွဲပြားသွား သော်လည်းအခြေခံရည်ရွယ်ချက်မှာ ပိုက်လုံး အတွင်းစီးဆင်းနေသော အရည်၊ အခိုးအငွေ့များ၏စီးကြောင်း အား ဖွင့်ပိတ်ထိန်းချုပ် ရန်သာ ဖြစ်ပါသည်။ |
| 発火点<br>*hakkaten* | combustion point | မီးစလောင်သည့်<br>ミィ・サラウンティ<br><br>စတင်မီးလောင်ကြမ်းနိုင်သည့်<br>(နေရာ/အချက်အလက်/အပူချိန်) |
| パッキング<br>*pakkingu* | packing (gasket) | ဝါရှာ<br>ワッシャ<br><br>ယာဉ်ရပ်နားရန်နေရာ<br>イィン・ヤッナァ・ヤン・ネヤァ<br><br>လိုင်နာ |

244

## 機械関連

| 日 | 英 | ミャンマー |
|---|---|---|
| パッキン溝<br>*pakkinmizo* | packing groove | ဝါရှာလိုင်း<br>ワッシャ・ライン<br><br>ဝါရှာမြောင်းစက်ကိုယ်ထည်နှင့်တံခါးမျက်နှာပြင်တစ်ခုနှင့်တစ်ခုအကြားတွင် ကြားခံပေးသောဝါရှာ (ပတ်ကင်၊ ဂတ်စကတ်၊ လိုင်နာ) အားရွေ့ရှားသွားခြင်းမရှိစေရန်အတွက်ထွင်းထားသော မြောင်း။ |
| 発光塗料、夜光塗料<br>*hakkoutoryou*、*yakoutoryou* | luminous paint | မီးစုံ သုတ်ဆေး<br>ミィスォン・トゥセェ |
| 発信<br>*hasshin* | send | အချက်အလက် ပေးပို့ခြင်း<br>タティン・アチェアッレ・ペーポチン |
| 発信機<br>*hasshinki* | transmitter | အချက်အလက် ပေးပို့သောစက်<br>タティン・アッチェアッレ・ペーポティセッ |
| バッテリー<br>*batterii* | battery | ဘက်ထရီ<br>ベッテリィ<br><br>လျှပ်စစ်ဓါတ်အား သိုလှောင်ထား၍ အလိုရှိသည့်အခါ ပြန်လည်ထုတ်ပေးနိုင်သော ကိရိယာ/ဓါတ်အိုး။ |
| バッテリーチャージャー<br>*batteriichaajaa*<br>バッテリー充電器<br>*batteriijuudenki* | battery charger | (ဘက်ထရီဓါတ်)အားသွင်းစက်<br>アー・トゥイン・セッ<br><br>သိုလှောင်ထားသော လျှပ်စစ်ဓါတ်အားများ ကုန်ဆုံးသွားသောကြောင့် ထပ်မံ၍ ဓါတ်အားသွင်းပေးနိုင်သော ကိရိယာ။ |
| 発電機<br>*hatsudenki* | generator | မီးစက်<br>ミィッセェ |

機械関連

| 日 | 英 | ミャンマー |
|---|---|---|
| バッファー（IT系）<br>*baffaa (it kei)* | buffer | ယာယီမှတ်သားသည့်အရာ<br>ヤイィ・マッタァ・ティ・アヤァ<br><br>ဒယ်ဂျီတယ်လ် AV Product များတွင် In/Out Put အပိုင်းနှင့် CPU ကဲ့သို့ Control Processing ဦးနှောက်အပိုင်းကြားတွင် အချိန်မလောက်ငှမှ မရှိစေရန် ယာယီအားဖြင့် သတင်း အချက်အလက် Data Information များကိုမှတ် ထားနိုင်သောကိရိယာဖြစ်ပါသည်။ Bufferအား ကြီးမားစွာ သိုလှောင် ပါကVideoကဲ့သို့သောရုပ်ရှင်များကို ကြည့်သောအခါအရှိန်မပျက်တစ် ဆက်တည်းကြည့်ရှု နိုင်ပါသည်။ ကွန်ပြူတာများတွင် အများအားဖြင့် RAM DISK (MEMORY) ကို Buffer အဖြစ်Data များအား သိုလှောင် သောကြောင့် RAM DISK ၏ အရွယ် အပေါ်မူတည်၍ ဈေးအနည်း အများ ကွာခြားသည်။ |
| パドル<br>*padoru* | paddle | ခြေနင်း<br>チェ・ニン |
| バネ<br>*bane* | spring | စပရိန် (စပရင်)<br>サ・パ・レイン<br><br>ဆွဲအားကန့်အား အတွက် အသုံး ပြုသော အဆင့်ဆင့် ရစ်ထား သည့် သံမဏိအစရှိသော သတ္တုနှန်းလိမ်။ သံသတ္တု။ ရာဘာတွင်ရှိသောပြင်းတွဲ အားကို ရှိရင်းစွဲထက်ပိုင်၍အျိုးရှိစွာ အသုံး ချနိုင်အောင်ပြုလုပ်ထားသော အရာဖြစ်ပါသည်။ထို့အပြင်ပုံသဏ္ဍာန် ကိုပြောင်းလဲအောင်ပြုသော်လည်း မူလအနေအထားသို့ ပြန်လည် ရောက်ရှိနိုင်သော စွမ်းဆောင် နိုင်သည့်အရာလည်း ဖြစ်ပါသည်။ |

機械関連

| 日 | 英 | ミャンマー |
|---|---|---|
| バフ盤<br>*bafuban* | buffing machine | ကျောက်စက်<br>チャウ・セエッ<br><br>ကုန်ပစ္စည်း(အထူးသဖြင့်သံထည်များ) မျက်နှာပြင်အားအချောသပ်ရာတွင်အသုံးချသောလုပ်ငန်းသုံးစက်တစ်မျိုး ဖြစ်ပါသည်။<br>၀ါး၊ ကပ်ကြေး အစရှိသည်များကိုချွန်ထက် စေရန် သွေးသော အခါတွင်လည်း အသုံးပြုပါသည်။ |
| 速さ<br>*hayasa* | speed | အမြန်နှုန်း<br>アミャン・ヌォン |
| バラツキ<br>*baratsuki* | dispersion,<br>variation | ကွာဟချက်<br>クァ・ハ・チェッ<br><br>ရည်ရွယ်ထားသောပမာဏနှင့်ထွက်ပေါ်လာသောရလာဒ်သည် တူညီမှုမရှိသောအခါတွင် အသုံးပြုသောဝေါဟာရ ဖြစ်ပါသည်။<br>စက်မှုပိုင်းတွင်ကွာဟချက်ကိုနည်းနိုင်သမျှနည်းအောင် ပြုလုပ်နိုင်ပါက စက်အရည်အသွေးကောင်းသည်ဟုဆိုကြပါသည်။ စီးပွားရေးလုပ်ငန်းများတွင်မှု ရောင်းသူနှင့်ဝယ်သူကြားဈေးနှုန်းကွာခြားမှုရှိသောအခါတွင်လည်း အသုံးပြုကြပါသည်။ |
| 梁<br>*hari* | beam | ရက်မ(ထုပ်)<br>イェッマ |
| 針金<br>*harigane* | wire | ဝါယာသံချောင်း<br>ワイヤァ・タンチャン |

機械関連

| 日 | 英 | ミャンマー |
|---|---|---|
| 馬力<br>*bariki* | horsepower | မြင်းကောင်ရေအား<br>ミィン・カウン・イェアァ<br><br>အလုပ်စွမ်းအား ပမာဏကို ဖော်ပြ သော ယူနစ်ပမာဏ ဖြစ်ပါသည်။ အမည်နာမမှ နေ၍သိနိုင်သည့် အတိုင်း ရှေးအခါက မြင်းကိုအသုံးချ ကြသောကြောင့် မြင်းတစ်ကောင်၏ လုပ်အား ပမာဏကို (မြင်း) တစ် ကောင်အား ဟု သပ်မှတ်ပါသည်။ ယွှအခါ ပေါင်၊ ကိုက်ကို အသုံးချ သော စနစ်နှင့် မီတာကို အသုံးချ သော စနစ် တို့တွင်အသုံးချသော မြင်းကောင်ရည်အားယူနစ်များ အပြင် နိုင်ငံ တကာစနစ်(SI)တို့တွင် ဝါတ်(W)ကိုအသုံးပြု လာကြသော ကြောင့် မြင်းကောင်ရေဟူသော ယူနစ်သည်လုံးဝ အသိအမှတ် မပြု လောက်သည်အထိ မေးမိန် ပျောက် ကွယ်၍ နေပေသည်။ |
| パルス幅<br>*parusuhaba* | pulse | လိုင်းအကျယ်(အဝန်း)<br>ラィン・アチェ |
| パルスレーザー<br>*parusureezaa* | pulsed laser | လေဆာ<br>レェサァ<br><br>တိုတောင်းသော အချိန်ကာလ အတွင်း ကြိမ်ဖန်များစွာ ပိတ်လိုက် ဖွင့်လိုက်လုပ်သော လေဆာ အလင်းတန်း။ |

機械関連

| 日 | 英 | ミャンマー |
|---|---|---|
| バルブ<br>*barubu* | valve | အဆို့၊ ရှင် (အခင်)<br>アソォ・シン<br><br>ဆက်စပ် ထိမ်းချုပ်ပေးသော ကရိယာ။<br>ပိုက်လုံးအတွင်း စီးဆင်း နေသော အရည်၊ အခိုးအငွေ့ များ၏စီးကြောင်းအား ဖွင့်ပိတ် ထိန်းချုပ်ခြင်းကို ပြုလုပ် သော ကိရိယာ ဖြစ်ပါသည်။<br>See ; 弁, Valve, အဆို့ |
| パルプ<br>*parupu* | pulp | ပျော့ဖတ်<br>ピョウ・パッ<br><br>စက္ကူ၊ကဲ့သို့ ချည်မျှင် အမျိုးအစား။ |
| ハロゲン電球<br>*harogendenkyuu* | halogen lamp | ဟေလိုဂျင် မီးလုံး<br>ヘロジン・ミィロン<br><br>ဂဟေလုပ်ငန်းသုံး မီးလုံး<br>ガヘィ・ロウンガァントゥ・ミィ・ロン |
| 板金<br>*bankin* | sheet metal | သံပြား<br>タン・ピャア<br><br>သဘော်၊ ကားနှင့်စက်ပစ္စည်းများကို ဆောက်တည်ရာတွင် အသုံးပြုသော သံသတ္တုအပြားကို ခေါ် ဆိုပါသည်။ အဆင့်မြင့် ကုန်ပစ္စည်းများတွင် မည်သည့်ကုမ္ပဏီမှထုတ်လုပ်၍ မည်မျှ စွမ်းသတ္တိရှိသည့် သံပြားချပ်မှဖြတ် ထုတ်ထားသော ကုန်ကြမ်းဖြစ်သည် ကို ဖော်ပြထားသည့် အထောက် အထားများကိုသက်ဆိုင်ရာမှ တောင်းခံတတ်ပါသည်။ |

機械関連

| 日 | 英 | ミャンマー |
|---|---|---|
| 半径<br>*hankei* | radius | အချင်းဝက်<br>アチンウェッ |
| 反作用<br>*hansayou* | counteraction | တုံ့ပြန်မှု<br>トゥン・ピャンムˎ |
| 反射<br>*hansha* | reflection | ရောင်ပြန်ခြင်း<br>ヤウン・ピャンチン |
| ハンダ付け<br>*handazuke* | soldering | (ခဲ) ဂဟေ<br>(ケェ) グヘェ |
| ハンダディップ<br>*handadippu* | solder dipping | ခဲစက်ချခြင်း<br>ケェ・セッ・チャチン<br><br>ဂဟေဆော်သော ခဲအား အစက်ချခြင်း။ |
| パンチ<br>*panchi* | punch | အပေါက်ဖေါက်စက်<br>アパゥ・パゥッセェ<br><br>လက်သီးချက်<br>レッティ・チェッ |
| 判定基準<br>*hanteikijun* | criterion,<br>criteria | စံညွှန်းမှတ်ကျောက်<br>サン・ニョン・マッチャゥ |
| 半導体<br>*handoutai* | semiconductor | ဆီမီး ကွန်ဒက်တာ<br>セミィ・コンデクター<br><br>တစ်စိတ်တစ်ပိုင်း လျှပ်ကူးပစ္စည်း<br>テッセィ・テッパイン・ルェクゥ・ピッセィ |
| ハンドル<br>*handoru* | steering wheel | လက်ကိုင်<br>レェッカイ<br><br>စတီယာရင်း (လက်ငွေ) |

250

機械関連

| 日 | 英 | ミャンマー |
|---|---|---|
| バンパー<br>*banpaa* | bumper | ကားဘမ်ပါ<br>カー・バンバー<br><br>ကားခေါင်းရှေ့တွင်တပ်ထားသော သတ္တုဖရိမ်။ |
| ハンマー<br>*hanmaa* | hammer | တူ<br>トゥ |
| ビーカー<br>*biikaa* | beaker | ဘီကာ<br>ビィ・カァ<br><br>ဓါတ်ခွဲခန်း၊ စမ်းသပ်ခန်းတွင် အသုံးပြုသောပစ္စည်းဖြစ်ပါသည်။ အဝိုင်းပုံသကန်ရှိ၍ အဝကျယ်ကာ မဖိတ်မပြဲပဲ သွန်လောင်း နိုင်အောင် ဖန်တီးထားသည့် အပူဒက် ခံနိုင် စွမ်းရှိကာ မာကြောသောဖန်ခွက် တစ်မျိုး ဖြစ်ပါသည်။ |
| ピーク圧<br>*piikuatsu* | peak pressure | အမြင့်ဆုံး ဖိအား<br>アミャンソン・ピッアァ |
| ピーク値<br>*piikuchi* | peak value | အမြင့်ဆုံး တန်ဘိုး (အမှတ်)<br>アミィンソン・タンボゥ |
| ヒーター<br>*hiitaa* | heater | ဟီတာ<br>ヒータ<br><br>လျှပ်စစ်သဘောအရ ဖွင့်ဆိုရသော ခုခံမှုအပူထုပ်ကရိယာဟုခေါ်ဆောင် နိုင်ပေသည်။<br>လျှပ်စီးကြောင်း၏ အပြင်ဘက်တွင် သံ၊ နီကယ်လ်၊ ကာပွန် သို့မဟုတ် ဖန်ကြေ ကရိယာ များနှင့် ပြုလုပ် ထားပါသည်။ |

機械関連

| 日 | 英 | ミャンマー |
|---|---|---|
| ヒーター<br>*hiitaa*<br>発熱体<br>*hatsunetsutai* | heating element | ဟီတာ<br>ヒーター<br><br>လျှပ်စစ်သဘောအရွှင့်ဆိုရသော ခုခံမှုအပူထုပ်ကရိယာဟု ခေါ် ဆောင်နိုင်ပေသည်။ လျှပ်စီးကြောင်း ၏အပြင်ဘက်တွင်သံ၊နီကယ်လ်၊ ကာဗွန် သို့မဟုတ် ဖန်ကြေကရိယာ များနှင့်ပြုလုပ်ထားပါသည်။ သံထည်များသည်ကောက်ကွေးနိုင် စွမ်းရှိ၍ ပိုက်လုံးများ အတွင်း ထည့် သွင်းနိုင်ပြီးဖန်ကြေများမှာမူပလိတ် ပြား ပုံသဏ္ဍန်ရှိပြီး ဘူးများ အတွင်း သို့ ထည့်သွင်း အသုံးပြုကြပါသည်။ ကြေပြားပေါ် တွင်ကွိုင်ကြိုးအားတင် ထားသော ကွိုင်မီးဖို ကဲ့သို့သော ပစ္စည်းကိုလည်း ဟီတာဟု ခေါ်ဆို နိုင် ပါသည်။ |
| 光<br>*hikari* | light | အလင်း<br>アァリン<br><br>မျှော်လင့်ချက် ဆိုသော အဓိပ္ပါယ် နှင့်လည်း အသုံးချ ပါသည်။ |
| 引き伸ばし<br>*hikinobashi* | expansion,<br>extension | ဆွဲဆန့်ခြင်း<br>スェ・サン・チン<br><br>အချိန်၊ အခွင့်အလမ်း နှင့် အရာဝတ္ထု များအားလိုအပ်သည်ထက် ပို၍ကြာ စေခြင်း၊ ဆွဲဆန့်စေခြင်း ကိုရည် ညွှန်းပါသည်။ |
| 菱形<br>*hishigata* | diamond (shape) | စိန်ပုံ<br>セィンポン<br><br>ထောင့်ဘက်များပုံ<br>タウンベ・ミャ・ポン |

**機械関連**

| 日 | 英 | ミャンマー |
|---|---|---|
| 非常口<br>*hijouguchi* | emergency door | အရေးပေါ် တံခါးပေါက်<br>アイエ・ポゥ・タガァ・パウッ |
| 非常停止<br>*hijouteishi* | emergency stop | အရေးပေါ် စက်ရပ်ခလုပ်<br>アイエ・ポウ・セェカロウッ<br><br>ဥရောပခါCE, ISO စနစ်များနှင့် GMP စက်များတွင်Safety First ဟူသော ဆောင်ပုဒ်ဖြင့် အရေးပေါ်စက်ရပ် ခလုပ် များအား မတတ်မနေ တတ် ဆောင်ကြရပါသည်။ |
| ピストンパッキン<br>*pisutonpakkin* | piston packing | ပစ်စတွန် ပါကင်း(ပြား)<br>ピストン・パァキン(ピャ) |
| ピストン弁<br>*pisutonben* | piston valve | ပစ်စတွန် အဆို့ရှင်<br>ピストン・アソゥシン |
| ピストン棒<br>*pisutonbou* | piston rod,<br>connecting rod | ပစ်စတွန် တိုင်<br>ピストン・タィン |
| ピストンリング<br>*pisutonringu* | piston ring | ပစ်စတွန် ဝါရှာ<br>ピィンストン・ワシャァ<br><br>ပစ်စတွန်...<br>ဝါရှာ (သို့) ရင်း (သို့) ကွင်း။ |
| 左ネジ<br>*hidarineji* | left hand thread | ဘယ်ရစ်ဝက်အူလှည့်<br>ベェ・イィッ・ウェッウ・レェ |
| 火花<br>*hibana* | spark | မီးပွား<br>ミィ・プア<br><br>ဂဟေဆော်ရာမှပင်း၊ ဓါးသွေး ကျောက်စက်များမှ ထွက်လာသော မီးပွားများအား ဆိုလိုပါသည်။ |

253

機械関連

| 日 | 英 | ミャンマー |
|---|---|---|
| 備品<br>*bihin* | furniture,<br>fixtures | စက်အပိုပစ္စည်း<br>セッ・アポウ・ピィッセィ<br><br>အိမ်ထောင်ပရိဘောဂကဲ့သို့ သောပစ္စည်းများကိုရည်ညွှန်း သော်လည်းမူရင်းစကားလုံး၏ အဓိပ္ပါယ်မှာ လုပ်ငန်းခွင် အလုပ် အကိုင် ချောမွေ့စွာဖြင့်အဆင် ပြေပြေ လုပ်ကိုင်နိုင်ရန်အဆင် သင့်ပြင်ဆင် ထားသောအရာများ ကိုရည်ညွှန်းပါသည်။<br>သို့ဖြစ်၍ကုမ္ပဏီလုပ်ငန်းများနှင့် လိုက်၍ကွဲပြားနိုင်သော်လည်း ကွန်ပြူတာ ပရင်တာများကိုလည်း ရည်ညွှန်းပါသည်။ |
| 微妙<br>*bimyou* | subtle,<br>delicate,<br>fine | (မဖော်ပြနိုင်လောက်သော)<br>အနည်းငယ်<br>アネェ・ングェ<br><br>ယေဘုယျအားဖြင့် ရှင်းပြည့်နီး ပါးတူညီသော်လည်း (သို့) ကောင်း မွန်သော်လည်းအနည်းငယ်ကျသော ကွဲပြားခြင်း (သို့မဟုတ်)အပြစ်အနာ အဆာ ရှိခြင်း ကို ဖော်ပြရာတွင် အသုံး ပြုလေသည်။ |
| ヒューズ<br>*hyuuzu* | fuse | ဖြူး(စ်)<br>ピュッ<br><br>သတ်မှတ်ထားသော အတိုင်းအတာ ထက်ကြီးမားသော လျှပ်စီးမှုလျှပ်စီး ကြောင့်အတွင်း စီးဝင်မှုကို တားဆီး ခြင်း၊ အပူလွန်ကဲခြင်းနှင့်မီးလောင်မှု ကိုကာကွယ်ခြင်းကို ပြုလုပ်သည် ကရိယာ။ |

機械関連

| 日 | 英 | ミャンマー |
|---|---|---|
| 表示 *hyouji* | display, label | မျက်နှာပြင် ミェナァピィン<br><br>တံဆိပ် タッセエッ<br><br>ဖော်ပြခြင်း၊ သိသာထင်ရှား အောင်ပြုလုပ်ခြင်းကိုလည်း ရည်ညွှန်းပါသည်။ |
| 標準 *hyoujun* | standard | သာမာန် タァ・マン<br><br>စံ サン |
| 標準器 *hyoujunki* | standard device | စံနမူနာ ပစ္စည်း サンナムナァ・ピィッセイ<br><br>ယေဘူယျ လုပ်ငန်းခွင်သုံး ကရိယာ (ပစ္စည်း)<br><br>ဤနေရာတွင် လုပ်ငန်းခွင်သုံး (တူ၊ ဂွ၊ ပလာယာ၊ ဝက်အူလှည့်များကို) ရည်ညွှန်းပါသည်။ |
| 標準状態 *hyoujunjoutai* | standard condition | သာမာန် အနေအထား タァマン・アネアタァ |
| 標準偏差 *hyoujunhensa* | (S.D) standard deviation | စံချိန်မှ သွေဖီကိန်း サンチェイン・マァ・トェフィ・ケイン<br><br>ပျမ်းမျှ စံ ပမာဏမှ မည်မျှလွဲချော် နေသည်ကို ဖော်ပြသောကိန်းဂဏန်း ဖြစ်ပါသည်။ |

機械関連

| 日 | 英 | ミャンマー |
|---|---|---|
| | | ဉပမာ ။ သစ်ချောင်းများသည် ၄၀၊ ၅၀၊ ၆၀၊ ၇၀၊ ၈၀ လက်မရှိရာတွင် ၆၀ လက်မအား စံအဖြစ်သပ်မှတ်၍ <br> ၄၀ - ၆၀ = -၂၀ <br> သွေဖီကိန်း -၂၀ <br> ၅၀ - ၆၀ = -၁၀ <br> သွေဖီကိန်း -၁၀ <br> ၆၀ - ၆၀ = ၀ <br> သွေဖီကိန်း ၀ <br> ၇၀ - ၆၀ = ၁၀ <br> သွေဖီကိန်း ၁၀ <br> ၈၀ - ၆၀ = ၂၀ <br> သွေဖီကိန်း ၂၀ |
| 表示ランプ <br> *hyoujiranpu* | pilot lamp, display lamp | အချက်ပြမီး <br> アッチェピャ・ミィ |
| 氷点 <br> *hyouten* | freezing point, ice point | ရေခဲမှတ် <br> イェ・ケェ・マッ <br><br> လေဖိအား ၁ atmospheric pressure အောက်တွင် လေထု နှင့်ရေခဲက တစ်ဘက်နှင့် တစ်ဘက ကအစွန်းစုံသော အခြေအနေသို့ မျှတစွာ ရောက်ရှိနေသော အချိန်ရှိ အပူချိန်ကိုခေါ် ပါသည်။ သာမာန်ရေသန့်၏ရေခဲမှတ်သည် ၀.၀ ℃ ဖြစ်သည်။ တစ်နည်းဆိုသော ရေသည် အရည်ဝတ္ထု၊သတ္တု၊ မှ လေဝတ္ထု၊သတ္တု မှအခိုင်အခဲဝတ္ထု၊သတ္တု သို့ပြောင်းလဲ သော အပူချိန်ကို ရည်ညွှန်းပါသည်။ See ရေဆူမှတ် 沸点 |

256

機械関連

| 日 | 英 | ミャンマー |
|---|---|---|
| 表面硬化<br>*hyoumenkouka* | surface hardening | မျက်နှာပြင်မာကြောအောင်ပြုလုပ်ခြင်း<br>ミェンアーピイン マァ・チョウ・アゥン・ピュ・ロゥチン<br><br>သံပစ္စည်းရုပ်ဝတ္ထုများ၏မျက်နှာပြင်အား ရုပ်သတ္တု အရသော်၎င်း၊ ဓါတ်သတ္တုအရသော်၎င်းမာကြောတောင့်တင်း ခိုင်မာအောင်ပြုလုပ်ခြင်း ကို ရည်ညွှန်းသည်။ |
| 平型ガスケット<br>*hiragatagasuketto* | flat gasket | ဂက်စကက် အပြား<br>ガッサケッ・アピャー |
| 肥料<br>*hiryou* | fertilizer | မြေသြဇာ<br>ミェ・オウザァ |
| 頻度<br>*hindo* | frequency | အတိုင်းအတာ<br>アタィン・アタァ<br><br>အခွင့်အလမ်း<br>アクェン・アラァン<br><br>အကြောင်းအရာများသည် အဖန်ဖန်အလဲလဲ ထပ်၍ထပ်၍ ဖြစ်တတ်သော အကြိမ်။ |
| 品目<br>*hinmoku* | item | ခေါင်းစဉ်<br>ガゥンセェン<br><br>ပစ္စည်းစာရင်း<br>ピッセィ・サ・イィン |
| フォーム<br>*foomu*<br>形<br>*katachi* | form | ပုံစံ<br>ポンサン<br><br>တစ်စုံတစ်ခု၏ အချိုးတူ ပုံစံငယ်။ နမူနာပုံစံ။ သာဓက၊ ပြုယုဂ်။ ထည့်သွင်းရေးသားရန် စာရွက်မျိုး။ |

## 機械関連

| 日 | 英 | ミャンマー |
|---|---|---|
| フォーム<br>*foomu*<br>泡<br>*awa* | foam | အမြှုပ်<br>アッミョッ<br><br>လေစီပေါင်း။ |
| 負荷<br>*fuka* | load | ဒက်<br>ダン<br><br>ဝန်(အလေး)<br>ウオン<br><br>ကုန် (အလေး)<br>クォン<br><br>ဝန်ထုပ်ဝန်ပိုး<br>ウオン・トゥ・ウオンポゥ<br><br>ဆောင်ရွက်ရန်ရှိသည့်အလုပ်ကို လည်း ရည်ညွှန်းပါသည်။ လျှပ်စစ်သမားများက Fuseအား လွယ်လွယ်ကူကူ 負荷 FUKA, Resistanceဟုလည်းခေါ်တတ်ကြ ပါသည်။ |
| 深さ<br>*fukasa* | depth | (အတိမ်) အနက်<br>アッネェ<br><br>နက်နဲမှု.<br>ネッネェ・ムゥ |
| 不可能<br>*fukanou* | impossible | မဖြစ်နိုင်ခြင်း<br>マ・ピィ・ナイチン |

# 機械関連

| 日 | 英 | ミャンマー |
|---|---|---|
| 副産物<br>*fukusanbutsu* | by-product,<br>side line | အပိုထွက်ကုန်<br>アポゥ・トェ・クオン<br><br>တစ်ခုတည်းသောကုန်ကြမ်း သို့မဟုတ် တစ်ခု တည်းသော အလုပ်ခွင်အတွင်းမှ ၂ မျိုးထက် ပိုသောကုန်ပစ္စည်းက ထွက်ပေါ် လာရာတွင်စီးပွားရေးတွက်ခြေ ကိုက်မှု၊ထုပ်လုပ်မှုရည်မှန်းချက် စသည့်အချက်အလက် များအ ပေါ်မူတည်၍ လက်အောက်ခံ (အရံ)ကုန်ပစ္စည်း ဟုသပ်မှတ် ခြင်းခံရသောပစ္စည်းဖြစ်သည်။ |
| 複写機（コピー機）<br>*fukushaki (kopiiki)* | copy machine | မိတ္တူကူးစက်<br>メェトゥ・クーッセェ<br><br>ယခုအခါ အိမ်သုံးဖက်စ် များတွင်ပင် Copy Functionများပါရှိလာပြီဖြစ် လေသည်။<br>ထို့အပြင်Copyစက်များသည်လည်း Scan ကို ဖတ်နိုင်လာ ရုံသာမက၊ အင်တာနက်လိုင်းများ Wifi များနှင့် ပါဆက်သွယ်လာ နိုင်ပြီ ဖြစ်သည်။ |
| 腐食<br>*fushoku* | corrosion | ပုပ်သိုးခြင်း<br>ポゥ・トゥ・チン |
| 腐食検査<br>*fushokukensa* | corrosion test | ပုပ်သိုးမှုစစ်ဆေးခြင်း<br>ポゥ・トゥ・セッセェチン |
| 付着<br>*fuchaku* | adhesion | စေးကပ်သော<br>セェ・カットオ<br><br>ချွဲပစ်သော။ |

## 機械関連

| 日 | 英 | ミャンマー |
|---|---|---|
| 付着力 *fuchakuryoku* | adhesive force | အပိုအင်အား အပ်-အင်အာ့ ပူးတွဲကပ်ပါလာသောအင်အား။ |
| 普通 *futsuu* | normal | ယေဘုယျ イェ・ブウ・ヤ သာမာန် ター・マン အထက်ပါအမိပွယ်များအပြင်မြို့ပါတ်ရထား Local Train သို့မဟုတ် အနေးရထား၊ ဘူတာစဉ့်ရပ်ရထား ကို လည်းရည်ညွှန်း ပါသည်။ |
| フック *fukku* | hook | ချိတ် ジェッ အကျီစသည်တို့ကို ချိတ်ရသော ကရိယာ။ တွယ်ချိတ်။ အဖျားကောက်သည့် ချိတ်စရာအချောင်းအတံ။ |
| 物質 *busshitsu* | substance | ဒြပ်ပစ္စည်းသတ္တိ ダッ・ピイッセイ・タッティ |
| 沸点 *futten* | boiling point | ရေဆူမွတ် イェ・スウマッ သာမန်လေဖိအားတွင်၁၀၀ဒီဂရီစင်တီ ဂရိတ်သို့ရောက်ရှိပါကရေသည် အရည်ဒါဝ်ဝတ္ထုမှအငွေ့ဒါဝ်ဝတ္ထု |

260

機械関連

| 日 | 英 | ミャンマー |
|---|---|---|
| | | သို့ပြောင်းလဲသွားပါသည်။ ထိုကဲ့သို့ ပြောင်းလဲစဉ်တွင်ရှိသည့် အပူချိန်အားရေဆူမှတ်ဟု ခေါ်ဆို ပါသည်။ ဖူဂျီတောင်ကဲ့သို့သောတောင်ပေါ် ဒေသများတွင်ရေဆူမှတ်မှတ် သည် ၁၀၀ဒီဂရီစင်တီဂရိတ် နိမ့်ကျတတ် ပါသည်။ |
| 不透過性 *futoukasei* | impermeability | စိမ့်ဝင် မတိုးဖေါက်နိုင်ခြင်း <br> セェイン・マトゥ・パウナインチン |
| 不透明体 *futoumeitai* | opaque body | ဒိုးယိုပေါက် မမြင်ရသော ခွန္ဓာကိုယ် (အစိတ်အပိုင်း) <br> ドゥ・ヨウ・パウ・マミィンヤトォ・カンダゴウ |
| 不透明度 *futoumeido* | opacity | ဒိုးယိုပေါက် <br> ドゥ・ヨウ・パウッ <br><br> မမြင်ရခြင်းအတိုင်းအတာ <br><br> ကွယ်ဝှက်ခြင်းအတိုင်းအတာ။ <br><br> ထိုအပြင် လုပ်ငန်းဂွင်နှင့် Project ကြီးများ အတွင်းမရှင်းမလင်း သော အရာများနှင့်ပါတ်သက်၍ လည်း ရည်ညွှန်း ပြောဆိုပါသည်။ |
| 不透明(な) *futoumei(na)* | opaque | ဒိုးယိုပေါက် မမြင်ရသော <br> ドゥ・ヨウ・パウ・マミィン・ヤ・トォ <br><br> အထူအပိန်ဖြစ်သော။ |

**機械関連**

| 日 | 英 | ミャンマー |
|---|---|---|
| 部品 *buhin* | parts, accessories, components | စက်ပစ္စည်းအစိတ်အပိုင်း<br>セェッ・ピッセェ・アセィ・アパィン<br><br>ပင်မ စက်ပစ္စည်းကြီး အတွင်း ပါဝင်သော စက်ကရိယာ အပိုင်းများအားရည် ညွှန်းပါသည်။ |
| 部品管理 *buhinkanri* | parts control | Parts Control<br>パッ・コントロー<br><br>စက်ပစ္စည်း အစိတ်အပိုင်း ထိန်းသိမ်းခြင်း။ |
| 部品棚 *buhindana* | parts stand | (စက်ပစ္စည်းအစိတ်အပိုင်းသိမ်း ဆည်းရာခုံတန်း)စင်<br>セェン |
| 部品箱 *buhinbako* | parts box, accessories box, components box | အပို ပစ္စည်း သေတ္တာ<br>アポー・ピィッセィ・テッタェ<br><br>စက်ပစ္စည်းအစိတ်အပိုင်းသေတ္တာ ဝါရှာ၊ မူလမှစ၍ မိမိပြင်ဆင် အသုံး ပြုသော စက်များတွင် ပါဝင်သည့် ပစ္စည်းအစိတ်အပိုင်းများကို ထည့် ထားသော သေတ္တာ။ |
| 部品表 *buhinhyou* | parts list | အပိုပစ္စည်းစာရင်း<br>アポー・ピィッセィ・サァリン<br><br>စက်ပစ္စည်းအစိတ်အပိုင်စာရင်း<br><br>မီးသီး၊ Fuse, Filter element မှစ၍ မိမိ အသုံးပြုနေသော စက်များတွင် ပါဝင်သည့် ပစ္စည်းအစိတ်အပိုင်းများ စာရင်း။ |
| プライマー *puraimaa* | primer | ပထမဦးဆုံး<br>パタマァ・ウゥソン |

機械関連

| 日 | 英 | ミャンマー |
|---|---|---|
| ブラシ<br>*burashi* | brush | ဘရပ်(ရှ်)<br>バ・ラッ<br><br>သွား(တိုက်)ပွတ်တံသာ မက စက်ပစ္စည်းများကို တိုက်ချွတ်ဆေးကြောရန် အတွက် သံ၊ ပလပ် စတစ်၊ တိရိစ္ဆာန်အမွေး များဖြင့်ပြုလုပ်ထားတတ်ကြပါသည်။ |
| ブランド<br>*burando* | brand | ကုန်ပစ္စည်း(အမှတ်အသား)တံဆိပ်<br>クォン・ピッセィ・タンセィ<br><br>တိုးတက်သော တိုင်းပြည်များတွင် အလွန်အသုံးဝင်သော အမှတ် အသားဖြစ်ပါသည်။<br>မိမိကုန်ပစ္စည်း အမှန်ပင် ဖြစ်စေကာမူ တင်ပို့ ရောင်းချလိုသော တိုင်းပြည်တွင်သူတပါးကဆင်တူ ရိုးမှားကုန်တံဆိပ်အား ဦးစွာမှတ်ပုံ တင်ပြီးသားဖြစ်ပါတင်ပို့ရောင်း ချနိုင်ခြင်းမရသည့်Case များရှိ တတ်ပါသည်။ |
| 不良品<br>*furyouhin* | inferior goods,<br>defective products | စံချိန်မမီ ပစ္စည်း<br>サンチェィン・マミィ・ピッセィ<br><br>အရည်အသွေးမမှီသောပစ္စည်း<br>ရှေ့တွင်ဖော်ပြခဲ့သော 不合格 FUGO UKAKU ဖြစ်သော ပစ္စည်း များကို ရည်ညွှန်းပါသည်။<br>ကုန်တိုက်ကြီးများတွင် ရောင်းကုန် ပစ္စည်းအဖြစ် တန်းမဝင်သော်လည်း စက်ရုံ Outlet များအဖြစ်ဆိုင်ကြီးများ ကို ဖွင့်လှစ်ကာ အထူးလျှော့ဈေး များဖြင့် ရောင်းချတတ်ကြပါသည်။<br>တစ်ချို့သော မြို့ငယ်လေးများတွင်မူ |

263

機械関連

| 日 | 英 | ミャンマー |
|---|---|---|
| | | 「B品」BI HIN များအဖြစ်ဈေးလျှော့၍ ရောင်းတတ်ကြသလို၊ ဖွံ့ဖြိုးဆဲ နိုင်ငံများ (သို့ / မှ)သိမ်းကြုံး၍ (ပို့ /သွင်း) တတ်သည်များလည်း ရှိပါသည်။ |
| フル操業<br>*furusougyou* | full operation | အစွမ်းကုန် (မောင်းနှင်ခြင်း)<br>アスアン・クォン<br>(マウン・ニン・チン)<br><br>အားကုန် ထုပ်လုပ် (မောင်းနှင်ခြင်း)။ |
| ブレ<br>*bure* | blurring | ရွှေ့ခြင်း<br>シュエ・チン<br><br>တုံ့ခါခြင်း<br>トゥン・カァ・チン<br><br>"ကင်မရာကလုပ်သွားလို့ ဓါတ်ပုံက မှုန်ဝါးသွားတယ်။"<br>"The photo was blurred because the camera had moved slightly." |
| ブレーキ<br>*bureeki* | brake | ဘရိပ်<br>バッレェッ<br><br>Brakeဘရိပ် ဆိုသည်မှာလုပ်ရှားနေ သောအရာဝတ္ထု၏ အရှိန်ကိုလျှော့ ချစေခြင်း(သို့)ရပ်တံ့စေသော အစိတ်အပိုင်း ဖြစ်ပါသည်။ စက်ဘီး၊ မော်တော်ယာဉ်များမှ အစ မော်တာဖြင့်လည်ပါတ် သောစက် ကြီးများတွင်လည်းအရှိန်ကိုထိမ်း သိမ်းရန် အတွက် ဘရိတ် များကို တတ်ထားလေ့ ရှိပါသည်။ |

264

機械関連

| 日 | 英 | ミャンマー |
|---|---|---|
| ブレーキ帯<br>*bureekitai* | brake band | ဘရိတ်စည်း (ခါးပတ်)<br>バッレェッ・セィ |
| ブレーキ板<br>*bureekiban* | brake disk (plate) | ဘရိတ်ပြား<br>バッレェッ・ピャ |
| | | မူလက မော်တော်ဆိုင်ကယ်ကဲ့သို့ သော အရှိန်ပြင်းသောယာဉ်များတွင် သာ အသုံးပြုကြ သော်လည်း ယခု အခါ မော်တော်ယာဉ် အများအပြား တွင် သုံးစွဲ၍ လာကြပေသည်။ ဘီးဖြင့်အတူ လားရားတူ လည်နေ သောသံပြားအားညှပ်၍ ဖမ်းသော ဘရိတ်စနစ်တစ်ခုဖြစ်၍ယင်းသံပြား အား ဘရိတ်ပြား ဟုခေါ် ဆိုပါသည်။ |
| ブレーキ片<br>*bureekihen* | brake shoe<br>(brake shoes) | ဘရိတ်ရှူး<br>バッレェッ・シュー |
| ブレーキシュー<br>*bureekishuu* | | ဘရိတ်ပြားတွင် မူလီ (သို့) ကော်ဖြင့် တပ်ဆင်ထားပြီး ရာဘာ၊ သစ်သား ဖိုင်ဘာပြား အစသဖြင့်အပူချိန်ကိုခံ နိုင်သောအရာဝတ္ထုပင်ဖြစ်ပါသည်။ |
| フローチャート<br>*furoochaato* | flowchart | စီးကြောင်း(ပြပုံ)<br>セィ・チョン(ピャ・ポン) |
| フロントグリル<br>*furontoguriru* | front grill | ကားရဲ့<br>カー・シェー<br><br>ရှေ့ပိုင်း ဆန်ခါ။ |
| フロントグリルデザイン<br>*furontogurirudezain* | front grill design | ကားရဲ့ ပုံစံ<br>カー・シェー・ポンサン<br><br>ရှေ့ပိုင်း ဆန်ခါ ပုံစံ။ |

機械関連

| 日 | 英 | ミャンマー |
|---|---|---|
| フロントサスペンション<br>*furontosasupenshon* | front suspension | ရှေ့(ဘက်) အောက်ပိုင်း<br>シェッベ・アゥパイン |
| フロントシート<br>*furontoshiito* | front seat | ရှေ့ထိုင်ခုံ<br>シェッ・タィンゴン |
| フロントタイヤ<br>*furontotaiya* | front tire | ရှေ့ဘီး<br>シェッ・ベイン |
| フロントバンパー<br>*furontobanpaa* | front bumper | ရှေ့ဘန်ဘာ<br>シェッ・バンバー |
| フロントフェンダー<br>*furontofendaa* | front fender | ကားရှေ့ ဘီးဖုံး အပေါ်ပိုင်းရှိ ဘော်ဒီ<br>カーシェッ・ベインボン・アポゥシッ・ボーティ |
| フロント周り<br>*furontomawari* | the front surroundings | ကားရှေ့ပိုင်း ပါတ်ဝန်းကျင်<br>カーシェパイン・パッウィンチン |
| フロントミドシップレイアウト<br>*furontomidoshippureiauto* | front middle layout | ကားအလည်ပိုင်းတွင်ရှိသော အင်ဂျင်<br>カー・アレェ・パイン・トゥン・シ・トォ・エンジン<br><br>ကားအလည်ပိုင်း အရှေ့ဘက် ကျကျနေရာတွင် တတ်ဆင် ထားသောအင်ဂျင်။ |
| 分解<br>*bunkai* | disassembling | (စက်အပိုင်းပိုင်း)ခွဲထုတ်ခြင်း<br>クェ・トゥ・チン<br><br>See 分離 BUNRI Separation<br>ဖြုတ်ထုတ်ခြင်း။ |
| 分解図<br>*bunkaizu* | deal drawing<br>exploded view | (စက်အပိုင်းပိုင်းခွဲထုတ်ထားသော)<br>ပုံ<br>ポン<br><br>စက်ကရိယာများကို ဖြုတ်တတ် ပြုပြင်ရာတွင် မရှိမဖြစ်သော ပုံပင် ဖြစ်ပါသည်။ |

機械関連

| 日 | 英 | ミャンマー |
|---|---|---|
| 分解整備<br>*bunkaiseibi* | overhaul | အိုဗာဟော<br>オーバー・ホウ<br><br>စက်အပိုင်းပိုင်းခွဲထုတ်၍ စစ်ဆေးပြုပြင်ခြင်း။ |
| 分散<br>*bunsan* | variance | အကွဲကွဲအပြားပြားဖြစ်ခြင်း<br>アクェクェ・アピャアピャ・ピィッチン |
| 分析<br>*bunseki* | analysis | ခွဲစိတ်(ဖြာ)ခြင်း<br>クェセェッチン<br><br>ဝေဖန်သုံးသပ်ခြင်း။ |
| 分析機<br>*bunsekiki* | analyzer | ခွဲစိတ်ဖြာသောစက်<br>クェッセイ・ピャトゥ・セッ<br><br>အထူးသဖြင့်ဓါတ်ခွဲခန်းများတွင်မူလ ပစ္စည်းတွင် ပါဝင်မှု ရှိသော ဓါတ် ပစ္စည်းအမျိုးအစား၊ အချိုးအစား စွမ်းအားသတ္တိ များကိုရှာဖွေစမ်း သပ်သောစက်။ |
| 分析結果<br>*bunsekikekka* | result of analysis | ခွဲစိတ်ဖြာမှုအဖြေ<br>クェセイッ・ピャ・ム・アピェ<br><br>အထက်ပါ (ခွဲစိတ်ဖြာသောစက်) ဖြင့်ရှာဖွေရာမှ ထွက်ပေါ် လာသော ရလာဒ်။ |
| 分布<br>*bunpu* | distribution | ခွဲဝေခြင်း<br>クェ・ウェ・チン<br><br>အင်ဂျင်စက်အတွင်း အသုံးပြုသော လောင်စာဆီ၊စက်ဆီများကိုသက် မှတ်ထားသောပမာဏအတိုင်းအချိုး ခြဲခွဲဝေခြင်း။<br>လျှပ်စစ် circuitများတွင်လျှပ်စစ်ပီး ကြောင်းအားခွဲဝေပေးခြင်းလည်း အကျုံးဝင်ပါသည်။ |

**機械関連**

| 日 | 英 | ミャンマー |
|---|---|---|
| 分離<br>*bunri* | separation | ဖြုတ်ထုတ်ခြင်း<br>ピョッ・トゥッ・チン<br><br>ယေဘုယျအားဖြင့် (စက်အပိုင်း ပိုင်းခွဲထုတ်ခြင်း) နှင့် အဝိပွဲယ် တူညီသော်လည်း အပိုင်းလိုက် ခွဲထုတ်ရာတွင် ပို၍အသုံးချ ပါသည်။ အင်ဂျင်နှင့်ဂီယာအုံအားသပ်သပ်စီ ခွဲထုတ်ရာတွင်(ဖြုတ်ထုတ်ခြင်း 分離) ဟု အသုံးများပြီးဂီယာအုံ ထဲ မှပင်နီယံ၊ မူလီ၊ နပ် များကို တစ်စစီ ခွဲထုတ်ခြင်းကို (စက်အပိုင်းပိုင်းခွဲ ထုပ်ခြင်း 分解) ဟုသုံးကြပါသည်။ |
| 分離器<br>*bunriki* | separator | ခွဲထုတ်စက်<br>クェ・トゥ・セェ<br><br>အမှုန့်၊ အရည်၊ ဆီများကို အမျိုးတူ ဓါတ်ပစ္စည်းများ အဖြစ် ခွဲထုတ်နိုင် သောစက်ကို ခေါ် ဆိုပါသည်။ Medical, Laboratory များတွင် အလယ်ဗဟိုချက် ဆွဲငင်အား၊ တွန်းထုပ်အား Centrifugal force (centripetal force)ကိုအသုံးချ သော စက်များရှိပါသော်လည်း အကျုမြဲ၊ ဓါတ်ခွဲခန်းတွင်လည်း အသုံးချကြသောကြောင့် ပြည်ပသို့ တင်ပို့ ရောင်းချရာတွင်သက်ဆိုင်ရာ မှ ထောက်ခံချက်များကိုကြိုတင်၍ တောင်းခံ ထားရန် လိုအပ်ပါသည်။ |
| 分立<br>*bunritsu* | separation,<br>independence | ခွဲထွက်ခြင်း<br>クェ・トゥ・チン<br><br>တသီးတခြားဖြစ်ခြင်း။<br><br>See 分離 BUNRI, Separation, ဖြုတ်ထုတ်ခြင်း။ |

機械関連

| 日 | 英 | ミャンマー |
|---|---|---|
| 分量<br>*bunryou* | quantity | ပမာဏ<br>パ・マーナ<br><br>အရည်အတွက်၊ အလေးချိန်များ<br>ကိုလည်း ရည်ညွှန်း ပါသည်။ |
| 分類<br>*bunrui* | classification | အဆင့်ခွဲခြားခြင်း<br>アセェン・クェ・チャーチン |
| ベアリング、荷重支持<br>*bearingu、kajuushiji* | bearing | ဘယ်အာရင်း<br>ベアリン<br><br>ဆုံလည်အပိုင်းကိုထောက်ခံ<br>သည့်စက်၏ အစိတ်အပိုင်း။ |
| 平角<br>*heikaku* | straight angle | အဖြောင့်ထောင့်<br>アピョン・ダウンッ<br><br>အဖြောင့်ထောင့် စပရိမ်။ |
| 平均<br>*heikin* | average | ပျမ်းမျှ<br>ピャンミャア |
| 平均誤差<br>*heikingosa* | average error | ပျမ်းမျှ ကွာဟချက်(အမှား)<br>ピャンミャ・クァハッチェ |
| 平均値<br>*heikinchi* | average value | ပျမ်းမျှ ဂဏန်း<br>ピャンミャ・ガナン |
| 平行<br>*heikou* | parallel | ပြိုင်နေခြင်း<br>ピャイン・ネェ・チン |
| 平行線<br>*heikousen* | parallel line | မျဉ်းပြိုင်<br>ミィン・ピャイン |
| 平行ネジ<br>*heikouneji* | parallel screw<br>(thread) | မျဉ်းပြိုင် နပ်<br>ミィン・ピャイン・ッナァ |

機械関連

| 日 | 英 | ミャンマー |
|---|---|---|
| 閉鎖<br>*heisa* | closed | ပိတ်ခြင်း<br>ペッチン<br><br>အပိတ်<br>アッペィ |
| 閉鎖型<br>*heisagata* | closed type | အပိတ်ပုံစံ<br>アッペィ・ポンサン |
| 平坦<br>*heitan* | flat | အပြား<br>アピャア |
| ベース<br>*beesu* | base | အခြေခံ<br>アチェ・カン<br><br>မူလ၊ ပင်ရင်း၊ အရင်းခံ။<br><br>ရောနှောပစ္စည်းတွင် အဓိက ပါဝင်<br>သည့် ဖြစ်ဝထ္ထု။ |
| ベルト<br>*beruto* | belt | ခါးပတ်<br>カァ・パッ<br><br>ကြိုးပါတ်။<br><br>ပန်ကာကြိုး။<br><br>ချည်နှောင်တုပ်ပတ်ရန်၊<br>သွယ်တန်းရန်၊ ရှည်လျှားသောအရာ။ |
| ベルトコンベヤ<br>*berutokonbeya* | belt conveyor | ကွန်ဘယ်ယာခါးပတ်<br>コンベヤ・カァパッ<br><br>အထူးသဖြင့်စာတိုက်၊လေဆိပ်<br>စသည့် နေရာများတွင် တွေ့ရှိနိုင်<br>သော ကွန်ဘယ်ယာ ခါးပတ်ဖြစ်<br>ပါသည်။ထိုအပြင်သာမာန်သူများ<br>တွေ့ ရခဲသော စက်ရုံ၊ဆေးရုံများ<br>တွင်လည်း ပုံသဏ္ဍန် အမျိုးမျိုး<br>သာကွန်ဘယ်ယာခါးပတ် များရှိ<br>ပါသည်။ |

機械関連

| 日 | 英 | ミャンマー |
|---|---|---|
| ヘルメット<br>*herumetto* | helmet | Helmet<br>ヘェラメッ<br><br>ဦးထုပ် (အသက်ကယ် ခမောက်)<br>ウゥ・トゥ<br><br>အန္တရာယ်များသော လုပ်ငန်းခွင်၊ မော်တော်ဆိုင်ကယ်၊ ကားပြိုင်ပွဲ များတွင် အသုံးပြုသောဖိုင်ဘာ ဦးထုပ်။ |
| 弁<br>*ben* | valve | အဆို့<br>アソォ<br>See ; バルブ, Valve, အဆို့, ရှင် |
| 変圧<br>*henatsu* | transformation | (ဓါတ်) ဗို့အားပြောင်းခြင်း<br>ボッアァ・ピャウンチン |
| 変圧器<br>*henatsuki* | transformer | (ဓါတ်) ဗို့အားပြောင်း ကရိယာ<br>ボッアァ・ピャウン・カリァヤァ |
| 変換器<br>*henkanki* | converter | လျှပ်စီးကြောင်းပြောင်း ကရိယာ<br>ルェッセィチョン・ピョン・カリィヤ<br><br>ကွန်ဘတ်တာ<br>コンバッター |
| ペンキ、塗料<br>*penki, toryou* | paint | သုတ်ဆေး<br>トゥッセェ |
| 変色<br>*henshoku* | change of color | အရောင်ပြောင်းခြင်း<br>アヤウン・ピャウンチン<br><br>စက်ပစ္စည်းများသည် မူလရှိရင်းစွဲ အရောင်မှတစ်ခြားသောအရောင်သို့ ပြောင်းလဲသွားခြင်းကို ရည်ညွှန်းပါ သည်။ |

機械関連

| 日 | 英 | ミャンマー |
|---|---|---|
| 変調<br>*henchou* | modulation | လိုင်းညှိခြင်း<br>ライン・ニィ・チン<br><br>ညှိစက်အချက်ပြ (အသံလိုင်း) အား လွယ်ကူစွာ လွှင့်ထုပ်နိုင်ရန် ကြိမ်နှုန်း/လိုင်းနှုန်းများတွင်ညှို၍ တင်ပေးခြင်း။ ဥပမာ AM / FM အသံလိုင်းအား သဘာဝအတိုင်း အဝေးဆီသို့ လွှင့်ထုပ်ရန် မှာ ခက်ခဲသော လည်း ရေဒီယိုလိုင်း Radia Wave လျှပ်စစ်သံလိုက်လိုင်း Electromagnetic Wave များပေါ်တွင်တင်ဆောင် ပေးခြင်းဖြင့် (Signalအားအသံလိုင်း ဖြင့်ညှိပေး ခြင်းဖြင့်) အဝေးသို့ ပို့ဆောင်ပေးနိုင်သည်။ |
| 弁バネ<br>*benbane* | valve spring | စပရိန်အဆို့<br>サ・パ・レイン・アッツゥ<br><br>စပရိန်၏ အားကို အသုံးချ၍ ပိုက် လိုင်းအတွင်းမှအရည် / လေ များ၏ စီးဆင်းမှုကို ထိမ်းချုပ်သောအဆို့ ရှင်။<br>ရှေးယခင်က အသုံးများသော်လည်း ယခုအခါ ပိုမို၍ သာလွန်ကောင်း မွန်သော စျေးနှုန်းသက်သာသော အဆို့ရှင်များ ပေါ်ပေါက်လာသော ကြောင့်စပရိန်အဆို့ အားအသုံးနည်း လာကြလေသည်။ |

機械関連

| 日 | 英 | ミャンマー |
|---|---|---|
| ボイラー<br>*boiraa* | (steam) boiler | ဘွိုင်လာ<br>ボイラ<br><br>ဖွဲ၊ ရေနံဆီ၊ မီးသွေးနှင့် ဓါတ်ဆီ အစရှိသော လောင်စာများကို အသုံးပြုသော ဘွိုင်လာများအပြင် လျှပ်စစ်ဓါတ်၊ အကာမြှုပ်ဓါတ် နှင့် နေရောင်ခြည်ဓါတ်ကို အသုံးပြုသော ဘွိုင်လာလည်း ရှိပါသည်။ ဘွိုင်လာဆိုသည်မှာရေနွေးငွေ့အားကို အသုံးချရန်အတွက်ရေကိုကျို ချက်သည့် အလုံပိတ်သံဒယ်အိုးကြီး ဖြစ်ပါသည်။ |
| 防火材料<br>*boukazairyou* | fire proof material | မီးဒဏ်ခံနိုင်သောကုန်ကြမ်း<br>ミィダン・カンナイトゥ・クォンジャン<br><br>(မီးလောင်ကျွမ်းခြင်း မရှိသည့် ကျောက်ဂွမ်းဖြင့် ပြုလုပ်ထားသော) မီးခံပြား ကဲ့သို့သော ပစ္စည်းကို ဆိုလိုပါသည်။ |
| 方向<br>*houkou* | direction | ဦးတည်ဘက်<br>ウウ・ティ・ベッエ |
| 防止<br>*boushi* | prevention | ကာကွယ်ခြင်း<br>カァ・クェ・チン<br><br>ရောဂါပိုးမွှား၊ မတော်တစ်ဆထိခိုက်မှု နှင့် သံချေး တက်ခြင်းပုတ်သိုးခြင်း များမှ ကာကွယ်ခြင်း ကိုရည်ညွှန်း ပါသည်။<br>နိုင်ငံအား စစ်ရေးအရ ကာကွယ်ခြင်း ကို 防衛 BOUEIဟုခေါ် ဆိုပါသည်။ |

機械関連

| 日 | 英 | ミャンマー |
|---|---|---|
| 方式<br>*houshiki* | formula | ညီမျှခြင်း<br>ニィ・ミャ・チン |
| 放射<br>*housha* | radiation | ရေဒီယို ဓါတ်ကြခြင်း<br>レディオ・ダッ・チュアチン<br><br>ခွဲစိတ်ဖြာ၍ ထွက်ခြင်း။ |
| 放射能<br>*houshanou* | radioactivity | ရေဒီယို ဓါတ်ကြစွမ်းအား<br>レディオ・ダッ・チュア・アァ |
| 防水<br>*bousui* | water proof | ရေစိမ်ခံ<br>ィレェ・セイン・カン<br><br>ရေလုံခံ ပစ္စည်း။ |
| 防水加工<br>*bousuikakou* | water proof finish | ရေစိမ်ခံ(နိုင်ရန်ပြင်ဆင်ထားသော)<br>ィエ・セイン・カン<br><br>ပစ္စည်းမျက်နှာပြင်သို့ ရေမစိုစေရန် စီစဉ်ထားခြင်း။ |
| 防錆<br>*bousei* | rust proof | သံချေးမတက်သော<br>タン・チェ・マテェッ・トォ<br><br>ရေ၊ လေ တို့ဖြင့်ထိတွေ့သော လည်းသံပစ္စည်းမျက်နှာပြင် ပေါ်တွင်အညစ်အကြေး မဖြစ် ပေါ်ခြင်း။ |
| 防錆剤<br>*bouseizai* | anti-rust agent | သံချေးမတက်ဆေး<br>タン・チェ・マテェッ・セェ<br><br>ရေ၊ လေ တို့ဖြင့်ထိတွေ့သော လည်း သံပစ္စည်းမျက်နှာပြင် ပေါ်တွင် အညစ်အကြေး မဖြစ် စေသောဆေး။ |

# 機械関連

| 日 | 英 | ミャンマー |
|---|---|---|
| 包装<br>*housou* | pack | အထုပ်အပိုး (ထုပ်ပိုးခြင်း)<br>アトゥ・アポウ |
| 防氷剤<br>*bouhyouzai* | anti-icing agent | မခဲစေ(သော)ဆေး<br>マケェ・セェ |
| 防腐剤<br>*boufuzai* | antiseptic | မပုပ်သိုးစေ(သော)ဆေး<br>マポウ・トゥ・セェ |
| ボール弁<br>*booruben* | ball valve | ဘောလ်အဆို့ရှင်<br>ポー・アソゥ・シン<br><br>ပိုက်လိုင်း (အဆို့) ထဲတွင် ဘောလ်ပုံစံ အခင်အားထည့်သွင်းထားသည် အဆို့ရှင်။ |
| 保管<br>*hokan* | save,<br>keep,<br>storage,<br>preservation | သိုလှောင်ခြင်း<br>トゥ・ルオン・チン<br><br>ထိန်းသိမ်းစောင့်ရှောက်ခြင်း။ |
| 保管料<br>*hokanryou* | storage fee | ထိန်းသိမ်းစောင့်ရှောက်ခ<br>ディン・テェン・サウン・シャゥ・カ |
| 保守<br>*hoshu* | maintenance | ပြင်ဆင်ခြင်း<br>ピィン・セィン・チン<br><br>ထိန်းသိမ်းမှု<br>テェン・ティン・ム |
| 補正<br>*hosei* | revision,<br>correction | ပြင်ဆင်သပ်မှတ်ခြင်း<br>ピィンセェン・タッマッチン |
| ボタン<br>*botan* | button | ခလုတ်<br>カルッ<br><br>လျှပ်စစ် စက်ယန္တရားများကို ထိန်းချုပ်သော ကရိယာ။<br><br>ထက်အောက်၊ ဘယ်ညာပြောင်း၍ဖွင့်ပိတ်လုပ်ရသောခလုတ်အား Switch ဟုရည်ညွှန်းပါသည်။ |

275

**機械関連**

| 日 | 英 | ミャンマー |
|---|---|---|
| ボルト<br>*boruto* | bolt | မင်းတုန်း<br>ミントゥン<br><br>မူလီ<br>ムーリィ<br><br>တံခါးချက်<br><br>ဒူးလေးသုံးမြား။<br><br>လျှပ်စီး၊လျှပ်ရောင်။<br><br>အထည်အလိပ်။ |
| ボルト頭<br>*borutoatama* | bolt head | မူလီခေါင်း<br>ムーリィ・ガウン<br><br>မူလီထိပ်တွင် လှည့်တတ်ရသော အရာ။ |
| ボルト軸部<br>*borutojikubu* | shank | မူလီအရစ်<br>ムーリィ・アリッツ<br><br>မူလီချောင်းပေါ်တွင်ရှိသော လမ်းကြောင်း။ |
| ポンプ<br>*ponpu* | pump | ပန့်<br>パンツ<br><br>တွန်းစက်(သို့မဟုတ်) ပိုစက် ပြင်ပမှ စွမ်းအင် အထောက် အပန်းအား ရယူ၍ အရည်ဝတ္ထုအား အဆက်မပြတ် စွမ်းအင်အား (တွန်းအား/စုတ်အား) ဆက်တိုက်ပေးနိုင် သောကရိယာ။ |

機械関連

| 日 | 英 | ミャンマー |
|---|---|---|

## ま

| 日 | 英 | ミャンマー |
|---|---|---|
| マイクロコンピューター<br>*maikurokonpyuutaa* | micro computer | မိုက်ခရို ကွန်ပြူတာ<br>マイクロ・コンピューター |
| マウント<br>*maunto* | mount | ဝင်ပေါက်<br>ウィン・パウッ<br><br>ကွန်ပြူတာနှင့် ဆက်သွယ်လျှက် ရှိသော ပစ္စည်းများအား OS မှ လက်ခံအသုံးပြုလာနိုင်ရန် ပြု လုပ်ပေးသော ကရိယာ။ |
| 曲がり管<br>*magarikan* | curved pipe, siphon | ပိုက်ကွေး<br>パイッ・クェ |
| 曲げ<br>*mage* | curve | အကွေး<br>アクェ |
| 曲げ試験<br>*mageshiken* | bending test | အကောက်အကွေး စစ်ဆေးမှု．<br>ア・カウ・ア・クェ　セッセェ・ム |
| マスキング<br>*masukingu* | masking | ဖုံးအုပ်ထားသော ခြုပ်<br>プォン・オッ・タァトゥ・ドラッ |
| マスターシリンダ<br>*masutaashirinda* | master cylinder | (ဘရိတ်ဆီဘူး) ပင်မဆလင်ဒါ<br>ピンマ・サレィンダァ<br><br>ဘရိတ်ခြေနင်းတံအား နင်းလိုက် ရာတွင် အရည်ဖိအားအဖြစ်ပြောင်း လဲစေပြီး ကားဘီးရှိဆလင်ဒါများ သို့ အရည်ဖိအား အား ပို့ဆောင် ပေးသော ကရိယာ။ |
| マスターデータ<br>*masutaadeeta* | master data | မူရင်း (အဓိက) ဒေတာ<br>(အချက်အလက်)<br>ムゥリン・テータ |

277

機械関連

| 日 | 英 | ミャンマー |
|---|---|---|
| マフラー<br>*mafuraa* | muffler | မာဖရာ (အင်ဂျင်အသံတိတ်ကရိယာ)<br>マフラァ<br><br>မော်တော်ကား၊ မော်တော်ဆိုင်ကယ် များရှိ မီးခိုးမှုတ်ထုပ်သံကိုသေးငယ် စေသော ကရိယာ။ |
| マルチグレードオイル<br>*maruchigureedooiru* | multi-grade oil | စက်ဆီအမျိုးမျိုး<br>セッセィ・アミョウミョウ<br><br>သာမာန်အသုံးများသော အင်ဂျင် ဝိုင်မှာ 00W-00 (ဥပမာ 10W-30) ကဲ့သို့ ဖော်ပြလေ့ရှိပါသည်။ 00W တန်ဘိုးက နည်းပါက အင် ဂျင်မပူသေးသော်လည်း စက် ကောင်းစွာ လုပ်လှုပ်နိုင်သည် ဟု ယေယျအားဖြင့် သပ်မှတ် ကြလေသည်။ |
| マルチフューエルエンジン<br>*maruchifyuueruenjin* | multi fuel engine | (အမျိုးမျိုးသော စက်ဆီအား အသုံးပြုနိုင်သည်.) အင်ဂျင်<br>エンジン |
| マルチプラグ<br>*maruchipuragu* | multi-gap plug | (အင်ဂျင်တွင်း မီးပွားပေးသော) ပလတ်<br>パラッ |
| 丸ネジ<br>*maruneji* | round screw,<br>round thread,<br>knuckle screw thread,<br>round screw thread,<br>knuckle thread | မူလီအဝိုင်း<br>ムリィ・アワイン |

機械関連

| 日 | 英 | ミャンマー |
|---|---|---|
| 磨き<br>*migaki* | polish,<br>rub up (silver spoons),<br>burnish,<br>grind | တိုက်ချွတ်ခြင်း<br>タイチョッチン |
| 右ネジ<br>*migineji* | right-hand thread | ညာရစ်မှုလီ<br>ニャアリッ・ムリィ |
| 水電池<br>*mizudenchi* | water battery | ရေဓါတ်ခဲ<br>イェ・ダッケイ<br><br>ရေနှင့်တွေ့ထိပါက လျှပ်စစ်ဓါတ် ထွက်ပေါ်သော ဓါတ်ခဲဖြစ်သည်။ ကြာရှည်ထိမ်းသိမ်းထားနိုင်၍ သဘာဝဘေးအန္တရာယ် ကြုံတွေ့ စဉ်အသုံးပြုနိုင်ရုံသာမက ဘေးဖြစ် စေသော ဓါတုပစ္စည်းများ မထွက် သောကြောင့် ပတ်ဝန်းကျင် ထိမ်း သိမ်းရေး အတွက်ကောင်းသော ဓါတ်ခဲဟု လက်ခံထားကြပေသည်။ |
| 水噴射<br>*mizufunsha* | water injection | ရေထိုးသွင်းစက်<br>イェ・トゥトィンセッ |
| 密度<br>*mitsudo* | density,<br>consistency | သိပ်သည်းမှု့<br>テェティーム |
| 見本市<br>*mihonichi* | exhibition | ပြပွဲ<br>ピャプェ |
| 無負荷<br>*mufuka* | open circuit voltage,<br>no load | ဝန်မရှိသော<br>ウォンマシトオ<br><br>လျှပ်စစ်ခလုပ်တွင် သွယ်ထား သော ဓါတ်ကြိုးမှလျှပ်စစ်စီးဆင်း ကာ လျှပ်စစ်မီးလုံးကမီးလင်း နေလျှင်ဝန်ရှိနေသည်ဟု သဘ မှတ်လေသည်။ |

機械関連

| 日 | 英 | ミャンマー |
|---|---|---|
| | | အကယ်၍လျှပ်စစ်ခလုပ်အား ပိတ်ထားပါက ယင်းကိုဝန်မရှိ သော လျှပ်စီးကြောင်းဟု ခေါ် ဆို ပေသည်။ |
| メインボディー<br>*meinbodii* | main body | ပင်မဘော်ဒီ<br>ピンマ・ボディ |
| メタノールエンジン<br>*metanooruenjin* | methanol engine | (မက်သော်လောင်စာသုံး)<br>အင်ဂျင်<br>エンジン |
| メタノール燃料<br>*metanoorunenryou* | methanol - fuel | မက်သော်လောင်စာ<br>メットゥ・ラウサァ |
| メタリックカラー<br>*metarikkukaraa* | metallic color | မက်တယ်လစ် အရောင်<br>メッティリッ　アヤゥン |
| メッキ<br>*mekki* | plating, gilding | အရည်စိမ်<br>アイェ・セイン |
| メネジ<br>*meneji* | female screw, internal thread, nut thread | မူလီ (အမ)<br>ムリィ(ア・マ) |
| メモリー<br>*memorii* | memory | မှတ်အား<br>マッアァ |
| 目盛<br>*memori* | scale | စကေး<br>スェケェ<br><br>ပေတံပေါ်ရှိအစိတ်။ |
| 綿<br>*men* | cotton | ချည်<br>チィ |
| 面積<br>*menseki* | area | ဧရိယာ<br>エリヤァ |
| メンテナンス<br>*mentenansu* | maintenance | ကြ့ံနိုင်ရေး (ပြုပြင်မှု)<br>チャンカイン・イェ |

機械関連

| 日 | 英 | ミャンマー |
|---|---|---|
| メンテナンスフリーバッテリー<br>*mentenasufuriibatterii* | maintenance free battery | ဘက်ထရီ အခြောက်<br>ベッテリ・アチャゥ<br><br>ကြို့ခိုင်ရေး (ပြုပြင်မှု,) မလို<br>အပ်သော ဘက်ထရီ။<br><br>ဘက်ထရီ အခြောက်မျိုးကိုဆိုလို<br>ပါသည်။ |
| モータアンテナ<br>*mootaantena* | motor antenna, power antenna | (မော်တာ) အင်တန်နာ<br>アンテンナ |
| モータオクタン価<br>*mootaokutanka* | motor octane number | လောင်စာဆီ နံပါတ်<br>ラウン・サァセィ・ナンパッ |
| モータサイクル<br>*mootasaikuru* | motorcycle | မော်တော်ဆိုင်ကယ်<br>モゥトゥ・サインケェ |
| 木ネジ<br>*mokuneji* | wood screws | သစ်သားမူလီ<br>テェタァ・ムリィ |
| 漏れ<br>*more* | leakage, escape, omission | စိမ့်ယိုမှု<br>セェンヨゥム |
| モンキーレンチ<br>*monkiirenchi* | monkey wrench | ဂကန်းလက်မဝ<br>ガナン・レッマ・グア |

## や

| 焼入コイル<br>*yakiirekoiru* | inductor | အင်ဒက်တာ<br>インデッタァ<br><br>သတ္တုပစ္စည်းအား မီးလောင်<br>စေခြင်း<br><br>ကြီးမားသောလျှပ်စစ်အားအသုံး<br>ပြု၍ သံသတ္တုပစ္စည်းအား မီး |

## 機械関連

| 日 | 英 | ミャンマー |
|---|---|---|
| | | လောင်ကျွမ်းစေသော အပူသုံး နည်းစနစ်တစ်မျိုးဖြစ်ပါသည်။ အဓိကရည်ရွယ်ချက်မှာ မီးအပူပေး လောင်ကျွမ်းစေခြင်းဖြင့် မာကျောလာအောင် ပြုလုပ်ခြင်း ပင်ဖြစ်သည်။ |
| 焼入性<br>*yakiiresei* | hardenability | မာစေခြင်း<br>マア・セェ・チン<br><br>သတ္တုပစ္စည်းအား မီးလောင်စေခြင်း ဖြင့် မာကျောစေခြင်းအတိုင်းအတာ မီးလောင်ကျွမ်းစေခြင်းဖြင့်သံသတ္တု က မာကျောသွားနိုင်သောအရည်အ သွေး။ |
| 焼戻し<br>*yakimodoshi* | tempering | (သတ္တုပစ္စည်းအား) ပျော့ပြောင်း စေခြင်း<br>ピョウ・ピャウン・セェ・チン<br><br>မီးလောင်ကျွမ်းစေခြင်းဖြင့် မာကျော သွားသော သတ္တုအားပျော့ပြောင်း သွားစေလို့ပြုလုပ်သောတစ်ခြား သောအပူသုံးနည်း စနစ်တစ်မျိုး ဖြစ်သည်။ |
| 薬学<br>*yakugaku* | pharmacology,<br>pharmacy,<br>pharmaceutics | ဆေးပညာ<br>セェ・ピイン・ニャ |
| 薬品<br>*yakuhin* | chemical,<br>medicine | ဆေးပစ္စည်း<br>セェ・ピィッセィ |

## 機械関連

| 日 | 英 | ミャンマー |
|---|---|---|
| 薬品処理<br>*yakuhinshori* | chemical treatment, chemical processing | ဓာတ်ပစ္စည်း နည်းစနစ်<br>ダア・ピィッセィ　ニィサニッ<br><br>ဓာတ်ပစ္စည်းများအား အသုံးပြုရာတွင်ဖြစ်စေ၊ စွန့်ပြစ်ရာတွင် ဖြစ်စေလိုက်နာ ကျင့်သုံးအပ်သည့် နည်းစနစ်ကို ရည်ညွှန်း ပါသည်။ |
| 焼け<br>*yake* | burn, burned spot, despair, desperation | မီးလောင်(ပြာကျ)<br>ミィラウン |
| ヤシ油<br>*yashiyu* | coconut oil | အုန်းဆီ<br>オウン・セィ |
| 矢印<br>*yajirushi* | arrow | မျှား<br>ミャア |
| 油圧<br>*yuatsu* | oil pressure, hydraulic pressure | ဆီအား<br>セィアァ<br><br>ရှေးယခင်ကမော်တော်ကားရေဆေးဆီထိုး Lift များတွင် အသုံးပြုတတ်ကြပါသည်။<br>အားကောင်းသော်လည်း နှေးကွေးသောကြောင့်လူသုံး ဓာတ်လှေကားများတွင် အသုံးနည်းပါသည်။ |
| 油圧駆動<br>*yuatsukudou* | hydraulic drive | ဆီအားသုံး စက်မောင်းဝံ<br>セィアァトゥン・マウンタン |
| 油圧指示器<br>*yuatsushijiki* | oil pressure indicator | ဆီအားသုံး အချက်ပြ ကရိယာ<br>セィアァトゥン・アチェッピャ・カリィヤ |
| 油圧シリンダ弁<br>*yuatsushirindaben* | oil cylinder valve | ဆီအားသုံး ဆီလင်ဒါ အဆို့ရှင်<br>セィアァトゥン・サリンダ・アソーシン |

機械関連

| 日 | 英 | ミャンマー |
|---|---|---|
| 油圧制御装置 *yuatsuseigyosouchi* | hydraulic control unit | ဆီအားသုံး ထိမ်းချုပ်မှု ကရိယာ<br>セィアァトゥン・ティンッチョム・カリィヤ |
| 油圧バルブリフタ *yuatsubaruburifuta* | hydraulic valve liefer | ဆီအားသုံး ဗါတ်လေ့ကား<br>セェアァトゥン・ダッレェカァ |
| 油圧ポンプ *yuatsuponpu* | hydraulic pump | ဆီအားသုံး ပန့်<br>セェアァトン・パン |
| 油圧モータ *yuatsumoota* | hydraulic motor | ဆီအားသုံး မော်တာ<br>セェアァトゥン・モータ |
| 有鉛ガソリン *yuuengasorin* | leaded gasoline | ခဲသတ္တုပါဝင်သော ဓါတ်ဆီ<br>ケェッタティ・パアウィントゥ・ダッセィ |
| 有機物 *yuukibutsu* | organic compounds | လောင်ကြမ်းပစ္စည်း<br>ラウン・チュアン・ピィッセィ<br><br>သက်ရှိသတ္တဝါ အပါအဝင် ကာဗွန် ဓါတ်သတ္တုက ပါဝင်သော ခြင်ရှိပ် ဝတ္ထုများ။<br>အလွယ်တစ်ကူ ဥပမာပေးပါက မီးလောင်ကြမ်း နိုင်သော ပစ္စည်း။ |
| 有限 *yuugen* | limited | ပုဂ္ဂလိက<br>ポガリィカ<br><br>သတ်မှတ်ချက်ရှိသော |
| U字管 *u jikan* | U tube | ယူပုံစံပိုက်<br>ユー・ポウンサン・パイッ |
| 遊星ギア *yuuseigia* | planetary gear | (ကြယ်တာရာ လည်ပါတ်မှု့ဆိုင်ရာ စက်ဝိုင်း) ဂီယာ<br>ギア<br><br>(ကြယ်တာရာ လမ်းကြောင်း)။ |

284

機械関連

| 日 | 英 | ミャンマー |
|---|---|---|
| 遊星歯車機構<br>*yuuseihagurumakikou* | planetary gear mechanism | (ကြယ်တာရာ လည်ပါတ်မှု့ဆိုင်ရာ စက်ဝိုင်းဖွဲ့စည်းပုံကဲ့သို့) ဂီယာ ဂီယာ<br><br>ကြယ်တာရာများကမိမိစက်ဝန်းပေါ် တွင် လည် ပါတ် နေရာမှ နေလမ်း ကြောင်းအား တစ်ပါတ် ပါတ်စေ သောလုပ်ရှားမှု ကဲ့သို့သောဂီယာ။ |
| 融点<br>*yuuten* | melting point, fusing point | အရည်ပျော်မှတ်<br>アイェ・ピョウマッ |
| 誘導電動機<br>*yuudoudendouki* | induction motor | လျှပ်စစ်မော်တာ<br>リャッセェ・モータ<br><br>A/C(alternating current) လျှပ်စစ် ကို စီးဆင်းစေပါက လည် ပါတ်သောမော်တာ အမျိုးအစားတစ် ခုပင် ဖြစ်လေသည်။ |
| 油田<br>*yuden* | oil field | ရေနံတွင်း<br>イェナン・トィン |
| 油面計<br>*yumenkei* | oil level gauge | ဆီ(မျက်နှာပြင်)ဂိတ်<br>セィ・ゲイッ |
| 油量計<br>*yuryoukei* | oil gauge | ဆီဂိတ်<br>セィ・ゲイッ |
| 予圧<br>*yoatsu* | pre-load | အပိုအလုပ်<br>アポゥ・アロッ<br><br>အပို(ဖိ)အား |
| 要因<br>*youin* | factor, primary factor, main cause. | (တစ်စုံတစ်ခုကိုဖြစ်ပွားစေသော အချက်အလက်) အကြောင်း အရာ<br>アチョウン・アヤァ |

285

機械関連

| 日 | 英 | ミャンマー |
|---|---|---|
| 溶解<br>*youkai* | dissolution, solution, dissolving, fusion | ပျော်ဝင်(စေ)ခြင်း<br>ピョウ・ウィン・チン<br><br>ပေါင်းစပ်ခြင်း<br>パウン・サッチン |
| 溶解度<br>*youkaido* | solubility, state or quality of being soluble | အရည်ပျော်စေခြင်း<br>アイェ・ピョウセェ・チン |
| 溶解炉<br>*youkairo* | melting furnace | ဖရောင်းပျော်ရည်<br>パヤウン・ピョウイェ |
| 要求<br>*youkyuu* | requirement | တောင်းဆိုခြင်း<br>タウン・ソウ・チン |
| 要求オクタン価<br>*youkyuu okutanka* | octane number requirement | လိုအပ်သော (တောင်းဆိုသော) အော်တိန်း(ဓါတ်ဆီ) နံပါတ်<br>ローアットォ・オーティン・ナンパッ<br><br>တစ်ချို့သော စက်ပစ္စည်း အင်ဂျင်အချို့သည်သပ်မှတ်ထား သော အင်ဂျင်လည်ပါတ်မှုအရည်အသွေးပြည့်စုံစေရန်အတွက် ဓါတ်ဆီ စွမ်းအား (အော်တိန်းနံပါတ်အား) အား သပ်မှတ်ထား တတ်ပါသည်။ အကယ်၍ သပ်မှတ်ထားသော လောင်စာ ဓါတ်ဆီအား အသုံးမပြုပါက အင်ဂျင်စွမ်းအားကျဆင်းရုံ သာမက အင်ဂျင်စက်အား ပျက်စေ နိုင်ပါသည်။ |
| 溶剤<br>*youzai* | solvent | အဖျော်ပစ္စည်း<br>アピョウ・ピィッセィ<br><br>ဖျော်ဝင်ပေါင်းစပ်ထားသော အရည် တစ်ခုတွင် ပျော်ဝင်ပစ္စည်း မဟုတ် သည့် အရည်။ |

機械関連

| 日 | 英 | ミャンマー |
|---|---|---|
| 溶質 *youshitsu* | solute | ပျော်ဝင်ပစ္စည်း ピョゥウィン・ピィッセイ<br><br>ဖျော်ရည်အားပြုလုပ်ရာတွင်ပျော်ဝင်စေလိုသော ပစ္စည်း (လေ၊ အရည်၊ အဆိုင်အခဲ)စသည်တို့အား ဆိုလိုပါသည်။ |
| 溶接 *yousetsu* | welding | ဂဟေဆော်ခြင်း ガヘェ・ソォチン |
| 溶接金属 *yousetsukinzoku* | weld metal | ဂဟေဆော်ပစ္စည်း ガヘェ・ソゥ ピィッセイ |
| 溶接ビード *yousetsubiido* | welding bead, weld bead | ဂဟေသား (အသားပို) ガヘィ・タァ<br><br>ဂဟေဆက်ရာတွင် ပိုထွက်လာသည့် သံသတ္တုအပိုစုကို ဆိုလိုပါသည်။ |
| 溶着 *youchaku* | deposition, adhesion | သစ်စေးပြုလုပ်ခြင်း テェッセェ・ピュロゥチン<br><br>သစ်စေး(အစေး)များအား ပူးတွဲစေ ကပ်စေသော နည်းစနစ် တမျိုး ဖြစ်ပေသည်။ |
| 要点 *youten* | main point | အဓိက အချက် アディカ・アチェッ |
| 用品 *youhin* | accessory | အပိုပစ္စည်း アポゥ・ピィッセイ<br><br>တွဲသုံးပစ္စည်းအဆင်တန်ဆာပင်မ စက်ကိရိယာဖြင့် တွဲသုံးသောပစ္စည်း ဥပမာ ကွန်ပြူတာအတွက်နားကျပ်၊ စပီကာ နှင့် မိုက်ကရိုဖုန်း အစရှိသည်များကို ရည်ညွှန်းပါသည်။ |

機械関連

| 日 | 英 | ミャンマー |
|---|---|---|
| ヨーク<br>*yooku*<br>※継鉄(変圧器、電磁石、継電器その他装置用)<br>*keitetsu(henatsuki,denjishaku, keidenki sonotasouchiyou)* | yoke | ယုတ်<br>ヨッ<br><br>လျှပ်စစ်အကျယ်ချဲ့, မှန်ဘီလူးရှိသံလိုက်မှန်ဘီလူး၏ အစိတ်အပိုင်းတစ်ခု(လှည်း) ထန်းပိုး။ |
| ヨーレイト<br>*yooreito* | yaw rate | အရှိန်ပြောင်းလည်းခြင်း<br>アシェン・ピャンレェチン<br><br>လားရာပြောင်းလဲလိုက်သော (ကွေ့လိုက်သော)ယာဉ်၏ ကွေ့လိုသော ဘက်ရှိ လည်ပါတ်မှု, ဗဟိုချက်ကို ပြောင်းလည်း စေသော အရှိန်။ |
| 予熱<br>*yonetsu* | warm up | အပို(ဆောင်း) အပူရှိန်<br>アポウ・アプウ・チェィン |
| 余熱式ヒーター<br>*yonetsushikihiitaa* | preheater | အပို(ဆောင်း) အပူပေးစက်<br>アポウ・アプウ・ペェセェッ |
| 予備<br>*yobi* | spare,<br>reserve | အပို(ဆောင်း) ပစ္စည်း<br>アポウ・ピィッセィ |
| 予備品<br>*yobihin* | spare parts | အပိုပစ္စည်း<br>アポウ・ピィッセィ |
| 予備部品<br>*yobibuhin* | spare parts | အပိုစက်ပစ္စည်း<br>アポウ・セッ・ピィッセィ |
| 予防<br>*yobou* | preventive,<br>prevention,<br>precaution,<br>protection | ကာကွယ်မှု,<br>カァクェ・ム |
| 四サイクル機関<br>*yonsaikurukikan* | four stroke cycle engine | လေး(ချက်)လုံးထိုး အင်ဂျင်<br>レェ(ッチェ)ロン・トゥ・エンジン |
| 4WDモデル<br>*yonwd moderu* | 4WD model | လေးဘီးယက်ကား<br>レーベイン・イェッ・カー |

機械関連

| 日 | 英 | ミャンマー |
|---|---|---|
| 四輪車(自動車)<br>*yonrinsha (jidousha)* | 4 wheel vehicle | လေးဘီးရက် ယာဉ်<br>レェ・ベイン・イェッ |

## ら

| 日 | 英 | ミャンマー |
|---|---|---|
| ライン油圧<br>*rainyuatsu* | line pressure | ဟိုက်ဒရောလစ်လိုင်း<br>ハイドロウッリ・ライン |
| ラジアルタイヤ<br>*rajiarutaiya* | radial tire | ရေဒီယာ တိုင်ယာ<br>イェディヤ・タイヤァ<br><br>တိုင်ယာ အမျိုးအစား တစ်မျိုးဖြစ်ပါသည်။<br>တိုင်ယာမျက်နှာပြင်၏ ကွေးနိုင်၊ ကောက်နိုင် (stiffness)ခြင်းများ ပိုမိုကောင်းနိုင်ရန် အတွက် ဘိုင်အ(စ်)biasထက် ပျော့ပြောင်း သောရော်ဘာများကိုသုံးနိုင်ပါသည်။ |
| ラジエーター<br>*rajieetaa* | radiator | ရေတိုင်ကီ<br>イェ・タイン・キー<br><br>ရေဒီအေတာ (ရေအေးပေးစက်) မီးပေါက်ကွဲမှုများကြောင့် ပူလောင်နေသော (မော်တော်ကား)အင်ဂျင် အား အပူချိန်ကျဆင်းရန် အသုံးပြု သောရေအား အအေးခံ ရာတွင်အသုံးပြုသော ကရိယာ။<br>အအေးလွန်ကဲ တိုင်းပြည်များမှ ထုပ်လုပ်သော(မော်တော်ကား) အင်ဂျင်များတွင်မူ ရေဖြင့် အအေးခံစနစ် အား အသုံးမပြုပဲလေကို အသုံးချ၍ အအေးခံသော စနစ်ကို အသုံးပြုကြ တတ်သည်။ |

機械関連

| 日 | 英 | ミャンマー |
|---|---|---|
| ラチェットレンチ<br>*rachettorenchi* | ratchet wrench | စွ<br>グァ<br><br>ဘို့၊ နပ်ခေါင်းများအား လျှင်မြန်စွာ လျှော့တင်းနိုင်သော စွ။<br>See Wrench (レンチ) |
| ラッカー<br>*rakkaa* | lacquer | ချိတ်ဆေး<br>チェッセェ<br><br>ယွန်းဆေး<br>ユゥンセィ<br><br>ကျောက်ကာထည်၊ ယွန်းကာထည် ပုံမှန်အားဖြင့် အရောင်မရှိ (သို့မဟုတ်) ဆိုးဆေးအရောင် အတိုင်း ရှိနေတတ်သည့် သုပ်ဆေးတစ်မျိုး ဖြစ်ပါသည်။ အခြောက်ခံပြီးပါက မာကြောလာပြီးပွတ်တိုက်ပေးပါ က ပို၍ပို၍ ပြောင်လက်လာသော သတ္တုရှိသောသုပ်ဆေးဖြစ်သည်။ |
| ラッカーエナメル<br>*rakkaaenameru* | lacquer enamel | ချိတ်ဆေး<br>チェッセェ<br><br>ယွန်းဆေး<br>ユゥンセィ<br><br>ကျောက်ကာထည်၊ ယွန်းကာထည်။ |
| ラック<br>*rakku* | rack | စင်<br>セェン<br><br>သာမာန်အားဖြင့် စင်၊ တန်း၊ ခုံ စသည်တို့ကို ရည်ညွှန်း ပါသည်။ IT ဆိုင်ရာဘာသာရပ်တွင်ကား |

| 日 | 英 | ミャンマー |
|---|---|---|
| | | ရိုးရိုးတန်းတန်း စင့် ပြောလိုက်ပါက သတင်းအချက်အလက်သိုလှောင် ရာဌာနများတွင် Server များ Transmitter များကို တင်ထား သည့် အရာကိုရည်ညွှန်းကြပါသည်။ |
| ラベル<br>*raberu* | label | လေဘယ်<br>レェ・ベェ<br><br>အမှတ်အသား တံဆိပ်<br>(စက္ကူ॥ကတ်ပြား)။ |
| ラミネート<br>*ramineeto* | laminate | ကော်ပြား<br>コウ・ピャア<br><br>ဖလင်ပြား သာမာန်အားဖြင့် စက္ကူ၊ ပေါ်တွင် ဖလင်အကြည်ပြား အား ကပ်သည့် အဓိပ္ပယ်ရပါသည်။ ပါးလွှာသော (သတ္တုပြား၊ စက္ကူ၊ နှင့် ဖလင်) များကို ကပ်၍ အလွှာအချပ် များ ပြုလုပ်ခြင်းကိုရည်ညွှန်းပါ သည်။ |
| ラム<br>*ramu* | ram | ရာမ်<br>ラン<br><br>အချည်ဖောက်ထားသော အချို့ခါတ် ကြိုကဲ့သို့သော သစ်သီးဝလံမှ အချို့ ခါတ်ကိုအချည်ဖောက်အရက်ပြန်စေ ထားသော အရည်။ |
| リアエンジン<br>*riaenjin* | rear engine | နောက်ခန်းအင်ဂျင်<br>ナゥカン・インジン |
| リアドライブ<br>*riadoraibu* | rear (engine) type | နောက်ဘီးရက်<br>ナゥ・ベイン・イェッ |

## 機械関連

| 日 | 英 | ミャンマー |
|---|---|---|
| リアルタイム<br>*riarutaimu* | real time | တစ်ချိန်တည်း<br>タッチェィン・テェ<br><br>အချိန်မှန် (လက်တွေ့အချိန်) ကွန်ပြူတာ သို့မဟုတ် စက်ကရိယာများတွင် နောက်မှ မဟုတ်ပဲ တစ်ချိန်တည်း ဆောင်ရွက်မှု၊ လုပ်ဆောင်ခြင်းကို ရည်ညွှန်းပေသည်။ |
| リークテスター<br>*riikutesutaa* | leak tester | စိမ့်ယိုထွက်မှု ကို စစ်ဆေးသည် ကရိယာ<br>セィン・ヨゥ・トェッムコ・セィセェ・ティ・カリヤ<br><br>တက်စတာ<br>テスター<br><br>အသုံးပြုသောစက်အမျိုးအစားပေါ် မူတည်၍ စိမ့်ယိုထွက်သောလေ၊ လေဖိအား၊အောက်ဆီဂျင်၊ လျှပ်စစ် စီးအားနှင့် စက်ဆီ၊ဓါတ်ငွေ့ စသဖြင့် အမျိုးမျိုး အားတိုင်းသော ကရိယာ။ |
| リードタイム<br>*riidotaimu* | lead time | လီ(ဒ်)တိုင်း<br>リッ・タィン<br><br>ပုံစံရေးဆွဲရာမှစ၍ ကုန်ပစ္စည်း ပြီးစီးသည်အထိ ကြာမြင့်သော အချိန်။<br>အထူးသဖြင့် ရက်ပိုင်းကာလဖြင့် ဖော်ပြပေသည်။ တိုယိုတာကား ကုမ္ပဏီမှ စတင် သုံးစွဲသော ဝေါဟာရဟု လည်းဆိုကြပါသည်။ |

機械関連

| 日 | 英 | ミャンマー |
|---|---|---|
| リードバルブ<br>*riidobarubu* | reed valve | အဆို့ရှင်<br>アソーシン<br><br>တစ်လမ်းသွား အဆို့ရှင် တစ်မျိုး ခံနိုင်ရည်ရှိသောသံပြားတစ်ဘက်ကို အသေထားကာ တစ်ခြား တစ်ဘက် ကိုသာ ဖွင့်ပိတ်စေသောအဆို့ဖြစ် ပါသည်။ |
| 力学<br>*rikigaku*<br>動力学<br>*douryokugaku* | dynamics,<br>mechanics | ဒိုင်းနမစ်<br>ダイナミッ<br><br>လုပ်ရှားမှုနှင့်အင်အားဆိုင်ရာ ပြဿနာ။ |
| 力率<br>*rikiritsu* | power factor | အားသက်ရောက်မှု့<br>アァ・テェ・ラウム |
| リコール<br>*rikooru* | recall | (ပြုပြင်ရန်)ပြန်လည်ခေါ် ယူသည်<br>ピャンレェ・コウ・ユ・ティ<br><br>ရီကော်<br>リィ・コウ<br><br>မော်တော်ကားကဲ့သို့ တန်ဘိုးကြီး အန္တရာယ်များသော ကုန်ပစ္စည်း များတွင် ချို့ယွင်းချက်များ ရှိပါက စက်ရုံ (သို့)အရောင်းကိုယ်စားလှယ် ဆိုင်ဆီသို့ ပြန်လာ၍ ပစ္စည်းလဲ လှဲစေခြင်းကိုဆိုလိုသည်။ |
| リターンポート<br>*ritaanpooto*<br>もどし穴<br>*modoshiana* | return port | (ဘရိတ်အုံ၊ ပစ်စတွန်များရှိ ဘရိတ် ဆီက ပြန်လည် ဝင်ရောက်လာရာ)<br>အပေါက်<br>アッパウ |

機械関連

| 日 | 英 | ミャンマー |
|---|---|---|
| リベッター<br>*ribettaa* | riveter | သံမိုရိုက် ကရိယာ<br>タンモゥ・ヤイッ・カリヤ<br><br>သံပြားတွင် ပေါက်ဖေါက် သံမိုရိုက် ခြင်း ပြုလုပ်သော ကရိယာ။ |
| リベット<br>*ribetto* | rivet | သံမို<br>タンモゥ |
| 粒度<br>*ryuudo* | grain size,<br>particle size | (ကျောက်) အဆိုင်အခဲ အတုံး<br>アサィン・アケェ・アトン |
| 流動<br>*ryuudou* | flow | စီးဆင်းခြင်း<br>セィ・セイン・チン |
| 流動方向<br>*ryuudouhoukou* | flow direction | စီးဆင်းလားရာ<br>シィ・セィン・ラァヤァ |
| 流量計<br>*ryuuryoukei* | flow meter | စီးဆင်းမှုအားကို တိုင်းတာသော ကရိယာ<br>セィセェム・アァコ・タィンタァトゥ・カリア |
| 流量センサ<br>*ryuuryousensa* | flow sensor | စီးဆင်းမှုအား စောင့်ကြည့်သော ကရိယာ<br>セィセェム・アァ・サゥンチトゥ・カリヤ |
| 流量調整弁<br>*ryuuryouchouseiben* | flow regulating valve | စီးဆင်းမှုအားကို ထိမ်းသိမ်း လျှော့ချသော ကရိယာ<br>セィセェム・アァコ・ディンティン・ショゥチャトゥ・カリヤ |
| 良品<br>*ryouhin* | quality item,<br>product,<br>non defective | ရောင်းကုန်ပစ္စည်း<br>ヤゥンクォン・ピッセイ<br><br>တိုက်ရိုက်ဘာသာပြန်ပါက ကောင်း သော ပစ္စည်းဟု အဓိပ္ပယ်ရသော် လည်း၊ စက်ရုံများတွင်မူ အရည် အသွေး အဆင့်အတန်း မှီသော ကြောင့် ရောင်းကုန်ပစ္စည်း ဟူသော အဓိပ္ပယ်ဖြင့် အသုံးပြု ပေသည်။ |

# 機械関連

| 日 | 英 | ミャンマー |
|---|---|---|
| リレー<br>*riree* | relay | ရီလေး<br>リィレェ |
| 理論収量<br>*rironshuuryou* | theoretical yield | ထွက်နံ<br>トェッ・ノウン |
| リングギア<br>*ringugia* | ring gear | (ကားအင်ဂျင်များတွင် အသုံးများသော) စက်ဝိုင်း ဂီယာ<br>セッェワイン・ギャァ |
| 類<br>*rui* | class | အမျိုးအစား<br>アミョウ・アサァ |
| レイアウト<br>*reiauto* | lay out | ပုံကြမ်း<br>ポンジャン<br><br>အဆင်အပြင် ပုံနေပုံထား |
| 冷却効果<br>*reikyakukouka* | cooling effect | အအေးခံစနစ် အကျိုးသက်ရောက်မှု<br>アエェカン・サニッ・アチョウ・テェッヤゥ・ム |
| 冷却水（ポンプ）<br>*reikyakusui (ponpu)* | cooling water (pump) | အအေးခံ ရေ (တွန်းအားစက်)<br>アエェカン・イェ |
| 冷却装置<br>*reikyakusouchi* | cooling system, cooling unit | လေအေးပေးစနစ်<br>レェ・エェペェ・サッニィ<br><br>လေအေးပေးစက်<br>レェ・エェペェ　ッセェ |
| 冷却損失<br>*reikyakusonshitsu* | cooling loss | အအေးခံစနစ် အကျိုးဆုံးရှုံးမှု<br>アエェカン・サニッ・アチョウ・スォンシュオンム |
| 冷却ファン<br>*reikyakufan* | cooling fan | (လေအေးပေး)ပန်ကာ<br>パンカー |
| 冷却方式（冷却方法）<br>*reikyakuhoushiki (reikyakuhouhou)* | cooling method | လေအေးပေးစနစ်<br>レェ・エェペェ・サッニィ |

機械関連

| 日 | 英 | ミャンマー |
|---|---|---|
| 冷却油<br>*reikyakuyu* | oil coolant | အအေးခံ ဆီ<br>アエェカン・セィ |
| レークテスト<br>*reekutesuto*<br>漏れテスト<br>*moretesuto* | leakage test | စိမ့်ယိုထွက်မှု စစ်ဆေးခြင်း<br>セイン・ヨゥ・トェッム・セッセェ・チン<br><br>See<br>リークテスター Leak Tester<br>စိမ့်ယိုထွက်မှု စစ်ဆေးကရိယာ။ |
| レーサー<br>*reesaa* | racer | ပြိုင်(ကား)<br>ピャンイン（カァ）<br><br>အမြန်မောင်း(ကား)။ |
| レーザー<br>*reezaa* | laser | လေဆာအလင်းတန်း<br>レェサァ・アリンタン<br><br>မည်သည့် အကွာဝေးအထိမဆို ဖြောင့်တန်းစွာ သွားသော အချက်ပြအလင်းတန်းအဖြစ် အသိများသည်။အင်္ဂလိပ်စာကားလုံး Light Amplification by Stimulated Emission of Radiation မှလာသော ဝေါဟာရ ဖြစ်ပါသည်။ အဏုကာယ်ကင်းစွာဖြင့် အသုံးချနိုင်သောလေဆာရောင်ခြည်အား နိုင်ငံတကာအဖွဲ့အစည်းမှ အဆင့်၄ ဆင့်ခွဲခြား သပ်မှတ်ထား ပါသည်။ အဆင့်၃ကိုကျော်လွန်ပါက လူသားအတွက်အန္တရာယ်ရှိနိုင်ပြီး အဆင့်၄ကို ကျော်လွန်ပါက ရောင်ခြည်နှင့် ထိတွေ့သောပစ္စည်းသည်မီးလောင်နိုင်သည်အထိအန္တရာယ် ကြီးမားပါသည်။ Laser hair removal, Laser Printer, Laser Pointer, Laser Wepons အစသဖြင့်လေဆာ ရောင်ခြည်ကို အသုံးချသောပစ္စည်း မြောက်မြားစွာရှိသည်။ |

機械関連

| 日 | 英 | ミャンマー |
|---|---|---|
| レーザー加工機 *reezaakakouki* | laser beam machine | လေဆာ (ရောင်ခြည် ထုပ်လွှတ်သော) စက် レェサァ・セッ |
| レーザー処理 *reezaashori* | laser treatment | လေဆာဖြင့် ကုသမှု レェサァ・ピィン・クタム |
| レーザービーム *reezaabiimu* | laser beam | လေဆာရောင်ခြည် レェサァ・ヤウンチィ |
| レース *reesu* | lace | ချည် チィ |
| レギュレータ *regyureeta* | regulator | ရယ်ဂူရေတာ レ・グ・レェ・タァ |
| | | ဗို့အားသွင်း ထိမ်းချုပ်ကရိယာ။ ထွက်ရှိနေသော လျှပ်စစ်ဗို့အား နှင့် လျှပ်စစ်စီးအားကိုသပ်မှတ်ထား သော အတိုင်းအတာတစ်ခုအတွက် အစဉ်အမြဲ ရှိနေစေရန် ထိမ်းချုပ် နိုင်သောElectronic Curcuit တစ်မျိုး။ |
| | | အားပြည့်နေသော ဘက်ထရီအား အဆက်အပြတ်ဗို့အားသွင်းပါက ဘက်ထရီ သက်တန်းအားတိုစေပါ သည်။ ထို့ကြောင့်ဘက်ထရီဗို့ အားကိုစောင့်ကြည့်လျက်လျှပ်စစ် စီးအား အား ဖြတ်တောက်ရန်အသုံး ချတတ်ကြပါသည်။ ဗို့အားဝန် အလေး အပေါ်၌ အပေါ်မူတည်၍ Linear Regulator နှင့် Switching Regulatorဟု၍ ၂မျိုး ၂စားရှိသည်။ |

機械関連

| 日 | 英 | ミャンマー |
|---|---|---|
| レシーバ<br>*reshiiba* | receiver | ရက်စီဘာ<br>レッセイ・バア<br><br>အသံလိုင်း လက်ခံပစ္စည်း (သို့)<br>ကြိုးမဲ့စကားပြောခွက်။ |
| レジスター<br>*rejisutaa* | register | မှတ်တမ်း<br>マッタン<br><br>မှော်ကွန်း<br>モゥコン<br><br>မှတ်ပုံကွန်ပြူတာအတွင်းရှိ ကိန်း ဂဏန်း၊ အခြေအနေများကိုမှတ်သား ထားနိုင်သောကရိယာ။<br>လျှင်မြန်စွာ လုပ်လျှားတွက်ချက် နိုင် သော်လည်းပမာဏမှာ မူကား သေး ငယ် လှပေသည်။ မှတ်သားလုပ် ဆောင်ချက်ပေါ် မူတည်၍ Register အမျိုးမျိုး ရှိပါသည်။ |
| レジン<br>*rejin*<br>樹脂<br>*jushi* | resin | သစ်စေး<br>テェ・セェ<br><br>အင်တွဲ<br>イントェ<br><br>ထင်းရှူးဆီ<br>ティンユウ・セイ<br><br>အထူးသဖြင့် စက်မှုလုပ်ငန်းများတွင် နမူနာ ဒီဇိုင်းများထုတ်ရာ တွင်လည်း ကောင်း၊ သွားများကိုပြုပြင်ရာတွင် လည်းကောင်း အသုံးပြုပါသည်။ ကုန်ပစ္စည်း အနည်းငယ်ကိုသာ ထုပ်လုပ်သောလုပ်ငန်းများအတွက် အထူးအသုံးကြသောနည်းတစ်ခုဖြစ် ပါသည်။ |

機械関連

| 日 | 英 | ミャンマー |
|---|---|---|
| レバー<br>*rebaa*<br>てこ<br>*teko* | lever | လီဗာ<br>リィバァ<br><br>မာကြောသော တုတ်ချောင်းကဲ့သို့ သော ပစ္စည်းဖြင့်၊ ကြီးမား သော အရာအား သေးငယ်သော အင်အားဖြင့် ရွေ့လျှားစေနိုင်ခြင်း။<br>သို့တည်းမဟုတ် သေးငယ်သော လုပ်လျှားမှုမှကြီးမားသောလုပ်လျှား မှုသို့ ပြောင်းလဲ စေနိုင်သော အရာ။ |
| 連成計<br>*renseikei* | compound gauge | (အပေါင်းအနတ်ပါရှိသော) ဂိတ်<br>ゲッ |
| 連続運転<br>*renzokuunten* | continuous operation, continuous running | တောက်လျှောက် မောင်းနှင်ခြင်း<br>タウショウ・マウン・ニン・チン<br><br>အမြဲတန်း စက်မောင်းနှင်ခြင်း။ |
| レンチ<br>*renchi*<br>スパナ<br>*supana* | wrench | ဂကန်းလက်မဝ<br>ガナン・レッマ<br><br>မြန်မာပြည်တွင် အင်္ဂလိပ်စာမှ လာ သည့်အတိုင်း spanner ဟု ခေါ် ဆို တတ်သော်လည်း အများအားဖြင့် ထိပ်ဖက်က ပွင့်နေပါက spanner ဟုခေါ်၍၊ ကျန်ရှိသော အရာများကို Wrenchဟု ခေါ် ဆိုကြပါသည်။ မည်သို့Spannerပင်ဖြစ်စေကာမူ မူလီများ၊ နပ်ခေါင်းများအား ဖြုတ် ခြင်း၊ တပ်ခြင်း၊ ကျပ်ခြင်း များပြု လုပ်နိုင်ပါသည်။ |
| ローダー<br>*roodaa* | loader | လိုဒါ<br>ローダー<br><br>(ဝန် သို့မဟုတ် ဒေတာအချက် အလက်အား)ဆွဲတင်သော အရာ။ |

機械関連

| 日 | 英 | ミャンマー |
|---|---|---|
| ローディング<br>*roodingu* | loading | ဝန်ဆောင်ခြင်း<br>ウィン・サウンチン |
| ロードノイズ<br>*roodonoizu* | road noise | ကားလမ်းမ ဆူညံမှု<br>カー・ランマ・スー・ニャンム |
| ローラー<br>*rooraa* | roller | ဘီးလုံး<br>ベィンロン |
| ローラーコンベヤ<br>*rooraakonbeya* | roller conveyor | ဘီးလုံးပုံ ကွန်ဘယ်ရာ<br>コンベヤ<br><br>ရာဘာပြားဖြင့် ပြုလုပ်ထားသော ကွန်ဘယ်ရာများလည်းရှိပါသည်။ |
| 六角式<br>*rokkakushiki* | hexagonal formula | ခြောက်ထောင့်ပုံ<br>チャウンダウン・ポン |
| 六角セットボルト<br>*rokkakusettoboruto* | hexagon set screw | ခြောက်ထောင့်ဘိုးတိုင်(နှင့်)နပ်<br>チャウダウン・ボゥ・タィン(ニェン)ナッ |
| 六角ボルト<br>*rokkakuboruto* | hexagon head bolt | ခြောက်ထောင့်ဘိုးတိုင်<br>チャウダウン・ボゥ・タィン |
| 六角形<br>*rokkakkei* | hexagon | ခြောက်ထောင့်ပုံ(ခွ)<br>チャウダウン・ポン・グア |
| 露点<br>*roten* | dew point | အရည်သို့ ပြောင်းလဲမှတ်<br>アイェトウ・ピャウン・レ・マッ<br><br>အငွေ့မှ အရည်သို့ ပြန်ပြောင်းသော အမှတ်။ |
| ロボット<br>*robotto* | robot | စက်ရုပ်<br>セェッヨゥ |

300

機械関連

| 日 | 英 | ミャンマー |
|---|---|---|
| ワイヤー<br>*waiyaa* | wire | ဝိုင်ယာ(ကြိုး)<br>ワイヤァ<br><br>ကြေးနန်းကြိုး၊ |
| ワイヤリングダイヤグラム<br>*waiyaringudaiyaguramu* | wiring diagram | ဝိုင်ယာရင်း<br>ワィン・ヤ・イン<br><br>လျှပ်စစ်ကြိုး ဆက်သွယ်မှုဆိုင်ရာ လမ်းကြောင်းပြမြေပုံ<br><br>ITခေတ်တွင်မည်သည့်စက်ပစ္စည်း မျိုးမဆို လျှပ်စစ်(အက်လက်ထရော နစ်) နှင့် မကင်းနိုင်သော ကြောင့် အလွန် တစ်ရာမှ အရေးကြီးလာပြီး၊ သာမာန်လူများလည်း လွယ်လွယ် ကူကူ ထိတွေ့နိုင်သော ဒိုင်ယာဂရမ် အဖြစ်သို့ ရောက်ရှိလာပြီဖြစ်သည်။ |
| ワゴン<br>*wagon* | wagon | ဝက်ဂွန်ကား<br>ウェグン・カー<br><br>ပစ္စည်းတင် လူတင် လုပ်ငန်းသုံး ကား တစ်မျိုး ဖြစ်ပါသည်။<br>ဝမ်းဘောက်ကား ထက် ပိုကြီးသော ယာဉ်ဖြစ်ပါသည်။ |
| ワックス<br>*wakkusu* | wax | ပေါ်လစ်<br>ポッリシュツ<br><br>ဝက်(စ်) /ပျားဖရောင်း<br>ရှေးခေတ်ကာလတွင် အိမ်ကြမ်း တိုက်၊ မော်တော်ကား အရောင် တင်ရာများတွင်သာအသုံးပြုကြ လေသည်။<br>ယခုအခါ ဆံကေသာသုံးဝက်(စ်) များလည်း ရှိနေပါသည်။ |

**機械関連**

| 日 | 英 | ミャンマー |
|---|---|---|
| ワッシャー<br>*wasshaa* | washer | ဝါရှာ<br>ワァシャア<br><br>မူလီအားနပ်ဖြင့် တင်းကျပ်သော အခါ ပို၍တင်းကျပ် စေနိုင်ရန်ပါးလွှာ ပြီးအလည်တွင် အပေါက်ဖောက် ထားသော သတ္တုပြား။<br>အသုံးပြုရာနေရာကို မူတည်၍ စပရိန်အစွမ်းရှိသည့် ဝါရှာကိုလည်း အသုံးပြုပေသည်။ |
| ワット<br>*watto* | W,<br>watt | ဝပ်<br>ワッ<br><br>လျှပ်စစ်ဓါတ်အား ဝပ်ယူနစ်။ |
| 1BOX型<br>*wanbokkusu gata* | one box type | (သေတ္တာပုံစံ) ဝမ်းဘောက်ကား<br>ワンボッ・カー |

# 医療関連

## medical
ကျန်းမာရေးဆိုင်ရာ

医药聚焦

medical

医療関連

| 日 | 英 | ミャンマー |
|---|---|---|

## あ

| 日 | 英 | ミャンマー |
|---|---|---|
| アイソトープ<br>aisotoopu | isotope | အိုင်ဆိုတုပ်<br>アイ・ソウ・トッ |
| あかぎれ(になった)<br>akagire(ninatta) | chapped | အစိုခါတ်<br>アソウ・ダッ<br><br>အအေးခါတ်ခံစားရလွန်း၍ အရေပြား ကြမ်း၍ပတ်ကြောင်းအပ်ကြောင်းများ ဖြစ်ပေါ်ခြင်း။ |
| 悪臭<br>akushuu | stink,<br>bad odor,<br>stench,<br>effluvium | နံစော်သော ကိုယ်နံ့<br>ナンソウトゥ・コォ・ナアンッ |
| 欠伸(あくび)<br>akubi | yawn | (ညောင်းညာ၍ပါးစပ်ဟ)သန်းသည်<br>タン・ティ |
| 悪魔のしぶり腹<br>akumanoshiburihara<br>しぶり腹<br>shiburihara<br>裏急後重<br>rikyuukoujuu | devil's grip,<br>bowel pains,<br>painful loose<br>bowels | နံကြားအောင့်(နာ)ခြင်း<br>ナンジャァ・アゥン・チン |
| あご<br>ago | jaw,<br>chin | မေးရိုး<br>メェ・ヨゥ<br><br>မေးစေ့<br>メェ・セェ |
| 足<br>ashi | leg | ခြေထောက်<br>チェ・タゥッ |
| (人間の)足<br>(ningenno)ashi | pes,<br>a foot or footlike<br>part | (ခြေထောက်) ခြေဖျားအရိုးစု<br>(チェーピャ) アヨゥス |

303

医療関連

| 日 | 英 | ミャンマー |
|---|---|---|
| アジア(型)インフルエンザ<br>*ajia(gata)infuruenza* | asiatic influenza,<br>asian influenza,<br>asian flu | အာရှတုတ်ကွေး<br>アァシャ・トゥ・クェ<br><br>၁၉၅၇ ခုနှစ်တွင်ဟောင်ကောင်မှ စတင်ပြီးတစ်ကမ္ဘာလုံးနီးပါး ပြန့်နှံ့ခဲ့သော(အသက်ရှုဝိုင်းရပ်(စ်) ပိုးကြောင့်ဖြစ်သော)ကူးစက်ရောဂါ။ |
| 足首<br>*ashikubi* | ankle | ခြေချင်းဝတ်<br>チェ・チン・ウィッ<br><br>ခြေမျက်စေ့<br>チェ・ミェッ・セェ |
| 足のうら<br>*ashinoura* | palm of foot | ခြေဖဝါး<br>チェ・パァワー |
| 足の甲<br>*ashinokou* | instep,<br>top of the foot | ခြေဖမိုး<br>チェパモゥ |
| 足(手)のひらの<br>*ashi(te)nohirano* | volar,<br>palm of the hand or the sole of the foot | ခြေ (လက်)ဖဝါးနှင့်ဆိုင်သော<br>チェ(レッ)パワァ・ニン・サイントォ |
| 亜硝酸塩<br>*ashousanen* | nitrites,<br>salt of nitrous acid | နိုက်တရိုက်<br>ナイトライ |
| アスピリン<br>(アセチルサリチル酸)<br>*asupirin*<br>*(asechirusarichirusan)* | aspirin,<br>acetylsalicylic acid | အက်စပရင်<br>エスプリン<br><br>ကိုယ်လက်နာကျင် ပျောက်ကင်းစေရန် အသုံးပြုသောအကိုက်အခဲ သက်သာဆေး။ |
| 汗<br>*ase* | sweat | ချွေး<br>チュエ |

医療関連

| 日 | 英 | ミャンマー |
|---|---|---|
| 汗をかく<br>*asewokaku*<br>発汗する<br>*hakkansuru* | perspire,<br>sweat | ချွေးထွက်သည်<br>チュェ・トェティ |
| アタブリン<br>(マラリア予防薬の商標名)<br>*ataburin(marariayobouyakuno shouhyoumei)* | atabrine | ငှက်ဖျားဆေး<br>ングェッ・ピャァ・セェ<br><br>ငှက်ဖျားရောဂါကုဆေးတစ်မျိုး။ |
| 頭<br>*atama* | head | ခေါင်း<br>ガゥン<br><br>ဦးခေါင်း |
| 圧縮<br>*asshuku* | compression,<br>condensation,<br>constriction,<br>compaction | (သွေးပိုစီးမှု့အား)ဖိအားပေးခြင်း<br>ピ・アァ・ペェ・チン |
| (鼻などの)穴、窩<br>*(hananadono)ana、ka* | fossa | အရိုးခွက်<br>アヨゥ・クェッ<br><br>အရိုးနှင့်ခန္ဓာ အစိတ်အပိုင်းတွင် ချိုင့်နေသောအရာ။ |
| アノフェレス蚊<br>(マラリアを媒介する)<br>*anoferesuka*<br>*(marariawo baikaisuru)* | anopheles | အနော်ဖီလီခြင်<br>アノフィリ・チン<br><br>ငှက်ဖျား၊ သွေးလွန်တုတ်ကွေး စသည်များကို ဖြစ်စေသောခြင် တစ်မျိုး။ |

医療関連

| 日 | 英 | ミャンマー |
|---|---|---|
| アバチン<br>*abachin* | avertin | အိပ်ဆေး<br>エッ・セェ<br><br>အာဘာတင်ဟုခေါ်သော စအိုမှထိုးသွင်းသော မေ့ဆေး။ ဤဆေးသည်လူနာအား အိပ်ပျော်သွားစေပြီး ထုံဆေး၊ မေ့ဆေးအား ထပ်မံပေးရန်လိုအပ်ပါသောကြောင့် အိပ်ဆေးဟု ခေါ်ဝေါ်သော ကျန်းမာရေး ဝန်ထမ်းများလည်း ရှိပါသည်။ |
| アブミ骨<br>*abumikotsu* | stapes | နားကွင်းရိုး<br>ナークィンヨゥー |
| アプロナリド(鎮痛薬)<br>*apuronarido(chintsuyaku)* | sedormid,<br>apronalide | အိပ်ဆေး<br>エッ・セェ<br><br>အိပ်ပျော်စေရန်ပေးသော ဆီဒေါမစ်ဆေး။ |
| あへん剤<br>*ahenzai*<br>鎮静(催眠)剤<br>*chinsei(saimin)zai* | opiate,<br>a drug containing opium used in medicine for sleep and relieving pain | အကိုက်အခဲပျောက်ဆေး<br>アカィ・アケェ・ピャゥセェ<br><br>ဘိန်း သို့ ဘိန်းမှရသော အိပ်ဆေး၊ ထုံပိုင်းဆေး။ |
| アメリカマンサク<br>*amerikamansaku* | american witch hazel | အယားပျောက်ဆေး<br>アヤァ・ピャゥ・セェ<br><br>သစ်ရွက်မှ ထုတ်ယူသော အရေပြား ယားရံခြင်း အတွက်လိမ်းဆေး။ |
| アルコール依存症<br>*arukooruizonshou* | alcoholism,<br>dipsomania | အရက်စွဲရောဂါ<br>アイェッ・スェ・ヨーガ |

306

医療関連

| 日 | 英 | ミャンマー |
|---|---|---|
| アルツハイマー病<br>*arutsuhaimaabyou* | alzheimer's disease | သူငယ်ပြန်ရောဂါ<br>トゥグェ・ピャン・ヨガ |
| アレルギー<br>*arerugii* | allergy | အလက်ဂျီတ်<br>アレッジェッ<br><br>ဖုန်၊ ပိုးမွှားနှင့် အစားအသောက်မှစ၍ မိမိနှင့်မတည့်သောအရာများရှိ၏။ မွေးရာပါသော်၎င်း၊ ရုပ်တစ်ရက် သော်၎င်း ဖြစ်ပေါ် တတ်သကဲ့သို့၊ ယာယီဖြစ် တတ်သည်များလည်း ရှိပါသည်။<br>ခွန္ဓာပြင်ပ ယားယံရှိသာမက ကိုယ်တွင်းကလီစာများပါ ဖေါင်း ကြွကာ အသက်ကိုဒုက္ခပေးနိုင်၍ ချက်ခြင်း ဆေးကုသမှုကိုခံယူသင့် ပါသည်။ |
| 安静<br>*ansei* | rest | ဆိပ်ငြိမ်စွာနေခြင်း<br>ティティ・ネェチン |
| 安全期間<br>*anzenkikan* | safe period, safety limit | ကိုယ်ဝန်မဆောင်နိုင်သော ကာလ<br>クォウィン・マサゥンナイトゥ・カァラ<br><br>အမျိုးသမီးများတွင် မျိုးမဖြစ်ချိန်ဟု ယူဆရသော မီးယပ်သွေး အဝင် အထွက် ရက်သတ္တပါတ်။ |
| アンチュタリン<br>*anchutarin* | antuitrin | အင်ကျူထရင်<br>インチュ・タリン<br><br>ပီကျူထရီဂလင်းမှကြီးထွားစေသော ဟော်မုန်းဓါတ်ပါရှိသော ဆေးဝါး။ |

307

医療関連

| 日 | 英 | ミャンマー |
|---|---|---|
| 安楽死<br>*anrakushi* | euthanasia | ဆေးထိုး၍ သတ်ခြင်း<br>(ဆိပ်ငြင်စွာသေဆုံးစေခြင်း)<br>セェトゥルェ・タッチン |
| 胃<br>*i* | stomach | အစာအိမ်<br>アサーエィン |
| 医院<br>*iin* | clinic | ဆေးခန်း<br>セェ・カン |
| 胃炎<br>*ien* | gastritis | အစာအိမ် ယောင်ရမ်းခြင်း<br>アサーエィン・ヤゥンチン<br><br>အစာအိမ်ရောဂါ<br>アサーエィン・ヨゥガー |
| 医学<br>*igaku* | medical science,<br>medicine | ဆေးပညာ<br>セェ・ピンニャ<br><br>ဆေးပညာနှင့်ဆိုင်သော<br>セェ・ピンニャネ・サイントォ |
| 医学生<br>*igakusei*<br>(病院の)通勤医師<br>*(byouinno)tuukinishi* | medical student | ဆေးကျောင်းသား<br>セェ・チャゥン・ター<br><br>ဆေးရုံပြင်ပနေ အလုပ်သင်။ |
| 医学博士<br>*igakuhakase* | M.D,<br>doctor of medicine | ဆေးပညာပါရဂူ<br>セェピィンニャ・パラァグゥ |
| 医学部<br>*igakubu* | medical<br>department,<br>medical faculty | ဆေးပညာဌာန<br>セェ・ピィンニャ・ダァナ |
| 易感染宿主<br>*ikansenshukushu* | (parasitic) host,<br>compromised, | ရောဂါပိုးရှိလူနာ<br>ヨーガ・ポーシ・ルゥナァ<br><br>ရောဂါကပ်ပါးပိုးများ<br>အမှီခံရသည့် လူနာ။ |

医療関連

| 日 | 英 | ミャンマー |
|---|---|---|
| 意識<br>*ishiki* | conscious | သတိထားမှု<br>タティ・ターア・ムッ |
| 意識を失う、発作<br>*ishikiwo ushinau、hossa*<br>※てんかんのような<br>*tenkannoyouna* | seizure,<br>unconscious,<br>fit | ဝက်ရူးပြန် (သက်ဲသို့တက်)ခြင်း<br>ウェッユウ・ピャンチン |
| 意識を失った<br>*ishikiwo ushinatta* | unconscious | သတိမေ့ခြင်း<br>タティ・メェ・チン |
| 異常(悪液質)<br>*ijou(akuekishitsu)* | dyscrasia,<br>abnormal,<br>malfunction,<br>abnormal condition | ပုံမမှန်ခြင်း<br>ポン・ママンチン |
| 異食症<br>*ishokushou* | pica,<br>allotriophagy | ချဉ်ခြင်းတတ်ခြင်း<br>チンジン・タッチン<br><br>ပဋိသန္ဓေရှိစဉ် တွေ့ရတတ်သော မဟုတ်မဟတ်သော အစားအစာ ကိုချဉ်ခြင်းတတ်မက်ခြင်း။ |
| 胃脾の<br>*isuino* | gastrosplenic | အစာအိမ်(နှင့် သရက်ရွက်)ဆိုင်ရာ<br>アサァエィン・サインヤァ |
| 異性愛<br>*iseiai* | heterosexuality,<br>heterosexual love | လိင် စွဲလမ်းစိတ်<br>レイン・スェラン・セィッ |
| 痛み<br>*itami* | pain | နာကျင်ခြင်း<br>ナァ・チィンチン |
| 痛み止め<br>*itamidome* | painkiller | နာကျင်မှုပျောက်ဆေး<br>ナァチィンム・ピャゥセェ |
| 胃腸病専門医<br>*ichoubyousenmoni* | gastroenterologist | အစာအိမ်(နှင့် အူရောဂါ အထူးကု)ဆရာဝန်ကြီး<br>アサーエィン・アトゥク・サヤウィン |

309

医療関連

| 日 | 英 | ミャンマー |
|---|---|---|
| 一酸化炭素《CO》<br>*issankatanso* | 《CO》<br>carbon monoxide | ကာဗွန်မိုနိုအောက်ဆိုဒ်<br>カァボン・モノ・アゥサイッ<br><br>မီးလောင်ကျွမ်းမှု၊ မပြီးခင် ထွက်လာသောအရောင်အဆင်း အနံ့မရှိသော အဆိပ်ရှိသောဓါတ်ငွေ့။ |
| 五つ子<br>*itsutsugo* | quintuplets | ငါးမွှာ<br>ンガムァ |
| 遺伝の<br>*idenno* | genetic | မျိုးရိုးလိုက်သော<br>ミョウヨウ・ライトォ |
| 遺伝病<br>*idenbyou* | hereditary disease,<br>genetic disease,<br>familial disease | မျိုးရိုးလိုက်ရောဂါ<br>ミョウヨウライ・ヨゥガー |
| 糸状の<br>*itojouno* | filiform,<br>threadlike | ချည်မျှင်ပုံ<br>チィ・ミィン・ポゥン |
| 遺尿(症)<br>*inyou(shou)*<br>夜尿症<br>*yanyou(shou)* | enuresis,<br>bed-wetting | အိပ်ပျော်စဉ်ဆီးသွားခြင်း<br>エィピョウセィン・セィタァ・チン |
| 犬恐怖症<br>*inukyoufushou* | cynophobia | ခွေးကြောက်ခြင်း<br>クェ・チャゥチン |
| イビキ<br>*ibiki* | snore,<br>snoring | ဟောက်သံ<br>ハゥタン |
| いぼ<br>*ibo*<br>たこ<br>*tako* | verruca,<br>wart,<br>callus | ကြက်နို့ကြီး<br>チュエ・ノゥ・チィ |
| 意欲<br>*iyoku*<br>動能<br>*dounou* | conation,<br>willingness | ဆန္ဒ<br>サンダッ<br><br>အတွေးအခေါ် အပြုအမူ တစ်ခုခု အားဆောင်ရွက်သောစိတ်တန်ခိုး။ |

医療関連

| 日 | 英 | ミャンマー |
|---|---|---|
| 医療スタッフ<br>*iryousutaffu* | medical staff | ဆေးအမှုထမ်း<br>セー・アムダン |
| 医療スタッフ<br>*iryousutaffu*<br>(ワーカーレベルのスタッフ)<br>*(waakaareberuno sutaffu)* | adjunct,<br>assistant | ဆေးရံ့ အမှုထမ်းငယ်<br>セェヨン・アムダン・ンゲェ |
| 医療費<br>*iryouhi* | medical expenses | ဆေးဝါးကုသ စားရိပ်<br>セェワー・クタム・サイェッ |
| 医療ミス<br>*iryoumisu* | medical error,<br>medical accident | ဆေးကုသမှုမှားယွင်းခြင်း<br>セェクタム・マァユィン・チン |
| 入れ歯<br>*ireba* | an artificial<br>[a false] tooth,<br>denture | သွားတု<br>トゥア・トゥ |
| いろいろな分野の医師<br>*iroironabunyano ishi* | eclectic | ရောဂါစုံကု ဆရာဝန်<br>ヨーガ・ソンク・サヤワゥン |
| 陰萎<br>*inni* | impotence | ပန်းသေရောဂါ<br>パンテェ・ヨーガ |
| 因果関係学<br>*ingakankeigaku*<br>病因学<br>*byouingaku* | etiology,<br>pathology,<br>the study of the<br>causes of diseases | (ရောဂါအကြောင်းအရင်းကို<br>လေ့လာသော) ဟေတုဗေဒ<br>ヘトゥ・ベェダ |
| 陰茎亀頭<br>*inkeikitou* | balanus | လိမ်တံထစ် အဖျားပိုင်း<br>レィンタンディツ・アピャパイン |
| 陰茎の腫れ<br>*inkeino hare* | paraphimosis | လိမ်တံ(ထိပ်ခေါင်း)ရောင်ရမ်းခြင်း<br>レィタン・ヤゥンヤンチン |
| 飲酒恐怖症<br>*inshukyoufushou*<br>飲酒恐怖<br>*inshukyoufu* | dipsophobia | ရေကြောက်ခြင်း<br>イェ・チャウッ・チン<br>(အရက်) ရေသောက်ကြောက်ခြင်း |

医療関連

| 日 | 英 | ミャンマー |
|---|---|---|
| インシュリン<br>*inshurin* | insulin | (ပန်ကရိယာဆဲလ်မှ ထုပ်လုပ်သော ဟော်မုန်း)အင်ဆူလင်<br>インスリン |
| 陰性<br>*insei* | negative | ရောဂါ(ပိုး/လက္ခဏာ) မတွေ့ခြင်း<br>ヨウガア・シャア・マトェチン |
| 院長<br>*inchou* | director<br>(of a hospital) | ဆေးရုံအုပ်ကြီး<br>セェ・ヨン・オゥ・チィ |
| 咽頭<br>*intou* | pharynx | အာစောက်<br>アア・サウッ<br><br>လည်ချောင်းထိပ်ဝရှိ ပါးစပ်နှင့် ဦးနှောက်စုံရာနေရာ။ |
| 咽頭炎<br>*intouen* | pharyngitis | လည်ချောင်းရောင်ခြင်း<br>レェチャウン・ヤゥンチン<br><br>အာစောက်လည်ချောင်း ရောင်ယမ်းနာ။ |
| 咽頭半側切除術<br>*intouhansokusetsujojutsu* | hemilaryngectomy | လည်ချောင်းခွဲခြင်း<br>レェチャウン・クェチン<br><br>(ကင်ဆာရောဂါကြောင့်) အသံအိုးတစ်ဝက်ဖြတ်ထုတ်ခြင်း။ |
| 咽頭鼻炎<br>*intoubien* | pharyngorhinitis | နှား(နှင့်)လည်ချောင်းရောင်ခြင်း<br>ナァ・レェ チャウン ヤゥンチン |
| 陰嚢<br>*innou* | scrotum | ဝှေးစေ့အိပ်<br>ウェセッ・エィッ |
| インフルエンザ<br>*infuruenza* | flu,<br>influenza | တုတ်ကွေး<br>トゥックェ |
| ウイルス<br>*uirusu* | virus | ဗိုင်းရပ်ပိုးမွှား<br>バイヤッ・ポゥムア |

医療関連

| 日 | 英 | ミャンマー |
|---|---|---|
| ウィルス学<br>*uirusugaku* | virology | ရောဂါပိုးမွှားဗေဒ<br>ヨーガ・ポームァ・ベーダ<br><br>ဗိုင်းရတ်ပညာ<br>バイヤッ・ピンニャー |
| うおの目<br>*uonome* | corn | အသားမာ<br>アタァ・マァ<br><br>ခြေထောက်ခြေခြင်းများတွင် ချိုသားကဲ့သို့ အရေထူအသားမာတက်ခြင်း။ |
| 右胸心<br>*ukyoushin* | dextrocardia | လက်ယာရောက်နှလုံး<br>レッヤ・ヤゥ・ナロン |
| 受付窓口<br>*uketsukemadoguchi* | reception, registration | မှတ်တန်း ဌာန<br>マッタン・ダァナ<br><br>လူနာမှတ်တန်း မှတ်ပုံတင်ရာဌာန။ |
| うす明かり<br>*usuakari*<br>※患者の最後の時期にも使う<br>*kanjano saigono jikinimo tsukau* | twilight | ဆည်းဆာ<br>セィサー |
| 渦巻き<br>*uzumaki* | vortex | ဖွေ ဝဲကတော့<br>ブェ・ウェカトゥ |
| 嘘発見器<br>*usohakkenki* | lie detector | မုသားဖေါ်ကရိယာ<br>ムターポゥ・カリィヤ |
| 宇宙生物学<br>*uchuuseibutsugaku* | astrobiology | အာကာသဇီဝ(သက်ရှိ)ဗေဒ<br>アーカタ・ゼィワ・ベーダ |
| うつ病<br>*utsubyou* | melancholia, depression | စိတ်ညှိုး စိတ်ဓါတ်ကျ ရောဂါ<br>セィッチャ・ヨーガ |

医療関連

| 日 | 英 | ミャンマー |
|---|---|---|
| 腕<br>*ude* | arm | လက်မောင်း<br>レッマウン |
| うなり声<br>*unarigoe* | fremitus,<br>groan,<br>moan | တုန်ခါခြင်း<br>トンカーチン<br><br>ငြီးပြူခြင်း<br>ニィニューチン |
| (傷が)うむ<br>*(kizuga)umu* | suppurate | ပြည်တည်သည်<br>ピィ・テェ・ティ |
| 運命<br>*unmei* | destiny | ကံကြမ္မာ<br>カンチャマ |
| 永久歯<br>*eikyuushi* | permanent tooth | လူကြီးသွား<br>ルーチィ・トァ |
| エイズ<br>(後天性免疫不全症候群)<br>*eizu(koutenseimenekifuzen shoukougun)* | AIDS,<br>Acquired Immune<br>Deficiency<br>Syndrome | AIDS<br>エィ・アィ・デ・エス<br><br>ခုခံမှု၊အင်အားကျဆင်းခြင်းရောဂါ။ |
| 栄養<br>*eiyou* | nutrition,<br>nourishment | အာဟာရ<br>アハラ |
| 栄養士<br>*eiyoushi* | dietician,<br>nutritionist | အာဟာရ(ဗေဒ)ပညာရှင်<br>アハラ・ピィンニャ・シン |
| 栄養物(剤)<br>*eiyoubutsu(zai)* | nutrient | အာဟာရဓါတ် အစားအစာ<br>アハラダッ・アサーアサァ |
| 会陰切開<br>*einsekkai* | episiotomy | စအိုစပ်ဖြတ်ခြင်း<br>サオォ・サッ・ピャッチン<br><br>ကလေးမွေးဖွား ရာတွင် လွယ်ကူ စေရန် စအိုစပ်ဖြတ်ချဲ့ခြင်း။ |

医療関連

| 日 | 英 | ミャンマー |
|---|---|---|
| A－Zテスト<br>*a-z tesuto*<br>アッシュハイム ツォンディックテスト(妊娠判定テスト)<br>*ashhuhaimu tsuwondikku test (ninshinhantei tesuto)* | A-Z test,<br>Ascheim-Zondek Test | Ascheim-Zondek Test<br>A－Z サン・タッチェ<br><br>ဆီးမှ ကိုယ်ဝန်ဆောင် မဆောင် စစ်ဆေးသောနည်းဖြစ်ပေသည်။ ဂျာမန်သားဖွားမီးရပ်ဆရာဝန်ကြီး (S.Ascheim-1878) (B.Zodek-1891)တို့၏ အမည် ပင် ဖြစ်ပေသည်။ |
| エコーウイルス<br>*ekoouirusu* | ECHO virus,<br>(Enteric Cytopathic Human Orphan) | (ခေါင်းကိုက် ဇက်ကြောတက်၍ သွတ်ချပါဒ ဝေဒနာ လက္ခဏာ များပြသော)<br>အက်ကိုးပိုင်းရပ်<br>エッ・コウ・バイヤッ |
| SS.(妊娠)<br>*ss(ninshin)* | SS.<br>schwangerschaft | SS.<br>テッウェッ<br><br>ဆေးညွှန်းတွင်ပါသော တစ်ဝက် ဟူသော အဓိပ္ပါယ်။ |
| SpO2(動脈血酸素飽和度)<br>*spo2(doumyakuketsusansohouwado)* | SpO2,<br>oxygen saturation | SpO2<br>သွေးထဲတွင် အောက်ဆီဂျင်ပါဝင်နှုန်း |
| エチレン<br>*echiren* | ethylene | အက်သလင်း<br>エッタリン |
| X線撮影(法)<br>*x sen satsuei (hou)*<br>放射線写真術<br>*houshasenshashinjutsu* | radiography,<br>x-ray photography | ဓါတ်မှန်ရိုက်ပညာ<br>ダッマンヤィッ・ピィンニャ |
| エネルギー<br>*enerugii* | energy | စွမ်းအင်<br>スァンイン |

315

医療関連

| 日 | 英 | ミャンマー |
|---|---|---|
| エプスタイン病<br>*ebusutainbyou* | ebstein's disease | မွေးရာပါ နှလုံးရောဂါ<br>ムェヤパ・ナロン・ヨウガァ<br><br>မွေးရာပါ နှလုံးအခါအခန်း<br>တစ်ဘက်နှင့်တစ်ဘက်အကြား<br>နံရံ သို့မဟုတ်အဆို့ချို့တဲ့သော<br>(အက်ဗက်စတိုင်း)ရောဂါ။ |
| MRI装置<br>*mri souchi* | MRI,<br>magnetic<br>resonance imaging | အမ်အာအိုင် စကန်းစက်<br>MRI スカン・セッ<br><br>X-ရောင်ခြည်အားအသုံးမပြုပဲ<br>သံလိုက်ဓါတ်ကို အသုံးပြု၍<br>ခွန္ဓကိုယ်အတွင်းပိုင်းအား<br>ရှာဖွေခြင်း။ |
| エロチシズム<br>*erochishizumu* | eroticism | ရာဂစိတ်<br>ヤーガ・セェッ |
| 遠視<br>*enshi* | farsightedness,<br>long-sightedness | အနီးမှုန်ခြင်း<br>アニィ・モンチン |
| 遠心器<br>*enshinki* | centrifuge | ဗဟိုလှည့်အားဖြင့် ဓါတ်ခွဲကရိယာ<br>バホ・レェアァピイン・ダックェ・カリィヤ |
| 塩水<br>*ensui* | salt water | ဓါတ်ဆားရည်<br>ダッサー・イェ |
| 塩分<br>*enbun* | salt content | ဆားဓါတ်<br>サーダッ |
| 黄視症<br>*oushishou* | xanthopsia | အသားဝါရောဂါရှိသူများဖြစ်တတ်<br>သော အဝါမြင်ရောဂါ<br>アワァミィン・ヨーガ |
| 黄色血<br>*oushokuketsu* | xanthic | သွေးဝါခြင်း<br>トェ・ワァ・チン<br><br>သွေးထဲတွင် အဝါရောင်ချယ်ပါခြင်း။ |

医療関連

| 日 | 英 | ミャンマー |
|---|---|---|
| 黄疸<br>*oudan* | icterus,<br>jaundice | အသားဝါရောဂါ<br>アタァワー・ヨゥガ |
| 黄疸(性)<br>*oudan(sei)* | icteric | အသားဝါနှင့်ဆိုင်သော<br>アタァワー・ヨゥガ・ニンサィントォ |
| 嘔吐<br>*outo* | emesis | အော့အန်ခြင်း<br>オゥアンチン |
| 黄熱病などに見られる黄色<br>*ounetsubyou nadoni mirareru oushoku* | yellow | ငှန်းဝါ<br>ンガン・ワ<br><br>အဖျားရောဂါ (Yellow Fever)<br>များတွင်တွေ့ရသော အဝါရောင်။ |
| 黄変症<br>*ouhenshou* | xanthosis | အသားဝါရောဂါ<br>アタァワァ・ヨーガ<br><br>ကာဆီနိုမာCarcinomaရှိသူများ<br>တွင်တွေ့ရတတ်သောအရေပြား<br>ဝါရောဂါ။ |
| 大食<br>*oogui*<br>暴飲［食］<br>*bouin[shoku]* | gluttony | အစားကြူးခြင်း<br>ア・サァ・チュウチン |
| 大部屋<br>*oobeya* | a large room | အခန်းကျယ်<br>アカンチェ |
| 大ぼら<br>*oobora* | charlatanism | ဒေါက်တာရမ်းကု<br>ドゥタァ・ヤンク |
| 奥歯<br>*okuba* | molars,<br>back tooth | အံသွား<br>アントァ |
| おくび<br>*okubi*<br>あい気<br>*aiki* | yawn,<br>yawning,<br>burp | လေချည်တက်ခြင်း<br>レェチン・テェッチン |

医療関連

| 日 | 英 | ミャンマー |
|---|---|---|
| 恐れ<br>*osore*<br>恐怖<br>*kyoufu* | fear | ကြောက်ခြင်း<br>チャゥチン |
| オゾン<br>*ozon* | ozone | အိုဇုန်း<br>オーゾン |
| オデコ(額)<br>*odeko(hitai)* | forehead | နဖူး<br>ナァフゥ |
| 男らしくない<br>*otokorashikunai*<br>めめしい<br>*memeshii* | effeminate | မိန်းမရှာ<br>メンマ・シャ<br>မိန်းမဆန်သော။ |
| お腹<br>*onaka* | stomach | ဗိုက်<br>バイッ |
| オペ<br>*ope* | operating | ခွဲစိတ်ခြင်း<br>クェセッチン |
| オペ台<br>*opedai* | operation table | ခွဲစိတ်ကုတင်<br>クェセッ・クティン |
| オペライト<br>*operaito* | operation room light | ခွဲစိတ်ခန်းမီးဆလိုက်<br>クェセッカン・ミィサライッ |
| おまる(ベッドパン)<br>*omaru(beddopan)* | bed pan | (ချီး/သေး)အိုး<br>チーオゥ（大便用）<br>テェ・オゥ（小便用） |
| (足の)親指<br>*(ashino)oyayubi* | hallux,<br>big toe | ခြေမ<br>チェマァ |
| (手の)親指<br>*(teno)oyayubi* | pollex,<br>thumb | လက်မ<br>レッマ |
| オンス<br>*onsu* | oz,<br>ounce | အောင်စ<br>アウンサ |

医療関連

| 日 | 英 | ミャンマー |
|---|---|---|
| 温度計<br>*ondokei* | thermometer | အပူချိန်တိုင်း ကရိယာ<br>アピャァ・タイン・カリヤ |
| 女嫌い<br>*onnagirai* | misogyny | မိန်းမမုန်းခြင်း<br>メインマ・モンチン |

## か

| 日 | 英 | ミャンマー |
|---|---|---|
| 会計<br>*kaikei* | accounts,<br>accounting | ငွေရှင်းခြင်း<br>ングェシンチン |
| 回結腸炎<br>*kaikecchouen* | ileocolitis | အူသိမ် အူမရောင်ခြင်း<br>ウティン・ウマ・ヤゥンチン |
| 外国人恐怖症<br>*gaikokujinkyoufushou*<br>他人恐怖症<br>*taninkyoufushou* | xenophobia | လူကြောက်ရောဂါ<br>ル・チャゥ・ヨーガ<br>သူစိမ်းကြောက်လွန်ရောဂါ။ |
| 外斜視<br>*gaishashi* | walleye | မျက်ကြည်(အလင်း)ပိတ်ခြင်း<br>ミェッチ・ペィッチン |
| 回虫<br>*kaichuu* | ascaris,<br>roundworm,<br>mawworm,<br>intestinal worm | (အစာအိမ်လမ်းကြောင်းတွင်<br>ရှိတတ်သော အက်စကာရစ်)<br>သံကောင်<br>タンカゥン |
| 害虫<br>*gaichuu* | vermin,<br>harmful insect,<br>noxious insect | ပိုးမွှား<br>ポームァ<br>(သန်းပေါင်းစုံအား ယေဘူယျ<br>ခေါ်ဝေါ်သော ဝေါဟာရ)။ |
| 回腸炎<br>*kaichouen* | ileitis | အူရောင်(ရမ်းနာ)ခြင်း<br>ウ・ヤゥンチン |
| ガイナーゲン<br>(薬剤商品名→成分)<br>*gainaagen*<br>*(yakuzaishouhinmei→seibun)* | gynergen | ခေါင်းကိုက်ပျောက်ဆေး<br>ガゥン・カィッ・ピョゥッセ<br>ခေါင်းတစ်ခြမ်းကိုက်ရာတွင်အသုံး<br>ပြုသောအဂွေ့ပါသည့် ဂိုင်နာဂျင်။ |

319

医療関連

| 日 | 英 | ミャンマー |
|---|---|---|
| 外反<br>*gaihan* | valgus,<br>bunion | ခြေခွင်ခြင်း<br>チェクィンチン<br><br>ခြေ(ဖဝါး) အပြင်သို့ ခွင်ခြင်း။ |
| 回復<br>*kaifuku*<br>回復する<br>*kaifukusuru* | recuperation,<br>recovery,<br>restoration,<br>rehabilitation,<br>improvement,<br>recuperate | နာလန်ထခြင်း<br>ナランタチン |
| 開腹<br>*kaifuku* | laparotomy,<br>making a surgical<br>incision in the<br>abdomen | ဝမ်းဘိုက်ခွဲခြင်း<br>ワンバイ・クェチン |
| (検死)解剖<br>*(kenshi)kaibou* | autopsy | သေတန်းစစ်ချက်<br>テタン・セッチェ<br><br>(အလောင်း)ခွဲစိတ်ခြင်း |
| 解剖学<br>*kaibougaku* | anatomy | ခန္ဓာဗေဒ<br>カンダ・ベェダ<br><br>အလောင်းခွဲပညာ<br>アラウン・クェ・ピィンニャ<br><br>သူသေကောင် ခွဲစိတ်မှုဆိုင်ရာ ပညာရပ်။ |
| 解剖する<br>*kaibousuru* | dissect,<br>autopsy,<br>dissection | ခွဲစိတ်သည်<br>クェセッティ |

医療関連

| 日 | 英 | ミャンマー |
|---|---|---|
| 解剖台<br>kaiboudai | autopsy table | အလောင်းခွဲကုတင်<br>アラウン・クェ・クティン<br><br>သူသေကောင် ခွဲစိတ်မှု့ကုတင်။ |
| 外膜<br>gaimaku | adventitia | သွေးကြော(သွေးလွတ်ကြောသို့.<br>သွေးပြန်ကြော)အပြင်လွှာ<br>トェ・ジョー・アピィンルア |
| カイモグラフ(運動記録器)<br>kaimogurafu(undoukirokuki) | kymograph | ကိုင်မိုပညာ<br>カイモ・ピンニャ |
| 潰瘍<br>kaiyou | ulcer,<br>ulcus | ပြည်တည်နေသော အနာ<br>(ကဲ့သို့ အနာခွက်)<br>ピィテェ・ネォ・トゥ・アナァ |
| 外来患者<br>gairaikanja | outpatient | ပြင်ပလူနာ<br>ピィンパ・ルウナ |
| 顔<br>kao | face | မျက်နှာ<br>ミェナー |
| 顔の<br>kaono | facial | မျက်နှာနှင့်ဆိုင်သော<br>ミェナー・ニン・サイントォ |
| 核<br>kaku | nucleus | ဆဲလ်အလည်ဗဟို<br>セェ・アレバホゥ |
| 学位取得者<br>gakuishutokusha | diplomate | ဒီပလိုမာ ဘွဲ့ရသူ<br>ディパロマー・ブェヤ・トゥ |
| 覚醒状態<br>kakuseijoutai | wakefulness,<br>awakening | အိပ်မပျော်ခြင်း<br>エッ・マピョウ・チン |
| 顎前突症<br>gakusentotsushou | prognathism | မေးချွန်ခြင်း<br>メェチョンチン<br><br>မေးရိုးချွန်၍ ရှေ့သို့ထွက်နေခြင်း။ |

321

医療関連

| 日 | 英 | ミャンマー |
|---|---|---|
| 拡大 <br> *kakudai* | magnification | ချဲ့ခြင်း <br> チェッ・チン |
| 角皮症 <br> *kakuhishou* | keratosis, keratoma | အသားမာ <br> アタェッ・マ <br><br> အရေပြား ထူလာ၍ ဂျွတ်တက် ရောဂါ။ |
| 隔膜 <br> *kakumaku* | diaphragm | (ရင်ဝမ်းကန့်လန့်ကာ ဒိုင်ယာဖရမ်) ကြွက်သား <br> チュエッタ |
| 過食 <br> *kashoku* | polyphagia, overeating | အစားပုတ်ခြင်း <br> アサア・ポウッチン |
| カスカラ <br> *kasukara* | cascara | (ဝမ်းချဆေးတစ်မျိုး)ကက်စကာရာ <br> カサカラ |
| ガストリン <br> *gasutorin* | gastrin | ဂက်(စ်)ထရင် <br> ゲッタリン |
| ガス滅菌器 <br> *gasumekkinki* | gas sterilizer | ဂက်စ် ဓါတ်ငွေ့သုံး ပိုးသပ်စက် <br> ゲッ・ダッ・ングェトウン・ポータッセ <br><br> ဥရောပနိုင်ငံများတွင် သုံးစွဲသူ ကျန်းမာရေးဝန်ထမ်း၏ အသက် အန္တရာယ် ရှိရုံသာမက၊ မီးလောင် ကျွမ်းမှု၊ နှင့် ကင်ဆာရောဂါ ကိုပါ ဖြစ်စေ သောကြောင့်သုံးစွဲမှုကို အားမပေးတားမြစ်ထားသော နိုင်ငံ နှင့် ကျန်းမာရေးဌာနများလည်းရှိ သည်။ |
| 風邪 <br> *kaze* | (a) cold influenza | အအေးမိခြင်း <br> アエィミチン |

322

医療関連

| 日 | 英 | ミャンマー |
|---|---|---|
| 火葬 *kasou* | cremation | မီးသဂြိုဟ်ခြင်း<br>ミタジョウチン |
| カソード(陰極) *kasoodo(inkyoku)* | cathode | လျှပ်စစ်ဓါတ်၏အမပိုင်း<br>ルアッ・セッ・アマァ<br><br>ကက်သုတ်(မအီလက်ထရှပ်)<br>ケットゥ |
| 肩 *kata* | shoulder | ပုခုံး<br>パ・クォン |
| 片麻痺 *katamahi* | hemiplegia (paralysis on one side of the body) | ကိုယ်တစ်ခြမ်းသေခြင်း<br>コウ・テッチャン・テェチン |
| ガット(腸線) *gatto(chousen)* | catgut, sheepgut | (အပ်ချည်)ကြိုး<br>チョー<br><br>ဆိတ်နှင့်တစ်ခြားတိရိစ္ဆာန်၏ အူ မှပြုလုပ်သော အူကြိုး။ ၎င်းကြိုး ဖြင့် လူ့ခန္ဓာကိုယ်အားချုပ်ပါက အချိန်ကြာသွားလာအခါ အသား နှင့်တစ်သားတည်းကျသွားသည်။ |
| カフェイン *kafein* | caffeine | ကာဖိန်း<br>カーフェン<br><br>ကော်ဖီနှင့် လက်ဘက်ရည်များ တွင်ပါရှိသည့် (နှလုံးအားဆေး ဟု ယူဆသူများလည်းရှိသော) အာရုံ လှုံ့ဆွဆေးဓါတ်။ |
| 下腹部 *kafukubu* 膀胱 *boukou* | pubic, abdomen | ဆီး(ခုံး)စပ်နှင့်ဆိုင်သော<br>セィサッ・ニン・サイトォ |

323

医療関連

| 日 | 英 | ミャンマー |
|---|---|---|
| 花粉<br>*kafun* | pollen | ပန်းဝတ်မှုံ<br>パンウィッモン |
| 花粉症<br>*kafunshou* | pollinosis,<br>hay fever | ပန်း (ဝတ်မှုံ) အလက်ဂျိတ်<br>パンウィッモン アレッジェッ<br><br>အများအားဖြင့် ထင်းရှူးဝတ်မှုန်များကြောင့် ဖြစ်ပွားတတ်သော လည်းလူတစ်ဦးစီပေါ်တွင်မူတည်၍ တစ်ခြားသော ပန်းဝတ်မှုန်များကြောင့်လည်း ဖြစ်တတ်ပေသည်။ |
| 壁<br>*kabe* | wall | နံရံ<br>ナンヤン |
| カヘキシー<br>*kahekishii*<br>悪液質<br>*akuekishitsu* | cachexia,<br>a chronic infectious disease | (တီဘီရောဂါ၊ ဆစ်ဖလစ်ရောဂါ ကဲ့သို့သော ရောဂါဆိုးကြီးများကြောင့် အားအင်ချို့နဲ့) ပိန်ချုံးခြင်း<br>ペインチョンチン |
| ガマ腫(舌の下側の嚢胞)<br>*gamashu(shitano shitagawano nouhou)* | ranula | (လျှာအောက်ရှိ) တံတွေး ဂလင်းအိပ်<br>タトェ・ガリン・エッ |
| 髪<br>*kami* | hair | ဆံပင်<br>サンピン |
| 神々の使者<br>*kamigaminoshisha*<br>mercury[hermes]のつえ | caduceus,<br>messenger of god | ဟာမီး (Hermes) တောင်ဝှေး<br>ハーミタウンウェ<br><br>ရှေးလူများ ယုံကြည်ထားသော သိပ္ပံပညာဆိုင်ရာ နတ်ဘုရား ဟာမီး (Hermes) ကကိုင်ဆောင်သော မြွေရစ်ပတ်ထားသည့်တောင်ဝှေး။ |
| かゆみ<br>*kayumi* | itch,<br>pruritus | ယားယံခြင်း<br>ヤーヤンチン |

医療関連

| 日 | 英 | ミャンマー |
|---|---|---|
| かゆみ止め薬<br>*kayumidomegusuri* | anti-itch,<br>medication,<br>antipruritic drug | ယားယံမှု့ပျောက်ဆေး<br>ヤーヤンム・ピャゥセェ<br><br>အယားပျောက်ဆေး<br>アヤーピャゥセェ |
| カラアザール<br>*karaazaaru*<br>内臓リーシュマニア症<br>*naizouriishumaniashou*<br>黒熱病<br>*kokunetsubyou* | kala-azar<br>leishmaniasis | (တရုပ်ပြည် အိန္ဒိယပြည်များတွင်<br>တွေ့ရသော ကပ်ပါးကြောင့်ဖြစ်<br>သော သည်းသရက်ရွက်ကြီး<br>သော)ကာလာအာဇာရောဂါ<br>カラアァザァ・ヨーガ |
| 体、死体<br>*karada, shitai* | body | လူသေကောင်<br>ルウ・テェ・ガウン<br><br>ကိုယ်ခန္ဓာရုပ်အလောင်း။<br><br>ကိုယ်လုံးကိုယ်ထည်။ |
| 空の<br>*karano* | void,<br>empty air, | ဟာသွားရန်<br>ハー・トァヤン<br><br>အညစ်အကြေး(ဆီး)သွားစေသည် |
| カルチノイド<br>*karuchinoido* | carcinoid | (အူအတက်နှင့် အူများတွင်တွေ့ရ<br>တတ်သော ကင်ဆာအစစ်ကဲ့သို့<br>မပြင်းထန်ကင်ဆာနှင့်တူသည့်)<br>မြင်း<br>ミィン<br><br>၎င်းသည်လည်းတဖြည်းဖြည်း<br>ကြီးထွား ပြန့်နိုင်ပေသည်။ |
| カルンクル<br>*karunkuru* | caruncle | ကရုန်းကယ်<br>カールンケェ<br><br>မိန်းမဆီးလမ်းကြောင်း<br>(အနီရောင်ရှိ) မျက်ခွံပုံရှိ အသီး။ |

325

**医療関連**

| 日 | 英 | ミャンマー |
|---|---|---|
| 管<br>*kan*<br>導管<br>*doukan*<br>耳道<br>*mimidou* | meatus | နားဝ<br>ナァワ<br><br>(နားလမ်းကြောင်း) အဝ။ |
| 癌<br>*gan* | cancer | ကင်ဆာ<br>キンサァ<br><br>ကာဆီနီးမား ကင်ဆာရောဂါ။<br>ဆိုးရွားသော အသားပို မြင်းဘီလူး။ |
| 観淫者<br>*kaninsha* | voyeur | လိင်ရောဂါရှိသူ<br>レェン・ヨーガ　シトゥ<br><br>အခြားသူများ လိင်ဆက်ဆံခြင်းကို<br>ခြောင်းကြည့်ခြင်းမှကျေနပ်နှစ်သိမ့်<br>မှု့ရသောရောဂါရှိသူ။ |
| 観淫症<br>*kaninshou* | voyeurism | လိင်ရောဂါ<br>レェン・ヨーガ<br><br>အခြားသူများ လိင်ဆက်ဆံခြင်းကို<br>ခြောင်းကြည့်ခြင်းမှကျေနပ်နှစ်သိမ့်<br>မှု့ရသောရောဂါ။ |
| 姦淫を行なう<br>*kaninwo okonau* | fornicate,<br>adultery | လက်မထပ်ပဲ ကာမကျူးလွန်သည်<br>レッマタミィ・カァマ・チュールゥ<br>ンティ |
| 眼科<br>*ganka* | ophthalmology | မျက်စေ့ဌာန<br>ミェッセ・ダァナ<br><br>မျက်စေ့ရောဂါဆိုင်ရာ<br>ရောဂါကုသရာ ဌာန။ |

医療関連

| 日 | 英 | ミャンマー |
|---|---|---|
| 眼科医<br>*gankai* | oculist,<br>ophthalmologist,<br>eye specialist | မျက်စေ့ကုဆရာဝန်<br>ミェッセ・ク・サヤウィン |
| 眼科学<br>*gankagaku* | ophthalmology | မျက်စေ့ဗေဒ<br>ミェセ・ベーダ |
| (五官による)感覚、知覚<br>*(gokanniyoru)kankaku、chikaku* | sensation | အာရုံခံစားခြင်း<br>アーヨン・カン・サー・チン |
| 眼窩内の<br>*gankanaino* | intraorbital | မျက်လုံးအတွင်းနှင့်ဆိုင်သော<br>ミェッロン・アトェン・ネ・サイントォ |
| 癌恐怖症<br>*gankyoufushou* | cancerophobia | ကင်ဆာကြောက်ရောဂါ<br>キンサァ・チャウ・ヨーガ<br><br>ကင်ဆာရောဂါဆိုးစွဲကပ်မည်ကို စိုးရိမ်ကြောက်လန့်သည့်ရောဂါ။ |
| 桿菌<br>*kankin* | bacilli | တုတ်တံပိုး<br>トゥ・タン・ポゥ<br><br>တိုပ်ဖွိုက်အူရောင်ငန်းဖျား၊ ကြက်ညှာချောင်းဆိုး နှင့် ဝမ်းကိုက်ရောဂါများကိုဖြစ်စေ သည့် တုတ်တံနှင့် သက္ကာန်တူ သည့် ရောဂါပိုး။ |
| 眼結膜炎<br>*ganketsumakuen*<br>眼炎<br>*ganen* | ophthalmia | မျက်စေ့နာ ရောဂါ<br>ミェッセー・ヨゥガァ |
| 眼瞼の<br>*gankenno* | palpebral | မျက်ခွံနှင့်ဆိုင်သော<br>ミェッコン・ニン・サイントォ |

医療関連

| 日 | 英 | ミャンマー |
|---|---|---|
| カンシ(はさみ)<br>*kanshi(hasami)* | scissors | ကပ်ကြေး<br>カッチェー |
| 鉗子(かんし)分娩<br>*kanshibunben* | forceps delivery | ညှပ်ကူမွေးခြင်း<br>ニャッ・クゥ・ムェチン<br><br>ဂျပန်နိုင်ငံတွင် ထိုကဲ့သို့ ကလေးမွေးပါကခွဲစိတ်မှု့တစ်ခု အနေဖြင့်သပ်မှတ်ပြီးအာမခံကြေးပိုဆောင်းပေးပါသည်။ |
| 患者<br>*kanja* | patient | လူနာ<br>ルゥナー<br><br>လူမမာ<br>ルゥマ・マア |
| 患者用椅子<br>*kanjayouisu* | patient's chair | လူနာကုလားထိုင်<br>ルゥナー・クラータィ |
| 患者用ベッド<br>*kanjayoubeddo* | patient's bed | လူနာကုတင်<br>ルゥナー・クティン |
| 癌症、癌腫症<br>*ganshou, ganshushou* | carcinomatosis, carcinosis | ပြန့်နှံ့သော ကင်ဆာ<br>ピャンナントゥ・キンサァ<br><br>တစ်ကိုယ်လုံး ပြန့်နှံ့စေနိုင်သောကင်ဆာ။ |
| 冠状動脈<br>*kanjoudoumyaku* | coronary | နှလုံးသွေးကြော<br>ナロン・トェジョウ<br><br>နှလုံးအားချို၍ပတ်ထားသော သွေးကြော သို့ နာဝ်ကြော။ |
| 関節<br>*kansetsu* | joint | အဆစ်<br>アッセィ |

医療関連

| 日 | 英 | ミャンマー |
|---|---|---|
| 関節炎<br>*kansetsuen* | arthritic | အရိုးအဆစ်ရောင် ရောဂါ<br>アッセィ・ヤウン・ヨウガ |
| 関節水症<br>*kansetsusuishou* | hydrarthrosis | အရိုးထဲရေဝင်ခြင်း<br>アヨゥテェ・イェウィンチン<br>အရိုးအဆစ်တွင်းသို့ ရေဝင်ခြင်း။ |
| 関節痛<br>*kansetsutsuu* | arthralgia | အဆစ်ကိုက်ခြင်း<br>アッセェ・カイチン |
| 感染<br>*kansen* | infection | ကူးဆက်မှု့<br>クゥセッム |
| 感染症<br>*kansenshou* | infectious disease | ကူးဆက်မှု့ရောဂါ<br>クッセム・ヨゥガァ |
| 肝臓<br>*kanzou* | hepar,<br>liver | အသည်း<br>アテェ |
| 乾燥機<br>*kansouki* | dryer | အခြောက်ခံစက်<br>アチャゥ・カンセッ |
| 乾燥症<br>*kansoushou* | xerosis | ခြောက်သွေ့ခြင်း<br>チャウトェチン |
| 浣腸<br>*kanchou* | enema | ဝမ်းချုဆေး<br>ウィンチュゥ・セェ<br>စအိုအတွင်းသို့ ထိုးသွင်းသောဆေး။ |
| 眼内圧<br>*gannaiatsu* | intraocular pressure | မျက်လုံးတွင်း ဖိအား<br>ミェッロン・トゥン・ピィアァ |
| 肝肥大<br>*kanhidai* | hepatomegaly | အသည်းကြီးခြင်း<br>アテェ・チィチン |
| カンフル<br>*kanfuru*<br>樟脳(しょうのう)<br>*shounou* | camphor | ပရုပ်<br>パッヨゥ |

医療関連

| 日 | 英 | ミャンマー |
|---|---|---|
| 完了<br>*kanryou* | end,<br>finish | ပြီးဆုံးခြင်း<br>ピーソンチン |
| 黄色の<br>*kiirono* | xanthochromatic,<br>yellow | အဝါရောင်ရှိသော<br>アワヤウン・シトォ |
| 記憶喪失<br>*kiokusoushitsu* | amnesia | သတိလစ် မေ့(လျှော့)တတ်ခြင်း<br>タティ・メェ・チン |
| 器械台車<br>*kikaidaisha* | trolley,<br>treatment trolley | (ဆေးပစ္စည်း ကရိယာတင်)<br>တွန်းလှည်း<br>トィンレェ |
| 器官<br>*kikan* | organ | အင်္ဂါရုပ်<br>インガ・ヤッ |
| 気管<br>*kikan* | trachea,<br>windpipe,<br>tube in the throat,<br>bronchus,<br>any of the main<br>air passages | လေပြွန်<br>レーピョン |
| 気管支<br>*kikanshi* | bronchial tube | လေပြွန်<br>レーピョン |
| 気管支(喘息)<br>*kikanshi(zensoku)* | bronchial | အဆုပ်(လေပြွန်)နှင့် ဆိုင်သော<br>アッソ・ネ・サィントォ |
| 気管支炎<br>*kikanshien* | bronchitis | အဆုပ်(လေပြွန်)ရောင်ယမ်းခြင်း<br>アッソ・ヤゥン・ヤン・チン |
| 気胸<br>*kikyou* | pneumothorax,<br>air in the chest<br>cavity | အဆုပ်ပတ်လည်<br>(ရင်ခေါင်းတွင်းသို့) လေဝင်ခြင်း<br>アッソ・パッレェ・レェウィンチン |
| 効く<br>*kiku* | be effective,<br>have an effect | သက်ရောက်သည်<br>テェッヤゥティ |

| 日 | 英 | ミャンマー |
|---|---|---|
| キサンタリン<br>*kisantarin* | xanthaline | (ဇန်သစ်)အက်ဆစ်ဆား<br>S C (OC2H5) SH<br>エッセ・サアー |
| キサンテン<br>*kisanten* | xanthene | ဇန်သင်း (C6H4)2 (O)-CH2<br>ザンティン |
| 傷<br>*kizu*<br>負傷<br>*fushou*<br>けが<br>*kega* | strain,<br>vulnus,<br>wound,<br>injury,<br>cut,<br>bruise,<br>scrape,<br>scar | ဒက်<br>ダン<br><br>ဒက်ရာဒက်ချက်<br>ダンヤァ・ダンチェッ |
| 寄生(白癬)菌性毛瘡<br>*kisei(hakusen)kinseimousou* | sycosis,<br>an inflammatory<br>disease of the hair<br>follicles | အမွေးမြစ်နာ<br>アムェ・ミィッナ |
| 寄生虫<br>*kiseichuu* | worm | (ဂဝီမျိုးနွယ်တွင် ပါဝင်သော)<br>သန်<br>タン |
| 奇跡<br>*kiseki* | miracle | ထူးခြားမှုက်ကြမွာ<br>トゥチャム・カンチャマ |
| 義足<br>*gisoku* | an artificial leg | ခြေတု<br>チェトゥ |
| 吃音<br>*kitsuon* | dysphemia,<br>stammering,<br>stutter | စကားထစ်ခြင်း<br>サカーティッチン |
| 吃音症<br>*kitsuonshou* | stammering<br>symptom | စကားထစ်ခြင်းရောဂါ<br>サカーティッチン・ヨゥガァ |

医療関連

| 日 | 英 | ミャンマー |
|---|---|---|
| 亀頭炎 *kitouen* | balanitis | လိမ်တံ(ထိပ်ဖူး) ရောင်ရမ်းနာ<br>レインタン・ヤウンヤンナァ |
| キニジン *kinijin* | quinidine | ကွီနီဒိုင်း<br>クィ・ニィ・ダイ |
| 気尿、気尿症 *kinyou, kinyoushou* | pneumaturia | ဆီးလေသွားခြင်း<br>セィ・レェ　トァチン<br><br>ဆီးအတွင်းတွင်လေပါခြင်း။<br><br>ဆီးအိပ်နှင့်အူအကြားတွင် အနာပြန်ကြောင့် ဖြစ်သော လေနှင့်ဆီးရော၍ (ဆီးလေ) သွားခြင်း။ |
| キヌタ骨 *kinutakotsu* | anvil, incus | နား႐ွက်အ႐ိုး<br>ナァユェッ・アトゥ<br><br>(ပန်းပဲဖိုတွင်သုံးသည့်)ပေတုံး<br>ペェ・トゥン |
| 気分 *kibun* | feeling | စိတ် (ခံစားမှု)<br>セッ |
| 偽膜性喉頭炎 *gimakuseikoutouen* | croup | ချောင်းဆိုးခြင်း<br>チャウンソゥチン<br><br>ကလေးသူငယ်များတွင်အဖြစ် များသောသူငယ်နာချောင်းဆိုး ခြင်းကြောင့် အသံအိုးရောင်ရမ်း ကာအသက်ရှူကြပ်ခြင်းဖျားနာခြင်း။ |
| 黄身 *kimi* | yolk | ဥနှစ်<br>ウニッ |

332

医療関連

| 日 | 英 | ミャンマー |
|---|---|---|
| (心電図)QRS波<br>*qrs* | QRS wave | QRSလှိုင်း<br>QRS ライン<br><br>နှလုံးအခြေအနေအားဖော်ပြသော နှလုံးလျှပ်စစ်မှတ်တန်းပုံရှိ အစိတ်အပိုင်း။ |
| q.i.d(1日4回)<br>*qid (ichinichiyonkai)* | q.i.d,<br>quater in die | q.i.d<br>ဆေးညွှန်းတွင်သုံးသော တစ်နေ့လေးချိန်ဟူသည် အဓိပ္ပါယ်။ |
| q.h(毎時間)<br>*qh(maijikan)* | q.h,<br>quaque hora | q.h<br>ဆေးညွှန်းများတွင် သုံးသော နာရီတိုင်းဟူသည့်အဓိပ္ပါယ်။ |
| q.s(適量)<br>*qs(tekiryou)* | q.s,<br>quantum sufficit | q.s<br>ဆေးညွှန်းတွင် သုံးသည့် လုံလောက်သောဟူသည့် အဓိပ္ပါယ်။ |
| 救急<br>*kyuukyuu* | ER,<br>emergency,<br>first-aid | အရေးပေါ်ဌာန<br>アイェポゥ ダナァ |
| 救急車<br>*kyuukyuusha* | ambulance | လူနာတင်ကား<br>ルナァティンカー |
| 丘疹<br>*kyuushin* | papule,<br>pimple | ရေကျောက်<br>イェ・チャゥ<br><br>ဝက်ခြံ<br>ウェッチャン<br><br>ရေကျောက် သို့ ဝက်ခြံ နှင့်တူသော အဖုငယ်။ |

医療関連

| 日 | 英 | ミャンマー |
|---|---|---|
| q.t<br>*quart* | q.t,<br>quart | q.t<br>ကွတ် |
| 牛痘<br>*gyuutou*<br>ワクシニア<br>*wakushinia* | cowpox,<br>vaccinia | နွားကျောက်<br>ヌァチャゥ |
| Q熱<br>*q netsu* | Q fever | (ပိုးမွှားသန်းတို့မှ သယ်ဆောင်<br>လာသော)<br>ကျူ အဖျား<br>Qアピャァ |
| q.v(所要量、適量)<br>*qv(shoyouryou, tekiryou)* | q.v<br>(quantum vis,<br>quantum volueris) | q.v<br>ဆေးညွှန်းတွင်သုံးသော<br>လိုသလောက် ဟူသည့်<br>အဓိပ္ပါယ်။ |
| 狂犬の<br>*kyoukenno* | rabid dog,<br>dog sick with<br>rabies,<br>mad dog | ခွေးရူးပြန်ရောဂါရှိသော<br>クェユゥピャン・ヨゥガァ |
| 狂犬病<br>*kyoukenbyou* | hydrophobia,<br>lyssa,<br>rabies | ခွေးရူးပြန်ရောဂါ<br>クェ・ユー・プアン・ヨゥガァ |
| 胸骨<br>*kyoukotsu* | breastbone,<br>sternum,<br>long flat bone<br>connected to the<br>ribs | ရင်ဘတ်ရိုး<br>リンバットヨゥ |
| 狭頭症<br>(頭蓋骨縫合早期癒合症)<br>*kyoutoushou(zugaikotsuhougo<br>usoukiyuugoushou)* | stenocephaly | ခေါင်းသေးရောဂါ<br>ガゥンテェ・ヨーガ<br>ကျဉ်းလွန်းသော ဦးခေါင်းခွံ။ |

医療関連

| 日 | 英 | ミャンマー |
|---|---|---|
| 胸部<br>*kyoubu* | thorax | ရင်ပိုင်း<br>リンパイン<br><br>ရင်ခေါင်း<br>リンガウン |
| (目の)強膜<br>*(meno)kyoumaku* | sclera | မျက်လုံး အဖြူ<br>ミェロン・アピュ<br><br>မျက်စေ့အဖြူရောင်အပိုင်း။ |
| 局長<br>*kyokuchou* | director,<br>head officer | ဌာနမှူး<br>タァナァムゥ |
| 虚弱<br>*kyojaku*<br>壊れやすさ、もろさ<br>*kowareyasusa, morosa* | fragility | ကျိုးလွဲခြင်း<br>チョールェチン<br><br>အလွယ်တစ်ကူ ကျိုးနိုင်ခြင်း။ |
| 御製<br>*gyosei* | restraint,<br>poem or song<br>written by the<br>emperor | ထိမ်းချုပ်ခြင်း<br>ティン・チュオチン |
| 巨大歯症<br>*kyodaishishou* | macrodontia,<br>the condition of<br>having abnormally<br>large teeth | သွားကြီးလွန်ခြင်း<br>トァチーロンチン |
| 巨大乳房症<br>*kyodainyuuboushou* | macromastia,<br>macromazia | နို့အုံကြီးခြင်း<br>ノウオンチーチン |
| 緊張<br>*kinchou* | tension | တင်းအား<br>ティンアァ |

335

医療関連

| 日 | 英 | ミャンマー |
|---|---|---|
| 銀沈着症、銀皮症<br>*ginchinchakushou, ginpishou* | argyria | ငွေဆိပ်တက်ခြင်း<br>ングェ・セッ・テッチン<br><br>ရေးအခါက ပါဝင်သည့် ဆေးဝါးများဖြင့် အချိန်ကြာမြင့်စွာ ကုသမှုကြောင့် ဖြစ်ရသောရောဂါတစ်ခုပင် ဖြစ်သည်။ |
| 筋肉<br>*kinniku* | muscle | ကြွက်သား<br>チュオタア |
| 菌類学<br>*kinruigaku* | mycology | မှို(ကိုလေ့လာခြင်း)ပညာ<br>モー・ピィン・ニャー |
| クエン酸<br>*kuensan* | citric acid | (ရှောက်သံပုယို အမျိုးအနွယ်မှ ရသောအက်စစ်ပုံဆောင်ခဲ)<br>ဆစ်ထရစ်<br>セッタリ |
| 薬<br>*kusuri* | medicine | ဆေး<br>セェ<br><br>ဆေးဝါး<br>セェワァ |
| 薬指<br>*kusuriyubi* | ring finger | လက်သူကြွယ်<br>レットゥ・ジュェ |
| 口<br>*kuchi* | mouth | ပါးစပ်<br>パァサッ |
| 口の周り<br>*kuchino mawari* | circumoral | ပါးစပ်ပါတ်လည်<br>パァサッ・パッレェ |
| 唇<br>*kuchibiru* | lip | နှုတ်ခမ်း<br>ノウッ・カン |
| 駆虫薬<br>*kuchuuyaku*<br>虫下し<br>*mushikudashi* | anthelmintic | သံချဆေး<br>タン・チャセェ |

医療関連

| 日 | 英 | ミャンマー |
|---|---|---|
| 屈折計<br>*kussetsukei* | dioptometer | မျက်စေ့အားတိုင်းကရိယာ<br>ミェセッ・アァタィン・カリヤ |
| 首<br>*kubi* | neck | လည်ပင်း<br>レェピン<br><br>လည်တိုင်<br>レェタィ |
| 首すじ<br>*kubisuji* | nape of the neck,<br>back of the neck,<br>scruff of the neck | လည်ကုတ်<br>レェコウッ |
| クモ形綱の動物<br>(クモ・ダニなど)<br>*kumokeimou no doubutsu*<br>*(kumo·daninado)* | arachnids | အာရက်ခနိဒါ<br>アァレッ・カニダァ<br><br>ခြေလက်များပြားသော ပင့်ကူ၊ မွှား၊<br>ကင်းမီးကောက်ကဲ့သို့သောသတ္တဝါ။ |
| クモ膜<br>*kumomaku* | arachnoid mater | ဦးကနာက် အလည်မြှေး<br>ウゥナゥ・アレェミェー<br><br>ဦးနှောက်နှင့် ကျောရိုးနှာပ်<br>ကြောစည်း တို့ကို ဖုံးအုပ်ထားသော<br>အမြှေးသုံးခုအနက်အလယ်မြှေးအား<br>ခေါ်ဆို ပါသည်။ |
| クモ膜下出血<br>*kumomakkashukketsu* | SAH,<br>Subarachnoid<br>hemorrhage | ဦးနှောက် အလည်မြှေးအောက်<br>သွေးထွက်ခြင်း<br>ウゥナゥ・アレェミェー・アゥ・トェドェチン<br><br>ဦးနှောက်နှင့် ကျောရိုးနှာပ်<br>ကြောစည်း တို့ကို ဖုံးအုပ် ထားသော<br>အမြှေးသုံးခုအနက် အလယ်မြှေးအား<br>ခေါ်ဆို ပါသည်။ |

医療関連

| 日 | 英 | ミャンマー |
|---|---|---|
| グラフ<br>*gurafu* | graph | ဂရပ်<br>ガラッ<br><br>စာရင်းအင်း နှင့် ရောဂါ အခြေအနေ ပြောင်းလဲခြင်းကိုဖော်ပြသည့်စာရင်း။ |
| グラベラ(眉間)<br>*gurabera(miken)* | glabella | ဦးခွံ<br>ウゥ・クォン<br><br>နှာခေါင်းအပေါ်နားရှိ ဦးခွံ၏ အစိတ်အပိုင်း။ |
| くらやみ恐怖(症)<br>*kurayamikyoufu(shou)*<br>暗所恐怖<br>*anshokyoufu* | nyctophobia | အမှောင်ကြောက်လွန်းခြင်း<br>アマウン・チャウ・ルン・チン |
| グリセリン<br>*guriserin* | glycerin | ဂလစ်ဆရင်<br>ガリッサリン |
| クリップ<br>*kurippu* | clip | ညှပ်<br>ニャッ<br><br>အထူးသဖြင့် ခွဲစိတ်ခန်းများတွင် တစ်ရှူး နှင့် သွေးယိုစီး နေသော သွေးကြောအားဖိအားပေးရာတွင် သုံးသောညှပ်။ |
| クリニック<br>*kurinikku* | clinic | ဆေး(ပေး) ခန်း<br>セェカン<br><br>ဂျပန်နိုင်ငံ ဆေးရုံ ဥပဒေ အရ ကုတင်၁၉လုံးအောက် ကျန်းမာ ရေးဆိုင်ရာအဆောက်အဦးအား ဆေးပေးခန်းဟုခေါ် ဆိုပေသည်။ |

医療関連

| 日 | 英 | ミャンマー |
|---|---|---|
| グルコース(ぶどう糖)<br>*gurukoosu(budoutou)* | glucose | ဂလူးကို့.(စ်)<br>ガルゥ・コッ |
| くる病<br>*kurubyou* | rachitis,<br>rickets | (ရစ်ကက်)အရိုးပျော့ရောဂါ<br>アヨウ・ピョウ・ヨーガ |
| 車イス<br>*kurumaisu* | wheel chair | တွန်းလှည်း(ကုလားထိုင်)<br>トゥンレェ |
| 車酔い<br>*kurumayoi* | car sickness | ကား(တောက်)မူးခြင်း<br>カームゥチン |
| クロロキン<br>*kurorokin* | chloroquine | ငှက်ဖျား(ရောဂါကု)ဆေးတစ်မျိုး<br>(ကလိုရိုကွင်း)<br>ングェッ・ピャァ・セェ |
| 経産の<br>*keisanno* | parous,<br>having borne children | သားမွေးဖူးသော<br>タァ・ムェ・プゥア・ブゥトェ |
| 系図学<br>*keizugaku* | geneology | သတ္တဝါ၊ သစ်ပင်ဇီဝမျိုးဆက်ဗေဒ<br>タァタワー・ティピン・ゼィワ・ミョウッセ・ベーダ |
| 経皮腎石摘出<br>*keihijinsekitekishutsu* | nephrolithotomy | ကျောက်ကပ်ကျောက်ခွဲထုပ်ခြင်း<br>チャゥッカ・チャゥ・クェッドゥチン |
| 痙攣<br>*keiren* | convulsion | ကြွက်သားဝံခြင်း<br>チュエタァ・トンチン |
| | | ဦးကြောက်ကြီးတွင် ပြဿနာရှိ၍<br>သတိမေ့တက်သည်အထိ ကြွက်<br>သားများတောင့်တင်းမာကြောခြင်း။ |
| ケーキ乳房<br>*keekinyuubou* | caked breast | (နို့ရည်များဖြင့် ရောင်ရမ်းတင်းမာ<br>နေသော ရင်သား)နို့တင်းခြင်း<br>ノゥ・ティン・チン |

339

医療関連

| 日 | 英 | ミャンマー |
|---|---|---|
| ゲージ<br>*geeji* | gage,<br>gauge | တိုင်းထွာသောကရိယာ<br>タイン・トゥア・トゥ・カリィヤ<br><br>ဂိတ် (မီတာ)<br>ゲェッ(ミィタァ) |
| ケーソン病<br>*keesonbyou*<br>潜函病<br>*senkanbyou* | caisson disease | ကိုင်ဆွန်<br>カイ・ソン<br><br>(ရေငုပ်သမား၊ ဥမင်လိုင်ခေါင်းတူး<br>သမားများတွင် တွေ့ရတတ်သော)<br>လေ၏ဖိအား ရုပ်တစ်ရက်ပြောင်းလဲ<br>သွား၍ဖြစ်ပေါ်သောရောဂါ။ |
| K.Yゼリー<br>*k.y zerii* | K.Y jelly | (စမ်းသပ်စစ်ဆေးရာတွင် ချောမွေ့<br>စေရန် အသုံးပြုသော) ဂျယ်လီ<br>ジェーリ |
| 外科<br>*geka* | surgery | ခွဲစိတ်(မှုဆိုင်ရာ) ဌာန<br>クェ・セィッ・ターナ |
| 外科医<br>*gekai* | surgeon,<br>operator | ခွဲစိတ်ဆရာဝန်<br>クェ・ティッ・サヤワン |
| 外科(解剖)用メス<br>*geka(kaibou)you mesu* | scalpel | ခွဲ(စိတ်ကုသရာတွင် သုံးသော)ဓါး<br>クェ・ダァ |
| 下剤<br>*gezai* | purgative,<br>lexative | ဝမ်း(ဓါတ်)နုတ်ဆေး<br>ワン・ノゥ・セェ |
| 血圧<br>*ketsuatsu* | B.P,<br>blood pressure | သွေးဖိအား<br>トェ・ピアァ |
| 血圧計<br>*ketsuatsukei* | blood pressure<br>measurement,<br>sphygmomanometer,<br>manometer | သွေးဖိအား တိုင်းကရိယာ<br>トェ・ポァ・タインカリヤ |

医療関連

| 日 | 英 | ミャンマー |
|---|---|---|
| 血液<br>*ketsueki* | blood | သွေးရည်<br>トエイエ |
| 血液希釈<br>*ketsuekikishaku* | hemodilution | သွေးကျဲခြင်း<br>トエチェ・チン |
| 血液検査<br>*ketsuekikensa* | blood test | သွေးစစ်ရာဌာန<br>トエ・セェッ・ヤァ・タァナ |
| 血液病専門医<br>*ketsuekibyousenmoni*<br>血液学者<br>*ketsuekigakusha* | hematologist | သွေးပညာရှင်<br>トエ・ピンニャシン |
| 血液量減少の<br>*ketsuekiryougenshouno* | volemic | (ကိုယ်ခန္ဓာထဲရှိ သွေး (သွေးရေ<br>ကြည်) ၏ ထုထည်နှင့် ဆိုင်သော)<br>သွေးပမာဏနည်းခြင်း<br>トエパマナ・ネェ・チン |
| 結核<br>*kekkaku* | TB,<br>tuberculosis | တီဘီရောဂါ<br>ティビ・ヨゥガァ |
| 血管<br>*kekkan* | blood vessel | သွေးကြော<br>トエチョウ |
| 血管収縮<br>*kekkanshuushuku* | vasoconstriction | သွေးကြောကျုံ့ခြင်း<br>トエチョウ・チョンチン |
| 血管神経腫<br>*kekkanshinkeishu* | angioneuroma | သွေးကြောနာဖီမြင်း<br>トエチョウ・ナァミィン |
| 血管肉腫<br>*kekkannikushu* | hemangiosarcoma | သွေး(ကြော)မြင်း<br>トエ・ミィン |
| 血管抑制神経<br>*kekkanyokuseishinkei* | vasodepressor | သွေးဖိအား(သွေးတိုး) ကျဆေး<br>トエアァ・チャセェ |
| 月経<br>*gekkei* | menses,<br>menstruation,<br>menstrual period | ရာသီ (မီးယပ်သွေး)<br>ヤァティ |

341

医療関連

| 日 | 英 | ミャンマー |
|---|---|---|
| 月経促進薬<br>*gekkeisokushinyaku* | emmenagogue | ရာသီလာဆေး<br>ヤティ・ラァ・セェ<br><br>ရာသီ ဓမ္မတာ သွေး ပေါ်<br>စေရန်ပြုလုပ်သောဆေး။ |
| 月経閉止<br>*gekkeiheishi* | menopause | သွေးဆုံးခြင်း<br>トェ・ソゥンチン |
| 結婚嫌いの人<br>*kekkongiraino hito* | misogamist | လက်ထပ်ခြင်းကို မုန်းခြင်း<br>レッタチンコ・モンチン |
| 結石<br>*kesseki* | calculus | ကျောက်တည်ခြင်း<br>チャゥ・テェ・チン<br><br>သည်းခြေအိပ်နှင့် တံထွေးဂလင်၊<br>ဆီးလမ်းကြောင်းတွင် ကယ်လဆီ<br>ယမ်ခါတ်စား(ကျောက်)တည်ခြင်း။ |
| 血栓<br>*kessen* | thrombus | (နှလုံး သို့ သွေးကြောအတွင်းရှိ)<br>သွေးခဲ<br>トェ・ケェ |
| 血栓形成傾向<br>*kessenkeiseikeikou*<br>栓友病<br>*senyuubyou* | thrombophilia | (သရုပ်ပင်) သွေးခဲစေခြင်း<br>トェケェ・セェチン |
| 血痰<br>*kettan* | hemoptysis,<br>bloody phlegm | ချောင်းဆိုး သွေးပါခြင်း<br>チャウンソゥ・トェパーチン |
| 結腸切開<br>*kecchousekkai* | colectomy | အူမကြီးအပိုင်းအား ဖြတ်ထုပ်ခြင်း<br>ウゥマジ・ピャットゥチン |
| 結腸切開術<br>*kecchousekkaijutsu* | colotomy | အူမအတွင်း ခွဲစိတ်ခြင်း<br>ウゥマ・アトェン・クェセッチン |

医療関連

| 日 | 英 | ミャンマー |
|---|---|---|
| 血洞<br>*kettou* | hematocele,<br>blood sinus | အတွင်းသွေးမှ ဖြစ်သော သွေးမှုတ်<br>アトェン・トェ・マ・ピィットゥ・トェッモ<br><br>အတွင်း သွေးထွက်ခြင်း ကြောင့်သွေးများစုလာပြီး ဖြစ်သောသွေးမှုတ်။ |
| 潔癖症<br>*keppekishou* | fastidiousness | လွန်ကဲစွာ သန့်ပြန့်ခြင်း<br>ルンケスァ・タンピャンチン<br><br>ဇီဇာကြောင်သော<br>ゼィザァ・チャウンチン |
| 血友病<br>*ketsuyuubyou* | hemophilia,<br>leukemia | သွေးမတိတ်(ခဲ)ရောဂါ<br>トェマッテェ・ヨーガ<br><br>သွေးဖြူဆဲလ် ကင်ဆာ<br>トェ・ピュウ・セェ・ケンサァ<br><br>မျိုးရိုးလိုက် ရောဂါတစ်ခုဖြစ်ပြီး အထူးသဖြင့် ယောက်ျားများတွင် အတွေ့များပေသည်။ |
| 血友病患者<br>*ketsuyuubyoukanja* | bleeder,<br>hemophiliac | သွေးမတိတ်သူ<br>トェ・マティ・トゥ |
| 解毒<br>*gedoku* | detoxication | အဆိပ်ဖြေခြင်း<br>アッセィッ・ピェチン |
| 解毒剤<br>*gedokuzai* | antidote | အဆိပ်ပြေဆေး<br>アッセィッ・ピェ・セェ |
| 解熱剤<br>*genetsuzai* | antipyretic | အပူချဆေး<br>アプゥチャセー |

343

医療関連

| 日 | 英 | ミャンマー |
|---|---|---|
| 仮病<br>*kebyou* | dissimulation | ဟန်ဆောင်ဖျားခြင်း<br>ハンサウン・ピャチン<br><br>နေမကောင်းဟန်ဆောင်ခြင်း။ |
| 毛深い<br>*kebukai* | hirsutism,<br>pilosis | အမွှေးထူခြင်း<br>アムエ・トゥチン |
| 毛深い部分<br>*kebukaii bubun* | pelage | (ခန္ဓာကိုယ်ရှိ)အမွှေးထူ နေရာ<br>アムエ・トウ・ヨーガ |
| 下痢<br>*geri* | diarrhea | ဝမ်းလျှော့ခြင်း<br>ワン・ショウ・チン |
| 下痢便偽膜<br>*geribengimaku* | xysma | အကျိအရဲ<br>ア・イィ・アユエ<br><br>ဝမ်းရောဂါ ရှိသူ၏ ကျင်ကြီး<br>တွင်တွေ့ရတတ်သောအကျိ<br>အရဲအမြေး။ |
| ゲル、膠(こう)化体<br>*geru, koukatai* | gel | (မခဲတခဲဖြစ်နေသော အရည်မကျ<br>အခဲမကျ ဖြစ်နော်) ဂျဲလ်<br>ジェ |
| ゲルフォーム<br>*gerufoomu*<br>ゼラチン泡<br>*zerachinawa* | gelfoam | ဂျဲလ်အမြှုပ်<br>ジェ・アミョウツ<br><br>သွေးခဲသွားအောင် ပြုလုပ်<br>ပေးသည့်သရွမ်ပင် ပါသော<br>ဂျဲလ်ဖုမ်း။ |
| 牽引<br>*kenin* | traction | ဆွဲ(တင်း) အား<br>スエアア |
| 検影器<br>*keneiki* | retinoscope | မျက်စေ့(အလင်း)အားတိုင်းစက်<br>ミェッセ・アア・タインセッ |

344

医療関連

| 日 | 英 | ミャンマー |
|---|---|---|
| 献血<br>*kenketsu* | blood donation | သွေးလှူခြင်း<br>トェ・ルチン |
| 肩甲骨<br>*kenkoukotsu* | scapula | လက်ပြင်ရိုး<br>レッ・ピィン・ヨゥ |
| 健康診断<br>*kenkoushindan* | a medical examination | လူနာမှတ်တန်းကပ်ပြား<br>ルゥナア・マッタン・カッピャ<br><br>တိုင်းပြည်အများအပြားတွင် လူနာမှတ်တန်း၊ ဓါတ်မှန်ကဲ့ သို့သော ဆေးမှတ်တန်းကို လူနာလက်ဝယ်ဆီသို့မပေး အပ်ပဲဆေးရုံကွန်ပြူတာထဲ တွင်သာ ထား၍အမည်နှင့် နံပါတ် ရှိသော ကပ်ပြားကို သာထုပ်ပေးကြလေသည်။ |
| 検査結果<br>*kensakekka* | the result of medical check-up, clinical result | ဆေးစစ်ချက်အဖြေ<br>セセィッチェッ・アピェ |
| 検査室<br>*kensashitsu* | clinical laboratory | ဓါတ်ခွဲခန်း<br>ダッチェカン |
| 検死(解剖)<br>*kenshi(kaibou)* | postmortem | (သေဆုံးပြီးနောက်)<br>အလောင်းခွဲစိတ်ခြင်း<br>アラウン・クェ・セッ・チン |
| 研修医<br>*kenshuui* | resident | ဆေးရုံတစ်ခုတွင်အလုပ်သင် ဆရာဝန်<br>(Resident Doctor)<br>アロゥティン・サヤウィン |
| 研修外科医<br>*kenshuugekai* | house surgeon | ဆေးရုံတစ်ခုတွင်အလုပ်သင် ဆရာဝန်<br>(Resident Surgeon)<br>アロゥティン・サヤウィン |

医療関連

| 日 | 英 | ミャンマー |
|---|---|---|
| 剣状突起炎<br>*kenjoutokkien* | xiphoiditis | ရင်ညွှန့်(ရိုးနှ)ရောင်ရမ်းခြင်း<br>イィンニョン・ラウンヤン・チン |
| 原発性異性変装症<br>*genpatsuseiiseihensoushou* | transvestism | မိန်းမလျှာ ယောက်ကလျှာဝါဒ<br>メインマシャ・ヤウカシャ　ワーダ |
| 顕微鏡<br>*kenbikyou* | microscope | မိုက်ခရို စကုတ်<br>マイクロ・スコッ<br><br>ဓါတ်ခွဲခန်းသုံး မှန်ဘီလူး<br>(အကုကြည့်မှန်ပြောင်း)။ |
| 検便<br>*kenben* | stool test,<br>stool examination | ဝမ်းစစ်ခြင်း<br>ウィン・セッチン |
| 高圧蒸気滅菌装置<br>*kouatsujoukimekkinsouchi* | high pressure<br>steam sterilizer | ပိုးသပ်ပေါင်းစက်<br>ポウタッセェ |
| 効果<br>*kouka* | effect | ထိရောက်မှု့<br>ティヤウム |
| 口蓋<br>*kougai* | palate | အာခေါင်<br>アァ・カウン |
| 口蓋垂(のどちんこ)<br>*kougaisui(nodochinko)* | uvula | လျှာခင်<br>シャァ・キン |
| 口蓋形成術<br>*kougaikeiseijutsu* | uranoplasty | အာခေါင်ခွဲစိတ်(ပြုပြင်)ခြင်း<br>アァカウン・クェッセ・チン |
| 口蓋切断術<br>*kougaisetsudanjutsu* | uvulotomy | လျှာခင် ဖြတ်ထုပ်ခြင်း<br>シャキン・ピャットゥ・チン<br><br>တစ်ခုလုံးကိုသော်၎င်း၊<br>အစိတ်အပိုင်းတစ်ခုကို၎င်း၊<br>ဖြတ်ထုပ်ခြင်း။ |

医療関連

| 日 | 英 | ミャンマー |
|---|---|---|
| 口蓋裂<br>*kougairetsu* | cleft palate | အာခေါင်ကွဲခြင်း<br>アァカウン・クェチン<br><br>(မွေးရာပါ)အာခေါင်တစ်ဘက်သို့မဟုတ် နှစ်ဘက်လုံးကွဲခြင်း။ |
| 口角症<br>*koukakushou* | cheilosis | ပါးစပ်ကွဲခြင်း<br>パアッサ・クェ・チン<br><br>ဘီတာမင် ဘီ၂ ချို့တဲ့၍ ပါးစပ်ဒေါင့်များတွင် အရေပြားကွဲခြင်း။ |
| 睾丸<br>*kougan* | testes,<br>testis | (ဖိုသတ္တဝါ၏သုတ်ရည်ထွက်သည့် ဂလင်း) ဝှေးစေ့<br>ウェセェ |
| 交感神経<br>*koukanshinkei* | sympathetic nerve | သိစိတ်<br>ティッセ<br><br>သိစိတ်အာရုံကြော(စိတ်)အရာဝတ္ထု၊ အားကိုင်တွယ်ထိစေခြင်း၊ မျက်လုံးအားတစ်နေရာမှ တစ်နေရာသို့ကြည့်စေခြင်းများသည် သိစိတ်အာရုံကြော၏ စေ့ဆော်မှုကြောင့်ဖြစ်သည်။ |
| 抗菌性の<br>*koukinseino* | antibacterial | (ဘက်တီးရီးယား) ပိုသပ်ဆေး<br>ポウ・タアッセェ<br><br>ဆရာဝန်ညွှန်ကြားသည့် အတိုင်းလိုက်နာ၍ဆေးညွှန်းကုန်ဆုံးသည့်တိုင်အောင်သောက်သုံးသင့်သောဆေးဖြစ်ပေသည်။ |
| 口腔内<br>*koukuunai* | intraoral | ပါးစပ်(အတွင်း)နှင့်ဆိုင်သော<br>パアサッ・ニン・サイントゥ |

医療関連

| 日 | 英 | ミャンマー |
|---|---|---|
| 恍惚(こうこつ)<br>*koukotsu*<br>夢中<br>*muchuu* | trance | မွေ့မြောနေခြင်း<br>メェ・ミョウ・ネェ・チン |
| 好酸性<br>*kousansei* | acidophilous | လေကြိုက်ရောဂါ<br>レチャイ・ヨウガァ |
| 合指症<br>*goushishou* | syndactyly | ခြေချောင်းလက်ချောင်းပူးခြင်း<br>チェチャウン・レッチャウン・プウチン |
| 抗蛇毒素<br>*koujadokuso* | antivenin | မြွေဆိပ်ဖြေဆေး<br>ムェ・セイ・ピェセェ |
| 口臭症<br>*koushuushou* | haliosis,<br>bad breath | အာပုတ်နံ့<br>アア・ポウナン |
| 甲状舌骨の<br>*koujouzekkotsuno* | thyrohyoid | (မေးရိုးအောက်ရှိ အသံအိုးနှင့် ပစောက်ရိုးအပိုင်း ဖြစ်စေသော ဒိုင်းရိုးနှ) ပစောက်ရိုး<br>パッサウ・ヨウ |
| 甲状腺<br>*koujousen* | thyroid gland | သိုင်းရွက်ဂလင်း<br>タィン・ルァイ・ガリン |
| 甲状腺炎<br>*koujousenen* | thyroiditis | သိုင်းရွက်ရောင်ရမ်းခြင်း<br>タィン・ルァイ・ヤウン・ヤンチン |
| 甲状腺腫<br>*koujousenshu* | goiter,<br>goitre,<br>struma,<br>thyroid | လည်ပင်းကြီးနာ<br>レピン・チィナァ |
| 甲状腺病<br>*koujousenbyou* | thyropathy | လည်ပင်းကြီးနာ<br>レピン・チィナァ |
| 高所恐怖症<br>*koushokyoufushou* | acrophobia | အမြင့်ကိုကြောက်တတ်သောရောဂါ<br>アミィンコ・チャゥタットゥ・ヨウガァ |

医療関連

| 日 | 英 | ミャンマー |
|---|---|---|
| 口唇炎 *koushinen* | cheilitis | နှုတ်ခမ်းရောင်ယမ်းခြင်း<br>ヌォカン・ヤウンヤンチン |
| 厚生省 *kouseishou* | ministry of health and welfare | ကျန်းမာရေး ဝန်ကြီးဌာန<br>チャンマーイェ ウェンジィ ダァナ |
| 酵素 *kouso* | enzyme | (ဓါတုပြောင်းလဲအောင် လုပ်ဆောင်ပေးသော ဆေးတစ်မျိုး)အင်ဇိုင်း<br>インザイン<br><br>ဓါတ်ဆား (တစ်မျိုး) (EC)<br>ダッサァ |
| 抗体 *koutai* | antibody | (ရောဂါ ကာကွယ်နိုင်သည်.)ခုခံအား<br>ク・カ・ンアァ |
| 硬直(性) *kouchoku(sei)* | rigidity | တောင့်တင်းခက်မာခြင်း<br>タゥンティン・ケッマァ・チン |
| 喉頭 *koutou* | larynx | (လျှာအောက်နှင့် လေပြွန်ကြားရှိ)အသံအိုး<br>アタンオゥ |
| 喉頭炎 *koutouen* | laryngitis | အသံအိုးရောင်ရမ်းခြင်း<br>アタンオゥ・ヤウン・ヤンチン |
| 口頭の *koutouno* 口述の *koujutsuno* | oral | ခံတွင်းနှင့်ဆိုင်သော<br>カントェンニン・サイントォ |
| 抗毒素 *koudokuso* | antitoxin | အဆိပ်ဖြေဆေး<br>アセェ・ピェセェ |
| 口内乾燥症 *kounaikansoushou* | xerostoma, xerostomia, dryness of the mouth | အာခေါင်ခြောက်သွေ့ခြင်း<br>アァ・チャウ・トェチン |

医療関連

| 日 | 英 | ミャンマー |
|---|---|---|
| 公認看護師<br>*kouninkangoshi* | R.N,<br>registered nurse | (အသိအမှတ်ပြု) သူနာပြု<br>(アティアッマ・ピュ) トゥナピュ |
| 更年期の<br>*kounenkino* | climacteric,<br>menopause,<br>change of life,<br>permanent<br>cessation of<br>menstruation,<br>age of menopause | (အသက်၄၅ နှစ်မှ ၅၅ နှစ်အတွင်းရှိ အမျိုးသမီးများတွင် တွေ့ရသော)<br>သွေးဆုံးခြင်း<br>トェ・ソウン・チン |
| 抗発癌物質<br>*kouhatsuganbusshitsu* | anticarcinogen | ကင်ဆာဆေး<br>キンサーセェ<br><br>ကင်ဆာရောဂါ တိုးပွား ကျယ်ပြန့်လာမှုကို ကာကွယ်တားဆီးဆေး။ |
| 後鼻孔<br>*koubikou* | choana | နှာတွင်းပေါက်<br>ナァトゥンパウッ |
| 硬皮症<br>*kouhishou* | pachyderma | ဆင်ရေထူရောဂါ<br>セィン・イェトゥ・ヨウガァ |
| (感冒・アレルギーの)<br>抗ヒスタミン剤<br>*(kanbou, arerugiino)*<br>*kouhisutaminzai)* | antihistamine | အယားပျောက်ဆေး<br>アヤ・ピャゥ・セェ<br><br>သွေးယားရောဂါအတွက် ပေးသောဆေး။<br><br>ဓါတ်မတည့်၍ ဖြစ်သော ရောဂါကုဆေး။ |
| 項部<br>*koubu*<br>うなじ<br>*unaji* | nuchal,<br>back of the neck,<br>scruff of neck | လည်ကုတ်နှင့်ဆိုင်သော<br>レッコゥニンサイントォ |

# 医療関連

| 日 | 英 | ミャンマー |
|---|---|---|
| 好糞性<br>*koufunsei*<br>糞尿愛好症<br>*funnyouaikoushou* | coprophilia | မစင်(ကျင်ကြီးကို)ကြိုက်ခြင်း<br>マセィン・チャイチン |
| 肛門<br>*koumon* | anus | စအို<br>サオゥ・ワ |
| 肛門痒み症<br>*koumonkayumishou* | pruritus ani | (အရင်းဇစ်ကို မသိသော်လည်း)<br>စအို ယား(ယံ)ခြင်း<br>サオゥワ・ヤァ・(ヤン)チン |
| 肛門周囲<br>*koumonshuui* | perianal | စအို အနီးတွင်ရှိသော<br>サオゥワ・アニィ・トィン・シトォ |
| 肛門性交<br>*koumonseikou* | buggery,<br>sodomy | စအိုဖြင့် မေထုန် လိင်ဆက်ဆံခြင်း<br>サオゥピィン・メトゥン・レィン・セッサンチン<br><br>ဖိုချင်း (စအို) မေထုန်<br>サオゥ・メェトゥン |
| 肛門に関する<br>*koumonni kansuru* | anal | စအိုနှင့်ဆိုင်သော<br>サオゥ・ニン・サィントォ |
| (死体を)香料を詰めて防腐保存する<br>*(shitaiwo)kouryouwo tsumete boufuhozonsuru* | embalm | အလောင်းအား ဆေးထိုးခြင်း<br>アラゥンアァ・セェトゥチン<br><br>အလောင်းအားပုတ်မသွားစေရန် ဆေးထိုး၍ စီစဉ်ခြင်း။ |
| 高齢者<br>*koureisha* | old person,<br>old people | အသက်အရွယ် ကြီးမားသူ<br>アッテェ・アユェ・チーマートゥ |
| 後湾症<br>*kouwanshou* | kyphosis | ကျောရိုးကုန်းခြင်း<br>チョウヨウ・クオンチン |

医療関連

| 日 | 英 | ミャンマー |
|---|---|---|
| コカイン<br>*kokain* | cocaine | ကုတ်ကိုင်း<br>コッカィ<br><br>အကျိအကျဲအမွေးတို့မှတစ်ဆင့်ထိရောက်စွာ ပေးနိုင်သော ထုံဆေး။ ရှုဆေးများတွင်ထည့်၍အသုံးပြုပါများလာလျှင်စွဲလမ်းတတ်သွားသောကြောင့်တစ်ချို့သောနိုင်ငံများတွင် အသုံးပြုမှုကိုပိတ်ပင်ထားပါသည်။ |
| 五感<br>*gokan* | sense | အာရုံ<br>アァヨン |
| 呼気<br>*koki* | expiration | အသက်ရှူထုပ်ခြင်း<br>アッテシュウトゥチン |
| 呼気検査する<br>*kokikensa suru* | breathalyze | တက်စတာ<br>テスター<br><br>သေရည်သေရက် သောက်စားမှုကို အာမှတ်လေမှတဆင့် စက်ကိရိယာဖြင့် တိုင်းတာသည်။ |
| 呼吸<br>*kokyuu* | breath,<br>breathing,<br>respiration | အသက်ရှူခြင်း<br>アッテェシュウチン<br><br>ထွက်သက်(ထုပ်လွှတ်သောလေ) နှင့် ဝင်သက်(ရှုထုပ်သောလေ) |
| 呼吸関連<br>*kokyuukanren* | respiratory | အသက်ရှူခြင်းနှင့်ဆိုင်သော<br>アッテ・シュチン・ネ・サイントゥ |
| 呼吸器<br>*kokyuuki* | respirator | အသက်ရှူကရိယာ<br>アッテ・シュ・カリヤ |
| 呼吸困難<br>*kokyuukonnan* | difficulty in<br>breathing<br>dyspnea,<br>labored breathing | အသက်ရှု ကြပ်မွန်းခြင်း<br>アッテシュ・チャッモンチン<br><br>အသက်ရှုကျပ်ခြင်း<br>アッテシュ・チャッチン |

医療関連

| 日 | 英 | ミャンマー |
|---|---|---|
| 国民保険 *kokuminhoken* | national health insurance | (မြို့နယ်ရုံးများတွင် ဝင်ရောက်ထားသော ဆေးကုသမှု) (ဆေး) အာမခံလက်မှတ် <br> (セェ)アマカン・レッマ |
| 心 *kokoro* <br> 精神 *seishin* | mind | စိတ်(နှလုံးသား ဦးနောက်) <br> セェッ |
| 腰 *koshi* | back, waist | ခါး <br> カァ |
| 古生物学 *koseibutsugaku* <br> 化石学 *kasekigaku* | paleontology | ကျောက်ဖြစ်ရုပ်ကြွင်းပညာ <br> チャウッ・ピィ・ヨウ・チュィン・ピィンニャ |
| 鼓腸 *kochou* | flatulence, bloating | လေပွခြင်း <br> レー・プワチン |
| 骨(性) *kotsu(sei)* | osteal | အရိုးနှင့်ဆိုင်သော <br> ア・ヨゥニンサイントォ |
| 骨学 *kotsugaku* | osteology | အရိုးပညာ <br> アヨウピンニャ |
| 骨切り術 *kotsugirijutsu* | osteotomy | အရိုးဖြတ်ခြင်း <br> アヨウ・ピャッチン |
| 骨折 *kossetsu* | fracture | အရိုးကျိုးခြင်း <br> アヨゥ・チョウチン |
| コットン *cotton* | cotton | ဝါ <br> ワァ |
| 骨盤 *kotsuban* | pelvis | တင်ပါးဆုံရိုး <br> ティンパソンヨウ |

353

医療関連

| 日 | 英 | ミャンマー |
|---|---|---|
| (外科用)骨膜剥離器<br>*(gekayou)kotsumakuhakuriki* | xyster | (ခွဲစိတ်ဆရာဝန်ကိုင် တံစဉ်း)ခြစ်တံ<br>チッタン |
| 言葉<br>*kotoba* | word | စကားလုံး<br>サカァロン |
| 子供っぽい<br>*kodomoppoi*<br>幼稚な<br>*youchina* | puerile,<br>infancy,<br>childish,<br>infantile | ကလေးဆန်သော<br>カレィ・サントォ |
| 小人症<br>*kobitoshou* | nanism | ပုညက်လွန်ရောဂါ<br>プニェッ・ルオン・ヨゥガァ |
| 鼓膜<br>*komaku* | eardrum,<br>tympanum | နားစည်<br>ナァセィ |
| ゴム<br>*gomu* | condom | ကွန်ဒုံး<br>コンドン |
| | | (သံဝါသပြုစဉ်ရောဂါမကူးဆက်ရန် ကာကွယ်ခြင်း သို့မဟုတ် ပဋိသန္ဓေ မတည်စေရန် ကာကွယ်သည့်)<br>လိမ်တံအစွပ်။ |
| 小指<br>*koyubi* | little finger | လက်သန်း<br>レッタン |
| コレステロール<br>*koresuterooru* | cholesterol | (ဆီနှင့် တိရိစ္ဆာန်၏ အဆီများတွင်ပါ ဝင်သည့် ဓါတုဒြပ်)ကိုလက်စထရော<br>コッレスト |
| | | ၎င်းဓါတ်မှ လူအားတိုက်ရိုက် အန္တရာယ် မပြုနိုင်သော်လည်း အချိန်ကြာမြင့်စွာ သွေးထဲတွင် များပြားနေပါက သွေးကြောများ မာကျစ်လာခြင်း၊ သွေးတိုးရောဂါ များဖြစ်နိုင်ရုံသာမက၊ တစ်ခြား ရောဂါများနှင့် တွဲဖက်လာပါက အသက်ဘေး အန္တရာယ် ရှိနိုင် ပေသည်။ |

医療関連

| 日 | 英 | ミャンマー |
|---|---|---|
| コレラ<br>*korera* | cholera | ကာလဝမ်းရောဂါ<br>カーラワン・ヨガ |
| 子を産まない<br>*kowo umanai*<br>不妊の<br>*funinno* | barren,<br>infertility,<br>sterility | (ကလေးမမွေးနိုင် မျိုးဆက်မဖြန့်<br>နိုင်သော) မြုံခြင်း<br>ミョン・チン |
| 子をもうける<br>*kowo moukeru* | procreate | မျိုးဆက် ပြန့်ပွားစေသည်<br>ミョウッセ・ピャンプァ・ティ<br><br>မျိုးပွားဖွားမြင်စေသည်။ |
| 昏睡性の<br>*konsuiseino* | comatose | မေ့မြောနေသော<br>メェミョウネトォ |
| 昆虫学<br>*konchuugaku* | entomology | (ပိုးမွှား)ကိပိလဗေဒ<br>キピラベーダ |

## さ

| サーズ（SARS）<br>*saazu(sars)*<br>重症急性呼吸器症候群<br>*juushoukyuuseikokyuukishoukougun* | SARS,<br>Severe Acute<br>Respiratory<br>Syndrome | ဆား(စ်)<br>サーッ |
| サーモゾル染色装置<br>*saamozoru senshokusouchi* | thermosol dyeing machine | ဖိုမာလင်<br>フォマリン |
| 催淫(さいいん)薬<br>*saiinyaku*<br>強精薬<br>*kyouseiyaku*<br>媚薬<br>*biyaku* | aphrodisiac | ရာဂဆေး<br>ヤァガセェ<br><br>ကာမရာဂစိတ်ကြွဆေး။ |

355

医療関連

| 日 | 英 | ミャンマー |
|---|---|---|
| 細菌<br>*saikin* | germ | အကူဇီဝရုပ်<br>アヌゼィワ・ヨウッ |
| 細菌学<br>*saikingaku* | bacteriology | ပိုးမွှားဘာသာရပ်<br>ポウムア・バアタア・ヤッ<br><br>ဗက်တီးရီးယား ပိုးမွှားဗေဒ ဆိုင်ရာဘာသာရပ်။ |
| 細菌学者<br>*saikingakusha* | bacteriologist | ဗက်တီးရီးယား ပညာရှင်<br>ベッティリア・ピィンニャシン |
| サイクル<br>*saikuru* | cycle | စက်ဝိုင်း<br>セェ・ワイン |
| 再検査<br>*saikensa* | re-examination | ဆေးထပ်စစ်ခြင်း<br>セェ・タッセッ・チン<br><br>စစ်ဆေးပြီး ရောဂါအတွက် ထပ်မံစစ်ဆေးခြင်း။ |
| 最高血圧値<br>*saikouketsuatsuchi* | high pressure | အပေါ်သွေး<br>アポウトェ |
| 最終月経<br>*saishuugekkei* | L.M.P,<br>last menstrual period | နောက်ဆုံး(မီးရပ်)<br>ရာသီသွေးပေါ်ချိန်<br>ナウソン・ヤァティ・ポゥチェイン |
| 細静脈<br>*saijoumyaku* | venule | သွေးပြန်ကြောငယ်<br>トェピャンチョウ・ングェ |
| 最低血圧値<br>*saiteiketsuatsuchi* | low pressure | အောက်သွေး<br>アウトェ |
| サイトロジー(細胞学)<br>*saitorojii(saibougaku)* | cytology | ဆိုက်တိုလော်ဂျီ<br>サイトロージ<br><br>ဆဲလ်များအတွင်းဖြစ်ပေါ်သော ပြောင်းလဲမှု အားလေ့လာသော ပညာရပ်။ |

# 医療関連

| 日 | 英 | ミャンマー |
|---|---|---|
| 催乳薬<br>*sainyuuyaku* | galactagogue | နို့ရှင်ဆေး<br>ノウシュインセェ |
| 再発生<br>*saihassei* | recurrent | ထပ်တလဲလဲဖြစ်သော<br>タッタレェレェ・ピィットォ |
| 細胞学<br>*saibougaku* | cytology | ဆဲလ်ဗေဒ<br>セーベーダ |
| 細胞質<br>*saibousitsu* | cytoplasm | ဆဲလ်သား<br>セェタァ |
| 細胞崩壊<br>*saibouhoukai* | cytolysis | ဆဲလ်များပျက်စီးခြင်း<br>セェミャ・ピェッセィチン |
| 逆子<br>*sakago* | breech baby,<br>breech delivery,<br>breech birth,<br>agrippa | ခြေရာဖွား<br>チェヤァ・プァ<br><br>ခြေထောက်မှ ဖွားခြင်း |
| 刺すような急激な痛み<br>*sasuyouna kyuugekina itami* | twinge | ရုတ်တစ်ရက် နာကျင်ခြင်း<br>ヨウタッレ・ナァチィチン |
| 殺人狂<br>*satsujinkyou* | dacnomania | (သတ်ချင်ဖြတ်ချင်စိတ်ရှိသူ)<br>စိတ်ရောဂါရှင်<br>セィヨーガシン |
| 殺虫剤<br>*sacchuuzai* | vermicide,<br>germicide | (သန်)ပိုးသတ်ဆေး<br>ポウタッセェ |
| サディスト(加虐性愛者)<br>*sadhisuto (kagyakuseiaisha)* | sadist | ရာဂရောဂါသည်<br>ヤガ・ヨウガ・テェ<br><br>ကြမ်းကြုတ်မှုဖြင့် ရာဂပြီးလိုသူ။ |
| サディズム(加虐性愛)<br>*sadhizumu (kagyakuseiai)* | sadism | ရာဂရောဂါ<br>ヤガ・ヨウガ<br><br>ကြမ်းကြုတ်မှုဖြင့် ရာဂပြီးလိုခြင်း။ |

357

医療関連

| 日 | 英 | ミャンマー |
|---|---|---|
| サルモネラ感染症<br>*sarumonerakansenshou* | salmonella infection | ပါရာတိုက်ဖွိုက်ရောဂါ<br>タッ・ファイ |
| 酸<br>*san* | acid | အက်ဆစ်<br>エッセェ<br><br>ဓါတ်ဆားဖြစ်အောင် သတ္တုဖြင့် အစားထိုးနိုင်သော ဟိုက်ဒြိုဂျင် ပါဝင်သည့်ပစ္စည်း။ |
| 産科(学)<br>*sanka (gaku)* | obstetrics | မီးဖွားဌာန<br>ミープァ・ターナ |
| 産科医<br>*sankai* | obstetrician | သားဖွားဆရာဝန်<br>タァプァ・サヤウィン |
| 産科学<br>*sankagaku* | obstetrics | သားဖွားပညာ<br>タァプァ・ピンニャ |
| 産じょく期<br>*sanjokuki* | puerperium | မီးတွင်း(ကလေးမွေးချိန်)<br>ミートィン |
| 残尿<br>*zannyou* | residual urine | ဆီးကျန်<br>セィチン |
| 産婦人科<br>*sanfujinka* | obstetrics and gynecology | အမျိုးသမီးဌာန<br>OG အိုဂျီ<br>オージー |
| サンプル(見本)<br>*sanpuru(mihon)* | sample | နမူနာ<br>ナムナー |
| サンマルタン病<br>*sanmarutanbyou* | St.Martin's disease | အရက်စွဲရောဂါ<br>アイェッスェ・ヨーガ |
| 死<br>*shi* | exitus | သေခြင်း<br>テェチン |
| 死(命が絶えること)<br>*shi(inochi ga taerukoto)* | thanatoid | သေခြင်းနှင့်တူသော<br>テェチン・ネッ・トゥ・トォ |

医療関連

| 日 | 英 | ミャンマー |
|---|---|---|
| 肢<br>*shi* | limb | ခြေလက်အင်္ဂါ<br>チェッレッ・インガァ |
| シーツ<br>*shiitsu* | sheets | အိပ်ယာခင်း<br>エッヤーキン |
| CTスキャン<br>*ct sukyan* | CT Scan,<br>computed<br>tomographic<br>scanning | စီတီ စကန်းစက်<br>セィ・ティ・スカン・セッェッ |
| 死因審問<br>*shiinshinmon* | inquest | အလောင်းခွဲခြင်း<br>アヤウン・クェチン<br><br>သေဆုံးခြင်း အကြောင်း<br>အရင်းအား စစ်ဆေးခြင်း။ |
| ジオニン<br>*jionin* | dionin | ချောင်းဆိုး ပျောက်ဆေး<br>チャウン・ソウ・ピャウッ・セ<br><br>အကိုက်အခဲ ချောင်းဆိုး ပျောက်<br>စေသော ဒိုင်အိုနင်ဆေး။ |
| 歯科<br>*shika* | dental,<br>dentistry | သွား (ရောဂါကုသ)ဌာန<br>トァ・ダァナ |
| 自我<br>*jiga* | ego,<br>self | အတ္တ<br>アッタ |
| 痔核切除<br>*jikakusetsujo* | hemorrhoidectomy | လိပ်ခေါင်း ဖြတ်ထုပ်ခြင်း<br>レッガウン・ピャットゥチン |
| 視覚による<br>*shikakuniyoru* | ocular,<br>sense of sight,<br>vision | မျက်စေ့နှင့်ဆိုင်သော<br>ミェッセェニン・サィントォ |
| 耳下腺<br>*jikasen* | parotid gland | ပါးချိတ်တံထွေးဂလင်း<br>パア・チェッ・タントェ・ガリン |

359

医療関連

| 日 | 英 | ミャンマー |
|---|---|---|
| 耳下腺炎<br>*jikasenen* | parotitis | ပါးချိတ်ရောင်ရောဂါ<br>パア・チェッヤウン・ヨゥガア |
| 色視症<br>*shikishishou* | chromatopsia | အရောင်ထင်ရောဂါ<br>アヤウンティン・ヨーガ<br><br>သာမာန်သူများ မမြင်နိုင်သော အရောင်အား ထင်ရှားစွာ မြင်ရခြင်း ဦးနှောက်နှင့်အာရုံကြော ပြဿနာကြောင့် ဖြစ်တတ်ပါသည် |
| 色素嫌性<br>*shikisokensei* | chromophobe | (ဇီဝဗေဒ ဆေးစစ်ရန် အရောင် ဆိုးသောအခါ အလွယ်တစ်ကူ) အရောင်မစွဲ သော ဆဲလ်<br>アヨウン・マスエトオ・セェ |
| ジギタリス製剤<br>*jigitarisuseizai* | digitalis | နှလုံးဆက်<br>ナロン・セッ<br><br>နှလုံးကြွက်သား အားနည်းခြင်း ကို ကုသရာတွင် အသုံးပြုသော ဒယ်ဂျစ်တယ်လစ်။ |
| 子宮<br>*shikyuu* | womb,<br>uterus | သားအိမ်<br>タア・エイン |
| 至急<br>*shikyuu* | urgent processing | အရေးတစ်ကြီး<br>アレェ・タジィ |
| 子宮角<br>*shikyuukaku* | cornu | ချို (သို့မဟုတ် ချိုနှင့်တူသောအရာ)<br>ジョウ<br><br>သားအိမ်ပြွန်အဝင်ဝတွင် ချို ထိပ်ပိုင်းကဲ့သို့ အင်္ဂါတစ်ခုခု ၏ချိုနှင့်တူသောအရာ။ |

医療関連

| 日 | 英 | ミャンマー |
|---|---|---|
| 子宮が下がる<br>*shikyuu ga sagaru* | fallen womb | သားအိမ်ကျခြင်း<br>タァ・チャチン |
| 子宮頸(部)<br>*shikyuukei(bu)* | cervix | သားအိမ်ခေါင်း (လည်တံ)<br>タエィン・ガウン |
| 子宮頸炎<br>*shikyuukouen* | cervicitis | သားအိမ်ရောင်ရမ်းခြင်း<br>タァエィン・ヤウンヤンチン<br><br>သားအိမ်ခေါင်း၊ လည်တံ<br>ရောင်ရမ်းခြင်း။ |
| 子宮内妊娠<br>*shikyuunaininshin*<br>(妊娠期間) *(ninshinkikan)* | uterogestation | သန္ဓေကာလ<br>タンデェ・カアラ |
| 子宮病<br>*shikyuubyou* | metria | သားအိမ်ရောဂါ<br>タエィン・ヨウガァ |
| 死恐怖<br>*shikyoufu*<br>死恐怖症<br>*shikyoufushou* | thanatophobia | သေရမည်ကို အလွန်ကြောက်ခြင်း<br>テェヤミィコ・アルォン・チャゥチン |
| 死恐怖症(ネクロフォビア)<br>*shikyoufushou(nekurofobia)* | necrophobia | အသေကောင်ကြောက်ခြင်း<br>アテェカウン・チャゥチン |
| 刺激<br>*shigeki*<br>興奮<br>*koufun* | stimulation | လှုံ့ဆော်ခြင်း<br>ロゥン・ソゥ・チン |
| 止血薬<br>*shiketsuyaku* | hemostatic | သွေးတိတ်ဆေး<br>トェティッ・セェ |
| 事故<br>*jiko* | accident | မတော်တစ်ဆ ဖြစ်ပွားခြင်း<br>マトゥタサ・ピィプァチン |

医療関連

| 日 | 英 | ミャンマー |
|---|---|---|
| 耳垢<br>*jikou(mimiaka)* | cerumen | (အကြားလမ်းကြောင်း အပြင်ဘက် မှ ထွက်သော ဖရောင်းနှင့်တူသည့်) နဖါးချေး<br>ナパァチェ |
| 死後硬直<br>*shigokouchoku* | rigor mortis | အလောင်းတောင့်တင်လာခြင်း<br>アラウン・タウンラチン<br><br>သေပြီးနောက်အလောင်းကောင် ကြွက်သားများတောင့်တင်းလာ ခြင်း။ |
| 自己中心<br>*jikochuushin* | egocentric | အတ္တနော<br>アッタ・ノゥ |
| 死後の<br>*shigono* | posthumous | သေပြီးနောက်<br>テェピーナウ |
| 自殺<br>*jisatsu* | suicide | (မိမိကိုယ်ကို)သေကြောင်းကြံခြင်း<br>ティ・ジョウン・チャンチン |
| 自殺狂<br>*jisatsukyou* | thanatomania | စိတ္တဇ ရောဂါ<br>セッタザ・ヨーガ<br><br>မိမိကိုယ်ကို (ပြူစားခံရသည် ဟုထင်မှတ်၍) သတ်ဖြတ်လို စိတ်တက်ကြွခြင်း။ |
| 死産<br>*shizan* | stillbirth,<br>stillborn | အသေဖွား(မြင်)ခြင်း<br>アテェ・プア・チン |
| 痔疾<br>*jishitsu*<br>痔<br>*ji* | hemorrhoids,<br>pile | လိပ်ခေါင်း<br>レッガウン<br><br>စအိုဝထူမာခြင်း။ |
| 四肢麻痺<br>*shishimahi* | quadriplegia | ခြေလက်သေခြင်း<br>チェッレェ・ティチン<br><br>ခြေလက်လေးဘက်သေခြင်း။ |

医療関連

| 日 | 英 | ミャンマー |
|---|---|---|
| 耳珠<br>*jiju* | tragus | နားသီး<br>ナアティ |
| 思春期<br>*shishunki*<br>年ごろ<br>*toshigoro* | puberty | အပျို‌ဘော်ဝင်ခြင်း<br>アピョウボウ・ウィンチン |
| 私生児<br>*shiseiji* | bastard,<br>illegitimate child | အဖေမရှိသော ကလေး<br>アペェ・マシトゥ・カレェ<br><br>လက်မထပ်ခင် မွေးသော ကလေး<br>レッマタッ・キン・ムェトゥ・カレェ |
| 歯石<br>*shiseki* | hard tooth tartar | (ကယ်လဆီယမ်နှင့်ဓါတ်ဆားများ<br>ပါဝင်သည့် သွားအောက်ခြေရှိ<br>မည်းနက်သော) သွားချေး<br>トゥ・チェ |
| 歯槽膿漏<br>*shisounourou* | pyorrhea | ရေစီးကန်းပြို<br>イェシィ・カンピョウ<br><br>သွားဖုံး ပြည်ယိုစီးခြင်း ရောဂါ။ |
| 子孫<br>*shison* | progeny,<br>descendants,<br>children | မျိုးဆင့်ပွား သားသမီးများ<br>ミョウセイン・ブア・タアタミィ・ミャ |
| 舌<br>*shita* | tongue | လျှာ<br>シャア |
| 死体<br>*shitai* | corpse | အလောင်း<br>アラウン<br><br>အသေကောင်(လူသေကောင်)။ |
| 死体解剖<br>*shitaikaibou* | autopsy | သူသေကောင် ခွဲစိတ်ခြင်း<br>アラウン・クェ・チン |

医療関連

| 日 | 英 | ミャンマー |
|---|---|---|
| 死体性愛 *shitaiseiai* 死姦 *shikan* | necrophilism | သေသူနှင့် ကာမစပ်ပြု(ရှက်)ခြင်း テェトゥニン・カマァ・ピュチン သေချင်(လိုစိတ်ရှိ)ခြင်း テェチンチン အသေကောင် တတ်မက်ခြင်း アラウン・チャィチン |
| 死直前の *shichokuzenno* | preagonal | မသေဆုံးမီကာလအတွင်းပိုင်း マテェミ・アチェン・パイン |
| 歯痛 *shitsuu* | dentalgia | သွားနာခြင်း トァナァ・チン |
| 耳痛 *jitsuu* | otalgia, earache | နားကိုက်ခြင်း ナァ・カィッチン |
| 膝蓋骨 *shitsugaikotsu* 膝頭 *shitsutou* | patella, kneecap | ခုံညင်းရိုး グォン・ニィン・ヨゥ |
| 膝蓋骨脱臼 *shitsugaikotsudakkyuu* | patella luxation | အဆစ်လွဲခြင်း アッセ・ルェチン |
| 実験室 *jikkenshitsu* 研究室 *kenkyuushitsu* | laboratory | ဓါတ်ခွဲခန်း ダッ・クェ・カン |
| 失神 *shisshin* 意識消失 *ishikishoushitsu* | faint, unconscious | မေ့မျော(သတိလစ်)ခြင်း メェミョゥ・チン |

364

医療関連

| 日 | 英 | ミャンマー |
|---|---|---|
| 湿疹<br>*shisshin* | eczema | နှင်းခူ<br>ニング<br><br>(နှင်းကူကဲ့သို့) အရေပြား ရောဂါတစ်မျိုး။ |
| 室内温度<br>*shitsunaiondo* | room temperature | အခန်း(တွင်း) အပူချိန်<br>アカン・アプチン |
| 湿布<br>*shippu* | a wet (hot/cold) cloth [compress] a poultice | (ဝါတုဆေးသုပ်ထားသော) ဆေးပါတ်တီး<br>セェ・パッティ<br><br>ရေးအခါက (ခါးနာကဲ့သို့ ဝေဒနာများအတွက်) အပူဓါတ်ရှိသော ဆေးပါတ်တီးကို အသုံးများ ကျသော်လည်း၊ ယခုအခါ အအေးဓါတ် ပါသော ဆေးပါတ်တီးများလည်း ရှိပါသည်။ |
| 失明<br>*shitsumei* | amaurosis,<br>loss of eyesight | မျက်စေ့ကွယ်ခြင်း<br>ミェセェ・クェチン |
| 自動症<br>*jidoushou* | automatism | အကြောင်းမဲ့ အသိမဲ့ ပြုလုပ်ခြင်း<br>ヤウンヤン・ロウッチン<br><br>ရည်ရွယ်ခြင်းမရှိ အိပ်ပျော်လျက် ယောင်ရမ်းပြောဆို လမ်း၌ လျှောက်ခြင်း။ |
| 自動体外式除細動器(AED)<br>*jidoutaigaishikijosaidouki*<br>*(aed)* | AED,<br>Automated External Defibrillators | အရေးပေါ်နှလုံးခုန်<br>(အောင်လုပ်ပေးသော) စက်<br>ナロウン・クォン・セッ |
| 耳鼻咽喉科<br>*jibiinkouka* | otorhinolaryngology | နား၊ နာခေါင်း၊ လည်ချောင်း<br>(ရောဂါကုသဌာန)<br>ナー・ナカウン・レェジョン |

医療関連

| 日 | 英 | ミャンマー |
|---|---|---|
| 耳鼻科<br>*jibika* | otolaryngology, concerning the ear nose and hroa | နား၊နာခေါင်း (ကုသရာ)ဌာန<br>ナァ・ナカウン・ダーナ |
| ジフテリア<br>*jifuteria* | diphtheria | ဆုံဆို့နာ<br>ソン・ソー・ナ |
| 死亡<br>*shibou* | death | သေဆုံးခြင်း<br>テェ・ソン・チン |
| 脂肪<br>*shibou* | fat, grease, lard | အဆီ(ပြင်)<br>アセィ |
| 司法解剖<br>*shihoukaibou* | obduction | အသေကောင် ခွဲစိတ်ခြင်း<br>アテェカウン・クェセッチン |
| 脂肪血症<br>*shiboukesshou* | lipemia | သွေးထဲတွင် အဆီများလွန်ခြင်း<br>トェデトィン・アセィ・ミャァチン |
| 脂肪酸<br>*shibousan* | fatty acid | အဆီအက်စစ်<br>アセィ・エッセィ |
| 死亡証明書<br>*shiboushoumeisho* | death certificate | သေတန်းမှတ်တန်း<br>テェ・タン・マッタン |
| 脂肪組織<br>*shibousoshiki* | adipose tissue | အဆီတစ်ရှူး<br>アセィ・ティッシュー |
| 社会保険<br>*shakaihoken* | social insurance | (ကုမကီများတွင်ဝင်ရောက်ထား သော ဆေးကုသမှု)<br>အာမခံလက်မှတ်<br>アァマガン・レッマ |
| ジャクソン型発作<br>*jakusongatahossa* | Jacksonian seizure | (ဂျက်ဆန်)ဝက်ရူးပြန်ရောဂါ<br>ウェルゥ・ピャン・ヨーガ |
| 斜頸<br>*shakei* | wryneck | လည်ပင်းစောင်းခြင်း<br>レピン・サゥンチン |

医療関連

| 日 | 英 | ミャンマー |
|---|---|---|
| 斜視<br>*shashi* | strabismus | မျက်စေ့စွေ့ခြင်း<br>ミェセッ・スェチン |
| 射精<br>*shasei* | ejaculation | သုတ်လွှတ်ခြင်း<br>トゥ・ルゥッチン<br><br>ပန်းထွက်ခြင်း။ |
| しゃっくり<br>*shakkuri* | hiccup,<br>hiccough | ကြို့ထိုးခြင်း<br>ジョォ・ウトゥチン |
| 尺骨<br>*shakkotsu* | ulna,<br>elbow bone | တံတောင်ရိုး<br>タ・ダウン・ヨウ |
| 十円ハゲ(脱毛症)<br>*juuen hage(datsumoushou)* | alopecia | (ကွက်၍) မွေးကျွတ်ရောဂါ<br>ムェッチュウッ・ヨウガア |
| 獣化妄想<br>*juukamousou* | zoanthropy | (မိမိကိုယ်ကို တိရိစ္ဆာန်ဟု<br>ထင်မှတ်နေသော) စိတ်ရောဂါ<br>セェッ・ヨーガ |
| 習慣<br>*shuukan* | habit | အလေ့အထ<br>アレェ・アタァ |
| 臭汗<br>*shuukan* | bromhidrosis | ချွေးပုတ်ထွက်ခြင်း<br>チュェ・ポゥ・トェチン |
| 臭気学<br>*shuukigaku* | osmology | အနံ့အရှိုလေ့လာခြင်း<br>アナン・アヨン・レァチン |
| 集中治療室(ＩＣＵ)<br>*shuuchuuchiryoushitsu(icu)* | I.C.U,<br>Intensive Care<br>Unit | (အထူးကြပ်မတ် ပြုစုစောင့်ရှောက်<br>သော) အရေးပေါ် အခန်း<br>アイェ・ポゥ・アカン<br><br>တစ်ချို့သော လူနာရှင်များသည်<br>အရေးပေါ်အခန်းအတွင်းသို့ထည့်<br>လိုက်ပါကအသက်ရှင်ရန် ရာခိုင်းန်<br>နည်းသွားပြီဟုယူဆသော်လည်း<br>တိုးတက်သောနိုင်ငံများတွင်မူပိုမို၍<br>နီးနီးကပ်ကပ် စောင့်ရှောက်မှု့ကို<br>ခံယူနိုင်သည်ဟုယူဆကြပေသည်။ |

医療関連

| 日 | 英 | ミャンマー |
|---|---|---|
| 十二指腸<br>*juunishichou* | duodenum | အူသိမ်<br>ウーティン |
| 十二指腸潰瘍<br>*juunishichoukaiyou* | duodenal ulcer | အူသိမ်ဦး အနာ<br>ウテェン・ヨウガァ |
| 周波数<br>*shuuhasuu* | frequency | ကြိမ်နှုန်း<br>チェン・ノゥン<br><br>လှိုင်း<br>ルアイン |
| 10分の1<br>*juubunnoichi* | deci- | ဆယ်ပုံတစ်ပုံ<br>セポン・タッ・ポン<br><br>တစ်ဆယ်ပိုင်းတစ်ပိုင်း။ |
| 主治医、ホームドクター<br>(かかりつけの医者)<br>*shujii, hoomudokutaa*<br>*(kakaritsukeno isha)* | family doctor | (ရောဂါစုံ ကုသနိုင်ရန် သင်ကြား<br>ထားသော) မိသားစုဆရာဝန်<br>ミタスウ・サヤウィン |
| 手術<br>*shujutsu* | operation,<br>operative | ခွဲစိတ်(ကု)ခြင်း<br>クェ・セェチン<br><br>ခွဲစိတ်ကုသသော<br>クェ・セェ・クタァトォ |
| 手術室<br>*shujutsushitsu* | operating room | ခွဲစိတ်ခန်း<br>クェ・セッカン |
| 手術不可能の<br>*shujutsu fukanouno* | inoperable | ကုမရတော့ခြင်း<br>クェ・マヤ・トゥチン<br><br>အခြေအနေလွန်နေ၍<br>ခွဲစိတ်မကုနိုင်တော့ခြင်း။ |
| 出血<br>*shukketsu* | bleeding | သွေးထွက်(မှု)ခြင်း<br>トェー・トェッチン |

医療関連

| 日 | 英 | ミャンマー |
|---|---|---|
| 出産、分娩<br>shussan、bunben | child birth, delivery | မီးဖွားခြင်း<br>ミィ・プァチン<br><br>မီးဖွားမျက်နာမြင်ခြင်း။ |
| 出産後の<br>shussangono | postpartum | မီးတွင်း<br>ミィ・トェッ<br><br>ကလေးမီးဖွားပြီးချိန်။ |
| 出産率<br>shussanritsu | birthrate | မွေးဖွားနုန်း<br>ムェ・プァノウン |
| 寿命<br>jumyou | one's life span | သက်တန်း<br>テッタン |
| 絨毛膜<br>juumoumaku | chorion | ရေမွှာ<br>イェムァ<br><br>သားအိမ်အတွင်းရှိ သန္ဓေသားအား ဖုံးအုပ်လွှမ်းမိုးနေသော ရေမွှာအပြင်မေး။ |
| 腫瘍<br>shuyou | wilms's tumor, tumour | အလုံး<br>アロン<br><br>ကလေးငယ်များတွင် အတွေများ ရသော ကျောက်ကပ် မြင်းဆိုး။ |
| 純アルコール<br>junarukooru | absolute pure alcohol | အယ်လကိုဟော အစစ်<br>アルコル・アッセ<br><br>၉၉ရာခိုင်နုန်းကျော်ပါဝင်သော အယ် လကိုဟော အများအားဖြင့် အယ်လ ကိုဟော အစစ်ဟု ခေါ်ဝေါ်ကြလေ သည်။ |
| 循環器専門医<br>junkankisenmoni | cardiologist | နှလုံးရောဂါ ပါရဂူရှင်<br>ナロン・ローガ・パラグゥシン |

369

医療関連

| 日 | 英 | ミャンマー |
|---|---|---|
| 女陰<br>join<br>陰門<br>inmon | cunnus | မိန်းမ(၏)အပြင်အင်္ဂါစပ်<br>メインマ・ピィンパ・インガッサ |
| 昇圧薬<br>shouatsuyaku | pressor,<br>vasopressor | သွေးဖိအားတက်ဆေး<br>トェ・ピアァ・テッセー<br><br>သွေးကြောကျုံ့စေရန်<br>သွေးဖိအား(သွေးတိုး)ဆေး |
| 小陰唇<br>shouinshin | labia minora | (နတ်ခန်းကြီးအောက်ရှိ)မိန်းမ<br>(အင်္ဂါစပ်၏ အဝင်ဝ) နတ်ခန်းငယ်<br>マインマァ・ノゥカン・ンゲェ |
| 消化<br>shouka | digestion | အစာခြေခြင်း<br>アサァ・チェジン |
| 障害<br>shougai | an obstacle,<br>an obstruction,<br>a barrier,<br>a snag,<br>a hitch,<br>a difficulty | ဒုက္ခိတ (မသန်မစွမ်း)<br>ドィキタ(マタンマスアン) |
| 障害者<br>shougaisha | a (physically)<br>handicapped<br>person,<br>a disabled person | ဒုက္ခိတသည် (မသန်မစွမ်းသူ)<br>ドィキタテェ<br>(マタンマスアン・トゥ) |
| 消化器<br>shoukaki | digestive organ | အစာခြေကရိယာ<br>(အစိတ်အပိုင်းများ)<br>アサァ・チェ・カリヤ |
| 上顎骨<br>jougakukotsu | maxillary bone | နတ်ရိုး<br>ナッヨウ<br><br>အပေါ်ညှပ်ရိုး<br>アポゥ・ニャッヨウ |

医療関連

| 日 | 英 | ミャンマー |
|---|---|---|
| 消化不良(症)<br>*shoukafuryou(shou)* | indigestion | အစာမကြေခြင်း<br>アサァ・マチェチン |
| 消化薬<br>*shoukayaku* | digestant | အစာကြေဆေး<br>アサァ・チェセィ |
| 正気<br>*shouki* | sanity | စိတ်တည်ညှိမ်ခြင်း<br>セィティ・ニャインチン |
| 蒸気滅菌器<br>*joukimekkinki* | steam sterilizer | (ရေနွေးငွေ့သုံး)ပိုးသတ်စက်<br>ポゥ・タッセェ |
| 錠剤<br>*jouzai* | tablet,<br>pill | ဆေး(တောင့်)<br>セェ(タウン) |
| 硝酸《HNO3》<br>*shousan* | 《HNO3》<br>nitric acid | နိုက်ထရစ်အက်ဆစ်<br>ナイタリッ・エッセェ |
| 小書症<br>*shoushoshou* | micrographia | လက်ရေးသေးခြင်း<br>レッレェ・テェチン |
| 小赤血球<br>*shousekkekyuu* | microcyte | သွေးနီဥသိမ်<br>トェニィウ |
| 小腸<br>*shouchou* | small intestine | အူ(သေး)<br>ウー(テェ) |
| 小腸結腸炎<br>*shouchoukecchouen* | enterocolitis | အူရောင်ရောဂါ<br>ウヤウン・ヨゥガァ |
| 小頭症<br>*shoutoushou* | microcephaly | ဦးခေါင်းသေးခြင်း<br>ウゥガウン・ティチン |
| 小児科<br>*shounika* | pediatrics | ကလေး(သူငယ်ဆိုင်ရာ<br>ရောဂါကုသရာ)ဌာန<br>カレェ・ダーナ |
| 小児科医<br>*shounikai* | pediatrician,<br>child specialist | ကလေး(သူငယ်ဆိုင်ရာ)ဆရာဝန်<br>カレェ・サヤウィン |
| | | သူငယ်နာကု ဆရာဝန်<br>トゥングェナク・サヤウィン |

医療関連

| 日 | 英 | ミャンマー |
|---|---|---|
| 小乳房症<br>*shounyuuboushou* | micromastia | နို့အုံသေး(လွန်း)ခြင်း<br>ノウ・オウン・テェチン |
| 上皮組織<br>*jouhisoshiki* | epithelial tissue | အပေါ်ယံ အရေပြား<br>アポウヤン・ア・イェビャ |
| 上腹部の<br>*joufukubuno* | epigastric | ရင်ဝ<br>リンワ<br><br>ရင်ညွန့်။ |
| 小便<br>*shouben* | urine | ဆီး(ကျင်ငယ်)<br>セィ(チン・ングェ) |
| 賞味<br>*shoumi*<br>試味<br>*shimi*<br>味覚<br>*mikaku* | degustation | အရသာ ခံကြည့်ခြင်း<br>アヤタ・カンチチン |
| 静脈<br>*joumyaku* | veins | သွေးပြန်ကြော<br>トェ・ピャン・チョウ |
| 静脈切開法<br>*joumyakusekkaihou* | venesection | သွေးဖောက်ကု(သ)ခြင်း<br>トェ・チョウ・パウ・ク(タァ)チン |
| 静脈せん刺<br>*joumyakusensi* | venipuncture,<br>venepuncture | သွေးပြန်ကြောပေါက်ခြင်း<br>トェ・チョウ・パウチン |
| 静脈内の<br>*joumyakunaino* | I.V,<br>intravenous | သွေးပြန်ကြော တွင်းနှင့်ဆိုင်သော<br>トェピャンチョゥトィン・ニン・サィントォ |
| 蒸留<br>*jouryuu* | distillation | ပေါင်းခံခြင်း<br>パウンカンチン |
| 上腕<br>*jouwan* | brachium | လက်မောင်းအပေါ်ပိုင်း<br>アポウ・レッマウン |
| 上腕骨<br>*jouwankotsu* | humerus | လက်မောင်းရိုး<br>レッマウンヨゥ |

医療関連

| 日 | 英 | ミャンマー |
|---|---|---|
| 食中毒(食あたり)<br>*shokuchuudoku(shokuatari)* | food poisoning | ဖုပွိုင်စင် (အစာ အဆိပ်သင့်ခြင်း)<br>フーポィンゼン |
| 食道<br>*shokudo* | esophagus,<br>gullet | အစာလမ်းကြောင်း<br>アサァ・ランチャウン<br><br>စာပြွန်<br>アサ・ピョン |
| 食道炎<br>*shokudouen* | esophagitis | အစာအိမ်(လမ်းကြောင်း)<br>ယောင်ရမ်းခြင်း<br>アサーエィン・ヤゥン・ヤンチン |
| 食道静脈瘤<br>*shokudoujoumyakuryuu* | esophageal varix | အစာအိမ်(လမ်းကြောင်း)<br>သွေးပြန်ကြောဖေါင်းပွခြင်း<br>アサーエィン・トェ・ピャンジョー・パウン・プァチン |
| 植物人間(昏睡)<br>*shokubutsuningen(konsui)* | coma | မေ့မြောနေသော လူနာ<br>メェミョゥネトゥ・ルゥナァ |
| 食糞症<br>*shokufunshou* | scatophagy | ချီးစားခြင်း<br>チーサァチン<br><br>ကလေးများနှင့် စိတ်မနှံ့သူများတွင်<br>တွေ့ရတတ်သော ကျင်ကြီးစားခြင်း။ |
| 書痙<br>*shokei* | chirospasm<br>writer's cramp | လက်ခြောင်းခြင်း<br>レッション・チン<br><br>စာရေးမည်ဟု ကြံရွယ်လိုက်လျှင်<br>သော်၎င်း၊ စာအနည်းငယ် စ၍<br>ရေးလိုက်လျှင်သော်၎င်း၊ လက်<br>ကတ်လက်ခြောင်း၍စာလုံးအား<br>ကောင်းစွာရေးနိုင်တော့သော<br>လက်(ဖဝါး)ကြွက်တက်ခြင်း။ |
| 除細動<br>*josaidou* | defibrillation | (နှလုံးပုံမှန် ပြန်လည်ခုံစေရန်)<br>ဖိုင်ပရင်ပယ်ခြင်း<br>バイブリン・ペェチン |

医療関連

| 日 | 英 | ミャンマー |
|---|---|---|
| 除細動器 *josaidouki* | defibrillator | နှလုံး(အား)လျှပ်စစ်ဖြတ်(စီး)စေသည့်ကရိယာ<br>ナロンアァ・ルェセッ・ピャッ(セィ)セェティ・カリヤ |
| 初産 *shozan* | primipara | သားဦးသနွေ<br>タァオゥ・タデェ |
| 助産婦 *josanfu* | midwife | သားဖွား ပေးသူ<br>タァ・プァ・ペートゥ<br><br>ကလေးမွေးပေးရန် လေ့ကျင့်သင်တန်းတက်ထားသူ။ |
| 女子更年期 *joshikounenki* | change of life | သွေးဆုံးခြင်း<br>トェ・ソウンチン<br><br>အမျိုးသမီးများ ဓမ္မတာ သွေးပေါ်ခြင်းမှ ရပ်ဆိုင်းခြင်း။ |
| 助手 *joshu* | assistant | လက်ထောက်(အကူအညီပေးသူ)<br>レッタウ<br><br>အလုပ်သင်ဆရာဝန်မှအစ ဆေးရုံတွင် စတင်အလုပ်လုပ်ကိုင်သောဝန်ထမ်းငယ်များ။ |
| 処女 *shojo* | virgin | အပျိုစင်<br>アピョ・セィン |
| 処女膜 *shojomaku* | hymen, maidenhead | ကညာမြေး<br>カニャァ・メェ<br><br>အပျိုမွေး<br>アピョ・メェ |
| 処女膜切開 *shojomakusekkai* | hymenotomy | ကညာမြေး ဖြတ်ခြင်း<br>カニャァメェ・ピャッチン |
| 処女(純潔)を奪うこと *shojo(junketsu)wo ubaukoto* | defloration | ပန်းဦးစွတ်ခြင်း<br>パンウゥ・スゥッ・チン |

医療関連

| 日 | 英 | ミャンマー |
|---|---|---|
| 女性 *josei* | female | အမျိုးသမီး<br>アミョウ・タミィ |
| 女性恐怖症 *joseikyoufushou* | gynephobia | မိန်းမ ကြောက်ခြင်း<br>メインマ・チャゥッ・チン<br><br>အမျိုးသမီး(အား)ကြောက်(လွန်း)ခြင်း။ |
| 処置 *shochi* | dressing<br>treatment | အနာသန့်ရှင်းခြင်း<br>アナァ・タンシン・チン<br><br>ဆေးကုသမှု<br>セェ・クタム<br><br>အနာဆေးထည့် ဆေးထိုးပေးခြင်း။ |
| 蔗糖(スクロース) *shotou(sukuroosu)* | sucrose | (ဆူးခရို့(စ်)) သကြား<br>(スウカロゥ)タジャァ |
| 処方集 *shohoushuu* | formulary | ကုထုံးကျမ်း<br>ク・トゥンチン |
| 処方箋(せん) *shohousen* | a (medical) prescription, prescription, fomula | ဆေးလက်မှတ်<br>セェレッマ<br><br>ဆေးညွှန်း<br>セェニョン |
| 徐脈 *jomyaku* | bradycardia | နှလုံးခုန်နှေး(ကွေး)ခြင်း<br>ナヨンクォン・ネェチン |
| 所有主の病因 *shoyuushuno byouin* | proprietary | ကိုယ်ပိုင်ဆေးရုံဆေးခန်း<br>コゥパイン・セェヨンセェカン<br><br>မူပိုင်ဆေး<br>ムゥパインセェ |
| 白髪 *shiraga* | gray hair,<br>white hair | ဆံပင်ဖြူ။<br>サンピンピュゥ |

375

医療関連

| 日 | 英 | ミャンマー |
|---|---|---|
| 白髪染め<br>*shiragazome* | drug(medicine) of gray hair | ဆံပင်နက်ဆိုးဆေး<br>サンピン・ソゥセェ |
| シラミを取る<br>*shiramiwo toru* | delouse | သန်းချခြင်း<br>タン・チャチン |
| 尻(臀部)<br>*shiri(denbu)* | hip,<br>buttocks | တင်ပါး<br>ティンパァ |
| 視力<br>*shiryoku* | visual power | မျက်စေ့ အမြင်အား<br>ミェッセェ・アミィンアァ |
| 視力検査<br>*shiryokukensa* | a test of visual power | မျက်စေ့ စမ်းခြင်း<br>ミェッセェ・サンチン<br><br>မျက်စေ့ အမြင်အား စမ်းသပ်ခြင်း။ |
| 視力測定装置<br>*shiryokusokuteisouchi*<br>視力計<br>*shiryokukei* | optometer | အမြင်တိုင်ကရိယာ<br>アミィンタイン・カリヤ |
| 歯列<br>*shiretsu*<br>生歯<br>*seishi*<br>歯群<br>*shigun* | dentition | သွားပေါက်ခြင်း<br>トァ・パウンチン |
| 白股腫<br>*shiromatashu*<br>産褥有痛<br>*sanjokuyuutsuu* | white leg | မီးရပ် ခြေဖြူရောဂါ<br>ミイッヤ・ヨゥガァ |
| 腎炎<br>*jinen* | nephritis | ကျောက်ကပ်ရောင်ရမ်းခြင်း<br>チャゥッカ・ヤゥンチン |
| 神学<br>*shingaku* | theology | ဘာသာတရားလေ့လာမှုဗေဒ<br>バータァ・タヤァ・レーラム・ベーダ |
| 心筋<br>*shinkin* | myocardium | နှလုံးကြွက်သား<br>ナロン・チュエッタ |

医療関連

| 日 | 英 | ミャンマー |
|---|---|---|
| 心筋梗塞 shinkinkousoku | myocardial infarction, coronary, heart attack | ဟတ်အတက် ရခြင်း ハッ・アッテ・ヤチン<br><br>နှလုံးကြွက်သား သွေးပြတ် (၍) တစ်ရှူးသေခြင်း။ |
| 真菌症 shinkinshou | mycosis | မှိုဆွဲနာ モウ・スェ・ナア |
| 真菌類 shinkinrui<br>菌類 kinrui | fungus | (ခြေဝဲနာများကဲ့သို့ လူတွင်ကူး ဆက်တတ်သော) မှို モウ |
| 神経 shinkei | nerve | အာရုံကြော アヨンジョウ |
| 神経学 shinkeigaku | neurology | အာရုံကြော(ဆိုင်ရာ) ပညာရပ် アャヨンチョー・ピンニャッヤ |
| 神経根障害 shinkeikonshougai | radiculopathy | အာရုံကြောရောဂါ アャヨンジョウ・ヨウガァ<br><br>ကျောရိုးနာဖ်ကြောရောဂါ။ |
| 神経鞘腫 shinkeishoushu | schwannoma | အာရုံကြောရောဂါ アャヨンジョウ・キンサァ<br><br>နာဖ်ကြောကင်ဆာမြင့်။ |
| 人工呼吸 jinkoukokyuu | artificial respiration, ventilation | အသက်ရှူစက် アッテ・シュウセエッ |
| 人工授精 jinkoujusei | artificial insemination | မေထုန်မဲ့သားစပ်ခြင်း メトンメェ・タァサッチン |
| 信仰療法を行なう人(癒す人) shinkouryouhouwo okonauhito (iyasuhito) | healer | ဂါတာမန်း၍ ဆေးကုသသူ ガダマン・ルェ・セェ・クゥタトゥ<br><br>ရွတ်ဖတ်သရဇ္ဈယ် ခြင်းဖြင့်ဆေးကုသသူ။ |

医療関連

| 日 | 英 | ミャンマー |
|---|---|---|
| 深呼吸<br>*shinkokyuu* | deep breathing | အသက်ပြင်းပြင်းရှုသွင်းခြင်း<br>アッテェ・ピィンピィン・シュウチン |
| 診察室<br>*shinsatsushitsu* | a consultation [consulting] room | ဆေးစစ်ခန်း<br>セェッ・セイカン |
| 診察台<br>*shinsatsudai* | examination table, consultation seat | လူနာစမ်းသပ်ကုတင်<br>ルゥナァ・サンッタァ・クティン |
| 心室性<br>*shinshitsusei* | ventricular | နှလုံးခန်းမ(နှင့် ဆိုင်ရာ)<br>ナロンカンマ |
| 心収縮(期)<br>*shinshuushuku(ki)* | systole | နှလုံးခုန်ခြင်း(ချိန်)<br>ナロン・クォン・チン |
| 新生児<br>*shinseiji* | a newborn baby<br>a neonate | မွေးကင်းစ (ကလေးသူငယ်)<br>ムェキンサ |
| 真性多血症<br>*shinseitaketsushou*<br>赤血病<br>*sekketsubyou* | erythremia | သွေးကင်ဆာ<br>トェ・キンサァ<br><br>သွေးနီဉများသော<br>သွေးဆဲလ်နီကင်ဆာ။ |
| 新生物<br>*shinseibutsu*<br>腫瘍<br>*shuyou* | new growth | မြင်းတစ်ရူးအသစ်<br>ミィンティッシュ・アッティ<br><br>အစအသစ်ဖြစ်လာသော<br>မြင်းတစ်ရူး။ |
| 腎石症<br>*jinsekishou* | nephrolithiasis | ကျောက်ကပ်ကျောက်တည်ခြင်း<br>チャウッカ・チャウテェチン |
| (アルコール中毒による)<br>振戦譫妄症<br>*(arukooruchuudoku niyoru)*<br>*shinsensenmoushou* | delirium tremens | အရက်ရူးရောဂါ<br>アイェッ・ユゥ・ヨーガ |

医療関連

| 日 | 英 | ミャンマー |
|---|---|---|
| 心臓<br>*shinzou* | heart | နှလုံး<br>ナロン |
| 腎臓<br>*jinzou* | kidney | ကျောက်ကပ်<br>チャウッカ<br><br>သွေးကြောတွင်းရှိ မလိုအပ်သော ပစ္စည်းနှင့် ရေကို စစ်ထုပ်ပေးသော ဝမ်းပိုက်နောက်ဘက်ရှိ ကရိယာ။ |
| 心臓外科<br>*shinzougeka* | heart [cardiac] surgery | နှလုံးရောဂါ ခွဲစိတ်မှုဆိုင်ရာ ဌာန<br>ナロン・クェセツム・ダーナ |
| 心臓神経症<br>*shinzoushinkeishou* | cardioneurosis | နှလုံးရောဂါကြောင့်ဖြစ်သော စိတ်(မတည်ငြိမ်မှု)စိတ်ရောဂါ<br>ナロン・ヨウガ・チャウン・ピィトゥ・セェヨウガア |
| 心臓軟化症<br>*shinzounankashou* | cardiomalacia | နှလုံးကြွက်သား(များ)ပျော့ပြောင်းစေခြင်း<br>ナロン・チュエ・タァ（ミャア・）ピョウピョン・セェチン |
| 心臓の異常な肥大<br>*shinzouno ijouna hidai* | megacardia | နှလုံးကြီးခြင်း<br>ナロン・チィ・チン |
| 心臓病<br>*shinzoubyou* | heart disease, heart trouble | နှလုံးရောဂါ<br>ナロン・ヨウガア |
| 心臓(病)の<br>*shinzou(byou)no* | cardiac | နှလုံးနှင့်ဆိုင်သော<br>ナヨン・ネ・サィン・トォ<br><br>နှလုံး (အစာအိမ်ပြွန်) နှင့် ဆိုင်သောဆေးဝါး။ အစာအိမ်ပြွန်နှင့်ဆိုင်သော အဓိပ္ပါယ်ရသော်လည်း အထူးသဖြင့်နှလုံးနှင့်ဆိုင်သော ဆေးဝါး များကို ရည်ရွယ်ပါသည်။ |

379

医療関連

| 日 | 英 | ミャンマー |
|---|---|---|
| 腎臓病<br>*jinzoubyou* | kidney [renal] disease, kidney trouble | ကျောက်ကပ်ရောဂါ<br>チャウッカ・ヨゥガァ |
| 人体<br>*jintai* | body | လူ့ခန္ဓာကိုယ်<br>ルカンダコウ |
| 診断<br>*shindan* | diagnosis | ရောဂါအမည် ဖော်ပြခြင်း<br>ヨゥガァ・アミィ・ポゥピャチン |
| 診断書<br>*shindansho* | a medical certificate. | ဆေးမှတ်တမ်း<br>セェ・マッタン |
| 診断する<br>*shindansuru* | diagnose | စစ်ဆေးသည်<br>セィッセェ・ティ<br><br>ချို့ယွင်းချက်ကိုရှာဖွေ ဖော်ထုတ်သည်။ |
| 伸長<br>*shinchou* | extension | (ကျုံးနေသော ခန္ဓာကိုယ် အစိတ် အပိုင်းအား) ဆွဲစန့်ခြင်း<br>スェサンチン |
| 身長計<br>*shinchoukei* | height scale | အရပ်တိုင်း ကရိယာ<br>アッヤッ・タイン・カリヤ |
| 心電図<br>*shindenzu* | E.C.G, electro cardio gram | ECG (နှလုံးခုံတိုင်းထွာစက်)<br>イィ・セィ・ジ |
| 心電図検査<br>*shindenzukensa* | electrocardiography | နှလုံးစစ်ဆေးခြင်း<br>ナロン・セェッセェ・チン<br><br>နှလုံးပုံမှန်အလုပ် လုပ်မလုပ် စစ်ဆေးနိုင်သော နှလုံးလျှပ်စစ် မျဉ်းဖော်ပြခြင်း။ |
| 震動<br>*shindou* | shock | သွေးလန့်ခြင်း<br>トェ・ラン・チン |

医療関連

| 日 | 英 | ミャンマー |
|---|---|---|
| 心肺<br>*shinpai* | a heart-lung | အဆုပ်နှလုံး<br>アッソウ・ナァロン |
| 心配・不安<br>*shinpai・fuan* | anxiety | စိုးရိမ်(ကြောင့်ကြ)ခြင်း<br>ソウレィンチン |
| 心配症<br>*shinpaishou* | to be anxious | လွန်ကဲစွာ (စိုးရိမ်)ပူပန်ခြင်း<br>ルウン・ケェ・スァ・プパンチン |
| 心肺停止<br>*shinpaiteishi* | cardiopulmonary arrest | (အဆုပ်) နှလုံး ရက်တန့်ခြင်း<br>ナ・ロン・ヤッテン・チン |
| 心房<br>*shinbou* | atrium | နှလုံးဦးခန်း<br>ナ・ロン・アカン<br><br>ဘယ်ညာဟူ၍ နှလုံးအပေါ်ပိုင်းရှိ အခန်းငယ်များ။ |
| 心理学<br>*shinrigaku* | psychology | စိတ်ပညာ(ဗေဒ)<br>セッピィンニャ |
| 診療<br>*shinryou* | consultation | (ကျန်းမာရေးအတွက်) တိုင်ပင်ခြင်း<br>タィン・ピン・チン |
| 診療用机・椅子<br>*shinryouyoutsukue・isu* | medical staff desk & chair | ဆရာဝန်သုံးစားပွဲ နှင့် ကုလားထိုင်<br>サヤウィントン・サペェ・ネ・クラァタイン |
| 人類学<br>*jinruigaku* | anthropology | မနုဿဗေဒ<br>マヌタ・ベェダ |
| 水腫性<br>*suishusei* | hydropic | ရေဖျဉ်းစွဲခြင်း<br>イェ・ピィン・スェチン |
| 水晶体炎<br>*suishoutaien* | phacitis | မျက်စေ့ (ရှိ) မှန်ဘီလူး ရောင်ယမ်းခြင်း<br>ミェッセェ・マンブルゥ・ヤウンヤンチン |
| 膵臓<br>*suizou* | pancreas | ပန်ကရိယာ<br>パンカリア |

医療関連

| 日 | 英 | ミャンマー |
|---|---|---|
| 水痘 *suitou* | varicella | ပဲသီတာ/ရေကျောက် ペティタァ/イェチャゥ |
| 髄膜炎 *zuimakuen* | meningitis | ဦးနောက်မြှေးရောင်ရောဂါ ウゥナゥ・ミェヤゥン・ヨーガ |
| 睡眠 *suimin* | sleep | အိပ်ခြင်း エィ・チン |
| 睡眠薬 *suiminyaku* | sleeping pill | အိပ်ဆေး エィ・セェ |
| 水薬 *suiyaku* | potion | ဆေး(အ)ရည် セェ・イェ |
| 頭蓋骨障害 *zugaikotsushougai* | craniopathy | ဦးခေါင်းရောဂါ ウゥ・カウン・ヨウガァ |
| 頭痛 *zutsuu* | headache | ခေါင်းကိုက်ခြင်း ガゥン・カッイ・チン |
| スツール *sutsuuru* 排泄物 *haisetsubutsu* | feces, excrement, stercus, stool | ကျင်ကြီး (အူမှ အညစ်အကြေး) チン・チー |
| ステアプシン *suteapushin* | steapsin | စတီအက်ပဆင် スティ・アッパセィン |
| ストレス *sutoresu* | stress, pressure | ဒက်အား ダンアァ ဖိ(ဒက်)အား၊ တင်း(ဆွဲစန့်)အား |
| スプレー *supuree* | spray | ဖျန်းဆေး ピャンセェ |
| 性愛 *seiai* | eros | ကာမစိတ် カーマセィ |
| 生育地 *seiikuchi* | habitat | ဇာတိဒေသ ザティ・デェタ |

382

| 日 | 英 | ミャンマー |
|---|---|---|
| 聖ヴァイタス舞踏<br>*seivaitasubutou* | St. vitus dance | သူငယ်နာ အကြောဆွဲရောဂါ<br>トゥ・ングェ・ナァ・アチョウスェ・ヨウガァ |
| 精液尿<br>*seiekinyou*<br>精液尿症<br>*seiekinyoushou* | spermaturia | ဆီးထဲတွင် သုတ်ရည်ပါခြင်း<br>セィデェトィン・トゥイェパァチン |
| 性科学<br>*seikagaku* | sexology | လိင်ပညာရပ်<br>レィン・ピィンニャ・ヤッ<br><br>လိင်ဆက်ဆံရေးဆိုင်ရာ သိပ္ပံပညာရပ်။ |
| 生化学<br>*seikagaku* | biochemistry,<br>biology | ဇီဝဓါတုဗေဒ<br>ゼィワ・ダァトゥ・ベェダ |
| 性感帯<br>*seikantai* | erogenous zone | (ကာမ)ရာဂစိတ်ကြွလာခြင်း<br>ヤガ・セッ・チュアラチン |
| 性器(男性)<br>*seiki(dansei)* | sex organs,<br>genitals | လိင်တံ<br>レィンタン |
| 整形外科<br>*seikeigeka* | orthopedics<br>orthopaedics | အရိုးရောဂါကု ပညာ<br>アヨゥク・ヨゥガァク・ピィンニャ<br><br>အရိုးခွဲစိတ်ဌာန<br>アヨゥ・クェッセ・ターナ |
| 生検<br>*seiken*<br>生体組織検査<br>*seitaisoshikikensa* | biopsy | ဇီဝစစ်ဆေးခြင်း<br>ゼィワ・セィッセェチン |
| 性交<br>*seikou* | pareunia,<br>sexual intercourse<br>coitus,<br>copulation | ကာမဆက်ဆံခြင်း<br>カーマ・セッサン・チン<br><br>သံဝါသပြုခြင်း<br>タンワタ・ピュチン |

医療関連

| 日 | 英 | ミャンマー |
|---|---|---|
| 性交する<br>*seikousuru* | copulate | အဖို့အမ သံဝါသပြုခြင်း<br>アポィ・アマア　タンワタ・ピュチン<br><br>လိင်ဆက်ဆံခြင်း။<br>သန္ဓေတည်ပြီးသည့်နောက်<br>ပျက်ပျောက်မသွားပဲ ဇီမဆဲလ်<br>၂မျိုး ပေါင်းစည်းစုံဖက်ခြင်း။ |
| 性交疼痛<br>*seikoutoutsuu* | dyspareunia | သံဝါသပြုရခက်ခြင်း<br>タンワタ・ピュヤケッチン |
| 精索炎<br>*seisakuen* | funiculitis | သုတ်ပြွန်ရောင်ခြင်း<br>トゥッピョン・ヤウンチン |
| 精子<br>*seishi* | spermatozoon | သုတ်<br>トゥッ<br><br>ဖိုဇီဇ သုတ်ကောင်<br>フォビザ・トゥカウン |
| 精子減少症<br>*seishigenshoushou* | oligospermia | သုတ်ကောင်နည်းခြင်း<br>トゥッカウン・ネェチン |
| 青視症<br>*seishishou* | cyanopsia, cyanopia | အပြာရောင်ကို (ထူးခြားစွာ) မြင်ခြင်း<br>アピャヤウンコ・ミィンチン<br><br>မျက်လုံးခွဲစိတ်ပြီး ရက်သတ္တပါတ်<br>အနည်းငယ်ကြာလျှင်<br>ဖြစ်တတ်ပါသည်။<br>ဦးနှောက်နှင့်အာရုံကြော<br>ပြဿနာကြောင့် ဖြစ်တတ်ပါသည် |
| 青色児<br>*seishokuji* | blue baby | (မွေးရာပါ နှလုံးနှင့်သွေးကြော<br>ချို့တဲ့သော) အသားပြာကလေး<br>アタァ・ピャア・カレェ<br><br>ယခုအခါ အောင်မြင်စွာ ခွဲစိတ်နိုင်<br>သောကြောင့် အသက်ရှင်နိုင်ပြီ<br>ဖြစ်ပေသည်။ |

医療関連

| 日 | 英 | ミャンマー |
|---|---|---|
| 精神医<br>*seishini* | psychiatrist | စိတ်ရောဂါကု ပညာရှင်<br>セェヨゥガァク・ピンニャシン |
| 精神医学の<br>*seishinigakuno* | psychiatric | စိတ်ရောဂါကုပညာရပ်နှင့်ဆိုင်သော<br>セェヨゥガァク・ピンニャヤッ・ネ・サイントォ |
| 精神病の<br>*seishinbyouno* | psychopathic | စိတ်ရောဂါဆန်သော<br>セェッヨゥガァ・サントォ |
| 生態学<br>*seitaigaku* | ecology | (ဇီဝရုပ်နှင့် ၎င်းနေထိုင်ရာ ပါတ်ဝန်း ကျင် ၏ ဆက်သွယ်လုပ်လျှားမှုကို လေ့လာသော)ဂေဟဗေဒ<br>ゲハベダ |
| 性的興奮の頂点<br>*seitekikoufunno chouten* | orgasm | သံဝါသပြီးမြောက်ခြင်း<br>タンワタ・ピーミャウンチン |
| 静的な<br>*seitekina* | static | တည်ငြိမ်သော<br>ティ・ニェン・トォ |
| 性病<br>*seibyou* | V・D,<br>a venereal<br>[sexual] disease, | လိင်မှုရောဂါ<br>レイン・ヨゥガァ<br><br>ကာလသားရောဂါများသာမက ပြင်ပပိုးမွှားကြောင့် လိင်တံစာများ ယားယံရောဂါကိုင်ရာတွင်လည်း အသုံးပြုပေသည်။ |
| 性病索<br>*seibyousaku*<br>尿道索<br>*nyoudousaku* | chordee | လိင်တံကောက်ရောင်နာ<br>レインタン・カウ・ヤゥンナア<br><br>ကျင်ချောင်းပါတ်လည်ရောင်ယမ်း ခြင်းကြောင့် အောက်ဖက်သို့ ကောက်ကွေး ကာ နာကျင်သော ရောဂါ။ |

385

医療関連

| 日 | 英 | ミャンマー |
|---|---|---|
| 生物学<br>*seibutsugaku* | biology | ဇီဝဗေဒ<br>ゼィワベーダ |
| 性別<br>*seibetsu* | sex | လိင်<br>レイン |
| 生命<br>*seimei* | life | ဇီဝ(အသက်)<br>アッテェ |
| 生命の維持に必要な<br>*seimeino ijini hitsuyouna* | vital | အသက်နှင့်ဆိုင်သော<br>アッテェ・ネ・サイントォ |
| 性欲を刺激する<br>*seiyokuwo shigekisuru* | erotic | ရာဂကြွဆေး<br>ヤガァ・チュアセェ |
| 生理<br>*seiri* | catamenia<br>menstrual | ရာသီ<br>ヤァ・ティ<br><br>ဉတု (ဓမ္မတာ) ရာသီ<br>ဓမ္မတာသွေးပေါ်ခြင်း။ |
| 生理化学的な<br>*seirikakakutekina* | physiochemical | ဓါတုရူပဆိုင်ရာ<br>ダァトゥルパ・サインヤ |
| 生理学<br>*seirigaku* | physiology | ဇီဝဗေဒ<br>ゼィワ・ベダァ<br><br>ကာယဗေဒ<br>カーヤ・ベーダ |
| ゼーゼーした息づかいの<br>*zeezeeshita ikizukaino*<br>※脳卒中等の高いいびき<br>*nousoochunadono takai ibiki* | stertorous,<br>breathing | အသက်ရှသံ<br>アッテェ・シュゥタン<br><br>အသက်ရှသံမှ ကြားရသော<br>စူးရှသောအသံ။ |
| 世界保健機関（WHO）<br>*sekaihokenkikan(who)* | WHO,<br>world health<br>organization | ကမ္ဘာ့ ကျန်းမာရေးအဖွဲ့<br>WHO |

医療関連

| 日 | 英 | ミャンマー |
|---|---|---|
| 咳<br>*seki* | cough,<br>coughing,<br>tussis | ချောင်း(ဆိုး)<br>チャウン(ソウ) |
| 赤外線<br>*sekigaisen* | an infrared,<br>infrared light<br>[rays] | အနီရောင်ဘေးရောင်ခြည်<br>アニィヨウンベィ・ヨンチィ |
| 赤芽球<br>*sekigakyuu* | erythroblast | သွေးနီဥလောင်း<br>トェ・ニィ・ウゥ・ラウン |
| 脊索<br>*sekisaku* | chorda | နပ်ကြိုးအမျှင်<br>ナッチョウ・アミイン |
| 赤視症<br>*sekishishou* | erythropsia | အနီရောင်ကို (ထူးခြားစွာ) မြင်ခြင်း<br>アニーヤゥンコ・ミィンチン<br><br>မျက်လွှာသွေးထွက်ခြင်း၊<br>အရက်သေစာ၊<br>အိပ်ရေးမဝလျှင်ဖြစ်တတ်ပါသည်<br>ဦးကျောက်နှင့်အာရုံကြော<br>ပြဿနာကြောင့် ဖြစ်တတ်ပါသည် |
| 赤十字<br>*sekijuuji* | red cross | ကြက်ခြေနီ<br>チェッチエ・ニィ |
| 咳止め薬<br>*sekidomekusuri* | cough medicine | ချောင်းဆိုး(ပျောက်)ဆေး<br>チャウンソウチン |
| 石肺(塵肺)<br>*sekihai(jinpai)* | chalicosis | အဆုပ်ထုံးကျောက်စွဲခြင်း<br>アッソ・トィン・チャウ・スェチン<br><br>ထုံးမှုန့်အားရှူရှိုက်မိ၍ အဆုပ်ရောင်<br>ရန်းခြင်းကိုလည်း ရည်ညွှန်းသည်။ |
| 赤痢(細菌性赤痢)<br>*sekiri(saikinseisekiri)* | dysentery | ဝမ်းကိုက်ခြင်း<br>ウィンカイッチン |

医療関連

| 日 | 英 | ミャンマー |
|---|---|---|
| 舌音の<br>*zetsuonno* | lingual | လျှာနှင့်ဆိုင်သော<br>シャニン・サイントォ |
| 切開<br>*sekkai* | incision,<br>discission | ခွဲစိတ်ခြင်း<br>クェッセィチン |
| 切開(目の手術)<br>*sekkai(menoshujutsu)* | | အတွင်းတိမ်ခွဲခြင်း<br>アトゥイン・ティン・クェチン |
| 石灰化<br>*sekkaika* | calcification | (တစ်ရှူးထဲတွင် ထုံးဓါတ်<br>အနည်ထိုင်၍)ကျောက်တည်ခြင်း<br>チャゥティ・チン |
| | | အသက်အရွယ်ကြီးလာလျှင် ထိုသို့<br>ဖြစ်တတ်၍ သွေးလွတ်ကြောများ<br>မာလာပြီး သွေးတိုးရောဂါလည်း<br>ဖြစ်ပွားနိုင်လေသည်။ |
| 切開する<br>*sekkaisuru* | incise | ခွဲစိတ်ဖြတ်တောက်သည်<br>クェッセィ・ピャンタゥ・ティ |
| 舌下炎<br>*zekkaen* | sublinguitis | လျှာရောင်ခြင်း<br>シャヤゥンヤンチン |
| 赤血球<br>*sekkekkyuu* | R.B.C,<br>red blood cell,<br>erythrocyte | သွေးနီဉ<br>トェニィウゥ<br><br>သွေးနီဆဲလ်။ |
| 接吻する(キス)<br>*seppunsuru(kisu)* | osculate | နမ်းရှုတ်သည်<br>ナン・シュゥッ・ティ |
| 背中<br>*senaka* | back | ကျောကုန်း<br>チョウ・クォン |

医療関連

| 日 | 英 | ミャンマー |
|---|---|---|
| ゼノロジー<br>*zenorojii* | xenology | ကပ်ပါးလေ့လာခြင်း<br>カッパ・レ・ラァ・チン<br><br>ကပ်ပါးနှင့်လူကြား သို့မဟုတ် ကပ်ပါးနှင့်တိရိစ္ဆာန်များကြား ကူးစက်ရောဂါဖြစ်ပွားမှုကို လေ့လာသော ပညာ။ |
| 背骨、脊椎、脊柱<br>*sebone, sekitsui, sekichuu* | vertebra | ကျောရိုးဆစ်<br>チョーヨウ・セッ |
| 背骨の<br>*seboneno* | spinal | ကျောရိုးနှင့် ဆိုင်သော<br>チョーヨウ・ネ・サイトォ |
| セル(細胞)<br>*seru(saibou)* | cell | ဆဲလ်<br>セェ |
| ゼロ<br>*zero* | zero | သုံည<br>トン・ニャ<br><br>အရေအတွက် ကင်းမဲ့ခြင်း ကို ပြသော သုံညအရေအတွက်။ |
| 線維腫<br>*senishu* | fibroma | အမျှင်မြင်း<br>アミィン・ミィン |
| 尖耳<br>*senji* | tip of ear | နားချွန်<br>ナァ・チョン<br><br>ချွန်သောနား။ |
| 洗浄機<br>*senjouki* | washing machine | အဝတ်လျှော်စက်<br>アウィッ・ショウセッ |
| 全身麻酔<br>*zenshinmasui* | general anesthesia | တစ်ကိုယ်လုံး မေ့ဆေး<br>テックォロン・メェセェ |

## 医療関連

| 日 | 英 | ミャンマー |
|---|---|---|
| 先祖 *senzo* <br> 開祖 *kaiso* <br> 創始者 *sousisha* | progenitor | (မိဘ)ဘိုးဘွား(ဘီဘင်) <br> ボウ・ブゥ |
| 喘息 *zensoku* | asthma | ကြည်ညှာချောင်းဆိုး <br> チェニャ・チャウンソウ <br><br> ပန်းနာ(ရင်ကျပ်ရောဂါ) <br> パンナァー(インッチャ・ヨーガ) |
| ぜんそく等でゼーゼー息を切らす *zensokunadode zeezee ikiwo kirasu* | wheeze | အသက်ရှသံ <br> アッテェ・シュゥタン <br><br> (ပန်းနာရှိသူများ အသက်ရှုကျပ်သောကြောင့် ကြားရသော သက်ပြင်းရှုသံ) |
| 前腸 *zenchou* | foregut | ရှေ့အူ <br> シェウゥ |
| 尖頭症 *sentoushou* | oxycephaly | ခေါင်းချွန်း(ခြင်း) <br> ガゥン・チョン |
| 前頭の *zentouno* <br> おでこの *odekono* | metopic | နဖူးနှင့်ဆိုင်သော <br> ナブゥ・ネ・サイントォ |
| 前方[下方]突出(症) *zenpou[kahou]tosshutsu(shou)* | proptosis | မျက်လုံး(ဆူထွက်)ပြူးခြင်း <br> ミェッロン・ピュゥチン |
| 譫妄状態 *senmoujoutai* <br> 精神錯乱 *seishinsakuran* | delirium | ကယောင်ကတန်းပြောခြင်း <br> カヨン・カタン・ピョゥチン |

医療関連

| 日 | 英 | ミャンマー |
|---|---|---|
| 専門医 senmoni | a medical specialist | သီးသန့် (ပညာရပ်ဆိုင်ရာ) ဆရာဝန် アトゥク・サヤァウィン |
| 専門家 senmonka | a specialist expert | သီးသန့်တတ်ကျွမ်းသူ ティンタァン・タッチュゥワントゥ ပရော်ဖက်ရှင်နယ် プロッフェシンネ အထူးလေ့လာ လိုက်စား ထား၍လုပ်ငန်းကျွမ်းကျင်သူ။ |
| 前腕(前膊) zenwan(zenhaku) | radius, forearm | လက်ဖျံ レッピャン |
| 爪囲炎 souien | paronychia | (ခြေသည်းလက်သည်းပါတ်လည် တွင်ပြည်တည်၍ အနာပေါက်သော) ခုနာ クゥ・ナァ |
| 早期発見 soukihakken | early detection | ရောဂါအစတွင်(စစ်ဆေး)တွေ့ရှိခြင်း ヨーガ・アサ・トィン・トェシチン |
| 早期離床 soukirishou | early ambulation | ခွဲစိတ်ခံယူ ပြီးပြီးခြင်းအိပ်ရာမှထခြင်း クェセイッ・ピィピィチイン・エッヤマ・タチン |
| 爪甲軟化症 soukounankashou | onychomalacia | လက်သည်းခြေသည်းပျော့ခြင်း レッテェ・チェッティ・ピョゥチン |
| 相談 soudan | consultation | တိုင်ပင်ခြင်း タィンピンチン |
| 象皮病 zouhibyou | elephantiasis | ဆင်ရေထူရောဂါ セインイェトゥ・ヨゥガァ |
| ゾーン zoon | zone | ဇုံ ゾン အလွှာထပ် ဇုံ နယ်မြေ |

391

医療関連

| 日 | 英 | ミャンマー |
|---|---|---|
| 足糸<br>*sokushi* | byssus | ဝါဝွမ်း<br>ワァグン |
| 塞栓除去<br>*sokusenjokyo* | embolectomy | ချက်ဖြတ်ထုပ်ခြင်း<br>チェッピャ・トゥチン |
| 足底いぼ<br>*sokuteiibo* | plantar wart | ကြက်နို့<br>チェッヌオ<br><br>ခြေဖဝါး ရှိ ကြက်နို့ အဖုများ။ |
| 鼠径部<br>*sokeibu* | groin,<br>inguinal region | ပေါင်ခြံ<br>パウン・ジャン |
| 鼠咬症<br>*sokoushou* | rat bite fever | (ရောဂါရှိသော)ကြွက်(ကိုက်ခြင်း)<br>ကြောင့် ဖြစ်သောရောဂါ<br>チュエッ・チャオン・ピィトゥ・ヨーガ |
| 組織<br>*soshiki* | histopathologic<br>(organization),<br>tissue | အသားစ<br>アタァサ |
| (細胞の)組織<br>*(saibouno)sosiki* | tissue | တစ်ရူးစ<br>ティッシュサア |
| 卒倒<br>*sottou*<br>気絶<br>*kizetsu* | syncope | မူးမေ့ပြောခြင်း<br>ムウメェ・ミョウ・チン |
| ソルト(塩)<br>*soruto(shio)* | salt | (ဝါတ်) ဆား<br>ダッサー |

## た

| 退院<br>*taiin* | leave (the)<br>hospital,<br>be discharged<br>(from hospital) | ဆေးရုံဆင်းခြင်း<br>セェ・ヨン・センチン |
|---|---|---|

医療関連

| 日 | 英 | ミャンマー |
|---|---|---|
| 大陰唇<br>*daiinshin* | labia majora | နတ်ခန်းကြီး<br>ヌォッカン・ジ<br><br>(နတ်ခန်းကြီးဟုခေါ်သော)<br>မိန်းမအင်္ဂါ(စပ်၏)အရည်ပြားလိပ်<br>マ・イン・ガ・アイェピャ・レイッ |
| 体温<br>*taion* | temperature | ကိုယ်အပူချိန်<br>コウ・アプウ・チェイン |
| 胎芽<br>*taiga* | embryo | လန(သော) သန္ဓေသား<br>ラ・ヌ・タテェタァ<br><br>(လရင့်ပါက Fetus)။ |
| 大気汚染からの有害な悪臭の<br>*taikiosenkarano yuugaina akushuuno* | mephitic | အနံ့ဆိုး<br>アナンソゥ |
| 第3期梅毒<br>*daisankibaidoku* | tertiary syphilis | (ဦးနောက်နှင့်နာပ်ကြီးများကို ထိ<br>ခိုက်စေသော တတိယအဆင့်)<br>ဆစ်ဖလစ်ရောဂါ<br>サパッリ・ヨーガ<br><br>ကာလသား ရောဂါ<br>カラタァ・ヨーガ |
| 胎児<br>*taiji* | fetus,<br>foetus | သန္ဓေသား<br>タテェ・タァ |
| 体重計<br>*taijuukei* | a weighing machine,<br>scales | ပေါင်ချိန်စက်<br>パウンチェンセッ<br><br>အလေးချိန်စက် |
| 帯状疱疹<br>*taijouhoushin* | zoster | (အရေပြား နာပ်ကြော တစ်လျှောက်<br>လုံးတွင် အရေကြည်များ အစုလိုက်<br>ပေါက်ကာရောင်ရမ်းသည့် ခါးပတ်)<br>ရေယုန် ရောဂါ<br>イェヨン・ヨーガ |

393

医療関連

| 日 | 英 | ミャンマー |
|---|---|---|
| 大静脈 *daijoumyaku* | vena cava | သွေးပြန်ကြောမ<br>トェ・ピャン・チョウマ |
| 大舌症 *daizetsushou* | macroglossia | လျှာကြီးခြင်း<br>シャチィ・チン |
| 大腿骨 *daitaikotsu* | femur | ပေါင်ရိုး<br>パウンヨウ |
| 大腿骨[部]の *daitaikotsu[bu]no* | femoral | ပေါင်ခြေ(အနီးပေါင်ရင်းဆိုင်ရာ)<br>パウンチャン |
| 大腿神経痛 *daitaishinkeitsuu* | meralgia | ခြေလက်နာ(ကျင်)ခြင်း<br>チェレッ・ナァチン |
| 大腸 *daichou* | colon | အူမကြီး<br>ウ・マ・チィ |
| 大腸炎 *daichouen* | colitis | အူမရောင်နာ<br>ウマ・ヤゥンナァ |
| 胎動 *taidou* | quickening, fetal movement | (သက်ဝင်လှုပ်လှျား)<br>ကလေးတိုးခြင်း<br>カレェ・トゥ・チン |
| 大動脈 *daidoumyaku* | aorta | (နှလုံး ဘယ်အခန်းက)<br>ပင်မသွေးလွှတ်ကြော<br>ピンマ・トェジョウ |
| 胎盤 *taiban* | afterbirth, placenta | အချင်း<br>ア・チン |
| | | သန္ဓေသားနှင့် သားအိမ်ကို ဆက်ပေးထားသော အချင်းဟုခေါ်သော အရာ။<br>မွေးခါစကလေးငယ်တွင် ယောနိအတွင်းမှ ကလေးနှင့် အတူထွက်ကြလာသော အမြေးနှင့်အချင်း။ |

394

医療関連

| 日 | 英 | ミャンマー |
|---|---|---|
| 対物レンズ<br>*taibutsurenzu* | objective | ပုံဖန်းမှန်ဘီလူး<br>ポンパン・マンブルゥ |
| 胎便<br>*taiben* | meconium | ငယ်ချေး (ဟုခေါ်သော မွေးကာစ ကလေးများနှင့် သန္ဓေသားများ၏ အူလမ်းကြောင်းရှိ ပစ္စည်း)<br>ングェチェ |
| 大発作<br>(てんかん性疾患関連語)<br>*daihossa*<br>*(tenkanseisikkankanrengo)* | grand mal | ဝက်ရူးပြန်(တက်)ခြင်း<br>ウェユウ・ピャンチン |
| 多飲症<br>*tainshou* | polydipsia | ရေငတ် (လွန်) ခြင်း<br>イェ・グァ・ルンチン |
| 多血質の<br>*taketsushitsuno*<br>(気質など)陽気な、楽天的な<br>*(kishitsunado)youkina、*<br>*rakutentekina* | sanguine | သွေးစွန်းသော<br>トェ・スゥントオ<br><br>အကောင်းရှုမြင်တတ်သော<br>アカウンミィンッタトオ |
| 立ちくらみ<br>*tachikurami* | dizziness,<br>syncope | မိုက်ကနဲဖြစ်ခြင်း<br>マイカネ・ピィチン<br><br>ထိုင်ရာမှ ရုပ်တရက် ထလိုက် ရာတွင် ဖြစ်တတ်ပေသည်။ |
| 脱酸素<br>*dassanso* | deoxygenation | အောက်ဆီဂျင်(ဓါတ်)လျှော့ချခြင်း<br>アゥセィジン・ショウチャジン |
| 脱水症状<br>*dassuishoujou* | dehydration | (ကိုယ်ခန္ဓာ ကျောက်ကပ်၊ အဆုပ် စသကဲ့သို့ ကရိယာမှုဒင်း၊ ချွေး မြောက်များ စွာထွက်ခြင်းကြောင့်) ရေဆုပ်ယုတ်ခြင်း<br>イェ・ソウヨウッチン |

医療関連

| 日 | 英 | ミャンマー |
|---|---|---|
| 脱毛<br>*datsumou* | depilation,<br>loss of hair,<br>removal of hair | အမွေးကျွတ်ခြင်း<br>アムェチョッ・チン<br><br>အမွေးနတ်ခြင်း၊ |
| 脱毛剤<br>*datsumouzai* | depilatory | မွေးကျွတ်ဆေး<br>ムェッチョ・セェ |
| 脱モルヒネ法<br>*datsumoruhinehou* | demorphinization | ဆေးဖြတ်ခြင်း<br>セェ・ピャッタチン<br><br>ထုံမိုင်းစေသော<br>ဖောမင်းမှ ဖြတ်ခြင်း။ |
| ダニ<br>*dani* | mite | ခြုပိုး<br>ジャポゥ<br><br>သန်းဂျိုက်ပိုးမွှား။ |
| 多尿症<br>*tanyoushou* | polyuria | ဆီးရွှင်ခြင်း<br>セイ・シュィンチン |
| タバコ中毒症<br>*tabakochuudokushou* | tabacosis | ဆေးလိပ်စွဲခြင်း<br>セェ・レィ・スェ・チン<br><br>ဆေးလိပ်သောက်ကြူးရောဂါ။<br>ဆေးလိပ်စွဲရောဂါ။ |
| 打撲傷<br>*dabokushou*<br>挫傷<br>*zashou* | contusion | (ထိပ်တုံးသောအရာဝတ္ထုဖြင့် ထိတိုက်<br>မိ၍ အရေပြားအပေါက်မပြဲ<br>သော်လည်း ) အတွင်းကြေခြင်း<br>アトィン・チェチン |
| 痰(たん)<br>*tan* | phlegm | သလိပ်<br>タレッ<br><br>တံတွေး သလိပ်။<br>သလိပ်တခြွကျို။ |

| 日 | 英 | ミャンマー |
|---|---|---|
| 担架<br>*tanka* | litter | ထမ်းစင်<br>タンセィン |
| 男根<br>*dankon* | phallus,<br>penis | လိင်တံ<br>レィン・タン |
| 男根の<br>*dankonno* | phallic | လိင်တံနှင့်ဆိုင်သော<br>レインタン・ニン・サイントォ |
| 男子色情症[異常性欲]<br>*danshishikijoushou*<br>*[ijouseiyoku]* | satyriasis | (ဖို) ရာဂရူး<br>(ポゥ)ヤガユゥ |
| 胆汁<br>*tanjuu* | bile | သည်းခြေရည်<br>テェ・チェ・イェ<br><br>သည်းခြေ၊ အသည်းမှ ပြင်ပ<br>သို့မဟုတ် အူလမ်းကြောင်းအတွင်း<br>သို့ စိမ့်ထွက်သော အရည်ဝါ ခါတု<br>ဗေဒ ခါတ်သတ္တိရှိ၍ အဆီများသော<br>အစားအစာများအား ကြေညက်စေ<br>ပါသည်။ |
| 胆汁酸<br>*tanjuusan* | bile acid | (သည်းခြေမှထွက်သော) အက်စစ်<br>エッセェ |
| 男性化(症)<br>*danseika(shou)* | virilism | ယောက်ကျားဆန်ခြင်း<br>ヤウチャァ・サンチン |
| 胆石<br>*tanseki* | gallstone | သည်းခြေကျောက်<br>テェチェ・チャゥ |
| 胆嚢<br>*tannou* | cholecyst,<br>gallbladder,<br>cholecystitis | သည်းခြေအိပ်<br>テェチェ・エィッ |
| 痰(たん)の検査<br>*tanno kensa* | checkup of phlegm | သလိပ် စစ်ခြင်း<br>タッレェ・セッチン<br><br>တံတွေး သလိပ် ဆေးစစ်ခြင်း။ |

医療関連

| 日 | 英 | ミャンマー |
|---|---|---|
| タンポン挿入<br>*tanponsounyuu* | tamponade | သွေးတိတ်စေခြင်း<br>トェ・ティッ・セ・チン<br><br>စိမ့်ယိုထွက်သော သွေးနှင့်အရည်များကို ချည်ဝါဝမ်းလုံးဖြင့် ဆို၍ ရပ်တံ့စေခြင်း။ |
| 血<br>*chi* | blood | သွေး<br>トゥエ<br><br>မျိုးရိုး၊မျိုးနွယ်။ |
| ち(痔)<br>*ji* | piles,<br>hemorrhoids | လိပ်ခေါင်း<br>レィッガウン |
| チアノーゼ<br>*chianooze* | cyanosis | (သွေးကြောတွင်း အောက်စီဂျင်မလုံ လောက်၍ အရေးပြားနှင့် ကျိုချိုမြေး တို့ တွင်) အပြာရောင်သွေးညိုခြင်း<br>アピャヤウン・トェ・ニョウチン<br><br>ဟီမိုဂလိုဘင်နည်းလွန်းများလွန်းခြင်း ကြောင့်သော်၎င်း၊ သွေးအတွင်း ဆာလဖာ ဟေမိုဂလိုဘင် ပါဝင်သော ကြောင့် အဖြစ်များတတ်သည်။ |
| 小さい<br>*chiisai* | small,<br>little,<br>tiny | သေးငယ်သော<br>テェ・ングェトォ |
| チェックアップ、検査<br>*chekkuappu, kensa* | chekup | (ဆေး)စစ်ဆေးခြင်း<br>セィッ・セェ・チン |
| チオペンタールナトリウム<br>*chiopentaarunatoriumu*<br>(商標名；ペントサル)<br>*(shouhyoumei;pentosaru)* | thiopental sodium | သွေးပြန်ကြောမှ ထိုးသွင်းရသော သိုင်အိုပင်တယ် ဆိုဒီယမ်<br>ソディヤン |
| 乳首<br>*chikubi* | nipple,<br>mammilla | နို့သီးခေါင်း<br>ノッ・ティガウン |

医療関連

| 日 | 英 | ミャンマー |
|---|---|---|
| 恥垢<br>*chikou* | smegma | ချေး<br>チェ<br><br>ယောနိအရေပြားနှင့်နတ်ခမ်းငယ်<br>များမှထွက်သော အဆီဂလင်း<br>လိင်ချေး။ |
| 父無し子<br>*chichinashigo* | illegitimate | (လက်မထပ်ပဲ)အဖေမပေါ်ပဲ<br>မွေးသော ကလေး<br>アペェ・マポゥペ・ムエトゥ カッレェ |
| 膣[解剖学]<br>*chitsu(kaibougaku)* | vagina | ယောနိ<br>ヨウニィ |
| 膣炎<br>*chitsuen* | colpitis,<br>vaginitis | ယောနိယောင်ရမ်းခြင်း<br>ヨウニィ・ヤゥン・ヤンチン<br><br>ယောနိရောင်ရောဂါ<br>ヨウニィヤゥン・ヨゥガア |
| 膣痙<br>*chitsukei* | vaginismus | ယောနိကျုံ့ရောဂါ<br>ヨウニ・チョゥン・ヨゥガア |
| 膣形成術<br>*chitsukeiseijutsu* | colpoplasty | (ကလေးမွေး ခက်ခဲသူများအား<br>ခွဲစိတ်ပြုပြင်ပေးသော)<br>ယောနိ ခွဲစိတ် ပြုပြင်ခြင်း<br>ヨウニィ・クェ・セェッ・チン |
| 血なまぐさい<br>*chinamagusai* | sanguineous | (ဒက်ယာများမှ စိမ့်ထွက်သော)<br>သွေးပါသော သားရည်နဲ့<br>タァイェ・ナァン |
| 知能指数<br>*chinoushisuu* | (I.Q),<br>intelligence<br>quotient | ဉာဏ်ရည်ပြကိန်း<br>ニャンイェピャ・ケイン |
| チマーゼ<br>*chimaaze* | zymase | ဇိုင်မွေ<br>ザイメェ |

399

医療関連

| 日 | 英 | ミャンマー |
|---|---|---|
| 中央材料室（CSSD）<br>*chuuouzairyoushitsu(cssd)* | CSSD,<br>central sterile and supply department | ပိုးသပ်ပေါင်းသင်ရာဌာန<br>ポウタッ・パウンティンヤ・ダァナ |
| 中耳炎<br>*chuujien* | tympanitis | နားစည်ရောင်ခြင်း<br>ナァ・セィ・ヤウンチン |
| 注射<br>*chuusha* | an injection | ဆေးထိုးခြင်း<br>セェ・トゥチン |
| 注射器<br>*chuushaki* | syringe | ဆေးထိုးပြွန်တံ<br>セェ・トゥ・ピョンタン |
| 注射針<br>*chuushabari* | needle | ဆေးထိုးအပ်<br>セェトゥ・アッ |
| 中手骨<br>*chuushukotsu* | metacarpal bones | လက်ဖဝါးရိုး<br>レッパワァ・ヨゥ |
| 虫垂炎<br>*chuusuien* | appendicitis | အူအတက်နာ<br>ウ・アッテェナァ |
| 虫垂切除（術）<br>*chuusuisetsujo(jutsu)* | appendectomy,<br>appendicectomy | အူအတက်ဖြတ်ခြင်း<br>ウ・アッテェ・ピャッチン |
| 中性脂肪<br>*chuuseishibou* | neutral fat | သွေးဆီ<br>トェセィ<br><br>သွေးထဲရှိ အဆီဓါတ် တစ်မျိုး |
| 中足骨<br>*chuusokukotsu* | metatarsal bones | ခြေဖဝါးရိုး<br>チェパワァ |
| 中毒<br>*chuudoku* | poisoning | အစာအဆိပ်ဖြစ်ခြင်း<br>アサァ・アセェッ・ピィッチン |
| （血管・リンパ管壁の）中膜<br>*(kekkan・rinpakanhekino)chuumaku* | media | သွေးကြော(သွေးလွတ်ကြောသို့<br>သွေးပြန်ကြော)ကြားခံလွှာ<br>トェ・ジョー・ジャーカンルァ |

医療関連

| 日 | 英 | ミャンマー |
|---|---|---|
| 腸<br>*chou* | bowel,<br>intestine | အူ<br>ウゥ |
| 腸炎<br>*chouen* | enteritis | အူရောင်ရောဂါ<br>ウゥ・ヤウン・ヨゥガア |
| 超音波診断装置<br>*chouonpashindansouchi* | ultrasonic diagnostic equipment | အာထရာဆောင်း<br>アタラサウン<br><br>အသံလှိုင်းလွန်သုံး ဆေးစစ်စက်။ |
| 聴診器<br>*choushinki* | stethoscope | နားကျပ်<br>ナァッチャ |
| 超心理学<br>*choushinrigaku* | parapsychology | စိတ်နယ်လွန်ပညာ<br>セィ・ネェ・ルォン・ピィンニャ |
| 腸チフス<br>*chouchifusu* | enteric fever,<br>typhoid | တိုက်ဖွိုက်((Typhoid) ဟုခေါ်သော<br>အူရောင်အဖျားရောဂါ)<br>タイ・フアィ |
| 腸捻転<br>*chounenten* | volvulus | (ချက်ခြင်းခွဲရန်လိုအပ်သော)<br>အူလိမ်ခြင်း<br>ウゥ・レインチン |
| チョーク<br>*chyooku* | chalk | မြေဖြူ(ထုံးကျောက်)<br>ミェ・ピュ<br><br>ကယ်လဆီယမ် ကာဗွန်နိတ်။ |
| 直腸切除<br>*chokuchousetsujo* | proctectomy | စအို(ဝ)ကို ဖြတ်ထုတ်ခြင်း<br>サオウワ・コ・ピャットゥチン |
| 直腸痛<br>*chokuchoutsuu* | rectalgia | စအိုနာကျင်ခြင်း<br>サオウ・ナァチンチン |

医療関連

| 日 | 英 | ミャンマー |
|---|---|---|
| 治療<br>*chiryou* | therapy,<br>treatment | ကုထုံး<br>ク・トゥン<br><br>ဆေးကုသခြင်း<br>セェクタチン |
| 治療室<br>*chiryoushitsu* | treatment room | ဆေးကုသခန်း<br>セェ・クタカン |
| 治療法<br>*chiryouhou* | treatment | ကုထုံး ကုနည်း<br>クトゥン・クゥニィ |
| 治療方法<br>*chiryouhouhou* | a mathod of treatment | ဆေးကုသပုံ<br>セェ・クタポゥン |
| 鎮静剤<br>*chinseizai* | sedative | ငြိမ်ဆေး<br>ニェン・セェ |
| 痛覚脱失(症)<br>*tsuukakudasshitsu(shou)*<br>無痛覚(症)<br>*mutsukaku(shou)*<br>(痺れている・*shibireteiru*) | analgesia | သတိ(အသိ)ရှိလျှက် ထုံကျဉ်နေခြင်း<br>アティ・シルェッ・トゥン・チン・ネェチン |
| 痛風<br>*tsuufuu* | gout | ဂေါက်နာ<br>ガゥナァ |
| ツチ骨<br>*tsuchikotsu* | melleus | မယ်လီအပ်(စ်) အရိုး<br>メリアッ（アヨゥー）<br><br>နားစည်နှင့်ကပ်လျှက်ရှိသော အရိုးငယ်<br>(တစ်ခြားသော အရိုးများသို့ တုန်ခါမှုကို လက်ဆင့်ကမ်းပေးသည်) |
| 唾(つば)<br>*tsuba* | saliva,<br>spit,<br>sputum | တံတွေး<br>タン・トェ |

医療関連

| 日 | 英 | ミャンマー |
|---|---|---|
| 爪<br>*tsume* | nail | လက်သည်းခြေသည်း<br>レッテェ・チェッティ |
| 詰め綿<br>*tsumewata* | wadding | ချည်<br>チィ<br><br>ခွဲစိတ်ပြီးလျှင် အနာစည်းအဖြစ် အသုံးပြုသောဖိနှပ်၍ ပြုလုပ် ထားသော ချည် သို့မဟုတ် သိုး မွေးညှပ်ချည်။ |
| 手<br>*te* | hand | လက်<br>レッ |
| 手足口病<br>*teashikuchibyou* | HFMD,<br>hand foot and mouth disease | လက်ခြေပါးစပ်ရောဂါ<br>レッチェ・パアッサ・ヨウガア<br><br>နွေရာသီတွင် အဖြစ်များသော ဗိုင်းရပ်(စ်) ပိုးကြောင့် လက်၊ခြေ နှင့်ပါးစပ်များတွင် ရေကြည်ဖုများ ဖြစ်တတ်သောကူးစက်သောရောဂါ။ |
| 手足の指<br>*teashinoyubi* | dactyl,<br>digit | ခြေချောင်းလက်ချောင်း<br>チェチョン・レッチョン |
| 手洗装置<br>*tearaisouchi* | scrub | လက်ဆေးကရိယာ<br>レッセェ・カリヤ<br><br>ခြေထောက်ဖြင့်သော်၎င်း၊ Senserဖြင့်သော်၎င်း ရေကို အဖွင့်အပိတ် လုပ်နိုင်အောင် စီစဉ်ထားပေသည်။ |
| 提案<br>*teian* | suggestion | ညွှန်းခြင်း<br>ニュンチン |
| DNA(デオキシリボ核酸)<br>*dna (deokishiribokakusan)* | DNA,<br>desoxyribonuclec acid | D.N.A<br>ディ・アン・エィ<br><br>မျိုးရိုးဇာတိလက္ခဏာများ ပါသည် မော်လီဂျူး။ |

医療関連

| 日 | 英 | ミャンマー |
|---|---|---|
| DCオペレーション<br>*dc opereeshon* | D and C operation | DCခွဲစိတ်ခြင်း<br>DC クェ・セッ・チン<br><br>သားအိမ်ကင်ဆာ စစ်ဆေးခြင်း။ သားအိမ်အတွင်း ခြစ်ထုပ်ရာတွင် အသုံးပြုသော၊ ခဲ့ခြင်း၊ ချစ်ခြင်းဖြင့် ခွဲစိတ်ကုသနည်း။ |
| 手首<br>*tekubi* | wrist | လက်ကောက်ဝတ်<br>レッカウ・ウィッ |
| デコリン(デヒドロコール酸)<br>*dekorin(dehidorokoorusan)* | decholin,<br>dehydrocholic acid | (သည်းခြေဆင်းအားပေးသော )<br>ဒီကိုလင်ဆေး<br>ディ・コ・レン |
| 手の甲<br>*tenokou* | back of hand | လက်ဖမိုး<br>レッ・パァモー |
| 手のひら<br>*tenohira* | palm | လက်ဖဝါး<br>レッパワァ |
| 手袋<br>*tebukuro* | glove | လက်အိပ်<br>レッエイ |
| テレパシー<br>*terepashii* | telepathy | (အထူးအာရုံ တစ်ခုဖြစ်သော စကားပြောဆိုရန် မလိုပဲ သူတစ်ပါး၏ အကြံကို သိနိုင်သော) တယ်လီပသီ<br>テレパティ |
| 田園狂<br>*denenkyou*<br>痴呆<br>*chihou* | agromania,<br>dementia | ရူး(သွတ်)ခြင်း<br>ユーチン<br><br>စိတ်နောက်ခြင်း။ |
| 伝音性難聴<br>*denonseinanchou* | deafness | နားလေးခြင်း<br>ナァ・レェチン |
| 電解質<br>*denkaishitsu* | electrolytes | လျှပ်လိုက်ပစ္စည်း<br>ルェッ・ライ・ピィッセィ |

医療関連

| 日 | 英 | ミャンマー |
|---|---|---|
| てんかん<br>*tenkan* | epilepsy,<br>falling sickness | ဝက်ရူးပြန်ရောဂါ<br>ウェッユゥピャン・ヨーガ |
| てんかん患者<br>*tenkankanja* | epileptic | တက်တတ်သူ<br>テッタトゥ |
| 電気メス<br>*denkimesu* | an electric scalpel,<br>a radio knife | လျှပ်စစ်ခွဲစိတ်ခါး<br>ルェッセェ・クェセェッダァ |
| デング熱<br>*dengunetsu* | dengue fever | သွေးလွန်တုတ်ကွေး<br>(တုတ်ကွေးကြီး)<br>トェルォン・トゥクェ |
| 電子顕微鏡<br>*denshikenbikyou* | electron microscope | မိုက်ခရိုစကုတ်<br>マイクロ・スコッ<br><br>အက်လက်ထရွန်<br>အကုကြည့်မှန်ပြောင်း |
| 伝染<br>*densen*<br>感染<br>*kansen* | infection | ကူးစက်ခြင်း<br>クゥセッチン |
| 点滴<br>*tenteki* | drip,<br>drip infusion | ဆေးသွင်းခြင်း<br>セェ・トィン・チン<br><br>ပိတ်လိုင်းမှ<br>(အားဆေးကဲ့သို့သော)<br>ဆေးထိုးသွင်းခြင်း။ |
| 伝導体<br>*dendoutai* | conductor | လျှပ် (စစ်ဓါတ်ကူး) ပစ္စည်း<br>ルェッ・クゥ・ピィッセイ |
| 同意する<br>*douisuru* | consent | သဘောတူခြင်း<br>タボウ・トゥチン<br><br>ခွဲစိတ်ကုသရာတွင် လူနာ<br>သို့မဟုတ် လူနာရှင်၏<br>သဘောတူ ဆန္ဒပါခြင်း။ |

405

医療関連

| 日 | 英 | ミャンマー |
|---|---|---|
| 導管<br>*doukan* | duct | မြွန်<br>ピョン |
| (脈管、血管の)導管<br>*(myakukan, kekkanno)doukan* | vascular | သွေးကြောနှင့်ဆိုင်သော<br>トェジョウ・ネ・サィントォ |
| 動悸<br>*douki* | flutter, palpitation | နလုံးခုန်ခြင်း<br>ナロン・カッチン |
| 橈骨(とうこつ)動脈<br>*toukotsu doumyaku* | radial artery | လက်ကောက်ဝတ် သွေးကြော<br>レッカウ・ウィッ トェ・チョウ |
| 同視<br>*doushi* | isopia | မျက်လုံး၂ဘက် အမြင်မတူခြင်း<br>ミェロン・ネッベッ・アミィン・マトゥチン |
| 頭状花序、頭、頭花<br>*toujoukajo、atama、touka* | caput | (အစိတ်အပိုင်းတစ်ခု၏) ဦးခေါင်းပိုင်း<br>ウゥ・カウン・パイン<br><br>အူသိမ် အူမကြီးထိပ်၊ ဝမ်းပိုက် သွေးပြန်ကြောများ ကြီးထွားခြင်း။ |
| 動静脈<br>*doujoumyaku* | arteriovenous | သွေးကြော<br>トェ・ジョウ<br><br>သွေးလွှတ်ကြော၊ သွေးပြန်ကြော ၂မျိုးစလုံးအား ဆိုလိုသည်။ |
| 同性愛の女性<br>*douseiaino josei*<br>レズビアン<br>*rezubian* | lesbian | အမျိုးသမီးချင်း ကာမဆက်ဆံလိုသူ<br>アミョータミィチン・カァマ・セッサン・ロトゥ |
| 透析<br>*touseki* | dialysis | ကျောက်ကပ်ဆေးခြင်း<br>チャウカッ・セェチン<br><br>ဖျော်ရည်(ဆီးအရည်) အတွင်းရှိ ဓါတ်ပစ္စည်းများ တစ်ခုမှ တစ်ခု ခွဲထုတ်ခြင်း။ |

医療関連

| 日 | 英 | ミャンマー |
|---|---|---|
| 痘瘡<br>*tousou*<br>天然痘<br>*tennentou* | variola,<br>smallpox | ကူးစက်သော ကျောက်ကြီးရောဂါ<br>クゥセェ・タットゥ・ヨゥガァ |
| 頭頂<br>*touchou* | vertex | ဦးခေါင်းခွံထိပ်<br>ウゥ・カウン・テェパイン |
| 同等(にすること)<br>*doutou(nisurukoto)* | coordination | ညှိနှိုင်းဆောင်ရွက်ခြင်း<br>ニィナイン・サウン・ルェチン |
| 糖尿病<br>*tounyoubyou* | diabetes mellitus | ဆီးချိုရောဂါ<br>セィチョウ・ヨゥガァ<br><br>သကြားဓာတ်ကို မခြေဖျက်နိုင်သော ဆီးချိုရောဂါ။ |
| 動物学<br>*doubutsugaku* | zoology | သတ္တဗေဒ<br>タッタ・ベィダ |
| 動物学者<br>*doubutsugakusha* | zoologist | သတ္တဗေဒ ပညာရှင်<br>タッタ・ベィダ・ピィンニャンシン |
| 動物食性<br>*doubutsushokusei* | zoophagous | တိရိစ္ဆာန် အစာတွင် မှီခိုနေသော<br>タレェッサン・アサァ・トィン・ミコウネトォ |
| 動物性愛症<br>*doubutsuseiaishou* | zoolagnia | တိရိစ္ဆာန်များကို တကာအချစ်ဖြင့် စွဲလမ်းခြင်း<br>タレェッサン・ミャーコ・タナァ・アチッピィン・スェランチン |
| 動物性毒素<br>*doubutsuseidokuso* | zootoxin | တိရိစ္ဆာန်များ၏ အဆိပ်<br>タレェッサン・ミャァイ・アッセェ |
| 動物との性交(獣姦)<br>*doubutsutono seikou(juukan)* | zooerastia,<br>bestiality,<br>sodomy | တိရိစ္ဆာန်နှင့် သံဝါသပြုခြင်း<br>ティレィサン・ネ・タンワタ・ピュチン |

医療関連

| 日 | 英 | ミャンマー |
|---|---|---|
| 動脈<br>*doumyaku* | arteries | သွေးလွတ်ကြော<br>トェ・ルゥ・ジョー<br><br>အဓိကကျသော ကားလမ်း ရထား လမ်း များကိုလည်း ရည်ညွှန်းပါ သည်။ |
| 動脈炎<br>*doumyakuen* | arteritis | သွေး(လွတ်)ကြော ရောင်ယမ်းခြင်း<br>トェ・ルッチョウ・ヤウンヤンチン |
| 動脈管<br>*doumyakukan* | ductus arteriosus | သွေးလွတ်ကြော<br>トェ・ルッ・チョウ |
| 動脈硬化<br>*doumyakukouka* | arteriosclerosis, hardening [sclerosis] of the arteries | သွေးကြော မာကြောမှု<br>トェジョウ・マチョゥム |
| 動脈硬化症<br>*doumyakukoukashou* | arteriosclerosis | သွေးကြောမာခြင်း<br>トェチョウ・マア・チン<br><br>သွေးလွတ်ကြော (သွေးကြောလေး) အတွင်းသားမာကြောခြင်း သွေးကြောမြင့်လေးများ မာကြောကျစ်လစ်ခြင်း။ |
| 動脈撮影<br>*doumyakusatsuei* | arteriography | (သွေးခုန်တိုင်းစက်/ သွေး လုပ်လျှားမှု အပေါ် ဓါတ်မှန်ကဲ့သို့) ဓါတ်ပုံရိုက်ယူခြင်း<br>ダッポン・ヤィッ・ユ・チン |
| 動力学<br>*dourikigaku* | kinetics | (ရွေ့လျှားမှု နှင့်ဆိုင်သော) အရွေ့ပညာ<br>アユェ・ピンニャ |

医療関連

| 日 | 英 | ミャンマー |
|---|---|---|
| ドクターヘリ(ヘリコプター)<br>*dokutaaheri (herikoputaa)* | helicopter doctor | အရေးပေါ် ဆရာဝန်<br>アイェポゥ・サヤヲン<br><br>ဟယ်လီကော်ပတာ<br>ဖြင့်အရေးပေါ်အသက်<br>ကယ်ဆယ်ရေး ဆရာဝန်။ |
| 毒物学<br>*dokubutsugaku* | toxicology | အဆိပ်ပညာ<br>アッセェ・ピィンニャ<br><br>ဝိသဗေဒ |
| トコジラミ<br>*tokojirami* | bedbug | ကြမ်းပိုး<br>ジャ・ポー |
| 床ずれ<br>*tokozure* | bedsore,<br>decubitus | Bedsore<br>ベッソウ<br><br>နာတာရှည် အိပ်ယာထဲ လဲနေ<br>သောကြောင့် ဖြစ်သော ကျော<br>အောက်ပိုင်းတွင်ဖြစ်သည့်အနာ။ |
| 土食症<br>*doshokushou*<br>土食い<br>*tsuchikui* | geophagy | မြေကြီးစားသော အကျင့်<br>ミェチィ・サァ・トゥ・アッチン |
| 兎唇<br>*toshin*<br>三つ口<br>*mitsukuchi* | harelip | နှုတ်ခမ်းကွဲခြင်း<br>ノゥカン・クエ・チン |
| 土葬<br>*dosou* | interment | မြေမြှုပ်(နှံ့)သဂြိုဟ်ခြင်း<br>ミャェ・ミョウッ・タジョウ・チン |
| 吐物<br>*tobutsu* | vomitus | အန်ဖတ်<br>アンバッ |

409

医療関連

| 日 | 英 | ミャンマー |
|---|---|---|
| 鳥肌<br>*torihada* | cutis anserina | ကြက်သီးထခြင်း<br>チェッ・ティン・タチン |
| トローチ<br>*toroochi* | troche,<br>lozenge | (လည်ချောင်းအာခေါင်နာရာတွင် အသုံးပြုသော) ဂုံဆေး<br>グォンセェ |
| トロカール<br>*torokaaru*<br>套管針<br>*toukanhari* | trocar | စူး<br>スゥ |
| ドロップ<br>*doroppu* | drop | အစက်<br>アッセッ<br><br>လက်ခြေထောက်များအား တွဲလောင်းချည်ထားခြင်း။ |
| トロピカル<br>*toropikaru* | tropical | အပူပိုင်းဒေသဆိုင်ရာ<br>アプーパイン・サインヤ |

## な

| 日 | 英 | ミャンマー |
|---|---|---|
| ナースコール<br>*naasukooru* | nurse call | (လူနာအိပ်ခန်း၊ ကုတင်နှင့်ရေအိမ်များမှ သူနာပြုအား တိုက်ရိုက်ခေါ်နိုင်သော လျှပ်စစ်ခေါင်းလောင်း) ဘဲလ်<br>ベェ |
| ナースステーション<br>*naasusuteeshon* | nurse station | သူနာပြုဌာန<br>トゥナーピュ・ターナ |
| 内因性<br>*naiinsei* | endogenous | ခန္ဓာကိုယ် အတွင်းမှ ဖြစ်(ပေါ်)သော<br>カンダ・アトェン・ピィットォ |

410

医療関連

| 日 | 英 | ミャンマー |
|---|---|---|
| 内科<br>*naika* | internal department | ခန္ဓာဗေဒဆိုင်ရာ ဌာန<br>カンダ・ベダ・サィンヤ・ターナ<br><br>ခန္ဓာတွင်းဆိုင်ရာ ရောဂါများအား ဆေးစစ်ဆေးကုပေးသောဌာန။ |
| 内科医<br>*naikai* | physician | (ဆရာဝန်)သမားတော်ကြီး<br>タマトゥチィ |
| 内耳<br>*naiji* | inner ear, internal ear | အတွင်းနား<br>アテンナァ |
| 内視鏡<br>*naishikyou* | endoscope | အတွင်းကြည့်ပြောင်း<br>アトィンチ・ピョン |
| 内反尖足<br>*naihansensoku* | equinovarus | ခြေခွင်ခြင်း<br>チェ・クィンチン<br><br>မွေးရာပါ ခြေအတွင်းခွင်ခြင်း။ |
| (血管などの)内膜、脈管内膜<br>*(kekkannadono)naimaku, myakkannaimaku* | intima | သွေးကြော(သွေးလွတ်ကြောသို့ သွေးပြန်ကြော)အတွင်းလွှာ<br>トェ・ジョー・アトィンルァ |
| 中指<br>*nakayubi* | middle [second] finger | လက်ခလယ်<br>レッ・カレェ |
| 流れ<br>*nagare* | flow | စီး(ယိုကျ)ခြင်း<br>ヨチャチン |
| 泣く<br>*naku* | weeping | (မျက်ရည်ကျ) ငိုခြင်း<br>ングォチン |
| 鉛中毒<br>*namarichuudoku* | plumbism, saturnism | ခဲဆိပ်သင့်ခြင်း<br>ケェセッ・テェンチン<br><br>ခဲဆိပ်တောက်ခြင်း<br>ケェセッ・タゥチン |
| ナルシズム(自己陶酔症)<br>*narushizumu(jikotousuishou)* | narcissism | အတ္တ(တတ်မက်လွန်ရောဂါ)<br>アッタ |

| 日 | 英 | ミャンマー |
|---|---|---|
| 慣れ<br>*nare* | habituation | အကျင့်ရစေခြင်း<br>アチン・ヤセェチン |
| 軟膏<br>*nankou*<br>膏薬<br>*kouyaku* | ointment,<br>salve | ဖရောင်းချက်<br>パラウンッ・チェ |
| 軟骨<br>*nankotsu* | cartilage | အရိုးနု<br>アヨウ・ヌ<br><br>အရိုးပျော့<br>アヨウ・ピョウ |
| 軟骨(の)<br>*nankotsu(no)* | chondral | အရိုးနု<br>アヨウ・ヌ |
| 軟骨炎<br>*nankotsuen* | chondritis | အရိုးနုရောင်ခြင်း<br>アヨウ・ヌ・ヤウンチン |
| 難産<br>*nanzan* | dystocia | သားဖွားခက်ခြင်း<br>タブァ・ケッチン |
| 難病<br>*nanbyou* | an incurable disease | ရောဂါဆန်း<br>ヨーガ・サン<br><br>ခက်ခဲနက်နဲသော (ကုထုံးကုနည်း) ဆေးဝါးသော်င့်၊ တစ်ခုထက် ပိုသောသာမာန်အမည် မတတ်နိုင် သော ရောဂါများကပေါင်းစု ဖြစ်ပေါ် နေသောအခါတွင်လည်း အသုံးပြု ပါသည်။ |
| にきび<br>*nikibi* | blackhead<br>pimple,<br>acne | ဆားဝက်ခြံ<br>サー・ウェッ・チャン<br><br>မွဲခြောက်၊<br>メェ・チャウ<br><br>ဝက်ခြံပုန်း |

医療関連

| 日 | 英 | ミャンマー |
|---|---|---|
| 肉感主義<br>*nikukanshugi*<br>官能主義<br>*kannoushugi* | sensualism | ကာမဂုဏ်ခံစားခြင်း<br>カァマゴン・カンサァチン |
| ニコチン酸<br>*nikochinsan* | nicotinic acid | နစ်ကိုတင်းအက်ဆစ်<br>(ネコティン)エッセッ |
| 二酸化炭素《$CO_2$》<br>*nisankatanso* | 《$CO_2$》<br>carbon dioxide | ကာဗွန်ဒိုင်အောက်ဆိုဒ်<br>カーボンダィ・アゥ・サイッ<br><br>အသက်ရှူပြီးပါက ထုပ်လွှတ်သော ဓါတ်။ လေထဲတွင် ၀.၀၃ ရာခိုင်နှုန်းပါရှိ၏။ |
| (特に上腕の)二頭筋<br>*(tokunijouwanno)nitoukin* | biceps | လက်မောင်းကြွက်သား<br>レッマウン・チュッタ |
| (機能・感覚など)を鈍くする<br>*(kinou, kankaku nado)wo nibukusuru* | obtund | ထုံထိုင်းစေသည်<br>トゥンタィン・セェティ |
| 入院<br>*nyuuin* | hospitalization | ဆေးရုံတက်ခြင်း<br>セェヨン・テッチン |
| 入院患者<br>*nyuuinkanja* | an inpatient | アトィン・ルナァ<br>အတွင်းလူနာ<br><br>ဆေးရုံတက်နေသော လူမမာ။ |
| 乳歯<br>*nyuushi* | a milk [baby] tooth,<br>deciduous teeth | နို့သွား<br>ルェ・トゥア |
| 乳清<br>*nyuusei* | whey | ဒိန်ရည်<br>ディンイェ |
| 乳腺<br>*nyuusen* | mammary gland | နို့(သားမြတ်၊ ရင်သား) ဂလင်း<br>ノゥ・ガリン |

医療関連

| 日 | 英 | ミャンマー |
|---|---|---|
| 乳腺葉<br>*nyuusenyou* | mammary lobe | နို့ (သားမြတ်၊ ရင်သား) ကြော<br>ノウ・ジョー |
| 乳頭痛<br>*nyuutoutsuu* | nipple pain | နို့သီးနာခြင်း<br>ノティナァチン |
| 乳房痛<br>*nyuuboutsuu* | mastalgia | နို့ကိုက်ခြင်း<br>ノッカイチン |
| 乳輪<br>*nyuurin* | areola | နို့ကွင်း<br>ノッ・クィン<br><br>အကွင်း<br>アクィン<br><br>ရင်သား (နို့သီးခေါင်း) ပတ်ပတ်လည်ရှိ အကွင်းကို ဆိုလိုပါသည်။ |
| 尿管<br>*nyoukan* | ureter | ဆီးပြွန်<br>セィ・ピョン |
| 尿管炎<br>*nyoukanen* | ureteritis | ဆီးပြွန်ရောင်ခြင်း<br>セィ・ピョン・ヤウンチン |
| 尿検査<br>*nyoukensa* | urinalysis,<br>urine analysis | ဆီးစစ်ဆေးခြင်း<br>セィ・セッチン |
| 尿素<br>*nyouso* | urea | ယူရီယာ<br>ユリヤァ |
| 尿糖<br>*nyoutou* | glycosuria,<br>urinary sugar | (ဆီးချိုရောဂါ၏ အရိပ်အရောင် ဖြစ်သော) ဆီးသကြား<br>セィ・タ・ジャ |
| 尿道<br>*nyoudou* | urethra | ဆီးကျင်ချောင်း<br>セィ・チン・チァウン |

# 医療関連

| 日 | 英 | ミャンマー |
|---|---|---|
| 尿分析 *nyoubunseki* <br> 検尿 *kennyou* | urinalysis | ဆီးဓါတ်ခွဲခြင်း <br> セィ・ダックェチン |
| 尿量減少 *nyouryougenshou* | oliguria | ဆီးနည်းခြင်း <br> セィ・ネェ・チン |
| 妊娠 *ninshin* | cyesis, gestation, pregnancy, conception | ကိုယ်ဝန်ဆောင်ခြင်း <br> コウウィン・サウンチン <br><br> ပဋိသန္ဓေကိုယ်ဝန် (ဇီး) ရှိခြင်း <br> သန္ဓေတည်ခြင်း။ |
| 妊娠した *ninshinshita* | gravid | သန္ဓေရှိသော(သည်) <br> タデェ・シ・トォ |
| 妊娠する *ninshinsuru* | conceive, get pregnant | ကိုယ်ဝန်ဆောင်သည် <br> コウウィン・サウン・ティ <br><br> ပဋိသန္ဓေကိုယ်ဝန်ရှိခြင်း။ |
| 縫目 *nuime* | stitch | ချုပ်ရိုး <br> チョッヨウ |
| 塗り薬 *nurigusuri* | (an) ointment | လိမ်းဆေး <br> レェン・セェ |
| 猫背 *nekoze* | hunchback stoop | ခါးကုန်းခြင်း <br> カァ・クォン・チン |
| 寝小便 *neshouben* | bedwetting | အိပ်ပျော်စဉ် ဆီးသွားခြင်း <br> エェ・ピョウセィン・セィ・トァチン |
| 熱 *netsu* <br> 発熱 *hatsunetsu* | fever | အဖျားရောဂါ <br> アピャ・ヨウガ |

415

医療関連

| 日 | 英 | ミャンマー |
|---|---|---|
| 熱射病 *nesshabyou* | (get, suffer from) heatstroke, sunstroke, thermoplegia | အပူရှပ်ခြင်း アプウ・シャッチン |
| 熱帯性下痢(熱帯性スプルー) *nettaiseigeri(nettaiseisupuruu)* | sprue | ဝမ်းပျက်လျှာနာ ワン・ピェ・シャ・ナア |
| 熱病の *netsubyouno* | febrile | အဖျားနှင့်ဆိုင်သော アピャア・ネ・サイントォ |
| 寝不足 *nebusoku* | lack of sleep | အိပ်ရေးမဝခြင်း エェイェ・マワチン |
| 粘滑剤 *nenkatsuzai* | demulcent | အယားပြေဆေး アヤア・ピェセェ |
| 年齢 *nenrei* | age | အသက် (အရွယ်) アッテェ |
| 嚢(のう)、包、滑液嚢 *nou、hou, katsuekinou* | bursa | ဘာဆာ (ဟုခေါ်သော အကျိအိပ် တစ်ခုနှင့်တစ်ခု ပွတ်တိုက် လျှပ်လျှားသော အင်္ဂါများကြား ရှိ တစ်ရှူးပျော့အိပ်) バーサー |
| 脳 *nou* | brain | ဦးနှောက် オウン・ナウッ |
| 脳溢血 *nouikketsu* | cerebral hemorrhage | ဦးနှောက်သွေးကြောပေါက်ခြင်း オウンナウ・トェジョー・パウチン |
| 膿痂疹 *noukashin* とびひ *tobihi* | impetigo | အနာစက် アナァ・セッ အထူးသဖြင့် မွေးကင်းစ နှင့် ကလေးများတွင် အတွေ့များ သော ကူးစက်လွယ်သည့် အရေပြားပြည်တည်နာရောဂါ။ |

医療関連

| 日 | 英 | ミャンマー |
|---|---|---|
| 脳梗塞 *noukousoku* | stroke, (blocked blood vessel in brain) cerebral infarction | လေသင်ထုံး レェ・ティン・トゥン ဦးကျောက်သွေးကြောပြတ် (သွေးကြောပိတ်ခြင်း) |
| 濃縮した *noushukushita* | inspissated | (နားဖါချေးကဲ့သို့) ပျစ်ခဲခြင်း ピィッケチン |
| 脳症 *noushou* 脳障害 *noushougai* | encephalopathy | ဦးကျောက်ရောဂါ オウン・ナウ・ヨウガァ |
| 脳神経 *noushinkei* | cranial nerve | ဦးကျောက်နှင့်အာရုံကြော ウゥナウネ・アーヨンジョー |
| 脳波検査 *nouhakensa* | electroencephalography | ဦးကျောက်စစ်ခြင်း オウ・ナウ・セィッチン  ဦးကျောက်ပုံမှန်အလုပ်လုပ်မလုပ် စစ်ဆေးနိုင်သော ဦးကျောက် လှုပ်စစ်မျှင်း ဖော်ပြခြင်း။ |
| 喉(のど) *nodo* | throat | လည်ချောင်း(အာခေါင်) レーチョン |
| 飲み薬 *nomigusuri* | medicine (for internal use), medicine taken orally | သောက်ဆေး タウ・セェ |
| 飲み込むこと *nomikomukoto* | deglutition, gulp down, swallow deeply | မျိုချခြင်း ミョウ・チャ・チン |
| 歯 *ha* | teeth | သွား トア |

医療関連

| 日 | 英 | ミャンマー |
|---|---|---|
| パーキンソン病<br>*paakinsonbyou* | shaking palsy | အကြောဆွဲခြင်း<br>ア・チョウ・スェ・チン<br><br>လှုပ်နေသော လေဖြတ်ခြင်း |
| 肺<br>*hai* | lung | အဆုပ်<br>アッソウ |
| 肺炎<br>*haien* | pneumonia | အဆုပ်ရောင်ခြင်း<br>アッソウ・ヤウンチン |
| バイオテクノロジー、<br>(生物工学、人間工学)<br>*baiotekunorojii(seibutsukougaku, ningenkougaku)* | biotechnology | စက်မှု ဇီဝဗေဒ<br>セッム・ゼィワベーダ |
| 杯状器官(部分)<br>*haijoukikan(bubun)* | calyx | ကျောက်ကပ်ခွက်<br>チャゥカッ・クェッ<br><br>ဆီးထုပ်လွှတ်သော ကျောက်ကပ်၏ အစိတ်အပိုင်း။ |
| 排尿<br>*hainyou* | micturition | ဆီးသွားခြင်း<br>セィ・トァチン |
| 排尿困難<br>*hainyoukonnan* | strangury | ဆီးအောင့်နာ<br>セィ・アウン・ナァ |
| 排尿障害<br>*hainyoushougai* | dysuria | ဆီးခက်ခြင်း<br>セィ・ケッチン |
| 排便<br>*haiben* | defecation | ကျင်ကြီးစွန့်ခြင်း<br>チンチィ・スゥンチン |
| 肺胞<br>*haihou*<br>気胞<br>*kihou* | alveoli | အဆုပ်လေအိပ်<br>アソゥ・レーエィ |

医療関連

| 日 | 英 | ミャンマー |
|---|---|---|
| 背理性流涙<br>*hairiseiryuurui* | lacrimation | ငိုခြင်း<br>ングォ・チン<br><br>ဟစ်အော်ငိုကြွေးမျက်ရည်ကျခြင်း။ |
| 歯が抜ける<br>*haga nukeru* | tooth come out | သွားကျွတ်ခြင်း<br>トァ・チュッ・チン |
| 吐き気<br>*hakike* | nausea | ပျို့အန်ချင်လာခြင်း<br>ピョウ・アン・チン |
| 歯ぎしり<br>*hagishiri* | bruxism | (အိပ်ပျော်စဉ် သို့ ကိုယ်ရောစိတ်ပါ အာရုံစိုက်ကြီးစဉ်) သွားကြိတ်ခြင်း<br>トァ・チェィチン |
| 吐く<br>*haku* | vomit | အန်သည်<br>アンティ |
| 歯茎<br>*haguki* | gingiva | သွားဖုံး<br>トァ・ポィン |
| 白線<br>*hakusen*<br>※腹直筋の真中の縦ライン<br>*fukuchokukinno mannakano taterain* | lineae albicantes | ဗိုက်ကြောပြတ်ခြင်း<br>バイチョウ・ピャッチン<br><br>ကလေးမွေးပြီးစသူ၊ ဝရာမှပိန်သွားသူများတွင် တွေ့ရသောရေးကြောင်းဖြူ။ |
| バクテリア<br>*bakuteria* | bacteria | ဘက်တီးရီးယား<br>ベッテェリア<br><br>ရောဂါပိုးမွှား<br>ヨーガ・ポゥムア |
| 白内障<br>*hakunaishou* | cataract | (မျက်စေ့လင်းမှန်၏ အလင်းကို ပိတ်စေသော) အတွင်းတိမ်<br>アトェン・ティン |

419

医療関連

| 日 | 英 | ミャンマー |
|---|---|---|
| 白斑(尋常性白斑)<br>*hakuhan(jinjouseihakuhan)* | vitiligo,<br>Vitiligo Vulgaris | အရေပြားရောဂါ<br>アイェピャ・ヨーガ<br><br>အရင်းအမြစ်မရှိ အရေပြား အဖြူ ရောင် အကွက်ပေါ်ရောဂါ။ |
| はしか<br>*hashika* | measles | ဝက်သက်<br>ウェッテ |
| 場所<br>*basho* | position | တည်နေရာ<br>ティンネヤア |
| 破傷風抗毒素<br>*hashoufuukoudokuso* | TAT,<br>tetanus antitoxin | မေးခိုင်ဆေး<br>メェ・カイン・セェ<br><br>သံချောင်း ဖန်ကွဲ ခါးစသည်များဖြင့် ထိခိုက်မိသော အခါ မေးခိုင်ပိုးမဖြစ် စေရန် ပေးသောဆေး။ |
| バセドウ病<br>*(basedoubyou)* | Basedow disease | ဘေစဒိုး(ရောဂါ)<br>ベッ・ドー(ヨーガ)<br><br>သိုင်းရွက်ဂလင်းအရည် အထွက်များခြင်း၊ မျက်လုံးများပို့မောက်လာခြင်းများဖြစ် တတ်ပါသည်။ |
| 発音障害<br>*hatsuonshougai* | dysphonia | အသံပျက်ခြင်း<br>アタン・ピェッチン |
| 発汗<br>*hakkan* | sudation | ချွေးထွက်ခြင်း<br>チュエ・トゥエ・チン |
| 発汗剤<br>*hakkanzai*<br>発汗(性)の<br>*hakkan(sei)no* | sudorific | ချွေးထုပ်ဆေး<br>チュエ・トゥ・セェ |

医療関連

| 日 | 英 | ミャンマー |
|---|---|---|
| 発がん性物<br>*hatsuganseibutsu* | carcinogen | ကင်ဆာဖြစ်စေသော အရာ(ဝတ္ထု)<br>キンサァ・ピィッセェトゥ・アヤァ |
| (死体などを)発掘する<br>*(shitainadowo)hakkutsu suru* | exhume | အလောင်းပြန်ဖော်သည်<br>アラウン・ピャン・プォ・ティ |
| 白血球<br>*hakkekkyuu* | WBC,<br>white blood cell,<br>white blood<br>corpuscle | သွေးဖြူဥ<br>トェ・ピュゥ・ウゥ<br><br>သွေးဖြူဆဲလ်။ |
| 発酵<br>*hakkou* | ferment,<br>fermentation | အချဉ်ဖောက်ခြင်း<br>アチン・パウンチン<br><br>ပုပ်သိုးစေခြင်း<br>ポゥ・トゥ・セェチン<br><br>ကဇော်ဖြစ်စေခြင်း<br>カゾゥ・ピィ・セェチン<br><br>နပ် (ပုပ်သိုးစေ) ခြင်း။<br>ပဲပဲ၊ ဂျုံ၊ ချဉ်ပါတ် စသည်များအား<br>နပ်စိမ်ထားခြင်း။ |
| 抜歯<br>*basshi* | odontectomy | သွားနုတ်ပစ်ခြင်း<br>トゥア・ノゥ・ピィッチン |
| 発声に必要な<br>*hasseini hitsuyouna* | vocal | အသံနှင့်ဆိုင်သော<br>アタン・ネ・サイントォ |
| 発熱<br>*hatsunetsu* | pyrexia | ကိုယ်ပူချိန် တိုးခြင်း<br>コプゥチェイン・トゥチン |
| 発熱原性<br>*hatsunetsugensei* | pyrogenic | ကိုယ်ပူတက်စေသော<br>コプゥ・テッセェ・トォ |
| はと胸<br>*hatomune* | chicken breast | ကြက်ရင်အုပ်<br>(ကဲ့သို့ ချွန်ထွက်နေသော ရင်အုပ်)<br>チェイン・オッ |

421

医療関連

| 日 | 英 | ミャンマー |
|---|---|---|
| 鼻<br>*hana* | nose | နာခေါင်း<br>ナァ・カウン<br><br>အနံ့ခံနိုင်သော အင်္ဂါ |
| 鼻風邪<br>*hanakaze* | coryza | နားစေးခြင်း<br>ナァ・セェ・チン<br><br>ဗိုင်းယတ်(စ်)ပိုးကြောင့်ဟုယူဆရသော နားစေးနာပျိခြင်း။ |
| 鼻毛<br>*hanage* | vibrissae | နာခေါင်းမွေး<br>ナカウン・ムェ |
| 鼻の[に関する]<br>*hanano[ni kansuru]* | nasal | နာနှင့်ဆိုင်သော<br>ナァ・ネ・サイン・トォ |
| 鼻の穴<br>*hananoana*<br>鼻孔<br>*bikou* | nostril | နာခေါင်းပေါက်<br>ナァ・カウン・パゥ |
| 鼻水<br>*hanamizu* | nasal mucus | နာရည်<br>ナァ・イェ |
| 鼻水止め薬<br>*hanamizudomeyaku* | medicine for nasal mucus, dripping nose medicine | နာရည် ပျောက်ဆေး<br>ナァ・イェ・ピャゥセェ |
| バニオン(腱膜瘤)<br>*banion(kenmakuryu)* | bunion | ခြေထောက်ရောင်ခြင်း<br>チェタゥ・ヤウンチン<br><br>အကျိတ်အိပ် ဖုရောင်ခြင်း။ အထူးသဖြင့် ခြေမအတွင်းပိုင်း အကျိတ်ရောင်ခြင်းကို ဆိုလိုသည်။ |
| 腹<br>*hara*<br>腹部<br>*fukubu* | venter | ဝမ်းဗိုက်<br>ワンパィ |

医療関連

| 日 | 英 | ミャンマー |
|---|---|---|
| バランス<br>*baransu* | balance | ဘယ်လန်(စ်)<br>ベェ・ラン<br><br>ချိန်ခွင် ဟန်ချက်ခွန့်ကိုယ်အတွင်းရှိ ရေ၊ အစားအစာများ အဝင်အထွက် မှန်ကန်အောင် ထိမ်းသိမ်းခြင်း။ အရိုးအဆစ်အမြစ်များ ပုံမှန် လုပ်လှျား ဆက်စပ်မှု့ ရှိခြင်း။ |
| ハリーバオイル<br>*hariibaoiru* | haliver oil | (ဟာလီဗာ) ငါးကြီးဆီ<br>ンガー・ジィ・セイ |
| パルス<br>*parusu* | pulse | သွေးခုန်ချက်<br>トェ・クォン・チェツ |
| 破裂<br>*haretsu* | rupture | (ပေါက်ကွဲကျ )စုပ်ပြဲခြင်း<br>ソウ・ピェ・チン |
| 瘢痕(はんこん)、あばた<br>*hankon, abata* | cicatrix,<br>scar | (ပျက်စီးသွားသော အရေပြားနေရာ သို့ အစားထိုးဝင်ရောက်လာသော တစ်ရှူး ) အမာရွတ်<br>アマァ・ユッ |
| 反射作用<br>*hanshasayou* | reflex | လွန်ပြန် (တုံ့)မှု.<br>トゥン・ピャン・チン |
| 半身不随<br>*hanshinfuzui* | paralysis of one side of the body | ကိုယ်တစ်ခြမ်းသေ ရောဂါ<br>コウ・タチャンテェ・ヨゥガァ |
| 反すう症<br>*hansuushou* | merycism | စားလိုက်၊ထုတ်လိုက်၊ပြန်စားလိုက် (လုပ်ခြင်း)<br>サアレイッ・トゥレイッ・ピャンサアレイッ<br><br>စိတ်ဝေဒနာရှင်များ လုပ်လေ့လုပ်ထ ရှိသော အစာအား ဝါးလိုက် ပြန်ထုပ် လိုက် လုပ်ခြင်း။ |

医療関連

| 日 | 英 | ミャンマー |
|---|---|---|
| 反対 *hantai* | anti- | ဆန့်ကျင်ဘက် サンチンベッ <br><br> ပြောင်းပြန် ピョンピャン |
| バンドエイド(救急絆創膏) *bandoeido(kyukyubansoukou)* | bandage | (အနားစည်း အဝတ်)ပတ်တီး パッティ |
| 反応 *hanou* | reaction | တုံ့ပြန် (ဓါတ်ပြု)ခြင်း トゥン・ピャン・チン |
| 半分 *hanbun* | demi- | တစ်ဝက် テッウェ |
| B型肝炎 *b gatakanen* | hepatitis | အသည်းရောင်နာ アテェーヤウンナー |
| BCG *bcg* | BCG | ဘီစီဂျီ BCG ビーセィージー <br><br> တီဘီရောဂါ မဖြစ်အောင် ထိုးပေးသော ကာကွယ်ဆေး။ |
| ビート *biito* | beat | နှလုံးခုန်ချက် ナロン・クォンチェッ |
| 鼻咽頭炎 *biintouen* | rhinopharyngitis | နား(နှင့်)လည်ချောင်းရောင်ရမ်းခြင်း ナァ・レェ・チョン ヤウンヤンチン |
| 冷え症 *hieshou* | sensitivity to cold | ခြေဖျား လက်ဖျားအေးခြင်း チェピャ・レッピャ・エイチン |
| 脾炎(脾臓炎) *hien(hizouen)* | lienitis, perisplenitis | သရက်ရွက်ရောင်ယမ်းခြင်း タイェルェッ・ヤウンヤンチン |
| ヒグローマ *higurooma* 嚢胞水腫 *nouhousuishu* | hygroma | မြင်းစို ミィンソー |

424

医療関連

| 日 | 英 | ミャンマー |
|---|---|---|
| 被検者<br>*hikensha*<br>受検者<br>*jukensha* | empirical,<br>examinee | သမားတု<br>タマァ・トゥ<br><br>သမားရောင်စမ်းကုသူ။ |
| 鼻孔<br>*bikou*<br>外鼻<br>*sotohana* | nares | နာပေါက်များ<br>ナァ・パウ・ミャァ |
| 膝(ひざ)<br>*hiza* | knee | (ဒူဆစ်)ဒူးခေါင်း<br>ドゥガゥン |
| 膝状の<br>*hizajouno* | genicular | ဒူး(ဆစ်) နှင့်ဆိုင်သော<br>ドゥネサイントォ |
| 膝(ひざ)のさら<br>*hizanosara*<br>膝蓋骨<br>*shitsugaikotsu* | kneecap,<br>patella | ခုံညှင်း<br>ゴン・ニィン |
| 肘<br>*hiji* | elbow,<br>cubitus | တံတောင်ဆစ်<br>タダゥンセッ<br><br>လက်ဖျံ တစ်ထောင်ကွေး။ |
| 肘に関する<br>*hijini kansuru* | cubital | တံတောင်(ကွေး)နှင့်ဆိုင်သော<br>タダゥン・クェ・ネ・サィントォ |
| 肘前<br>*hijimae* | antecubital | တံတောင်ကွေး<br>タダゥン・クェ<br><br>သွေးဖေါက်ရန် အလွန်သင့်တော်<br>သော နေရာ။ |
| 非社交的な<br>*hishakoutekina* | asocial | မပေါ်ရွှေသော<br>マ・ポゥ・ルェ・トォ |
| 比重<br>*hijuu* | gravity | ဒြပ်ဆွဲအား<br>ダッ・スェ・アァ |

医療関連

| 日 | 英 | ミャンマー |
|---|---|---|
| 鼻出血<br>*bishukketsu* | epistaxis | နာခေါင်းသွေးယိုခြင်း<br>ナカウン・トェ・ヨウチン |
| 非上皮組織<br>*hijouhisoshiki* | Non epithelial tissue | အပေါ်ယံ အရေပြား မဟုတ်သော<br>アポウヤン・アイェピャ・マホウトオ |
| 非人格化<br>*hijinkakuka* | depersonalization | စိတ်ရောဂါ<br>セェッ・ヨーガ<br><br>စိတ်ရောဂါရှင်များတွင် တွေ့ရတတ်သောအနတ္တသဘောပိုက်၍ မိမိကိုယ်ကိုမရှိတော့ဟု ယူဆသောလူရည်သွေးပျက်ခြင်း။ |
| 脾腎の<br>*hijinno* | lienorenal | သရက်ရွက်နှင့် ကျောက်ကပ်ဆိုင်ရာ<br>タイェルェッ・ニン・チャウカッ・サインヤァ |
| 微生物<br>*biseibutsu* | microbes | ဘက်တီးရီးယား အကုဇီဝရုပ်<br>ベッテェリア |
| 微生物学<br>*biseibutsugaku* | microbiology | အကုဇီဝဗေဒ<br>アヌーゼィワ・ベーダ |
| ビタミン<br>*bitamin* | vitamins | ဗီတာမင်<br>ビタミン |
| (身体の一部を)引っ込ませる<br>*(karadanoichibuwo) hikkomaseru* | retract | ကျုံ့တိုသည်<br>チュオン・トゥ・ティ |
| ヒップス<br>*hippusu*<br>瞳孔跳躍<br>*doukouchouyaku*<br>瞳孔変動<br>*doukouhendou*<br>瞳孔動揺<br>*doukoudouyou* | hippus | မျက်စေ့(သူငယ်အိမ်)ပေကလပ်ပေကလပ်ဖြစ်ခြင်း<br>ミェセ・ペカラッ・ペアラッ・ピィチン |

医療関連

| 日 | 英 | ミャンマー |
|---|---|---|
| 尾骶(びてい)骨<br>*biteikotsu* | coccyx | မြီးညှောင့်ရိုး<br>(ဟုခေါ်သော လူ့အမြီးရိုး)<br>ミィ・ニャウン・ヨウ |
| ひどい猫背<br>*hidoinekoze* | swayback | ကျောကုန်းလွန်းခြင်း<br>チョウクオン・ルウンチン |
| 人差し指<br>*hitosashiyubi* | index finger,<br>forefinger,<br>pointed finger | လက်ညှိုး<br>レッニュウ |
| 人の(下肢の)内反(の)<br>*hitono(kashino)naihan(no)* | varus | ခြေ((ဖဝါး) အတွင်းသို့)ခွင်ခြင်း<br>チェ・クィン・チン |
| 一人部屋<br>*hitoribeya* | one person room,<br>private room | တစ်ယောက်ခန်း<br>タヤウカン |
| 避妊具<br>*hiningu* | contraceptive | တားဆေး<br>タァ・セェ<br><br>ပဋိသန္ဓေတည်ခြင်းအား<br>ကာကွယ်ပေးသော အရာ။ |
| 皮膚<br>*hifu* | skin | အရေပြား<br>ア・イェィ・ピャ |
| 皮膚移植用の皮膚片<br>*hifuishokuyouno hifuhen* | grafts | အရေပြားအစားထိုး(ကူးဆက်)ခြင်း<br>アイェピャ・アサァトゥ・チン |
| 皮膚炎<br>*hifuen* | dermatitis | အရေပြားရောဂါ<br>ア・イェィ・ピャ・ヨウガー |
| 皮膚黄変(症)<br>*hifuouhenshou* | xanthoderma,<br>xanthodermia | (ဦးနှောက်သွေးကြောပြတ်ခြင်း<br>ကြောင့် ဖြစ်တတ်သည့်)<br>အရေပြား(ကွက်ဝါ) ရောဂါ<br>アレェピャァ<br>(クッウェ・ワ)・ヨウガァ |
| 皮膚科<br>*hifuka* | dermatology | အရေပြားရောဂါ(ဆိုင်ရာကုသရာ)ဌာန<br>アレェピャァ・ダァナ |

医療関連

| 日 | 英 | ミャンマー |
|---|---|---|
| 皮膚科専門医 *hifukasenmoni* | dermatologist | အရေပြားရောဂါ အထူးကု ဆရာဝန်<br>アレィピャァ・ヨゥガァ・アトゥク・サヤウィン |
| 皮膚糸状菌症 *hifushijoukinshou* | dermatophytosis | (သိဝဲ၊ ပွေးစသည့်)အရေပြားရောဂါ<br>ア・イェ・ピャ・ヨゥガァ |
| 皮膚腺病 *hifusenbyou* | scrofuloderma | အရေပြား မာရောဂါ<br>ア・イェ・ピャマァ・ヨゥガァ |
| 皮膚の *hifuno* | dermal | အရေပြား၏<br>アイェィピャ・イ |
| ひまし油 *himashiyu* | castor oil | (ဝမ်းနှုတ်ဆေးအဖြစ်အသုံးပြုသော)ကြက်ဆူဆီ<br>チェッス・セィ |
| 肥満 *himan* | obesity | အဝလွန်ခြင်း<br>アワ・ルゥンチン |
| 肥満体型 *himantaikei* | pyknic | ပုဝသော<br>プゥウトォ |
| 百日咳 *hyakunichizeki* | chincough, pertussis | ကြက်ညာချောင်းဆိုးနာ<br>チェッニャ・チャウンソウナ<br><br>ရက်တစ်ရာ ချောင်း<br>イェッタヤ・チャウン<br><br>လေလမ်းကြောင်း ရောင်ယမ်းမှု့ကြောင့် ရက်သတ္တပါတ်ကြာမြင့်စွာ အပြင်း အထန်ချောင်းဆိုးခြင်း အသံလည်းဟိန်း၍ ချောင်းဆိုးပြီး၊ ကြက်ညာချောင်းဆိုးရောဂါဟု လည်း ခေါ်ဆိုကြလေသည်။ |

医療関連

| 日 | 英 | ミャンマー |
|---|---|---|
| 病気<br>*byouki* | ailment,<br>case,<br>disorder,<br>disease,<br>illness,<br>sickness,<br>malady | ရောဂါ<br>ヨゥガァ |
| 病室<br>*byoushitsu* | sickroom,<br>ward | လူနာ(အ)ခန်း<br>ルーナーカン |
| 病巣清掃<br>*byoususeisou*<br>壊死組織除去術<br>*eshisoshikijokyojutsu* | debridement | အနာဆေးခြင်း<br>アナァ・セェ・チン<br><br>အနာဒဏ်ရာ (ဘေးရှိ ပျက်စီး<br>သွားသော တစ်ရှူးများ) အား<br>သန့်ရှင်းပေးခြင်း။ |
| 病棟<br>*byoutou* | ward | ဆေးရုံ(အခန်း)အဆောင်<br>セェヨン・アカン<br><br>လူနာဆောင်<br>ルァ・ナァ・サウン |
| 病人<br>*byounin*<br>病弱な<br>*byoujakuna*<br>病身の<br>*byoushinno* | sick person,<br>patient | လူမမာ<br>ルゥマ・マァ |
| 表皮<br>*hyouhi* | epidermal | အပေါ်ရံ အလွှာ<br>アポゥヤン・アルァ |
| 表皮真菌症<br>*hyouhishinkinshou* | epidermomycosis | အရေပြားမှိုဲ့ရောဂါ<br>アイェピャ・モゥスェ・ヨーガ |
| 表面<br>*hyoumen* | surface | မျက်နာပြင်<br>ミャッ・ナァ・ピィン |

429

医療関連

| 日 | 英 | ミャンマー |
|---|---|---|
| 病理<br>*byouri* | pathology | ဆေးသုသေသန<br>セェトゥ・テェタナ |
| 病理学<br>*byourigaku* | pathology | ရောဂါဗေဒ<br>ヨーガベーダ |
| 稗粒腫<br>*hiryuushu* | milium | အပူဖု<br>アプゥ・ブ<br><br>မျက်နှာ (သို့) အဂါစပ်တွင် ဝိုင်းဝိုင်းစက်စက်ပုလဲကဲ့သို့ အပူဖု ထွက်ခြင်း။ |
| 貧血症<br>*hinketsushou* | anemia | သွေးအားနည်းရောဂါ<br>トェ・アァネェ・ヨーガ<br><br>သွေးယုတ်ခြင်း။ |
| 頻尿<br>*hinnyou* | frequent urination | ဆီးသွားခဏခဏခြင်း<br>セィ・トァ・ケッチン |
| ファラデー電流(感応電流)<br>*faradeedenryuu*<br>*(kannoudenryuu)* | faradic current | (နာဝ်ကြောသေသွားသဖြင့် ကြက်သားများ အလုပ်လုပ်ရန် ပြန်လှုန် လျှပ်စစ်ကူးပေးသော) ဖယ်ရာဒစ် လျှပ်စစ်<br>フェラデッ・ルエッセ |
| 不安<br>*fuan* | worry | စိုးရိမ်ကြောင့်ကြခြင်း<br>ソウレィン・チャゥチャム・シチン |
| 不安定<br>*fuantei* | instability,<br>insecurity,<br>unstable,<br>insecurity | တည်ငြိမ်မှု့ မရှိခြင်း<br>ティ・ニェインム・マシチン |
| フィラリア症<br>*firariashou* | filariasis | (အာရှတိုက်နှင့်တစ်ကွ အပူပိုင်းဇုံ များတွင်ကပ်ပါးပိုးကြောင့် ဖြစ်တတ် သော) ဆင်ခြေထောက်ရောဂါ<br>セン・チェ・タゥ・ヨーガ |

医療関連

| 日 | 英 | ミャンマー |
|---|---|---|
| フィルタ<br>*firuta* | filter | ဇကာ<br>ザァカァ<br><br>ဖီလတာ<br>フィルタ<br><br>(အရည်) စစ်ထုပ်ကရိယာ။ |
| 風疹<br>*fuushin* | rubella,<br>german measles | ဂျိုက်သိုး<br>ジャイトゥ |
| フード<br>*fuudo* | food | အစာတောက်ခြင်း<br>アサァ・タゥ・チン<br>(Food allergy) |
| フェラチオ<br>*ferachio* | fellatio | ပန်းစုပ်ခြင်း<br>パン・ソゥッ・チン |
| 副交感神経<br>*fukukoukanshinkei* | parasympathetic<br>nerve system | မသိစိတ်အာရုံကြော<br>(စေသတိတ်)<br>マティセェッ・アヨンチョウ<br><br>အထူးသဖြင့် နှလုံးကဲ့သို့သော<br>အတွင်းအစိတ်အပိုင်းများသည်<br>ဤအာရုံကြော ကြောင့်လှုပ်လျှား<br>နေခြင်းဖြစ်ပေသည် |
| 腹式開腹術<br>*fukushikikaifukujutsu* | celiotomy | ဝမ်းဗိုက်ခေါင်းအားခွဲစိတ်ကုသနည်း<br>ワンパイアァ クェセッ クタァニー |
| 腹水症<br>*fukusuishou* | ascites | ရေဖျဉ်း<br>イェピィン<br><br>ဝမ်းခေါင်းထဲတွင် အရည်များ<br>အဆမတန် စုဝင်နေခြင်း။<br>အထူးသဖြင့် အသည်း(ရွတ်)<br>ရောဂါသည်များတွင်<br>တွေ့ရတတ်လေသည်။ |

医療関連

| 日 | 英 | ミャンマー |
|---|---|---|
| 腹部<br>*fukubu* | belly | ဝမ်းပိုက်ခေါင်း<br>ワンパイガウン |
| 腹鳴<br>*fukumei* | borborygmus | (အူထဲရှိဓါတ်ငွေ့ကြောင့်<br>ဖြစ်ပေါ်သော) အူချွန်းသံ<br>ウゥ・チョン・タン |
| ふくらはぎ<br>*fukurahagi* | calf (of leg) | ခြေသလုံး<br>チェ・タ・ロン |
| 不死<br>*fushi* | immortality | မသေခြင်း<br>マテェ・チン<br><br>ထာဝရ အသက်ရှင်နေခြင်း။ |
| 不思議な<br>*fushigina* | wonderful,<br>marvelous,<br>strange,<br>mysterious | မယုံကြည်နိုင်သော<br>マ・ヨンチィ・トォ |
| 負傷の程度による治療優先順選択<br>*fushouno teidoniyoru chiryou yuusenjunsentaku* | triage | (ဒက်ရာရနေသူများထဲမှ အရေးပေါ်<br>ကုသသင့်သော)<br>လူနာအား ရွေးထုပ်ခြင်း<br>ルゥナァ・アァ・ルェ・トゥ・チン |
| 婦人科<br>*fujinka* | gynecology | အမျိုးသမီး(ဆိုင်ရာ)ရောဂါကုသဌာန<br>アミョウタミィ・ヨウガァ・ダァナ |
| 婦人科医<br>*fujinkai* | gynecologist | မီးယပ်ဘက်ဆိုင်ရာ ဆရာဝန်ကြီး<br>ミィヤッ・サィンヤ・サヤウィンジィ |
| 婦人科学<br>*fujinkagaku* | gynecology | မီးယပ်ပညာ<br>ミィヤッ・ピィンニャ |

# 医療関連

| 日 | 英 | ミャンマー |
|---|---|---|
| 不整脈<br>*fuseimyaku* | arrhythmia | နှလုံးခုန်မမှန်ခြင်း<br>ナロンクォン・マッマンチン<br><br>စည်းပျက်ဝါးပျက် နှလုံးခုန်ခြင်း သာမန်ပုံမှန်စီးချက်ဝါးချက်ကျကျ ခုန်နေသော နှလုံးခုန်ချက်က မူ မမှန်ခြင်း။ နှလုံးရောဂါရှိသူများတွင် အတွေ့ များသော်လည်း သာမန်လူများ တွင်လည်း တစ်ခါတစ်ရံတွေ့ရသော ကြောင့် ဤသို့ဖြစ်ရုံဖြင့် နှလုံးရောဂါ ရှိသည်ဟု တထစ်ချမပြောနိုင်ပါ။ |
| 付属器官(手・足など)<br>*fuzokukikan (te,ashinado)* | appendage | ခြေလက်အင်္ဂါ<br>チェッレ・インガ<br><br>ကိုယ်ခန္ဓာ၏ (ပင်မမဟုတ်သော၊ အဓိက မဟုတ်သော) အစိတ်အပိုင်း။ |
| 付属病院<br>*fuzokubyouin* | affiliated hospital | တွဲဖက်ဆေးရုံ<br>トェ・ベッ・セェヨン<br><br>ဆေးတက္ကသိုလ်ကြီးများ၏ လေ့ကျင့်ရေးဆေးရုံအဖြစ် ဖွင့်လှစ်ထားသော ဆေးရုံ။ |
| 双子<br>*futago* | twin | အမွှာပူး<br>アムアプゥ |
| 二人部屋<br>*futaribeya* | a double room | နှစ်ယောက်ခန်း<br>ナヤウ・カン |
| プチマル<br>*puchimaru*<br>小発作<br>*shouhossa*<br>※てんかんの一症状<br>*tenkannoichishoujou* | petit mal | (အသေးစား)ဝက်ရူးပြန်ခြင်း<br>ウェッルゥ・ピャンチン<br><br>ကြီးကြီးမားမား သတိလစ်မေ့မျော် သွားခြင်း မဟုတ်ပဲ ခေတ္တခဏသာ သတိလစ်ခြင်း။ |

医療関連

| 日 | 英 | ミャンマー |
|---|---|---|
| 婦長 *fuchou* | a chief [head, supervising] nurse | သူနာပြုဆရာမကြီး トゥナァピュ・サヤマジィ |
| 部長 *buchou* | head officer, director | ဌာနမှူး ダァナムゥ |
| 普通の人にはわからない言葉 *futsuunohitoniwa wakaranai kotoba* | jargon | ဗလုံးဗထွေး バロン・バトェ<br><br>တောက်တီးတောက်တဲ့စကား။ |
| 物理(理学)療法 *butsuri (rigaku) ryouhou* | physiotherapy | ကာယကုထုံး カーヤ・クトゥン |
| 舞踏病 *butoubyou* | chorea | (မျက်နှာ ခြေလက်များနှင့် အင်္ဂါ အစိတ်အပိုင်းများက အရှုးအဖျား တက်သကဲ့သို့, သတိမဲ့ အထိမ်း အလွတ်မဲ့သူငယ်နာ) အကြောဆွဲခြင်း アチョゥ・スェ・チン |
| ぶどう膜炎 *budoumakuen* | uveitis | (မျက်စေ့၏ အရောင်ချယ်အပိုင်း) အူဗီယာ ရောင်ရမ်းခြင်း ウビヤ・ヤウンヤンチン |
| 太もも *futomomo* | thigh | ပေါင်သား パウンタア |
| 船酔い *funayoi* | seasickness | ရေယာဉ်တောက်ခြင်း イェイン・タゥチン |
| 不妊(症) *funin(shou)* | sterility | မြုံခြင်း ミョウンチン |
| プラグ *puragu* | plug | အဆို့ アッソゥ |

医療関連

| 日 | 英 | ミャンマー |
|---|---|---|
| プラズマ(消毒)滅菌器<br>*purazuma(shoudoku)mekkinki* | plasma autoclave | ပလတ်စမာ(ပိုးသတ်) ပိုးသတ်စက်<br>パラサマー・ポウタッセ<br><br>လူ့အတွက် အန္တရာယ်နည်းသော ပိုးသပ်နည်းဖြစ်ပါသည်။ ဥရောပတိုက် များတွင် ပိုးသပ်စက် အဖြစ်လက်ခံ အသုံးပြုသော်လည်း ဂျပန်နိုင်ငံမှ တစ်ချို့သော ပညာရှင် များကသန့်စက်အဖြစ်သာ သပ် မှတ်ကြ လေသည်။ |
| フランベジア<br>*furanbejia* | framboesia,<br>yaws | ယောနာ<br>ヨウナア<br><br>(ဆစ်ဖလစ်ပိုးကြောင့်ဖြစ်သည့် အပူပိုင်းဖုံ) ကူးဆက်ရောဂါ<br>クーセツ・ヨガ |
| (物質・物体などを)分解する<br>*(busshitsu・buttai nadowo) bunkaisuru* | dissolve | ပျော်ဝင်သည်<br>ピョウウィンティ |
| 分子生物学<br>*bunshiseibutsugaku* | molecular biology | မော်လီကျူးဇီဝဗေဒ<br>モーリチュー・ゼィワ・ベーダ |
| 糞腫<br>*funshu* | scatoma | စမြင်းတုံး<br>サミィントウン |
| 糞食性<br>*funshokusei* | coprophagy | မစင်ကျင်ကြီးကိုစားခြင်း<br>マセィン・サァチン |
| 分娩<br>*bunben* | delivery | သားဖွားခြင်း<br>タァ・プア・チン |
| 噴門部切除術<br>*funmonbusetsujojutsu* | cardiectomy | အစာအိမ်ခွဲခြင်း<br>アサァ・エィン・クェ・チン<br><br>အစာအိမ်အဆုံး အစာပြွန်ကို ခွဲထုပ် ခြင်း။<br>ကင်ဆာရောဂါကြောင့် ဤသို့ခွဲစိတ် တတ်ကြရပါသည်။ |

医療関連

| 日 | 英 | ミャンマー |
|---|---|---|
| 分離、分解<br>*bunri, bunkai* | dissolution | ပျက်ခြင်း<br>ピェッチン |
| 平均血圧値<br>*heikinketsuatsuchi* | mean,<br>mean blood pressure | အလယ်သွေး<br>アレェ・トェ |
| 平熱(無熱)<br>*heinetsu(munetsu)* | apyrexia | သာမာန်အဖျားမရှိခြင်း<br>タァマン・アプゥチェイン<br><br>ကိုယ်ပူချိန် အဖျားမရှိခြင်း |
| ベクトル<br>*bekutoru* | vector | ပိုးမွှား<br>ポゥムア<br><br>လူအားကူးစက်စေသော ရောဂါ ပိုးမွှားများအားကြားခံဆောင်သွယ် သောတိရိစ္ဆာန် သို့မဟုတ် ပိုးမွှား ဗက်တာ။ |
| ペスト<br>*pesuto* | black death | ပုလိပ်ရောဂါ<br>プレッ・ヨーガ |
| へそ(臍)<br>*heso* | navel | ချက်<br>チェッ<br><br>မိခင်နှင့် သန္ဓေသား တွဲထားသော ချက်ကြိုးနေရာရှိဝမ်းပိုက်အလည် မှ ချိုင့်နေသော နေရာ။<br>မိခင်ရင်တွင်း ရှိစဉ် အဟာရဓါတ် များအား ရယူနိုင်သော ချက်ကြိုး ၏ဝင်ပေါက်။ |
| へその緒(臍帯)<br>*hesonoo(saitai)* | umbilical cord | ချက်ကြိုး<br>チェッ・チョウ |
| ベッドパンウォッシャー<br>*beddopanuosshaa* | bed pan washer | (ချီး/သေး)အိုးဆေးသော စက်<br>チーオゥ・セィセッ<br><br>အသုံးပြုပြီးသား ပစ္စည်းများအား သန့်စင်အောင်သာမက၊ ပိုးမွှားများ ပါ သတ်ပေးသောစက်။ |

医療関連

| 日 | 英 | ミャンマー |
|---|---|---|
| ヘドニズム(快楽主義)<br>*hedonizumu(kairakushugi)* | hedonism | ကာမဂုဏ် လိုက်စားလွန်းခြင်း<br>カマグォン・ライッサァ・ルオンチン<br><br>သာယာမှု လိုက်စားလွန်းခြင်း။ |
| ペドロジー(小児科学)<br>*pedorojii(shounikagaku)* | pedology | ကလေး(သူငယ်)ရောဂါ<br>カレェ・ヨーガ<br><br>ကျန်းမာရေး နှင့်<br>ဆိုင်သောသိပ္ပံပညာ။ |
| ペニシリン類のカビによって作られる殺菌抗生物質<br>*penishirinruino kabiniyotte tsukurareru sakkinkousei busshitsu* | fulvicin | အရေပြားရောဂါများ အတွက်<br>သောက်သုံးသော ဖူလဗီဆင်<br>フラビイセン |
| ヘモグロビン<br>*hemogurobin* | hemoglobin | ဟီမိုဂလိုဗင်<br>ヘモグロビン |
| ヘルペス<br>*herupesu*<br>疱疹<br>*houshin* | herpes | ရေယုန်<br>イェ・ヨン |
| 片頭痛<br>*henzutsuu* | hemicrania | ခေါင်းတစ်ခြမ်းကိုက်ခြင်း<br>ガウン・タチャン・カィチン |
| 変態<br>*hentai* | metamorphosis,<br>abnormality | အခြေအနေပြောင်းလဲခြင်း<br>アチェ・アネェ・ピャウンレェチン<br><br>ရိုးရိုးတန်းတန်း အခြေအနေပြောင်းလဲခြင်းထက် မမျှော်လင့်သော (ဖြစ်ရပ်) အခြေအနေ ဖြစ်ပေါ်ခြင်း များ တွင် ရည်ညွှန်းသုံးစွဲ ပါသည်။ |
| ベンチレーター(人工呼吸器)<br>*benchireetaa(jinkoukokyuuki)* | ventilator | အသက်ရှု(အထောက်အကူပြု)စက်<br>アッテ・シュ・セッ |

医療関連

| 日 | 英 | ミャンマー |
|---|---|---|
| ペントバルビタール<br>*pentobarubitaaru* | pentobarbital | အိပ်ဆေး<br>エィセェ |
| 便秘<br>*benpi* | constipation,<br>obstipation | ဝမ်းခါတ်ချုပ်ခြင်း<br>ワンダッ・チョウチン<br><br>လုံးဝ ဝမ်းချုပ်ခြင်း။ |
| 弁膜炎<br>*benmakuen* | valvulitis | နှလုံးအဆို့ရှင်ရောင်ရမ်းခြင်း<br>ナロン・アキンソゥ・ヤウンヤンチン |
| 弁膜切開<br>*benmakusekkai* | valvulotomy | နှလုံးအဆို့ရှင်ကိုဖြတ်ခြင်း<br>ナロン・アキンソゥ・ピャッチン |
| 保育器<br>*hoikuki* | infant incubator | အင်ကျူဘေတာ<br>インチューベータ<br><br>မွေးကင်းစ ကလေးသူငယ် အတွက် စီမံထားသော အပူခါတ်နှင့် စိုထိုင်း ခါတ်ပါ အငွေ့ထုပ် ကရိယာ။ |
| 法医学<br>*houigaku* | forensic medicine | မှုခင်းဆိုင်ရာ ဆေးပညာ<br>ムゥキン・サィンヤ・セェ・ピィンニャ |
| 暴飲<br>*bouin*<br>深酒<br>*fukazake* | intemperance | အစားအသောက်ကြူးခြင်း<br>アサァ・アトゥ・チュー・チン<br><br>အစားအစာ၊ အရက်သေစာ အလွန်အကျွံသောက်သုံးခြင်း။ |
| 放火癖<br>*houkaheki*<br>放火狂<br>*houkakyou* | pyromania | မီးရှို့လို(စိတ်ပြင်ပြ)သော ရောဂါ<br>ミィショウ・ロウ・トゥ・ヨーガ |
| 剖検<br>*bouken* | necropsy | အသေကောင်ခွဲစိတ်လေ့လာခြင်း<br>アラウン・クェチン |

医療関連

| 日 | 英 | ミャンマー |
|---|---|---|
| 膀胱<br>*boukou* | bladder | ဆီးအိမ်<br>セィ・エィッ<br><br>အရည် သို့မဟုတ် အရည်ပါသော<br>(ဆီးအိမ်ကဲ့သို့သော)<br>အမြေးပါးအိတ်။ |
| 膀胱鏡検査<br>*boukoukyoukensa* | cystoscopy | ဆီးအိမ်အတွင်းသို့ စစ်ဆေးကြည့်<br>မှန်ပြောင်း<br>マン・ピャウン |
| 膀胱造影図<br>*boukouzoueizu* | cystogram | ဆီးအိမ်ဓါတ်ပုံ<br>セィ・エィッ・ダッポン |
| 頬骨弓<br>*houkotsukyuu* | zygomatic arch | ရိုးကူးပါးရိုး<br>ヨウクウ・パァヨウ |
| 放射状の<br>*houshajouno* | stellate | ကြယ်ပုံ<br>チェ・ポン |
| 放射性同位体<br>*houshaseidouitai* | radioisotope | ရေဒီယို အိုင်ဆိုတုပ်<br>レティオ・アイソトゥッ |
| 放射性[能]の(ある)<br>*houshasei[nou]no(aru)* | radioactive | ရေဒီယို သတ္တိကြခြင်း<br>レディオ・タッティ・チュアチン |
| 放射線医学<br>*houshasenigaku* | radiology | ဓါတ်မှန်ပညာ<br>ダッマン・ピィンヤァ |
| 放射線医師<br>*houshasenishi* | radiologist | ဓါတ်မှန်ဆရာဝန်<br>ダッマン・サヤウィン |
| 包帯<br>*houtai* | a bandage,<br>a dressing,<br>band aid | ပတ်တီး<br>パッティ<br><br>ဆေးပလတ်စတာ<br>セェパラスター |
| 膨張性下剤<br>*bouchouseigezai* | laxative | ဝမ်းပျော့ဆေး<br>ワンピョウ・セェ |

439

医療関連

| 日 | 英 | ミャンマー |
|---|---|---|
| 包皮環状切除<br>*houhikanjousetsujo* | circumcision,<br>posthetomy | (လိမ်တံထိပ် စသည်တို့၏)<br>အရေပြားဖြတ်ခြင်း<br>アイェ・ピャ・ピャッチン |
| 法律学<br>*houritsugaku*<br>法理学<br>*hourigaku* | jurisprudence | ဆေးဥပဒေဆိုင်ရာ<br>セェ・ウパデェ・サインヤ |
| ほお<br>*hoo* | cheek | ပါး<br>パー<br><br>မျက်နာဘေး ၂ဘက်ရှိပါးပြင်။ |
| ほお骨<br>*hoobone* | cheekbone | ပါးရိုး<br>パーヨゥ |
| ホクロ<br>*hokuro*<br>火炎状母斑<br>*kaenjoubohan* | nevus,<br>naevus,<br>mole,<br>birthmark | မှဲ့<br>メェ<br><br>မွေးရာပါအမှတ်<br>ムェヤパー・アマッ |
| 保険<br>*hoken* | insurance | အာမခံ<br>アァ・マァ・カン |
| 保健所<br>*hokenjo* | a (public) health<br>center | ဒေသန္တရ ဆေးပေးခန်း<br>デタンタヤ セェペェカン<br><br>ဂျပန်နိုင်ငံတွင် လက်တွေ့တွင်မူ ဆေးပေး (ဆေးကုသပေး) သော ဌာနဟု ဆိုရာထက် ကလေး များ အတွက် ကာကွယ်ဆေးထိုး၊ ဆေး ပညာပေး၊ ကျန်းမာရေး စစ်ဆေး ပေးသော ဌာန ဖြစ်ပေသည်။ ထိုင်း၊ မြန်မာ နိုင်ငံများ တွင်မူဆေးကုသ ရန် ဆရာဝန်ရုံး ထိုင်သော ဌာန ဖြစ်ပေသည်။ |

医療関連

| 日 | 英 | ミャンマー |
|---|---|---|
| 保険証 hokenshou | insurance certificate | ဆေးကုသမှု အာမခံလက်မှတ် アァ・マァ・カン・レッマ |
| 保険料 hokenryou | a [an insurance] premium | အာမခံ ကြေး アァ・マァ・カン・チェ |
| 埃(ほこり) hokori | dust | ဖုန် フォウン |
| 発端 hottan | portal | အဝင်အပေါက်ဝ アウィン・アパウワ |
| 母乳 bonyuu | mother's milk, breast milk | မိခင်နို့ရည် ミキン・ノウイェ |
| 骨 hone | bone | အရိုး アッヨウ |
| 骨軟骨症 honenankotsushou | osteochondrosis | အရိုးနရောဂါ アヨウヌ・ヨウガア ရိုးသားရိုးနပျက်ခြင်း။ |
| ホルマリン horumarin | formalin | ဖော်မာလင် フォマリン |

## ま

| 埋葬 maisou | interment | မြေမြှုပ်ခြင်း ミェ・ミョウ・チン |
| 前足 maeashi | forefoot | ခြေချောင်းလေးများ チェチョウンレーミャア |
| 枕 makura | pillow | ခေါင်းအုံး ガウンオン |
| 麻疹 mashin | rubeola | ဝက်သက် ウェッテェ |

医療関連

| 日 | 英 | ミャンマー |
|---|---|---|
| 麻酔医 *masuii* | anesthesiologist | မေ့ဆေးဆရာဝန်<br>メェセェペ・サヤウィン |
| 麻酔器 *masuiki* | anesthesia apparatus | မေ့ဆေးစက်<br>メェセェセッ |
| 麻酔性の薬 *masuiseino kusuri* | narcotic | မူးရစ်ဆေး<br>ムウ・イッ・セェ<br><br>ဘိန်း ဖော်မင်းကဲ့သို့ မူးရစ် ထုံထိုင်း အကျင့် ပါစေသော ထုံထိုင်းဆေး။ |
| 麻酔分析 *masuibunseki* | narcoanalysis | အိပ်မွေ့ချ ကုထုံး<br>エィメェ・チャ・クトゥン<br><br>အိပ်ဆေးသို့မဟုတ် အိပ်ပျော်အောင် လုပ်၍ ကုသသော ကုထုံး။ |
| 麻酔をかける *masuiwo kakeru* | anesthetize | မေ့ဆေးပေးသည်<br>メェセェ・ペェティ |
| マスク *masuku* | mask | မျက်နှာဖုံး<br>ミェナーポゥン |
| 待合室 *machiaishitsu* | waiting room | စောင့်ဆိုင်းရာနေရာ<br>サウンサインヤァ・ネェヤア<br><br>ဆရာဝန်နှင့်မတွေ့မီစောင့်ဆိုင်း သောနေရာ၊ ငွေပေးရန်စောင့်ဆိုင်း သောနေရာ၊ ဆေးထုပ်ရန်စောင့်ဆိုင်း သောနေရာ။အားလုံးခြီ၍အသုံးပြုနိုင် ပါသည်။ |
| (病気・患者が)末期の *(byouki, kanjaga)makkino* | last stage, end stage | သေတော့မည့်သူ<br>テェトォ・ミィ・トゥ<br><br>ကန့်သန့်ထားသော အဆုံးကာလ (သေဆုံးမည့်ကာလ) ကိုခန့်မှန်း နိုင်သော လူနာ။ |

医療関連

| 日 | 英 | ミャンマー |
|---|---|---|
| まつ毛<br>*matsuge* | eyelashes | မျက်တောင်<br>ミェッ・タウン |
| マッサージ<br>*massaaji* | massage | နိပ်(နယ်)ခြင်း<br>ネィチン<br><br>အကြောပြင် (အနိပ်) |
| 末梢<br>*masshou* | distal,<br>erasure | အဖျား<br>アピャア<br><br>(ခြေဖျားလက်ဖျား) အစွန်အဖျား |
| 松葉づえ<br>*matsubazue* | crutch | ချိုင်းထောက်<br>ジャウン・ダゥ |
| 麻痺<br>*mahi* | palsy,<br>numbness,<br>paralysis | လေဖြတ်ခြင်း<br>レ・ピャッチン |
| 麻痺性外反<br>*mahiseigaihan* | ectropion | မျက်ခွံလန်ရောဂါ<br>ミェクオンラン・ヨゥガァ |
| 瞼<br>*mabuta* | eyelids | မျက်ခွံ (မျက်သား/မျက်ရိုတ်)<br>ミェクオン |
| 麻薬中毒<br>*mayakuchuudoku* | narcotism | ဆေးစွဲခြင်း<br>セェ・スェ・チン<br><br>အိပ်ဆေး သို့မဟုတ် ထုံဆိုင်း<br>ဆေးစွဲခြင်း သို့မဟုတ် အသုံး<br>ပြုမိ၍ သတိလစ်ခြင်း။ |
| 眉毛<br>*mayuge* | eyebrow | မျက်ခုံးမွေး<br>ミェッ・クォンムェ |
| 迷い<br>*mayoi* | delusion | မောဟ<br>モゥハ |

医療関連

| 日 | 英 | ミャンマー |
|---|---|---|
| マラリア<br>*mararia* | malaria | ခုက်ဖျား<br>ンゲッ・ピャ |
| まれに<br>*mareni* | fellatrice | ပန်းစုပ်မိန်မ<br>パンソッ・メインマ |
| 慢性の<br>*manseino* | chronic | နာတာရှည်<br>ナァタァチェ |
| ミイラ化<br>*miiraka* | mummification | လူခြောက်ဖြစ်ခြင်း<br>ルチャウ・ピィッチン |
| 未経産<br>*mikeisan* | nulliparous | ကိုယ်ဝန် မဆောင်ဘူး<br>(သေး)သော အမျိုးသမီး<br>コウィン・マサウンブウトォ・アミョウタミ |
| 短いからせき<br>*mijikai karaseki* | hacking cough | ချောင်းခြောက်ဆိုးခြင်း<br>チャウンソゥチン |
| 水《$H_2O$》<br>*mizu* | 《$H_2O$》<br>water | ရေ<br>イェ |
| 水腫れ<br>*mizubare* | bleb | (မီးလောင်ဖုကဲ့သို့)အရည်ကြည်ဖု<br>アイェチィ・プ |
| 水虫<br>*mizumushi* | mange | ဝဲနာ<br>ウェナァ |
| 未成年<br>*miseinen* | minority,<br>nonage | အသက်မပြည့်သေးသော လူငယ်<br>アテェ・マピェトォ・カレェ<br><br>သာမာန်အားဖြင့် အသက်၁၈နှစ်<br>အောက် လူငယ်များကိုခေါ် ပါသည်။ |

444

医療関連

| 日 | 英 | ミャンマー |
|---|---|---|
| 3日目ごと<br>*mikkamegoto*<br>※(マラリアなどの熱病が)3日目ごと[隔日]に起こる<br>*(mararianadono netsubyouga) mikkamegoto[kakujitsu]ni okoru* | tertian,<br>malarial fever | ငှက်ဖျားအဖျား<br>ングェッ・ピャァ・アピャァ<br><br>ငှက်ဖျားကဲ့သို့ သုံးရက်တစ်ကြိမ် ဖြစ်ပေါ်သော (အဖျား)။ |
| 見舞い<br>*mimai* | visiting ill or distressed people | တွေ့ဆုံခြင်း<br>トェ・ソン・チン |
| 見舞い時間<br>*mimaijikan* | visiting hour | လူမမာ ကြည့်ချိန်<br>ルマ・マァ チィ・チェィン |
| 耳<br>*mimi* | ear,<br>pinna | နား<br>ナァ<br><br>အပြင်နားဟုခေါ်သော နားရွက်။ |
| 耳あか<br>*mimiaka*<br>蜜蝋<br>*mitsurou* | wax | နားဖာချေး<br>ナパァチェ<br><br>ျား ဖရောင်း<br>ピャ・パヨゥン |
| 耳の〜<br>*mimino*<br>聴覚の〜<br>*choukakuno* | aural,<br>otic | နားနှင့်ဆိုင်သော<br>ナァニンサィントォ |
| 脈動<br>*myakudou* | pulsatory motion,<br>pulsation | သွေးခုန်မှု．<br>トェ・コン・ム |
| 脈動効果<br>*myakudoukouka* | pulsation effect | သွေးခုန်မှု အကျိုး<br>トェ・クオンム・アチョウ |
| 脈拍<br>*myakuhaku* | sphygmus | သွေးခုန်ချက်<br>トェ・クォン・チェッ |

445

医療関連

| 日 | 英 | ミャンマー |
|---|---|---|
| ミリグラム時<br>*miriguramuji* | mgh,<br>milli gram hour | (တစ်နာရီတွင် ရေဒီယမ်တစ်)<br>မီလီဂရမ်ပေးခြင်း<br>(ကို ခေါ်ဆိုသည်။)<br>ミリガラン・ペチン |
| ミルク<br>*miruku* | milk | နို့ရည်<br>ノウイェ<br><br>နို့မှုန့်<br>ノウモウン |
| 無影灯<br>*mueitou* | shadowless lamp,<br>shadowless light | (အရိပ်မပေါ်သော)<br>ခွဲစိတ်ခန်းမီးဆလိုက်<br>クェセェッカン・ミ・サライッ |
| 無害の<br>*mugaino* | innocuous | ဘေးအန္တရာယ်မရှိသော<br>ベェ・アダレェ・マシトオ |
| 無核細胞<br>*mukakusaibou* | akaryocyte | သွေးနီဥ<br>トェ・ニィ・ウゥ |
| 向こうずね<br>*mukouzune* | shin | ညှို့သကြီး<br>ニョ・タチィ |
| 無呼吸<br>*mukokyuu* | apnea | အသက်ရှူရပ်ခြင်း<br>アッテェシュ・ヤッチン<br><br>ဦးကျောက်တွင် အောက်ဆီဂျင်<br>ဓာတ်က ကာဗွန်ဒိုင်အောက်ဆိုဒ်<br>ဓာတ်ထက် အဆမတန်များလွန်း<br>သည့်အခါခေတ္တအသက်ရှူရပ်ဆိုင်း<br>သွားတတ်သည်။<br>အောက်ဆီဂျင်ဓာတ်ကများနေလျှင်<br>သို့ ကာဗွန်ဒိုင်အောက်ဆိုဒ်ဓာတ်က<br>နည်းနေလျှင်ဖြစ်တတ်ပေသည်။ |
| 無言症<br>*mugonshou* | mutism | ဆွံ့အ စကားမပြောနိုင်ခြင်း<br>スォンア・サカァ・マピョウナインチン |

## 医療関連

| 日 | 英 | ミャンマー |
|---|---|---|
| 虫下し<br>*mushikudashi* | vermifuge | သန်ချဆေး<br>タン・チャ・セェ |
| 虫歯<br>*mushiba* | a cavity (in a tooth),<br>a decayed tooth | သွားပိုးစားနေသောသွား<br>トア・ポゥ・サァネエトォ　トゥア |
| 無精子症<br>*museishishou* | aspermia | သုတ်ခန်းရောဂါ<br>トゥッ・カン・ヨーガ<br><br>သုတ်ရည်ခန်းခြောက်သော ရောဂါ။ |
| 無定位運動症(アテトーシス)<br>*muteiiundoushou(atetooshisu)* | athetosis | (ကလေးငယ်များတွင် အတွေ့များ<br>ရသော )<br>သူငယ်နာ အကြောဆွဲနာ<br>トゥゲェナ・アチョウスエ・ヨーガ |
| 胸<br>*mune* | chest,<br>pectus | ရင်သား<br>リンタァ(リンガゥン) |
| 無排卵性月経<br>*muhairanseigekkei* | anovulatory<br>menorrhea | ရာသီသွေးလွန်ခြင်း<br>ヤティトエ・ルオンチン |
| 目<br>*me* | eye | မျက်လုံး<br>ミェッロン |
| 迷走神経性<br>*meisoushinkeisei* | vagal | (ကိုယ်ခန္ဓာထဲတွင် အကြီးဆုံး နာဗ်<br>ကြောဖြစ်သော) ဂေးဂတ်နာဗ်ကြော<br>နှင့်ဆိုင်သော<br>ゲー・ナッチョゥ・ネ・サィントォ |
| メガネ<br>*megane* | glasses | မျက်မှန်<br>ミェッマン |
| 目が不自由な人<br>*mega fujiyuuna hito*<br>(目に障害がある人)<br>*(neni shougaiga aruhito)* | blind | မျက်မမြင်(ကန်းသော)<br>ミェ・マ・ミィン(カントォ) |

医療関連

| 日 | 英 | ミャンマー |
|---|---|---|
| 目薬 *megusuri* | (an) eye lotion, (an) eyewash, eye drops | မျက်စဉ်းဆေး<br>ミェセィンセェ |
| メス *mesu* | surgical knife | ခွဲစိတ်ဓါး<br>クエセッダー |
| 滅菌 *mekkin* | sterilization | ပိုးသတ်ပေါင်းသင်ခြင်း<br>ポウタッ・パウンティンチン |
| 滅菌器 *mekkinki* | autoclave sterilizer | ပိုးသတ်ပေါင်းဆေး<br>ポウタッ・パウンセェ<br><br>ဖိအားပေး ပေါင်းစက်အိုးပေါင်းတင်ခြင်းဖြင့်ပိုးသတ်သောစက်။ ယူအခါ Sterilizer ဟု၍လည်း ခေါ် ဆိုကြပါ သည်။ |
| めまい *memai* | giddiness, dizziness, vertigo | မူးဝေခြင်း<br>ムゥウェーチン<br><br>ချာချာလည် မူးဝေခြင်း<br>チャチャレムゥウェチン<br><br>မိုက်ကန်းဖြစ်ခြင်း<br>マイカネ・ピィチン |
| 免疫学者 *menekigakusha* | immunologist | (ရောဂါပြီး ပညာကို အထူး လေ့လာထားသော) ဆရာဝန်<br>サ・ヤ・ウィン |
| 免疫の *menekino* | immune | ရောဂါပြီး (ကာကွယ်ထား)သည့် ကိုယ်ခံအား<br>コゥカンアア |
| 綿棒 *menbou* | [cotton-wool] swab (on a stick) | နားကျပ်မွေးတံ<br>ナァチャッ・ムェタン |

医療関連

| 日 | 英 | ミャンマー |
|---|---|---|
| 毛細血管<br>*mousaikekkan* | capillaries | သွေးမြှင်ကြော<br>トェ・ミィン・ジョー |
| 網状赤血球(網赤血球)<br>*moujousekkekkyuu*<br>*(mousekkekkyuu)* | reticulocyte | ကွန်ရက်သွေးဆဲလ်နီ<br>(クォンイェッ)トェセエニィ |
| (神経・血管などの)網状組織<br>*(shinkei, kekkannadono)*<br>*moujousoshiki* | rete | ဇာ<br>ザァ<br><br>သွေးကြောများ၊ အကြောအမြှင်များ<br>က ကွန်ရက်သဖွယ်ဖြစ် နေခြင်း။ |
| 妄想症<br>*mousoushou*<br>偏執病(パラノイア)<br>*henshitsubyou(paranoia)* | paranoia | (ထင်ရောင်ထင်မှား)စိတ်ရောဂါ<br>セェッ・ヨゥガァ |
| 盲腸炎<br>*mouchouen* | typhlitis | အူပိတ်ရောင်ရမ်းခြင်း<br>ウゥ・ペィ・ヤゥンヤンチン |
| 毛嚢(もうのう)炎<br>*mounouen* | barber's itch | (မုတ်ဆိတ်ပေါက်သည့် မေးစေ့<br>လည်ပင်း အစရှိသည် နေရာများ<br>တွင်ဖြစ်သော) ပွေးယားနာ<br>プェ・ヤァ・ナァ |
| 網膜<br>*moumaku* | retina | မျင်လွှာ<br>ミィンルァ |
| 網膜炎<br>*moumakuen* | retinitis | မျင်လွှာရောင်ရမ်းခြင်း<br>ミィンルァ・ヤゥンヤンチン |
| 網膜症<br>*moumakushou* | retinopathy | မျင်လွှာရောဂါ<br>ミィンルァ・ヨゥガァ |
| ものもらい<br>*monomorai* | hordeolum | မျက်စေ့စွန်ခြင်း<br>ミェッセ・スォンチン |
| モリキュール(分子)<br>*morikyuuru(bunshi)* | molecule | မော်လီကျူး<br>モリキュー |

医療関連

| 日 | 英 | ミャンマー |
|---|---|---|

## や

| 薬学の<br>*yakugakuno*<br>調剤の<br>*chouzaino* | pharmaceutical | ဆေးဝါးနှင့်ဆိုင်သော<br>セェワァネサイントォ |
| --- | --- | --- |
| 薬剤師<br>*yakuzaishi* | pharmacist | ဆေးစပ် (ပရဆေး) ဆရာ<br>セェサヤァ |
| 薬物依存症<br>*yakubutsuizonshou* | drugaddiction | မူးယစ်ဆေးဝါးစွဲခြင်း<br>ムゥイッ・セェワァ・スェチン<br><br>မူးယစ်ဆေးဝါး (အရက်အပါအဝင်) နှင့် ဆေးဝါးမှီဝဲလွန်ရောဂါ။ |
| 薬理学<br>*yakurigaku* | pharmacology | ဆေးဝါးဓာတုဗေဒ<br>セェワァ・ダトゥベェダ<br><br>ဆေးဝါးပညာ<br>セェワー・ピィンニャ |
| (病院の)薬局<br>(工場の)診療所<br>(学校などの)医務室<br>*(byouinno)yakkyoku*<br>*(koujouno)shinryoujo*<br>*(gakkounadono)imushitsu* | dispensary,<br>pharmacy,<br>drug store | ဆေးပေးခန်း<br>セェーペェカン |
| 野兎病<br>*yatobyou* | rabbit fever | ယုန်မှရသော ရောဂါ<br>ヨンマァ・ヤ・トゥ・ヨーガ<br><br>ယုန်ကိုယ်ရှိ ပိုးမွှားများမှ ကိုယ်ထဲသို့ ဝင်၍ဂလင်းများရောင်ခြင်း၊ အင်အားချိနဲ့ အဖျားတက်ရောဂါ။ |
| やぶ医者<br>*yabuisha*<br>にせ医者<br>*niseisha* | quack doctor,<br>fake doctor | တတ်ယောင်ကား<br>タッヤウンガー |

医療関連

| 日 | 英 | ミャンマー |
|---|---|---|
| 唯我論<br>*yuigaron* | solipsism | အတ္တ<br>アッタ<br><br>ငါသာရှိ ၀ါဒ။ |
| 有害な、有毒な<br>*yuugaina, yuudokuna* | deleterious | အန္တရာယ်ရှိသော<br>アンダイェ・シトォ |
| 輸血<br>*yuketsu* | blood transfusion | သွေးသွင်းခြင်း<br>セェトゥンチン |
| (輸血前の)型付<br>*(yuketsumaeno)katatsuke* | typing (blood) | သွေးအမျိုးအစားခွဲခြင်း<br>トェ・アミョウ・アサァ・クェチン<br><br>သွေးမသွင်းမီ အမျိုးအစားခွဲခြင်း။ |
| ユニバーサルカセット<br>*yunibaasarukasetto* | universal cassette | တစ်ရူးကက်ဆက်<br>テッシュー・ケッセッ<br><br>ဝါတ်ခွဲခန်းများတွင် တစ်ရူးစများ<br>ကိုထည့်သွင်းသည့် ဇကာဘူး။ |
| 指<br>*yubi* | finger | လက်ချောင်း<br>レッ・チョウン |
| 指関節<br>*yubikansetsu* | knuckle | လက်ဆစ်<br>レッ・セィッ |
| 指先<br>*yubisaki* | tip of a finger | လက်ထိပ်<br>レッ・ティ |
| 揺りかご<br>*yurikago* | bassinet | (အဝတ်) ကလေးပုခက်<br>プッケ |
| 溶液<br>*youeki* | solution | ပျော်ရည်<br>ピョウイェ<br><br>ဖျော်ဝင်ရည်<br>ピョウ・ウィン・イェ |

451

医療関連

| 日 | 英 | ミャンマー |
|---|---|---|
| (特に乳母で育てる)幼児<br>*(tokuni ubade sodateru) youji* | nursling | မိခင်နို့ရည်ဖြင့်ပြုစုသော<br>ကလေးငယ်<br>アメェ・ノゥ・ピィン・ピュストォ・カレェ・ングェ |
| 羊水<br>*yousui* | amniotic fluid | ရေမွှာရည်<br>イェムァ・イェ |
| 陽性<br>*yousei* | positive | ရောဂါ (ပိုး/လက္ခဏာ) တွေ့ရှိခြင်း<br>ヨウガァ・ポゥ　トェシジン |
| 腰部<br>*youbu* | lumbar region | ကျောအောက်ပိုင်း<br>チョゥ・アゥ・パイン |
| 横からの<br>*yokokarano* | lateral | ဘေးဘက်<br>ベェベッ |
| ヨダレが出る<br>*yodaregaderu* | drivel | သွားရည်ယိုခြင်း<br>トァイェ・ヨゥチン |
| ヨヒンバン<br>*yohinban*<br>※α2遮断薬、勃起不全治療薬<br>*α2 shadanyaku, bokkifuzenchiryouyaku* | yohimbine | ယိုဟင်းဗင်း(C22 H30 O4 N2)<br>ヨーヒンビン |
| 予防注射<br>*yobouchuusha* | preventive injection | ကာကွယ်ဆေးထိုးခြင်း<br>カクェセェ・トゥチン |
| 予防薬<br>*yobouyaku* | prophylactic | ကာကွယ်ဆေး<br>カクェセェ |
| 予約<br>*yoyaku* | booking,<br>reservation,<br>reserve | ကြိုတင်မှတ်ပုံတင်ခြင်း<br>チョティン・マッポンティンチン<br><br>အပို (အသင့်ဆောင်)<br>アポゥ |

医療関連

| 日 | 英 | ミャンマー |
|---|---|---|
| 予約番号<br>*yoyakubangou* | booking number,<br>reservation number | ကြိုတင်နံပါတ်<br>チョティン・ナンパッ |
| 弱い<br>*yowai* | weakness | အားနည်းခြင်း<br>アァネェチン<br><br>အင်အားချိနဲ့ခြင်း။ |
| (病気で)弱った<br>*(byoukide)yowatta* | decrepit,<br>weak,<br>feeble | အားပျော့သော<br>アーピョウトオ |
| 四分<br>*yonbun* | quadrant | လေးစိတ်ပိုင်း<br>レッセィッパイン |

## ら

| 日 | 英 | ミャンマー |
|---|---|---|
| 来院(病院到着)時死亡<br>*raiin(byouintouchaku)ji shibou* | D.O.A,<br>dead on arrival | ရောက်လျှင်ရောက်ခြင်း သေဆုံးခြင်း<br>ラウルイン・ラゥチン・テェ・ソン・チン |
| 卵管<br>*rankan* | salpinx | သားအိမ်ပြွန်<br>タエィン・ピョン |
| 卵管切除<br>*rankansetsujo* | salpingectomy | သားအိမ်ပြွန် ဖြတ်(ထုပ်)ခြင်း<br>タエィン・ピョン・ピャッチン |
| 卵子<br>*ranshi* | ovule,<br>eva,<br>ovum | အမိဗီဇ<br>アミィ・ビザ |
| ランセット<br>*ransetto*<br>ひらき針<br>*hirakishin* | lancet | ဓါး<br>ダァ<br><br>ထိပ်ချွန်ထက်သော<br>၂ဘက်သွားဓါးငယ်။ |

医療関連

| 日 | 英 | ミャンマー |
|---|---|---|
| 卵巣<br>*ransou* | ovary | (သားအိမ်တစ်ဘက်တစ်ချက်ရှိ မမျိုးပွား ဂလင်း) ဉအိမ်<br>ウゥ・エェン |
| リザーブ<br>*rizaabu* | reserve | သီးသန့်ချန်ထားခြင်း<br>ティタン・チャンダァ・チン<br><br>သီးသန့်ချန်လုပ်ထားသော ပမာဏ။ |
| リズム<br>*rizumu* | rhythm | စည်းချက်ဝါးချက်<br>セイチェッ・ワァチェッ |
| 離乳下痢<br>*rinyuugeri* | weaning brash | (နို့ဖြတ်ခြင်းကြောင့် ဖြစ်တတ်သော) သူငယ်နာ ဝမ်းလျှော<br>トゥェナー・ワンショゥ |
| 離乳させる<br>*rinyuusaseru* | wean | ကလေးနို့ဖြတ်ခြင်း<br>カレェ・ヌォ・ピャッチン |
| 利尿<br>*rinyou* | diuresis, diuretic | ဆီးရွှင်ခြင်း<br>セイ・シュンチン |
| リネン<br>*rinen* | linen | အဝတ်<br>アウェッ |
| リハビリ<br>*rihabiri* | reharbilitation | ကိုယ်လက်လေ့ကျင့်ဌာန<br>クォ・レッ・レェ・チィン・ダァナ<br><br>ကိုယ်လက်ကြံ့ခိုင်မှု, (ပြန်လည်) ဆောက်တည်လေ့ကျင့်သောဌာန။ |
| 流行性の<br>*ryuukouseino*<br>伝染性の<br>*densenseino* | epidemic | (လူအစုလိုက် သေကြေပျက်စီးသော) ကပ်ရောဂါ<br>カッヨゥガァ |
| 流産<br>*ryuuzan* | abortion | သားပျက်(ကျ)ခြင်း<br>タァ・ピェッチン |

医療関連

| 日 | 英 | ミャンマー |
|---|---|---|
| 流出<br>*ryuushutsu* | effluence, discharge, efflux, outward flow | စီးထွက်ခြင်း<br>セィトェチン |
| 流体<br>*ryuutai*<br>体液<br>*taieki* | fluid | အရည် (ဓွေ့ရည်)<br>アイェ |
| 流涙、流涙症<br>*ryuurui, ryuuruishou* | dacryorrhea | မျက်ရည်ကျ လွန်ကဲခြင်း<br>ミェイェチャ・ルンクェチン |
| 両側麻痺、両麻痺<br>*ryousokumahi、ryoumahi* | diplegia | စုံလေဖြတ်ခြင်း<br>(ソン)レェ・ピャッチン |
| 療法士<br>*ryouhoushi* | therapist | ရောဂါကုစားသူ<br>ヨゥガァ・クサァトゥ |
| 緑視症<br>*ryokushishou* | chloropsia | အစိမ်းရောင်ကို (ထူးခြားစွာ) မြင်ခြင်း<br>アセィンヤウンコ・ミィンチン |
| | | ဆံပင်ခြည်သွေးကြောလေးများ ရောင်ရန်းမှု့ကြောင့် ဖြစ်တတ်ပါသည် ဦးကျောက်နှင့်အာရုံကြော ပြဿနာကြောင့် ဖြစ်တတ်ပါသည် |
| 臨月<br>*ringetsu* | full term | လစေ့<br>ラセェ |
| | | ကိုယ်ဝန်ရှိ၍ ကိုးလမြောက်သော မွေးဖွားရန် အချိန်သို့ ရောက်သည့် ကာလ။ |
| 臨時代替医師<br>*rinjidaitaiishi* | locum tenens | ကိုယ်စား ဆရာဝန်<br>(コゥサァ)サヤウィン |

455

医療関連

| 日 | 英 | ミャンマー |
|---|---|---|
| リンパ<br>*rinpa* | lymph | (တစ်ရှူးမှလာသော ပြည်ရည်)<br>သွေးဖြူရည်<br>トェ・ピュ・イェ |
| リンパ管<br>*rinpakan* | lymphatic vessels | ပြန်ရည်ကြော<br>ピャン・イェージョー |
| 瘰癧(るいれき)<br>*ruireki* | scrofula | ကျပ်နာ<br>チャッナァ |
| 霊安室<br>*reianshitsu* | mortuary | ရေခဲတိုက်<br>イェケェ・タイッ |
| レイプ(強姦)<br>*reipu(goukan)* | rape | မုဒိမ်းကျင့်ခြင်း<br>ムディン・チン・チン |
| 裂開<br>*rekkai* | dehiscence | ခွဲထုပ်ခြင်း<br>クェ・トゥチン |
| 裂孔<br>*rekkou* | hiatus | အပေါက်အဝ<br>アパゥ・アワ |
| レトルト<br>*retoruto* | retort | အထူးသဖြင့် ဓါတုဗေဒဆိုင်ရာ<br>ဓါတ်ခွဲခန်းတွင် အသုံးပြုသော<br>ပေါင်းအိုး<br>パウン・オウ |
| レンズ<br>*renzu* | lens | မှန်ဘီလူး<br>マンバルゥ |
| レントゲン<br>*rentogen* | X-ray | ဓါတ်မှန်<br>ダッマン<br><br>အိပ်စရေး။ |
| 老眼<br>*rougan* | presbyopia | အသက်ကြီး၍ မျက်စေ့မှုန်(လာ)ခြင်း<br>アテッチイルェ・ミェッセ・モゥン<br>チン |

456

医療関連

| 日 | 英 | ミャンマー |
|---|---|---|
| ろう者、ろうあ者<br>（聴覚と発声の不自由な人）<br>*rousha, rouasha*<br>*(choukakuto hasseino fujiyuunahito)* | deaf-mute | ဆွံ့အ နားမကြားခြင်း<br>スゥン・ア・ナァ・マチャチン |
| 老人性痒み<br>*roujinsei kayumi* | pruritus senilis | (အသက်အရွယ်ကြီးလာ၍ အရေးပြားခြောက်) ယားယံခြင်း<br>ヤァ・ヤン・チン |
| 老人病専門(病院)<br>*roujinbyousennmon(byouin)* | geriatrics (hospital) | သက်ကြီးရွယ်အိုနှင့်ဆိုင်သော<br>テッチィ・ルェオゥ・ネ・サイントォ |
| 老人ホーム<br>*roujinhoomu* | a home for the aged | ဘိုးဘွားရိပ်သာ<br>ボゥ・ブア・レッタア |
| 老年学<br>*rounengaku* | gerontology | သက်ကြီးရွယ်အို(လေ့လာခြင်း)ဗေဒ<br>テッチー・ルェオー・ベーダ |
| ローション<br>*rooshon* | lotion | လိမ်းဆေးရည်<br>レィンセェ・イェー |
| 露出症<br>*roshitsushou* | exhibitionism | လိင်အဂါ ဖော်ပြလိုစိတ် ပြင်းပြခြင်း<br>レィンインガ・ポゥピャ・ロゥセッ・ピィンピャチン |
| 肋骨<br>*rokkotsu* | rib | နံရိုး<br>ナンヨゥ |

## わ

| | | |
|---|---|---|
| Y染色体<br>*y senshokutai* | Y-chromosome | ဝိုင် ခရိုမိုဆုမ်း<br>ワィン・クロモ・ソン |
| ワクチン<br>*wakuchin* | vaccine | ကာကွယ်ဆေး<br>カァクェセェ<br><br>ဗက်တီးရီးယားပိုးကို တိုက်ခိုက်နိုင် ရန် ထိုးသော ပက်ဆင်းထိုးဆေး။ |

医療関連

| 日 | 英 | ミャンマー |
|---|---|---|
| ワクチン接種<br>*wakuchinsesshu* | vaccination | ကာကွယ်ဆေးထိုးခြင်း<br>カクェセェ・トゥチン |
| ワクチン(予防接種)をする<br>*wakuchin(yobousesshu)wo suru* | vaccinate | ကာကွယ်ဆေးထိုးသည်<br>カクェセェ・トゥティ |
| ワセリン<br>*waserin* | vaseline | (ချောဆီအဖြစ် အသုံးပြုသည့် ရေနံချယ်လီ) ဗယ်ဆလင်<br>ベンサリン |
| ワレリアナ根<br>*warerianakon*<br>吉草根<br>*kissoukon* | valerian | ဗယ်လာရီယင်<br>ベラリヤン<br><br>စိတ်ချောက်ခြား ဗယ်လာရီယင် ရောဂါသည်များအားပေးသောဆေး။ |

458

## その他

### others
တစ်ခြားလုပ်ငန်းဆိုင်ရာ

その他

| 日 | 英 | ミャンマー |
|---|---|---|
| **あ** | | |
| アーチ<br>*aachi* | arch | မုခ်ခုံး<br>モウッ・クオン<br><br>ခုံး (ပေါင်းကူး)။<br><br>ခြေဖဝါးကွဲ့သို့ အခုံး။ |
| アイディア<br>*aidhia* | idea | စိတ်ကူး<br>セイッ・クゥ |
| アクチュエータ<br>*akuchueeta* | actuator | အင်ကျူအေတာ<br>インチュー・エター<br><br>မော်တာ၊ ဆီဖိအား ဆလင်ဒါ စသကဲ့<br>သို့ စက်ပစ္စည်းများအား လုပ်လှုပ်<br>(မောင်းနှင်) စေသော အရာကိုခေါ်<br>ဆိုသည်။ |
| あご髭<br>*agohige* | beard | မုတ်ဆိတ်မွေး<br>モウ・セイッ・ムエ |
| 味わえる<br>*ajiwaeru* | get a taste of ,<br>taste,<br>savor,<br>relish | အရသာခံသည်<br>アヤタ・カンティ |
| アストラカン<br>*asutorakan*<br>※ロシアのカスピ海北岸、アストラカンを主産地とする子羊の巻毛の黒皮<br>*roshiano kasupikaihokugan, asutorakanwo shusanchito suru kohitsujino makigeno kurokawa* | astrakhan | (သိုးငယ်မွေးအတု)သိုးမွေးတု<br>トゥ・ムエ・トゥ |

459

その他

| 日 | 英 | ミャンマー |
|---|---|---|
| アスファルト<br>*asufaruto* | asphalt | နိုင်လွန်ကတ္တရာ<br>ナイロン・カ・タァヤァ |
| アスベスト<br>*asubesuto* | asbestos | မီးခံကျောက်ပြား၊<br>ミーカン・チャゥピャ<br><br>ကျောက်ဂွမ်း<br>チャウグン |
| アセチルセルロース<br>*asechiruseruroosu* | acetylcellulose | စတ္တူဖိုက်ဘာ<br>セックゥ・ファイバァ<br><br>ပလပ်စတစ်ထုတ်လုပ်ရာတွင်<br>အသုံးပြုသောသစ်ပင်မှရရှိသည့်<br>သဘာဝပစ္စည်း။ |
| 与えられる<br>*ataerareru* | give,<br>present,<br>award,<br>supply,<br>grant,<br>affordable | (အခွင့်အရေး)ပေးသည်<br>(アクェンアイェ)ペエティ |
| 暖かい<br>*atatakai* | warm | နွေးသော<br>ヌェ・トォ |
| 頭割り料金(税)<br>*atamawariryoukin(zei)* | capitation | အခွန်<br>アクォン |
| 暑い<br>*atsui* | hot | ပူတယ်<br>プーティ |
| 圧倒的<br>*attouteki* | overwhelming | တစ်ခဲနက်<br>テケェ・ネッ |
| あなた<br>*anata* | you | သင်<br>テェン<br><br>ခင်ဗျား<br>キンビャー |

460

その他

| 日 | 英 | ミャンマー |
|---|---|---|
| アニメ<br>*anime* | animated cartoon,<br>animated film | ကာတွန်းရုပ်ရှင်<br>カアトゥン・ヨウシン |
| アパート<br>*apaato* | apartment | တိုက်ခန်း<br>タイッ・カン |
| アピール<br>*apiiru* | appeal | (မိမိ / တစ်စုံတစ်ယောက်အား)<br>ကိုယ်ရည်သွေး (ဖော်ပြ)ခြင်း<br>コルェ・トェ・チン |
| 油絵<br>*aburae* | oil painting | ပန်းချီကား<br>パ・ジーカ |
| 雨が多い<br>*amegaooi* | rainy | မိုးများတယ်<br>モウ・ミャテ |
| 荒目薄地の綿布<br>*arameusujino menpu* | cotton cloth,<br>cotton material,<br>cheesecloth | ချည်(ထည်)ကြမ်း<br>チィ・(デェ・) ジャン<br><br>အကြမ်းထည် |
| アリバイ<br>*aribai* | alibi,<br>excuse,<br>defense | (အမှုဖြစ်ပွားချိန်အခြားတစ်နေရာ၌<br>ရှိကြောင်း)သက်သေပြချက်<br>テェッ・テェ・ピャジェッ |
| アルカリ<br>*arukari* | alkali | အယ်လ်ကာလီ<br>エェ・カァリ<br><br>အက်စစ်နှင့်ဓါတ်ပြု၍<br>ဆားဖြစ်သောအရာ။ |
| アルコール<br>*arukooru* | alcohol | အရက်(ပျံ)<br>アイェッ(ピャン) |
| アルバム<br>*arubamu* | album | (ဓါတ်ပုံ)အယ်လ်ဘမ်<br>アレェバン<br><br>အသံသွင်းခွေတေးစုဓါတ်ပြား<br>တံဆိပ်ခေါင်း၊ဓါတ်ပုံစသည်တို့<br>ကိုစုစည်းထားသောမှတ်တမ်း။ |

その他

| 日 | 英 | ミャンマー |
|---|---|---|
| アルミロアアーム<br>*arumiroaaamu* | aluminum lower arms | ကားအောက်ပိုင်း<br>カー・アゥ・パイン<br><br>(အလူမီနီယံဖြင့် ပြုလုပ်ထားသော)<br>ကားအောက်ပိုင်း စက်ကရိယာ တစ်ခု။ |
| 荒れる<br>*areru* | rough | ကြမ်းတန်းသော<br>チャンタントォ |
| 安心<br>*anshin* | peace of mind | ယုံကြည် စိတ်ချရမှု့<br>ヨンキュー・セィチャヤ・ムッ |
| 安全性<br>*anzensei* | safety | ဘေးအန္တရာယ် ကင်းရှင်းခြင်း<br>ベェ・アデレェ・キンシンチン |
| アンチウィルス<br>*anchiwirusu* | anti-virus | အန်တီပိုင်ရပ်<br>アンティ・ヴァイ・ッヤ<br><br>ကွန်ပျူတာရှိ ပိုင်းရပ်ပိုးများကို<br>တားဆီးကာကွယ်နိုင်စွမ်းသော။ |
| アンチノック剤<br>*anchinokkuzai* | antiknock | (လောင်စာဆီထဲသို့ ရောရသည်)<br>ဓာတုပစ္စည်း<br>ダテゥ・ピッセィ |
| アンチモン<br>*anchimon* | 《Sb》antimony, (metallic element) | ခနောက်စိမ်း<br>カナウ・セェン |
| アンティーク<br>*antiiku*<br>古くて価値のある<br>*furukute kachinoaru* | antique | ရှေးဟောင်းပစ္စည်း<br>シェーハウン・ピッセィ<br><br>ရှေးကျ၍လှပတန်ဖိုးကြီးသော။<br><br>လွန်လေပြီးသောအခါက။<br><br>ရှေးကျသော။<br><br>ရှေးပဝေသဏီက။<br><br>သက်တန်းကြာမြင့်လှပြီ ဖြစ်သော။ |

その他

| 日 | 英 | ミャンマー |
|---|---|---|
| アンプリファイアー<br>*anpurifaiaa* | amplifier | အမ်ပီယာ(အသံချဲ့စက်)<br>アン・ピヤァ |
| 以下<br>*ika* | below | အောက်(ထစ်)<br>アゥ(テッ) |
| 意気込み<br>*ikigomi* | enthusiasm | စိတ်အားထက်သန်မှု<br>セェッ・アァ・デッタンムッ |
| 遺産<br>*isan* | bequest,<br>inheritance,<br>heritage | (သေတမ်းစာဖြင့်ပေးခဲ့သည်)<br>အမွေ(ပစ္စည်း)<br>アムェ(ピッセィ) |
| 以上<br>*ijou* | more than,<br>above,<br>beyond | ထိုအပြင်<br>トゥアピィン<br><br>အထက်ပါ<br>アテェッ・パァ<br><br>တစ်ခြားမရှိသော<br>テッチャァ・マシトォ |
| 意匠変更<br>*ishouhenkou* | design change | ပုံစံ ပြောင်းလဲမှု<br>ポンサン・ピャウンレムッ |
| 一躍有名<br>*ichiyakuyuumei* | leap [rocket] to<br>fame,<br>suddenly rising to<br>fame | ချက်ခြင်း နာမည်ကြီးသော<br>チェッチン・ナァメェ・チィトォ |
| イデオロギー<br>*ideorogii* | ideology | သဘောတရား<br>タボゥ・タヤァ |
| 意味<br>*imi* | meaning | အဓိပ္ပါယ်<br>アデェィ・ペェ |
| 威力<br>*iryoku* | power | (ပြင်းပြင်းထန်ထန်<br>ပြတ်ပြတ်သားသား)<br>ဗိအား<br>ピィ・アァ |

その他

| 日 | 英 | ミャンマー |
|---|---|---|
| 印象<br>*inshou* | an impression | အထင်<br>ア・ティン<br><br>သင်္ကာန် |
| インパクト<br>*inpakuto* | impact | ထိထိမိမိ အကျိုးသက်ရောက်မှု<br>ディディ・ミミ・アチョー・テッヤウム |
| インパネ<br>*inpane* | instrument panel | ဒက်(ရှ်)ဘုတ်<br>デッシュ・ボウッ<br><br>ဆီဂိတ်၊ မြန်နှုန်းပြကွက်များ ရှိရာ ဒက်(ရှ်)ဘုတ်ပြား။ |
| 宇宙<br>*uchuu* | space | အာကာသ<br>アァ・カァ・タッ |
| 宇宙人<br>*uchuujin* | space man,<br>space alien,<br>creature from<br>outer space | ဂြိုလ်သား<br>ジョウタァ |
| 裏口(バックドア)<br>*uraguchi(bakkudoa)* | back door | နောက်တံခါး<br>ナウ・タッガァ |
| 嬉しい<br>*ureshii* | happy | ပျော်ရွှင်သော<br>ピョウ・シュン・トォ |
| 運河<br>*unga* | canal,<br>watercourse,<br>waterway | တူးမြောင်း<br>トゥ・ミョン |
| AM放送<br>*am housou* | AM<br>amplitude<br>modulation<br>broadcast | ရေဒီယိုအသံလိုင်း<br>レェディオ・アタン・ライン |

その他

| 日 | 英 | ミャンマー |
|---|---|---|
| ABS<br>*abs* | ABS | Anti-lock Brake System<br>エービィ・エス・システン<br><br>ရုပ်တစ်ရက် နှင်းလိုက်သော ဘရိတ်ကြောင့် ဖြစ်ပေါ်သော ကားဘီးလော့(ခ်)ဖြစ်ခြင်းကို ကာကွယ်ပေးသောစနစ် ဖြစ်သည်။ ဘရိတ်လော့(ခ်) ဖြစ်မနေသောကြောင့်စတီယာတိုင်အား အသုံးပြုကာ ကွေ့ကောက်မောင်းနှင်နိုင်ပါသည်။ ယခုအခါ ၉၀ရာခိုင်းခန်မှာ ဤစနစ်အားအသုံးပြုနေပါ သည်။ |
| A ピラー<br>*a piraa* | A pillar | ရှေ့တံခါး(အရှေ့)ဘောင်<br>シェタガー・(アシェ)バウン<br><br>ကားရှေ့လေကာမှန်နှင့် ရှေ့တံခါးကြားရှိ တံခါးဘောင် အား ဆိုလိုပါသည်။ |
| 選ぶ<br>*erabu* | selection | ရွေးချယ်သည်<br>ルェチェティ |
| エレベーター<br>*erebeetaa* | elevator | ကော်ပြား<br>クォ・ピャア<br><br>ကိုယ်ခွန္ဓာအစိတ်အပိုင်းများအား မြင့်တင်ပေးသောမြင့်စက် (သို့) ကိုယ်ခွန္ဓာအစိတ်အပိုင်းများနှင့် ပါတ်ဝန်းကျင်ရှိ တစ်ရှူးများအား ခွဲခြားပေးသော ကော်ပြားကရိယာ။ |

その他

| 日 | 英 | ミャンマー |
|---|---|---|
| 円弧<br>enko<br>アーク<br>aaku<br>電弧<br>denko | arc | စက်ဝန်းပြတ် (အကွေး၊ အဝိုက်)<br>セッワイン・ピャッ<br><br>(အဖိုစွန်း နှင့် အမစွန်း) လျှပ်စီးမှု၊<br>လျှပ်ကူးကြောင်း။ |
| 演算<br>ensan | an operation | (စီစဉ်ဆောင်ရွက်သောအလုပ်)<br>စစ်ဆင်ရေး<br>セッ・セイン・イェー |
| 円筒弾<br>entoudan | canister | သံဘူး<br>タァン<br><br>ဂက်စ် (သို့)<br>ခြောက်သွေ့ပစ္စည်းများထည့်ရန်<br>စလင်ဒါပုံသဏ္ဍာန်ဘူး |
| 円盤<br>enban | disk | (ကျောရိုးအဆစ်ကြားရှိ)<br>အရိုးနု အဝိုင်းပြား<br>アヨゥヌゥ・アワイン・ピャ |
| エンブレム<br>enburemu | emblem | တံဆိပ်<br>タンセェッ |
| 多い<br>ooi | a lot of | များပြားသည်<br>ミャーピャティ |
| 大柄<br>oogara | large | အရွယ်ကြီးသော<br>アルェ・チートォ |
| オークション<br>ookushon | auction | လေလံပွဲ<br>レェ・ラン・プェ |
| オークションシート<br>ookushonshiito | auction seat | ကားရောင်းတင်ဒါ<br>カーヤゥンテンダー |
| 大だる、おけ<br>oodaru, oke | cask,<br>container,<br>bucket | သစ်သားစည်ပိုင်း<br>テェッ・タァ・セィパイン |

466

| 日 | 英 | ミャンマー |
|---|---|---|
| オーディオ<br>*oodio* | audio | အော်ဒီယို<br>オーディオ<br><br>အသံပိုင်းဆိုင်ရာ စက်ပစ္စည်းရေဒီယိုကက်ဆက်၊ စီဒီနှင့် ဗီဒီယိုပစ္စည်းများအထိ အားလုံး အကျုံးဝင်သည်။ |
| 大通り<br>*oodoori* | avenue,<br>main street | ရိုးသာလမ်း<br>イェッタァ・ラン<br><br>တစ်ဖက်တစ်ချက်တွင်သစ်ပင်များ၊အဆောက်အအုံများရှိသော လမ်းကျယ်။<br><br>နည်းလမ်း။ |
| オートキュー<br>(テレビ放送の自動プロンプター装置)<br>*ootokyuu (terebihousouno jidoupuronputaasouchi)* | autocue | စာတန်းထိုးစက်<br>サータン・トゥ・セッ<br><br>သရုပ်ဆောင်သူ၊သတင်းကြေငြာသူတို့ ပြောရန်စကားကို ထိုးပြ သည့်စက်။ |
| オートライトシステム<br>*ootoraitoshisutemu* | automatic light system | အော်တိုမက်စစ် မီးဖွင့် - မီးပိတ် စနစ်<br>オートメッティッ ミィプイン・ミィペェッ サニッ |
| 大幅な変更<br>*oohabanahenkou* | major change | အကြီးစား ပြောင်းလဲမှု<br>アチィサァ・ピャウン・レェ・ム<br><br>ကြီးမားစွာ ပြောင်းလဲမှု ပြုလုပ်ခြင်း။ |
| お金<br>*okane* | money | ငွေ/ပိုက်ဆံ<br>ングェ/パィサン |
| おすすめ<br>*osusume* | recommendation,<br>advice,<br>suggestion | တိုက်တွန်းခြင်း<br>(အကြံဉာဏ်ပေးခြင်း)<br>タィ・トゥン・チン |

## その他

| 日 | 英 | ミャンマー |
|---|---|---|
| 汚染を除く<br>*osenwo nozoku*<br>(毒ガス[放射能]を除く)<br>*(dokugasu[houshanou]wo nozoku)* | decontaminate | သန့်ရှင်းသည်<br>タンシン・ティ<br><br>ရေဒီယိုသတ္တိကြွပစ္စည်းများကို ဖယ်ရှားသည်။ |
| 遅番<br>*osoban* | second [late] shift | နောက်ကျ(ဒုတိယ) အသုပ်/(အဆိုင်း)<br>ナウチャ アトゥッ<br><br>စက်ရုံ၊ အရောင်းဆိုင်များတွင် စက်ရုံလည်ပါသော အချိန်ကို တိုးလို၍သော်လည်း၊ဆိုင်ဖွင့် ရက်/ချိန်ကိုတိုးလို၍သော်လည်းကောင်းဝန်ထမ်းများအား အချိန်ပိုင်းဖြင့်လည်၍ အလုပ်ဆင်းစေသော အခါအသုံးပြုသော ဝေါဟာရ ဖြစ်သည်။ ဥပမာ မနက်စောစောဆိုင်တံခါးကို ဖွင့်၍ ဆိုင်ကိုပြင်ဆင်သော အဆိုင်းကိုအစောပိုင်းအဆိုင်းဟုခေါ်၍ ဆိုင်ဖွင့်ချိန်မှ လာ၍ ဆိုင်ပိတ်သည့် အထိတာဝန်ယူသောအဆိုင်းကို နောက်ကျအဆိုင်းဟုရေဘူးယူအား ဖြင့်ရည်ညွှန်းပါသည်။ |
| 大人<br>*otona* | adult | လူကြီး<br>ルウチィ |
| 斧(おの)<br>*ono* | axe | ပုဆိန်<br>プ・セェン |
| 覚える<br>*oboeru* | remember | သတိရသည်<br>タティ・ヤティ |
| お湯<br>*oyu* | hot water | ရေနွေး<br>イェ・ヌェ |

その他

| 日 | 英 | ミャンマー |
|---|---|---|

## か

| カートリッジ<br>*kaatorijji* | cartridge | ယမ်းတောင့်<br>ヤン・ダウン<br><br>မှင်တောင့်<br>ンミン・ダウン<br><br>တိတ်ခွေထည့်သည့်ပလပ်စတစ်ဘူး။ |
| カートン、厚紙<br>*kaaton、atsugami* | carton | ကာတွန်ဘူး<br>カートン・ブゥ<br><br>ပလပ်စတစ်၊ကတ်ထူစသည်တို့<br>ဖြင့်ပြုလုပ်ထားသည့်ဘူး။ |
| カーボン<br>*kaabon* | carbon | ကာဗွန်<br>カァ・ボン<br><br>(စိန်၊ဂရပ်ဖိုက်၊ကျောက်မီးသွေး<br>အဖြစ်ရှိနေသော ဒြပ်စင်)။ |
| 開口部<br>*kaikoubu* | an opening,<br>aperture | အပွင့်ဘက်<br>アプィン・ベッ<br><br>ပွင့်နေသော အစိတ်အပိုင်း။ |
| 開始<br>*kaishi* | start | စတင်ခြင်း<br>サティンチン |
| 回折<br>*kaiseki* | diffraction | အသံလှိုင်း<br>アタン・ラィン<br><br>ရောင်စဉ်ရေလှိုင်း။ |
| 快適性<br>*kaitekisei* | comfort,<br>amenity | သင့်တော်သော<br>ティントオ・トォ |

その他

| 日 | 英 | ミャンマー |
|---|---|---|
| 回転<br>*kaiten* | revolve | လည်ပါတ်သည်<br>レッパティ<br><br>လည်ပတ်ခြင်း<br>レェ・パッチン |
| 開放感<br>*kaihoukan* | sense of space,<br>spaciousness | လွတ်လပ်(စွာခံစားရ) ခြင်း<br>ルゥラッ・チン |
| 香り<br>*kaori* | aroma,<br>fragrance,<br>scent,<br>smell | ရနံ့<br>ヤ・ナァン |
| 萼(がく)<br>*gaku* | calyx | ပွင့်ဖတ်<br>プィンッパ<br><br>ပွင့်ချပ်လွှာ<br>プィン・チャッ・ルア |
| 各種<br>*kakushu* | various | အမျိုးအစားတိုင်း<br>アミョウ・アサァ |
| カゴ<br>*kago* | basket | တောင်း<br>タウン<br><br>ခြင်း(ပလုံး)<br>チン(パロウン) |
| 飾る<br>*kazaru* | decorate | အလှတန်ဆာဆင်သည်<br>アラ・タンサー・セィン・ティ<br><br>ဘွဲ့ တံဆိပ်ချီးမြှင့်သည်။ |
| 家族の足<br>*kazokuno ashi* | ride for family,<br>family car,<br>family use | အိမ်(သုံး)စီးကား<br>エィンセィ・カー |

470

その他

| 日 | 英 | ミャンマー |
|---|---|---|
| 方<br>*kata* | mr/mrs/ms/sir/madam | ပုဂ္ဂိုလ်<br>ポウ・コウ |
| 刀、刀身<br>*katana、toushin* | blade, sword | ဘလိတ်ခါး<br>バッレェ・ダァ |
| | | ဓားသွား။ |
| | | ဓားနှင့်တူသောလက်နက်ကိရိယာ။ |
| | | လေ့တက်၊ပန်ကာရွက်၊မြက်ရွက်ချွန်။ |
| | | ဆွဲဆောင်မှုရှိသည့်လူငယ်။ |
| 活発にする<br>*kappatsunisuru* | animate,<br>make active lively | သက်ဝင်လှုပ်လှားစေသည်<br>(အသက်ပါသော)<br>テエッ・ウィン・ルォシャ・セェ・ティ |
| | | အနည်းငယ်စီ ကွဲပြားသော<br>ရုပ်သေပုံများကိုအစဉ်လိုက်<br>တစ်ဆက်တည်းပြခြင်းဖြင့်<br>လုပ်လှုားဟန်ပေါ်စေသည်။ |
| カテゴリー<br>*kategorii* | category | အမျိုးအတန်းအစား<br>アミョウ・アタン・アサァ |
| カドミウム<br>*kadomiumu* | cadmium | (အပြာလဲ့လဲ့အဖြူရောင်ရှိသော<br>ဓါတုဖြစ်စင်) ကယ်ဒ်မီယမ်<br>ケーディミヤン |
| 可能<br>*kanou* | possible | ဖြစ်နိုင်ခြေ<br>ピィッ・ナイジェ |
| 彼女<br>*kanojo* | she | သူမ<br>トゥマ |

## その他

| 日 | 英 | ミャンマー |
|---|---|---|
| カプセル<br>*kapuseru* | capsule | ဆေးတောင့်<br>セェ・タウン |
| | | အာကာသယာဉ်စခန်း<br>アァカタァ・イン サカン |
| カメラ<br>*kamera* | camera | ကင်မရာ<br>キン・マ・ラァ |
| ガラスエリア<br>*garasueria* | glass area | မှန်ဧရိယာ<br>ンマァン・エリア |
| カラミン<br>*karamin* | calamine | လိမ်းဆေး<br>レィンセェ |
| | | အပူလောင်လျှင် လိမ်းသော ပန်းရောင်ဆေးရည်။ |
| カラメル<br>*karameru* | caramel | ကာရာမဲ<br>カラァメ |
| | | မီးသင်းသကြား။ |
| | | ကပ်စေးနဲ့သကြားလုံး။ |
| 仮小屋、屋台<br>*karikoya*、*yatai* | booth,<br>float,<br>cart | ယာယီတဲ<br>ヤーイィ・テェ |
| | | ယာယီဆောက်လုပ်ထားသည့် ရှိငယ်။ |
| 彼<br>*kare* | he | သူ<br>トゥ |
| 彼ら<br>*karera* | they | သူတို့<br>トゥー・トゥッ |
| カレンダー<br>*karendaa* | calendar | ပြက္ခဒိန်<br>ピェ・ク・ディン |

472

その他

| 日 | 英 | ミャンマー |
|---|---|---|
| カロリー<br>*karorii* | calorie | ကယ်လိုရီ<br>ケェロオリィ<br><br>အစားအစာများ၏စွမ်းအင်ကို တိုင်းတွာ ဖော်ပြသည့် ယူနစ်။ |
| 瓦<br>*kawara* | roof tile | ဂျပန်အမိုးပြား<br>ジャンパン・アモーピャア<br><br>ရွှံ့စေးမှ မီးဖုတ်၍ ပြုလုပ်သော အမိုးပြား။<br>တရုပ်၊ဂျပန်နှင့် ကိုရီးယား တိုင်းပြည်များတွင် အသုံး များသည်။ |
| 缶<br>*kan*<br>容器<br>*youki* | can | စည်သွတ်ဘူး<br>セィートッ・ブゥ<br><br>အရည်၊အဖတ်စသည့် အစား အစာထည့်ထားသည့်သံဘူး။<br><br>စည်သွပ်စက်ရုံ။<br><br>အိမ်သာ။ |
| 関係<br>*kankei* | relationship | ဆက်သွယ်မှု့<br>セットェ・ムッ |
| 環状道路<br>*kanjoudouro* | beltway | မြို့ ပတ်လမ်းကျယ်<br>ミョパッ・ランチェー |
| 艦隊<br>*kantai* | armada | စစ်သင်္ဘောတပ်စု<br>セェ・ティンボゥ・タッス |
| 簡単<br>*kantan* | easy | အလွယ်တစ်ကူ<br>アルェ・タク |

その他

| 日 | 英 | ミャンマー |
|---|---|---|
| 鑑定<br>*kantei* | judgement | တန်ဘိုးဖြတ်သည်<br>タンボー・ピャッティ<br><br>ဆုံးဖြတ်သည်<br>ソン・ピャッティ |
| 関連性<br>*kanrensei* | relevance, relatedness, connectedness, state of having a relationship, connection, relevancy | ဆက်သွယ်မှု．<br>セットェ・ムッ |
| 気圧計<br>*kiatsukei* | barometer | လေဖိအားတိုင်း ကိရိယာ<br>レピィアタイン・カリヤ |
| 機会<br>*kikai* | opportunity, chance | အခွင့်အလမ်း<br>アクィン・アーラン |
| 機械的<br>*kikaiteki* | mechanical | အလိုအလျောက်<br>アルォ・アルアゥ<br><br>စက်ကရိယာဖြင့်အလိုအလျောက်လုပ်လျှားသော။ |
| 期間限定発売<br>*kikangenteihatsubai* | limited sales | အချိန် ကန်သတ်၍ ရောင်းချခြင်း<br>アチェィン・カンタッユェ・ヤウンチャジン |
| 記事、論文<br>*kiji、ronbun* | article | သတင်းစာဆောင်းပါး<br>タティサー／サウンパア<br><br>အရာဝတ္ထုပစ္စည်း။ |
| 期待<br>*kitai* | expectation(s), anticipation, hope(s) | မျှော်လင့်ခြင်း<br>ミョウ・リンチン |

その他

| 日 | 英 | ミャンマー |
|---|---|---|
| 期待する<br>*kitaisuru* | expect hope for | မျှော်လင့်သည်<br>ミョウ・リンティ |
| 築き上げる<br>*kizukiageru* | to establish | (တိုးတက်အောင်)<br>တည်ထောင်ခဲ့သော<br>ティタウン・ケェ・トォ |
| 気になる<br>*kininaru* | worry,<br>to be on one's mind,<br>to worry one,<br>to care about | သတိပြုမိသည်<br>タティ・ピュミティ<br><br>သို့ရာတွင် အများအားဖြင့်ကလိ<br>ကအောင့် ဖြစ်သည်ဟူသောအဓိ<br>ပ္ပါယ်ကို ယူ၍ အသုံးပြု ကြသည်။ |
| 基本的<br>*kihonteki* | basic | အခြေခံအားဖြင့်<br>アチェカン・アァ・ピィン |
| 基本部分<br>*kihonbubun* | basic parts | အခြေခံအပိုင်း<br>アチェカン・アパイン |
| きめ細かな<br>*kimekomakana* | careful | သတိပြု၍ လုပ်ဆောင်ခြင်း<br>タティピュルェ・ロゥサウンチン |
| 客員(準会員)<br>*kyakuin(junkaiin)* | associate | တွဲဖက်ဆေးရုံအုပ် (ဆရာဝန်ကြီး)<br>トェベッ セェヨンオッ |
| 逆対数<br>*gyakutaisuu* | antilogarithm | Antilog<br>アンティ・ロッ<br><br>လော်ဂရမ်သမ်နှင့်ဆိုင်သည့်ကိန်း<br>ဂဏန်း။ |
| キャスター<br>*kyasutaa* | caster | ဘီး<br>ベィン<br><br>(ဗီရို၊ ရုံးကျောစတို့ အောက်တွင်<br>တပ်၍သုံးရသော)ဘီးလုံးငယ်။ |

475

その他

| 日 | 英 | ミャンマー |
|---|---|---|
| キャッシュ<br>*kyasshu*<br>現金<br>*genkin* | cash | ငွေသား<br>ングェ・タァ |
| キャビネット<br>*kyabinetto* | cabinet | အံဆွဲ<br>アンスエ<br><br>အဆင့်များပါသောပစ္စည်း<br>များထည့်ရန်၊ ရိုးပြရန်ဗီဒို။ |
| キャンパス<br>*kyanpasu* | campus | Campas ကွန်ပေါင်းဇရိယာ<br>コンパウン・エリア<br><br>(တက္ကသိုလ်/ကောလိပ်ပုရဝုဏ်)<br>နယ်မြေ။ |
| キャンプ<br>*kyanpu* | camp | ယာယီတဲထိုးစခန်း<br>ヤーイィ・テェ・ドゥ・サカン<br><br>လေ့ကျင့်ရာတပ်။<br><br>စစ်စခန်း။ |
| キャンプファイヤー<br>*kyanpufaiyaa* | campfire | မီးပုံပွဲ<br>ミィ・ポン・プェ |
| 旧型<br>*kyuugata* | an old model [type] | ပုံစံ အဟောင်း<br>ポンサン・アハウン |
| キュートな表情<br>*kyuutona hyoujou* | (an)cute expression | ချစ်စရာကောင်းသော အသွင်အပြင်<br>チッサヤー・カウントォ・アトィン アピィン |
| 共用する<br>*kyouyousuru* | common use,<br>communal use,<br>share,<br>identify | အတူတစ်ကွ ပိုင်ဆိုင်ခြင်း<br>アトゥ・タクァ・パインサインチン |

その他

| 日 | 英 | ミャンマー |
|---|---|---|
| 局<br>*kyoku* | department | ဌာန<br>タァ・ナ |
| 嫌い<br>*kirai* | a suspicion,<br>a smack,<br>a tendency,<br>dislike,<br>hate,<br>lack of affection,<br>aversion,<br>malignity,<br>loathing | မကြိုက်သော<br>マッ・チャィ・トォ<br><br>မနှစ်ခြိုက်သော။ |
| キリ<br>*kiri* | drill,<br>tool for drilling holes | လွန်ပူ<br>ルゥンプゥ<br><br>ဆူးကောက်<br>スゥ・カゥ<br><br>လေ့ကျင့်မှု<br>レェ・チン・ム |
| 金<br>*kin* | gold | ရွှေ<br>シュエ |
| 金塊、銀塊、純金(純銀)の延べ棒<br>*kinkai、ginkai、junkin(jungin) no nobebou* | bullion | ရွှေချောင်း၊ငွေချောင်း(အတုံးအခဲ)<br>シェ・チャウン |
| 空気<br>*kuuki* | air | လေ<br>レェ |
| 鎖、チェーン<br>*kusari、cheen* | chain | (ကွင်းဆက်)သံကြိုး<br>タンジョー<br><br>ချိန်းကြိုး<br>チェィンジョー |

その他

| 日 | 英 | ミャンマー |
|---|---|---|
| 区分<br>*kubun* | division | အစိတ်အပိုင်း<br>アセェ・アパイン<br><br>အပိုင်းအခြား။ |
| クモ系<br>*kumokei* | arachnid | ပင့်ကူ<br>ピン・クゥ<br><br>ကင်းမြီးကောက်ကဲ့သို့ အကောင်မျိုး |
| クラス<br>*kurasu* | class | အဆင့်အတန်း<br>アセィン・アタン |
| クロスオーバー<br>*kurosuoobaa* | crossover | ပုံပြောင်းကား<br>ポン・ピャウン・カー<br><br>CUV:<br>Crossover Utility Vehicleကား Category (အမျိုးအစား) တစ်ခု ပင်ဖြစ်သည်။ အများအားဖြင့် Crossover SUV (Sport Utility Vehicle) ဟုခေါ်ဝေါ်ကြသည်။ ဗိမ်ခံစီးကားအား ပလက်ဖောင်း အစိတ်အပိုင်းများကို အသုံးချ ၍စပို့(စ်)ကားအဖြစ်Category (အမျိုးအစား)ကိုပြောင်းလဲထုပ် သောကားအားရည်ညွှန်းသည်။ |
| 君主(領主、騎士)の旗<br>*kunshu(ryoushu、kishi) no hata* | banner | နဖူးစည်း<br>ナァプゥーセィ<br><br>စာတန်း<br>サータァン<br><br>အောင်လံတံခွန်။ |

その他

| 日 | 英 | ミャンマー |
|---|---|---|
| 軍隊 *guntai* | army | စစ်တပ် セッタ<br><br>ကြည်းတပ် チィ・タァッ |
| 軍備 *gunbi* | armaments | လက်နက်အပြည့်အစုံ တပ်များ レッネ・アピェアソン・タッミャア<br><br>တိုက်ပွဲဝင်ရန်လက်နက် တပ်ထားသောတပ်များ။ |
| (野戦活動用に考案された)軍服 *(yasen katsudouyou ni kouansareta)gunpuku* | military uniform, battle dress | စစ်ဝတ်စုံ セィ・ウィッソン |
| 芸 *gei* | arts | ဝိဇ္ဇာပညာ ウェザ・ピインニャア |
| 軽快 *keikai* | light, nimble, liveliness, jauntiness, gaiety | လွယ်လွယ်ကူကူ ပေါ့ပေါ့ပါးပါး ルェルェ・ククー ポォポォ・パアパア |
| 軽減できる *keigendekiru* | reduction, reduce, lessen, decrease | လျှော့ချသည် ショウ・チャティ |
| 軽自動車 *keijidousha* | small car | ကားအသေးစား カー・アテェサア |
| 芸術 *geijutsu* | art | (ပန်းချီ၊ပန်းပု စသည်)အနုပညာ アヌ・ピインニャ<br><br>လှည့်ကွက်၊အနုပညာစွမ်းရည်။<br><br>အနုပညာလက်ရာ။ |

その他

| 日 | 英 | ミャンマー |
|---|---|---|
| 継承<br>*keishou* | succession,<br>inheritance | ဆက်လက်ခံယူသည်<br>セッレ・カンユゥティ |
| 携帯電話<br>*keitaidenwa* | cellphone | ရေဒီယိုဖုန်း<br>レディオーフォン |
| | | ဆယ်လူလာဖုန်း<br>セルラーフォン |
| | | လက်ကိုင်ဖုံး<br>レッ・カインフォン |
| 系譜<br>*keifu* | genealogy,<br>pedigree | (မျိုးရိုး) အစဉ်အဆက်<br>アセィン・アセッ |
| ゲート<br>*geeto* | archway,<br>gate | မုခ်ဝ (မုခ်ဦး)<br>モッ・ワァ |
| | | အပေါက်ဝ (ဂိတ်ပေါက်)<br>アパウワ |
| ケーブル<br>*keeburu* | cable | (လျှပ်စစ်ကြေးနန်း)ကြိုး<br>チョオ |
| | | မြေအောက်ကြိုး၊လိုင်းဖြင့်ရုပ်သံ၊<br>တယ်လီဖုန်းမျက်ကိုဆက်သွယ်<br>ပေးသောစနစ်။ |
| 結果<br>*kekka* | result | အဖြေ<br>アピェ |
| 決定者<br>*ketteisha* | arbiter | အဆုံးအဖြတ်ပေးသူ<br>アッソン・アッピャ・ペェトゥ |
| | | ခုံသမာဓိလူကြီး။ |
| ケルン（記念塚、石塚）<br>*kerun (kinenzuka, ishizuka)* | cairn | အထိမ်းအမှတ်ကျောက်ပုံ<br>アティン・アッマ　チャウポン |

その他

| 日 | 英 | ミャンマー |
|---|---|---|
| 現行型<br>*genkougata* | active,<br>actual,<br>existent | လက်ရှိပုံစံ<br>レッシ・ポンサン |
| 建築術<br>*kenchikujutsu* | architect | ဗိသုကာ၊<br>ビトゥカ<br><br>အာကီတက်<br>アァ・キィ・テッ |
| 玄武岩<br>*genbugan* | basalt | မီးတောင်ချော်(ကျောက်နက်)<br>ミータゥンチョウ |
| 公開<br>*koukai* | exhibit | ထုပ်ဖော်ပြသသည်<br>トゥポゥ・ピャタティ |
| 高級車メーカー<br>*koukyuushameekaa* | luxury car<br>manufacturer | တန်ဘိုးကြီးသောကား ထုပ်လုပ်သော<br>ကားကုမ္ပဏီ<br>タンボゥチイトォカー・トゥロウトゥ・カークオンパニー |
| 高級セダン<br>*koukyuusedan* | high - class sedan,<br>luxury sedan | တန်ဘိုးကြီးသော ဇိမ်ခံလူစီးကား<br>タンボゥチイトォ・ゼインカン・ルスィカー |
| 後継車種<br>*koukeishashu* | predecessor | နောက်ဆက်တွဲ ကားအမျိုးအစား<br>ナウッセ・トェ・カー・アミョウ・アサァ |
| 高原<br>*kougen* | plateau | ကုန်းမြင့်ဒေသ<br>コンミィン・デタ |
| 考古学<br>*koukogaku* | archaeology<br>archeology | ရှေးဟောင်းသုသေသန<br>シェーハウン・トゥテェタナ |
| (土地が)耕作に適する<br>*(tochiga)kousakuni tekisuru* | arable | (ထွန်ယက်)စိုက်ပျိုးနိုင်သော<br>サィッピョウ・ナィン・トォ<br><br>(သီးနှံဖြစ်ထွန်းနိုင်သော) |

その他

| 日 | 英 | ミャンマー |
|---|---|---|
| 向上<br>*koujou* | improvement, rise, elevation, advancement, progress. | တိုးတက်ကောင်းမွန်ခြင်း<br>トゥテェッ・カウンモンチン |
| 向上する<br>*koujousuru* | improvement, progress | ပိုမို ကောင်းမွန်စေသည်<br>ポウモウ・カウンモンセィ・ティ |
| 後席<br>*kouseki* | rear seat, back seat | (လူစီး) နောက်ခုံ<br>(ルーセィ)ナウコン |
| 光線<br>*kousen* | beam, ray | ရောင်ခြည်တန်း<br>ヤウン・チィ・タン<br><br>ရောင်ခြည်<br>ヤウン・チィ<br><br>လျှပ်စစ်လှိုင်းတန်း။<br><br>ယက်မချိန်ခွင်လက်။ |
| 高速道路<br>*kousokudourou* | expressway, speedway, superhighway, motorway, highway | အမြန် (လမ်းမ)<br>ア・ミャン(ランマ) |
| 後方視界<br>*kouhoushikai* | rearward visibility, backward visibility | နောက်ဘက်မြင်ကွင်း<br>ナウッベ・ミィンクイン |
| 香油<br>*kouyu*<br>香膏<br>*koukou* | balm, scented ointment, perfumed oil | ဘမ်းပရပ်ဆီ<br>バン・パヨウセィ<br><br>ဆေးဖက်ဝင်ဆီမွှေး။ |

482

その他

| 日 | 英 | ミャンマー |
|---|---|---|
| コーナー<br>*koonaa* | corner | ဒေါင့်<br>ダウン |
| 小型<br>*kogata* | small type | အသေးစား<br>アテェサァ |
| 小切手<br>*kogitte* | check,<br>cheque | ချက်လက်မှတ်စာအုပ်<br>チェッ・レマッ |
| 小切手帳<br>*kogittechou* | checkbook | ချက်လက်မှတ်(စာအုပ်)<br>チェレッマ（サアオッ） |
| 国内<br>*kokunai* | domestic,<br>internal,<br>inland,<br>interior part of a country located away from the sea or the borders | ပြည်တွင်း<br>ピィトェン<br><br>ဂျပန်ပြည်တွင်းဟုသော အဓိပ္ပါယ်ဖြင့် အသုံးများ ကြပါသည်။ |
| 黒板<br>*kokuban* | blackboard | ဘလက်ဘုတ်<br>バッレ・ボッ<br><br>(မြေဖြူဖြင့်ရေးရသည့်)<br>အမဲရောင်သင်ပုန်းကြီး။ |
| 個性的<br>*koseiteki* | individual | တစ်သီးတစ်ခြား<br>タッティ・タチャア<br><br>ကိုယ်ပိုင်(ပုံစံ) |
| 国境線<br>*kokkyousen* | border | နယ်နိမိတ်<br>ネ・ナ・メッ<br><br>နယ်စပ်ဒေသ။<br><br>အနားသတ်၊အကွပ်။ |

その他

| 日 | 英 | ミャンマー |
|---|---|---|
| 子供 *kodomo* | bairn, kid, baby, child | ကလေး カァレェ |
| 小部屋 *kobeya* | cabin | သစ်သားအိမ်ငယ် テェッ・タァ・エイン・ングェ |
| ゴミ収集車 *gomishuushuusha* | dustcart, waste collection vehicle, garbage truck | အမှိုက်ကား アッマィ・カァ |
| ゴミ箱 *gomibako* | ashcan, trash box | အမှိုက်ပုံး アマィ・ポン |
| 込める *komeru* | include | ပါဝင်သော パウィントォ |
| コレクター *korekutaa* | collector | ကော်ရက်ကတာ コレッカター  လျှပ်စစ်ပါဝတ်လမ်း ရှိ စွမ်းအင် အထွက်လျှပ်စစ်ပို့အားစီးအား များကိုတိုက်ရိုက်သကော်တဖြင့် ဖော်ပြခြင်းမဟုတ်ပဲတရန်ဂျူစာ ကိုခလုပ်တစ်ခုအနေဖြင့်အသုံးပြု ၍လျှပ်စစ်အထွက်ပမာဏကိုဖော် ပြတတ်ပေသည်။ |
| 今回 *konkai* | this time | ဤအကြိမ် イ・アチェン |
| 渾身 *konshin* | the whole body | အားသွန် ခွန်စိုက် アァトゥン・クォン・サィ |
| コンパクト *konpakuto* | compact | သိပ်သီးကျစ်လစ်သော テエッティ・チリットォ |

その他

| 日 | 英 | ミャンマー |
|---|---|---|

## さ

| 日 | 英 | ミャンマー |
|---|---|---|
| サイドエアバッグ<br>*saidoeabaggu* | side airbag | (လူစီးထိုင်ခုံများ ဘေးဘက်တွင် တပ်ဆင်ပေးထားသော)လေအိပ်<br>レエッ |
| 再来<br>*sairai* | a second visit [advent], revisit | ဆေးခန်းသို့ ထပ်မံလာခြင်း<br>セェカントゥ・タッマン・ラァチン<br><br>ကုသဆဲ ဝေဒနာအတွက် ဆေးရုံဆေးခန်းသို့ ထပ်မံလာရောက်ခြင်း။ |
| 探す<br>*sagasu* | look for, search for | ရှာဖွေသည်<br>シャ・プェ・ティ |
| 先立つ<br>*sakidatsu* | precede | အရင်ဦးဆောင်သည်<br>アイン・ウゥサウンティ |
| 寒い<br>*samui* | cold | ချမ်းသော<br>チャン・トォ |
| 左右セパレート<br>*sayuusepareeto* | separate, left-right separation | ဘယ်ညာ ၂ဘက် သပ်သပ်စီ<br>ベェニャァ・ネッベェ タッタァセィ |
| 左右両側<br>*sayuuryougawa* | left-right both-side | ဘယ်ညာ ၂ဘက် (စလုံး)<br>ベェニャァ・ネッベッ(サロン) |
| 参考出品<br>*sankoushuppin* | reference exhibit | ကိုးကား(ရည်ညွှန်း) သော ပြပွဲ<br>コーカァ・トォ・ピャピェ |
| サンゴ島<br>*sangotou* | atoll | သန္တာကျောက်ကျွန်း<br>タンダァ・チャウチョン |
| CD一体AM/FM電子チューナーラジオ<br>*cd ittai am/fm denshi chuunaarajio* | AM/FM electric tuner radio with CD player | စီဒီ(ပါသော) ရေဒီယို<br>セィディ・(パートォ)・レェディオ |

485

その他

| 日 | 英 | ミャンマー |
|---|---|---|
| Cピラー<br>*c piraa* | C pillar | နောက်တံခါးအနောက်ဘောင်<br>ナウ・タンガー・アナウ・バウン<br><br>နောက်တံခါး နှင့် နောက်မှန်ကြားရှိ တံခါးဘောင်အား ဆိုလိုပါသည်။ |
| シオン<br>*shion* | aster | မေမြို့ပန်း<br>メェ・ミョ・パン |
| 次回<br>*jikai* | next (time) | နောက်တစ်ကြိမ်<br>ナウ・タ・ジェイン |
| 紫外線<br>*shigaisen* | ultraviolet rays,<br>UV rays | ခရမ်းလွန်ဘေးရောင်ခြည်<br>カヤン・ルィン・ベェ・ヨンジィ |
| 視覚<br>*shikaku* | visual | အမြင်အာရုံ<br>アミィン・アァヨン |
| 資格<br>*shikaku* | capacity,<br>qualifications,<br>requirements,<br>capabilities | စွမ်းရည်<br>スゥンイェ<br><br>ဘွဲ့<br>ブェ<br><br>သင်တန်း၊ ကျောင်းများမှ အသိ အမှတ်ပြုလက်မှတ်များကို ရည်ညွှန်းပါသည်။ |
| 事故車<br>*jikosha* | accident car,<br>damaged car | တိုက်ကား<br>タィッ・カア |
| 自主性<br>*jishusei* | autonomy | ကိုယ်ပိုင်အုပ်ချုပ်ခွင့်<br>コウパイン・オゥチョウ・クイン<br><br>အုပ်ချုပ်ရေး။ |
| 試乗<br>*shijou* | test drive,<br>demonstration driving | ကားအစမ်း စီး(မောင်း) ခြင်း<br>カー・アサンセィ(マウン)チン |

486

その他

| 日 | 英 | ミャンマー |
|---|---|---|
| 試乗会<br>*shijoukai* | test drive event | ကားအစမ်း စီး(မောင်း) ပြပွဲ<br>カーアサンセィ(マウン)ピャプェ |
| 静かに<br>*shizukani* | quietly | ငြိမ်သက်စွာ<br>ンニェン・テェッスア |
| 下取り<br>*shitadori* | trade-in,<br>part exchange | အလိုက်(ပေး)ဈေး<br>アッライ・ゼェ<br><br>အောက်ဈေး<br>ဥပမာ<br>ကားသစ်ဝယ်ရာတွင် မိမိလက်ရှိကားအား ကားဆိုင်သို့ အလိုက်ပေးရောင်းဝယ်ခြင်းကိုဆိုလိုသည်။ |
| 実行する<br>*jikkousuru* | operate | မောင်းနှင်ခြင်း<br>マウン・ニンチン |
| 実際上の<br>*jissaijouno* | actual | လက်တွေ့<br>レットェ |
| 実証<br>*jisshou* | actual proof | လက်တွေ့ ပြသခြင်း<br>レットェ ピャタア・チン |
| 室内<br>*shitsunai* | indoor,<br>inside of room | ကားအတွင်း<br>カーア・トェン<br><br>အခန်း(အ)တွင်း<br>アカン・トィン |
| 室内居住性<br>*shitsunaikyojuusei* | indoor livability | ကားအတွင်း နေသားကျခြင်း<br>カーア・トェン・ネタア・チャチン |
| 実用燃費<br>*jitsuyounenpi* | in-use fuel<br>economy | (လက်တွေ့ အသုံးချစဉ်<br>ကုန်ဖိုးကျသော) ဆီကုန်ကျငွေ<br>セィ・クォンチャ・ングェ |
| シティコミューター<br>*shithikomyuutaa* | city-commuter<br>(city + commuter) | မြို့တွင်း (ခရီးတို) သွားယာဉ်<br>ミョウトゥン・トゥア・イン |

487

その他

| 日 | 英 | ミャンマー |
|---|---|---|
| 自伝<br>*jiden* | autobiography | ကိုယ်တိုင်ရေးအတ္ထုပ္ပတ္တိ<br>コウ・タイン・イェ・アトゥパッティ |
| 自動式<br>*jidoushiki* | automatic | အလိုအလျောက်<br>アロー・アルァゥ<br><br>အလိုအလျောက်လုပ်ဆောင်သော။<br><br>အလိုအလျောက်လည်သော။<br><br>အလိုအလျောက်ပြုမူသော။ |
| 自動車<br>*jidousha* | automobile,<br>car | မော်တော်ကား<br>モウ・トゥ・カア |
| 自動車メーカー<br>*jidoushameekaa* | automobile manufacturer | ကား(ထုပ်လုပ်သော)ကုမ္ပဏီ<br>カーコンマニー |
| 自動車レース<br>*jidoushareesu* | autocross | (တောလမ်းဖြတ်)ကားပြိုင်ပွဲ<br>カーピャイン・プェ |
| シニョン<br>*shinyon*<br>※うなじのところで結った髪<br>*unajinotokorode yutta kami* | chignon | ဆံထုံး<br>ザ・ドウン |
| 市販化<br>*shihanka* | commercial | ဈေးရောင်းချခြင်း<br>ゼェヤウン・チャチン |
| 紙幣<br>*shihei* | banknote | ငွေစက္ကူ။<br>ングェ・セックゥ<br><br>ငွေကြေးပမာဏနှင့်<br>တန်ဖိုးတူသည့်စာရွက်။ |
| 示す<br>*shimesu* | point,<br>show | ညွှန်ပြသည်<br>ンニョンピャティ |

その他

| 日 | 英 | ミャンマー |
|---|---|---|
| シャープ<br>*shaapu* | sharp | ချွန်ထက်ခြင်း<br>チョン・テッチン |
| 射出機<br>*shashutsuki* | catapult | လောက်လေးခွ<br>ラウッ・レーグァ<br><br>ရှေးစစ်ပွဲများတွင်သုံးသော ကျောက်တုံးပစ်ကိရိယာ။ |
| 写真<br>*shashin* | photo | ဓါတ်ပုံ<br>ダッポン |
| 借金<br>*shakkin* | debt | အကြွေး<br>ア・チュエ<br><br>ကြွေးတင်ခြင်း<br>チュエ・ティンチン |
| シャワー<br>*shawaa* | shower | ရေပန်း<br>イェパーン |
| 秀逸<br>*shuuitsu* | excellent,<br>superb,<br>splendid,<br>first-rate | တစ်ခြား အရာထက် သာလွန်သော<br>テッチャ・アヤテッ・タルウントオ |
| 銃剣<br>*juuken* | bayonet | လှံစွပ်<br>ラァン・スゥッ |
| 重炭酸塩<br>*juutansanen* | bicarbonate | ဆော်ဒါတစ်မျိုး<br>ソオ・ダア・タミョー |
| 修復<br>*shuufuku* | restoration,<br>repair | ပြန်လည်ပြုပြင်ခြင်း<br>ピャンレェ・ピュピィンチン |
| 従来<br>*juurai* | former | လာရင်းဆွဲ<br>ラー・イン・スェ |
| 趣向<br>*shukou* | device,<br>idea | အကြံဉာဏ်<br>アチャン・ンニャン |

その他

| 日 | 英 | ミャンマー |
|---|---|---|
| 出展 shutten | exhibit, display | ပြပွဲတွင် ခင်းကျင်း ပြသခြင်း ピャピェトィン・ギンチン・ピャタチン |
| 主力 shuryoku | main office, chief object | အဓိက အား アディカ・アァ |
| 瞬時 shunji | even for a moment | လျှပ်တစ်ပျက် ルェッ・テピェッ |
| 紹介する shoukaisuru | introduce | မိတ်ဆက်ပေးသည် メェッ・セェ・ペェティ |
| 上記 jouki | above | အထက်ပါ (ဖော်ပြချက်) အတိုင်း アッテェ・パァ・アタィン |
| 衝撃的 shougekiteki | shocking | ထိခိုက်(တုန်ခါ)မှု ティカイ・(トンカァ)ム |
| 証拠 shouko | evidence | သက်သေ テッテェ |
| 小冊子 shousasshi | booklet | စာစောင် サァ・サウン |
| 少数 shousuu | a few decimal, fraction, quotient (mathematics) | (ကိန်းဂဏန်း) အနည်းငယ် アネェ・ングェ ဒသမ ダ・タマ ဆယ်လီစိတ်။ |
| 焦点 shouten | focus, points, focusing, spot, pinpoint | ဆုံချက် スォン・チェッ အဓိက ア・ディ・カ |

490

その他

| 日 | 英 | ミャンマー |
|---|---|---|
| 乗務員車 *joumuinsha* | caboose | ကုန်တင်ရထားဂါတ်တွဲ クオン・ティン・ヤター・グアトウェ |
| 商用 *shouyou* | business | ကုန်သည် コン・テェ |
| 乗用車 *jouyousha* | a (passenger) car | လူစီးကား ルィセィ・カァ |
| 将来、未来 *shourai, mirai* | future | အနာဂါတ် アナーッガ |
| 将来展望 *shouraitenbou* | outlook for the future | အနာဂါတ်အမြင် アナァガッ・アミィン |
| 省略 *shouryaku* | omission | အတိုချုပ် アトゥチョッ |
| 小惑星 *shouwakusei* | asteroid | ဂြိုလ်သိမ်ဂြိုလ်မွှား ジョウティン・ジョウムァ |
| ショー *shoo* | show | ထုပ်ဖော်ပြသသည် トゥ・ポゥ・ピャ・タ・テェ |
| 職業 *shokugyou* | occupation, business | ဘဝပေးတာဝန် バワペィ ターウォン |
| | | အသက်မွေးပညာ アッテェ・ムェピンニャ |
| 触媒 *shokubai* | catalyst | ဓါတ်ကူပစ္စည်း ダッ・クゥ・ピッセィ |
| | | ဓါတ်ပြောင်းအကူ၊အပြောင်းအလဲ ဖြစ်စေရန်အထောက်အကူ။ |
| 植物学 *shokubutsugaku* | botany | ရုက္ခဗေဒ ヨウッカ・ベェダ |
| 署名 *shomei* | signature | လက်မှတ် レッ・マッ |

その他

| 日 | 英 | ミャンマー |
|---|---|---|
| 書類関係<br>*syoruikankei* | application form | ပုံစံနှင့်ပတ်သက်သော<br>ポンサン・ネ・パ・テェトオ |
| シリーズ<br>*shiriizu* | series | စီးရီး<br>セィ・リィ |
| シリコン<br>*shirikon* | silicon | ဆီလီကွန်<br>セィリコン |
| 資料<br>*shiryou* | document | စာရွက်စာတမ်း၊<br>サァルェッ・サータン<br><br>မှတ်တမ်းမှတ်ရာ၊<br>စာချုပ်စာတမ်း |
| しるし、象徴<br>*shirushi、shouchyou* | badge | တံဆိပ်<br>タンセェッ<br><br>အမှတ်သက်တ |
| 城<br>*shiro* | castle | ရဲတိုက်<br>イェ・タィッ<br><br>အနောက်တိုင်းစစ်တုရင်(ရဲတိုက်)<br><br>ဗမာစစ်တုရင်(ရထား) |
| 進化<br>*shinka* | evolution | ပြောင်းလဲခြင်း<br>ピャウン・レェ・チン<br><br>တိုးတက်လာသည့် အဓိပ္ပါယ်ကို<br>ဆောင်သည့် ပြောင်းလဲမှု့များကို<br>ရည်ညွှန်းပါသည်။ |
| 新開発<br>*shinkaihatsu* | new development | အသစ်(တီထွင်)ထုပ်လုပ်ခြင်း<br>アッテェッ・ルォチン |

その他

| 日 | 英 | ミャンマー |
|---|---|---|
| 信号化<br>*shingouka* | digital signal processing | လျှပ်စစ် သင်္ကေတအဖြစ် ပြောင်းလဲခြင်း<br>ルエッセ・ティンケータ・アピィッ・ピョンレ・チン |
| 人口調査<br>*jinkouchousa* | census | သန်းခေါင်စာရင်း<br>タンガウン・サァイン<br><br>လူဦးရေစာရင်း။ |
| 人生<br>*jinsei* | (one's) life | လူ့ဘဝ<br>ルバワァ<br><br>လူ့သက်တန်း<br>ルテェタン |
| 人造人間<br>*jinzouningen* | android | မနုဿစက်ရုပ်<br>マヌタァ・セッヨゥッ |
| 真ちゅう、黄銅(おうどう)<br>*shinnchuu、oudou* | brass | ကြေးဝါ(ပိုက်ဆံ)<br>チェ・ワァ |
| シンプル<br>*shinpuru* | simple | (သမာရိုးကျ)ရိုးရိုးတန်းတန်း<br>ヨウヨウ・タンタン |
| 新聞<br>*shinbun* | newspaper | သတင်းစာ<br>タ・ティン・サ |
| 水道<br>*suidou* | aqueduct | ရေမြောင်း<br>イェ・ミャウン<br><br>ရေသွယ်တံတား။<br><br>ရေသွယ်မြောင်း။ |
| スーパー<br>*suupaa* | supermarket | စူပါ<br>スーパ |
| 好き嫌い<br>*sukikirai* | likes and dislikes | ကြိုက်ခြင်းမကြိုက်ခြင်း<br>チャイチン・マチャイチン |

493

その他

| 日 | 英 | ミャンマー |
|---|---|---|
| スクエア<br>*sukuea* | square | လေးထောင့်<br>レイ・ダウッ |
| 涼しい<br>*suzushii* | cool | အေးသော<br>エイ・トォ |
| スタイリング<br>*sutairingu* | styling | စတိုင်<br>スタイン |
| ステアリング<br>*sutearingu* | steering | စတီယာတိုင်<br>スティヤタイン |
| ストレス<br>*sutoresu* | stress | (စိတ်ကျပ်တည်းမှု့)<br>စိတ်ဖိစီးမှု<br>セィピィ・スィム |
| ストロングハイブリッド<br>*sutoronguhaiburiddo* | strong hybrid | ပိုမိုအားကောင်းသော ဟိုင်းဘရစ်<br>ポウモ・アァ・カウントォ ハイブリッ |
| スペース<br>*supeesu* | space | အကျယ်အဝန်း<br>アチェ・アウィン |
| スペースユーティリティ<br>*supeesuyuutiriti* | utility space | ကား(အတွင်း) အကျယ်အဝန်း<br>(အရှည် အကျယ် အမြင့်)<br>カー・アチェアウィン |
| スペック<br>*supekku* | spec,<br>specification | ညွှန်ကြားချက်များ<br>ンニョン・チャ・チェッミャ |
| スポイラー<br>*supoiraa* | spoiler | Spoiler<br>スポイラー<br><br>ကားရှေ့နောက် တွင်အလုဆင်တပ်ဆင်ထားသော လေယာဉ် အတောင်ပံကဲ့သို့သော အလုစင်ပစ္စည်း။ |
| スポーティ<br>*supooti* | sporty | စပို့(စ်)(ပုံ)<br>スポッ(ポウン) |

その他

| 日 | 英 | ミャンマー |
|---|---|---|
| スポーティグレード<br>*supootigureedo* | sporty grade | စပို့(ဒ်) မော်ဒယ်(ကား)<br>スポッカー・モデ |
| スポーツモデル<br>*supootsumoderu* | sports model | စပို့(ဒ်) မော်ဒယ်(ကား)<br>スポッカー・モデ |
| スムーズさ<br>*sumuuzusa* | smooth | ချောမွေ့သော<br>チョウメェ・トォ |
| スモークメッキ<br>*sumookumekki* | gilding | အရောင်ပိန်<br>アヨン・メィン |
| 性<br>*sei* | last name | မျိုးရိုး(အမည်)<br>ミョー・ヨォ |
| 世紀<br>*seiki* | century | နှစ်တစ်ရာ<br>ネッ・タヤァ<br><br>ရာစု<br>ヤァ・ス |
| 清潔感<br>*seiketsukan* | (sense of) cleanliness | သန့်ရှင်း သပ်ရပ်ခြင်း<br>タンシン・タッヤチン |
| 正式<br>*seishiki* | formal | တရားဝင်<br>タヤァウィン |
| 政治に関心のない<br>*seijini kanshinnonai* | apolitical | နိုင်ငံရေးကို စိတ်မဝင်စားသော<br>ナィンガンイェコ・セィッ・マウィンサァトォ |
| 正常進化<br>*seijoushinka* | normal evolution | ပုံမှန်ပြောင်းလဲခြင်း<br>ポンマン・ピャウンレチン |
| 贅沢品<br>*zeitakuhin* | luxury goods | ဇိမ်ခံပစ္စည်း<br>ゼィンカン・ピィッセィ |
| 青銅<br>*seidou* | bronze | ကြေးညို<br>チェ・ンニョウ |
| 生年月日<br>*seinengappi* | date of birth | မွေးနေ့<br>ムェーネ |

495

その他

| 日 | 英 | ミャンマー |
|---|---|---|
| セーフ機構<br>*seefukikou* | safety device | အန္တရာယ်ရယ် ကာကွယ်ရေး ကရိယာ<br>アンデイエ・カークェイエ・カリア |
| 世界戦略車<br>*sekaisenryakusha* | world car,<br>global car | ပေါက်ကား<br>パウッ・カー<br><br>ကားလောကအတွင်း ဈေးကွက်<br>ထိုးဖောက်စေသော ကား။ |
| 世界初公開<br>*sekaihatsukoukai* | world's first<br>exhibition | ပထမဦးဆုံး (သက်ဆိုင်ရာဈေးကွက်<br>လောကကြီးအတွင်း) ပြသခြင်း<br>パダマ・ソン・ピャタチン |
| 責任<br>*sekinin* | duty | တာဝန်(ဝတ္တရား)<br>タァ・ウィン |
| 石灰(質)化する<br>*sekkai(shitsu)ka suru* | calcify | (ထုံးခဲတ်ကြောင့်)<br>ကျောက်ဖြစ်သည်<br>チャウ・ピィッティ |
| 積極的<br>*sekkyokuteki* | assertive,<br>positive,<br>active,<br>proactive | အားသွန် ခွန်စိုက်<br>アァトン・コンサィ |
| 絶大<br>*zetsudai* | overwhelming | (လွန်စွာ) ကြီးမားသော<br>チィ・マァトオ |
| 説明する<br>*setsumeisuru* | explain | ရှင်းလင်းပြောပြသည်<br>シンリンピョウピャティ |
| セメント<br>*semento* | cement | ဘိလပ်မြေ<br>ビラッミェ<br><br>ကျဲကော်<br>チュエコウ |
| セラミック<br>*seramikku* | ceramics | ကြွေထည်မြေထည်<br>チュエデェ・ミェデェ |

496

# その他

| 日 | 英 | ミャンマー |
|---|---|---|
| セル<br>*seru* | cell | ဆဲလ်<br>セェ<br><br>ကလာပ်စည်း<br>カラッセィ<br>(医学)<br><br>လျှပ်စစ်ဓါတ်ခဲ<br>ルェッセッ・ダッケ。<br>(電気)<br><br>တရားအားထုတ်ရာအခန်းငယ်။ |
| 先鋭化<br>*seneika* | becoming a radical<br>becoming sharpness acute | ဦးချွန်သော<br>ウゥ・チョントォ |
| 戦艦<br>*senkan* | battleship | တိုက်သင်္ဘော<br>タィッ・ティンボウ |
| 前後<br>*zengo* | front and back | ရှေ့နောက်<br>シェナゥ |
| 先行<br>*senkou* | precede | အလျှင်ဦးသည်<br>アィンウゥティ |
| 前後席のカーテンシールドエアバッグ<br>*zengosekino kaatenshiirudoeabaggu* | front and back seat, curtain shield airbag | (ရှေ့နောက် ထိုင်ခုံသော ကာတင်)<br>လေအိပ်<br>レエッ |
| 前述<br>*zenjutsu* | (the) above-mentioned | (အထက်ပါ / ရှေ့ပိုင်း တွင်) တင်ပြခဲ့<br>ပြီးသော<br>ティンピャ・ピィ・ケトォ |
| 戦場<br>*senjou* | battlefield | စစ်မြေပြင်<br>セェ・ミェ・ピィン |

497

その他

| 日 | 英 | ミャンマー |
|---|---|---|
| 占星学<br>senseigaku | astrology | နက္ခတ်ဗေဒင်(ပညာ)<br>ネカッ・ベデェン(ピィンニャ) |
| 先代型<br>sendaigata | previous model,<br>last model | ပုံစံဟောင်း<br>ポンサン・ハウン |
| 選択肢<br>sentakushi | choice | ရွေးချယ်ရန် နည်းလမ်း<br>ルェチェヤン・ニーラン |
| セント<br>sento | cent | ဆင့်<br>セェン<br><br>တစ်ဒေါ်လာ၏တစ်ရာပုံတစ်ပုံနှင့်<br>ညီမျှသော ငွေကြေးယူနစ်။ |
| セントラル<br>sentoraru | central | အလယ်<br>アッレ・エ<br><br>ဗဟို<br>バ・ホゥ<br><br>အချက်အချာကျသော။<br><br>အဓိကကျသော။ |
| 全幅<br>zenpuku | overall width | ကားအကျယ်<br>カーアチェ |
| 専用<br>senyou | private,<br>exclusive | တစ်သီးတစ်သန့်<br>テッティ・テッタン |
| 専用タイプ<br>senyoutaipu | private type | သီးသန့်ပုံစံ<br>ティタン・ポンサン |
| 象牙<br>zouge | ivory | ဆင်စွယ်<br>セェン・スゥエー |
| 捜査<br>sousa | search,<br>investigation | ရှာဖွေခြင်း<br>シャ・プェ・チン |

その他

| 日 | 英 | ミャンマー |
|---|---|---|
| 装飾 soushoku | décor, ornament | အခန်းအပြင်အဆင် アカン・アピィン・アセィン |
| 蔵書票 zoushohyou | bookplate | စာအုပ် (တွင်ကပ်ထားသည့်ကိုယ်ပိုင်) တံဆိပ် サーオウッ タセェッ |
| 操舵 souda | steerage, steering | လက်ကိုင်ခွေ レッカィン・グェ ထိမ်းကြောင်း လက်ကိုင်သည့်အရာ။ |
| 装備 soubi | equipment, outfit, rigging | တပ်ဆင်ခြင်း タッセィンチン |
| 装備する soubisuru | equip, furnish | တပ်ဆင်သည် タッセィンティ |
| 測径両脚器、カリパス sokukeiryoukyakuki、karipasu | callipers, caliper | အချင်းတိုင်းကိရိယာ アチン・タイン・カリァ |
| その際 sonosai | at that time | ထိုအချိန် (ထိုအခါ) ドアチェン(トゥ・アカァ) |
| 存在 sonzai | existence | (တည်)ရှိမှု (ティ)シム |

### た

| ターンランプ taanranpu | turn lamp | (ကား‌ေြ.) အချက်ပြမီး アチェッピャミィ |
| 第一 daiichi | first | ပထမဦးဆုံး パタマ・ウゥ・ソウン |

その他

| 日 | 英 | ミャンマー |
|---|---|---|
| 体格<br>*taikaku* | physique,<br>build,<br>structure of the body,<br>physical constitution | ခန္ဓာကိုယ်<br>カン・ダ・コウ |
| 大気<br>*taiki* | atmosphere,<br>air | လေထု<br>レェ・トゥ |
| 代車<br>*daisha* | substituted automobile | အစားထိုးကား<br>アサア・トゥ・カー |
| | | လှည့်သုံးကား၊ မိမိငှားရန်းသုံးစွဲနေသော ကားကပျက်၍သော်လည်း ကောင်း၊ လိုင်စင်ဝင်နေသော ကြောင့်သော်လည်းကောင်း၊ အသုံးမပြုနိုင်သောအခါများ တွင်ကားငှားဌာနမှ သော်လည်း ကောင်း၊ကားပြင်အလုပ်ရုံ မှသော် လည်းကောင်းအစားထိုး၍ စီစဉ် ပေးသော ကားကိုရည်ညွှန်း ပါသည်။ |
| 大主教<br>*daishukyou* | archbishop | ခရစ်ယာန်ဂိုဏ်းချုပ်<br>カリェッ・ヤン・ガインチョッ |
| 対象<br>*taishou* | subject,<br>target | ရည်မှန်းချက်<br>イマンチェッ |
| 代数学<br>*daisuugaku* | algebra | အက္ခရာသချ်ာ<br>エケヤ・ティンチャア |
| 大胆<br>*daitan* | boldness daring | လွယ်လွယ်ကူကူ (အကြမ်းပြင်း)<br>ルェルェ・クゥクゥ |

500

その他

| 日 | 英 | ミャンマー |
|---|---|---|
| 大天使<br>*daitenshi* | archangel | တမန်တော်<br>タマントゥ<br><br>ကောင်းကင်တမန်နတ်မင်းကြီး။ |
| ダイナマイト<br>*dainamaito* | dynamite | ဒိုင်းနမစ်<br>ダイナマイッ<br><br>ယမ်းဘီလူး။ |
| ダイナモ<br>*dainamo*<br>発電機<br>*hatsudenki* | dynamo | ဒိုင်နမို<br>ダイナモ<br><br>စက်စွမ်းအင်ကိုလျှပ်စစ်စွမ်းအား<br>အဖြစ်ပြောင်းပေးသောအရာ။ |
| タイプ<br>*taipu* | type | ပုံစံ<br>ポン・サン |
| 〜代目<br>〜*daime* | 〜 generation | 〜ကြိမ်မြောက် ခေတ်<br>〜チェン・ミャウ |
| ダウンサイジング<br>*daunsaijingu* | downsizing | အရွယ်အစား သေးအောင် လုပ်ခြင်း<br>アルェ・アサァ　テェアゥン・ルォチン |
| 高い<br>*takai* | high | မြင့်သော<br>ミン・トォー |
| 高い(高価)<br>*takai(kouka)* | expensive | ဈေးကြီးတယ်<br>ゼェ・チィテェ |
| 多岐<br>*taki* | a lot of topics | လမ်းခွဲများ<br>ランクェミャア |
| タクシー<br>*takushii* | cab | လော်လီကား<br>ロゥリィ・カア<br><br>မီးရထားမောင်းသူထိုင်သည့်နေရာ<br>ミィヤタァ・マゥントゥ・タインティ・ネェヤ |

その他

| 日 | 英 | ミャンマー |
|---|---|---|
| 多少<br>*tashou* | 数: the number<br>量: the quantity<br>額: the amount | အနည်းငယ်<br>ア・ネェングェ |
| ダスト<br>*dasuto* | dust | မြေမှုန့် (ဖုန်မှုန့်)<br>ミェモウン |
| 戦い<br>*tatakai* | battle | တိုက်ပွဲ<br>タィッ・プェ<br><br>တိုက်ခိုက်သည်။ |
| 立ち遅れる<br>*tachiokureru* | make a slow<br>[be slow to] start | နောက်ကျသည်<br>ナウ・チャ・ティ |
| 楽しめる<br>*tanoshimeru* | enjoy | ပျော်ရွှင်စေသည်<br>ピョウション・セェティ |
| タバコ<br>*tabako* | tobacco | ဆေးလိပ်<br>セレィッ |
| たばこの葉<br>*tabakonoha* | baccy | ဆေးရွက်ကြီး<br>セェ・ルェッ・チィ |
| 旅<br>*tabi* | travel,<br>journey,<br>trip,<br>tour | ခရီးသွားလာခြင်း<br>カ・リー・トゥア・ラーチン |
| ダビン、保革油<br>*dabin, hokakuyu* | dubbin | ဒါဗင်<br>ダァ・ビン<br><br>သရေကိုပျော့စေရန်နှင့်ရေစိုခံရန်<br>သုံးသည့်အဆီတစ်မျိုး။ |
| 魂<br>*tamashii* | a soul,<br>a spirit,<br>a ghost | ဝိတ်<br>セイッ |
| ダム<br>*damu* | dam | ရေကာတာ<br>イェ・カァタァ<br><br>ဆည်<br>セェ |

| 日 | 英 | ミャンマー |
|---|---|---|
| ダメージ<br>*dameeji* | damages | ထိခိုက်မှု (အပျက်အစီး)<br>ティッカイ・ム<br><br>လျော်ကြေး<br>ヨウチェ<br><br>နစ်နာကြေး<br>ニツィナァチェ |
| 樽<br>*taru* | barrel | ရေစည်ပိုင်း<br>イェ・セィ・パイン |
| 炭酸ガスを飽和させ(て発泡性をもたせ)た<br>*tansangasu wo houwasase (te happoseiwo motase)ta* | carbonated | ကာဗွန်နိတ်<br>カーボンネィッ<br><br>ကာဗွန်ဒိုင်အောက်ဆိုဒ်<br>ပါ၍အမြုပ်ထနေသော။ |
| 男爵<br>*danshaku* | baron | မူးမတ်<br>ムウ・マッ |
| 短縮<br>*tanshuku* | shortening cut | အတိုချုံးခြင်း<br>アトゥ・チョンチン |
| 炭水化物<br>*tansuikabutsu* | carbohydrate | ကစီဓါတ်<br>ガセィ・ダッ |
| 男性<br>*dansei* | man,<br>gentleman | အမျိုးသား<br>アミョ・タア<br><br>လူယောက်ကျားအား ယဉ်ကျေးစွာခေါ်ဆိုခြင်း။ |
| 淡緑青色の水<br>*tanryokuseishokuno mizu* | aqua | စိမ်းပြာရောင်ရေ<br>セィン・ピャ・ヤウン・イェ<br><br>မိတ်ကပ်တွင်သုံးသည့်ရေ။ |

その他

| 日 | 英 | ミャンマー |
|---|---|---|
| 地域<br>chiiki | area, region | နယ်မြေ<br>ネェミェー<br><br>ဒေသ<br>デェ・タァ<br><br>နယ်ပယ်<br>ネェペェー<br><br>အရပ်<br>ア・ヤァッ<br><br>နယ်အစိတ်အပိုင်း<br>ネェ・アセィ・アパイン |
| 小さい<br>chiisai | small | အသေး<br>アテェ |
| 小さなねじのための小さな穴を開けるきり<br>chiisananejinotameno chiisanaanawoakeru kiri | bradawl | ဆူးသွားအသေး<br>スゥー・トェア・アテェ<br><br>အပေါက်ဖောက်ရန်<br>ချွန်ထက်သောကိရိယာ။ |
| チェックリスト<br>chekkurisuto | check list | စစ်ဆေးရမည့် အချက်အလက် စာရင်း<br>セィッセェヤミィ・アチェ・アレッ・サーリン |
| 地下室<br>chikashitsu | cellar | မြေအောက်ခန်း(မြေတိုက်)<br>ミェ・アウ・カン |
| 近道<br>chikamichi | a short cut | ဖြတ်လမ်း<br>ピャッラン<br><br>လမ်းတို<br>ラン・トゥ<br><br>သာမာန် စက်ရုံအလုပ်ရုံ လုပ်ငန်းခွင်အတွင်းကောင်းမွန်သောလုပ်ထုံးလုပ်နည်းများကိုလည်းရည်ညွှန်းပြောဆို တတ်ကြ ပါသည်။ |

504

## その他

| 日 | 英 | ミャンマー |
|---|---|---|
| 地球<br>*chikyuu* | globe (earth),<br>planet earth | ကမ္ဘာလုံး<br>カ・バァ・ロン<br><br>နေရှိရာမှ အစဉ်အားဖြင့် တတိယ ဖြစ်၍ အရံဂြိုဟ်တစ်ခုရှိသည့် ဂြိုဟ်။ |
| 遅刻<br>*chikoku* | lateness,<br>late coming | နောက်ကျခြင်း<br>ナウ・チャ・チン<br><br>ကျောင်း၊ အလုပ်ချိန်နှင့် ချိန်းဆို ထားသည့် အချိန်အတိုင်းမရောက် နိုင်သောအခါ တွင်သုံးဆိုပါသည်။ သို့ရာတွင် သက်မဲ့ ပစ္စည်းဖြစ်သော ရထား ထွက်ချိန်နောက်ကျ (Delay) ရာတွင်မူ အသုံးပြုခြင်း မရှိပါ။ အထူးသဖြင့် လူနှင့် ပါတ်သက်၍ သာအသုံး ချတတ်ပါသည်။ |
| 地図、マップ<br>*chizu, mappu* | atlas | မြေပုံစာအုပ်၊<br>ミェ・ポン・サァ・オッ<br><br>လမ်းညွှန်စာအုပ်<br>ランニョン・サァ・オッ |
| 地図作成、地図学<br>*chizusakusei、chizugaku* | cartography | မြေပုံဆွဲသူ<br>ミェポン・スェトゥ |
| チャート<br>*chaato* | chart | ပုံစံကားချပ်၊<br>ポンサン・カーチャッ<br><br>ဇယားကွက်။<br><br>ရေ (သို့) လေကြောင်းပြမြေပုံ။ |

その他

| 日 | 英 | ミャンマー |
|---|---|---|
| チャリティー<br>*charithii* | charity | ချာရတီ<br>チャリティ<br><br>ချို့တဲ့သူများအားကူညီထောက်ပံ့<br>သောစနစ်။<br>အလူဒါန။ |
| チャンス<br>*chansu* | chance | အခွင့်အရေး<br>アクェン・アイエー<br><br>ဆောင်ရွက်ပိုင်ခွင့်<br>サウン・ユェッ・パイン・クェン<br><br>ရရှိခံစားနိုင်ခွင့်<br>ヤシ・カンサー・ナイン・クェン<br><br>လူ့အခွင့်အရေး ကဲ့သို့သော မူလ<br>ကတည်းကပိုင်ဆိုင်ခွင့်ရှိသောအခွင့်<br>အရေးမျိုးမဟုတ်ပဲ၊ အခါရှိန်ကာလ<br>အလျောက် ပေါ်ပေါက် လာသော<br>အခွင့်အလမ်း ကို ရည်ညွှန်းပါသည်။ |
| チャンネル<br>*channeru* | channel | ချယ်နယ်<br>チェネエ<br><br>လိုင်း<br>ライン<br><br>ရုပ်၊သံထုတ်လွှင့်သောလိုင်းအမှတ်<br>ရေးအရည်များစီးဆင်းရာ<br>လမ်းကြောင်း၊ ချောင်း၊မြောင်း၊<br><br>လေယာဉ်ပေါ် တက်ရန်သွားသည့်<br>လမ်း၊<br><br>ဆက်သွယ်ရေးလမ်းကြောင်း |

その他

| 日 | 英 | ミャンマー |
|---|---|---|
| 注意<br>*chuui* | remark, warning, notice, caution, care, attention, being careful, heed, regard | သတိပေးခြင်း<br>タティ・ペーチン |
| 注意項目<br>*chuuikoumoku* | remark item | သတိပေးသည့် ခေါင်းစဉ်<br>タティ・ペーティ・ガウンセェン<br><br>သတိပြုသင့်သော အချက်အလက် အကြောင်းအရာများအား ရေးသားထားသည့် ခေါင်းစဉ်။ |
| 注意点<br>*chuuiten* | cautionary note, important point, point to make note of | သတိပေးသည့် အချက်အလက်<br>タティ・ペーティ・アチェアッレェ |
| 中核<br>*chuukaku* | main, central | အဓိက<br>アディカ |
| 中間<br>*chuukan* | middle, intermediate | အလယ်အလတ်<br>アレェ・アラッ<br><br>ကြားကာလ<br>ジャア・カアラ |
| 駐車<br>*chuusha* | (car) park | ယာဉ်ရပ်နားခြင်း<br>イン・ヤッナァ・チン |
| 駐車場<br>*chuushajou* | (car) parking | ယာဉ်ရပ်နားသည့်နေရာ<br>イン・ヤッナァ・ティ・ネェ・ヤア |

その他

| 日 | 英 | ミャンマー |
|---|---|---|
| 中心の、中央の<br>*chuushinno, chuuouno* | central | ဗဟို(အလည်သို့)<br>バホゥ |
| 注目<br>*chuumoku* | attention notice,<br>pay attention<br>focus | စိတ်ဝင်စားသော<br>セィッ・ウィンサァ・トォ |
| 超薄型<br>*chouusugata* | ultraslim type | အလွန်ပါးလွှာသော (ပုံစံ)<br>アルン・パァ・ルアトォ |
| 長時間<br>*choujikan* | long time | အချိန်ကြာမြင့်စွာ<br>アチェン・チャミィンスァ |
| 調達<br>*choutatsu* | deliver | ချောစာပို့သည်<br>チョウ・サァ・ポゥティ<br><br>လိုက်ယူသည်။<br><br>ပေးအပ်လွှဲအပ်သည်။<br><br>မွေးဖွားသည်။<br><br>ကယ်ဆယ်သည်။<br><br>စာ၊ချောထုပ်များကိုအိမ်တိုင်<br>ရာရောက် ပို့ပေးသည်။ |
| 直線基延長<br>*chokusenkienchou* | extrapolation | (ဦးတည်ရာ လမ်းကြောင်းအား)<br>ထပ်၍ တိုးမြှင့်ခြင်း<br>ダッルェ・トゥ・ミィン・チン |
| 直結<br>*chokketsu* | direct connection | တိုက်ရိုက် ဆက်(သွယ်)ခြင်း<br>タヤアィッ・セツェチン |
| 追加<br>*tsuika* | addition | အပိုတိုးခြင်း<br>アポゥ・トゥチン |

その他

| 日 | 英 | ミャンマー |
|---|---|---|
| 追加設定<br>*tsuikasettei* | additional issue | အပိုတိုးခြင်း ကို သပ်မှတ်သည်<br>アポウトゥチンコ・タッマティ |
| 杖<br>*tsue* | baton | (ရဲကိုင်သည်)နံပါတ်တုတ်<br>ナンパッ・トゥッ |
| | | ကျိုင်းတုတ်<br>チャイン・トゥッ |
| | | လက်ဆင့်ကမ်းပြေးပွဲတွင်<br>ကိုင်သောတုတ်တို့။ |
| 使い勝手<br>*tsukaigatte* | ease-of-use | အသုံးပြု(၍)<br>アトゥンピュ(ルェ) |
| 使い捨て製品<br>*tsukaisute seihin*<br>ディスポーザブル<br>*disupoozaburu* | disposable | တခါသုံးပစ္စည်း<br>テェッカアトゥン ピィセィ |
| 突きぎり<br>*tsukigiri* | awl | စူးချွန်<br>スゥ・チョン |
| 継ぐ<br>*tsugu* | inherit,<br>succeed | ဆက်လက်၍<br>セッレユェ |
| 作り上げ<br>*tsukuriage* | build up | တည်ဆောက်သည် (လုပ်ယူသည်)<br>ティサウティ |
| 伝わる<br>*tsutawaru* | be transmitted,<br>be conveyed,<br>be passed along,<br>be conducted | စဉ်ဆက်သိသာစေသည်<br>セィンセッ・ティタァ・セティ |
| DVDタイプのナビゲーション<br>*dvd taipuno nabigeeshon* | DVD type<br>navigator/<br>navigation | နာဗီကေတာ<br>ナビーケーター |
| | | ဒီဗီဒီ အပြားသုံး လမ်းပြစက် |

その他

| 日 | 英 | ミャンマー |
|---|---|---|
| 定価<br>*teika* | fixedy price,<br>established price | သပ်မှတ်ဈေး (စက်ရုံဈေး)<br>タッマァ・ゼェ |
| 低床フロア<br>*teishoufuroa* | low-floor | ကြမ်းပြင်နိမ့်<br>チャンピィンネイン |
| ディスク<br>*disuku* | disc | disc<br>ディス<br><br>ဗီဒီယိုခွေတ်ပြားပိုင်း။<br><br>ကွန်ပြူတာသုံးခွေတ်ပြား။<br><br>သီချင်းခွေတ်ပြားပိုင်း။ |
| 停戦、休戦<br>*teisen、kyuusen* | ceasefire | စစ်ပြေငြိမ်းခြင်း<br>セィッ・ピェ・ンニェン・チン |
| 程度<br>*teido* | a degree,<br>an extent | (အဆင့်) မျှသာ<br>アセイン・ミャタァ |
| ディフューザー形状<br>*difyuuzaakeijou* | diffuser type | (ကားနောက်ဘက် ဘန်ဘာအောက်ရှိ ပြိုင်ကားပုံစံ ဒီဇိုင်းပြုလုပ်ထားသော)<br>ဘော်ဒီ အစိတ်အပိုင်း(ကလေးတစ်ခု)<br>ボーディ・アセェ・アパイン |
| デコード<br>(復号する、解読する)<br>*dekoodo*<br>*(fukugousuru, kaidokusuru)* | decode | ဂုက်စာဖော်သည်<br>ウェッサァ ポゥティ<br><br>ဘာသာပြန်သည်<br>バァタァ・ピャンティ |
| デザイン<br>*dezain* | design | ဒီဇိုင်း<br>ディザン |
| デザイン性<br>*dezainsei* | design | ဒီဇိုင်းပုံစံ<br>ディザン・ポンサン |

その他

| 日 | 英 | ミャンマー |
|---|---|---|
| デッキ<br>*dekki* | deck | (သင်္ဘော)ကုန်းပတ်<br>クォン・ッパ<br><br>၂ထပ်ဘတ်စ်ကား၏အထက်ပိုင်း။<br><br>ဖဲထုပ်အထုပ်။ |
| デバッグ<br>*debaggu* | debug | အပြစ်ရှာဖွေ(ဖယ်ရှား)ခြင်း<br>アピィッ・シャプェ・チン<br><br>ကွန်ပျူတာပရိုဂရမ်မှအပြစ်<br>ကိုရှာဖွေ(ဖယ်ရှား)ခြင်း။ |
| 展開<br>*tenkai* | development,<br>unfolding | တီထွင် ထုတ်လုပ်ခြင်း<br>ティトゥン・トゥロウチン |
| 天才<br>*tensai* | aptitude,<br>genius | ပါရမီ<br>パラミー<br><br>ပင်ကိုယ်စွမ်းရည်၊အရည်အသွေး။ |
| 天井<br>*tenjou* | ceiling | မျက်နှာကျက်<br>ミェッ・ナァ・ジェッ<br><br>အလွန်ဆုံးတက်နိုင်သည့်အမြင့်။<br><br>အမြင့်ဆုံးသတ်မှတ်ချက်။ |
| 店頭<br>*tentou* | storefront | ဆိုင်ဝ<br>サインワ<br><br>ဆိုင်မျက်နှာပြင်<br>サイン・ミェナピィン |
| 電動スライドドア<br>*dendousuraidodoa* | electric power<br>slide door | လျှပ်စစ် ဆလိုက်ထိုး တံခါး<br>ルェッセッ・サライドゥ・タンカァ |

その他

| 日 | 英 | ミャンマー |
|---|---|---|
| 添付ファイル<br>*tenpufairu* | attached file,<br>attachment | တွဲဖက်ထားသော ဖိုင်(တွဲ)<br>トェッベェ タアトオ ファイル |
| 天文学<br>*tenmongaku* | astronomy | နက္ခတ်ဗေဒင်(ပညာ)<br>ネカッ・ベデェン<br>（ピィンニャ） |
| 電話機<br>*denwaki* | telephone | တယ်လီဖုံး<br>テーリーフォン<br><br>လျှပ်စစ်ဓါတ်အားကို အသုံးပြု၍အဝေးသို့စကားပြောသော ကရိယာ။<br><br>ယခုအခါ ဘက်ထရီဖြင့် အသုံးပြုနိုင်သော လက်ကိုင်ဖုံးများပေါ်ပေါက် လာသောကြောင့် တိုးတက်ပြီးတိုင်းပြည်များ တွင် လမ်းဘေးတယ်လီဖုံးများကွယ် ပျောက်လာရုံသာမက၊အိမ်များ တွင်ပါ အသုံးမပြုသည်အထိ ပြောင်းလဲ၍ လာပြီဖြစ်သည်။ |
| 電話交換<br>*denwakoukan* | telephone exchange | တယ်လီးဖုံး အော်ပရေတာ<br>テーリーフォン・オペレータ |
| 電話交換機<br>*denwakoukanki* | telephone exchange | တယ်လီးဖုံး လိုင်းလွှဲစက်<br>テーリーフォン・ラインルェセッ<br><br>ရှေးယခင်က လူအားကို အသုံး ပြုခဲ့သော Telephone Operators များသည် အောက်ပါကဲ့သို့ ၂၄နာရီ ပါတ်လုံး အသုံးချနိုင်သည် အထိ Telecommunication ကမ္ဘာကြီး သည် ပြောင်းလဲလာ၍ လာခဲ့ပြီ ဖြစ်ပါသည်။ |

その他

| 日 | 英 | ミャンマー |
|---|---|---|
| 電話受話器<br>denwajuwaki | telephone receiver | တယ်လီဖုံး စကားပြောခွက်<br>テーリーフォン・サカーピョウクェッ |
| ドアトリム<br>doatorimu | door trim | တံခါး တည်ဆောက်ပုံ<br>タガァ・ティサゥポン |
| ドアミラー<br>doamiraa | door mirror | တံခါးမှန်<br>タガーマン |
| 搭載<br>tousai | incorporate,<br>be equipped with | (ထည့်သွင်း) အသုံးချသည်<br>アトンチャティ |
| 搭乗券<br>toujouken | boarding pass | လေယာဉ်တက်ခွင့် လက်မှတ်<br>レイェン・テックェイン・レッマッ |
| 同等の<br>doutouno | equality | တူညီသော<br>トゥニィトォ |
| 投入<br>tounyuu | throw | ပစ်ပေါက်သည်<br>ピィ・パウティ |
| 投票する<br>touhyousuru | ballot | မဲပေးသည်<br>メェ・ペェ・ティ<br><br>လျှို့ဝှက်မဲပေးစနစ်။ |
| 尖った<br>togatta | pointed,<br>sharp | ချွန်ထက်သော<br>チョンテットォ |
| 特徴的<br>tokuchouteki | characteristic | ထူးခြားမှု(အနေဖြင့်)<br>トゥチャム |
| 時計<br>tokei | watch,<br>clock | နာရီ<br>ナーイィ |
| 時計回りに<br>tokeimawarini | clockwise | နာရီလက်တံအတိုင်း(လှည့်လည်မှု)<br>ナイィ・レッタン・アタィン |
| どこに<br>dokoni | where | ဘယ်မှာ<br>ベ・マ |

その他

| 日 | 英 | ミャンマー |
|---|---|---|
| どこへ<br>*dokoe* | where | ဘယ်ကို<br>ベコ |
| 年明け<br>*toshiake* | after new year | နှစ်ဦးပိုင်း<br>ニッウゥ・パイン |
| 都市開発<br>*toshikaihatsu* | city development | မြို့ရွာ ဖွံ့ဖြိုးမှု<br>ミョウ・ユア・プィンピョウム |
| 塗装<br>*tosou* | painting,<br>coating,<br>coat with paint | ဆေးသုတ်ခြင်း<br>セェ・トゥチン |
| 突如<br>*totsujo* | suddenly | ရုပ်တစ်ရက်<br>ヨウッテイェッ |
| どっち<br>*docchi* | which | ဘယ်ဟာ<br>ベハー |
| 土手道<br>*dotemichi* | causeway | တာလမ်း<br>タァ・ラン<br><br>တာရိုးလမ်း<br>タァ・ヨウ・ラン |
| どのぐらい(時間/長さ)<br>*donogurai(jikan/nagasa)* | how long | ဘယ်လောက်ကြာမလဲ<br>ベッロウ チャア・マレ |
| どのぐらい(数/量)<br>*donogurai(suu/ryou)* | how many | ဘယ်လောက်ရှိသလဲ<br>ベッロウ シ・タレ |
| どのぐらい(距離)<br>*donogurai(kyori)* | how far | ဘယ်လောက်ဝေးသလဲ<br>ベッロウ ウェ・タレ |
| どのように<br>*donoyouni* | how | ဘယ်လို<br>ベロ |
| 友達<br>*tomodachi* | friend | သူငယ်ချင်း<br>トゥ・ゲ・チン |

その他

| 日 | 英 | ミャンマー |
|---|---|---|
| ドライバー<br>*doraibaa* | driver | ယာဉ်မောင်း<br>イン・マウン<br><br>ယာဉ်မောင်းနှင်သူ။<br><br>ကားမောင်းသူ။ |
| ドライブ<br>*doraibu* | drive | ယာဉ်မောင်းနှင်ခြင်း<br>イン・マウン・ニンチン |
| トラック<br>*torakku* | truck | ကုန်တင်ကား<br>クォン・ティンガー |
| ドラフト<br>*dorafuto* | draft | စာမူကြမ်း<br>サアムゥ・チャン<br><br>ပုံကြမ်း<br>ポンジャン<br><br>ဘက်ငွေလွဲလွှာ။<br><br>လေပြေလေအေး။ |
| 取り上げる<br>*toriageru* | take (pick) up | ရွေးထုပ်ဖော်ပြခြင်း<br>ルェトゥ・ポゥピャチン |
| 取り組む<br>*torikunmu* | working on | ရွေးထုပ်လုပ်ဆောင်ခြင်း<br>ルェトゥ・ロウサウンチン |
| ドルビー<br>*dorubii*<br>※ノイズを取り除くための録音・再生装置<br>*noizuwo torinozokutameno rokuon saiseisouchi* | dolby | အသံဖမ်းစနစ်<br>アタンパン・サニッ<br><br>နောက်ယှက်သံများနည်းအောင်<br>အသံသွင်းသည့်စနစ်။ |
| ドレスアップ<br>*doresuappu* | dress up | ပုံစံ အဆင်တက်ပြောင်းခြင်း<br>ポンサン・アセンテッ・ピヤゥンチン |

515

その他

| 日 | 英 | ミャンマー |
|---|---|---|

## な

| なぜ<br>*naze* | why | ဘာကြောင့်<br>バ・チョウン |
| なだれ(雪崩)<br>*nadare* | avalanche | နှင်းတောင်ပြိုခြင်း<br>ニィン・タウン・ピョウチン<br><br>တောင်ပေါ်မှနှင်းထု၊ရေခဲထု၊ ကျောက်တုံးများတစ်ဟုန်ထိုးလျှော ကျခြင်း။ |
| なに<br>*nani* | what | ဘာလဲ<br>バ・レ |
| 並み<br>*nami* | common, ordinary, mediocre | သာမာန် (သမာရိုးကျ)<br>タァマン |
| (農家の)納屋<br>*(noukano)naya* | barn | စပါးကျီ<br>サパァ・チィ<br><br>တင်းကုတ်ဇောင်း။ |
| 納屋の前庭、農家の内庭<br>*nayano maeniwa、noukano uchiniwa* | barnyard | ကျီဝင်း<br>チィ・ウィン |
| 悩む<br>*nayamu* | be troubled (with, by), be worried(about), be distressed (by), suffer (from) | ခေါင်းခြောက်သည်<br>ガゥンチャゥティ |
| 荷車<br>*niguruma* | cart | လှည်း<br>レェ<br><br>(နှစ်(သို့ )လေးဘီးတပ်မြင်းလှည်း)<br>တွန်းလှည်း<br>トゥンレェ |

その他

| 日 | 英 | ミャンマー |
|---|---|---|
| 二酸化物<br>*nisankabutsu* | dioxide | ဒိုင်အောက်ဆိုဒ်<br>ダイ・オッサイ<br><br>အောက်ဆီဂျင်အနုမြူနှစ်ခုနှင့် အခြားခြပ်စင်တစ်ခုတို့ ဖွဲ့စည်း ဖြစ်ပေါ်သော ဓါတုပစ္စည်း။ |
| 錦(にしき)、金襴(きんらん)<br>*nishiki、kinran* | brocade | ငွေချည်ထိုး(အဝတ်အထည်)<br>ングェ・チィ・トゥ<br><br>ရွှေချည်ထိုးအဝတ်အထည်။ |
| 荷室<br>*nishitsu* | trunk (of a car),<br>boot,<br>luggage space,<br>cargo compartment | ပစ္စည်းထားရန် အခန်း<br>ピッセィ・タァ・ヤン・アカン |
| 二足の<br>*nisokuno* | biped | ခြေနှစ်ချောင်းသတ္တဝါ<br>チェ・ネッ・チャウン・タッタワー |
| ニッケル水素バッテリー<br>*nikkerusuisobatterii* | nickel metal hydride battery | (နီကယ်ဟိုက်ဒရိုက်) ဘက်ထရီ<br>ベッテリー |
| ニューモデル<br>*nyuumoderu* | new model | ကားပုံစံသစ်<br>カー・ポンサン・ティツ |
| 2列目シート<br>*niretsume shiito* | second row | ဒုတိယ(ခုံ)တန်း<br>ドゥ・ティヤ・タン |
| 人気<br>*ninki* | popular | လူကြိုက်များသော<br>ルチャイッ・ミャアトォ |
| ～人乗り<br>～*nin nori* | ～ seater | လူ ～ စီးယာဉ်<br>ルゥ ～セイイン |
| (船・列車の)寝棚、寝台<br>*(fune・resshano)nedana、shindai* | bunk | (ရထား၊သင်္ဘောစသည်တွင်နံရံကပ်) အိပ်စင်<br>エィッ・セェン |

517

その他

| 日 | 英 | ミャンマー |
|---|---|---|
| 狙い目<br>*neraime* | target | ရည်မှန်းချက်<br>イマンチェッ |
| 燃費<br>*nenpi* | fuel expenses,<br>fuel efficiency | ဆီစားမှု<br>セィサァ・ムッ |
| 燃料タンク<br>*nenryoutanku* | fuel tank | (လောင်စာ) ဆီတိုင်ကီ<br>セィ・タイン・キィ |
| 残る<br>*nokoru* | remain | ကျန်ရစ်သည်<br>チャン・イッティ |
| 乗り心地(良い)<br>*norigokochi(yoi)* | comfort ride | စီးလို့ ကောင်းခြင်း<br>セィロゥ・カウンチン |
| 乗り心地(悪い)<br>*norigokochi(warui)* | uncomfortable | စီးလို့ မကောင်းခြင်း<br>セィロゥ・マカウンチン |
| 乗り物<br>*norimono* | vehicle | စီးစရာယာဉ်<br>スィサヤァ・イン |

# は

| 灰<br>*hai* | ash | ပြာ<br>ピャ<br><br>အခေါက်ပွဲပြာနေသော သစ်မာပင်<br>တစ်မျိုး။ |
|---|---|---|
| バイキセノンヘッドランプ<br>*baikisenonheddoranpu* | xenon headlamps | ဟေလိုဂျင် နင်းခွဲမီး<br>ヘロジン・ンニングェ・ミィ |
| 灰皿<br>*haizara* | ashtray | ပြာခွက်<br>ピャ・クェ |
| 配置<br>*haichi* | place / locate | နေရာချထားမှု<br>ネヤァ・チャタァムッ |

その他

| 日 | 英 | ミャンマー |
|---|---|---|
| ハイブリッド<br>*haiburiddo* | hybrid | Hybrid<br>ハイブリッド<br><br>မော်တာဖြင့်တွဲဘက်မောင်းနှင်<br>သောအထူးစီစဉ်ထားသော<br>ဘက်ထရီအိုးမှလျှပ်စစ် ဓါတ်ကို<br>အသုံးချ၍ အင်ဂျင်နှင့်တွဲကားကား<br>ဘီးများတွင် တပ်ဆင်ထားသော<br>မော်တာဖြင့် မောင်းနှင်သောကား။<br>အရှိန်ပြင်းစွာ မောင်းနှင်ပါက မူလ<br>အင်ဂျင်စွမ်းအားကိုအသုံးချ၍ ယာဉ်<br>အရှိန်နှေးစဉ်တွင် မော်တာကိုအသုံး<br>ပြုသောကြောင့်ဆီစားအလွန်သက်<br>သာပါသည်။ |
| 配列<br>*hairetsu* | arrangement | စီတန်းခြင်း<br>セィタンチン |
| 履く<br>*haku*<br>着る<br>*kiru* | put on wear,<br>have on | တတ်ဆင်သည်<br>タッセン・ティ<br><br>ဝတ်ဆင်သည်။ |
| 爆弾<br>*bakudan* | bomb | ဗုံး<br>ボウン<br><br>ဗုံးတပ်ဆင်ထားသောအရာ။ |
| 運び屋<br>*hakobiya* | carrier | ကယ်ရီယာ<br>ケーリヤ<br><br>သယ်ယူပို့ ဆောင်ပေးသူ။ |
| バザー<br>*bazaa* | bazaar | ဈေး<br>ゼェ |
| 狭間(はざま)、胸壁<br>*hazama*、*kyoohei* | battlements | သူရဲခို<br>トゥレェ・クオ |

その他

| 日 | 英 | ミャンマー |
|---|---|---|
| 橋<br>*hashi* | bridge | တံတား<br>タ・タァ |
| 走り<br>*hashiri* | driving / running | ပြေးခြင်း<br>ピェチン |
| 走る<br>*hashiru* | run | ပြေးသည်<br>ピェティ |
| パス(券)<br>*pasu* | pass *ticket | လက်မှတ်<br>レッマァ |
| パス(通)<br>*pasu* | pass *trough | ကျော်ဖြတ်ခြင်း<br>チョウ・ッピャチン |
| 発揮<br>*hakki* | show<br>display | ပြသသည်<br>ピャタティ |
| バックアップする<br>*bakkuappu suru* | back up | အထောက်အကူပြုသည်<br>アタウ・アクゥ・ピュティ |
| パッケージング<br>*pakkeejingu* | packaging | တစ်ပေါင်းတည်း ဖွဲ့စည်းထားခြင်း<br>タパウンティ・プェセィターチン |
| 発見する<br>*hatkken suru* | discover | စတင်တွေ့ရှိသည်<br>サティン・トェ・シィティ<br><br>ရှာဖွေတွေ့ရှိသည်။ |
| 発行<br>*hakkou* | publish | (စာအုပ်)ထုပ်လုပ်ခြင်း<br>トゥ・ロゥ・チン |
| 発売<br>*hatsubai* | release | ထုပ်လုပ်ရောင်းချသည်<br>トゥロゥ・ヤウンチティ |
| パフォーマンス<br>*pafoomansu* | performance | လုပ်ဆောင်မှု့<br>ロゥッ・サウンム |

その他

| 日 | 英 | ミャンマー |
|---|---|---|
| 葉巻<br>*hamaki* | cheroot | ဆေးပြင်းလိပ်(မြန်မာ)<br>セェ・ピィン・レッ<br><br>ဆေးပေါ့လိပ်(နိုင်ငံခြား)၊ |
| 早番<br>*hayaban* | morning shift,<br>early shift | မနက်ပိုင်းဂျူတီ<br>マッネェ・パイン・ジュゥティ |
| (人間・動物・魚の)腹、腹部<br>*(ningen・doubutsu・sakana no)*<br>*hara、fukubu* | belly | ဗိုက်<br>バイッ<br><br>ဗိုက်သား၊ဝမ်းခေါင်း။ |
| バラス、砂利<br>*barasu、jari* | ballast | ကျောက်စရစ်<br>チャウ・サッリ<br><br>(ကျောက်၊သဲ စသည်)သဘော<br>ဝမ်းစာ။<br><br>ရထားသံလမ်းအောက်ခံကျောက်။ |
| バルーン、気球<br>*baruun、kikyuu* | balloon | (မီးပုံပျံ၊မိုးပျံဘောလုံး)ပူပေါင်း<br>ブーパウン |
| バルサム<br>*barusamu*<br>※液状樹脂<br>*ekijoujushi* | balsam | ဆီမွှေး<br>セィ・ムエ |
| パワフル<br>*pawafuru* | powerful | အင်အားကြီးသော<br>インアーチートォ |
| パンフレット<br>*panfuretto* | brochure | ကြော်ငြာစာစောင်<br>チョーニャー・サーサウン<br><br>လက်ကမ်းစာစောင်။ |
| ピアノ<br>*piano* | piano | စန္ဒယား<br>サン・ダ・ヤー |

521

その他

| 日 | 英 | ミャンマー |
|---|---|---|
| Bピラー<br>*b piraa* | B pillar | ရှေ့တံခါး(အနောက်)ဘောင်<br>シェタガー(アナゥ)バウン<br><br>ရှေ့တံခါး နှင့် နောက်တံခါးကြားရှိ တံခါးဘောင်အား ဆိုလိုပါသည်။ |
| 比較<br>*hikaku* | compare | နှိုင်းယှဉ်သည်<br>ンナィンシンティ |
| 引き下ろし<br>*hikioroshi* | debit | ဘဏ်ထုတ်ငွေ<br>バン・トゥ・ングェ<br><br>ဘဏ်ငွေစာရင်းမှထုတ်ယူငွေ။ |
| 低い<br>*hikui* | low | နိမ့်သော<br>ネィントォ |
| 非常<br>*hijou* | an emergency,<br>a contingency,<br>a disaster,<br>a calamity | အရေးပေါ်<br>アイェポゥ<br><br>သာမာန်မဟုတ်သော။ |
| ビチューメン<br>(炭化水素化合物)<br>*bichuumen*<br>*(tankasuisokagoubutsu)* | bitumen | ကတ္တရာစေး<br>カゥ・タァヤ・セー |
| ひと回り<br>*hitomawari* | one turn,<br>one round | တစ်ပါတ်လည်သော<br>テッパ・レェトォ<br><br>Generationတစ်ခုလောက်ခြားနားသည်ဟူသောအဓိပ္ပါယ်ဖြင့် အသုံးပြုကြပါသည်။ |
| 避難、亡命<br>*hinan、boumei*<br>保護<br>*hogo* | asylum,<br>care,<br>protection,<br>shelter | နိုင်ငံရေးခိုလှုံခွင့်<br>ナインガンイェ・コゥ・ルゥン・クゥン<br><br>ခိုလှုံရာနေရာ။ |

522

その他

| 日 | 英 | ミャンマー |
|---|---|---|
| 紐 *himo* / 縄 *nawa* | band, string, cord, rope | အပြား アッパ / ကြိုး チョー / အဝတ်။ |
| 費用 *hiyou* | cost | ကုန်ကျငွေ コウン・チャ・ングェ |
| [鉱石]を評価する *[kouseki]wo hyoukasuru* | assay | မှတ်ကျောက်တင်သည် (သတ္တုအရည်အသွေးစမ်းသပ်သည်) マッチャウ・ティンティ |
| 標準装備 *hyoujunsoubi* | standard equipment | သာမာန် အသုံးအဆောင် タァマン・アトゥン・アサウン |
| 美容(健康)体操法 *biyou(kenkou)taisouhou* | callisthenics, gym | ကိုယ်ကာယလေ့ကျင့်ခန်း コーカヤ・レェッチン・カン |
| 漂白する *hyouhakusuru* | bleach | အရောင်ချွတ်ဆေး アヨン・チュッ・セェ |
| 開き口 *hirakiguchi* | aperture | (ကင်မရာတွင် ကျဉ်းနိုင်ချဲ့ နိုင်သော အပေါက်ကျဉ်း) အလင်းဝင်ပေါက် アリン・ウィンパウ |
| 広い *hiroi* | wide | ကျယ်ဝန်းသော チェウィントォ |
| フイルム *fuirumu* | film | ဖလင် ファリン |
| (展示)ブース *(tenji)buusu* | booth | (ပြပွဲတွင်းရှိ) ပြခန်း ピャカン |
| 武器 *buki* | arms | လက်နက်များ レッネェッ・ミャー |

その他

| 日 | 英 | ミャンマー |
|---|---|---|
| 複写<br>*fukusha* | duplicate | မိတ္တူကူးသည်<br>メットゥ・クゥティ |
| 複葉機<br>*fukuyouki* | biplane | တောင်ပံရှစ်ထပ်လေယာဉ်<br>タウンパン・シッタ・レェイン |
| 無事<br>*buji* | safety,<br>good health,<br>peace,<br>quiet(ness) | အန္တရာယ်ကင်းစွာ<br>アデエイェ・キンスア<br><br>ကျန်းမာစွာ<br>チャンマースア<br><br>အေးချမ်းစိတ်ငြိမ်စွာ<br>エーチャン・セェ・ニャイン・スア<br><br>ပြောင်းလဲခြင်းကင်းစွာ<br>ピョン・レ・チン・キンスア<br><br>အခြေအနေ၊ အသုံးပြုသော စာသား အပေါ် မူတည်၍ အထက်ပါကဲ့သို့ အဓိပ္ပါယ်အမျိုးမျိုး ကောက်ယူနိုင် ပါသည်။ |
| ブタン<br>*butan* | butane | (ကာဗွန်ပါဝင်သည့်ဓါတ်ငွေ့ရည်၊ ဂျူတိန်း)ဓါတ်ဆီ<br>ダッセィ |
| 不凍剤<br>*futouzai* | antifreeze | (ကားရေဆေးတိုင်ကီထဲတွင်ထည့် သော) ရေမခဲဆေး<br>イェ・マケ・セェ |
| 部分<br>*bubun* | partly | အစိတ်အပိုင်း<br>アッセアッパイン |
| 不満<br>*fuman* | dissatisfaction,<br>discontent,<br>dissatisfied,<br>discontented,<br>unsatisfactory | စိုးရိမ်ပူပန်မှု<br>ソゥレイン・プパンム<br><br>အားမလို အားမရခြင်း |

## その他

| 日 | 英 | ミャンマー |
|---|---|---|
| ブラックボックス<br>*burakkubokkusu* | black box | ဘလက်ဘောက်<br>バ・レッ・バウッ<br><br>လေယာဉ်ပျံသန်းမှုအသေးစိတ်ကို အလိုအလျောက်မှတ်တမ်းတင်ထားသည့် စက်ကိရိယာ။ |
| プラットフォーム<br>*purattofoomu* | platform | Platform<br>プラットフォーム<br><br>မတူကွဲပြားသော ကားအမျိုးအစား များမှ တူညီသော စက်ကရိယာ |
| ブリーフケース<br>*buriifukeesu* | briefcase | ရုံးသုံးလက်ဆွဲအိတ်<br>ヨントゥン・レッスェ・エッ |
| ブリケット（豆炭）<br>*buriketto (mametan)* | briquette | မီးသွေးတောင့်<br>ミィトェ・タウン<br><br>ကျောက်မီးသွေးလောင်စာတောင့်။ |
| ブリップ<br>*burippu*<br>※レーダーのスクリーンに現われる映像<br>*reedaano sukuriinni arawareru enzou* | blip | ရေဒါရုပ်ပုံ<br>レェ・タァ・ヨウッポン<br><br>ရေဒါဖန်သားပြင်ပေါ်မှအလင်းစက်။ |
| フル乗車<br>*furujousha* | full ride | အပြည့်အဝ (စမ်းသပ်) စီးခြင်း<br>アピェアワ・スィチン |
| ブルドーザー<br>*burudoozaa* | bulldozer | မြေထိုးစက်<br>ミィ・トゥ・セェッ<br><br>မြေညှိစက်<br>ミャ・ンニィ・セェッ |

## その他

| 日 | 英 | ミャンマー |
|---|---|---|
| フルモデルチェンジ<br>*furumoderuchenji* | fully changed model | အကြီးစား မော်ဒယ်ပြောင်းလဲမှု<br>アチィサァ・モデ・ピャンレム |
| プログラム<br>*puroguramu* | applet | (ကွန်ပြူတာ)ပရိုဂရမ်<br>プログラン |
| プロトタイプ<br>*purototaipu* | prototype | ရှေ့ပြေးပုံစံ<br>シェピェ・ポンサン |
| 文学士<br>*bungakushi* | (BA) bachelor of arts | ဝိဇ္ဇာဘွဲ့<br>ウェザァ・ブェ |
| 踏ん張り<br>*funbari* | endure, straddle | (ကြိုးကြိုးခံ ကျော်လွှားခြင်း)<br>သီးခံခြင်း<br>ティカンチン |
| 文房具<br>*bunbougu* | stationery | စာရေးပစ္စည်း<br>サ・レェ・ビィッセイ |
| ヘアクリップ<br>*heakurippu* | barrette | ကလစ်<br>カッリッ<br><br>ဆံထိုး၊ဆံညှပ်။ |
| 兵器庫<br>*heikiko* | arsenal | လက်နက်တိုက်<br>レッ・ネェッ・タッイッ |
| 平均寿命<br>*heikinjumyou* | average life | ပျမ်းမျှ သက်တန်း<br>ピャンミャ・テェッタン |
| 平均年齢<br>*heikinnenrei* | average age | ပျမ်းမျှ အသက်<br>ピャンミャ・アッテェ |
| 平凡<br>*heibon* | common | သာမာန် (ရိုးရိုးတန်းတန်း)<br>タァマン |
| ベークライト<br>(フェノール樹脂の商標名))<br>*beekuraito*<br>*(fenoorujushino shouhyoumei)* | bakelite | ပလပ်စတစ်(အမာစားတစ်မျိုး)<br>パッラ・サッティ |

その他

| 日 | 英 | ミャンマー |
|---|---|---|
| ペダル<br>*pedaru* | paddle | ခြေနင်း<br>チェ・ニン |
| ヘッドスペース周り<br>*heddosupeesumawari* | headspace,<br>head - space | ကားဦးခေါင်းပိုင်း<br>カー・ウゥ・ガウン・パイン<br><br>ဦးခေါင်းပိုင်း ဝန်းကျင် တစ်နေရာ။ |
| ヘッドライト<br>*heddoraito* | head-light | ကားရှေ့မီးလုံးကြီး<br>カーシェッ・ミィロンジ |
| 変更<br>*henkou* | change | ပြောင်းလဲခြင်း<br>ピョンレチン |
| ベンゼン<br>*benzen* | benzene | ဗင်ဇင်း<br>ビンゼン<br><br>ရေနံနှင့်ကတ္တရာမှရသော ဗင်ဇင်းခါတ်ဆားရည်။ |
| ベンチシートタイプ<br>*benchishiitotaipu* | bench type | တန်းထိုင်ခုံ<br>タン・ダィン・クオン |
| ボア<br>*boa* | boa | စပါးကြီးမြွေ<br>サ・パァ・ジィ・ムェ |
| ホイールベース<br>*hoiirubeesu* | wheelbase | ဘီး၂လုံး အကွာအဝေး<br>ベィネッロン・ア・クァ・アウェー |
| ポイント<br>*pointo* | point | (ပွိုင့်) အချက်အလက်<br>アチェ・アッレ |
| 法学士<br>*hougakushi* | BL | ရှေ့နေ<br>シェネェ |
| 法規<br>*houki* | laws and regulations | နည်းဥပဒေ<br>ニィ・ウパデェ |

その他

| 日 | 英 | ミャンマー |
|---|---|---|
| 方向性 houkousei | directionality, polarity, directivity | ဦးတည်ရာ ウゥテェヤァ<br><br>ဦးတည်ရာလမ်းကြောင်း ウィ・ティ・ヤ・ランチャウン<br><br>လမ်းညွှန် ラン・ンニュウン |
| 防護服 bougofuku | armor | သံချပ်ကာ タンッジャカー<br><br>ကျည်ကာအင်္ကျီ チィ・カァ エェンジ<br><br>ချုပ်ဝတ်တန်ဆာ။ |
| 防波堤 bouhatei | bulwark | မြေကတုတ် ミェ・カダゥ |
| 砲兵隊 houheitai | artillery | အမြောက်တပ် アミョウッ・タッ<br><br>အမြောက်ကြီးများ။ |
| 法律 houritsu | law | အမိန့် (ဥပဒေ) ア・メイン |
| ボーイスカウト booisukauto | boy scout | ကင်းထောက်လုလင် キンタゥ・ルリン |
| ボーキサイト bookisaito | bauxite | ဘောက်ဆိုဒ် သတ္တု バウ・サィ・タトゥ |
| (らせん形の)ボートぎり、木工ぎり (rasenkeino) bootogiri, mokkougiri | auger | လွန် ပူ ルゥン・プゥ |

528

その他

| 日 | 英 | ミャンマー |
|---|---|---|
| ボールペン<br>*boorupen* | ballpoint (pen) | ဘောပင်<br>ボーピン |
| 補強する<br>*hokyousuru* | brace | အထောက် အပန့် ကိရိယာ<br>アタウ・アパン・カリヤ<br><br>အထိန်းအချုပ်ကိရိယာ။ |
| 誇る<br>*hokoru* | be proud | ဂုဏ်ယူသည်<br>グォン・ユウティ |
| 保釈する<br>*hoshakusuru* | bail | အာမခံဖြင့်လွှတ်သည်<br>アマァカン・ピィン・ルゥッティ<br><br>အာမခံငွေ။ |
| 舗装路面<br>*hosouromen* | a paved [surfaced] street [road] | ပြုပြင်ထားသော လမ်း<br>ピュピィン・タァトォラン |
| ボディーサイズ<br>*bodiisaizu* | body size | ဘော်ဒီ အကျယ်<br>ボディ・アチェ |
| ボディースーツ<br>*bodiisuutsu* | bodysuit | (အမျိုးသမီး)အားကစားဝတ်စုံ<br>アァカサァ・ウィッソン |
| ボビン<br>*bobin* | bobbin | အပ်ချည်ကြိုး<br>アッチ・チョウ<br><br>နန်းကြိုးစသည်ရစ်သည့်ရစ်လုံးငယ်။ |
| ほぼ完成版<br>*hobo kanseiban* | nearly perfect | ပြီးလုနီးပါး<br>ピィル・ニィパァ |
| 洞穴、ケーブ<br>*horaana、keebu* | cave | ဂူ<br>グゥ<br><br>လိုက်၊ဥမင်။ |

その他

| 日 | 英 | ミャンマー |
|---|---|---|
| 掘り抜き井戸<br>*horinukiido* | artesian well | အဝီစိတွင်း<br>アウィ・セィ・トゥイン |
| 本<br>*hon* | book | စာအုပ်<br>サ・オゥッ |
| 本格的<br>*honkakuteki* | professional | အသက်မွေးဝမ်းကြောင်း<br>(အလုပ်ကဲ့သို့.)<br>アッテェ・ムェ・ワンジョン |
| 本革シート<br>*hongawashiito* | leather seat | သားရေထိုင်ခုံ<br>タイェ・ティンクォン |
| 本革巻き<br>*hongawamaki* | steering leather | သားရေလက်ကိုင်<br>タイェ・レッカイ |
| 本気<br>*honki* | seriousness | (အမှန်တစ်ကယ်) စိတ်ရင်းအတိုင်း<br>セッイン・アタィン |
| ボンネット<br>*bonnetto* | bonnet | ဘော်နက်<br>ボーネッ<br><br>ကားစက်ခေါင်းဖုံး။ |
| マイクロバス<br>*maikurobasu* | micro-bus | မီနီဘတ်(စ်)<br>ミニ・バッ |
| マイナーチェンジ<br>*mainaachenji* | miner change | အသေးစား ပြုပြင် ပြောင်းလဲခြင်း<br>アテェサー・ピュピィン・ピョンレチン |
| マイルドハイブリッド<br>*mairudohaiburiddo* | mild hybrid | Mild Hybrid<br>マイィ・ハイブリッ<br>*See Hybrid |
| 周り<br>*mawari* | circumference | ပါတ်ဝန်းကျင်<br>パッ・ウィンジン |

530

その他

| 日 | 英 | ミャンマー |
|---|---|---|
| **ま** | | |
| 満足度 manzokudo | satisfaction | စိတ်တိုင်းကျမှု့ セッタイン・チャム |
| 短さ mijikasa | shortness | တိုခြင်း トゥチン |
| 水の mizuno | aqueous | ရေပါသော イェパアトォ ရေဖြင့်ဖျော်သော။ |
| みつろう mitsurou | beeswax | ပျားဖယောင်း ピャア・パラウン |
| ミニバン miniban | minivan | မီနီဘန်း ミニ・バン |
| 見本 mihon | demo, sample | (ထုတ်ကုန်၊သီချင်းစသည့်)နမူနာ ナムゥナア ဥပမာ ウ・パマア |
| 魅力 miryoku | attraction | ဆွဲဆောင်မှု့ スェ・サウン・ム |
| 無煙炭 muentan | anthracite | (အင်သရာဆိုက်)ကျောက်မီးသွေး チャゥ・ミー・トェ |
| 蒸し暑い mushiatsui | sultry | အိုက်စပ်စပ် アィッサッサ |
| 虫眼鏡 mushimegane | magnifying glass | မှန်ဘီလူး マァン・ブルー |
| メディア media | media | မေဒီယာ メディア |

531

その他

| 日 | 英 | ミャンマー |
|---|---|---|
| メリット<br>*meritto* | merit | အကျိုးကျေးဇူး<br>アチョーチェーズ |
| 免状<br>*menjou*<br>卒業[履習]証書<br>*sotsugyou[rishuu]shousho* | diploma | ဒီပလိုမာ(အောင်လက်မှတ်)<br>ディポロマ |
| 毛布<br>*mofu* | blanket | စောင်<br>サウン |
| 木材<br>*mokuzai* | wood | သစ်သား<br>テェッタァ |
| 木炭<br>*mokutan* | charcoal | မီးသွေး<br>ミィ・トゥエ |
| モジュール<br>*mojuuru* | module | မော်ဂျူး<br>モージュ |
| モデル<br>*moderu* | model | မော်ဒယ်(လ်)<br>モデ |
| モデルチェンジ<br>*moderuchenji* | model change | မော်ဒယ်(လ်) ပြောင်းခြင်း<br>モデ・ピョウン・チン |

## や

| 日 | 英 | ミャンマー |
|---|---|---|
| 矢<br>*ya* | arrow | မြား<br>ミャア |
| 薬剤師、薬屋<br>*yakuzaishi、kusuriya* | chemist | ဓါတုဗေဒပညာရှင်<br>ダァトゥ・ピィンニャ・シン<br><br>အိမ်သုံးဆေးဝါးပစ္စည်းများ<br>ရောင်းချသူ။<br><br>အိမ်သုံးဆေးဝါးနှင့်အလှကုန်များ<br>ရောင်းသည့်ဆိုင်။ |

その他

| 日 | 英 | ミャンマー |
|---|---|---|
| 役目を果たす<br>*yakumewo hatasu* | to serve a function | တာဝန်ကျေသည်<br>タウィン・チェティ |
| 矢じり<br>*yajiri* | arrowhead | မြှားထိပ်<br>ミヤア・テェッ |
| 矢じり、<br>釣り(針等)のあご・かかり<br>*yajiri, tsuri(haritou)no ago・kakari*<br>(辛辣な)言葉<br>*(shinratsuna)kotoba* | barb | မြှားဦး<br>ミャー・ウー<br><br>ငါးမျှားချိတ်ထိပ်ရှိဆူးထစ်။<br><br>မချိုမခံသာစကား။ |
| 安い<br>*yasui* | cheap | ဈေးပေါတယ်<br>ゼェ・ポゥ・テ |
| 安さ<br>*yasusa* | cheap | ဈေးသက်သာမှု့<br>ゼェ・テェッタームッ |
| ユーザー<br>*yuuzaa* | user | သုံးစွဲသူ<br>トゥン・スェ・ドゥ<br><br>ည့်သည်။ |
| 優先<br>*yuusen* | precede,<br>prevail,<br>prior | ဦးစားပေး<br>ウウ・サァペェ |
| 幽霊、お化け<br>(死者が突然現われる)幻影<br>*yuurei, obake (shishaga totsuzen arawareru)genei* | apparition | တစ္ဆေ<br>タ・セェ<br><br>သေပြီးသူ၏ရုပ်သွင်။ |
| 雪が多い<br>*yukigaooi* | snowy | နှင်းများတယ်<br>ニィン・ミャテ |
| 良い<br>*yoi* | good | ရတယ်/ကောင်းတယ်<br>ヤテェ/カゥンテ |

533

## その他

| 日 | 英 | ミャンマー |
|---|---|---|
| 用意する<br>*youisuru* | prepare,<br>provide | ပြင်ဆင်သည်<br>ピィン・セン・ティ |
| 容器<br>*youki* | bin | ထည့်ရန်ပုံး<br>テェ・ヤン・ポウン<br><br>အမိုက်ထည့်ရန်အဖုံးပါသည့်ပုံး၊ စားစရာထည့်ရန်ပုံး။ |
| 陽極酸化する<br>*youkyokusanka suru* | anodize | (လျှပ်စစ်ဓါတ်ဖြင့်သတ္တု)<br>အရည်စိမ်သည်<br>アイェ・セイン・ティ |
| 余裕<br>*yoyuu* | time (to spare),<br>surplus,<br>excess amount,<br>room,<br>time,<br>allowance. | အပို<br>アポゥ<br><br>၁) တစ်ခုထပ်ပိုသော အရာဝတ္ထု။<br><br>၂) သပ်မှတ်ထားသော (အတိုင်းအတာ / အရာ) အထိ ရောက်ရှိရန်လိုအပ်နေခြင်း။<br>ဥပမာ<br>ငွေရေးကြေးရေးနှင့်ပါတ်သက်၍ ချောင်လည်ခြင်း/ထိုင်ခုံကျန်သေးတယ် စသည်ကဲ့သို့ အဓိပ္ပါယ်ရ သောစကားစုများတွင်အသုံးပြု ပေသည်။<br><br>၃) စိတ်အေးချမ်းသာခြင်း။ |

## ら

| | | |
|---|---|---|
| ライトバン<br>*raitoban* | light van | Light Van<br>ライッ・ベン<br><br>ကုန်ပစ္စည်းနှင့် လူများအားမိုးလုံ လေလုံသယ်ယူနိုင်သော ကား |

その他

| 日 | 英 | ミャンマー |
|---|---|---|
| ラインアップ<br>*rainappu* | line-up | စီတန်းစီစဉ်ထားခြင်း<br>スィタン・スィセイン・ダァチン |
| リアスタイル<br>*riasutairu* | rear style | နောက်ဘက်ပုံစံ<br>ナウベッ・ポンサン |
| リリース<br>*ririisu* | released | ထုပ်လုပ်ရောင်းချသည်<br>トゥロゥ・ヤウンチャ・ティ |
| 履歴書<br>*rirekisho* | biodata | ကိုယ်ရေးရာဇဝင်<br>コウレェ・ヤザ・ウィン |
| 冷蔵庫<br>*reizouko* | refrigerator | ရေခဲသေတ္တာ<br>イェゲ・ティター |
| 歴史<br>*rekishi* | history | သမိုင်းကြောင်း<br>タマイン・ジョン |
| 錬金術<br>*renkinjutsu* | alchemy | အဂ္ဂရိတ်(ထိုးခြင်းဖိထိုးခြင်း)<br>エギヤッ<br><br>လျှို့ဝှက်ဆန်းကြယ်စွာ ပြောင်းလဲမှု့ လုပ်ရပ်တန်ခိုး။ |
| 路面<br>*romen* | the surface of road | လမ်းမျက်နှာပြင်<br>ラン・ミェナァ・ピィン |
| 路面状況<br>*romenjoukyou* | road surface condition | လမ်း(မျက်နှာပြင်) အခြေအနေ<br>ラン・アチェ・アネェ |
| ワールドプレミア<br>*waarudopuremia* | world premiere | (တစ်ကမ္ဘာလုံးတွင်) ပထမဦးဆုံး<br>パダマ・ウゥ・ソン |
| 分かれる<br>*wakareru* | ranch off (from),<br>diverge (from),<br>split (into),<br>fork (into) | ကွဲပြားသည်<br>クェピャティ |

535

その他

| 日 | 英 | ミャンマー |
|---|---|---|
| ワゴンセール<br>*wagonseeru* | wagon sale | လျော့ဈေးဖြင့် ရောင်းချခြင်း<br>ショウゼェ・ピィン・ラウンチャチン<br><br>လက်တွန်းလှည်းဈေးရောင်းပွဲ အချိန်ပိုင်း သို့မဟုတ် ရက်ပိုင်း အတွင်း လက်တွန်းလှည်း တွင် ကုန်ပစ္စည်းများကို ထည့်ကာ လျော့ဈေးဖြင့် |
| 話題<br>*wadai* | topics | ရောင်းချခြင်း(စကားအဖြစ်/အကြောင်း အရာတစ် ခုအဖြစ်) ဆွေးနွေးစရာခေါင်းစဉ်<br>スエヌエサヤ・ガゥンセェン |
| 私<br>*watashi* | I | ကျွန်တော်<br>チョントゥ（男性用語）<br><br>ကျွန်မ<br>チョンマ（女性用語） |
| 私たち<br>*watashitachi* | we | တို့ တွေ<br>ドゥトェ |
| 湾<br>*wan*<br>入り江<br>*irie* | bay | ပင်လယ်အော်<br>ピンレェ・オゥ<br><br>ပစ္စည်းထားရန်နေရာ၊ကားရပ်ရန်သီး သန့် နေရာ၊ကွက်လပ်။ |

536

その他

| 日 | 英 | ミャンマー |
|---|---|---|

◆味 *aji* ◆ teste ◆ အရသာ アヤター

| 日本語 | 英語 | ミャンマー語 |
|---|---|---|
| おいしい<br>*oishii* | nice,<br>delicious | အရသာရှိသော<br>(စားလို့ကောင်းသည်)<br>アヤターシテェ |
| まずい<br>*mazui* | not good | အရသာမရှိဘူး<br>(စားလို့မကောင်းပါ)<br>アヤター・マ・シブー |
| 甘い<br>*amai* | sweet | ချိုသော (သည်)<br>チョートォ |
| 辛い<br>*karai* | hot | ပူသော (သည်)<br>プートォ |
| 苦い<br>*nigai* | bitter | ခါးသော (သည်)<br>カァートォ |
| 酢っぱい<br>*suppai* | sour,<br>acid | ချဉ်သော (သည်)<br>チントォ |
| 香ばしい<br>*koubashii* | aromatic | မွှေးသည်<br>ムェティ |
| しつこい<br>*shitsukoi* | heavy | ငံသည်<br>ンガン・ティ<br><br>လေးသည် |
| 塩辛い<br>*shiokarai* | salty | ငံသော(သည်)<br>ンガン・トォ |
| こくがある<br>*kokugaaru* | rich | အဆီအနှစ်များသည်<br>アセィ・アニッ・ミャーティ |
| 濃い<br>*koi* | thick,<br>strong | အရသာပြင်းသော<br>アヤター・ピィントォ<br><br>ငံသည်ဟူသည့်<br>အဖြစ်အသုံးပြုသည်။<br>ထူသော (သည်) |

その他

| 日 | 英 | ミャンマー |
|---|---|---|
| 薄い<br>*usui* | weak | အရသာပျော့သော<br>アヤター・ピョゥトォ<br><br>ပေါ့သည်ဟူသည့်<br>အဓိပ္ပါယ်အဖြစ်အသုံးပြုသည်။<br>ပါးသော (သည်) |

◆家 *ie* ◆ house, home ◆ အိမ် エイン

| 日 | 英 | ミャンマー |
|---|---|---|
| 応接室<br>*ousetsushitsu* | reception room | ဧည့်ခန်း<br>エーカン |
| 階段<br>*kaidan* | staircase | လှေကား<br>レェーカー<br><br>လှေကားထစ် |
| 壁<br>*kabe* | wall | နံရံ<br>ナン・ヤン |
| キッチン<br>*kicchin* | kitchen | မီးဖိုချောင်<br>ミーボーチャウン |
| 車庫<br>*shako* | garage | ဂိုထောင်<br>ゴーダゥン |
| 寝室<br>*shinshitsu* | bedroom | အိပ်ခန်း<br>エィ・カン |
| 洗面所<br>*senmenjo* | basin sink | ဘေစင်<br>ベイ・セェン |
| ドア<br>*doa* | door | တံခါး<br>タンガァ<br><br>ဝင်ပေါက်<br>ウィンパゥ |

その他

| 日 | 英 | ミャンマー |
|---|---|---|
| トイレ<br>*toire* | toilet | အိမ်သာ<br>エインター<br><br>သန့်စင်ခန်း<br>ရေသန့်စင်ခန်း<br>လက်ဆေးခန်း |
| 庭<br>*niwa* | garden, yard | ခြံ<br>チャン |
| バルコニー、ベランダ<br>*barukonii, beranda* | balcony, veranda | (လသာဆောင်)ဝရန်တာ<br>ワランター |
| 塀<br>*hei* | wall, fence | ခြံ(စည်းရိုး)နံရံ<br>チャン・ナンヤン |
| 部屋<br>*heya* | room | အခန်း<br>アァ・カン |
| 窓<br>*mado* | window | ပြူတင်းပေါက်<br>ピュ・ティン・パウ |
| 門<br>*mon* | gate | ခြံတံခါး<br>チャンタカー |
| 屋根<br>*yane* | roof | ခေါင်မိုး<br>カウモー |
| 浴室<br>*yokushitsu* | bathroom | ရေချိုးခန်း<br>イェチョーカン |
| 廊下<br>*rouka* | corridor | စကြံ<br>ゼンジャン |
| 和室<br>*washitsu* | Japanese-style room | ဂျပန်စတိုင် အိပ်ခန်း<br>ジャパン・サタイン・エッカン |

その他

| 日 | 英 | ミャンマー |
|---|---|---|
| ◆衣服類 *ifukurui* | ◆ clothes, dress | ◆ အဝတ်အစား アウェッ・アサァ |
| エプロン<br>*epuron* | apron | အေပရွန်<br>エプロン<br><br>ချက်ပြုတ်ရာတွင်အဝတ်အစား<br>မပေစေရန်ရှေ့မှကာထားသည့်<br>ခါးစည်း။<br><br>လေဆိပ်ဥပစာ။<br><br>ဇာတ်ခုံ အစွန်း၊ ဇာတ်ခုံဥပစာ။ |
| 傘<br>*kasa* | umbrella | ထီး<br>ディ |
| カバン、バッグ<br>*kaban, baggu* | bag | အိတ်<br>エイッ<br><br>လွယ်အိတ်။ |
| (皮)カバン<br>*(kawa)kaban* | (leather)bag | (သားရေ)အိတ်<br>(タァ・レェ) エイッ |
| 着物<br>*kimono* | kimono | ကီမိုနို<br>キーモノー<br><br>ဂျပန်ရိုးရာဝတ်စုံ |
| 靴<br>*kutsu* | shoes,<br>boots | ရှူးဖိနပ်<br>シュー・パッナ |
| 靴下<br>*kutsushita* | socks,<br>stockings | ခြေအိတ်<br>チェーエイ |
| コート<br>*kooto* | coat | ကုတ်အင်္ကျီ<br>コッ・エイン・ジー<br><br>အပေါ်အင်္ကျီ |

540

その他

| 日 | 英 | ミャンマー |
|---|---|---|
| サンダル<br>*sandaru* | sandal shoes | ညှပ်ဖိနပ်<br>ニャ・パッナ |
| ジャケット<br>*jaketto* | jacket | ဂျာကင်(ဂျက်ကက်)<br>ジャーキン<br><br>ကုတ်အကျႍ |
| シャツ<br>*shatsu* | shirt | ရှပ်(အကျႍ)<br>シャッ |
| スーツ<br>*suutsu* | suit | ကုတ်အကျႍ<br>コッ・エィン・ジー<br><br>အပေါ်အကျႍ<br>အနောက်တိုင်း ဝတ်စုံ |
| スカート<br>*sukaato* | skirt | စကတ်<br>ス・カッ |
| ズボン<br>*zubon* | trousers | ဘောင်းဘီ<br>バウンビー |
| スラックス<br>*surakkusu* | slacks | ဘောင်းဘီ<br>バウンビー |
| セーター<br>*seetaa* | sweater,<br>pullover | ဆွယ်တာ<br>スェター |
| Tシャツ<br>*t-shatsu* | T-shirt | တီ ရှပ် (အကျႍ)<br>ティ・シャッ |
| 長袖<br>*nagasode* | long sleeves | လက်ရှည်<br>レッシェ |
| ネクタイ<br>*nekutai* | necktie,<br>tie | နက်တိုင်<br>ネッタイ |
| 半袖<br>*hansode* | short sleeves | လက်တို<br>レットォ |

その他

| 日 | 英 | ミャンマー |
|---|---|---|
| ブーツ<br>*buutsu* | boot | ဘွတ်ဖိနပ်<br>ボッ・パナァッ<br><br>ခြေဖြင့်ကန်ခြင်း။ |
| 服<br>*fuku* | clothing | အထည်<br>アデェ |
| ブラウス<br>*burausu* | blouse | ဘလောက်<br>バッロゥ |
| ベスト<br>*besuto* | vest | ဝမ်းစကုတ်<br>ウィサックォ |
| ベルト<br>*beruto* | belt | ခါးပါတ်<br>カーパッ |
| マフラー、スカーフ<br>*mafuraa, sukaafu* | muffler,<br>scarf | မာဖလာ<br>マーファラ |
| ミニスカート<br>*minisukaato* | mini | မီနီစကပ်<br>ミニー・サ・カッ |
| リュックサック<br>*ryukkusakku* | backpack | ကျောပိုးအိတ်<br>チョーポーエィッ |
| レインコート<br>*reinkooto* | raincoat | မိုးကာ<br>モーカ |
| ワンピース<br>*wanpiisu* | dress,<br>one-piece | ဝမ်းပီး(စ်)<br>ワンピーッ<br><br>ထက်အောက်တွဲနေသော ဝတ်စုံ |

◆色 *iro* ◆ color ◆ အရောင် ア・ヤゥン（ヨン）

| 黒<br>*kuro* | black | အနက်ရောင်<br>アッネ・ヨン |
|---|---|---|
| グレー<br>*guree* | gray | မီးခိုးရောင်<br>ミークォ・ヤゥン（ヨン） |

| 日 | 英 | ミャンマー |
|---|---|---|
| 白 *shiro* | white | အဖြူရောင်<br>アピュー・ヤゥン（ヨン） |
| 青 *ao* | blue | အပြာရောင်<br>アピャ・ヤゥン（ヨン） |
| 赤 *aka* | red | အနီရောင်<br>アニ・ヤゥン（ヨン） |
| 緑 *midori* | green | အစိမ်းရောင်<br>アセィン・ヤゥン（ヨン） |
| 茶 *cha* | brown | အညိုရောင်<br>アニョ・ヤゥン（ヨン） |
| 紫 *murasaki* | purple, violet | ခရမ်းရောင်<br>カヤン・ヤゥン（ヨン） |
| 黄 *ki* | yellow | အဝါရောင်<br>アワー・ヤゥン（ヨン） |
| 紺 *kon* | dark blue | နက်ပြာရောင်<br>ネッピャ・ヤゥン（ヨン） |
| オレンジ *orengi* | orange | လိမ္မော်ရောင်<br>レィンモーヤゥン（ヨン） |
| ピンク *pinku* | pink | ပန်းရောင်<br>パン・ヤゥン（ヨン） |
| ベージュ *beeju* | beige | ရွှေအိုရောင်<br>シュエ・オゥ・ヤゥン（ヨン） |
| 金色 *kiniro* | golden | ရွှေရောင်<br>シュエ・ヤゥン（ヨン） |
| 銀色 *giniro* | silver | ငွေရောင်<br>ングエ・ヤゥン（ヨン） |
| 空色、青空 *sorairo, aozora* | azure | မိုးပြာရောင်<br>モォ・ピャ・ヤゥン（ヨン） |
| 透明 *toumei* | transparency | ဒီးယိုပေါက် (မြင်သာသော)<br>トーヨーパゥ |

その他

| 日 | 英 | ミャンマー |
|---|---|---|
| ◆家具 *kagu* | ◆ furniture | ◆ ပရိဘောဂ パリボーガ |
| 椅子 *isu* | chair, stool | ကုလားထိုင် クラータイ |
| インテリア *ninteria* | interior | (ယာဉ်) အတွင်းခန်းပြင်ဆင်မှု アトィンガン・ピィン・セィンム |
| カーテン *kaaten* | curtain | ကာတင် カーティン |
| | | အခန်းဆီး |
| カーペット *kaapetto* | carpet, rug | ကော်ဇော コウゾゥ |
| 鏡 *kagami* | mirror | မှန် マァン |
| 鏡台 *kyoudai* | dresser (mirror stand) | မှန်တင်ခုံ マン・ティン・ゴン |
| クローゼット *kuroozetto* | closet, wardrobe | ဘီဒို ビードゥ |
| 食器棚 *shokkidana* | cupboard | ကြောင်အိမ် チャウン・エィン |
| ソファー *sofaa* | sofa | ဆိုဖါ ソーファ |
| 机 *tsukue* | desk | စားပွဲ サ・プェ |
| | | အံဆွဲပါသည့်စာရေးခုံ |
| デッキチェア *dekkichea* | deck chair | ပတ်လက်ကုလားထိုင် ペッレェ・カラアタイン |
| | | ခေါက်ကုလားထိုင်။ |

544

その他

| 日 | 英 | ミャンマー |
|---|---|---|
| 流し台<br>*nagashidai* | basin | ဇလုံ<br>ザ・ロン |
| ベッド<br>*beddo* | bed | ကုတင်<br>クティン<br><br>လဲလျောင်း၍ရသောနေရာ၊ စင်။ |
| 本箱、書棚<br>*honbako, shodana* | bookcase | စာအုပ်စင်<br>サァ・オウッ・セェン<br><br>စာအုပ်ဘီရို<br>サァ・オゥ・ビドゥ |

◆家族 *kazoku* ◆ family ◆ မိသားစု ミ・タァース

| 父<br>*chichi* | father | အဖေ<br>アペェ |
|---|---|---|
| 母<br>*haha* | mother | အမေ<br>アメィ |
| 兄<br>*ani* | elder brother | အစ်ကို<br>ア・コウ |
| 姉<br>*ane* | elder sister | အစ်မ<br>ア・マ |
| 弟<br>*otouto* | younger brother | ညီလေး<br>ニィーレェ |
| 妹<br>*imouto* | younger sister | ညီမ<br>ンニュ・マ |
| 夫<br>*otto* | husband | အဖိုး<br>ア・ポゥー |

## その他

| 日 | 英 | ミャンマー |
|---|---|---|
| 妻 *tsuma* | wife | အဖွား<br>ア・プァー |
| 両親 *ryoushin* | parent | မိဘ<br>ミバ |
| 息子 *musuko* | son | သား<br>ター |
| 娘 *musume* | daughter | သမီး<br>タミー |
| 祖父 *sofu* | grandfather | အဖိုး<br>ア・ポゥー |
| 祖母 *sobo* | grandmother | အဖွား<br>ア・プァー |
| 孫 *mago* | grandchild | မြေး<br>ミェー |
| 叔父 *oji* | uncle | ဦးလေး<br>ウーレェ |
| 叔母 *oba* | aunt | အဒေါ်<br>アドゥ |
| いとこ *itoko* | cousin | တစ်ဝမ်းကွဲ<br>テッワンクェ |
| 甥 *oi* | nephew | တူ<br>トゥ |
| 姪 *mei* | niece | တူမ<br>トゥマー |
| 義理の母 *girinohaha* | mother in law | ယောက္ခမ<br>ヤウ・カマ |
| 義理の父 *girinochichi* | father in law | ယောက္ခထီး<br>ヤウ・カティ |

その他

| 日 | 英 | ミャンマー |
|---|---|---|
| 夫婦 *fuufu* | couple | လင်မယား<br>リンマヤー |
| 兄弟、姉妹 *kyoudai, shimai* | brother(s), sister(s) | ညီအစ်ကို မောင်နှမ<br>ニィアコー・マウンナマ |
| 養子 *youshi* | adopted child | မွေးစားကလေး<br>ムェサー・カレェ |
| 長男 *chounan* | oldest son | သားဦး(ယောက်ျားကလေး)<br>ターウゥ（ヤゥチャーカレェ） |
| 長女 *choujo* | oldest daughter | သားဦး(မိန်းကလေး)<br>ターウゥ（メィンカレェ） |
| 親戚 *shinseki* | relative | ဆွေမျိုး<br>スェミョー |

◆ 季節 *kisetsu* ◆ season ◆ ရာသီဥတု ヤーティー・ウ・トゥ

| 春 *haru* | spring | နွေဦး<br>ヌェ・ウゥ |
|---|---|---|
| 夏 *natsu* | summer | နွေ<br>ヌェー |
| 秋 *aki* | autumn, fall | ဆောင်းဦး<br>サウン・ウゥ |
| 冬 *fuyu* | winter | ဆောင်း<br>サウン |

◆ 果物 *kudamono* ◆ fruits ◆ အသီးအနှံ アティアナン

| アボカド *abokado* | avocado | ထောပတ်သီး<br>トォ・バッティー |
|---|---|---|
| いちご *ichigo* | strawberries | စတော်ဘယ်ရီသီး<br>サトゥベーリ・ティー |

## その他

| 日 | 英 | ミャンマー |
|---|---|---|
| オレンジ<br>*orenji* | orange | လိမ္မော်သီး<br>レィンモー・ティー |
| キウィ<br>*kiui* | kiwi | ကီဝီ<br>キーウィ |
| グアバ<br>*guaba* | guava | မာလကာသီး<br>マーラカーティ |
| グレープフルーツ<br>*greepufuruutsu* | grapefruit | ရှောက်ချိုခါးသီး<br>シャウ・チョー・カァ・ティー |
| ココナツ<br>*kokonatsu* | coconut | အုန်းသီး<br>オウン・ティ |
| さくらんぼ<br>*sakuranbo* | cherry | ချယ်ရီသီး<br>チェリー・ティー |
| ジャックフルーツ<br>*jakkufuruutsu* | jack fruit | ပိန္နဲသီး<br>ペィン・ネ・ティ |
| スイカ<br>*suika* | watermelon | ဖရဲသီး<br>ペレー・ティ |
| ドリアン<br>*dorian* | durian | ဒူးရင်းသီး<br>ドゥ・リーン・ティ |
| 梨<br>*nashi* | pear | သစ်တော်သီး<br>ティ・トォ・ティ |
| パイナップル<br>*painappuru* | pineapple | နာနတ်သီး<br>ナーナッティ |
| バナナ<br>*banana* | banana | ငှက်ပျောသီး<br>ガーピョー・ティ |
| パパイヤ<br>*papaiya* | papaya | သင်္ဘောသီး<br>ティンボーティー |
| ぶどう<br>*budou* | grape | စပျစ်သီး<br>サピェティ |

| 日 | 英 | ミャンマー |
|---|---|---|
| ブラックベリー<br>*burakkuberii* | blackberry | (ဆူးရှိသည့်ချုံပင်တစ်မျိုး)<br>ရှမ်းဆီးသီး<br>シャンゼィティ |
| ベリー<br>*berii* | berry | ဘယ်ရီသီး<br>ベェリェ・ティ |
| マンゴースチン<br>*mangoosuchin* | mangos teen | မင်းဂွတ်သီး<br>ミンッグゥティー |
| ミカン<br>*mikan* | orange | လိမ္မော်သီး<br>レイモー・ティ |
| メロン<br>*meron* | melon | မဲလွန်<br>メロン |
| 桃<br>*momo* | peach | မက်မွန်သီး<br>メッモンティ |
| ライチ<br>*raichi* | lychee | လိုင်ချီးသီး<br>ライッ・チーティ |
| ライム<br>*raimu* | lime | သံပုရာသီး<br>タンプヤー・ティ |
| りんご<br>*rringo* | apple | ပန်းသီး<br>パン・ティー |
| レモン<br>*remon* | lemon | သံပုယိုသီး<br>タンプョーティ |

◆国 *kuni* ◆ country ◆ နိုင်ငံ ナィン・ンガン

| アジア<br>*ajia* | Asia | အာရှတိုက်<br>ア・シャア・タイッ |
|---|---|---|
| アセアン<br>*asean* | ASEAN<br>(association of southeast Asian nations) | အာဆီယံ<br>アセィヤン<br><br>အရှေ့တောင်အာရှ နိုင်ငံများ<br>အသင်းအဖွဲ့။ |

## その他

| 日 | 英 | ミャンマー |
|---|---|---|
| インド<br>*indo* | India | အိန္ဒိယ<br>エィンディヤ |
| インドネシア<br>*indoneshia* | Indonesia | အင်ဒိုနီးရှား<br>インドニーシャー |
| 韓国<br>*kankoku* | Republic of Korea | တောင်ကိုရီးယား<br>タゥン・コーリヤー |
| カンボジア<br>*kanbojia* | Cambodia | ကမ္ဘောဒီးယား<br>カンボゥディーヤー |
| 豪州<br>*goushuu* | Australia | အော်စတေးရီးယား<br>オーステーリヤー |
| シンガポール<br>*shingapooru* | Singapore | စင်ကာပူ<br>センカープー |
| スリランカ<br>*suriranka* | Sri Lanka | သီရိလင်္ကာ<br>ティリ・リンカー |
| タイ<br>*tai* | Thailand | ထိုင်း<br>タイ<br><br>ယိုးဒယား<br>ヨーダヤー |
| 台湾<br>*taiwan* | Taiwan | တိုင်ဝမ်<br>ティンワン |
| 中国<br>*chuugoku* | china | တရုပ်<br>タ・ヨゥ |
| 日本<br>*nihon* | Japan | ဂျပန်<br>ジャパン |
| ネパール<br>*nepaaru* | Nepal | နီပေါ်<br>ニーポゥ |

その他

| 日 | 英 | ミャンマー |
|---|---|---|
| パキスタン<br>*pakisutan* | Pakistan | ပါကစ္စတန်<br>パーキスタン |
| バングラデシュ<br>*banguradeshu* | Bangladesh | ဘင်္ဂလာဒေ့<br>ビンガラーデッ |
| フィリピン<br>*firipin* | Philippines | ဖိလစ်ပိုင်<br>ピリパイン |
| ブータン<br>*buutan* | Bhutan | ဘူတန်<br>ブータン |
| ブルネイ<br>*burunei* | Brunei Darussalam | ဘရူနိုင်း<br>ブルナィン |
| ベトナム<br>*betonamu* | Viet Nam | ဗီယက်နမ်<br>ビーイェッナン |
| マレーシア<br>*mareeshia* | Malaysia | မလေးရှား<br>マレーシャー |
| ミャンマー<br>*myanmaa* | Myanmar | မြန်မာ<br>ミャンマー |
| モンゴル<br>*mongoru* | Mongolia | မွန်ဂိုလီးယား<br>モンゴーリヤー |
| ラオス<br>*raosu* | Lao People's Democratic Republic | လာအို<br>ラオー |

◆化粧品 *keshouhin* ◆ cosmetics ◆ အလှကုန် ア・ラァ・クォン

| 日 | 英 | ミャンマー |
|---|---|---|
| アイシャドー<br>*aishadoo* | eye shadow | အိုင်းရဲထိုး<br>アイシェードゥ |
| 口紅<br>*kuchibeni* | rouge, lipstick | နှုတ်ခမ်းဆိုးဆေး<br>ノウカン・ソーセェ |

その他

| 日 | 英 | ミャンマー |
|---|---|---|
| ファンデーション<br>*fandeeshonn* | foundation | ဖေါင်ဒေးရှင်း<br>フォンデーション |
| マスカラ<br>*masukara* | mascara | မျက်တောင့်ကော့ဆေး<br>ミェタウン・クォ・セェ |
| リップクリーム<br>*rippukuriimu* | lip cream | နှုတ်ခန်းအရောင်တင်ဆီ<br>ヌォカン・アヤゥンティン・セイ<br>Lip cream |
| 香水<br>*kousui* | perfume | ရေမွှေး<br>イェ・ムェ |
| クレンジングクリーム<br>*kurenjingukuriimu* | cleansing cream | နို့လိုးရှင်း<br>ノゥ・ローション |
| 化粧水<br>*keshousui* | skin lotion | လိုးရှင်း<br>ローシン<br><br>ကရင်(မ်)<br><br>ရေးယွင်းကအသုံးများသော အပြူရောင် နို့ရည်ကဲ့သို့ အဆီများမဟုတ်ပဲ ရေကဲ့သိုသော အရာ ဖြစ်ပါသည် |
| 乳液<br>*nyuueki* | milky lotion | နို့လိုးရှင်း<br>ノゥ・ローション |
| パック<br>*pakku* | pack | မျက်နာဖုံး<br>ミェッナァーポン |
| 日焼け止めクリーム<br>*hiyakedomekuriimu* | sunblock | နေမလောင်စေသော လိုးရှင်း<br>ネーマラウンセートォ・ローシン |

その他

| 日 | 英 | ミャンマー |
|---|---|---|
| シャンプー<br>*shanpuu* | shampoo | ခေါင်းလျှော်ရည်<br>ガウン・ショウ・イェ |
| トリートメント<br>*toriitomento* | treatment | ပေါင်းဆေး<br>パウンセェ |
| リンス<br>*rinsu* | rinse | ပျော့ဆေး<br>ピョウセェ<br><br>Rinse |

◆元素 *genso* ◆ element ◆ ဒြပ် ダッヤ

| 日 | 英 | ミャンマー |
|---|---|---|
| 水素【H】<br>*suiso* | Hydrogen | ဟိုက်ဒြိုဂျင်<br>ハイドロ・ジン |
| ヘリウム【He】<br>*heriumu* | Helium | ဟီလီယမ် (ဒြပ်စင်)<br>ヒリヤン |
| リチウム【Li】<br>*richiumu* | Lithium | (ပြုရှိုအပေါ့ဆုံးဖြစ်သည့်သတ္တု)<br>လီသီယမ်<br>リィティヤン |
| 炭素【C】<br>*tanso* | Carbon | ကာဗွန်<br>カーボン |
| 窒素【N】<br>*chisso* | Nitrogen | နိုက်ဒြိုဂျင်<br>ナイトロ・ジン |
| 酸素【O】<br>*sanso* | Oxygen | အောက်ဆီဂျင်<br>アゥセイジン |
| フッ素【F】<br>*fusso* | Fluorine | ဖလူအိုရင်း<br>ファルオーリン |
| ナトリウム【Na】<br>*natoriumu* | Sodium | ဆိုဒီယမ်<br>ソーディヤン |
| マグネシウム【Mg】<br>*maguneshiumu* | Magnesium | မဂ္ဂနီစီယမ် (ဒြပ်စင်)<br>メガニセィヤン |

その他

| 日 | 英 | ミャンマー |
|---|---|---|
| アルミニウム【Al】<br>*aruminiumu* | Aluminum | အလူမိနီယမ်<br>アルーミニヤン |
| ケイ素【Si】<br>*keiso* | Silicon | ဆီလီကွန်<br>セィリーコン |
| リン【P】<br>*rin* | Phosphorus | (လူ့သွေးထဲတွင် ပုံမှန်ပါသည့်)<br>ဖော့စဖရပ်<br>ポゥサパッヤ |
| 硫黄【S】<br>*iou* | Sulphur | ကန့်(ဆာလဖာ)<br>カァン |
| 塩素【Cl】<br>*enso* | Chlorine | ကလိုရင်း<br>カローリン |
| アルゴン【Ar】<br>*arugon* | Argon | အာဂွန်<br>アァグゥン |
|  |  | ဓာတ်ငွေ့၊ ခြင်စင်။ |
| カリウム【K】<br>*kariumu* | Potassium | ပိုတက်ဆီယမ်<br>ポーテッセィヤン |
| カルシウム【Ca】<br>*karushiumu* | Calcium | ကယ်လဆီယမ်<br>ケーラセィヤン |
| チタン【Ti】<br>*chitan* | Titanium | တိုင်တေနီယမ်<br>ティテーニヤン |
| クロム【Cr】<br>*kuromu* | Chromium | ခရိုမီယမ်<br>カローミヤン |
| マンガン【Mn】<br>*mangan* | Manganese | (အဖိုးတန်သတ္တုနက်) မဂ္ဂနီး(စ်)<br>メッガニー |
| 鉄【Fe】<br>*tetsu* | Iron | သံ<br>タァン |
| コバルト【Co】<br>*kobaruto* | Cobalt | ကိုဗော့(သတ္တု)<br>コーッボ |

その他

| 日 | 英 | ミャンマー |
|---|---|---|
| ニッケル【Ni】<br>*nikkeru* | Nickel | နီကယ်<br>ニーケ |
| 銅【Cu】<br>*dou* | Copper | ကြေး<br>チェー |
| 亜鉛【Zn】<br>*aen* | Zinc | ဇင့်<br>ゼィン |
| ヒ素【As】<br>*hiso* | Arsenic | စိန် (ခြုပ်စင်)<br>セィン |
| イットリウム【Y】<br>*ittoriumu* | Yttrium | (အက်တမ်အလေးဆ ၈၉ရှိပြီး<br>ရှားပါးသော သတ္တုခြုပ်စင်)<br>အက်ထရီယမ်<br>エッタリーヤン |
| ジルコニウム【Zr】<br>*jirukoniumu* | Zirconium | ဇာကိုနီယမ်<br>ザーコニヤン<br><br>တိုင်တေနီယမ်၊ ဆီလီကွန်<br>တို့နှင့်တူသော သတ္တု၊ |
| 銀【Ag】<br>*gin* | Silver | ငွေ<br>ングェ |
| スズ【Sn】<br>*suzu* | Tin | သံဖြူ<br>タァンピュー |
| ヨウ素【I】<br>*youso* | Iodine | အိုင်အိုဒင်း<br>アィオーディン |
| イッテルビウム【Yb】<br>*itterubiumu* | Ytterbium | အစ်တာဗီယမ်၏ ဓာတုသင်္ကေတ<br>インタァ・ビアン |
| タングステン【W】<br>*tangusuten* | Tungsten | အဖြုက်နက်<br>アッピャィッネ |

555

その他

| 日 | 英 | ミャンマー |
|---|---|---|
| 白金【Pt】<br>*hakukin* | Platinum | ရွှေဖြူ<br>ショーピュー<br><br>ပလက်တီနမ် |
| 金【Au】<br>*kin* | Aurum | ရွှေ<br>シュェ |
| 水銀【Hg】<br>*suigin* | Mercury | ပြဒါး<br>ピャダー<br><br>မာကျူရီ |
| 鉛【Pb】<br>*namari* | Lead | (လက်ဒ်) ခဲသတ္တု<br>ケー・タッドゥ |
| ラジウム【Ra】<br>*rajiumu* | Radium | ရေဒီယမ်<br>レディヤン |
| ウラン【U】<br>*uran* | Uranium | ယူရေနီယမ်<br>ユレニヤン |

◆ コンピュータ *konpyuuta* ◆ computer ◆ ကွန်ပြူတာ コンピューター

| アイコン<br>*aikon* | icon | အိုင်ကွန်<br>アイコン |
|---|---|---|
| アプリケーションソフト<br>*apurikeeshonsofuto* | application software | အက်ပလီကေးရှင်း<br>アパリケーション |
| インストール<br>*insutooru* | installation | အင်စတော်လေးရှင်း<br>インストーレーシン<br><br>သွင်းခြင်း |
| カーソル<br>*kaasoru* | cursor | ကာဆယ်လ်<br>カーセェ |

その他

| 日 | 英 | ミャンマー |
|---|---|---|
| キーボード<br>*kiiboodo* | keyboard | ကီးဘုတ်<br>キーボッ |
| CD<br>*cd* | CD | စီဒီ(ခါတ်ပြား)<br>セィ・ディ |
| CD-RW<br>*cd-rw* | CD-RW | (ကွန်ပျူတာဖြင့်ဖတ်နိုင်ရေးနိုင်သည့်)<br>စီဒီခါတ်ပြားဖတ်သည့်စက်<br>セィディ・ダッピャ パッティ・セッ |
| CD-ROM<br>*cd-rom* | CD-ROM | စီဒီခါတ်ပြား<br>セィ・ディ・ダッピャ<br><br>ကွန်ပျူတာဖြင့်ဖတ်နိုင်သည့်<br>အချက်အလက်၊ စာများထည့်<br>သွင်းထားသော စီဒီ ခါတ်ပြား။ |
| 周辺機器<br>*shuuhenkiki* | (Computer)<br>peripherals | (တွဲသုံး) ကရိယာ<br>(トェトウン)カリア |
| スキャナー<br>*sukyanaa* | scanner | စကန်နာ<br>サカンナー |
| ディスクドライブ<br>*disukudoraibu* | disk drive | ဒစ်ဒရိုက်(ဗ်)<br>ディス・ドライ |
| ネットワーク<br>*nettowaaku* | network | နက်ဝတ် (ကွန်ယက်)<br>ネッワッ |
| ノートパソコン<br>*nootopasokon* | notebook-type<br>computer | လက်တော့<br>レット<br><br>(လက်ကိုင်သုံး ကွန်ပျူတာ) |
| パソコン<br>*pasokon* | personal computer | ကွန်ပျူတာ<br>コンピューター |
| ハッカー<br>*hakkaa* | hacker | ဟတ်ကာ<br>ヘッカー |

その他

| 日 | 英 | ミャンマー |
|---|---|---|
| フォルダ<br>*foruda* | directory | ဒါရိုက်တရီ<br>ダライトリー |
| プリンター<br>*printaa* | printer | ပရင်တာ<br>プリンター |
| マウス<br>*mausu* | mouse | မောက်(စ်)<br>マウッ |
| モニター<br>*monitaa* | monitor | မော်နီတာ<br>モニター |
| モバイル<br>*mobairu* | mobile | မိုလ်ဘိုင်း<br>モーバイン |
| レーザープリンター<br>*reezaapurintaa* | laser printer | လေဆာပရင်တာ<br>レーザープリンター |

◆時間 *jikan* ◆ hour ◆ နာရီ ナーイー

| 日 | 英 | ミャンマー |
|---|---|---|
| 年<br>*nen* | year | နှစ်<br>ネッ |
| 月<br>*tsuki* | month | လ<br>ラ |
| 週<br>*shuu* | week | သီတင်းပတ်<br>タティンパッ |
| 日<br>*hi* | day | တစ်ရက်<br>テッイェ |
|  |  | နှစ်ဆယ်လေးနာရီ<br>ネッセェ・レェナアイィ |
| 日付<br>*hizuke* | date | ရက်<br>イェッ |
|  |  | ရက်စွဲ<br>イェッ・スェ |

## その他

| 日 | 英 | ミャンマー |
|---|---|---|
| 時<br>*ji* | time | အချိန်<br>アチェン |
| …時間<br>…*jikan* | … hour | နာရီ<br>ナーイー |
| 分<br>*fun* | minute | မိနစ်<br>ミーニッ |
| 秒<br>*byou* | second | စက္ကန့်<br>セッカン |
| 午前<br>*gozen* | morning | မနက်(ပိုင်း)<br>マッネ |
| 午後<br>*gogo* | afternoon | ညနေ(ပိုင်း)<br>ニャネェ |
| 朝<br>*asa* | morning | မနက်<br>マッネ |
| 昼<br>*hiru* | daytime, noon | နေ့လည်<br>ネ・レェ |
| 夜<br>*eyoru* | night | ည<br>ニャ |
| 夕方<br>*yuugata* | evening | ညနေ<br>ニャネェ |
| 深夜<br>*shinya* | midnight | ညသန်းကောင်<br>ニャ・タンカウン |
| 毎日<br>*mainichi* | daily | နေ့စဉ်နေ့တိုင်း<br>ネェセェン・ネェタイン |
| 今日<br>*kyou* | today | ယနေ့(ဒီနေ့)<br>ヤ・ネー |

その他

| 日 | 英 | ミャンマー |
|---|---|---|
| 明日 *ashita* | tomorrow | မနက်ဖြန် マッネ・ピャン |
| 明後日 *asatte* | the day after tomorrow | နောက်နေ့ ナウ・ネェ |
| 昨日 *kinou* | yesterday | မနေ့က マネェ・カ |
| 一昨日 *ototoi* | the day before yesterday | တစ်မြန်နေ့က タッミャン・ネ・カ |

◆時刻 *jikoku* ◆ time, hour ◆ အချိန် アチェン

| 日 | 英 | ミャンマー |
|---|---|---|
| 午前6時／午後6時 *gozen rokuji / gogo rokuji* | 6 a.m. / 6 p.m. | မနက်ခြောက်နာရီ マッネ・チャウナーイ<br><br>ညနေခြောက်နာရီ ニャネ・チャウナーイ |
| 午前7時／午後7時 *gozen shichiji / gogo shichiji* | 7 a.m. / 7 p.m. | မနက်ခုနစ်နာရီ マッネ・クォンニッ・ナーイ<br><br>ညနေခုနစ်နာရီ ニャネ・クォンニッ・ナーイ |
| 午前8時／午後8時 *gozen hachiji / gogo hachiji* | 8 a.m. / 8 p.m. | မနက်ရှစ်နာရီ マッネ・シェ・ナーイ<br><br>ညနေရှစ်နာရီ ニャネ・シェ・ナーイ |
| 午前9時／午後9時 *gozen kuji / gogo kuji* | 9 a.m. / 9 p.m. | မနက်ကိုးနာရီ マッネ・クォ・ナーイ<br><br>ညနေကိုးနာရီ ニャネ・コーナーイ |

その他

| 日 | 英 | ミャンマー |
|---|---|---|
| 午前１０時／午後１０時<br>*gozen juuji / gogo juuji* | 10 a.m. / 10 p.m. | မနက်ဆယ်နာရီ<br>マッネ・セェナーイ<br><br>ညနေဆယ်နာရီ<br>ニャネ・セナーイ |
| 午前１１時／午後１１時<br>*gozen juuichiji / gogo juuichiji* | 11 a.m. / 11 p.m. | မနက်ဆယ့်တစ်နာရီ<br>マッネ・セッテ・ナーイ<br><br>ညနေဆယ့်တစ်နာရီ<br>ニャネ・セッテ・ナーイ |
| 正午<br>*shougo* | noon | နေ့ခင်း ဆယ်နှစ်နာရီ<br>ネキン・セッネ・ナーイ |
| 午前０時<br>*gozen reiji* | 12 midnight | သန်းကောင် ဆယ့်နှစ်နာရီ<br>タンカウン・セッネ・ナーイ |
| 午前５時２０分<br>*gozen goji nijuppun* | 5:20 a.m. | မနက် ငါးနာရီ နှစ်ဆယ်<br>マッネ・ングァナーイ・ネッセェ |
| 午後９時１５分<br>*gogo kuji juugofun* | 9:15 p.m. | မနက် ကိုးနာရီ ဆယ့်ငါး<br>マッネ・コーナーイ・セツ・ングァ |
| 午後３時半<br>*gogo sannji han* | 3:30 p.m. | ညနေ သုံးနာရီခွဲ<br>ニャネ・トンナーイ・クェ |
| 午前８時４５分<br>*gozen hachiji yonnjuugofunn* | 8:45 a.m. | မနက်ရှစ်နာရီ လေးဆယ့်ငါး<br>マンエ・シナーイ・レーセッ・ングァ |

◆ 施設 *shisetsu* ◆ facility ◆ အဆောက်အဦး アサゥ・アウ

| 駅<br>*eki* | station | ဘူတာရုံ<br>ブー・タ・ロン |
|---|---|---|
| 警察署<br>*keisatsusho* | police station | ရဲစခန်း<br>イェーサカン |

その他

| 日 | 英 | ミャンマー |
|---|---|---|
| 銀行<br>*ginkou* | bank | ဘက်တိုက်<br>バンタイッ |
| 空港<br>*kuukou* | airport | လေဆိပ်<br>レーセイッ |
| クリーニング屋<br>*kuriininguya* | laundry | လောင်ဒရီ<br>ランダリー |
| 水族館<br>*suizokukan* | aquarium | ငါးပြတိုက်<br>ンガア・ピャ・タイッ<br><br>ငါးအလှမွေးကန်။ |
| 生物園<br>*seibutsuen* | biosphere | သက်ရှိကမ္ဘာ<br>テッシ・カバア<br><br>သက်ရှိများနေထိုင်သောကမ္ဘာ။<br><br>မြေကြီးနှင့်လေထု။<br><br>သတ္တဝါကမ္ဘာ။ |
| 造船所<br>*zousensho* | dockyard | သင်္ဘောကျင်း<br>ティン・ボウ・チィン |
| タクシー乗り場<br>*takushii noriba* | taxi gate | အငှားကားဂိတ်(ဝိုင်စီ)<br>アガカ・ゲィ |
| デパート<br>*depaato* | department store | ကုန်တိုက်<br>クォン・タイッ |
| 床屋<br>*tokoya* | barbershop | ဆံပင်ညှပ်ဆိုင်<br>サンピン・ニャッサイン |
| バー<br>*baa* | bar | ဘား<br>バア<br><br>အဖျော်ယမကာရောင်းသော<br>အဆောင်၊<br><br>မုန့်၊ ပဲ သရေစာရနိုင်သောဆိုင်၊ |

## その他

| 日 | 英 | ミャンマー |
|---|---|---|
| バス停留所 *basu teiryuujo* | bus terminal | ဘတ်(စ်)ကားဂိတ် バッ・カー・ゲッ |
| ハチファーム（養蜂場）*hachifaamu (youhoujou)* | apiary | ပျားမွေးမြူရေး ဌာန ピャア・ムェ・ミュイェダーナ |
| パン屋 パン類製造業者 *panya* *panrui seizougyousha* | baker | ကိတ်မုန့်ဖုတ်ရောင်းသူ ケッモン・ポゥ・ヤゥントゥ ပေါင်မုန့် パウン・モゥッ |
| (ビール)醸造所 *(biiru)jouzousho* | brewery | ဘီယာချက်စက်ရုံ ビヤア・チェ・セッヨン |
| 病院 *byouin* | hospital | ဆေးရုံ セェヨン |
| ベーカリー *beekarii* | bakery | မုန့်တိုက် モゥン・タイッ မုန့်ဖို႒ |
| (公文書)保管所 *(koubunsho)hokansho* | archive | မော်ကွန်းတိုက် (မော်ကွန်း) モォクオン・タイッ |
| ホテル *hoteru* | hotel | ဟော်တယ် ホーテェ |
| 本屋 *honya* | bookstore | စာအုပ်ဆိုင် サーオゥ・サイン |
| 免税店 *menzeiten* | duty-free shop | ဂျူတီဖရီး ジューティ・フリー |
| 役所 *yakusho* | public office | အစိုးရရုံး アソーヤ・ユオン |
| 薬局 *yakkyoku* | drugstore | ဆေးဆိုင် セーサイン |

その他

| 日 | 英 | ミャンマー |
| --- | --- | --- |
| 郵便局 *yuubinkyoku* | post office | စာတိုက် <br> サータィッ |
| 両替所 *ryougaejo* | exchange counter | ငွေလဲကောင်တာ <br> ングェ・レーカウンター |
| レストラン *resutoran* | restaurant | စားသောက်ဆိုင် <br> サータゥサイン |

◆ 職業 *shokugyou* ◆ occupation ◆ အလုပ်အကိုင် アッロ・アカィン

| 日 | 英 | ミャンマー |
| --- | --- | --- |
| 医者 *isha* | doctor | ဆရာဝန် <br> サ・ヤー・ウィン |
| 宇宙飛行士 *uchuuhikoushi* | astronaut | အာကာသ ယာဉ်မှူး <br> アァカァタァ・イィンムゥ |
| 運転手 *untenshu* | driver | ဒရိုင်ဘာ <br> ダライバー <br><br> ယာဉ်မောင်းသူ <br> ကားမောင်းသူ |
| エンジニア *enjinia* | engineer | အင်ဂျင်နီယာ <br> エンジン・ニ・ヤ |
| 音楽家 *ongakuka* | musician | ဂီတသမား <br> ギータ・タマー |
| 会社員 *kaishain* | office worker | ရုံးဝန်ထမ်း <br> ヨウン・ウィンタン <br><br> ရုံးအလုပ်သမား |
| 画家 *gaka* | painter | ပန်းချီဆရာ <br> パンチ・サヤー |
| 看護師 *kangoshi* | nurse | သူနာပြု <br> トゥナーピュ |

その他

| 日 | 英 | ミャンマー |
|---|---|---|
| 客室乗務員 *kyakushitsujoumuin* | flight attendant | လေယာဉ်မယ် レェ・イン・メェ |
| キャディー *kyadii* | caddie | ကယ်ဒီ カーディ<br><br>ဂေါက်ကစားသူ၏ဂေါက်အိတ်၊ ဂေါက်တံများကို သယ်ပေးသူ။ |
| 弓術家 *kyujutsuka* | archer | လေးသမား レェ・タァマァ |
| 教師 *kyoushi* | teacher | ဆရာ サヤー |
| 銀行員 *ginkouin* | bank clerk | ဘဏ်ဝန်ထမ်း バン・ウィン・タン |
| 警察官 *keisatsukan* | police officer | ရဲအရာရှိ イェ・アヤシー |
| 芸術家 *geijutsuka* | artist | လက်မှုအနုပညာသည် レッム・アヌ・ピィンニャーテェ |
| 芸能人 *geinoujin* | artist | အနုပညာသည် アヌ・ピィンニャ・テェ<br><br>သဘင်သုခုမ ပညာသည်။<br><br>အဆိုတော်။ |
| 検閲官 *kenetsukan* | censor | ဆင်ဆာ(စီစစ်ရေး)လူကြီး セィンサァ・ルゥジィ |
| 建築家 *kenchikuka* | architect | ဗိသုကပညာရှင် ビートゥカ・ピィンニャーシン |
| 工員 *kouin* | factory worker | စက်ရုံအလုပ်သမား セッヨン・アロゥタマー |

その他

| 日 | 英 | ミャンマー |
|---|---|---|
| 公務員<br>*koumuin* | public official | အစိုးရဝန်ထမ်း<br>アソーヤ・ウィンタン |
| 裁判官<br>*saibankan* | judge,<br>the court | တရားသူကြီး<br>タ・ヤー・トゥジー |
| 作家<br>*sakka* | writer,<br>author | စာရေးဆရာ<br>サーイェ・サヤー |
| シェフ<br>*shefu* | chef | စားဖိုမှူး<br>サ・ポゥムゥ<br><br>စားတော်ကဲ။ |
| 指揮者、楽長<br>*shikisha、gakuchou* | bandmaster | (သံစုံ)တီးဝိုင်းခေါင်းဆောင်<br>ティワイン・ガウン・ソゥン |
| 詩人<br>*shijin* | bard,<br>poet,<br>lyrist | ကဗျာစာဆို<br>カビャア・サァソゥ |
| 写真家<br>*shashinka* | photographer | ဓါတ်ပုံဆရာ<br>ダッポン・サヤー |
| 商人<br>*shounin* | merchant | ကုန်သည်<br>クォンテ |
| 消防士<br>*shouboushi* | fire fighter | မီးသတ်သမား<br>ミータ・タマー |
| ショーモデル<br>*shoomoderu* | show model | ပြပွဲမော်ဒယ်<br>ピャプェ・モデェ |
| 職人<br>*shokunin* | workman,<br>artisan | လက်မှုပညာသည်<br>レッム・ピィンニャーテェ |
| 植物学者<br>*shokubutsugakusha* | botanist | ရုက္ခဗေဒပညာရှင်<br>ヨゥッカ・ベェダ・ピン・ニャシン |

## その他

| 日 | 英 | ミャンマー |
|---|---|---|
| 真ちゅう細工師<br>*shinnchuusaikushi* | brazier | သံထည်မီးဖို<br>タンデェ・ミーボー |
| 新聞記者<br>*shinbunkisha* | pressman,<br>reporter | သတင်းထောက်<br>タティン・タウ |
| スタイリスト<br>*sutairisuto* | fashion<br>coordinator | ဖက်ရှင်<br>フェッシン |
| 政治家<br>*seijika* | statesman,<br>politician | နိုင်ငံရေးသမား<br>ナィン・ンガン・イェー・タマァ |
| セールスマン<br>*seerusuman* | salesman | အရောင်းအဝယ်သမား<br>アヤウン・アウェータマー |
| 設計士<br>*sekkeishi* | designer | ဒီဇိုင်းနာ(အာကီတက်)<br>ディザィンナー（アァキーッテ） |
| 船員<br>*senin* | crew,<br>seaman | သင်္ဘောသား<br>ティン・ボゥ・タァ |
| 大工<br>*daiku* | carpenter | လက်သမား<br>レェ・タマァ<br><br>လက်တွေ အသုံးပြုသော အခါဂျပန် လူမျိုးများသည် 大工さん DAIKU SAN ဟုခေါ်ဆိုပါသည်။ မြန်မာလူမျိုးများကလက်သမား ဆရာဟုခေါ်ဆို သကဲ့သို့ပင် ဖြစ် ပါသည်။ |
| 大使館員<br>*taishikanin* | attaché | သံမှူး<br>タァン・ムゥ |
| 通訳<br>*tsuuyaku* | interpreter | စကားပြန်<br>サカァピャン |
| 蹄鉄（ていてつ）工<br>*teitetsukou* | blacksmith | ပန်းပဲဆရာ<br>パンペェ・サヤ |

567

その他

| 日 | 英 | ミャンマー |
|---|---|---|
| デザイナー<br>*dezainaa* | designer | ဒီဇိုင်းနာ<br>ディザインナァ<br><br>ပုံစံထုတ်သူ<br>ဒီဇိုင်းပညာရှင် |
| 店員<br>*teiin* | clerk | ဆိုင်ဝန်ထမ်း<br>サイン・ウィンダン |
| 農家<br>*nouka* | farmer | လယ်သမား<br>レータマー |
| 歯医者<br>*haisha* | D.D.S,<br>doctor of dental surgery,<br>dentist | သွား ဆရာဝန်<br>トェ・サヤウィン<br><br>သွားဘက်ဆိုင်ရာ<br>(ခွဲစိတ်)ဆရာဝန်။ |
| 美術家<br>*bijutsuka* | artist | ပန်းချီ ပန်းပု (အနု)ပညာသည်<br>パジー・パプウ・ピンニャテェ |
| 秘書<br>*hisho* | secretary | ကိုယ်ရေးအရာရှိ<br>コーイェー・アヤアシ |
| 美容師<br>*biyoushi* | beautician | အလှပြင်သူ<br>アラーピィントゥ |
| 不動産屋<br>*fudousanya* | estate agent | (ခြံမြေ) အကျိုးတော်ဆောင်<br>(チャン・ミェ)アチョートゥサウン |
| ベビーシッター<br>*bebiishittar* | babysitter | ကလေးထိန်း<br>カアレー・ティン<br><br>မိဘများအပြင်သွားချိန်<br>ကလေးထိန်းပေးသူ။ |

その他

| 日 | 英 | ミャンマー |
|---|---|---|
| 弁護士<br>*bengoshi* | lawyer,<br>attorney | ဥပဒေအကျိုးတော်ဆောင်<br>ウパデェ・アチョウトウサウン<br><br>ရှေ့နေ<br>シエネー<br><br>တစ်စုံတစ်ယောက်သော ကာယကံ ရှင်ပုဂ္ဂိုလ်(သို့) သက်ဆိုင်ရာ ပုဂ္ဂိုလ် ၏ အကူအညီ တောင်းခံခြင်းကြောင့် သော်၎င်း၊ အစိုးရ၏ တာဝန်ပေးမှု ကြောင့်သော်၎င်း ဥပဒေကြောင်း ဆိုင်ရာ လုပ်ငန်းများ ကို တရားရုံး တွင်း ဆောင်ရွက်ရသောသူ။ |
| 編集者<br>*henshuusha* | editor | အယ်ဒီတာ<br>エーディター |
| 薬剤師<br>*yakuzaishi* | pharmacist,<br>druggist | ဆေးရောင်းသူ<br>セェ・ヤウン・トゥ |
| 理髪師、理容師<br>*rihatsushi、riyoushi* | barber | ဆံပင်ညှပ်သမား<br>サンピン・ニャッ・タマァ |
| 漁師<br>*ryoushi* | fisherman | တံငါသည်<br>タン・ンガー・テェ |
| れんが職人<br>*rengashokunin* | bricklayer | ပန်းရံသမား<br>パヤン・タマァ |

◆ 食物類 *shokumotsurui* ◆ food ◆ အစားအစာ アッサ・アサー

| アイスクリーム<br>*aisukuriimu* | ice cream | ရေခဲမုန့်<br>イェゲ・モッ |
|---|---|---|
| あんず<br>*anzu* | apricot | တရုတ်ဆီးသီး<br>タ・ヨウッ ゼィ・ティ |
| あんまん<br>*anman* | bean bun | ပဲပေါက်စီ<br>ペェ・パウセィ |

その他

| 日 | 英 | ミャンマー |
|---|---|---|
| イカ<br>*ika* | squid / cattle fish | ပြည်ကြီးငါး<br>ピェ・ジー・ンガ |
| いくら<br>*ikura* | how much | ဘယ်လောက်လဲ<br>ベッロウ・レ |
| ウナギ<br>*unagi* | eel fish | ငါးရှဉ့်<br>ンガ・シィン |
| 梅干<br>*umeboshi* | pickled plum | ဆားငန်သီး<br>サーンガ・ティ |
| 海老フライ<br>*ebifurai* | fried prawn | ပုဇွန်ကြော်<br>プゾン・チョ |
| 大麦<br>*oomugi* | barley | မုယောစပါး<br>ムヨウ・サパア |
|  |  | ဘာလီ<br>バア・リィ |
| おせんべい<br>*osenbei* | fish cracker | ငါးမုန့်<br>ンガーモン |
| おにぎり<br>*onigiri* | rice ball | ထမင်းဆုပ်<br>タミン・ソウッ |
| カカオ<br>*kakao* | cacao | ကိုကိုးစေ့<br>コ・コオ・セェ |
| 牛肉<br>*gyuuniku* | beef | အမဲသား<br>ア・メェーター |
| 餃子<br>*gyouza* | Chinese-style dumpling | ဖက်ထုပ်<br>ペッ・トォッ |
| クズウコン<br>*kuzuukon* | arrowroot | အာတာလွတ်ဉ<br>アァ・ダ・ルウッ・ウ |
| ケーキ<br>*keeki* | cake | ကိတ်မုန့်<br>ケーモン |

その他

| 日 | 英 | ミャンマー |
|---|---|---|
| 魚<br>*sakana* | fish | ငါး<br>ンガー |
| 魚のフライ<br>*sakanano furai* | fried fish | ငါးကြော်<br>ンガー・チョ |
| ジャム<br>*jam* | jam | ယို<br>ヨウ |
| ソーセージ<br>*sooseeji* | sausage | ဝက်အူချောင်း<br>ウェ・ウー・チャオン |
| タコ<br>*tako* | octopus | ရေဘဝဲ<br>イェ・ブウェ |
| 卵<br>*tamago* | egg | ကြက်ဥ<br>チェッ・ウ |
| 卵焼き<br>*tamagoyaki* | fried egg | ကြက်ဥကြော်<br>チェウ・チョウ |
| チーズ<br>*chiizu* | cheese | ချီး(စ်)<br>チィ（ツー） |
| チキンカレー<br>*chikinkaree* | chicken curry | ကြက်သားဟင်း<br>チェタ・ヒン |
| チョコレート<br>*chokoreeto* | chocolate | ချောကလက်<br>チョカレッ |
| 豆腐<br>*toufu* | bean curd | တိုဖူး<br>トゥーフ |
| 鳥唐揚<br>*torikaraage* | fried chicken | ကြက်သားကြော်<br>チェタ・チョ |
| 鶏肉<br>*toriniku* | chicken | ကြက်သား<br>チェッター |
| 生卵<br>*namatamago* | a raw egg | ကြက်ဥအစိမ်း<br>チェウ・アセィン |

## その他

| 日 | 英 | ミャンマー |
|---|---|---|
| 肉まん<br>*nikuman* | meat bun | ဝက်သားပေါက်စီ<br>ウェッタァ・パウセィ |
| のり<br>*nori* | dried seaweed | ရေမှော်ခြောက်<br>イェ・モウチャウ |
| ハム<br>*hamu* | ham | ဟန်း(မ်)<br>ハン |
| 春雨<br>*harusame* | vermicelli | ကြာဇံ<br>チャァ・ザン |
| パン<br>*pan* | bread | ပေါင်မုန့်<br>パウンモッ |
| ピーナッツ（落花生）<br>*piinattsu(rakkasei)* | peanut | မြေပဲ<br>ミェ・ペ |
| ピラフ<br>*pirafu* | fried rice | ထမင်းကြော်<br>タミン・チョ |
| 豚肉<br>*butaniku* | pork | ဝက်သား<br>ウェッター |
| フライドポテト<br>*furaidopoteto* | potatoes fries | အာလူးကြော်<br>アールーチョ |
| ベーコン<br>*beekon* | bacon | ဝက်သားခြောက်<br>ウェ・タァ・チャウッ |
| 干し海老<br>*hoshiebi* | dried shrimp | ပုဇွန်ခြောက်<br>プゾン・チャウ |
| 焼き鳥<br>*yakitori* | yakitori | ကြက်သားကင်<br>チェタ・キン |
| ヨーグルト<br>*yooguruto* | yogurt | ဒိန်ချဉ်<br>ディン・ジン |
| ライス<br>*raisu* | rice | ထမင်း<br>タミン |

その他

| 日 | 英 | ミャンマー |
|---|---|---|
| ◆食器 *shokki* ◆ | tableware ◆ | ပုဂံခွက်ယောက် プガ・クェヤゥ |
| カップ<br>*kappu* | cup | ဖန်ခွက်<br>パンクェッ |
| グラス<br>*gurasu* | glass | ဖန်ခွက်<br>パァン・グェッ<br><br>ဖန်<br>မှန် |
| 皿<br>*sara* | plate | ပန်းကန်<br>パァガン |
| ジョッキ<br>*jokki* | jug,<br>mug | မတ်ခွက်<br>マックェ |
| ストロー<br>*sutoroo* | straw | ပြွန်<br>ピョン |
| スプーン<br>*supuun* | spoon | ဇွန်း<br>ゾン |
| 茶碗<br>*chawan* | rice bowl | ပန်းကန်လုံး<br>パァガン・ロン |
| ナイフ<br>*naifu* | knife | ဓား<br>ダァー |
| 箸<br>*hashi* | chopsticks | တူ<br>トゥ |
| フォーク<br>*fooku* | fork | ခရင်း<br>カ・イィン |
| 碗<br>*wan* | bowl | ပုဂံလုံး<br>プガンロン |

その他

| 日 | 英 | ミャンマー |
|---|---|---|
| ◆数字 *suuji* | ◆ number | ◆ (ကိန်း) ဂကန်း ケィン・ガ・ナン |
| 1<br>*ichi* | one | တစ်<br>ティ |
| 2<br>*ni* | two | နှစ်<br>ニッ |
| 3<br>*san* | three | သုံး<br>トン |
| 4<br>*yon(shi)* | four | လေး<br>レィ |
| 5<br>*go* | five | ငါး<br>ンガ |
| 6<br>*roku* | six | ခြောက်<br>チャウ |
| 7<br>*nana(shichi)* | seven | ခွန်<br>クォン |
|  |  | ခုနှစ်<br>クォン・ニッ |
| 8<br>*hachi* | eight | ရှစ်<br>シィッ |
| 9<br>*ku(kyu)* | nine | ကိုး<br>コー |
| 10<br>*juu* | ten | တစ်ဆယ်<br>タ・セェ |
| 11<br>*juuichi* | eleven | ဆယ့်တစ်<br>セェッティ |
| 12<br>*juuni* | twelve | ဆယ့်နှစ်<br>セェッニッ |

| 日 | 英 | ミャンマー |
|---|---|---|
| 20<br>*nijuu* | twenty | နှစ်ဆယ်<br>ニッセェ |
| 30<br>*sanjuu* | thirty | သုံးဆယ်<br>トンセェ |
| 40<br>*yonjuu* | forty | လေးဆယ်<br>レーセェ |
| 50<br>*gojuu* | fifty | ငါးဆယ်<br>ンガー・セェ |
| 60<br>*rokujuu* | sixty | ခြောက်ဆယ်<br>チャウセー |
| 70<br>*nanajuu* | seventy | ခုနှစ်ဆယ်<br>クッニ・セェ |
| 80<br>*hachijuu* | eighty | ရှစ်ဆယ်<br>シッセー |
| 90<br>*kyuujuu* | ninety | ကိုးဆယ်<br>コーセェ |
| 100<br>*hyaku* | one hundred | တစ်ရာ<br>テッヤー |
| 1,000<br>*sen* | one thousand | တစ်ထောင်<br>テッダゥン |
| 10,000<br>*man* | ten thousand | တစ်သောင်း<br>タッタゥン |
| 100,000<br>*juuman* | one hundred thousand | တစ်သိန်း<br>タッティン |
| 1,000,000<br>*hyakuman* | one million | တစ်သန်း<br>タッタン |
| 10,000,000<br>*issenman* | ten million | တစ်ကုဋေ<br>テックデェ |

その他

| 日 | 英 | ミャンマー |
|---|---|---|
| 100,000,000<br>*ichioku* | one hundred million | တစ်ကုဋ<br>テックダー |
| 2倍<br>*nibai* | twice | နှစ်ဆ<br>ネッサ |
| 3倍<br>*sanbai* | three times | သုံးဆ<br>トンサ |
| 1／2<br>*nibunnoichi* | a half | တစ်ဝက်<br>(နှစ်ပုံ တစ်ပုံ)<br>テッウェ |
| 1／3<br>*sanbunnoichi* | one thirds | သုံးပုံ တစ်ပုံ<br>トンポン・タッポン |
| 0.1<br>*reitenichi* | point one | ဒသမတစ်<br>ダタマ・テッ |

◆ スポーツ *supootsu* ◆ sports ◆ အားကစား アーガザ

| 日 | 英 | ミャンマー |
|---|---|---|
| ゴルフ<br>*gorufu* | golf | ဂေါက် (သီး)<br>ガゥティ |
| サッカー<br>*sakkaa* | soccer, football | ဘောလုံး<br>ボゥーロン |
| 柔道<br>*juudou* | judo | ဂျူဒို<br>ジュード |
| 水泳<br>*suiei* | swimming | ရေကူး<br>イェクー |
| スキー<br>*sukii* | ski | စကီ<br>サキー |
| スケート<br>*sukeeto* | skating | စကိတ်<br>サッケィ |

その他

| 日 | 英 | ミャンマー |
|---|---|---|
| 体操<br>taisou | gymnastics | ဘားဂျွန်း<br>バージュン |
| 卓球<br>takkyuu | table tennis | စားပွဲတင် တင်းနစ်<br>サプェテェン・テンニッ |
| テニス<br>tenisu | tennis | တင်းနစ်<br>テンニッ |
| バスケットボール<br>abasukettobooru | basketball | ဘတ်(စ်)ကတ်(ဘော)<br>バッサッケ(ボー) |
| バドミントン<br>badominton | badminton | ကြက်တောင်ရိုက်ကစားနည်း<br>チェッタウン |
| バレーボール<br>bareebooru | volleyball | ဘော်လီဘော<br>ボーリーボゥ |
| マラソン<br>marason | marathon | မာရသွန်<br>マーラトゥン |
| 野球<br>yakyuu | baseball | ဘေ့(စ်)ဘော<br>ベッ・ボウー |
| ラグビー<br>ragubii | rugby | ရပ်ကူဘီ<br>ラックービ |
| 陸上競技<br>rikujoukyougi | athletic sports | ပြေးခုန်ပစ်<br>ピェークォンピ |

◆ 台所用品 *daidokoroyouhin* ◆ kitchen tllos ◆ မီးဖိုချောင်သုံး (အရာ)
ミーボ・ジャウン

| ざる<br>zaru | draining<br>basket | ဇကာ<br>ザカー |
| 鍋<br>nabe | pan | ဒယ်အိုး<br>デェオー |
| バット<br>batto | tray | လင်ပန်း<br>リン・パン |

その他

| 日 | 英 | ミャンマー |
| --- | --- | --- |
| フライパン<br>*furaipan* | frying pan | ဒယ်ပြား<br>デェピャー |
| 包丁<br>*houchou* | kitchen knife | ဓါး<br>ダァー |
| まな板<br>*manaita* | cutting board | စဉ့်နီတုံး<br>セィンニートゥン |
| ミキサー<br>*mikisaa* | mixer | မစ်ဆာ<br>ミッサー |
| やかん<br>*yakan* | kettle | ရေနွေးအိုး<br>イェヌェオー |

◆ 調味料、香辛料 *choumiryou, koushinryou* ◆ Condiments, Seasonings
◆ ဟင်းခတ်အမွှေးအကြိုင် ヒンカッ・アムェ・アチャイン

| オイスターソース<br>*oisutaasoosu* | oyster sauce | ခရုဆီ<br>カユーセィ |
| --- | --- | --- |
| 魚醤、ナンプラー<br>*gyoshou, nanpuraa* | nampla,<br>fish sauce | ငံပြာရည်<br>ンガン・ピャーイェー |
| ケチャップ<br>*kechappu* | catsup | ခရမ်းချဉ်သီးဆော့<br>カヤンチンティ・ソッ |
| ココナツミルク<br>*kokonatsumiruku* | coconut milk | အုန်းနို့<br>オン・ノウ |
| 胡椒<br>*koshouu* | pepper | ငြုပ်ကောင်း<br>ングヨウ・カウン |
| 胡麻<br>*goma* | sesame | နှမ်း<br>ナァン |
| 小麦粉<br>*komugiko* | wheat flour | ဂျုံမှုန့်<br>ジョン・ムォン |

## その他

| 日 | 英 | ミャンマー |
|---|---|---|
| 砂糖 *sato* | sugar | သကြား タジャー |
| サラダ油 *saradaabura* | salad oil | (သစ်ရွက်)ဆီ (テェッユェ)セィ |
| 塩 *shio* | salt | ဆား サー |
| 生姜 *shouga* | ginger | ဂျင်း ジン |
| 醤油 *shouyu* | soy sauce | ပဲငံပြာရည် ペェ・ンガン・ピャイエー |
| 酢 *su* | vinegar | ရှာလကာရည် シャラカーイェー |
| 唐辛子 *tougarashi* | red pepper | ငရုပ်သီး ングョウティ |
| 生胡椒 *namakooshouu* | green pepper | ငရုပ်ကောင်းစေ့ ングョウ・カウン・セェ |
| にんにく *ninniku* | garlic | ကြက်သွန်ဖြူ チェットゥン・ピュー |
| パクチー *pakuchii* | coriander | နံနံပင် ナンナンピン |
| バター *bataa* | butter | ထောပတ် トゥ・バッ |
| 蜂蜜 *hachimitsu* | honey | ပျားရည် ピャーイェ |
| パン粉 *panko* | bread crums | ပေါင်မုန့်မှုန့် パウンモウ |
| 味噌 *miso* | miso paste | ဂျပန်ပဲငံဟင်းချို ジャパン・ペェ・ヒンチョ |

その他

| 日 | 英 | ミャンマー |
|---|---|---|
| ◆ 通貨 *tsuuka* | ◆ currency | ◆ ငွေရေးကြေးရေး ングェ・イェ・チェーイェ |
| (インド) ルピー<br>*(indo) rupii* | INR | ရူပီ<br>ルピー |
| (インドネシア) ルピア<br>*(indoneshia) rupia* | IDR | ရူပီယား<br>ルピア |
| (カンボジア) リエル<br>*(kanbojia) rieru* | KHR | ရီးအဲ<br>リエェ |
| (シンガポール) ドル<br>*(shingapooru) doru* | SGD | ဒေါ်လာ<br>ドーラ |
| (タイ) バーツ<br>*(tai) baatsu* | THB | (ထိုင်းနိုင်ငံသုံးငွေကြေးယူနစ်)<br>ဘတ်<br>バッ |
| (ネパール) ルピー<br>*(nepaaru) rupii* | NPR | ရူပီ<br>ルピー |
| (バングラデシュ) タカ<br>*(banguradeshu) taka* | BDT | တကာ<br>タカー |
| (フィリピン) ペソ<br>*(firipin) peso* | PHP | ပီဆိုး<br>ピーソー |
| (ブルネイ) ドル<br>*(burunei) doru* | BND | ဒေါ်လာ<br>ドーラ |
| (ベトナム) ドン<br>*(betonamu) don* | VND | ဒုံး<br>ドゥン |
| (マレーシア) リンギ<br>*(mareeshia) ringi* | MYR | ရင်းဂစ်<br>リン・ギッ |
| (ミャンマー) チャット<br>*(myanmaa) chatto* | MMK | ကျပ်<br>チャッ |
| (ラオス) キープ<br>*(raosu) kiipu* | LAK | ကစ်<br>ケッ |

その他

| 日 | 英 | ミャンマー |
|---|---|---|
| (中国) 人民元<br>*(chuugoku) jinmingen* | CNY | ယွမ်<br>ユオン |
| (日本) 円<br>*(nihon) en* | JPY | ယန်း<br>ヤン |

◆月 *tsuki* ◆ month ◆ လ ラ

| 日 | 英 | ミャンマー |
|---|---|---|
| 1月<br>*ichigatsu* | January | ဇန်နဝါရီ (လ)<br>ザンナワリー |
| 2月<br>*nigatsu* | February | ဖေဖော်ဝါရီ(လ)<br>フェフォワーリー |
| 3月<br>*sangatsu* | march | မတ်(လ)<br>マッ |
| 4月<br>*shigatsu* | April | ဧပြီ(လ)<br>エーピー |
| 5月<br>*gogatsu* | may | မေ(လ)<br>メー |
| 6月<br>*rokugatsu* | June | ဂျွန်(လ)<br>ジョン |
| 7月<br>*shichigatsu* | July | ဇူလိုင်(လ)<br>ジュライン |
| 8月<br>*hachigatsu* | august | သြဂုတ်(လ)<br>オーグォ |
| 9月<br>*kugatsu* | September | စက်တင်ဘာ(လ)<br>セッティンバー |
| 10月<br>*juugatsu* | October | အောက်တိုဘာ(လ)<br>アゥトーバー |
| 11月<br>*juuichigatsu* | November | နိုဝင်ဘာ(လ)<br>ノーウィンバー |
| 12月<br>*juunigatsu* | December | ဒီဇင်ဘာ(လ)<br>ディジンバー |

その他

| 日 | 英 | ミャンマー |
|---|---|---|

◆ 動物・昆虫類他 *doubutsu, konchuurui hoka* ◆ Animal, Insecta and others
◆ ပိုး၊မွှား၊ တိရိစ္ဆာန် ポームァ・テレィサン

| 日 | 英 | ミャンマー |
|---|---|---|
| アナグマ<br>*anaguma* | badger | ခွေးတူဝက်တူ<br>クェトゥ・ウェットゥ |
| アヒル<br>*ahiru* | duck | ဘဲ<br>ベー |
| アルマジロ、ヨロイネズミ<br>*arumajiro、yoroinezumi* | armadillo | သင်းခွေချပ်<br>ティン・グェ・チャッ |
| 犬<br>*inu* | dog | ခွေး<br>クェ |
| うさぎ<br>*usagi* | rabbit | ယုန်<br>ヨウン |
| 牛<br>*ushi* | cattle | ကျွဲ<br>チュェ |
| カタツムリ<br>*katatsumuri* | snail | ခရု<br>カ・リュ |
| カニ<br>*kani* | crab | ဂကန်း<br>ガ・ナン |
| カバ<br>*kaba* | hippopotamus | ရေမြင်း<br>イェミィン |
| 亀<br>*kame* | turtle | လိပ်<br>レイッ |
| カンガルー<br>*kangaruu* | kangaroo | သားပိုက်ကောင်<br>ター・パィ・カウン |
| きつね<br>*kitsune* | fox | မြေခွေး<br>ミェ・グェ |
| キリン<br>*kirin* | giraffe | သစ်ကုလားအုပ်<br>テェ・クラァ・オクッ |

582

その他

| 日 | 英 | ミャンマー |
|---|---|---|
| くじら<br>*kujira* | whale | ဝေလငါး<br>ウェ・ラ・ンガー |
| 熊<br>*kuma* | bear | ဝက်ဝံ<br>ウェッヲン |
| クモ<br>*kumo* | spider | ပင့်ကူ<br>ピン・クウ |
| クロウタドリ<br>*kuroutadori* | blackbird | မြေလူးငှက်<br>ミェルウ・ンゲッ |
| コアラ<br>*koara* | koala | ကိုအာလာ<br>コアラ |
| コウモリ<br>*koumori* | bat | လင်းနို့<br>リンノゥ |
| ゴリラ<br>*gorira* | gorilla | ဂေါ်ဇီလာ<br>ゴーゼィラー |
| サル<br>*saru* | monkey | မျောက်<br>ミャウッ |
| 鹿<br>*shika* | deer | သမင်<br>タ・ミン |
| 象<br>*zou* | elephant | ဆင်<br>セェン |
| 虎<br>*tora* | tiger | ကျား<br>チャー |
| トンボ<br>*tonbo* | dragonfly | ပုစဉ်း<br>パ・ゼィン |
| 猫<br>*neko* | cat | ကြောင်<br>チョン |
| ネズミ<br>*nezumi* | mouse | ကြွက်<br>チュエッ |

その他

| 日 | 英 | ミャンマー |
|---|---|---|
| 蜂<br>*hachi* | bee | ပျား<br>ピャー |
| パンダ<br>*panda* | panda | ပန်ဒါ<br>パンダー |
| ビーグル犬<br>(ウサギ狩用の小型猟犬)<br>*biiguruken*<br>*(usagiryouno kogataryouken)* | beagle | အမဲလိုက်ခွေး(ပုလေး)<br>アメェ・ライ・クェ |
| 羊<br>*hitsuji* | sheep | သိုး<br>トゥー |
| ヒヒ<br>*hihi* | baboon | (ခွေးနှင့်မျက်နှာဆင်သော)<br>အာဖရိကမျောက်ကြီး<br>アフリカ・ミャウッ・チー |
| フクロウ<br>*fukurou* | owl | ဇီးကွက်<br>ゼィ・クエッ |
| 豚<br>*buta* | pig | ဝက်<br>ウェッ |
| ブユ、ブヨ、ブト<br>*buyu、buyo、buto* | blackfly | ယင်မဲရှိုင်း<br>インマ・メェ・ヤイン |
| ペンギン<br>*pengin* | penguin | ပင်ဂွင်း<br>ピン・グイン |
| ヤギ<br>*yagi* | goat | ဆိတ်<br>セィッ |
| ヤモリ<br>*yamori* | gecko | အိမ်မြှောင်<br>エィン・ミョン |
| ライオン<br>*raion* | lion | ခြင်္သေ့<br>チン・テェッ |

| 日 | 英 | ミャンマー |
|---|---|---|
| らくだ<br>*rakuda* | camel | သစ်ကူလားအုပ်<br>ティ・クラ・オウッ |
| りす<br>*risu* | squirrel | ရှဉ့်<br>シィン |
| ワニ<br>*wani* | crocodile | မိချောင်း<br>ミ・ジョン |

◆ 度量衡 *doryoukou* ◆ weight and measure metrology
◆ တိုင်းထွာမှု タイン・トァ・ム

| ミリ<br>*miri* | millimeter | မီလီ<br>ミリー |
|---|---|---|
| センチ<br>*senchi* | centimeter | စင်တီမီတာ<br>センティ・ミター |
| ミリグラム<br>*miriguramu* | milligram | မီလီဂရမ်<br>ミリガラン<br><br>တစ်ဂရမ်၏ တစ်ထောင်ပုံ တစ်ပုံ။ |
| センチグラム<br>*senchiguramu* | centigram | စင်တီဂရမ်<br>センティ・ガラン<br><br>တစ်ဂရမ်၏တစ်ရာပုံတစ်ပုံ။ |
| メートル<br>*meetoru* | meter,<br>metre | မီတာ<br>ミータ<br><br>တစ်မီတာ (သည်၃၉.၃၇ လက်မနှင့် ညီမျှသော) ယူနစ်။ |
| ミリメートル<br>*mirimeetoru* | mm,<br>millimeter | မီလီမီတာ<br>ミリ・ミター<br><br>တစ်မီတာ၏ တစ်ထောင်ပုံ တစ်ပုံ။ |

その他

| 日 | 英 | ミャンマー |
|---|---|---|
| キロ<br>*kiromeetoru* | kilometer | (တစ်ထောင်ဟု အဓိပ္ပါယ်ရသော)<br>ကီလို<br>キロ |
| キロボルト<br>*kiroboruto* | K.V<br>kilo volt | ကီလို ဗို့<br>キロ・ボッ |
| メガボルト<br>*megaboruto* | megavolt | မေဂါဗို့<br>メーガーボッ<br><br>ဗို့အားတစ်သန်း။ |
| キロワット<br>*kirowatto* | K.W<br>kilo watt | (ဝပ်ပေါင်းတစ်ထောင်နှင့်<br>ညီမျှသော) ကီလိုဝပ်ယူနစ်<br>キロワッツ |
| 平方メートル<br>*heihoumeetoru* | square meter | စတုရန်းမီတာ<br>スクェア・ミター |
| 平方キロメートル<br>*heihoukiromeetoru* | square kilometer | ကီလိုမီတာ စတုရန်း<br>キローミーター・スクェア |
| ヘクタール<br>*hekutaaru* | hectare | ဟက်တာ<br>ヘッター |
| ベクレル《Bq》<br>*bekureru*<br>※放射能の単位<br>*houshanouno tani* | becquerel | ဘက်ကျူရေး<br>ベッキュ・レェ<br><br>ရေဒီယို ဓါတ်အားတိုင်း မီတာ<br>ရေဒီယိုသတ္တုကြွတိုင်းယူနစ်။ |
| グラム<br>*guramu* | g,<br>gm | ဂရမ်(အားဖော်ပြသော သင်္ကေတ)<br>ガラン |
| キログラム<br>*kiroguramu* | kilogram | ကီလိုဂရမ်<br>キロガラン<br><br>(၂.၂ ပေါင်နှင့်ညီမျှသော)<br>ဂရမ်တစ်ထောင် |

586

その他

| 日 | 英 | ミャンマー |
|---|---|---|
| トン<br>*ton* | ton | တန်<br>タン |
| 立法センチ<br>*rippousenchi* | cubic centimeter | ကုဗစင်တီမီတာ<br>クバ・センティメーター |
| 立法メートル<br>*rippoumeetoru* | cubic meter | ကုဗမီတာ<br>クバ・ミーター |
| リットル<br>*rittoru* | liter | လီတာ<br>リーター |
| ミリリットル<br>*miririttoru* | ml,<br>milliliter | မီလီလီတာ<br>ミリ・リーター<br><br>တစ်မီလီ၏ တစ်ထောင်ပုံ တစ်ပုံ။ |
| ミクロン<br>*micron* | micron | မိုက်ခရွမ်<br>マイカロン |
| カラット<br>*karatto* | carat | ကာရက်<br>カーレッ<br><br>ရတနာ၊ ရွှေချိန်သော အလေးချိန်ကို ဖော်ပြ သောယူနစ်။ |
| ヤード<br>*yaado* | yard | ကိုက်<br>ガィッ |
| 摂氏<br>*sesshi* | Celsius,<br>centigrade | စင်တီဂရိတ်<br>センティ・グレッ |
| 華氏<br>*kashi* | Fahrenheit | ဖါရင်ဟိုက်<br>ファリンハイ |

その他

| 日 | 英 | ミャンマー |
|---|---|---|

◆ 日用品 *nichiyouhin* ◆ daily necessaries
◆ နေ့စဉ်သုံး(အရာ) ネィセン・トゥン(アヤー)

| カミソリ<br>*kamisori* | razor | မုတ်ဆိတ်ရိတ်တံ<br>モウ・セェッ・イェタン |
|---|---|---|
| スリッパ<br>*surippa* | slippers/shoes | ဖိနပ်<br>パッ・ナッ |
| 石鹸<br>*sekken* | soap | ဆပ်ပြာ<br>サッピャ |
| タオル<br>*taoru* | towel | မျက်နှာသုတ်ပုဝါ<br>ミャエナトゥ パワー |
| ティッシュ<br>*tisshu* | tissue | တစ်ရှူး<br>テッシュー |
| トイレットペーパー<br>*toiretto peepaa* | toilet paper | အိမ်သာသုံးစက္ကူ<br>エインタートゥン・セックゥ |
| 歯ブラシ<br>*haburashi* | tooth brush | သွားပွတ်တံ<br>トァ・プッタン |
| ロウソク<br>*rousoku* | candle | ဖယောင်းတိုင်<br>パ・ラウン・タイ |

◆ 飲み物 *nomimono* ◆ drink ◆ သောက်စရာ タゥ・サヤー

| アイスコーヒー<br>*aisukoohii* | ice coffee | ကော်ဖီအအေး<br>コーフィ・ア・エー |
|---|---|---|
| アイスティー<br>*aisutii* | iced tea | လက်ဘက်ရည်အအေး<br>レッベイェ・アエー |
| 赤ワイン<br>*akawain* | red wine | ဝိုင်အနီ<br>ワイン・アニー |
| アモンティリヤード<br>(中辛口のシェリー酒)<br>*amontiriyaado*<br>*(chuukarakuchino sheriishu)* | amontillado | (အပြင်းစားအညို့ရောင်အချို့မပါ<br>သည့်အရက်)ဝိုင်<br>ワイン |

588

その他

| 日 | 英 | ミャンマー |
|---|---|---|
| ウイスキー<br>*uisukii* | whiskey | ဝီစကီ<br>ウィサキー |
| カクテル<br>*kakuteru* | cocktail | ကော့တေး<br>コッテェ |
| カフェオレ<br>*kafeore* | café lu lait | နို့ကော်ဖီ (ကော်ဖီအော်ရေ)<br>ノォ・コーフィ |
| 紅茶<br>*koucha* | tea | ရေနွေးခြမ်း<br>イェヌェチャン |
| コーヒー<br>*koohii* | coffee | ကော်ဖီ<br>コーフィ |
| コーラ<br>*koora* | coke | ကိုကာကိုလာ<br>コカーコラー |
| 氷<br>*koori* | ice | ရေခဲ<br>イェケ |
| ココア<br>*kokoa* | cocoa | ကိုကိုး<br>ココー |
| ココナツジュース<br>*kokonatsu juuusu* | coconut juice | အုံးရည်<br>オォン・イェ |
| シャンパン<br>*shanpan* | champagne | ရှန်ပိန်<br>シャンアペイン |
| ジュース<br>*juuusu* | juice | အအေး(ဖျော်ရည်)<br>アエー |
| 白ワイン<br>*shirowain* | white wine | ဝိုင်အဖြူ<br>ワィン・アピュー |
| スープ<br>*suupu* | soup | ဟင်းချို<br>ヒン・チョー |

その他

| 日 | 英 | ミャンマー |
|---|---|---|
| 炭酸水<br>*tansansui* | soda water | ဆော်ဒါ<br>ソーダー |
| 豆乳<br>*tounyuu* | soy milk | ပဲနို့<br>ペェ・ノゥ |
| 生ビール<br>*namabiiru* | draft beer | ရေခဲစိမ်ဘီယာ (ဒရင်ဘီယာ)<br>イェケーセィン・ビヤー |
| 日本酒<br>*nihonshu* | sake | ဂျပန်အရက်<br>ジャパン・アッイェ |
| ビール<br>*biiru* | beer | ဘီယာ<br>ビーヤー |
| ブランデー<br>*burandee* | brandy | ဘရန်ဒီ အရက်<br>ブ・ラン・デェ |
| マンゴージュース<br>*mangoo juuusu* | mango juice | သရက်သီးဖျော်ရည်<br>タイェティ・ピョエイェ |
| ミネラルウォーター<br>*mineraruwootaa* | mineral water | သောက်ရေသန့်<br>タゥイェ・タン |
| ミルク<br>*miruku* | milk | နို့<br>ノー |
| ミルクティー<br>*mirukutii* | tea with milk | လက်ဖက်ရည်<br>レッペ・イェ |
| 緑茶<br>*ryokucha* | green tea | ဂျပန်ရေနွေးခြမ်း (ဂရင်းတီး)<br>ジャパン・イェヌェチャン |
| レモンティー<br>*remontii* | tea with lemon | လီမွန်တီး<br>リモンティ |

その他

| 日 | 英 | ミャンマー |
|---|---|---|
| ◆花、植物 hana, shokubutsu | ◆ flower, botany | ◆ ပန်းပင် パァンピン |
| アーティチョーク<br>*aatichooku* | artichoke | မုန်လာထုပ် အမျိုးအနွယ်<br>モンラ・トゥッ アミョウ・アヌェ<br><br>ဂေါ်ဖီထုတ်ကဲ့သို့ သော<br>အရွက်ထုတ်ပန်းပင်တစ်မျိုး။ |
| アサ、大麻<br>*asa, taima* | cannabis | ဆေးခြောက်<br>セェ・チャウ |
| 梅<br>*ume* | plum tree | မက်မန်းသီး<br>メッマンティ |
| カーネーション<br>*kaaneeshon* | carnation | ဇော်မွှားပင် ／ ကားနေရှင်း<br>ゾウ・ムア・ピン／カーネーシン |
| カバノキ、カンバ<br>*kabanoki, kanba* | birch | ဘူဇဝတ်ပင်<br>ブザ・パッピン |
| 菊<br>*kiku* | chrysanthemum | ဂမုန်း<br>ガモウン |
| キャッサバ<br>*kyassaba* | cassava | ပလောပီနံမှုန့်<br>パロゥ・ピナン |
| キャラウェイ、<br>ヒメウイキョウ<br>*kyarauei, himeuikyou* | caraway | ကရဝေးပင်<br>カレェウェー・ピン |
| キンマ（蒟醤）<br>*kinma* | betel | ကွမ်းရွက်<br>クゥン・ルェッ |
| ココナツ<br>*kokonattsu* | coconuts | အုန်းသီး<br>オオンティ |
| ゴムノキ<br>*gomunoki* | rubber tree | ရာဘာ<br>ラーバー |
| 桜<br>*sakura* | cherry tree | ချယ်ရီ<br>チェーリ |

591

その他

| 日 | 英 | ミャンマー |
|---|---|---|
| サボテン<br>*saboten* | cactus | ရှားစောင်းပင်<br>シャア・ザウンピン |
| ジャスミン<br>*jasumin* | jasmine | စပွယ်<br>サ・ペェ |
| 杉<br>*sugi* | Japan cedar | ဂျပန်ထင်းရူး<br>ジャパン・ティンユー |
| 竹<br>*take* | bamboo | ဝါး<br>ワァ |
| チーク<br>*chiiku* | teak wood | ကျွန်းသစ်<br>チュオン・ティッ |
| チューリップ<br>*chuurippu* | tulip | ကျူးလစ်<br>チューリッ |
| 蓮、睡蓮<br>*hasu, suiren* | lotus | ကြာ<br>チャー |
| バラ<br>*bara* | rose | နှင်းဆီ<br>ニンセィ |
| バンジー<br>*banjii* | bungee | ဘန်ဂျီကြိုး<br>バン・ジィ・チョウ |
| ヒマラヤスギ<br>*himarayasugi* | cedar | သစ်ကတိုးကောင်၊<br>ティッカトゥ・カウン<br><br>တောင်တမာ |
| 向日葵<br>*himawari* | sunflower | နေကြာ(ပန်း)<br>ネーチャー(パァン) |
| ブルーベル<br>*buruuberu* | bluebell | (အပြာရောင်)ခေါင်းလောင်းပုံ<br>ပန်းပင်၊<br>カウンロイン・ポン・パンピン<br><br>ကျားပါးစပ်ပန်းပင်။ |
| ベゴニア<br>*begonia* | begonia | (ဖိုးစိန်ခေါင်းပန်း)၊ကြွေပန်း<br>チュエ・パン |

592

その他

| 日 | 英 | ミャンマー |
|---|---|---|
| 松 *matsu* | pine | ထင်းရှူး<br>ティンユー |
| 椰子 *yashi* | palm | ထန်းသီး<br>タンティ |
| 百合 *yuri* | lily | လီလီ<br>リーリ |

◆宝石、アクセサリー *houseki, akusesarii* ◆ jewel, accessories
◆ ကျောက် チャゥ

| 日 | 英 | ミャンマー |
|---|---|---|
| アクアマリン *akuamarin* | aquamarine | စိမ်းပြာရောင်<br>セイン・ピャ・ヤウン<br><br>စိမ်းပြာရောင်ရှိသော မြကျောက်။ |
| エメラルド *emerarudo* | emerald | မြ<br>ミャ |
| サファイア *safaia* | sapphire | နီလာ<br>ニーラ |
| 真珠 *shinju* | pearl | ပုလဲ<br>プゥ・レ |
| 水晶 *suishou* | crystal | ဖန်ကျောက်<br>ファンチャゥ |
| ダイアモンド *daiamondo* | diamond | စိန်<br>セェン |
| トパーズ *topaazu* | topaz | ဥဿဖရား<br>ウ・タフ・ヤ |
| ビーズ、ガラス玉 *biizu, garasudama* | bead | ပုတီးစေ့<br>パディセェ<br><br>ပုတီးလုံး |
| ルビー *rubii* | ruby | ပတ္တမြား<br>パ・タッミャ |

その他

| 日 | 英 | ミャンマー |
|---|---|---|
| イヤリング<br>*iyaringu* | earrings | နားကပ်<br>ナ・カッ |
| 腕時計<br>*udedokei* | wristwatch | လက်ပတ်နာရီ<br>レッパ・ナーイ |
| ネックレス<br>*nekkuresu* | necklace | ဆွဲကြိုး<br>スェ・チョー |
| ブレスレット<br>*buresuretto* | bracelet | လက်ကောက်<br>レッカゥ |
| ブローチ<br>*buroochi* | brooch | ရင်ထိုး<br>リンドゥ |
| 指輪<br>*yubiwa* | ring | လက်စွပ်<br>レッ・スゥッ |

◆ 野菜 *yasai* ◆ vegetables ◆ အသီးအရွက် ヒンティ・ヒンユェッ

| オクラ<br>*okura* | lady finger | ရုံးပတေသီး<br>ヨンパティ・ティー |
|---|---|---|
| カボチャ<br>*kabocha* | pumpkin | ဖရုံသီး<br>パ・ヨン・ティ |
| キノコ<br>*kinoko* | mushroom | မို<br>モゥ |
| キャベツ<br>*kyabetsu* | cabbage | ဂေါ်ဖီထုပ်<br>ゲォビー・トゥッ |
| きゅうり<br>*kyuuri* | cucumber | သခွားသီး<br>タクァ・ティー |
| 空芯菜<br>*kuushinsai* | morning glory | ကန်စွန်းရွက်<br>カゾン・ルェッ |
| コリアンダ<br>*korianda* | coriander | နံနံပင်<br>ナンナン・ピン |

その他

| 日 | 英 | ミャンマー |
|---|---|---|
| さつまいも<br>*satsumaimo* | sweet potato | ကန်ဇွန်းဥ<br>カ・ゾン・ウ |
| じゃがいも<br>*jagaimo* | potato | အာလူး<br>アールー |
| 大根<br>*daikon* | radish | မုန်လာဥ<br>モン・ラ・ウ |
| とうもろこし<br>*toumorokoshi* | corn | ပြောင်းဖူး<br>ピュン・ブー |
| ナス<br>*nasu* | eggplant,<br>aborigine | ခရမ်းသီး<br>カ・ヤンティ |
| 人参<br>*ninjin* | carrot | မုန်လာဥနီ<br>モン・ラ・ウ・ニー |
| ニンニク<br>*ninniku* | garlic | ကြက်သွန်ဖြူ<br>チェ・トゥン・ピュ |
| 白菜<br>*hakusai* | chinese cabbage | မုန်ညှင်း<br>モン・ンニィン |
| バジル<br>*bajiru* | basil | ပင်စိမ်း<br>ピン・セェン |
| ブロッコリー<br>*burokkorii* | broccoli | ပန်းဂေါ်ဗီစိမ်း<br>パングォ・ビ・セェン |
| レタス<br>*retasu* | lettuce | ဆလပ်ရွက်<br>サ・ラッ・ルェッ |

◆曜日 *youbi* ◆ day ◆ နေ့ ネェ

| 日曜日<br>*nichiyoubi* | Sunday | တနင်္ဂနွေ(နေ့)<br>タニングヌェ |
| 月曜日<br>*getsuyoubi* | Monday | တနင်္လာ(နေ့)<br>タニンラー |

その他

| 日 | 英 | ミャンマー |
|---|---|---|
| 火曜日 *kayoubi* | Tuesday | အင်္ဂါ(နေ့) インガー |
| 水曜日 *suiyoubi* | Wednesday | ဗုဒ္ဓဟူး(နေ့) ボウダフー |
| 木曜日 *mokuyoubi* | Thursday | ကြာသာပတေး(နေ့) チャーターパテェ |
| 金曜日 *kinyoubi* | Friday | သောကြာ(နေ့) タォチャー |
| 土曜日 *doyoubi* | Saturday | စနေ(နေ့) サネー |
| 週末 *shuumatsu* | weekend | စနေ တနင်္ဂနွေ サネェ・タニングヌェ |
| 平日 *heijitsu* | weekday | ကြားရက် チャーイェッ |
| 休日 *kyuujitsu* | holiday, vacation | နားရက် ナーイェッ |
| 祭日 *saijitsu* | national holiday, festival day | ပွဲတော်နေ့ プェ・トゥ・ネェ |

| 日 | ミャンマー |
|---|---|
| ◆ 類別詞 *ruibetsushi* ◆ Classifier ◆ | အရေအတွက် アイェ・アトェッ |
| ～個(菓子・小さなもの一般) *~ko(kashi・chiisanamono ippan)* | ～ခု ～ク |
| ～人(人間) *~nin(ningen)* | ～ယောက် ～ヤゥ |
| ～台(自動車) *~dai(jidousha)* | ～စီး ～セィ |
| ～本(スプーン、フォーク) *~bon(supuun, fooku)* | ～အုပ် ～オゥ |
| ～台(機械) *~dai(kikai)* | ～လုံး ～ローン |

その他

| 日 | ミャンマー |
|---|---|
| ～部(新聞) ~bu(shinbun) | ～ စောင် ～サウン |
| ～冊(雑誌) ~satsu(zasshi) | ～ အုပ် ～オゥ |
| ～通(手紙) ~tsuu(teagmi) | ～ စောင် ～サウン |
| ～枚(布) ~mai(nuno) | ～ ရွက် ～ユェ |
| ～切れ(切り身) ~kire(kirimi) | ～ တုံး ～トゥン |
| ～組(衣類) ~kumi(irui) | ～ စ ～サ |
| ～セット(食器) ~setto(shokki) | ～ လုံး ～ローン<br>～ ပြား ～ピャー |
| ～個(果物) ~ko(kudamono) | ～ လုံး ～ローン |
| ～枚(切符、葉) ~mai(kippu, ha) | ～ စောင် ～サウン<br>～ ရွက် ～ユェ |
| ～枚(ハンカチ、タオル、シーツ) ~mai(hankachi.taoru.siitsu) | ～ ထည် ～テェ |
| ～枚(CD、板、紙) ~mai(CD, ita, kami) | ～ ပြား ～ピャー |
| ～粒(宝石、錠剤、米) ~tsubu(houseki, jyouzai, kome) | ～ ပွင့် ～プィン<br>～ တောင့် ～タウィン<br>～ စေ့ ～セェ |
| ～個(ボール、果物) ~ko(booru, kudamono) | ～ လုံး ～ローン |
| ～冊(本) ~satsu(hon) | ～ အုပ် ～オゥ |
| ～本(ろうそく、針、はさみ、ナイフ)<br>~hon(rousoku. hari. hasami. naifu) | ～ ချောင်း ～チャゥン<br>～ စင်း ～セン<br>～ စင်း ～セン |
| ～頭 ~tou | ～ ကောင် カウン |

597

その他

| 日 | ミャンマー |
|---|---|
| ～匹(獣、魚、鳥、虫) ~hiki(kemono, sakana, tori, mushi) | ～ကောင် ～カウン |
| ～着(衣服) ~chaku(ifuku) | ～ထည် ～テェ |
| ～個(机、椅子) ~ko(tsukue, isu) | ～လုံး ～ローン |
| ～本(糸、紐、ロープ、毛髪)<br>~hon(ito, himo, roopu, mouhatsu) | ～ချောင်း(ချီး) ～チャウン |
| ～本(びん) ~hon(bin) | ～လုံး ～ローン |
| ～皿 ~sara | ～ပြား ～ピャー |
| ～品(料理) ~shina(ryouri) | ～ပွဲ ～プェ |
| ～杯(ご飯、そば) ~hai(gohan, soba) | ～ပွဲ ～プェ |
| ～杯(飲物) ~hai(nominono) | ～ခွက် ～クェ |
| ～箇所(場所) ~kasho(basho) | ～နေရာ ～ネヤァ |
| ～本(ペン、鉛筆) ~hon(pen, enpitsu) | ～ချောင်း ～チャウン<br>～စင်း ～セン<br>～စဉ်း ～セン |
| ～個(缶詰) ~ko(kanzume) | ～ဘူး ～ブー |
| ～足(靴、靴下) ~soku(kutsu, kutsushita) | ～ရံ ～ヤン |
| ～組(夫婦、カップル) ~kumi(fuufu, kappuru) | ～တွဲ ～トェ |
| ～膳(箸) ~zen(hashi) | ～စုံ ～ソン |
| ～機(航空機) ~ki(koukuuki) | ～စင်း ～セン |
| ～隻(船) ~seki(fune) | ～စီး ～セィ |

## ＜簡単な日常会話表現＞

※全てが直訳ではありません。（長い／言いづらい／普段あまり使わない文章などは、様々な 状況でも使えるよう、アレンジした表現となっています。）

※ミャンマー語では、自分の事を言う場合（私は）、男性はチョン・トゥ ကျွန်တော့်、女性はチョン・マ ကျွန်မ を使います。

| 日／英 | ミャンマー |
|---|---|
| おはようございます<br>good morning | မင်္ဂလာပါ။<br>(မင်္ဂလာရှိသော မနက်ခင်းပါ) |
| こんにちは<br>good afternoon<br>こんばんは<br>good evening | ミンガラバー<br>※朝・昼・晩、全て同じ言葉です。<br>The "MINGALAPA" word can be used all time. |
| おやすみなさい<br>sweet dreams | အနားယူပါတော့<br>アナー・ユ・バー・トゥ |
| やあ！<br>Hello / Hi | ဟေး<br>ヘイ<br><br>ဟယ်လို<br>ヘロー |
| はじめまして<br>How do you do / Nice to meet you. | သိခွင့်ရလို့ ဝမ်းသာပါတယ်<br>(ခင်မင်ရလို့ ဝမ်းသာပါတယ်)<br>ティクイン・ヤ・ロ・ワンターバーテェ |
| お元気ですか<br>How are you? | ကျန်းမာပါသလား<br>チャンマーパ・タラー |
| 調子はいかがですか<br>How are you doing? | နေထိုင်ကောင်းပါသလား<br>ネタイン・カウンパ・タラー |
| はい、元気です。あなたは？<br>I'm fine. And you? | ဟုတ်ကဲ့၊နေကောင်းပါတယ်။<br>ခင်ဗျားရော နေထိုင်ကောင်းပါသလား<br>ホウケッ。ネェカウンパテェ<br>キンビャヨウ・ネタイン・カウンパタラー |
| まあまあです<br>So-so. | မဆိုးပါဘူး။ ကောင်းပါတယ်<br>マソーパーブー。カウンパーテェ |
| お忙しいですか<br>Are you busy? | အလုပ်များနေပါသလား<br>アッロ・ミャーネパタラー |

| 日/英 | ミャンマー |
|---|---|
| あいかわらずです<br>As usual. | ဘာမှ မပြောင်းလဲပါဘူး<br>バーマ・マ・ピャンレバーブ |
| お目にかかれてうれしいです<br>Nice to see you. | တွေ့ရတာ ဝမ်းသာပါတယ်<br>トェラター・ワンター・バテェ |
| またお会いしましょう<br>See you again. | နောက်ထပ်တွေ့ကြဦးစို့<br>ナゥタッ・トェチャ・オンソゥ |
| また近いうちに<br>See you soon. | မကြာခင် ထပ်တွေ့ကြစို့<br>マチャーキン・タッテェチャソゥ |
| またあとで<br>See you later. | ပြီးရင် တွေ့ကြစို့<br>ピーイン・トェチャソゥ |
| さようなら<br>Good-bye. | ဘိုင်ဘိုင်<br>バイ・バイ |
| お先に失礼します<br>Excuse me, but I must be leaving now. | ခွင့်ပြုပါဦး<br>クゥイン・ピュ・パー・オゥン |
| またおいで下さい<br>Please visit again. | နောက်လည်း လာပါနော်<br>ナゥレー・ラパーノゥ |
| ありがとう<br>Thank you. | ကျေးဇူးတင်ပါတယ်<br>チェーズー・ティンパーテェ |
| どうもありがとうございます<br>Thanks a lot. | ကျေးဇူးအထူးတင်ပါတယ်<br>チェーズー・アトゥ・ティンパーテェ |
| いろいろとお世話になりました<br>Thank you for everything. | စောင့်ရှောက်ပေးလို့ ကျေးဇူးအထူးတင်ပါတယ်<br>サウンシャウ・ペーロ・チェーズー・アトゥ・ティンパーテェ |
| ご親切にありがとう<br>Thank you for your kindness. | ကြင်နာမှုအပေါ် ကျေးဇူးတင်ပါတယ်<br>チンナーム・アポゥ・チェーズー・ティンパーテェ |
| お土産をありがとう<br>Thank you for the present. | လက်ဆောင်ပေးတာ ကျေးဇူးတင်ပါတယ်<br>レッサウンペーター・チェーズー・ティンパーテェ |
| どういたしまして<br>You are welcome. | ကိစ္စမရှိပါဘူး<br>ケィサ・マシパーブ |

| 日／英 | ミャンマー |
|---|---|
| こちらこそ<br>The pleasure is mine. | ကျွန်တော်လည်း အတူတူပါပဲ（男性用）<br>チョントゥ・レ・アトゥトゥ・パーペ<br>ကျွန်မလည်း အတူတူပါပဲ（女性用）<br>チョンマ・レ・アトゥトゥ・パーペ |
| 失礼します<br>Excuse me. | ခွင့်ပြုပါ<br>クウイン・ピュ・パー |
| だいじょうぶですか<br>Are you all right? | ရရဲ့လား<br>ヤ・レ・ラー |
| だいじょうぶです<br>That's all right. | ရပါတယ်<br>ヤ・パーテェ |
| お手数かけます<br>Sorry to disturb you. | အနှောင့်အယှက်ပေးလိုက်မိပါတယ်<br>アナウアッシェ・ペェライ・ミ・パーテェ |
| 気にしなくていいです<br>Don't worry about it. | ဘာမှ သဘောမထားပါနဲ့<br>バーマ・タボゥ・マ・ターパーネェ |
| 遅れてすみません<br>Sorry I'm late. | နောက်ကျသွားလို့ ခွင့်လွှတ်ပါ<br>ナウチャ・トァロッ・クインルッパー |
| 待たせてすみません<br>I'm sorry to have kept you waiting. | စောင့်ခိုင်းထားတာ အားနာပါတယ်<br>サウンカイン・タァダ・アァーナーパーテェ |
| はい（そうです）<br>Yes. | ဟုတ်ကဲ့<br>ホゥケッ |
| そのとおりです<br>That's right. | မှန်ပါတယ်<br>マンパーテェ |
| そうだと思います<br>I think so. | သည်လိုပဲ ထင်ပါတယ်<br>ティローペェ ティンバーデェ |
| わかりました<br>I understand. | နားလည်ပါပြီ<br>ナーレーパーピー |
| OK！<br>OK! | ရပါပြီ<br>ヤパーピー |
| もちろんです<br>Of course. | အမှန်ပေါ့<br>ア・マン・ポゥ<br>ရတာပေါ့<br>ヤ・ターポゥ |

601

| 日／英 | ミャンマー |
|---|---|
| いいですよ<br>All right. | ကောင်းပါတယ်<br>カウンパーテェ |
| いいえ<br>No. | မဟုတ်ဘူး<br>マ・ホゥブー |
| いいえ、結構です<br>No, thank you. | ရပါတယ်။ ကိစ္စမရှိဘူး<br>ヤ・パーテェ。 ケィサ・マ・シーパーブ |
| 知りません<br>I don't know. | မသိပါဘူး<br>マ・ティパーブ |
| そうは思いません<br>I don't think so. | သည်လို မထင်ပါဘူး<br>ティロー・マティン・パーブ |
| 今は忙しいです<br>I'm busy now. | အခု နည်းနည်း အလုပ်ရှုပ်နေတယ်<br>アァクー・ネネ・アロッショゥ・ネェテェ |
| 急いでますので<br>I'm in a hurry. | အရင်လိုနေတယ်<br>アイン・ローネェテェ |
| 先約があります<br>I have an appointment. | ချိန်းထားတာရှိတယ်<br>チェンタータ・シーテェ |
| すみませんが…<br>Excuse me, but… | စိတ်မရှိပါနဲ့<br>セェマシー・パーネェ |
| ちょっとお尋ねしたいのですが<br>May I ask you a question? | နည်းနည်း မေးပါရစေ<br>ネネェ・メェ・パヤーセェ |
| 私を覚えてますか<br>Do you remember me? | မှတ်မိပါသလား<br>マッミ・パータラー |
| | ကျွန်တော့်ကို မှတ်မိပါသလား (男性用)<br>ကျွန်မကို မှတ်မိပါသလား (女性用) |
| お名前は？<br>What's your name? | နာမည် ဘယ်လို ခေါ်ပါသလဲ<br>ナーメェ・ベロー・コゥパータレー |
| どこから来たのですか<br>Where are you from? | ဘယ်ကလာပါသလဲ<br>ベェカ・ラーパタレ |
| トイレはどこですか<br>Where is the rest room? | အိမ်သာ ဘယ်မှာလဲ<br>エィンター・ベマーレー |
| それはどういう意味ですか<br>What does that mean? | ဘာ ပြောတာပါလဲ<br>バーピョータ・パァレ |
| これは何ですか<br>What's this? | (ဒါ)ဘာ ပါလဲ<br>バーパレー |

| 日/英 | ミャンマー |
|---|---|
| なぜですか  Why? | ဘာဖြစ်ပါလို့လဲ  バーピィパローレ |
| 何？  What? | ဘာ ပါလဲ  バーパレー |
| 何て言いました？  What did you say? | ဘာ ပြောတာပါလဲ  バー・ピョターバレー |
| もう一度おっしゃってください  Could you say that again, please? | ထပ်ပြောပေးပါဦး  タッピョウ・ペーパーオゥン |
| よく聞こえません  I can't hear you. | မကြားလို့ပါ  マ・チャーロッパ |
| 本当？  Really? | တစ်ကယ်ပါလား  テッケーパーラー |
| しまった！  Oops! | အိုး...  オー |
| ちょっと待って  Wait a minute. | ခဏစောင့်ပါ  カナーサウンパー |
| なるほど  Well, I see. | နားလည်ပါပြီ  ナーレ・パーピー |
| まったくですね  That's right. | မှန်ပါတယ်  マン・パーテェ |
| ちょっと手伝ってください  Could you give me a hand? | ကူညီပါ  クーニィ・パー |
| お願いがあるのですが  Can I ask you a favor? | အကူအညီ တောင်းလိုပါတယ်  アクー・アニィ・タゥンローパーテェ |
| ここに書いてください  Could you write that down? | ရေးပြပါ  イェーピャ・パー |
| 急いでください  Please hurry. | မြန်မြန်လုပ်ပေးပါ  ミャンミャン・ロッペーパー |
| もう少しゆっくり話してください  Speak more slowly, please. | ဖြေးဖြေးပြောပေးပါ  ピェピェ・ピョウパー |
| 会社へ電話してください  Call me at the office, please. | ရုံးကို လွမ်းခေါ် လိုက်ပါ  ヨンコ・レン・クォ・ライパー |

日常会話

| 日／英 | ミャンマー |
|---|---|
| メールで連絡してもらえますか<br>Could you send me a message by e-mail? | စာပို့လိုက်ပါ<br>サアー・ポゥ　ライバー |
| 日本から来ました<br>I'm from japan. | ဂျပန်က လာတာပါ<br>ジャパンカ・ラーターバー |
| 東京の出身です<br>I'm from Tokyo. | တိုကျိုက လာတာပါ<br>トゥチョーガ・ラーターバ |
| 出版社に勤めています<br>I work for the publishing company. | စာအုပ်ထုပ်ဝေတဲ့ဆီမှာ (အ)လုပ် လုပ်နေပါတယ်<br>サーオゥ・トゥウェテェ・クォンマニーガアバー<br>စာအုပ်ထုပ်တဲ့ ကုမ္ပဏီကပါ |
| 仕事で来ています<br>I am here on business. | သည်ဟာ ကျွန်တော့် အလုပ်ပါ<br>ティハー・チョントゥ・アッロバー |
| 夕食でもしませんか<br>What about dinner together? | ညစာ အတူတူ သုံးဆောင်နိုင်မလား<br>ニャサー・アトゥトゥ・トゥンサゥ・ナインマラー |
| いっしょに行きませんか<br>Won't you come along? | အတူတူသွားမလား<br>アトゥトゥ・トアマラー |
| あなたもどうですか<br>How about you? | ဘယ်လို သဘောရပါသလဲ<br>ベレー・タボゥヤ・バタレー |
| 楽しかったです<br>I've had a good time. | ပျော်ဘို့ ကောင်းတယ်<br>ピョゥボ・カウンテェ |
| すばらしい<br>Wonderful! / Fantastic! | ပြောင်မြောက်တယ်<br>ピョン・ミョウ・テェ |
| おもしろい<br>What fun! | ပျော်ဘို့ ကောင်းတယ်<br>ピョゥボ・カウンテェ |
| 感動しました<br>That's very moving. | သဘောကျသွားပြီ<br>タボゥーチャ・トア・ビ |
| おいしい<br>Delicious! | အရသာရှိတယ်<br>アヤターシーテェ |
| 驚きました<br>What a surprise! | (ထိပ်)လန့်သွားတယ်<br>ラン・トァテェ |
| 怖いです<br>I'm scared. | ကြောက်တယ်<br>チャゥテェ |

| 日/英 | ミャンマー |
|---|---|
| 寂しいです<br>I'm lonely. | အားငယ်တယ်<br>アァー・ングェテェ |
| 残念です<br>That's too bad. | စိတ်မကောင်းဘူး<br>セェ・マカウンブー |
| 心配です<br>I'm worried. | စိုးရိမ်တယ်<br>ソーレィンテェ |
| しかたがありません<br>It can't be helped! | ဘာမှ မတတ်နိုင်ပါဘူး<br>バーマ・マッタ・ナィンパーブ |
| 問題ありません<br>No problem. | ကိစ္စမရှိပါဘူး<br>ケィサ・マ・シーパーブ |
| 何でもありません<br>It's nothing at all. | ဘာမှ မဖြစ်ပါဘူး<br>バーマ・マ・ピィパーブー |
| 気に入りました<br>I like it. | ကြိုက်ပါတယ်<br>チャィ・パーテェ |
| 気に入りません<br>I don't like it. | မကြိုက်ပါဘူး<br>マ・チャィ・パーブー |
| いつお会いしましょうか<br>When shall we meet? | ဘယ်တော့တွေ့ကြ မလဲ<br>ベトゥ・トェ・ジャマレー |
| 何曜日がいいですか<br>What day will suit you? | ဘယ်နေ့ တွေ့ကြမလဲ<br>ベェネ・トェ・ジャマレー |
| 金曜日はいかがですか<br>How about Friday? | သောကြာနေ့က ဘယ်လိုလဲ<br>トゥチャーネェ・カ・ベローレ |
| 私はそれで結構です<br>That suits me fine. | (ကျွန်တော်၊ ကျွန်မ ကတော့) သိပ်ကောင်းပါတယ်<br>テェカゥンバーテェ |
| いつでもかまいません<br>Anytime will do. | ဘယ်တော့ဖြစ်ဖြစ် ရပါတယ်<br>ベトゥ・ピィピィ・ラバーテェ |
| もしもし、○○さんはいらっしゃいますか<br>Hello. Is Mrs. ○○ there? | ○○ ရှိပါသလား<br>○○シーパータラー |
| 私は、鈴木と申します<br>My name is Suzuki. | (ကျွန်တော်၊ ကျွန်မ) ဆူဇူကီးပါ<br>スズキー　バ |
| ○○さんをお願いしたいのですが<br>May I speak to miss ○○? | ○○ နဲ့ပြောချင်ပါတယ်<br>○○ネェ・ピョウ・チンバーテェ |

日常会話

## 日常会話

| 日／英 | ミャンマー |
|---|---|
| どちら様ですか<br>May I have you name, please? | ဘယ်သူပါလဲ<br>ベトゥパーレェ |
| 少々お待ちください<br>Please hold. | ခကစောင့်ပါ<br>カナー・サウンバー |
| 伝言をお願いします<br>Could you give him a message? | မှာထားချင်ပါတယ်<br>マーターチンバーテェ |
| あとでこちらからかけなおします<br>I'll call back later. | ပြန်ခေါ်ပါ့မယ်<br>ピャンコゥ・パァメェ |

| 切符売り場はどこですか<br>Where is the ticket office? | လက်မှတ်ဘယ်မှာ ဝယ်ရမှာလဲ<br>レッマ・ベェマー・ウェヤマーレ |
|---|---|
| 駅はどこでしょうか<br>Where's station? | ဘူတာရုံက ဘယ်မှာလဲ<br>ブーターヨンガ・ベマーレ |
| 銀行に行きたいのですが<br>I'd like to go to Bank. | ဘဏ်တိုက် သွားချင်ပါတယ်<br>バンタィ・トァチンパーテェ |
| 乗り換えが必要ですか<br>Do I need to transfer? | ပြောင်းစီးရမှာလား<br>ピョン・セィ・ヤマラー |
| どこで降りたらいいですか<br>Where should I get off? | ဘယ်မှာ ဆင်းရမလဲ<br>ベマー・セィン・ヤマレー |
| 遠いですか<br>Is it far from here? | ဝေးပါသလား<br>ウェーパータラー |
| 歩いて行けますか<br>Can I walk there? | လမ်းလျှောက်သွားလို့ရသလား<br>ランシャゥ・トァロ・ヤタラー |
| すぐそこですよ<br>It's tsonly a short distance. | ဒီနားလေးတင်ပါ<br>ディナーレーティンバー |
| ここからだとかなりありますよ<br>It's quite a distance from here. | ဒီကဆို တော်တော်ဝေးမယ်<br>ディカソー テッククトゥ・ピィメェ・マホウッラー |

| いくらですか<br>How much? | ဘယ်လောက်လဲ<br>ベラゥンレー |
|---|---|
| メニューを見せてください<br>Could I have a menu, please? | မဲနူးကို ပြပါ<br>メーヌーコー・ピャパー |
| おすすめはなんですか<br>What do you recommend? | ကောင်းတာ ဘာရှိလဲ<br>カウンター・バーシレ |

| 日／英 | ミャンマー |
|---|---|
| 乾杯！<br>Cheers! | ချီးယား(စ်)<br>チーヤス |
| おなかがいっぱいです<br>I'm full. | ပြည့်စုံပါပြီ<br>ピェソンパービ |
| たいへんおいしかったです<br>It was very good, thank you. | အလွန် အရသာရှိပါတယ်<br>アルォン・アヤター・シパーテェ |
| お勘定をお願いします<br>Check, please. | ဘေရှင်းပါမယ်<br>ベーシンパーメェ |
| いらっしゃいませ<br>May I help you? | ကြွပါ<br>チュアバー |
| 〇〇はありますか<br>Do you have 〇〇? | 〇〇 ရှိပါသလား<br>〇〇シーパータラー |
| あれを見せてください<br>Could you show me that one, please? | ဒါပြပေးပါ<br>ダーピャ・ペーバ |
| 試着してもいいですか<br>Can I try this on? | ဝတ်ကြည့်လို့ ရမလား<br>ウィッチロ・ヤ・マラー |
| まけてもらえますか<br>Can you give me a discount? | လျှော့ပေးမလား<br>ショウ・ペーマラー |
| これをください<br>I'll take this, please. | ဒါပေးပါ<br>ダーペェバー |
| いりません<br>No, thank you. | မလိုတော့ပါဘူး<br>マアロートゥバーブ |
| ちょっと困っています<br>I have a problem. | ပြဿနာ နည်းနည်းရှိပါတယ်<br>ピャタナー・ネェネ・シバーテェ |
| 日本語を話せる人を呼んでください<br>Could you call somebody who speaks Japanese? | ဂျပန်လိုတတ်တဲ့သူ ရှိပါသလား<br>ジャパンロータッテェトゥ・シパータラー |
| 道に迷いました<br>I think I am lost. | လမ်းမှားနေလို့ပါ<br>マーネェーロゥバー |
| パスポートをなくしました<br>I have lost my passport. | ပတ်(စ်)ပို့ ပျောက်သွားလို့ပါ<br>パンサポ・ピャゥトア・ロッバ |

日常会話

| 日／英 | ミャンマー |
|---|---|
| かばんを盗まれました<br>Someone has stolen my bag. | အိပ် ခိုးခံရလို့ပါ<br>エイッ・コゥ・カンヤロッバ |
| 警察はどこですか<br>Where is the police station? | ရဲစခန်း ဘယ်မှာပါလဲ<br>イェサカン・ベェマーレ |
| 助けて！<br>Help! | ကယ်ကြပါ<br>ケェチャバー |
| 火事だ！<br>Fire! | မီး....မီး<br>ミー・ミー |
| おまわりさん！<br>Police! | ရဲ<br>イェー |
| どろぼう！<br>Thief! | သူခိုး<br>トゥコゥ |
| 計算が間違っています<br>This calculation is wrong. | တွက်တာမှားနေတယ်<br>トェッター・マーネェテェ |
| おつりが足りません<br>This is not the correct change. | ပြန်အန်းတာ လိုနေတယ်<br>ピャンアンター・ローネェテェ |
| 話が違います<br>That's not what you said. | ပြောတာနဲ့ လွဲနေတယ်<br>ピョゥターネッ・ルェネテェ |
| これは注文していません<br>I didn't order this. | ဒါ မမှာထားဘူး<br>ダァー・マ・マァターブー |
| 頼んだものがまだきません<br>Our order hasn't arrived yet. | မှာထားတာ မလာသေးဘူး<br>マァー・ダータ・マラァテェブー |
| 値段が高すぎます<br>The bill is too much. | ဈေးကြီးလွန်းတယ်<br>ゼェチールゥンテェ |
| お湯が出ません<br>There isn't any hot water. | ရေနွေး မရဘူး<br>イェヌェ・マヤブー |
| シャワーが出ません<br>The shower doesn't work. | ရေပန်း မရဘူး<br>イェバン・マヤブー |
| 部屋が寒すぎます<br>It is too cold in this room. | အခန်းက အေးလွန်းတယ်<br>アカンガ・エールゥンテェ |
| この部屋はうるさいです<br>This room is too noisy. | အခန်းက ဆူလွန်းတယ်<br>アカンガ・スールゥンテェ |

| 日／英 | ミャンマー |
|---|---|
| 日本から予約しました<br>I made a reservation in Japan. | ဂျပန်ကနေ ဘိုကင် တင်ထားတယ်<br>ジャパンカネ・ボーキン・ティンターテェ |
| ツインをお願いします<br>A twin room, please. | ကုတင် နှစ်လုံးအခန်း ပေးပါ<br>クティン・ナロン・アカン・ペーバ |
| もっと安い部屋はありますか<br>Is there anything cheaper? | ဈေးပေါတဲ့ အခန်းရှိသလား<br>ゼェ・ポゥテェ・アカンシータラー |
| 部屋を見せてください<br>Please show me the room. | အခန်းကိုပြပါ<br>アカンコー・ピャバー |
| この部屋にします<br>I'll take this room. | ဒီအခန်း ကြိုက်တယ်<br>ディアカン・チャイテェ |
| 1泊（2泊／3泊）です<br>One night. (Two/Three) night. | တစ်ည (နှစ်ည၊ သုံးည)<br>テェニャ（ネッニャ。トンニャ） |
| 5日間滞在の予定です<br>I'm planning to stay five days. | ငါးည နေမလို့ပါ<br>ンガーニャ・ネェ・マッロ・バー |
| もっと静かな部屋はありますか<br>Do you have any quieter rooms? | တိတ်ဆိတ်တဲ့ အခန်းရှိပါလား<br>テェセェッテ・アカン・シバータラー |
| 田中です。チェックインお願いします<br>I'd like to check in. My name is Tanaka. | တာနာကာပါ၊ ချက်အင် လုပ်ချင်လို့ပါ<br>タナカーバ・チェッイン・ルオチンロバー |
| 朝食はどこでできますか<br>Were can I have breakfast? | မနက်စာက ဘယ်မှာစားရမလဲဟင်<br>メッネサーカ・ベーマーサーヤマレーヒン |
| クレジットカードは使えますか<br>Can I use a credit card? | ဘက်ကတ်သုံးလို့ ရပါလား<br>バンカッ・トゥンロウ・ヤパーラー |
| チェックアウトは何時ですか<br>What time is check-out? | ချက်ကောက် ဘယ်အချိန်ပါလဲ<br>チェッカウ・ベアチェン・バーレ |

| | |
|---|---|
| 病院に連れて行って下さい<br>Please take me to a hospital. | ဆေးရုံခေါ် သွားပေးပါ<br>セェヨン・クォトァ・ペーバ |
| 気分が悪いのですが<br>I don't feel well. | နေသိပ်မကောင်းပါ<br>ネェ・テェ・マカゥンバー |
| 熱があります<br>I have a fever. | အဖျားရှိနေတယ်<br>アピャーシネェテェ |
| 下痢をしています<br>I have diarrhea. | ဝမ်းလျှော့နေတယ်<br>ワンショウ・ネェテェ |

日常会話

| 日／英 | ミャンマー |
|---|---|
| 胃が痛みます<br>My stomach aches. | ဗိုက်အောင့်နေတယ်<br>バィ・アゥン・ネテェ |
| 頭が痛いです<br>I have a headache. | ခေါင်းကိုက်နေတယ်<br>ガゥンカイッ・ネェテェ |
| けがをしました<br>I've injured myself. | ဒက်ယာရနေတယ်<br>ダンヤー・ヤネェテェ |
| やけどをしました<br>I've burned myself. | အပူလောင်သွားတယ်<br>アプーラゥン・トァテェ |
| 風邪薬をください<br>I'd like some medicine for a cold, please. | အအေးမိပျောက်ဆေး ပေးပါ<br>アエーミ・ピャゥセー・ペーバ |
| 私はアレルギー体質です<br>I have allergies. | (ကျွန်တော်၊ ကျွန်မ မှာ) အလက်ဂျိတ်ရှိပါတယ်<br>アレッジェッ・シバーテェ |
| 何時ですか<br>What time is it? | ဘယ်နှစ်နာရီပါလဲ<br>ベェネナーイ・パーレ |
| 4時です<br>It's four o'clock. | လေးနာရီပါ<br>レーナーイパー |
| 2時半です<br>Half past two. | နှစ်နာရီခွဲပါ<br>ネッナーイクエバー |
| 6時を回ったところです<br>It's just after six o'clock. | ခြောက်နာရီ ထိုးပြီးသွားပြီ<br>チャゥナーイ・トゥ・ピー・トァー・ビ |
| 8時15分です<br>Quarter past nine. | ရှစ်နာရီ ဆယ့်ငါးမိနစ်ပါ<br>シェッナーイ・セグァミネッパー |
| 5時10分前です<br>Ten to five. | ငါးနာရီ ဆယ်မိနစ်ပါ<br>ングァナーイ・セミッネッパー |
| 今日は何日ですか<br>What's the date today? | ဒီနေ့ ဘယ်နှစ်ရက်လဲ<br>ディネェ・ベェネッ・イェッレ |
| 12月19日です<br>It's December 19th. | ဒီဇင်ဘာ ဆယ့်ကိုးရက်ပါ<br>ディゼィンバー・セッコー・イェッパー |
| 今日は何曜日ですか<br>What day of the week is it today? | ဒီနေ့ ဘာနေ့လဲ<br>ディネェ・バーネェレー |
| 木曜日です<br>Thursday | ကြာသာပတေးနေ့ပါ<br>チャーター・パテェ・ネェ・バー |

# ◆ 索　引 ◆

| | | |
|---|---|---|
| その他 | 0.1 | 576 |
| その他 | 1 | 574 |
| その他 | 2 | 574 |
| その他 | 3 | 574 |
| その他 | 4 | 574 |
| その他 | 5 | 574 |
| その他 | 6 | 574 |
| その他 | 7 | 574 |
| その他 | 8 | 574 |
| その他 | 9 | 574 |
| その他 | 10 | 574 |
| その他 | 11 | 574 |
| その他 | 12 | 574 |
| その他 | 20 | 575 |
| その他 | 30 | 575 |
| その他 | 40 | 575 |
| その他 | 50 | 575 |
| その他 | 60 | 575 |
| その他 | 70 | 575 |
| その他 | 80 | 575 |
| その他 | 90 | 575 |
| その他 | 100 | 575 |
| その他 | 1,000 | 575 |
| その他 | 10,000 | 575 |
| その他 | 100,000 | 575 |
| その他 | 1,000,000 | 575 |
| その他 | 10,000,000 | 575 |
| その他 | 100,000,000 | 576 |

## ◆あ行

| | | |
|---|---|---|
| 機械関連 | アーク溶接 | 101 |
| 機械関連 | アーク溶接機 | 101 |
| 機械関連 | アース | 101 |
| 機械関連 | アース線 | 102 |
| 機械関連 | アースバンド | 102 |
| その他 | アーチ | 459 |
| その他 | アーティチョーク | 591 |
| 経済貿易関連 | R&D（研究開発） | 1 |
| 機械関連 | ISOインチネジ | 103 |
| 機械関連 | ISOメートルネジ | 103 |
| その他 | アイコン | 556 |
| 機械関連 | ICアイシー、集積回路 | 103 |
| その他 | アイシャドー | 551 |
| その他 | アイスクリーム | 569 |
| その他 | アイスコーヒー | 588 |
| その他 | アイスティー | 588 |
| 医療関連 | アイソトープ | 303 |
| その他 | アイディア | 459 |
| 経済貿易関連 | あいみつを取る | 1 |
| 経済貿易関連 | アウトソーシング | 1 |
| その他 | 亜鉛【Zn】 | 555 |
| その他 | 青 | 543 |
| その他 | 赤 | 543 |
| 医療関連 | あかぎれ（になった） | 303 |
| 経済貿易関連 | 赤字 | 1 |
| 経済貿易関連 | 赤字部門、赤字製品 | 1 |
| その他 | 赤ワイン | 588 |
| その他 | 秋 | 547 |
| その他 | アクアマリン | 593 |
| 医療関連 | 悪臭 | 303 |
| 機械関連 | アクセル | 104 |
| その他 | アクチュエータ | 459 |
| 医療関連 | 欠伸（あくび） | 303 |
| 医療関連 | 悪魔のしぶり腹、しぶり腹、裏急後重 | 303 |
| 医療関連 | あご | 303 |
| その他 | あご髭 | 459 |
| その他 | 朝 | 559 |
| その他 | アサ、大麻 | 591 |
| その他 | 明後日 | 560 |
| 医療関連 | 足 | 303 |
| 医療関連 | （人間の）足 | 303 |
| その他 | 味 | 537 |
| その他 | アジア | 549 |
| 医療関連 | アジア（型）インフルエンザ | 304 |
| 経済貿易関連 | アジア開発基金（ADF） | 1 |
| 経済貿易関連 | アジア太平洋経済協力会議（APEC） | 1 |
| 経済貿易関連 | アジア通貨危機 | 1 |
| 経済貿易関連 | アジア開発銀行（ADB） | 1 |
| 医療関連 | 足首 | 304 |
| その他 | 明日 | 560 |
| 医療関連 | 足のうら | 304 |
| 医療関連 | 足の甲 | 304 |
| 医療関連 | 足（手）のひらの | 304 |
| 医療関連 | 亜硝酸塩 | 304 |
| その他 | 味わえる | 459 |
| その他 | アストラカン | 459 |
| 医療関連 | アスピリン（アセチルサリチル酸） | 304 |
| その他 | アスファルト | 460 |
| その他 | アスベスト | 460 |
| 医療関連 | 汗 | 304 |
| その他 | アセアン | 549 |
| その他 | アセチルセルロース | 460 |
| 医療関連 | 汗をかく、発汗する | 305 |

| | | |
|---|---|---|
| 機械関連 | アセンブリライン、組み立てライン | 104 |
| その他 | 与えられる | 460 |
| その他 | 暖かい | 460 |
| 機械関連 | アダプター | 104 |
| 医療関連 | アタブリン | 305 |
| 医療関連 | 頭 | 305 |
| その他 | 頭割り料金(税) | 460 |
| その他 | 暑い | 460 |
| 機械関連 | 厚さ | 105 |
| 機械関連 | 暑さ | 105 |
| 機械関連 | 熱さ | 105 |
| 機械関連 | 圧縮 | 106 |
| 機械関連 | 圧縮機 | 106 |
| 機械関連 | 圧縮工程 | 107 |
| 機械関連 | 圧縮点火 | 107 |
| その他 | 圧倒的 | 460 |
| 医療関連 | 圧縮 | 305 |
| 機械関連 | 圧力 | 108 |
| 機械関連 | 圧力曲線 | 108 |
| 機械関連 | 圧力調整機 | 108 |
| 機械関連 | 圧力分布 | 109 |
| 医療関連 | (鼻などの)穴、窩 | 305 |
| 機械関連 | 穴 | 109 |
| 機械関連 | 穴あけ | 109 |
| 機械関連 | 穴あけ機 | 109 |
| その他 | アナグマ | 582 |
| その他 | あなた | 460 |
| その他 | 兄 | 545 |
| その他 | アニメ | 461 |
| その他 | 姉 | 545 |
| 機械関連 | アノード | 109 |
| 医療関連 | アノフェレス蚊 | 305 |
| その他 | アパート | 461 |
| 医療関連 | アバチン | 306 |
| その他 | アピール | 461 |
| その他 | アヒル | 582 |
| 経済貿易関連 | アフィリエイト・プログラム | 2 |
| 機械関連 | アフタークーラー、給気冷却器 | 109 |
| 機械関連 | アフターバーン | 110 |
| 機械関連 | アフターファイヤー | 110 |
| 機械関連 | 危ない、危険 | 110 |
| 医療関連 | アブミ骨 | 306 |
| その他 | 油絵 | 461 |
| 機械関連 | 油遮断器 | 110 |
| その他 | アプリケーションソフト | 556 |
| 医療関連 | アプロナリド(鎮痛薬) | 306 |
| 医療関連 | あへん剤、鎮静(催眠)剤 | 306 |
| その他 | アボカド | 547 |
| その他 | 甘い | 537 |
| その他 | 雨が多い | 461 |
| 医療関連 | アメリカマンサク | 306 |
| その他 | アモンティリヤード | 588 |

| | | |
|---|---|---|
| その他 | 荒目薄地の綿布 | 461 |
| その他 | アリバイ | 461 |
| その他 | アルカリ | 461 |
| 機械関連 | アルカリ電池 | 110 |
| その他 | アルコール | 461 |
| 医療関連 | アルコール依存症 | 306 |
| その他 | アルゴン【Ar】 | 554 |
| 医療関連 | アルツハイマー病 | 307 |
| その他 | アルバム | 461 |
| その他 | アルマジロ、ヨロイネズミ | 582 |
| その他 | アルミニウム【Al】 | 554 |
| その他 | アルミロアアーム | 462 |
| その他 | 荒れる | 462 |
| 医療関連 | アレルギー | 307 |
| 機械関連 | 泡、あぶく | 111 |
| 機械関連 | 泡止め剤 | 111 |
| 経済貿易関連 | 案件 | 2 |
| その他 | 安心 | 462 |
| その他 | あんず | 569 |
| 医療関連 | 安静 | 307 |
| 経済貿易関連 | (現場での)安全監督責任者 | 2 |
| 医療関連 | 安全期間 | 307 |
| 経済貿易関連 | 安全基準、作業規定 | 2 |
| その他 | 安全性 | 462 |
| 機械関連 | 安全注入 | 111 |
| その他 | アンチウィルス | 462 |
| その他 | アンチノック剤 | 462 |
| その他 | アンチモン | 462 |
| 医療関連 | アンチュタリン | 307 |
| 機械関連 | 安定 | 111 |
| その他 | アンティーク、古くて価値のある | 462 |
| 機械関連 | 安定性 | 111 |
| 機械関連 | アンテナ | 111 |
| 機械関連 | アンプ、増幅器 | 112 |
| その他 | アンプリファイアー | 463 |
| 機械関連 | アンペア、電流の基本単位 | 113 |
| その他 | あんまん | 569 |
| 医療関連 | 安楽死 | 308 |

## ◆い行

| | | |
|---|---|---|
| 医療関連 | 胃 | 308 |
| 機械関連 | イーエクスゴーダウン、倉庫渡し値段 | 113 |
| 経済貿易関連 | ～をeメールで送る | 2 |
| 経済貿易関連 | eメールのメッセージ | 2 |
| 医療関連 | 医院 | 308 |
| その他 | 家 | 538 |
| 医療関連 | 胃炎 | 308 |
| その他 | 硫黄【S】 | 554 |
| 機械関連 | イオン | 113 |
| 機械関連 | 異音 | 114 |
| その他 | 以下 | 463 |
| その他 | イカ | 570 |
| 医療関連 | 医学 | 308 |

| | | |
|---|---|---|
| 医療関連 | 医学生、(病院の)通勤医師 | 308 |
| 医療関連 | 医学博士 | 308 |
| 医療関連 | 医学部 | 308 |
| 医療関連 | 易感染宿主 | 308 |
| 経済貿易関連 | 異議 | 2 |
| その他 | 意気込み | 463 |
| 経済貿易関連 | 異議申立手続き | 2 |
| その他 | いくら | 570 |
| その他 | 遺産 | 463 |
| 医療関連 | 意識 | 309 |
| 医療関連 | 意識を失う、発作 | 309 |
| 医療関連 | 意識を失った | 309 |
| 経済貿易関連 | 意思決定 | 2 |
| その他 | 医者 | 564 |
| 医療関連 | 異常(悪液質) | 309 |
| 機械関連 | 異常 | 114 |
| その他 | 以上 | 463 |
| 経済貿易関連 | 異常処理 | 2 |
| 機械関連 | 異常燃焼 | 114 |
| その他 | 意匠変更 | 463 |
| 医療関連 | 異食症 | 309 |
| その他 | 椅子 | 544 |
| 医療関連 | 胃脾の | 309 |
| 経済貿易関連 | イスラム金融 | 3 |
| 医療関連 | 異性愛 | 309 |
| 機械関連 | 位相 | 114 |
| 経済貿易関連 | 委託販売契約 | 3 |
| 医療関連 | 痛み | 309 |
| 医療関連 | 痛み止め | 309 |
| 機械関連 | 位置 | 114 |
| その他 | 1月 | 581 |
| その他 | いちご | 547 |
| 経済貿易関連 | 一時的費用 | 3 |
| 機械関連 | 一次電池 | 114 |
| 機械関連 | 一部改良 | 115 |
| その他 | 一躍有名 | 463 |
| 医療関連 | 胃腸病専門医 | 309 |
| 経済貿易関連 | 一流銀行 | 3 |
| 経済貿易関連 | 一括受注契約 | 3 |
| 医療関連 | 一酸化炭素《CO》 | 310 |
| 医療関連 | 五つ子 | 310 |
| その他 | イッテルビウム【Yb】 | 555 |
| その他 | イットリウム【Y】 | 555 |
| 経済貿易関連 | 一般競争入札 | 3 |
| 経済貿易関連 | 一般常識 | 3 |
| 経済貿易関連 | 一般に | 3 |
| その他 | イデオロギー | 463 |
| 経済貿易関連 | 移転する | 3 |
| 医療関連 | 遺伝の | 310 |
| 医療関連 | 遺伝病 | 310 |
| その他 | いとこ | 546 |
| 医療関連 | 糸状の | 310 |
| 機械関連 | 糸ヒューズ | 115 |
| 医療関連 | 遺尿(症)、夜尿症 | 310 |
| その他 | 犬 | 582 |
| 医療関連 | 犬恐怖症 | 310 |
| 医療関連 | イビキ | 310 |
| その他 | 衣服類 | 540 |
| 経済貿易関連 | 異物 | 4 |
| 医療関連 | いぼ、たこ | 310 |
| その他 | 意味 | 463 |
| 経済貿易関連 | 移民労働者 | 4 |
| その他 | 妹 | 545 |
| その他 | イヤリング | 594 |
| 医療関連 | 意欲、動能 | 310 |
| 医療関連 | 医療スタッフ | 311 |
| 医療関連 | 医療スタッフ(ワーカーレベルのスタッフ) | 311 |
| 医療関連 | 医療費 | 311 |
| 経済貿易関連 | 医療法人 | 4 |
| 医療関連 | 医療ミス | 311 |
| その他 | 威力 | 463 |
| 機械関連 | 入子 | 115 |
| 医療関連 | 入れ歯 | 311 |
| その他 | 色 | 542 |
| 医療関連 | いろいろな分野の医師 | 311 |
| 医療関連 | 陰萎 | 311 |
| 医療関連 | 因果関係学、病因学 | 311 |
| 医療関連 | 陰茎亀頭 | 311 |
| 医療関連 | 陰茎の腫れ | 311 |
| 機械関連 | インサート、挿入 | 115 |
| 機械関連 | 印字 | 115 |
| 機械関連 | インジェクションノズル、燃料噴射口 | 115 |
| 機械関連 | インジェクションポンプ | 115 |
| 医療関連 | 飲酒恐怖症、飲酒恐怖 | 311 |
| 医療関連 | インシュリン | 312 |
| その他 | 印象 | 464 |
| その他 | インストール | 556 |
| 医療関連 | 陰性 | 312 |
| 機械関連 | インタークーラー、中間冷却器 | 116 |
| 経済貿易関連 | インターネット | 4 |
| 経済貿易関連 | インターネットオークション | 4 |
| 経済貿易関連 | インターネット広告 | 4 |
| 経済貿易関連 | インター・ビジネス | 4 |
| 機械関連 | インターフェイス | 116 |
| 機械関連 | インターロック | 116 |
| 経済貿易関連 | インターン制度、インターンシップ、学生の企業研修(就業体験) | 4 |
| 経済貿易関連 | インタビュー | 5 |
| 機械関連 | インチネジ | 116 |
| 医療関連 | 院長 | 312 |
| その他 | インテリア | 544 |
| その他 | インド | 550 |
| 医療関連 | 咽頭 | 312 |
| 医療関連 | 咽頭炎 | 312 |
| 医療関連 | 咽頭半側切除術 | 312 |

| | | |
|---|---|---|
| 医療関連 | 咽頭鼻炎 | 312 |
| その他 | インドネシア | 550 |
| その他 | (インドネシア) ルピア | 580 |
| その他 | (インド) ルピー | 580 |
| 医療関連 | 陰嚢 | 312 |
| その他 | インパクト | 464 |
| その他 | インパネ | 464 |
| 医療関連 | インフルエンザ | 312 |
| 経済貿易関連 | インフレ | 5 |
| 機械関連 | 引力 | 117 |

◆う行

| | | |
|---|---|---|
| その他 | ウイスキー | 589 |
| 医療関連 | ウイルス | 312 |
| 医療関連 | ウィルス学 | 313 |
| 機械関連 | ウインチ | 117 |
| 機械関連 | ウェーハー | 117 |
| 機械関連 | ウォーターバルブ | 117 |
| 医療関連 | うおの目 | 313 |
| 医療関連 | 右胸心 | 313 |
| 経済貿易関連 | 請負業者 | 5 |
| 経済貿易関連 | 請負契約 | 5 |
| 経済貿易関連 | 受付、受付ロビー | 5 |
| 医療関連 | 受付窓口 | 313 |
| 経済貿易関連 | 受取人、荷受人 | 5 |
| 経済貿易関連 | 受渡条件、引渡条件 | 5 |
| その他 | うさぎ | 582 |
| その他 | 牛 | 582 |
| 医療関連 | うす明かり | 313 |
| 機械関連 | 薄い | 117 |
| その他 | 薄い | 538 |
| 医療関連 | 渦巻き | 313 |
| 医療関連 | 嘘発見器 | 313 |
| 機械関連 | 打ち込み | 117 |
| 機械関連 | 打ち込みネジ | 117 |
| その他 | 宇宙 | 464 |
| 機械関連 | 宇宙開発 | 118 |
| その他 | 宇宙人 | 464 |
| 機械関連 | 宇宙ステーション | 118 |
| 医療関連 | 宇宙生物学 | 313 |
| その他 | 宇宙飛行士 | 564 |
| 経済貿易関連 | 内訳 | 5 |
| 医療関連 | うつ病 | 313 |
| 医療関連 | 腕 | 314 |
| その他 | 腕時計 | 594 |
| その他 | ウナギ | 570 |
| 医療関連 | うなり声 | 314 |
| 医療関連 | (傷が) うむ | 314 |
| その他 | 梅 | 591 |
| その他 | 梅干 | 570 |
| その他 | 裏口 (バックドア) | 464 |
| 経済貿易関連 | 裏取引 | 6 |
| その他 | ウラン【U】 | 556 |

| | | |
|---|---|---|
| 経済貿易関連 | 売上額 | 6 |
| 経済貿易関連 | 売上高 | 6 |
| 経済貿易関連 | 売上予測、販売予測 | 6 |
| 経済貿易関連 | 売掛金 | 6 |
| 経済貿易関連 | 売掛金を回収する | 6 |
| その他 | 嬉しい | 464 |
| 機械関連 | 上塗り | 118 |
| 機械関連 | 上塗り塗料 | 118 |
| その他 | 運河 | 464 |
| 機械関連 | 運転 | 118 |
| 経済貿易関連 | 運転資金、運転資本 | 6 |
| その他 | 運転手 | 564 |
| 機械関連 | 運転席 | 118 |
| 機械関連 | 運転中 | 118 |
| 経済貿易関連 | 運転要員 | 6 |
| 機械関連 | 運動 | 118 |
| 機械関連 | 運動エネルギー | 118 |
| 経済貿易関連 | 運搬作業、マテハン | 6 |
| 医療関連 | 運命 | 314 |
| 経済貿易関連 | 運用資金 | 7 |

◆え行

| | | |
|---|---|---|
| 機械関連 | エアクリーナー | 118 |
| 機械関連 | エアコン | 119 |
| 機械関連 | エアコンプレッサー (空気圧縮機) | 119 |
| 機械関連 | エアコントロールバルブ | 119 |
| 機械関連 | エアニッパ | 119 |
| 機械関連 | エアバッグ | 119 |
| 機械関連 | エアハンマー | 120 |
| 機械関連 | エアフィルター | 120 |
| 機械関連 | エアブリード | 120 |
| 機械関連 | エアブレーキシステム | 120 |
| 機械関連 | エアフローメーター | 121 |
| 機械関連 | エアベント | 121 |
| 機械関連 | エアポンプ | 121 |
| 医療関連 | 永久歯 | 314 |
| 機械関連 | 永久磁石 | 122 |
| 経済貿易関連 | 営業会議 | 7 |
| 経済貿易関連 | 営業活動 | 7 |
| 経済貿易関連 | 営業収益、営業利益 | 7 |
| 経済貿易関連 | 営業所 | 7 |
| 経済貿易関連 | 営業資料、マーケティング資料 | 7 |
| 経済貿易関連 | 営業担当区域 | 7 |
| 経済貿易関連 | 営業秘密、企業秘密 | 7 |
| 経済貿易関連 | 営業部門、営業部隊 | 7 |
| 経済貿易関連 | 営業力 | 7 |
| 医療関連 | エイズ (後天性免疫不全症候群) | 314 |
| 機械関連 | 映像信号 | 122 |
| 医療関連 | 栄養 | 314 |
| 医療関連 | 栄養士 | 314 |
| 医療関連 | 栄養物 (剤) | 314 |
| 経済貿易関連 | 営利企業 | 8 |
| 医療関連 | 会陰切開 | 314 |

| | | |
|---|---|---|
| その他 | AM放送 | 464 |
| 医療関連 | A-Zテスト | 315 |
| 機械関連 | AD（エーティ） | 122 |
| 機械関連 | A／T（エーティー）自動変速機 | 122 |
| 機械関連 | ATF）自動変速機油 | 122 |
| その他 | ABS | 465 |
| その他 | Aピラー | 465 |
| その他 | 駅 | 561 |
| 機械関連 | 液状グリース | 122 |
| 機械関連 | エキスパートシステム | 122 |
| 機械関連 | 液体 | 123 |
| 機械関連 | 液体空気 | 123 |
| 機械関連 | 液体天然ガス | 123 |
| 機械関連 | 液体燃料 | 123 |
| 機械関連 | エクステンション | 123 |
| 医療関連 | エコーウイルス | 315 |
| 経済貿易関連 | エコロジー | 8 |
| 医療関連 | SS.(妊娠) | 315 |
| 医療関連 | SpO2(動脈血酸素飽和度) | 315 |
| 医療関連 | エチレン | 315 |
| 医療関連 | X線撮影（法）、放射線写真術 | 315 |
| 機械関連 | NAエンジン | 123 |
| 医療関連 | エネルギー | 315 |
| その他 | 海老フライ | 570 |
| 機械関連 | FF車 | 123 |
| 機械関連 | FFモデル | 124 |
| 経済貿易関連 | FOB | 8 |
| 医療関連 | エプスタイン病 | 316 |
| その他 | エプロン | 540 |
| 医療関連 | MRI装置 | 316 |
| 機械関連 | （MFB）エムエフビー | 124 |
| その他 | エメラルド | 593 |
| その他 | 選ぶ | 465 |
| 経済貿易関連 | L／C | 9 |
| その他 | エレベーター | 465 |
| 医療関連 | エロチシズム | 316 |
| 機械関連 | 円 | 124 |
| 機械関連 | 遠隔制御 | 124 |
| その他 | 円弧、アーク、電弧 | 466 |
| その他 | 演算 | 466 |
| 医療関連 | 遠視 | 316 |
| その他 | エンジニア | 564 |
| 機械関連 | 円周 | 124 |
| 機械関連 | エンジン | 125 |
| 機械関連 | エンジンオイル | 125 |
| 医療関連 | 遠心器 | 316 |
| 機械関連 | エンジン発電機 | 125 |
| 機械関連 | エンジンマウント | 125 |
| 機械関連 | エンジンルーム | 125 |
| 医療関連 | 塩水 | 316 |
| その他 | 塩素【Cl】 | 554 |
| 機械関連 | 延長 | 126 |
| 機械関連 | 延長コード | 126 |
| その他 | 円筒弾 | 466 |
| その他 | 円盤 | 466 |
| その他 | エンブレム | 466 |
| 医療関連 | 塩分 | 316 |

◆お行

| | | |
|---|---|---|
| その他 | 甥 | 546 |
| その他 | おいしい | 537 |
| その他 | オイスターソース | 578 |
| 機械関連 | オイル回路 | 126 |
| 機械関連 | オイルクーラー | 126 |
| 機械関連 | オイルシール | 126 |
| 機械関連 | オイルストレーナ | 127 |
| 機械関連 | オイルフィルター | 127 |
| 機械関連 | オイルプレッシャゲージ、油圧計 | 127 |
| 機械関連 | オイルリング | 127 |
| 経済貿易関連 | 応札保証、入札保証証券 | 9 |
| 医療関連 | 黄視症 | 316 |
| 医療関連 | 黄色血 | 316 |
| その他 | 応接室 | 538 |
| 医療関連 | 黄疸 | 317 |
| 医療関連 | 黄疸（性） | 317 |
| 医療関連 | 嘔吐 | 317 |
| 機械関連 | 応答 | 127 |
| 医療関連 | 黄熱病などに見られる黄色 | 317 |
| 機械関連 | 往復 | 127 |
| 経済貿易関連 | 往復代 | 9 |
| 医療関連 | 黄変症 | 317 |
| 機械関連 | 応用化学 | 127 |
| その他 | 多い | 466 |
| 経済貿易関連 | 大株主 | 9 |
| その他 | 大柄 | 466 |
| 機械関連 | 大きさ | 127 |
| 医療関連 | 大食，暴飲［食］ | 317 |
| その他 | オークション | 466 |
| その他 | オークションシート | 466 |
| その他 | 大だる，おけ | 466 |
| その他 | オーディオ | 467 |
| 経済貿易関連 | 大手企業 | 10 |
| その他 | 大通り | 467 |
| その他 | オートキュー | 467 |
| 機械関連 | オートドライブ | 127 |
| 機械関連 | オートマチックトランスミッション | 128 |
| その他 | オートライトシステム | 467 |
| 機械関連 | オーバーヒート | 128 |
| 機械関連 | オーバーヘッドバルブ | 128 |
| 機械関連 | オーバーラップ | 128 |
| 機械関連 | オーバーロード | 128 |
| 機械関連 | オーバドライブ | 128 |
| その他 | 大幅な変更 | 467 |
| 医療関連 | 大部屋 | 317 |
| 医療関連 | 大ぼら | 317 |

| | | |
|---|---|---|
| その他 | 大麦 | 570 |
| 機械関連 | オーリング | 128 |
| その他 | お金 | 467 |
| 機械関連 | オクタン価 | 128 |
| 医療関連 | 奥歯 | 317 |
| 医療関連 | おくび、あい気 | 317 |
| その他 | オクラ | 594 |
| 機械関連 | 送り | 128 |
| 経済貿易関連 | 送り主 | 10 |
| 機械関連 | 送りネジ | 128 |
| 機械関連 | 遅れ | 129 |
| その他 | 叔父 | 546 |
| その他 | おすすめ | 467 |
| 経済貿易関連 | 汚染物質 | 10 |
| その他 | おせんべい | 570 |
| その他 | 汚染を除く | 468 |
| その他 | 遅番 | 468 |
| 医療関連 | 恐れ、恐怖 | 318 |
| 医療関連 | オゾン | 318 |
| その他 | 夫 | 545 |
| 医療関連 | オデコ(額) | 318 |
| その他 | 弟 | 545 |
| 医療関連 | 男らしくない、めめしい | 318 |
| その他 | 一昨日 | 560 |
| その他 | 大人 | 468 |
| 医療関連 | お腹 | 318 |
| その他 | おにぎり | 570 |
| その他 | 斧(おの) | 468 |
| その他 | 叔母 | 546 |
| 経済貿易関連 | オプション、選択権、予約権、選択肢 | 10 |
| 医療関連 | オペ | 318 |
| 医療関連 | オペ台 | 318 |
| 医療関連 | オペライト | 318 |
| 機械関連 | オペレーター | 129 |
| 機械関連 | オペレーティングシステム | 129 |
| その他 | 覚える | 468 |
| 医療関連 | おまる(ベッドパン) | 318 |
| 機械関連 | 重さ | 129 |
| 機械関連 | 錘 | 129 |
| 経済貿易関連 | 親会社 | 10 |
| 機械関連 | 親ネジ補正装置 | 129 |
| 医療関連 | (足の)親指 | 318 |
| 医療関連 | (手の)親指 | 318 |
| その他 | お湯 | 468 |
| その他 | オレンジ | 543 |
| その他 | オレンジ | 548 |
| その他 | 音楽家 | 564 |
| 医療関連 | オンス | 318 |
| 機械関連 | 温度 | 129 |
| 医療関連 | 温度計 | 319 |
| 機械関連 | 温度上昇 | 129 |
| 機械関連 | 温度調整弁 | 129 |

| | | |
|---|---|---|
| 医療関連 | 女嫌い | 319 |

### ◆か行

| | | |
|---|---|---|
| その他 | カーソル | 556 |
| 機械関連 | 加圧器 | 129 |
| その他 | カーテン | 544 |
| その他 | カートリッジ | 469 |
| その他 | カートン、厚紙 | 469 |
| その他 | カーネーション | 591 |
| その他 | カーペット | 544 |
| その他 | カーボン | 469 |
| 機械関連 | カーボンファイバー、炭素繊維 | 129 |
| 機械関連 | カーボンブラック | 130 |
| 経済貿易関連 | 海運会社、船会社 | 10 |
| 経済貿易関連 | 海外売上 | 10 |
| 経済貿易関連 | 海外勤務 | 10 |
| 経済貿易関連 | 海外事業 | 10 |
| 経済貿易関連 | 海外市場 | 10 |
| 経済貿易関連 | 海外調達 | 11 |
| 経済貿易関連 | 海外直接投資 | 11 |
| 経済貿易関連 | 海外通話 | 11 |
| 経済貿易関連 | 海外展開 | 11 |
| 経済貿易関連 | 改革、改造 | 11 |
| 経済貿易関連 | 外貨準備 | 11 |
| 機械関連 | 外観 | 130 |
| 機械関連 | 外観検査 | 130 |
| 機械関連 | 外観図 | 130 |
| 医療関連 | 会計 | 319 |
| 機械関連 | 外形 | 130 |
| 機械関連 | 外径 | 130 |
| 経済貿易関連 | 会計監査 | 11 |
| 医療関連 | 回結腸炎 | 319 |
| 経済貿易関連 | 解雇 | 11 |
| その他 | 開口部 | 469 |
| 医療関連 | 外国人恐怖症、他人恐怖症 | 319 |
| 経済貿易関連 | 概算 | 11 |
| その他 | 開始 | 469 |
| 経済貿易関連 | 会社 | 11 |
| その他 | 会社員 | 564 |
| 経済貿易関連 | 会社概要 | 11 |
| 経済貿易関連 | 解釈／通訳 | 12 |
| 医療関連 | 外斜視 | 319 |
| 経済貿易関連 | 会社を設立する | 12 |
| 経済貿易関連 | 回収 | 12 |
| 経済貿易関連 | 海上輸送 | 12 |
| 機械関連 | 解析 | 130 |
| その他 | 回折 | 469 |
| 経済貿易関連 | 改装する | 12 |
| その他 | 階段 | 538 |
| 医療関連 | 回虫 | 319 |
| 医療関連 | 害虫 | 319 |
| 経済貿易関連 | 外注 | 12 |
| 経済貿易関連 | 外注会社 | 12 |

| 分類 | 項目 | ページ |
|---|---|---|
| 医療関連 | 回腸炎 | 319 |
| その他 | 快適性 | 469 |
| その他 | 回転 | 470 |
| 機械関連 | 回転計 | 130 |
| 機械関連 | 回転式 | 130 |
| 機械関連 | 回転式コンベヤー | 130 |
| 機械関連 | 回転数 | 131 |
| 機械関連 | 回転弁 | 131 |
| 医療関連 | ガイナーゲン（薬剤商品名→成分） | 319 |
| 経済貿易関連 | 解任する | 12 |
| 経済貿易関連 | 概念設計 | 12 |
| 経済貿易関連 | 開発 | 12 |
| 経済貿易関連 | 開発援助 | 12 |
| 経済貿易関連 | 開発部 | 13 |
| 医療関連 | 外反 | 320 |
| 経済貿易関連 | 外部 | 13 |
| 医療関連 | 回復、回復する | 320 |
| 医療関連 | 開腹 | 320 |
| 経済貿易関連 | 開放 | 13 |
| 医療関連 | （検死）解剖 | 320 |
| 機械関連 | 解剖 | 131 |
| 医療関連 | 解剖学 | 320 |
| 機械関連 | 開放型 | 131 |
| その他 | 開放感 | 470 |
| 医療関連 | 解剖する | 320 |
| 医療関連 | 解剖台 | 321 |
| 医療関連 | 外膜 | 321 |
| 機械関連 | 界面活性剤 | 131 |
| 医療関連 | カイモグラフ（運動記録器） | 321 |
| 医療関連 | 潰瘍 | 321 |
| 機械関連 | 概要 | 131 |
| 医療関連 | 外来患者 | 321 |
| 機械関連 | 回路 | 131 |
| 機械関連 | 回路図 | 131 |
| 医療関連 | 顔 | 321 |
| 医療関連 | 顔の | 321 |
| その他 | 香り | 470 |
| その他 | 画家 | 564 |
| その他 | カカオ | 570 |
| 経済貿易関連 | 価格 | 13 |
| 経済貿易関連 | 化学 | 13 |
| 機械関連 | 科学 | 131 |
| 経済貿易関連 | 化学記号 | 13 |
| 機械関連 | 化学結合 | 132 |
| 機械関連 | 化学構造 | 132 |
| 機械関連 | 化学式 | 132 |
| 機械関連 | 化学メッキ | 132 |
| その他 | 鏡 | 544 |
| 機械関連 | 過給エンジン | 132 |
| 医療関連 | 核 | 321 |
| その他 | 家具 | 544 |
| その他 | 萼（がく） | 470 |
| 医療関連 | 学位取得者 | 321 |
| その他 | 各種 | 470 |
| 医療関連 | 覚醒状態 | 321 |
| 医療関連 | 顎前突症 | 321 |
| 医療関連 | 拡大 | 322 |
| 経済貿易関連 | 格付け | 13 |
| その他 | カクテル | 589 |
| 経済貿易関連 | 拡販 | 13 |
| 医療関連 | 角皮症 | 322 |
| 医療関連 | 隔膜 | 322 |
| 経済貿易関連 | 確率 | 13 |
| その他 | カゴ | 470 |
| 機械関連 | 化合物 | 132 |
| 機械関連 | 化合物半導体 | 132 |
| その他 | 傘 | 540 |
| 機械関連 | 重ね板バネ | 132 |
| その他 | 飾る | 470 |
| その他 | 華氏 | 587 |
| 経済貿易関連 | 貸出金利 | 13 |
| 経済貿易関連 | 過失 | 13 |
| 医療関連 | 過食 | 322 |
| 機械関連 | 数 | 132 |
| 機械関連 | ガス | 132 |
| 医療関連 | カスカラ | 322 |
| 機械関連 | ガス機関 | 133 |
| 機械関連 | ガスケット | 133 |
| 機械関連 | ガスセンサー | 133 |
| 機械関連 | ガスタービン | 133 |
| 医療関連 | ガストリン | 322 |
| 機械関連 | ガスバーナー | 134 |
| 機械関連 | ガスフィルター | 134 |
| 機械関連 | ガスボンベ | 134 |
| 医療関連 | ガス滅菌器 | 322 |
| 医療関連 | 風邪 | 322 |
| 機械関連 | カセット | 134 |
| 医療関連 | 火葬 | 323 |
| 医療関連 | カソード（陰極） | 323 |
| 機械関連 | 加速 | 134 |
| その他 | 家族 | 545 |
| 機械関連 | 加速度 | 134 |
| その他 | 家族の足 | 470 |
| 機械関連 | ガソリン | 135 |
| 機械関連 | ガソリン（レギュラー） | 135 |
| 機械関連 | ガソリンエンジン | 135 |
| 医療関連 | 肩 | 323 |
| 機械関連 | 型 | 135 |
| その他 | 方 | 471 |
| 機械関連 | 硬い | 135 |
| 機械関連 | 硬さ | 135 |
| 機械関連 | 型台 | 135 |
| その他 | カタツムリ | 582 |
| その他 | 刀、刀身 | 471 |

| | | |
|---|---|---|
| 機械関連 | 型板 | 135 |
| 医療関連 | 片麻痺 | 323 |
| 経済貿易関連 | カタログ | 13 |
| 機械関連 | 活性化 | 135 |
| 医療関連 | ガット（腸線） | 323 |
| その他 | 活発にする | 471 |
| その他 | カップ | 573 |
| 経済貿易関連 | 合併 | 14 |
| 経済貿易関連 | 合併相手 | 14 |
| 経済貿易関連 | 合併する | 14 |
| その他 | カテゴリー | 471 |
| 機械関連 | 過電流 | 136 |
| 機械関連 | 可動性 | 136 |
| 経済貿易関連 | 稼働率 | 14 |
| その他 | カドミウム | 471 |
| その他 | カニ | 582 |
| 機械関連 | 金型 | 136 |
| 機械関連 | 加熱 | 136 |
| 機械関連 | 過熱 | 136 |
| その他 | 可能 | 471 |
| その他 | 彼女 | 471 |
| その他 | カバ | 582 |
| その他 | カバノキ、カンバ | 591 |
| その他 | カバン、バッグ | 540 |
| 医療関連 | カフェイン | 323 |
| その他 | カフェオレ | 589 |
| 医療関連 | 下腹部、膀胱 | 323 |
| 経済貿易関連 | 株式会社 | 14 |
| その他 | カプセル | 472 |
| 経済貿易関連 | 株主 | 14 |
| 医療関連 | 花粉 | 324 |
| 医療関連 | 花粉症 | 324 |
| 医療関連 | 壁 | 324 |
| その他 | 壁 | 538 |
| 医療関連 | カヘキシー、悪液質 | 324 |
| 機械関連 | 可変性 | 136 |
| その他 | カボチャ | 594 |
| 医療関連 | ガマ腫（舌の下側の囊胞） | 324 |
| 医療関連 | 髪 | 324 |
| 医療関連 | 神々の使者 | 324 |
| その他 | カミソリ | 588 |
| 機械関連 | カム軸、カムシャフト | 136 |
| その他 | 亀 | 582 |
| 経済貿易関連 | 加盟国 | 14 |
| その他 | カメラ | 472 |
| 機械関連 | 画面 | 136 |
| 経済貿易関連 | 貨物船 | 14 |
| 医療関連 | かゆみ | 324 |
| 医療関連 | かゆみ止め薬 | 325 |
| その他 | 火曜日 | 596 |
| 医療関連 | カラアザール、内臓リーシュマニア症、黒熱病 | 325 |
| その他 | 辛い | 537 |
| その他 | ガラスエリア | 472 |
| 機械関連 | 硝子質 | 137 |
| 医療関連 | 体、死体 | 325 |
| その他 | カラット | 587 |
| 医療関連 | 空の | 325 |
| その他 | カラミン | 472 |
| その他 | カラメル | 472 |
| 経済貿易関連 | 借り入れを行う | 14 |
| その他 | カリウム【K】 | 554 |
| 経済貿易関連 | 仮契約 | 14 |
| その他 | 仮小屋、屋台 | 472 |
| 機械関連 | 渦流 | 137 |
| 機械関連 | 渦流室式 | 137 |
| 機械関連 | 火力 | 137 |
| その他 | カルシウム【Ca】 | 554 |
| 医療関連 | カルチノイド | 325 |
| 医療関連 | カルンクル | 325 |
| その他 | 彼 | 472 |
| 機械関連 | 過冷 | 137 |
| その他 | 彼ら | 472 |
| その他 | カレンダー | 472 |
| その他 | カロリー | 473 |
| その他 | （皮）カバン | 540 |
| 経済貿易関連 | 為替変動リスク | 14 |
| 経済貿易関連 | 為替レート | 15 |
| その他 | 瓦 | 473 |
| 医療関連 | 管、導管、耳道 | 326 |
| 機械関連 | 管 | 137 |
| その他 | 缶、容器 | 473 |
| 医療関連 | 癌 | 326 |
| 医療関連 | 観淫者 | 326 |
| 医療関連 | 観淫症 | 326 |
| 医療関連 | 姦淫を行なう | 326 |
| 医療関連 | 眼科 | 326 |
| 医療関連 | 眼科医 | 327 |
| 医療関連 | 眼科学 | 327 |
| 医療関連 | （五官による）感覚、知覚 | 327 |
| 医療関連 | 眼窩内の | 327 |
| その他 | カンガルー | 582 |
| 機械関連 | 換気 | 137 |
| 機械関連 | 換気性能 | 137 |
| 機械関連 | 換気扇 | 137 |
| 経済貿易関連 | 環境 | 15 |
| 経済貿易関連 | 環境基準 | 15 |
| 医療関連 | 癌恐怖症 | 327 |
| 経済貿易関連 | 環境問題 | 15 |
| 医療関連 | 桿菌 | 327 |
| 経済貿易関連 | （顧客または取引先との）関係 | 15 |
| その他 | 関係 | 473 |
| 経済貿易関連 | 関係書類 | 15 |
| 経済貿易関連 | 関係を維持する | 15 |
| 医療関連 | 眼結膜炎、眼炎 | 327 |

| 分類 | 用語 | ページ |
|---|---|---|
| 医療関連 | 眼瞼の | 327 |
| 経済貿易関連 | 観光事業、観光産業 | 15 |
| 経済貿易関連 | 観光収入 | 15 |
| その他 | 韓国 | 550 |
| その他 | 看護師 | 564 |
| 機械関連 | 換算 | 137 |
| 機械関連 | 換算率 | 137 |
| 医療関連 | カンシ（はさみ） | 328 |
| 機械関連 | 乾湿球温度計 | 137 |
| 医療関連 | 鉗子（かんし）分娩 | 328 |
| 医療関連 | 患者 | 328 |
| 医療関連 | 患者用椅子 | 328 |
| 医療関連 | 患者用ベッド | 328 |
| 医療関連 | 癌症、癌腫症 | 328 |
| 医療関連 | 冠状動脈 | 328 |
| その他 | 環状道路 | 473 |
| 機械関連 | 乾性 | 138 |
| 機械関連 | 完成 | 138 |
| 機械関連 | 感性 | 138 |
| 機械関連 | 慣性 | 138 |
| 経済貿易関連 | 関税 | 15 |
| 機械関連 | 慣性調速機 | 138 |
| 機械関連 | 完成品 | 138 |
| 医療関連 | 関節 | 328 |
| 医療関連 | 関節炎 | 329 |
| 機械関連 | 間接資材 | 138 |
| 医療関連 | 関節水症 | 329 |
| 機械関連 | 間接測定 | 138 |
| 医療関連 | 関節痛 | 329 |
| 医療関連 | 感染 | 329 |
| 経済貿易関連 | 完全失業率 | 15 |
| 医療関連 | 感染症 | 329 |
| 機械関連 | 完全な | 138 |
| 機械関連 | 乾燥 | 139 |
| 医療関連 | 肝臓 | 329 |
| 医療関連 | 乾燥機 | 329 |
| 機械関連 | 乾燥工程 | 139 |
| 医療関連 | 乾燥症 | 329 |
| 機械関連 | 乾燥炉 | 139 |
| その他 | 艦隊 | 473 |
| その他 | 簡単 | 473 |
| 医療関連 | 浣腸 | 329 |
| その他 | 鑑定 | 474 |
| 機械関連 | 乾点 | 139 |
| 機械関連 | 観点 | 139 |
| 機械関連 | 感電 | 139 |
| 機械関連 | 乾電池 | 139 |
| 経済貿易関連 | 監督官庁・機関 | 16 |
| 経済貿易関連 | 監督庁の承認・認可 | 16 |
| 医療関連 | 眼内圧 | 329 |
| 機械関連 | 看板 | 139 |
| 医療関連 | 肝肥大 | 329 |
| 医療関連 | カンフル、樟脳（しょうのう） | 329 |
| その他 | カンボジア | 550 |
| その他 | （カンボジア）リエル | 580 |
| 機械関連 | 管用ネジ | 139 |
| 経済貿易関連 | 管理 | 16 |
| 機械関連 | 管理者 | 139 |
| 機械関連 | 管理図 | 139 |
| 経済貿易関連 | 還流させる、引き揚げる | 16 |
| 医療関連 | 完了 | 330 |
| 機械関連 | 顔料 | 139 |
| 経済貿易関連 | 関連会社 | 16 |
| 経済貿易関連 | 〜に関連して | 16 |
| その他 | 関連性 | 474 |

◆き行

| 分類 | 用語 | ページ |
|---|---|---|
| その他 | 黄 | 543 |
| 機械関連 | ギアーボックス | 139 |
| 機械関連 | ギアーポンプ | 140 |
| 機械関連 | 気圧 | 140 |
| その他 | 気圧計 | 474 |
| 機械関連 | キー | 140 |
| その他 | キーボード | 557 |
| 医療関連 | 黄色の | 330 |
| その他 | キウィ | 548 |
| 機械関連 | 記憶 | 140 |
| 医療関連 | 記憶喪失 | 330 |
| 機械関連 | 記憶容量 | 140 |
| 機械関連 | 機械 | 140 |
| その他 | 機会 | 474 |
| 機械関連 | 機械化 | 140 |
| 機械関連 | 機械効率 | 140 |
| 医療関連 | 器械台車 | 330 |
| その他 | 機械的 | 474 |
| 機械関連 | 気化器、キャブレータ | 140 |
| 機械関連 | 企画 | 140 |
| 機械関連 | 規格 | 140 |
| 医療関連 | 器官 | 330 |
| 医療関連 | 気管 | 330 |
| 機械関連 | 期間 | 141 |
| 機械関連 | 機関 | 141 |
| 経済貿易関連 | 基幹産業 | 16 |
| 医療関連 | 気管支 | 330 |
| 医療関連 | 気管支（喘息） | 330 |
| 医療関連 | 気管支炎 | 330 |
| 機械関連 | 機関車 | 141 |
| 経済貿易関連 | 旗艦店 | 16 |
| 経済貿易関連 | 機関投資家 | 16 |
| 医療関連 | 気胸 | 330 |
| 経済貿易関連 | 企業収益 | 16 |
| 経済貿易関連 | 企業戦略、事業戦略、長期戦略 | 16 |
| 医療関連 | 効く | 330 |
| その他 | 菊 | 591 |
| 機械関連 | 器具、装置、設備 | 141 |

| 分類 | 用語 | ページ |
|---|---|---|
| その他 | 期間限定発売 | 474 |
| 機械関連 | 機構 | 141 |
| 機械関連 | 器差 | 141 |
| 医療関連 | キサンタリン | 331 |
| 医療関連 | キサンテン | 331 |
| その他 | 記事、論文 | 474 |
| 経済貿易関連 | 技術、科学技術 | 17 |
| 経済貿易関連 | 技術移転 | 17 |
| 経済貿易関連 | 技術革新 | 17 |
| 機械関連 | 技術者 | 141 |
| 経済貿易関連 | 技術提携 | 17 |
| 経済貿易関連 | 技術的ノウハウ | 17 |
| 経済貿易関連 | 希少価値 | 17 |
| 経済貿易関連 | 議事録、会議録 | 17 |
| 医療関連 | 傷、負傷、けが | 331 |
| 医療関連 | 寄生（白癬）菌性毛瘡 | 331 |
| 経済貿易関連 | 規制、制約、制限 | 17 |
| 医療関連 | 寄生虫 | 331 |
| 医療関連 | 奇跡 | 331 |
| その他 | 季節 | 547 |
| 経済貿易関連 | 基礎 | 17 |
| 医療関連 | 義足 | 331 |
| 機械関連 | 基礎ボルト | 141 |
| 経済貿易関連 | 既存の工業用地 | 17 |
| 機械関連 | 機体 | 141 |
| 機械関連 | 気体 | 141 |
| その他 | 期待 | 474 |
| 経済貿易関連 | 議題、議事日程 | 17 |
| その他 | 期待する | 475 |
| 機械関連 | 気体燃料 | 141 |
| 医療関連 | 吃音 | 331 |
| 医療関連 | 吃音症 | 331 |
| その他 | 築き上げる | 475 |
| その他 | キッチン | 538 |
| その他 | きつね | 582 |
| 機械関連 | 起動 | 141 |
| 医療関連 | 亀頭炎 | 332 |
| 医療関連 | キニジン | 332 |
| その他 | 気になる | 475 |
| 医療関連 | 気尿、気尿症 | 332 |
| 医療関連 | キヌタ骨 | 332 |
| 機械関連 | 機能 | 142 |
| その他 | 昨日 | 560 |
| その他 | キノコ | 594 |
| 医療関連 | 気分 | 332 |
| 機械関連 | 規模 | 142 |
| 機械関連 | 基本 | 142 |
| 経済貿易関連 | 基本契約 | 17 |
| その他 | 基本的 | 475 |
| その他 | 基本部分 | 475 |
| 医療関連 | 偽膜性喉頭炎 | 332 |
| 経済貿易関連 | 機密事項 | 18 |
| 医療関連 | 黄身 | 332 |
| その他 | きめ細かな | 475 |
| その他 | 着物 | 540 |
| 経済貿易関連 | 客、依頼者、取引先 | 18 |
| その他 | 客員（準会員） | 475 |
| その他 | 客室乗務員 | 565 |
| その他 | 逆対数 | 475 |
| 機械関連 | 逆電圧 | 142 |
| 機械関連 | 逆時計回り | 142 |
| 機械関連 | 逆止め弁 | 142 |
| 機械関連 | 逆方向 | 142 |
| 機械関連 | 逆流 | 142 |
| その他 | キャスター | 475 |
| その他 | キャサバ | 591 |
| その他 | キャッシュ、現金 | 476 |
| 経済貿易関連 | キャッシュフロー | 18 |
| 経済貿易関連 | キャッシュフロー経営 | 18 |
| 経済貿易関連 | キャッシュフロー計算書 | 18 |
| 機械関連 | ギャップ | 142 |
| その他 | キャディー | 565 |
| その他 | キャビネット | 476 |
| 機械関連 | キャビン | 142 |
| その他 | キャベツ | 594 |
| その他 | キャラウェイ、ヒメウイキョウ | 591 |
| その他 | キャンパス | 476 |
| その他 | キャンプ | 476 |
| その他 | キャンプファイヤー | 476 |
| 経済貿易関連 | キャンペーン | 18 |
| 機械関連 | 球 | 143 |
| 医療関連 | （心電図）QRS波 | 333 |
| 医療関連 | q.i.d（1日4回） | 333 |
| 機械関連 | 吸引力 | 143 |
| 医療関連 | q.h（毎時間） | 333 |
| 医療関連 | q.s（適量） | 333 |
| 機械関連 | 吸音 | 143 |
| 機械関連 | 吸音材 | 143 |
| その他 | 旧型 | 476 |
| 機械関連 | 吸気温 | 143 |
| 機械関連 | 吸気温センサ | 143 |
| 機械関連 | 吸気行程 | 143 |
| 医療関連 | 救急 | 333 |
| 医療関連 | 救急車 | 333 |
| 経済貿易関連 | 救済（手段）、是正 | 18 |
| 経済貿易関連 | 救済方法、法律上の救済、法的保護 | 18 |
| その他 | 休日 | 596 |
| 機械関連 | 吸収 | 143 |
| その他 | 弓術家 | 565 |
| 医療関連 | 丘疹 | 333 |
| 機械関連 | 給水 | 143 |
| 機械関連 | 給水弁 | 143 |
| 機械関連 | 吸着 | 143 |
| 医療関連 | q.t | 334 |

| | | |
|---|---|---|
| 医療関連 | 牛痘、ワクシニア | 334 |
| その他 | キュートな表情 | 476 |
| その他 | 牛肉 | 570 |
| 機械関連 | 吸入 | 144 |
| 機械関連 | 吸入口 | 144 |
| 機械関連 | 吸入弁 | 144 |
| 医療関連 | Q熱 | 334 |
| 医療関連 | q.v（所要量、適量） | 334 |
| 機械関連 | 給油 | 144 |
| 経済貿易関連 | 給油所、ガソリンスタンド | 19 |
| 機械関連 | 給油設備 | 144 |
| 経済貿易関連 | 給与、給料、俸給 | 19 |
| 経済貿易関連 | 給与水準 | 19 |
| その他 | きゅうり | 594 |
| その他 | 今日 | 559 |
| 経済貿易関連 | 業界のリーダー、経済人 | 19 |
| 機械関連 | 供給 | 144 |
| 医療関連 | 狂犬の | 334 |
| 医療関連 | 狂犬病 | 334 |
| 医療関連 | 胸骨 | 334 |
| その他 | 餃子 | 570 |
| その他 | 教師 | 565 |
| 機械関連 | 業者 | 144 |
| 経済貿易関連 | 業種、主力業務 | 19 |
| 機械関連 | 凝縮 | 144 |
| 経済貿易関連 | 業績 | 19 |
| 経済貿易関連 | 業績が上向く | 19 |
| 経済貿易関連 | 業績が落ちる・低下する | 19 |
| 経済貿易関連 | 競争／同業他社、競争相手、ライバル | 19 |
| その他 | 鏡台 | 544 |
| その他 | 兄弟、姉妹 | 547 |
| 経済貿易関連 | 共同出資 | 19 |
| 医療関連 | 狭頭症（頭蓋骨縫合早期癒合症） | 334 |
| 経済貿易関連 | 共同生産 | 19 |
| 経済貿易関連 | 共同責任 | 20 |
| 医療関連 | 胸部 | 335 |
| 医療関連 | （目の）強膜 | 335 |
| 経済貿易関連 | （企業間の）業務提携／同盟 | 20 |
| その他 | 共用する | 476 |
| 経済貿易関連 | 協力する（力を合わせる） | 20 |
| その他 | 局 | 477 |
| 機械関連 | 極性 | 144 |
| 機械関連 | 曲線 | 144 |
| 医療関連 | 局長 | 335 |
| 医療関連 | 虚弱、壊れやすさ、もろさ | 335 |
| 経済貿易関連 | 居住者 | 20 |
| その他 | 魚醤、ナンプラー | 578 |
| 医療関連 | 御製 | 335 |
| 医療関連 | 巨大歯症 | 335 |
| 医療関連 | 巨大乳房症 | 335 |
| 機械関連 | 許容範囲 | 145 |
| 機械関連 | 距離 | 145 |
| その他 | 嫌い | 477 |
| その他 | キリ | 477 |
| 機械関連 | 切り替えスイッチ | 145 |
| その他 | 義理の父 | 546 |
| その他 | 義理の母 | 546 |
| その他 | キリン | 582 |
| その他 | キロ | 586 |
| 機械関連 | 記録 | 145 |
| 機械関連 | 記録計 | 145 |
| その他 | キログラム | 586 |
| その他 | キロボルト | 586 |
| その他 | キロワット | 586 |
| その他 | 金 | 477 |
| その他 | 金【Au】 | 556 |
| その他 | 銀【Ag】 | 555 |
| その他 | 金色 | 543 |
| その他 | 銀色 | 543 |
| その他 | 金塊、銀塊、純金（純銀）の延べ棒 | 477 |
| 経済貿易関連 | 緊急 | 20 |
| 経済貿易関連 | 緊急財政 | 20 |
| 経済貿易関連 | 緊急事態、非常事態、不測の事態 | 20 |
| その他 | 銀行 | 562 |
| その他 | 銀行員 | 565 |
| 経済貿易関連 | 銀行借入金 | 20 |
| 経済貿易関連 | 銀行口座 | 20 |
| 経済貿易関連 | 銀行振込 | 20 |
| 機械関連 | 金属 | 145 |
| 機械関連 | 金属学 | 145 |
| 機械関連 | 金属パッキン | 145 |
| 医療関連 | 緊張 | 335 |
| 医療関連 | 銀沈着症、銀皮症 | 336 |
| 医療関連 | 筋肉 | 336 |
| その他 | キンマ（蒟醤） | 591 |
| 機械関連 | 金メッキ | 145 |
| 経済貿易関連 | 金融機関 | 20 |
| 経済貿易関連 | 金融政策 | 21 |
| その他 | 金曜日 | 596 |
| 医療関連 | 菌類学 | 336 |

## ◆く行

| | | |
|---|---|---|
| その他 | グアバ | 548 |
| その他 | 空気 | 477 |
| 機械関連 | 空気圧 | 146 |
| 機械関連 | 空気圧シリンダ | 146 |
| 機械関連 | 空気乾燥機（ドライヤー） | 146 |
| 機械関連 | 空気制御 | 146 |
| 機械関連 | 空気清浄機 | 146 |
| 機械関連 | 空気調和機 | 146 |
| 機械関連 | 空気ドリル | 146 |
| 機械関連 | 空気バネ | 146 |
| 機械関連 | 空気弁 | 146 |
| 機械関連 | 空気ポンプ | 146 |
| その他 | 空港 | 562 |

| | | |
|---|---|---|
| その他 | 空芯菜 | 594 |
| 機械関連 | 空燃比 | 146 |
| 機械関連 | クーラー(冷房機) | 147 |
| 機械関連 | 空冷 | 147 |
| 機械関連 | 空冷機関 | 147 |
| 医療関連 | クエン酸 | 336 |
| その他 | 9月 | 581 |
| 機械関連 | くぎ(釘) | 147 |
| 機械関連 | くさび | 147 |
| その他 | 鎖、チェーン | 477 |
| 経済貿易関連 | 苦情、訴状、クレーム、申し立て | 21 |
| その他 | くじら | 583 |
| その他 | クズウコン | 570 |
| 医療関連 | 薬 | 336 |
| 医療関連 | 薬指 | 336 |
| その他 | 果物 | 547 |
| 医療関連 | 口 | 336 |
| 医療関連 | 口の周り | 336 |
| 医療関連 | 唇 | 336 |
| その他 | 口紅 | 551 |
| 医療関連 | 駆虫薬、虫下し | 336 |
| その他 | 靴 | 540 |
| その他 | 靴下 | 540 |
| 医療関連 | 屈折計 | 337 |
| 機械関連 | 駆動軸 | 147 |
| 機械関連 | 駆動力 | 147 |
| その他 | 国 | 549 |
| 経済貿易関連 | 国番号 | 21 |
| 医療関連 | 首 | 337 |
| 医療関連 | 首すじ | 337 |
| その他 | 区分 | 478 |
| その他 | 熊 | 583 |
| 経済貿易関連 | 組合、労働組合、労組、組合側代表者 | 21 |
| 機械関連 | 組立 | 147 |
| 機械関連 | 組立性 | 147 |
| 機械関連 | 組立ライン | 148 |
| その他 | クモ | 583 |
| その他 | クモ系 | 478 |
| 医療関連 | クモ形綱の動物(クモ・ダニなど) | 337 |
| 医療関連 | クモ膜 | 337 |
| 医療関連 | クモ膜下出血 | 337 |
| その他 | クラス | 478 |
| その他 | グラス | 573 |
| 機械関連 | クラッチ | 148 |
| 医療関連 | グラフ | 338 |
| 医療関連 | グラベラ(眉間) | 338 |
| その他 | グラム | 586 |
| 医療関連 | くらやみ恐怖(症)、暗所恐怖 | 338 |
| 機械関連 | グリース | 148 |
| その他 | クリーニング屋 | 562 |
| 医療関連 | グリセリン | 338 |
| 医療関連 | クリップ | 338 |
| 医療関連 | クリニック | 338 |
| 医療関連 | グルコース(ぶどう糖) | 339 |
| 医療関連 | くる病 | 339 |
| 医療関連 | 車イス | 339 |
| 医療関連 | 車酔い | 339 |
| その他 | グレー | 542 |
| 経済貿易関連 | グレード | 21 |
| その他 | グレープフルーツ | 548 |
| 機械関連 | クレーム | 148 |
| 機械関連 | クレーン | 148 |
| その他 | クレンジングクリーム | 552 |
| その他 | 黒 | 542 |
| その他 | クロウタドリ | 583 |
| その他 | クローゼット | 544 |
| 経済貿易関連 | グローバル企業 | 21 |
| 経済貿易関連 | 黒字 | 21 |
| 経済貿易関連 | グロスウェイト、総重量 | 21 |
| その他 | クロスオーバー | 478 |
| 経済貿易関連 | グロスパワー | 22 |
| その他 | クロム【Cr】 | 554 |
| 医療関連 | クロロキン | 339 |
| 経済貿易関連 | ～に加えて | 22 |
| 機械関連 | 加える | 148 |
| 経済貿易関連 | 軍事費、国防費 | 22 |
| その他 | 君主(領主、騎士)の旗 | 478 |
| その他 | 軍隊 | 479 |
| その他 | 軍備 | 479 |
| その他 | (野戦活動用に考案された)軍服 | 479 |

## ◆け行

| | | |
|---|---|---|
| その他 | 芸 | 479 |
| 経済貿易関連 | 経営 | 22 |
| 経済貿易関連 | 経営計画 | 22 |
| 経済貿易関連 | 経営者 | 22 |
| 経済貿易関連 | 経営判断 | 22 |
| その他 | 軽快 | 479 |
| 機械関連 | 計器 | 148 |
| 機械関連 | 計器板 | 148 |
| その他 | 軽減できる | 479 |
| 機械関連 | 傾向 | 148 |
| 機械関連 | 蛍光 | 149 |
| 経済貿易関連 | 経済 | 22 |
| 経済貿易関連 | 経済界、業界筋 | 22 |
| 経済貿易関連 | 経済開発 | 22 |
| 経済貿易関連 | 経済学 | 22 |
| 経済貿易関連 | 経済性 | 22 |
| 経済貿易関連 | 経済政策 | 23 |
| 経済貿易関連 | 経済成長 | 23 |
| 経済貿易関連 | 経済成長率 | 23 |
| 経済貿易関連 | 経済的 | 23 |
| その他 | 警察官 | 565 |
| その他 | 警察署 | 561 |
| 経済貿易関連 | 計算 | 23 |

| | | |
|---|---|---|
| 機械関連 | 計算機 | 149 |
| 経済貿易関連 | 計算する | 23 |
| 医療関連 | 経産の | 339 |
| その他 | 軽自動車 | 479 |
| その他 | 芸術 | 479 |
| その他 | 芸術家 | 565 |
| その他 | 継承 | 480 |
| 機械関連 | 係数 | 149 |
| 医療関連 | 系図学 | 339 |
| その他 | ケイ素【Si】 | 554 |
| 機械関連 | 計測 | 149 |
| 機械関連 | 計測器 | 149 |
| その他 | 携帯電話 | 480 |
| 経済貿易関連 | 携帯電話市場 | 23 |
| 機械関連 | 系統図 | 149 |
| その他 | 芸能人 | 565 |
| 経済貿易関連 | 経費 | 23 |
| 医療関連 | 経皮腎石摘出 | 339 |
| その他 | 系譜 | 480 |
| 経済貿易関連 | 契約、契約書、合意 | 23 |
| 経済貿易関連 | 契約違反 | 24 |
| 経済貿易関連 | 契約が発効される | 24 |
| 経済貿易関連 | 契約関係 | 24 |
| 経済貿易関連 | 契約期間を延長する | 24 |
| 経済貿易関連 | 契約金額 | 24 |
| 経済貿易関連 | 契約残 | 24 |
| 経済貿易関連 | 契約書案 | 24 |
| 経済貿易関連 | 契約書案を作る | 24 |
| 経済貿易関連 | 契約条件 | 24 |
| 経済貿易関連 | 契約条件(書) | 24 |
| 経済貿易関連 | 契約に違反する | 24 |
| 経済貿易関連 | 契約の存続期間・有効期間 | 25 |
| 経済貿易関連 | 契約を解除する | 25 |
| 経済貿易関連 | 契約を締結する | 25 |
| 機械関連 | 経由 | 149 |
| 機械関連 | 軽油 | 150 |
| 経済貿易関連 | 経理部 | 25 |
| 機械関連 | 計量 | 150 |
| 機械関連 | 軽量 | 150 |
| 経済貿易関連 | 経歴、身分、立場、資質 | 25 |
| 医療関連 | 痙攣 | 339 |
| その他 | ケーキ | 570 |
| 医療関連 | ケーキ乳房 | 339 |
| 医療関連 | ゲージ | 340 |
| 医療関連 | ケーソン病、潜函病 | 340 |
| その他 | ゲート | 480 |
| 機械関連 | ゲート弁 | 150 |
| その他 | ケーブル | 480 |
| 機械関連 | ケーブル止め | 150 |
| 医療関連 | K.Yゼリー | 340 |
| 医療関連 | 外科 | 340 |
| 医療関連 | 外科医 | 340 |
| 医療関連 | 外科(解剖)用メス | 340 |
| 医療関連 | 下剤 | 340 |
| その他 | 化粧水 | 552 |
| その他 | 化粧品 | 551 |
| その他 | ケチャップ | 578 |
| その他 | 月 | 558 |
| 医療関連 | 血圧 | 340 |
| 医療関連 | 血圧計 | 340 |
| 医療関連 | 血液 | 341 |
| 医療関連 | 血液希釈 | 341 |
| 医療関連 | 血液検査 | 341 |
| 医療関連 | 血液病専門医、血液学者 | 341 |
| 医療関連 | 血液量減少の | 341 |
| その他 | 結果 | 480 |
| 医療関連 | 結核 | 341 |
| 経済貿易関連 | 結果を出す | 25 |
| 医療関連 | 血管 | 341 |
| 医療関連 | 血管収縮 | 341 |
| 医療関連 | 血管神経腫 | 341 |
| 医療関連 | 血管肉腫 | 341 |
| 医療関連 | 血管抑制神経 | 341 |
| 医療関連 | 月経 | 341 |
| 医療関連 | 月経促進薬 | 342 |
| 医療関連 | 月経閉止 | 342 |
| 機械関連 | 結合 | 150 |
| 機械関連 | 結合度 | 150 |
| 機械関連 | 結合力 | 150 |
| 医療関連 | 結婚嫌いの人 | 342 |
| 経済貿易関連 | 決済 | 25 |
| 経済貿易関連 | 決裁 | 25 |
| 経済貿易関連 | 決済条件 | 26 |
| 機械関連 | 結晶 | 150 |
| 機械関連 | 結晶型 | 151 |
| 医療関連 | 結石 | 342 |
| 医療関連 | 血栓 | 342 |
| 医療関連 | 血栓形成傾向、栓友病 | 342 |
| 医療関連 | 血痰 | 342 |
| 医療関連 | 結腸切開 | 342 |
| 医療関連 | 結腸切開術 | 342 |
| その他 | 決定者 | 480 |
| 機械関連 | 欠点 | 151 |
| 医療関連 | 血洞 | 343 |
| 医療関連 | 潔癖症 | 343 |
| 医療関連 | 血友病 | 343 |
| 医療関連 | 血友病患者 | 343 |
| その他 | 月曜日 | 595 |
| 医療関連 | 解毒 | 343 |
| 医療関連 | 解毒剤 | 343 |
| 医療関連 | 解熱剤 | 343 |
| 医療関連 | 仮病 | 344 |
| 医療関連 | 毛深い | 344 |
| 医療関連 | 毛深い部分 | 344 |

| 分類 | 用語 | ページ |
|---|---|---|
| 医療関連 | 下痢 | 344 |
| 医療関連 | 下痢便偽膜 | 344 |
| 医療関連 | ゲル、膠(こう)化体 | 344 |
| 医療関連 | ゲルフォーム、ゼラチン泡 | 344 |
| その他 | ケルン(記念塚、石塚) | 480 |
| 機械関連 | 減圧弁 | 151 |
| 医療関連 | 牽引 | 344 |
| 機械関連 | 原因 | 151 |
| 経済貿易関連 | 牽引役、原動力 | 26 |
| 医療関連 | 検影器 | 344 |
| 経済貿易関連 | 減益 | 26 |
| その他 | 検閲官 | 565 |
| 経済貿易関連 | 原価 | 26 |
| 機械関連 | 限界 | 151 |
| 機械関連 | 限界ゲージ | 151 |
| 経済貿易関連 | 減価償却 | 26 |
| 機械関連 | 原器 | 151 |
| 経済貿易関連 | 研究開発投資 | 26 |
| 機械関連 | 研究機関 | 151 |
| 機械関連 | 研究室 | 151 |
| 医療関連 | 献血 | 345 |
| その他 | 現行型 | 481 |
| 医療関連 | 肩甲骨 | 345 |
| 医療関連 | 健康診断 | 345 |
| 機械関連 | 検査 | 151 |
| 経済貿易関連 | 現在進行中の案件 | 26 |
| 経済貿易関連 | 原材料費、材料費 | 26 |
| 医療関連 | 検査結果 | 345 |
| 医療関連 | 検査室 | 345 |
| 医療関連 | 検死(解剖) | 345 |
| 医療関連 | 研修医 | 345 |
| 医療関連 | 研修外科医 | 345 |
| 医療関連 | 剣状突起炎 | 346 |
| 経済貿易関連 | 建設会社 | 27 |
| 経済貿易関連 | 建設計画 | 27 |
| 経済貿易関連 | 建設資材 | 27 |
| その他 | 元素 | 553 |
| 経済貿易関連 | 原則として | 27 |
| その他 | 建築家 | 565 |
| 経済貿易関連 | 建築規制 | 27 |
| 経済貿易関連 | 建築許可 | 27 |
| その他 | 建築術 | 481 |
| 経済貿易関連 | 現地代理店 | 27 |
| 経済貿易関連 | 現地通貨 | 27 |
| 機械関連 | 検定 | 152 |
| 経済貿易関連 | 限定独占ライセンス | 27 |
| 機械関連 | 検電ドライバー | 152 |
| 機械関連 | 原動機 | 152 |
| 機械関連 | 検波 | 152 |
| 経済貿易関連 | (工場の)現場、製造現場、生産現場 | 27 |
| 経済貿易関連 | 現場検査 | 27 |
| 経済貿易関連 | 現場責任者 | 27 |
| 医療関連 | 原発性異性変装症 | 346 |
| 医療関連 | 顕微鏡 | 346 |
| その他 | 玄武岩 | 481 |
| 医療関連 | 検便 | 346 |
| 経済貿易関連 | 憲法 | 28 |
| 機械関連 | 研磨 | 152 |
| 機械関連 | 研磨機 | 152 |
| 機械関連 | 研磨粉 | 152 |
| 経済貿易関連 | 原油価格、石油価格 | 28 |
| 機械関連 | 原理 | 152 |
| 機械関連 | 原料 | 153 |

◆こ行

| 分類 | 用語 | ページ |
|---|---|---|
| その他 | コアラ | 583 |
| その他 | 濃い | 537 |
| 機械関連 | コイル | 153 |
| 機械関連 | コイルバネ | 153 |
| 経済貿易関連 | (条文の)項、節 | 28 |
| 機械関連 | 高圧 | 153 |
| 機械関連 | 高圧エア | 153 |
| 医療関連 | 高圧蒸気滅菌装置 | 346 |
| 機械関連 | 高圧洗浄 | 153 |
| 機械関連 | 高圧点火 | 153 |
| その他 | 工員 | 565 |
| 機械関連 | 高温 | 153 |
| 機械関連 | 高温計 | 153 |
| 医療関連 | 効果 | 346 |
| 経済貿易関連 | (契約の)更改 | 28 |
| その他 | 公開 | 481 |
| 医療関連 | 口蓋 | 346 |
| 経済貿易関連 | 公害、汚染 | 28 |
| 医療関連 | 口蓋垂(のどちんこ) | 346 |
| 医療関連 | 口蓋形成術 | 346 |
| 医療関連 | 口蓋切断術 | 346 |
| 医療関連 | 口蓋裂 | 347 |
| 機械関連 | 合格 | 153 |
| 機械関連 | 光学機械 | 153 |
| 機械関連 | 光学系 | 154 |
| 機械関連 | 工学系 | 154 |
| 医療関連 | 口角症 | 347 |
| 機械関連 | 硬化剤 | 154 |
| 機械関連 | 交換 | 154 |
| 医療関連 | 睾丸 | 347 |
| 機械関連 | 交換器 | 154 |
| 医療関連 | 交感神経 | 347 |
| その他 | 高級車メーカー | 481 |
| その他 | 高級セダン | 481 |
| 経済貿易関連 | 高級品 | 28 |
| 経済貿易関連 | 高級品ブランド | 28 |
| 経済貿易関連 | 工業 | 28 |
| 機械関連 | 鉱業 | 154 |
| 機械関連 | 工業計器 | 154 |
| 経済貿易関連 | 公共事業 | 28 |

| 分類 | 項目 | ページ |
|---|---|---|
| 経済貿易関連 | 工業団地 | 28 |
| 機械関連 | 硬玉 | 154 |
| 機械関連 | 紅玉 | 154 |
| 機械関連 | 合金 | 154 |
| 機械関連 | 合金鋼 | 155 |
| 医療関連 | 抗菌性の | 347 |
| 機械関連 | 工具 | 155 |
| 機械関連 | 航空電子工学 | 155 |
| 医療関連 | 口腔内 | 347 |
| その他 | 後継車種 | 481 |
| 機械関連 | 光源 | 155 |
| その他 | 高原 | 481 |
| その他 | 考古学 | 481 |
| 経済貿易関連 | 広告、宣伝、広告活動 | 28 |
| 医療関連 | 恍惚（こうこつ）、夢中 | 348 |
| 機械関連 | 交差 | 155 |
| 経済貿易関連 | 口座開設申込書 | 28 |
| 機械関連 | 工作 | 155 |
| 機械関連 | 工作員 | 155 |
| その他 | （土地が）耕作に適する | 481 |
| 機械関連 | 工作物 | 155 |
| 経済貿易関連 | 口座番号 | 29 |
| 経済貿易関連 | 口座を開く | 29 |
| 機械関連 | 抗酸化作用 | 155 |
| 医療関連 | 好酸性 | 348 |
| 経済貿易関連 | 工事現場 | 29 |
| 医療関連 | 合指症 | 348 |
| 医療関連 | 抗蛇毒素 | 348 |
| その他 | 豪州 | 550 |
| 医療関連 | 口臭症 | 348 |
| 機械関連 | 高周波 | 155 |
| 機械関連 | 高周波加熱 | 156 |
| 経済貿易関連 | 交渉 | 29 |
| 経済貿易関連 | 工場 | 29 |
| その他 | 向上 | 482 |
| 経済貿易関連 | 工場がフル稼働する | 29 |
| 経済貿易関連 | 交渉手腕、交渉技術 | 29 |
| その他 | 向上する | 482 |
| 医療関連 | 甲状舌骨の | 348 |
| 医療関連 | 甲状腺 | 348 |
| 医療関連 | 甲状腺炎 | 348 |
| 医療関連 | 甲状腺腫 | 348 |
| 医療関連 | 甲状腺病 | 348 |
| 経済貿易関連 | 交渉担当者 | 29 |
| 経済貿易関連 | 工場の生産能力 | 29 |
| 経済貿易関連 | 交渉を打ち切る | 29 |
| 経済貿易関連 | 工場を建設する | 29 |
| 医療関連 | 高所恐怖症 | 348 |
| 医療関連 | 口唇炎 | 349 |
| 機械関連 | 硬水 | 156 |
| その他 | 香水 | 552 |
| 機械関連 | 構成 | 156 |
| 機械関連 | 合成ゴム | 156 |
| 医療関連 | 厚生省 | 349 |
| 機械関連 | 合成繊維 | 156 |
| 機械関連 | 合成皮革 | 156 |
| 機械関連 | 合成物 | 157 |
| 機械関連 | 合成羊毛 | 157 |
| その他 | 後席 | 482 |
| その他 | 光線 | 482 |
| 医療関連 | 酵素 | 349 |
| 機械関連 | 光速 | 157 |
| 機械関連 | 拘束 | 157 |
| その他 | 高速道路 | 482 |
| 医療関連 | 抗体 | 349 |
| その他 | 紅茶 | 589 |
| 医療関連 | 硬直（性） | 349 |
| 機械関連 | 工程 | 157 |
| 機械関連 | 行程 | 157 |
| 機械関連 | 工程解析 | 157 |
| 経済貿易関連 | 工程管理 | 29 |
| 機械関連 | 工程管理 | 158 |
| 経済貿易関連 | 工程図、工程表 | 30 |
| 機械関連 | 工程表 | 158 |
| 経済貿易関連 | （為替の）公定レート | 30 |
| 機械関連 | 光度 | 158 |
| 機械関連 | 硬度 | 158 |
| 機械関連 | 高度 | 158 |
| 医療関連 | 喉頭 | 349 |
| 医療関連 | 喉頭炎 | 349 |
| 医療関連 | 口頭の、口述の | 349 |
| 医療関連 | 抗毒素 | 349 |
| 機械関連 | 光度計 | 158 |
| 医療関連 | 口内乾燥症 | 349 |
| 機械関連 | 購入 | 158 |
| 医療関連 | 公認看護師 | 350 |
| 医療関連 | 更年期の | 350 |
| 経済貿易関連 | 購買部門、資材調達部門 | 30 |
| 機械関連 | 購買力 | 158 |
| 医療関連 | 抗発癌物質 | 350 |
| 機械関連 | 鋼板 | 158 |
| 医療関連 | 後鼻孔 | 350 |
| 医療関連 | 硬皮症 | 350 |
| 医療関連 | （感冒・アレルギーの）抗ヒスタミン剤 | 350 |
| 医療関連 | 項部、うなじ | 350 |
| 医療関連 | 好糞性、糞尿愛好症 | 351 |
| 経済貿易関連 | 合弁会社 | 30 |
| その他 | 後方視界 | 482 |
| 経済貿易関連 | 公募入札情報、招聘状 | 30 |
| 機械関連 | 高密度 | 158 |
| その他 | 公務員 | 566 |
| その他 | コウモリ | 583 |
| 医療関連 | 肛門 | 351 |

| | | |
|---|---|---|
| 医療関連 | 肛門痒み症 | 351 |
| 医療関連 | 肛門周囲 | 351 |
| 医療関連 | 肛門性交 | 351 |
| 医療関連 | 肛門に関する | 351 |
| 機械関連 | 更油 | 158 |
| その他 | 香油、香膏 | 482 |
| 経済貿易関連 | 小売業 | 30 |
| 経済貿易関連 | 小売市場 | 30 |
| 経済貿易関連 | 効率 | 30 |
| 機械関連 | 交流 | 158 |
| 機械関連 | 交流回路 | 159 |
| 医療関連 | (死体を)香料を詰めて防腐保存する | 351 |
| 機械関連 | 光力 | 159 |
| 機械関連 | 効力 | 159 |
| 機械関連 | 抗力 | 159 |
| 医療関連 | 高齢者 | 351 |
| 医療関連 | 後湾症 | 351 |
| 機械関連 | コーティング | 159 |
| その他 | コート | 540 |
| その他 | コーナー | 483 |
| その他 | 香ばしい | 537 |
| その他 | コーヒー | 589 |
| その他 | コーラ | 589 |
| その他 | 氷 | 589 |
| 経済貿易関連 | 子会社 | 30 |
| 医療関連 | コカイン | 352 |
| その他 | 小型 | 483 |
| その他 | 5月 | 581 |
| 医療関連 | 五感 | 352 |
| 医療関連 | 呼気 | 352 |
| 医療関連 | 呼気検査する | 352 |
| その他 | 小切手 | 483 |
| その他 | 小切手帳 | 483 |
| 医療関連 | 呼吸 | 352 |
| 医療関連 | 呼吸関連 | 352 |
| 医療関連 | 呼吸器 | 352 |
| 医療関連 | 呼吸困難 | 352 |
| 経済貿易関連 | 国営企業 | 30 |
| その他 | こくがある | 537 |
| 経済貿易関連 | 国際アクセス番号 | 30 |
| 経済貿易関連 | 国際競争力 | 31 |
| 経済貿易関連 | 国際取引 | 31 |
| 機械関連 | 国産 | 159 |
| 経済貿易関連 | 国籍法 | 31 |
| その他 | 国内 | 483 |
| 経済貿易関連 | 国内市場 | 31 |
| その他 | 黒板 | 483 |
| 経済貿易関連 | 国民シェア | 31 |
| 経済貿易関連 | 国民所得 | 31 |
| 経済貿易関連 | 国民総生産(GNP) | 31 |
| 医療関連 | 国民保険 | 353 |
| 経済貿易関連 | 国有化する | 31 |
| その他 | 午後 | 559 |
| その他 | ココア | 589 |
| その他 | 午後9時15分 | 561 |
| その他 | 午後3時半 | 561 |
| その他 | ココナツ | 548 |
| その他 | ココナツ | 591 |
| その他 | ココナツジュース | 589 |
| その他 | ココナツミルク | 578 |
| 医療関連 | 心、精神 | 353 |
| 経済貿易関連 | 誤差 | 31 |
| 医療関連 | 腰 | 353 |
| 機械関連 | 故障 | 159 |
| その他 | 胡椒 | 578 |
| 経済貿易関連 | 個人 | 31 |
| 経済貿易関連 | 個人差 | 31 |
| 経済貿易関連 | 個人情報 | 31 |
| 経済貿易関連 | コストおよび費用、諸経費 | 32 |
| 経済貿易関連 | コスト競争力 | 32 |
| 経済貿易関連 | コストの内訳 | 32 |
| 経済貿易関連 | コストを回収する | 32 |
| その他 | 個性的 | 483 |
| 医療関連 | 古生物学、化石学 | 353 |
| その他 | 午前 | 559 |
| その他 | 午前9時/午後9時 | 560 |
| その他 | 午前5時20分 | 561 |
| その他 | 午前7時/午後7時 | 560 |
| その他 | 午前11時/午後11時 | 561 |
| その他 | 午前10時/午後10時 | 561 |
| その他 | 午前8時/午後8時 | 560 |
| その他 | 午前8時45分 | 561 |
| その他 | 午前0時 | 561 |
| その他 | 午前6時/午後6時 | 560 |
| 機械関連 | 固体 | 159 |
| 医療関連 | 鼓腸 | 353 |
| 医療関連 | 骨(性) | 353 |
| 医療関連 | 骨学 | 353 |
| 経済貿易関連 | 国家財政 | 32 |
| その他 | 国境線 | 483 |
| 医療関連 | 骨切り術 | 353 |
| 医療関連 | 骨折 | 353 |
| 医療関連 | コットン | 353 |
| 医療関連 | 骨盤 | 353 |
| 医療関連 | (外科用)骨膜剥離器 | 354 |
| 機械関連 | 固定 | 159 |
| 経済貿易関連 | 固定資産 | 32 |
| 機械関連 | 固定ナット | 159 |
| 医療関連 | 言葉 | 354 |
| その他 | 子供 | 484 |
| 医療関連 | 子供っぽい、幼稚な | 354 |
| 機械関連 | 小ネジ | 160 |
| その他 | コバルト【Co】 | 554 |

| 医療関連 | 小人症 | 354 |
|---|---|---|
| その他 | 小部屋 | 484 |
| その他 | 胡麻 | 578 |
| 経済貿易関連 | コマーシャル、広告 | 32 |
| 機械関連 | 細かさ | 160 |
| 医療関連 | 鼓膜 | 354 |
| 経済貿易関連 | ゴミ収集 | 32 |
| その他 | ゴミ収集車 | 484 |
| その他 | ゴミ箱 | 484 |
| 医療関連 | ゴム | 354 |
| その他 | 小麦粉 | 578 |
| 機械関連 | ゴム硬度 | 160 |
| その他 | ゴムノキ | 591 |
| 機械関連 | ゴム引 | 160 |
| その他 | 込める | 484 |
| 経済貿易関連 | 顧問、最高顧問 | 32 |
| 医療関連 | 小指 | 354 |
| 経済貿易関連 | 雇用 | 32 |
| その他 | コリアンダ | 594 |
| その他 | ゴリラ | 583 |
| その他 | ゴルフ | 576 |
| その他 | コレクター | 484 |
| 医療関連 | コレステロール | 354 |
| 医療関連 | コレラ | 355 |
| 医療関連 | 子を産まない、不妊の | 355 |
| 医療関連 | 子をもうける | 355 |
| その他 | 紺 | 543 |
| その他 | 今回 | 484 |
| 機械関連 | 混合 | 160 |
| 機械関連 | 混合ガス | 160 |
| 機械関連 | 混合物 | 160 |
| 経済貿易関連 | コンサルタント | 32 |
| 経済貿易関連 | コンサルティング会社 | 33 |
| その他 | 渾身 | 484 |
| 医療関連 | 昏睡性の | 355 |
| 機械関連 | コンセプトカー | 160 |
| 経済貿易関連 | コンセンサス | 33 |
| 機械関連 | コンセント | 161 |
| 経済貿易関連 | コンソーシアム、共同事業体 | 33 |
| 医療関連 | 昆虫学 | 355 |
| 経済貿易関連 | コンテナ | 33 |
| 経済貿易関連 | コンテナ船 | 33 |
| 機械関連 | コンバーター | 161 |
| 機械関連 | コンパウンド | 161 |
| その他 | コンパクト | 484 |
| 経済貿易関連 | コンビニ店 | 33 |
| その他 | コンピュータ | 556 |
| 経済貿易関連 | コンピューターウイルス | 33 |
| 経済貿易関連 | コンプライアンス | 33 |
| 機械関連 | コンプレッサー | 161 |
| 機械関連 | コンベア | 161 |
| 経済貿易関連 | 梱包 | 33 |
| 経済貿易関連 | 梱包材 | 33 |

## ◆さ行

| 医療関連 | サーズ（SARS）、重症急性呼吸器症候群 | 355 |
|---|---|---|
| 経済貿易関連 | サーバー | 34 |
| 医療関連 | サーモゾル染色装置 | 355 |
| 医療関連 | 催淫（さいいん）薬、強精薬、媚薬 | 355 |
| 医療関連 | 細菌 | 356 |
| 医療関連 | 細菌学 | 356 |
| 医療関連 | 細菌学者 | 356 |
| 医療関連 | サイクル | 356 |
| 医療関連 | 再検査 | 356 |
| 経済貿易関連 | 債権者 | 34 |
| 経済貿易関連 | 再検討する | 34 |
| 経済貿易関連 | 在庫 | 34 |
| 医療関連 | 最高血圧値 | 356 |
| 機械関連 | 最高効率 | 161 |
| 機械関連 | 最高速度 | 161 |
| 経済貿易関連 | 在庫回転率 | 35 |
| 経済貿易関連 | 在庫管理 | 35 |
| 経済貿易関連 | 在庫品 | 36 |
| 経済貿易関連 | 採算、収益性、収益力 | 36 |
| その他 | 祭日 | 596 |
| 医療関連 | 最終月経 | 356 |
| 機械関連 | 最小 | 161 |
| 医療関連 | 細静脈 | 356 |
| 機械関連 | 再生 | 161 |
| 経済貿易関連 | 財政赤字 | 36 |
| 経済貿易関連 | 再生可能エネルギー | 36 |
| 経済貿易関連 | 財政黒字 | 36 |
| 経済貿易関連 | 最善を尽くす | 36 |
| 機械関連 | 最大出力 | 162 |
| 経済貿易関連 | 裁定、決定、裁判 | 36 |
| 医療関連 | 最低血圧値 | 356 |
| 機械関連 | 最適 | 162 |
| 機械関連 | 最適温度 | 162 |
| 機械関連 | 最適値 | 162 |
| 経済貿易関連 | 再投資する | 36 |
| その他 | サイドエアバッグ | 485 |
| 医療関連 | サイトロジー（細胞学） | 356 |
| 医療関連 | 催乳薬 | 357 |
| 医療関連 | 再発生 | 357 |
| その他 | 裁判官 | 566 |
| 医療関連 | 細胞学 | 357 |
| 医療関連 | 細胞質 | 357 |
| 医療関連 | 細胞崩壊 | 357 |
| 経済貿易関連 | 債務、負債 | 36 |
| 経済貿易関連 | 債務、義務 | 36 |
| 経済貿易関連 | 財務、資金手当て、資金調達、ファイナンス、金融 | 37 |
| 経済貿易関連 | 債務者 | 37 |
| 経済貿易関連 | 財務分析 | 37 |
| 経済貿易関連 | 債務免除、債権放棄 | 37 |

| 分類 | 用語 | ページ |
|---|---|---|
| 経済貿易関連 | 最優先のプロジェクト | 37 |
| 経済貿易関連 | (従業員を)採用する | 37 |
| 経済貿易関連 | 採用通知、辞令 | 37 |
| その他 | 再来 | 485 |
| 機械関連 | 材料 | 162 |
| 機械関連 | 材料表 | 162 |
| 医療関連 | 逆子 | 357 |
| その他 | 探す | 485 |
| その他 | 魚 | 571 |
| その他 | 魚のフライ | 571 |
| その他 | 先立つ | 485 |
| 機械関連 | 作業開始 | 163 |
| 経済貿易関連 | 作業工程 | 37 |
| 経済貿易関連 | 作業台 | 38 |
| 機械関連 | 作業日報 | 163 |
| 機械関連 | 作業服 | 163 |
| その他 | 桜 | 591 |
| その他 | さくらんぼ | 548 |
| 機械関連 | サスペンションストローク | 163 |
| 医療関連 | 刺すような急激な痛み | 357 |
| その他 | 作家 | 566 |
| その他 | サッカー | 576 |
| 医療関連 | 殺人狂 | 357 |
| 医療関連 | 殺虫剤 | 357 |
| その他 | さつまいも | 595 |
| 医療関連 | サディスト(加虐性愛者) | 357 |
| 医療関連 | サディズム(加虐性愛) | 357 |
| その他 | 砂糖 | 579 |
| 機械関連 | サビ(錆) | 163 |
| 機械関連 | サビ止め油 | 163 |
| 機械関連 | サビ止めグリース | 163 |
| その他 | サファイア | 593 |
| その他 | サボテン | 592 |
| その他 | 寒い | 485 |
| その他 | 左右セパレート | 485 |
| その他 | 左右両側 | 485 |
| 機械関連 | 作用 | 164 |
| その他 | 皿 | 573 |
| その他 | サラダ油 | 579 |
| その他 | サル | 583 |
| その他 | ざる | 577 |
| 医療関連 | サルモネラ感染症 | 358 |
| 医療関連 | 酸 | 358 |
| 医療関連 | 産科(学) | 358 |
| 医療関連 | 産科医 | 358 |
| 医療関連 | 産科学 | 358 |
| 経済貿易関連 | 傘下企業 | 38 |
| 機械関連 | 三角形 | 164 |
| 機械関連 | 三角ネジ | 164 |
| その他 | 3月 | 581 |
| 機械関連 | 三脚 | 164 |
| 経済貿易関連 | 産業政策 | 38 |
| 経済貿易関連 | 産業用ロボット | 38 |
| その他 | 参考出品 | 485 |
| その他 | サンゴ島 | 485 |
| 医療関連 | 産じょく期 | 358 |
| その他 | 酸素【O】 | 553 |
| 機械関連 | 三相回路 | 164 |
| 機械関連 | 三相交流方式 | 164 |
| 機械関連 | 酸素センサー | 164 |
| その他 | サンダル | 541 |
| 医療関連 | 残尿 | 358 |
| その他 | 3倍 | 576 |
| 医療関連 | 産婦人科 | 358 |
| 医療関連 | サンプル(見本) | 358 |
| その他 | 1/3 | 576 |
| 機械関連 | 三方コック | 164 |
| 機械関連 | 三方バルブ | 164 |
| 医療関連 | サンマルタン病 | 358 |
| 機械関連 | 残留 | 165 |
| 機械関連 | 残留ガス | 165 |

### ◆し行

| 分類 | 用語 | ページ |
|---|---|---|
| 医療関連 | 死 | 358 |
| 医療関連 | 死(命が絶えること) | 358 |
| 医療関連 | 肢 | 359 |
| その他 | 時 | 559 |
| 機械関連 | 仕上げ | 165 |
| 経済貿易関連 | ＣＩＦ(運賃保険料込条件) | 38 |
| 経済貿易関連 | Ｃ＆Ｆ(運賃込み条件) | 38 |
| 医療関連 | シーツ | 359 |
| その他 | ＣＤ | 557 |
| その他 | ＣＤ-RW | 557 |
| その他 | ＣＤ一体AM/FM電子チューナーラジオ | 485 |
| その他 | ＣＤ-ROM | 557 |
| 医療関連 | ＣＴスキャン | 359 |
| 経済貿易関連 | ＧＤＰ(国内総生産) | 38 |
| 機械関連 | シート | 165 |
| 機械関連 | シート配列 | 165 |
| その他 | Ｃピラー | 486 |
| 機械関連 | シール | 165 |
| 機械関連 | シールテープ | 165 |
| 医療関連 | 死因審問 | 359 |
| 機械関連 | 試運転 | 166 |
| 機械関連 | JC08モード燃費 | 166 |
| その他 | シェフ | 566 |
| その他 | 塩 | 579 |
| その他 | 塩辛い | 537 |
| 医療関連 | ジオニン | 359 |
| その他 | シオン | 486 |
| 医療関連 | 歯科 | 359 |
| その他 | 鹿 | 583 |
| 経済貿易関連 | 時価、市価、市場価格、株価、相場 | 39 |
| 医療関連 | 自我 | 359 |

| | | |
|---|---|---|
| 機械関連 | 磁界 | 166 |
| その他 | 次回 | 486 |
| 機械関連 | 磁界強度 | 166 |
| その他 | 紫外線 | 486 |
| 機械関連 | 仕掛品 | 166 |
| 経済貿易関連 | 資格、学歴・職歴 | 39 |
| 機械関連 | 四角 | 166 |
| その他 | 視覚 | 486 |
| その他 | 資格 | 486 |
| 医療関連 | 痔核切除 | 359 |
| 機械関連 | 四角頭ボルト | 166 |
| 医療関連 | 視覚による | 359 |
| 医療関連 | 耳下腺 | 359 |
| 医療関連 | 耳下腺炎 | 360 |
| その他 | 4月 | 581 |
| その他 | 時間 | 558 |
| その他 | …時間 | 559 |
| 医療関連 | 色視症 | 360 |
| その他 | 指揮者、楽長 | 566 |
| 医療関連 | 色素嫌性 | 360 |
| 医療関連 | ジギタリス製剤 | 360 |
| 医療関連 | 子宮 | 360 |
| 医療関連 | 至急 | 360 |
| 医療関連 | 子宮角 | 360 |
| 医療関連 | 子宮が下がる | 361 |
| 医療関連 | 子宮頸(部) | 361 |
| 医療関連 | 子宮頸炎 | 361 |
| 医療関連 | 子宮内妊娠(妊娠期間) | 361 |
| 医療関連 | 子宮病 | 361 |
| 経済貿易関連 | 事業、企業 | 39 |
| 経済貿易関連 | 事業計画、経営計画 | 39 |
| 経済貿易関連 | 事業の譲渡 | 39 |
| 医療関連 | 死恐怖、死恐怖症 | 361 |
| 医療関連 | 死恐怖症(ネクロフォビア) | 361 |
| 経済貿易関連 | 事業部門の責任者 | 39 |
| 経済貿易関連 | 事業目的 | 39 |
| 経済貿易関連 | 事業を行っている | 39 |
| 機械関連 | 仕切弁 | 166 |
| 機械関連 | 資金 | 166 |
| 経済貿易関連 | 資金援助 | 39 |
| 経済貿易関連 | 資金繰り | 39 |
| 経済貿易関連 | 資金計画 | 39 |
| 経済貿易関連 | 資金需要 | 39 |
| 経済貿易関連 | 資金調達 | 40 |
| 経済貿易関連 | 資金を調達する | 40 |
| 医療関連 | 刺激、興奮 | 361 |
| 医療関連 | 止血薬 | 361 |
| 機械関連 | 試験、検査 | 167 |
| 機械関連 | 試験官 | 167 |
| 医療関連 | 事故 | 361 |
| 医療関連 | 耳垢 | 362 |
| 機械関連 | 自己加熱 | 167 |
| その他 | 時刻 | 560 |
| 経済貿易関連 | 自国通貨 | 40 |
| 医療関連 | 死後硬直 | 362 |
| その他 | 事故車 | 486 |
| 医療関連 | 自己中心 | 362 |
| 経済貿易関連 | 仕事上のつながり、人脈 | 40 |
| 医療関連 | 死後の | 362 |
| 医療関連 | 自殺 | 362 |
| 医療関連 | 自殺狂 | 362 |
| 医療関連 | 死産 | 362 |
| 経済貿易関連 | 指示、指図、説明 | 40 |
| 医療関連 | 痔疾、痔 | 362 |
| 医療関連 | 四肢麻痺 | 362 |
| 機械関連 | 磁石 | 167 |
| 機械関連 | 磁石回路 | 167 |
| 医療関連 | 耳珠 | 363 |
| その他 | 自主性 | 486 |
| 経済貿易関連 | 支出 | 40 |
| 医療関連 | 思春期、年ごろ | 363 |
| 経済貿易関連 | 自署、サイン | 40 |
| 経済貿易関連 | 市場 | 40 |
| その他 | 試乗 | 486 |
| その他 | 試乗会 | 487 |
| 経済貿易関連 | 市場開発 | 40 |
| 経済貿易関連 | 市場環境、経営環境 | 40 |
| 経済貿易関連 | 市場研究 | 40 |
| 経済貿易関連 | 市場占有率、マーケットシェア | 41 |
| 経済貿易関連 | 市場調査 | 41 |
| 経済貿易関連 | 市場ニーズ | 41 |
| 経済貿易関連 | 市場を調査する | 41 |
| 経済貿易関連 | 指針 | 41 |
| その他 | 詩人 | 566 |
| その他 | 静かに | 487 |
| 機械関連 | システム | 167 |
| 機械関連 | システムエラー | 167 |
| 機械関連 | システム出力 | 167 |
| 医療関連 | 私生児 | 363 |
| 医療関連 | 歯石 | 363 |
| その他 | 施設 | 561 |
| 経済貿易関連 | 事前の同意 | 41 |
| 医療関連 | 歯槽膿漏 | 363 |
| 医療関連 | 子孫 | 363 |
| 医療関連 | 舌 | 363 |
| 医療関連 | 死体 | 363 |
| 医療関連 | 死体解剖 | 363 |
| 医療関連 | 死体性愛、死姦 | 364 |
| 機械関連 | 下請 | 167 |
| 経済貿易関連 | 下書き、草案 | 41 |
| その他 | 下取り | 487 |
| その他 | 7月 | 581 |
| 医療関連 | 死直前の | 364 |
| 医療関連 | 歯痛 | 364 |

索引 19

| 医療関連 | 耳痛 | 364 |
| --- | --- | --- |
| 機械関連 | 室温 | 167 |
| 医療関連 | 膝蓋骨、膝頭 | 364 |
| 医療関連 | 膝蓋骨脱臼 | 364 |
| 経済貿易関連 | 失業率、失業率水準 | 41 |
| 機械関連 | 実験 | 167 |
| 医療関連 | 実験室、研究室 | 364 |
| その他 | しつこい | 537 |
| 機械関連 | 実行 | 167 |
| 経済貿易関連 | 実行可能なプロジェクト | 41 |
| その他 | 実行する | 487 |
| その他 | 実際上の | 487 |
| 経済貿易関連 | 実際は | 42 |
| 経済貿易関連 | 実施 | 42 |
| 経済貿易関連 | 実質所得 | 42 |
| その他 | 実証 | 487 |
| 医療関連 | 失神、意識消失 | 364 |
| 医療関連 | 湿疹 | 365 |
| 機械関連 | 実線 | 168 |
| 経済貿易関連 | 実地調査 | 42 |
| 経済貿易関連 | 実地調査を行う | 42 |
| 機械関連 | 湿度 | 168 |
| 機械関連 | 湿度計 | 168 |
| 機械関連 | 湿度測定 | 168 |
| その他 | 室内 | 487 |
| 医療関連 | 室内温度 | 365 |
| その他 | 室内居住性 | 487 |
| 経済貿易関連 | 実費、現金支出 | 42 |
| 医療関連 | 湿布 | 365 |
| 機械関連 | 湿分 | 168 |
| 医療関連 | 失明 | 365 |
| その他 | 実用燃費 | 487 |
| 機械関連 | 質量 | 168 |
| その他 | シティコミューター | 487 |
| 経済貿易関連 | 支店 | 42 |
| その他 | 自伝 | 488 |
| 機械関連 | 始動 | 168 |
| 機械関連 | 指導 | 168 |
| 機械関連 | 自動 | 168 |
| 機械関連 | 自動運転 | 168 |
| その他 | 自動式 | 488 |
| その他 | 自動車 | 488 |
| 経済貿易関連 | 自動車販売台数 | 42 |
| その他 | 自動車メーカー | 488 |
| その他 | 自動車レース | 488 |
| 医療関連 | 自動症 | 365 |
| 機械関連 | 自動制御 | 168 |
| 機械関連 | 自動制御弁 | 168 |
| 医療関連 | 自動体外式除細動器（AED） | 365 |
| 機械関連 | 自動調整 | 169 |
| 機械関連 | 自動調整弁 | 169 |
| 機械関連 | 始動弁 | 169 |
| その他 | シニョン | 488 |
| 経済貿易関連 | 支払条件 | 42 |
| 経済貿易関連 | 支払能力 | 42 |
| その他 | 市販化 | 488 |
| 医療関連 | 耳鼻咽喉科 | 365 |
| 医療関連 | 耳鼻科 | 366 |
| 機械関連 | 指標 | 169 |
| 医療関連 | ジフテリア | 366 |
| その他 | 紙幣 | 488 |
| 医療関連 | 死亡 | 366 |
| 医療関連 | 脂肪 | 366 |
| 医療関連 | 司法解剖 | 366 |
| 医療関連 | 脂肪血症 | 366 |
| 医療関連 | 脂肪酸 | 366 |
| 医療関連 | 死亡証明書 | 366 |
| 医療関連 | 脂肪組織 | 366 |
| 機械関連 | 絞り弁 | 169 |
| 経済貿易関連 | 資本 | 42 |
| 経済貿易関連 | 資本金 | 43 |
| 経済貿易関連 | 資本財 | 43 |
| 経済貿易関連 | 資本参加する | 43 |
| 経済貿易関連 | 資本市場 | 43 |
| 経済貿易関連 | 資本主義 | 43 |
| 経済貿易関連 | 資本ストック | 43 |
| 経済貿易関連 | 事務手続き | 43 |
| その他 | 示す | 488 |
| 機械関連 | 締めつけボルト | 169 |
| その他 | シャープ | 489 |
| 医療関連 | 社会保険 | 366 |
| その他 | じゃがいも | 595 |
| 医療関連 | ジャクソン型発作 | 366 |
| 医療関連 | 斜頚 | 366 |
| その他 | ジャケット | 541 |
| 機械関連 | 車検 | 169 |
| その他 | 車庫 | 538 |
| 医療関連 | 斜視 | 367 |
| 機械関連 | 車軸 | 169 |
| 機械関連 | 車種 | 169 |
| その他 | 射出機 | 489 |
| その他 | 写真 | 489 |
| その他 | 写真家 | 566 |
| その他 | ジャスミン | 592 |
| 医療関連 | 射精 | 367 |
| 機械関連 | 車台 | 170 |
| 機械関連 | 車体製造、修理 | 170 |
| 経済貿易関連 | 社長 | 43 |
| その他 | シャツ | 541 |
| 機械関連 | ジャッキ | 170 |
| その他 | 借金 | 489 |
| その他 | ジャックフルーツ | 548 |
| 医療関連 | しゃっくり | 367 |
| 医療関連 | 尺骨 | 367 |

| 分類 | 用語 | ページ |
|---|---|---|
| 経済貿易関連 | 社内手続き | 43 |
| 機械関連 | シャフト | 170 |
| 機械関連 | シャベル | 170 |
| その他 | ジャム | 571 |
| 経済貿易関連 | 社名、商号 | 43 |
| その他 | シャワー | 489 |
| その他 | シャンパン | 589 |
| その他 | シャンプー | 553 |
| その他 | 週 | 558 |
| その他 | 11月 | 581 |
| その他 | 秀逸 | 489 |
| 経済貿易関連 | 収益、売り上げ | 43 |
| 経済貿易関連 | 収益機会、ビジネスチャンス | 44 |
| 経済貿易関連 | 収益力 | 44 |
| 医療関連 | 十円ハゲ（脱毛症） | 367 |
| その他 | 10月 | 581 |
| 医療関連 | 獣化妄想 | 367 |
| 医療関連 | 習慣 | 367 |
| 医療関連 | 臭汗 | 367 |
| 機械関連 | 周期 | 170 |
| 医療関連 | 臭気学 | 367 |
| 機械関連 | 周期的 | 170 |
| 経済貿易関連 | 就業 | 44 |
| 経済貿易関連 | 従業員 | 44 |
| 経済貿易関連 | 従業員数 | 44 |
| 経済貿易関連 | 就業規則 | 44 |
| その他 | 銃剣 | 489 |
| 機械関連 | 重工業 | 170 |
| 機械関連 | 十字穴 | 170 |
| 機械関連 | 収縮 | 171 |
| その他 | ジュース | 589 |
| その他 | 重炭酸塩 | 489 |
| 医療関連 | 集中治療室（ICU） | 367 |
| その他 | 柔道 | 576 |
| 経済貿易関連 | 充当する | 44 |
| その他 | 12月 | 581 |
| 医療関連 | 十二指腸 | 368 |
| 医療関連 | 十二指腸潰瘍 | 368 |
| 医療関連 | 周波数 | 368 |
| その他 | 修復 | 489 |
| 医療関連 | 10分の1 | 368 |
| その他 | 周辺機器 | 557 |
| 経済貿易関連 | 自由貿易 | 44 |
| その他 | 週末 | 596 |
| 経済貿易関連 | 住民登録 | 44 |
| 機械関連 | 周面 | 171 |
| 機械関連 | 重油 | 171 |
| 経済貿易関連 | 重要な問題 | 44 |
| その他 | 従来 | 489 |
| 経済貿易関連 | 修理工場 | 45 |
| 経済貿易関連 | 収率 | 45 |
| 経済貿易関連 | （契約の）終了、契約解除、解雇 | 45 |
| 機械関連 | 終了 | 171 |
| 機械関連 | 重量 | 171 |
| 機械関連 | 重力 | 171 |
| 機械関連 | 縮尺 | 171 |
| 経済貿易関連 | 主契約 | 45 |
| 経済貿易関連 | 主契約者 | 45 |
| その他 | 趣向 | 489 |
| 医療関連 | 主治医、ホームドクター | 368 |
| 機械関連 | 主軸 | 171 |
| 医療関連 | 手術 | 368 |
| 医療関連 | 手術室 | 368 |
| 医療関連 | 手術不可能の | 368 |
| 機械関連 | 受信機 | 171 |
| 経済貿易関連 | 受注状況 | 45 |
| 経済貿易関連 | 受注生産 | 45 |
| 経済貿易関連 | （司法手続きでの）主張、抗弁 | 45 |
| 経済貿易関連 | 出荷地、船積み地 | 45 |
| 医療関連 | 出血 | 368 |
| 医療関連 | 出産、分娩 | 369 |
| 医療関連 | 出産後の | 369 |
| 医療関連 | 出産率 | 369 |
| 経済貿易関連 | 出資する | 45 |
| 経済貿易関連 | 出張中、旅行中 | 46 |
| その他 | 出展 | 490 |
| 機械関連 | 10.15モード燃費 | 172 |
| 機械関連 | 出力 | 172 |
| 機械関連 | 手動 | 172 |
| 機械関連 | 手動運転 | 172 |
| 医療関連 | 寿命 | 369 |
| 医療関連 | 絨毛膜 | 369 |
| 医療関連 | 腫瘍 | 369 |
| 経済貿易関連 | 需要 | 46 |
| 経済貿易関連 | 需要予測 | 46 |
| その他 | 主力 | 490 |
| 機械関連 | 種類 | 172 |
| 機械関連 | シュレッダー | 172 |
| 医療関連 | 純アルコール | 369 |
| 機械関連 | 瞬間 | 173 |
| 機械関連 | 循環 | 173 |
| 医療関連 | 循環器専門医 | 369 |
| 機械関連 | 循環する | 173 |
| 機械関連 | 瞬間的に | 173 |
| その他 | 瞬時 | 490 |
| 経済貿易関連 | 順守 | 46 |
| 機械関連 | 純水 | 173 |
| 経済貿易関連 | 純利益 | 46 |
| 医療関連 | 女陰、陰門 | 370 |
| 経済貿易関連 | ジョイントベンチャー、合弁事業、合弁会社 | 46 |
| 機械関連 | 仕様 | 173 |
| 医療関連 | 昇圧薬 | 370 |
| 医療関連 | 小陰唇 | 370 |

| | | |
|---|---|---|
| 機械関連 | 常温 | 173 |
| 医療関連 | 消化 | 370 |
| その他 | 生姜 | 579 |
| 医療関連 | 障害 | 370 |
| 医療関連 | 障害者 | 370 |
| 経済貿易関連 | 紹介状 | 46 |
| その他 | 紹介する | 490 |
| 医療関連 | 消化器 | 370 |
| 医療関連 | 上顎骨 | 370 |
| 機械関連 | 消火剤 | 174 |
| 機械関連 | 消火栓 | 174 |
| 医療関連 | 消化不良(症) | 371 |
| 医療関連 | 消化薬 | 371 |
| 医療関連 | 正気 | 371 |
| 機械関連 | 蒸気 | 174 |
| その他 | 上記 | 490 |
| 機械関連 | 蒸気圧 | 174 |
| 経済貿易関連 | 試用期間 | 46 |
| 医療関連 | 蒸気滅菌器 | 371 |
| 経済貿易関連 | 償却 | 46 |
| 経済貿易関連 | 商業 | 47 |
| その他 | 衝撃的 | 490 |
| その他 | 証拠 | 490 |
| その他 | 正午 | 561 |
| 経済貿易関連 | (契約の)条項 | 47 |
| 医療関連 | 錠剤 | 371 |
| 経済貿易関連 | 詳細に | 47 |
| その他 | 小冊子 | 490 |
| 医療関連 | 硝酸《HNO3》 | 371 |
| 経済貿易関連 | 商社 | 47 |
| 経済貿易関連 | 仕様書、仕様、スペック、規格 | 47 |
| 経済貿易関連 | 上場企業、上場会社 | 47 |
| 医療関連 | 小書症 | 371 |
| 機械関連 | 浄水 | 174 |
| 機械関連 | 浄水器 | 174 |
| その他 | 少数 | 490 |
| 機械関連 | 小数点 | 174 |
| 医療関連 | 小赤血球 | 371 |
| 経済貿易関連 | 常態 | 47 |
| 機械関連 | 状態 | 174 |
| 経済貿易関連 | 承諾書、注文請書 | 47 |
| 経済貿易関連 | 商談 | 47 |
| 医療関連 | 小腸 | 371 |
| 医療関連 | 小腸結腸炎 | 371 |
| 経済貿易関連 | 商店 | 47 |
| その他 | 焦点 | 490 |
| 機械関連 | 照度 | 174 |
| 医療関連 | 小頭症 | 371 |
| 医療関連 | 小児科 | 371 |
| 医療関連 | 小児科医 | 371 |
| 医療関連 | 小乳房症 | 372 |
| その他 | 商人 | 566 |
| 機械関連 | 蒸発 | 174 |
| 経済貿易関連 | 消費者 | 48 |
| 医療関連 | 上皮組織 | 372 |
| 経済貿易関連 | 商標 | 48 |
| 経済貿易関連 | 商品開発 | 48 |
| 医療関連 | 上腹部の | 372 |
| 医療関連 | 小便 | 372 |
| 経済貿易関連 | 情報 | 48 |
| その他 | 消防士 | 566 |
| 機械関連 | 情報処理 | 175 |
| 経済貿易関連 | 情報セキュリティー | 48 |
| 医療関連 | 賞味、試味、味覚 | 372 |
| 医療関連 | 静脈 | 372 |
| 医療関連 | 静脈切開法 | 372 |
| 医療関連 | 静脈せん刺 | 372 |
| 医療関連 | 静脈内の | 372 |
| その他 | 乗務員車 | 491 |
| 経済貿易関連 | (大使館の)商務官 | 48 |
| 経済貿易関連 | 証明 | 48 |
| 経済貿易関連 | 消耗品 | 48 |
| その他 | 醤油 | 579 |
| その他 | 商用 | 491 |
| その他 | 乗用車 | 491 |
| 経済貿易関連 | 乗用車販売台数 | 48 |
| 経済貿易関連 | 剰余金 | 49 |
| その他 | 将来、未来 | 491 |
| その他 | 将来展望 | 491 |
| その他 | 省略 | 491 |
| 医療関連 | 蒸留 | 372 |
| 機械関連 | 蒸留器 | 175 |
| 機械関連 | 蒸留水 | 175 |
| その他 | 小惑星 | 491 |
| 医療関連 | 上腕 | 372 |
| 医療関連 | 上腕骨 | 372 |
| その他 | ショー | 491 |
| その他 | ショーモデル | 566 |
| 経済貿易関連 | 初期投資 | 49 |
| 経済貿易関連 | 初期投資額 | 49 |
| 経済貿易関連 | 初期費用 | 49 |
| その他 | 職業 | 491 |
| その他 | 職業 | 564 |
| 医療関連 | 食中毒(食あたり) | 373 |
| 医療関連 | 食道 | 373 |
| 医療関連 | 食道炎 | 373 |
| 医療関連 | 食道静脈瘤 | 373 |
| その他 | 職人 | 566 |
| 経済貿易関連 | 職場 | 49 |
| その他 | 触媒 | 491 |
| その他 | 植物学 | 491 |
| その他 | 植物学者 | 566 |
| 医療関連 | 植物人間(昏睡) | 373 |
| 医療関連 | 食糞症 | 373 |

| | | |
|---|---|---|
| その他 | 食物類 | 569 |
| 医療関連 | 書痙 | 373 |
| 経済貿易関連 | 諸経費、雑費 | 49 |
| 医療関連 | 除細動 | 373 |
| 医療関連 | 除細動器 | 374 |
| 医療関連 | 初産 | 374 |
| 医療関連 | 助産婦 | 374 |
| 医療関連 | 女子更年期 | 374 |
| 医療関連 | 助手 | 374 |
| 医療関連 | 処女 | 374 |
| 医療関連 | 処女膜 | 374 |
| 医療関連 | 処女膜切開 | 374 |
| 医療関連 | 処女(純潔)を奪うこと | 374 |
| 医療関連 | 女性 | 375 |
| 医療関連 | 女性恐怖症 | 375 |
| 医療関連 | 処置 | 375 |
| その他 | 食器 | 573 |
| その他 | ジョッキ | 573 |
| その他 | 食器棚 | 544 |
| 医療関連 | 蔗糖(スクロース) | 375 |
| 経済貿易関連 | 所得税 | 49 |
| 医療関連 | 処方集 | 375 |
| 医療関連 | 処方箋(せん) | 375 |
| 医療関連 | 徐脈 | 375 |
| その他 | 署名 | 491 |
| 経済貿易関連 | 署名する、捺印する | 49 |
| 経済貿易関連 | 書面にて | 49 |
| 経済貿易関連 | 書面による通知 | 49 |
| 医療関連 | 所有主の病因 | 375 |
| 経済貿易関連 | 処理 | 49 |
| その他 | 書類関係 | 492 |
| 医療関連 | 白髪 | 375 |
| 医療関連 | 白髪染め | 376 |
| 医療関連 | シラミを取る | 376 |
| 医療関連 | 尻(臀部) | 376 |
| その他 | シリーズ | 492 |
| その他 | シリコン | 492 |
| 機械関連 | 試料 | 175 |
| その他 | 資料 | 492 |
| 医療関連 | 視力 | 376 |
| 医療関連 | 視力検査 | 376 |
| 医療関連 | 視力測定装置、視力計 | 376 |
| 機械関連 | シリンダ | 175 |
| その他 | ジルコニウム【Ｚｒ】 | 555 |
| その他 | しるし、象徴 | 492 |
| 経済貿易関連 | 辞令 | 50 |
| 医療関連 | 歯列、生歯、歯群 | 376 |
| その他 | 城 | 492 |
| その他 | 白 | 543 |
| 医療関連 | 白股腫、産褥有痛 | 376 |
| その他 | 白ワイン | 589 |
| 経済貿易関連 | 人員を削減する | 50 |
| 医療関連 | 腎炎 | 376 |
| その他 | 進化 | 492 |
| その他 | 新開発 | 492 |
| 医療関連 | 神学 | 376 |
| その他 | シンガポール | 550 |
| その他 | (シンガポール)ドル | 580 |
| 経済貿易関連 | 新技術 | 50 |
| 経済貿易関連 | 新規注文、新規取引、新規事業 | 50 |
| 医療関連 | 心筋 | 376 |
| 医療関連 | 心筋梗塞 | 377 |
| 医療関連 | 真菌症 | 377 |
| 医療関連 | 真菌類、菌類 | 377 |
| 機械関連 | 真空 | 175 |
| 機械関連 | 真空計 | 175 |
| 医療関連 | 神経 | 377 |
| 医療関連 | 神経学 | 377 |
| 医療関連 | 神経根障害 | 377 |
| 医療関連 | 神経鞘腫 | 377 |
| 機械関連 | 信号 | 175 |
| 経済貿易関連 | 人口 | 50 |
| その他 | 信号化 | 493 |
| 経済貿易関連 | 新興経済 | 50 |
| 医療関連 | 人工呼吸 | 377 |
| 医療関連 | 人工授精 | 377 |
| その他 | 人口調査 | 493 |
| 機械関連 | 人工の | 175 |
| 医療関連 | 信仰療法を行なう人(癒す人) | 377 |
| 医療関連 | 深呼吸 | 378 |
| 医療関連 | 診察室 | 378 |
| 医療関連 | 診察台 | 378 |
| その他 | 寝室 | 538 |
| 医療関連 | 心室性 | 378 |
| その他 | 真珠 | 593 |
| 医療関連 | 心収縮(期) | 378 |
| 経済貿易関連 | 人種差別 | 50 |
| 経済貿易関連 | 進出する | 50 |
| その他 | 人生 | 493 |
| 医療関連 | 新生児 | 378 |
| 経済貿易関連 | 申請書を提出する | 50 |
| 医療関連 | 真性多血症、赤血病 | 378 |
| 医療関連 | 新生物、腫瘍 | 378 |
| その他 | 親戚 | 547 |
| 医療関連 | 腎石症 | 378 |
| 医療関連 | (アルコール中毒による)振戦譫妄症 | 378 |
| 医療関連 | 心臓 | 379 |
| 医療関連 | 腎臓 | 379 |
| 医療関連 | 心臓外科 | 379 |
| 医療関連 | 心臓神経症 | 379 |
| 医療関連 | 心臓軟化症 | 379 |
| その他 | 人造人間 | 493 |
| 医療関連 | 心臓の異常な肥大 | 379 |

| 分類 | 用語 | ページ |
|---|---|---|
| 医療関連 | 心臓病 | 379 |
| 医療関連 | 腎臓病 | 380 |
| 医療関連 | 心臓(病)の | 379 |
| 医療関連 | 人体 | 380 |
| 医療関連 | 診断 | 380 |
| 医療関連 | 診断書 | 380 |
| 医療関連 | 診断する | 380 |
| その他 | 真ちゅう、黄銅(おうどう) | 493 |
| その他 | 真ちゅう細工師 | 567 |
| 医療関連 | 伸長 | 380 |
| 医療関連 | 身長計 | 380 |
| 医療関連 | 心電図 | 380 |
| 医療関連 | 心電図検査 | 380 |
| 経済貿易関連 | 浸透 | 50 |
| 医療関連 | 震動 | 380 |
| 機械関連 | 振動 | 175 |
| 機械関連 | 振動計 | 175 |
| 経済貿易関連 | 浸透性 | 51 |
| 機械関連 | 浸透漏れ | 176 |
| 医療関連 | 心肺 | 381 |
| 医療関連 | 心配・不安 | 381 |
| 医療関連 | 心配症 | 381 |
| 医療関連 | 心肺停止 | 381 |
| その他 | シンプル | 493 |
| その他 | 新聞 | 493 |
| その他 | 新聞記者 | 567 |
| 経済貿易関連 | 新聞広告 | 51 |
| 経済貿易関連 | 新聞報道 | 51 |
| 医療関連 | 心房 | 381 |
| その他 | 深夜 | 559 |
| 経済貿易関連 | 信用状 | 51 |
| 経済貿易関連 | 信用状を発行する | 51 |
| 経済貿易関連 | 信用調査をする | 51 |
| 経済貿易関連 | 信頼 | 51 |
| 経済貿易関連 | 信頼性 | 51 |
| 医療関連 | 心理学 | 381 |
| 医療関連 | 診療 | 381 |
| 医療関連 | 診療用机・椅子 | 381 |
| 医療関連 | 人類学 | 381 |

### ◆す行

| 分類 | 用語 | ページ |
|---|---|---|
| その他 | 酢 | 579 |
| 機械関連 | 図 | 176 |
| 機械関連 | 吸い上げポンプ | 176 |
| 機械関連 | 水圧 | 176 |
| 機械関連 | 水位 | 176 |
| 経済貿易関連 | 随意契約 | 51 |
| その他 | 水泳 | 576 |
| その他 | スイカ | 548 |
| その他 | 水銀【Hg】 | 556 |
| 機械関連 | 水車 | 176 |
| 医療関連 | 水腫性 | 381 |
| 機械関連 | 水準 | 176 |
| 機械関連 | 水準器 | 177 |
| その他 | 水晶 | 593 |
| 医療関連 | 水晶体炎 | 381 |
| その他 | 水素【H】 | 553 |
| 医療関連 | 膵臓 | 381 |
| その他 | 水族館 | 562 |
| 機械関連 | 水中逆止弁 | 177 |
| 機械関連 | 水中ケーブル | 177 |
| 機械関連 | 水中モーター | 177 |
| 機械関連 | 垂直 | 177 |
| 機械関連 | 推定 | 177 |
| 機械関連 | 推定値 | 177 |
| 医療関連 | 水痘 | 382 |
| その他 | 水道 | 493 |
| 機械関連 | 水道管 | 177 |
| 機械関連 | 水平 | 177 |
| 機械関連 | 水平軸 | 177 |
| 医療関連 | 髄膜炎 | 382 |
| 医療関連 | 睡眠 | 382 |
| 医療関連 | 睡眠薬 | 382 |
| 医療関連 | 水薬 | 382 |
| その他 | 水曜日 | 596 |
| 機械関連 | 水力 | 177 |
| その他 | 数字 | 574 |
| 機械関連 | 数字化 | 177 |
| その他 | スーツ | 541 |
| その他 | スーパー | 493 |
| 経済貿易関連 | スーパーコンピューター | 52 |
| 経済貿易関連 | スーパーバイザー | 52 |
| その他 | スープ | 589 |
| 機械関連 | 据付 | 177 |
| 機械関連 | 据付費用 | 178 |
| その他 | スカート | 541 |
| 医療関連 | 頭蓋骨障害 | 382 |
| 経済貿易関連 | スカイプ | 52 |
| その他 | 杉 | 592 |
| その他 | スキー | 576 |
| その他 | 好き嫌い | 493 |
| 機械関連 | 図記号 | 178 |
| 経済貿易関連 | すき間、ニッチ | 52 |
| その他 | スキャナー | 557 |
| その他 | スクエア | 494 |
| その他 | スケート | 576 |
| 経済貿易関連 | スケジュールを立てる | 52 |
| 経済貿易関連 | スケジュールを調整する | 52 |
| 機械関連 | 図工 | 178 |
| その他 | スズ【Sn】 | 555 |
| その他 | 涼しい | 494 |
| その他 | スタイリスト | 567 |
| その他 | スタイリング | 494 |
| 医療関連 | 頭痛 | 382 |
| 医療関連 | スツール、排泄物 | 382 |

| | | |
|---|---|---|
| その他 | 酢っぱい | 537 |
| 機械関連 | 素手 | 178 |
| 医療関連 | ステアプシン | 382 |
| その他 | ステアリング | 494 |
| 機械関連 | ステアリングホイール | 178 |
| 機械関連 | ステーションワゴン | 178 |
| 機械関連 | ストレーナー、こし器 | 179 |
| 医療関連 | ストレス | 382 |
| その他 | ストレス | 494 |
| その他 | ストロー | 573 |
| その他 | ストロングハイブリッド | 494 |
| 機械関連 | スパナ | 179 |
| 機械関連 | スピーカー | 179 |
| 機械関連 | スプール | 179 |
| その他 | スプーン | 573 |
| 医療関連 | スプレー | 382 |
| その他 | スペース | 494 |
| その他 | スペースユーティリティ | 494 |
| その他 | スペック | 494 |
| その他 | スポイラー | 494 |
| その他 | スポーツ | 576 |
| 機械関連 | スポーツクーペ | 179 |
| その他 | スポーティ | 494 |
| その他 | スポーティグレード | 495 |
| その他 | スポーツモデル | 495 |
| その他 | ズボン | 541 |
| 経済貿易関連 | スマートフォン | 52 |
| その他 | スムーズさ | 495 |
| 機械関連 | 図面 | 180 |
| その他 | スモークメッキ | 495 |
| その他 | スラックス | 541 |
| 機械関連 | スリーブ | 180 |
| 機械関連 | スリーブ弁 | 180 |
| その他 | スリッパ | 588 |
| その他 | スリランカ | 550 |
| 経済貿易関連 | 寸法 | 52 |

### ◆せ行

| | | |
|---|---|---|
| その他 | 性 | 495 |
| 経済貿易関連 | 税 | 52 |
| 医療関連 | 性愛 | 382 |
| 医療関連 | 生育地 | 382 |
| 医療関連 | 聖ヴァイタス舞踏 | 383 |
| 医療関連 | 精液尿、精液尿症 | 383 |
| 医療関連 | 性科学 | 383 |
| 医療関連 | 生化学 | 383 |
| 機械関連 | 正確さ | 180 |
| 経済貿易関連 | 生活水準 | 52 |
| 経済貿易関連 | 税関、通関手続き | 52 |
| 医療関連 | 性感帯 | 383 |
| 経済貿易関連 | 税関で引っかかる、税関で呼び止められる | 52 |
| 経済貿易関連 | 税関を通る | 53 |
| 医療関連 | 性器（男性） | 383 |
| その他 | 世紀 | 495 |
| 経済貿易関連 | 正規分布 | 53 |
| 経済貿易関連 | 請求額、残金 | 53 |
| 経済貿易関連 | 請求書（インボイス） | 53 |
| 経済貿易関連 | 請求を支払う、請求書を決済する | 53 |
| 機械関連 | 制御 | 180 |
| 機械関連 | 制御盤 | 180 |
| 機械関連 | 制御方法 | 181 |
| 医療関連 | 整形外科 | 383 |
| その他 | 清潔感 | 495 |
| 医療関連 | 生検、生体組織検査 | 383 |
| 経済貿易関連 | 制限、規制、限定 | 53 |
| 機械関連 | 制限速度 | 181 |
| 医療関連 | 性交 | 383 |
| 医療関連 | 性交する | 384 |
| 医療関連 | 性交疼痛 | 384 |
| 医療関連 | 精索炎 | 384 |
| 経済貿易関連 | 清算 | 53 |
| 経済貿易関連 | 生産 | 54 |
| 機械関連 | 正三角形 | 181 |
| 機械関連 | 生産管理 | 181 |
| 機械関連 | 生産技術 | 181 |
| 機械関連 | 生産計画 | 181 |
| 経済貿易関連 | 生産工程、生産プロセス | 54 |
| 経済貿易関連 | 生産国 | 54 |
| 経済貿易関連 | 生産性 | 54 |
| 経済貿易関連 | 生産高 | 54 |
| 機械関連 | 生産能力 | 181 |
| 経済貿易関連 | 生産目標 | 54 |
| 経済貿易関連 | 生産量 | 54 |
| 医療関連 | 精子 | 384 |
| その他 | 政治家 | 567 |
| その他 | 正式 | 495 |
| 経済貿易関連 | 正式の回答 | 54 |
| 医療関連 | 精子減少症 | 384 |
| 医療関連 | 青視症 | 384 |
| 機械関連 | 性質 | 181 |
| その他 | 政治に関心のない | 495 |
| 機械関連 | 正常 | 181 |
| その他 | 正常進化 | 495 |
| 医療関連 | 青色児 | 384 |
| 医療関連 | 精神医 | 385 |
| 医療関連 | 精神医学の | 385 |
| 医療関連 | 精神病の | 385 |
| 機械関連 | 製図 | 181 |
| 機械関連 | 製図板 | 181 |
| 機械関連 | 精製装置 | 182 |
| 機械関連 | 製造 | 182 |
| 機械関連 | 製造技術 | 182 |
| 経済貿易関連 | 製造業 | 54 |
| 経済貿易関連 | 製造コスト、製品コスト | 54 |

| | | |
|---|---|---|
| 経済貿易関連 | 製造年月日 | 54 |
| 経済貿易関連 | 製造物責任 | 54 |
| 医療関連 | 生態学 | 385 |
| その他 | 贅沢品 | 495 |
| 経済貿易関連 | 成長、伸び、増加、発展 | 54 |
| 経済貿易関連 | 成長産業 | 55 |
| 経済貿易関連 | 成長戦略 | 55 |
| 医療関連 | 性的興奮の頂点 | 385 |
| 医療関連 | 静的な | 385 |
| 機械関連 | 静電気 | 182 |
| 機械関連 | 静電場 | 182 |
| 機械関連 | 制度 | 182 |
| 機械関連 | 精度 | 182 |
| その他 | 青銅 | 495 |
| その他 | 生年月日 | 495 |
| 機械関連 | 性能 | 182 |
| 医療関連 | 性病 | 385 |
| 医療関連 | 性病素、尿道素 | 385 |
| 経済貿易関連 | 製品 | 55 |
| 経済貿易関連 | 製品開発 | 55 |
| 経済貿易関連 | 製品管理 | 55 |
| 経済貿易関連 | 製品原価 | 55 |
| 経済貿易関連 | 製品別売上構成 | 55 |
| 経済貿易関連 | 政府開発援助（ODA） | 55 |
| その他 | 生物園 | 562 |
| 医療関連 | 生物学 | 386 |
| 機械関連 | 成分 | 182 |
| 機械関連 | 精分 | 182 |
| 医療関連 | 性別 | 386 |
| 機械関連 | 正方形 | 182 |
| 機械関連 | 精密 | 182 |
| 機械関連 | 精密機械 | 183 |
| 機械関連 | 精密検査 | 183 |
| 医療関連 | 生命 | 386 |
| 医療関連 | 生命の維持に必要な | 386 |
| 機械関連 | 精油 | 183 |
| 医療関連 | 性欲を刺激する | 386 |
| 医療関連 | 生理 | 386 |
| 医療関連 | 生理化学的な | 386 |
| 医療関連 | 生理学 | 386 |
| 医療関連 | ゼーゼーした息づかいの | 386 |
| その他 | セーター | 541 |
| 経済貿易関連 | セーフガード | 55 |
| その他 | セーフ機構 | 496 |
| 経済貿易関連 | セールスポイント | 55 |
| その他 | セールスマン | 567 |
| 経済貿易関連 | 世界銀行 | 56 |
| 経済貿易関連 | 世界経済 | 56 |
| その他 | 世界戦略車 | 496 |
| その他 | 世界初公開 | 496 |
| 医療関連 | 世界保健機関（WHO） | 386 |
| 医療関連 | 咳 | 387 |
| 医療関連 | 赤外線 | 387 |
| 医療関連 | 赤芽球 | 387 |
| 医療関連 | 脊索 | 387 |
| 医療関連 | 赤視症 | 387 |
| 医療関連 | 赤十字 | 387 |
| 機械関連 | 石炭 | 183 |
| 機械関連 | 石炭油 | 183 |
| 医療関連 | 咳止め薬 | 387 |
| 経済貿易関連 | （任務を遂行する・法的）責任、職責、義務 | 56 |
| その他 | 責任 | 496 |
| 医療関連 | 石肺（塵肺） | 387 |
| 機械関連 | 石油 | 183 |
| 機械関連 | 石油化学製品 | 183 |
| 医療関連 | 赤痢（細菌性赤痢） | 387 |
| 経済貿易関連 | 施工管理 | 56 |
| 機械関連 | セダン | 183 |
| 機械関連 | 絶縁 | 184 |
| 機械関連 | 絶縁材料 | 185 |
| 機械関連 | 絶縁試験 | 185 |
| 機械関連 | 絶縁電線 | 185 |
| 医療関連 | 舌音の | 388 |
| 医療関連 | 切開、切開（目の手術） | 388 |
| 医療関連 | 石灰化 | 388 |
| その他 | 石灰（質）化する | 496 |
| 医療関連 | 切開する | 388 |
| 機械関連 | 石灰石 | 185 |
| 医療関連 | 舌下炎 | 388 |
| その他 | 積極的 | 496 |
| 機械関連 | 設計 | 186 |
| その他 | 設計士 | 567 |
| 機械関連 | 設計図 | 186 |
| 医療関連 | 赤血球 | 388 |
| その他 | 石鹸 | 588 |
| その他 | 摂氏 | 587 |
| 機械関連 | 接続 | 186 |
| 機械関連 | 接続図 | 186 |
| 機械関連 | 接続方法 | 186 |
| 経済貿易関連 | 接待 | 56 |
| その他 | 絶大 | 496 |
| 機械関連 | 絶対圧 | 186 |
| 機械関連 | 絶対温度 | 186 |
| 機械関連 | 絶対湿度 | 186 |
| 機械関連 | 絶対単位 | 186 |
| 機械関連 | 絶対値 | 186 |
| 機械関連 | 切断 | 187 |
| 経済貿易関連 | 設定 | 56 |
| 経済貿易関連 | 設定条件 | 56 |
| 機械関連 | 設定値 | 187 |
| 機械関連 | 接点 | 187 |
| 機械関連 | 設備 | 187 |
| 経済貿易関連 | 設備投資 | 57 |

| | | |
|---|---|---|
| 医療関連 | 接吻する（キス） | 388 |
| 機械関連 | 説明 | 187 |
| 機械関連 | 説明書 | 187 |
| 経済貿易関連 | 説明資料 | 57 |
| 機械関連 | 説明図 | 187 |
| その他 | 説明する | 496 |
| 医療関連 | 背中 | 388 |
| 医療関連 | ゼノロジー | 389 |
| 医療関連 | 背骨、脊椎、脊柱 | 389 |
| 医療関連 | 背骨の | 389 |
| その他 | セメント | 496 |
| その他 | セラミック | 496 |
| 医療関連 | セル（細胞） | 389 |
| その他 | セル | 497 |
| 機械関連 | セレクター | 187 |
| 医療関連 | ゼロ | 389 |
| 機械関連 | セロテープ | 187 |
| 機械関連 | 繊維 | 187 |
| 機械関連 | 繊維ガラス | 187 |
| 医療関連 | 線維腫 | 389 |
| 機械関連 | 繊維素 | 187 |
| その他 | 船員 | 567 |
| その他 | 先鋭化 | 497 |
| その他 | 戦艦 | 497 |
| その他 | 前後 | 497 |
| その他 | 先行 | 497 |
| 機械関連 | 全高 | 187 |
| その他 | 前後席のカーテンシールドエアバッグ | 497 |
| 機械関連 | 前後バンパー | 187 |
| 機械関連 | 洗剤 | 188 |
| 医療関連 | 尖耳 | 389 |
| 機械関連 | 全自動 | 188 |
| 機械関連 | 全車 | 188 |
| その他 | 前述 | 497 |
| 機械関連 | 洗浄 | 188 |
| 機械関連 | 繊条 | 188 |
| その他 | 戦場 | 497 |
| 医療関連 | 洗浄機 | 389 |
| 医療関連 | 全身麻酔 | 389 |
| 機械関連 | 線図 | 188 |
| その他 | 占星学 | 498 |
| 医療関連 | 先祖、開祖、創始者 | 390 |
| 医療関連 | 喘息 | 390 |
| 医療関連 | ぜんそく等でゼーゼー息を切らす | 390 |
| 機械関連 | センター | 188 |
| その他 | 先代型 | 498 |
| 経済貿易関連 | 全体として | 57 |
| その他 | 選択肢 | 498 |
| 機械関連 | 先端 | 188 |
| 経済貿易関連 | 先端技術 | 57 |
| その他 | センチ | 585 |
| その他 | センチグラム | 585 |
| 医療関連 | 前腸 | 390 |
| 経済貿易関連 | 前提条件 | 57 |
| 経済貿易関連 | 宣伝、広報活動 | 57 |
| その他 | セント | 498 |
| 医療関連 | 尖頭症 | 390 |
| 医療関連 | 前頭の、おでこの | 390 |
| その他 | セントラル | 498 |
| 機械関連 | 全負荷 | 189 |
| その他 | 全幅 | 498 |
| 機械関連 | 選別 | 189 |
| 医療関連 | 前方［下方］突出（症） | 390 |
| その他 | 洗面所 | 538 |
| 医療関連 | 譫妄状態、精神錯乱 | 390 |
| 機械関連 | 専門 | 189 |
| 医療関連 | 専門医 | 391 |
| 医療関連 | 専門家 | 391 |
| その他 | 専用 | 498 |
| その他 | 専用タイプ | 498 |
| 経済貿易関連 | 戦略、長期計画 | 57 |
| 医療関連 | 前腕（前膊） | 391 |

◆そ行

| | | |
|---|---|---|
| その他 | 象 | 583 |
| 医療関連 | 爪囲炎 | 391 |
| 経済貿易関連 | 総売上 | 57 |
| 経済貿易関連 | 増益 | 57 |
| 機械関連 | 騒音 | 189 |
| 機械関連 | 増加 | 189 |
| 経済貿易関連 | 掃気 | 57 |
| 機械関連 | 早期 | 189 |
| 機械関連 | 掃気効率 | 189 |
| 医療関連 | 早期発見 | 391 |
| 経済貿易関連 | 創業 | 58 |
| 機械関連 | 操業 | 189 |
| 経済貿易関連 | 増強する | 58 |
| 機械関連 | 操業日数 | 189 |
| 機械関連 | 双曲線 | 190 |
| 医療関連 | 早期離床 | 391 |
| 経済貿易関連 | 送金 | 58 |
| その他 | 象牙 | 498 |
| 経済貿易関連 | 相互 | 58 |
| 機械関連 | 総合 | 190 |
| 医療関連 | 爪甲軟化症 | 391 |
| 機械関連 | 操作 | 190 |
| その他 | 捜査 | 498 |
| 経済貿易関連 | 相殺する | 58 |
| 経済貿易関連 | 操作説明書、取扱説明書 | 58 |
| 機械関連 | 操作パネル | 190 |
| 機械関連 | 操作部 | 190 |
| 機械関連 | 操作量 | 190 |
| 経済貿易関連 | 増資 | 58 |
| 経済貿易関連 | 増資する | 58 |
| 経済貿易関連 | 総重量 | 58 |

| | | |
|---|---|---:|
| その他 | 装飾 | 499 |
| その他 | 蔵書票 | 499 |
| 機械関連 | 送信 | 191 |
| 機械関連 | 送信器 | 191 |
| 機械関連 | 送水管 | 191 |
| その他 | 造船所 | 562 |
| その他 | 操舵 | 499 |
| 医療関連 | 相談 | 391 |
| 機械関連 | 装置 | 191 |
| 機械関連 | 送電線路 | 191 |
| 機械関連 | 送電電圧 | 191 |
| 機械関連 | 挿入 | 191 |
| その他 | 装備 | 499 |
| その他 | 装備する | 499 |
| 医療関連 | 象皮病 | 391 |
| 機械関連 | 送風 | 191 |
| 機械関連 | 送風機 | 191 |
| 機械関連 | 増幅 | 191 |
| 機械関連 | 増幅回路 | 191 |
| 機械関連 | 増幅器 | 192 |
| 機械関連 | 増幅率 | 192 |
| 機械関連 | 総落差 | 192 |
| 経済貿易関連 | 送料 | 58 |
| 経済貿易関連 | ソース | 59 |
| その他 | ソーセージ | 571 |
| 機械関連 | ソーダ | 192 |
| 医療関連 | ゾーン | 391 |
| その他 | 測径両脚器、カリパス | 499 |
| 医療関連 | 足糸 | 392 |
| 機械関連 | 測色機 | 192 |
| 機械関連 | 測深機 | 192 |
| 医療関連 | 塞栓除去 | 392 |
| 機械関連 | 測定 | 192 |
| 医療関連 | 足底いぼ | 392 |
| 機械関連 | 測定器 | 192 |
| 機械関連 | 測定値 | 192 |
| 機械関連 | 測定範囲 | 192 |
| 機械関連 | 測定量 | 192 |
| 機械関連 | 速度 | 193 |
| 機械関連 | 速度制御 | 193 |
| 機械関連 | 速度変調 | 193 |
| 機械関連 | 測量 | 193 |
| 医療関連 | 鼠径部 | 392 |
| 機械関連 | ソケット | 193 |
| 機械関連 | ソケットレンチ | 193 |
| 医療関連 | 鼠咬症 | 392 |
| 医療関連 | 組織 | 392 |
| 医療関連 | (細胞の)組織 | 392 |
| 経済貿易関連 | 組織改革 | 59 |
| 経済貿易関連 | 組織労働者 | 59 |
| 経済貿易関連 | (民事)訴訟 | 59 |
| 経済貿易関連 | 措置期間 | 59 |
| 医療関連 | 卒倒、気絶 | 392 |
| その他 | その際 | 499 |
| その他 | 祖父 | 546 |
| その他 | ソファー | 544 |
| 経済貿易関連 | ソフトウエア | 59 |
| その他 | 祖母 | 546 |
| その他 | 空色、青空 | 543 |
| 医療関連 | ソルト(塩) | 392 |
| 機械関連 | ソレノイド | 193 |
| 機械関連 | ソレノイドバルブ、電磁弁 | 193 |
| 経済貿易関連 | 損益計算書 | 59 |
| 経済貿易関連 | 損害、損失 | 59 |
| 経済貿易関連 | 損害保険 | 59 |
| その他 | 存在 | 499 |
| 経済貿易関連 | 損失を出す | 59 |

## ◆た行

| | | |
|---|---|---:|
| 機械関連 | タービン | 193 |
| 機械関連 | タービン効果、タービン効率 | 194 |
| 機械関連 | タービン発電機 | 194 |
| 機械関連 | ターボ搭載車 | 194 |
| 機械関連 | ターンオフ | 194 |
| 機械関連 | ターンオン | 194 |
| その他 | ターンランプ | 499 |
| その他 | タイ | 550 |
| 機械関連 | 耐圧力 | 194 |
| その他 | ダイアモンド | 593 |
| 機械関連 | 耐アルカリ性 | 194 |
| 機械関連 | 帯域 | 194 |
| 機械関連 | 帯域幅 | 194 |
| その他 | 第一 | 499 |
| 経済貿易関連 | 第一次産業 | 60 |
| 医療関連 | 退院 | 392 |
| 医療関連 | 大陰唇 | 393 |
| 機械関連 | ダイオード | 195 |
| 医療関連 | 体温 | 393 |
| 機械関連 | 耐火 | 195 |
| 医療関連 | 胎芽 | 393 |
| 機械関連 | 対角 | 195 |
| その他 | 体格 | 500 |
| 機械関連 | 対角線 | 195 |
| 機械関連 | 耐火セメント | 195 |
| 機械関連 | 耐火物 | 195 |
| 機械関連 | 耐寒性 | 196 |
| その他 | 大気 | 500 |
| 医療関連 | 大気汚染からの有害な悪臭の | 393 |
| 経済貿易関連 | 大企業 | 60 |
| 経済貿易関連 | 大規模開発 | 60 |
| その他 | 大工 | 567 |
| 機械関連 | 体系 | 196 |
| その他 | 大根 | 595 |
| 経済貿易関連 | (出入国手続きでの)滞在許可、残留許可証 | 60 |

| | | |
|---|---|---|
| 医療関連 | 第3期梅毒 | 393 |
| 医療関連 | 胎児 | 393 |
| その他 | 大使館員 | 567 |
| 機械関連 | 台車 | 196 |
| その他 | 代車 | 500 |
| 医療関連 | 体重計 | 393 |
| その他 | 大主教 | 500 |
| その他 | 対象 | 500 |
| 医療関連 | 帯状疱疹 | 393 |
| 医療関連 | 大静脈 | 394 |
| 機械関連 | ダイス | 196 |
| 機械関連 | 代数(数学系) | 197 |
| 機械関連 | 台数 | 197 |
| その他 | 代数学 | 500 |
| 医療関連 | 大舌症 | 394 |
| その他 | 体操 | 577 |
| 医療関連 | 大腿骨 | 394 |
| 医療関連 | 大腿骨[部]の | 394 |
| 医療関連 | 大腿神経痛 | 394 |
| その他 | 大胆 | 500 |
| 医療関連 | 大腸 | 394 |
| 医療関連 | 大腸炎 | 394 |
| 機械関連 | 帯電 | 197 |
| その他 | 大天使 | 501 |
| 医療関連 | 胎動 | 394 |
| 医療関連 | 大動脈 | 394 |
| その他 | 台所用品 | 577 |
| その他 | ダイナマイト | 501 |
| その他 | ダイナモ、発電機 | 501 |
| 機械関連 | 耐熱 | 197 |
| 機械関連 | 耐熱ガラス | 197 |
| 機械関連 | 耐熱金属 | 198 |
| 機械関連 | 耐熱性 | 198 |
| その他 | (タイ)パーツ | 580 |
| 医療関連 | 胎盤 | 394 |
| 経済貿易関連 | 代表 | 60 |
| その他 | タイプ | 501 |
| 医療関連 | 対物レンズ | 395 |
| 医療関連 | 胎便 | 395 |
| 医療関連 | 大発作(てんかん性疾患関連語) | 395 |
| その他 | 〜代目 | 501 |
| 機械関連 | ダイヤモンドカッター | 198 |
| 機械関連 | ダイヤモンドドリル | 198 |
| 機械関連 | ダイヤル | 198 |
| 機械関連 | ダイヤルゲージ | 199 |
| 機械関連 | ダイヤル式 | 199 |
| 機械関連 | 耐油性 | 199 |
| 機械関連 | 太陽エネルギー | 199 |
| 機械関連 | 太陽電池 | 199 |
| 経済貿易関連 | 耐用年数 | 60 |
| 経済貿易関連 | 耐用年数 | 60 |
| 機械関連 | 代用品 | 199 |
| 経済貿易関連 | 代理店 | 61 |
| 経済貿易関連 | 代理店契約を打ち切る | 61 |
| 経済貿易関連 | 大量生産、量産 | 61 |
| その他 | 台湾 | 550 |
| 医療関連 | 多飲症 | 395 |
| その他 | ダウンサイジング | 501 |
| その他 | タオル | 588 |
| その他 | 高い | 501 |
| その他 | 高い(高価) | 501 |
| 機械関連 | 高さ | 199 |
| その他 | 多岐 | 501 |
| その他 | タクシー | 501 |
| その他 | タクシー乗り場 | 562 |
| 機械関連 | 卓上計算機 | 200 |
| 機械関連 | 卓上コンピューター | 200 |
| その他 | 竹 | 592 |
| 医療関連 | 多血質の、(気質など)陽気な、楽天的な | 395 |
| その他 | タコ | 571 |
| 経済貿易関連 | 多国籍企業 | 61 |
| 経済貿易関連 | 他社 | 61 |
| その他 | 多少 | 502 |
| 機械関連 | 多シリンダ機関 | 200 |
| その他 | ダスト | 502 |
| その他 | 戦い | 502 |
| 経済貿易関連 | 立会い | 61 |
| 機械関連 | 立会検査 | 200 |
| 経済貿易関連 | 立会人 | 61 |
| 機械関連 | 立ち上げ | 200 |
| その他 | 立ち遅れる | 502 |
| 医療関連 | 立ちくらみ | 395 |
| その他 | 卓球 | 577 |
| 医療関連 | 脱酸素 | 395 |
| 医療関連 | 脱水症状 | 395 |
| 医療関連 | 脱毛 | 396 |
| 医療関連 | 脱毛剤 | 396 |
| 医療関連 | 脱モルヒネ法 | 396 |
| 機械関連 | 立ボイラー | 200 |
| 医療関連 | ダニ | 396 |
| 医療関連 | 多尿症 | 396 |
| その他 | 狸 | 583 |
| その他 | 楽しめる | 502 |
| その他 | タバコ | 502 |
| 医療関連 | タバコ中毒症 | 396 |
| その他 | たばこの葉 | 502 |
| その他 | 旅 | 502 |
| その他 | ダビン、保革油 | 502 |
| 経済貿易関連 | 多方面 | 61 |
| 医療関連 | 打撲傷、挫傷 | 396 |
| その他 | 卵 | 571 |
| その他 | 卵焼き | 571 |
| その他 | 魂 | 502 |
| その他 | ダム | 502 |

| 分類 | 用語 | ページ |
|---|---|---|
| その他 | ダメージ | 503 |
| 経済貿易関連 | 多目的の | 62 |
| その他 | 樽 | 503 |
| 医療関連 | 痰（たん） | 396 |
| 機械関連 | 単位 | 201 |
| 医療関連 | 担架 | 397 |
| 経済貿易関連 | 短期見通し | 62 |
| その他 | タングステン【W】 | 555 |
| 機械関連 | 単結晶 | 201 |
| 医療関連 | 男根 | 397 |
| 医療関連 | 男根の | 397 |
| その他 | 炭酸ガスを飽和させ（て発泡性をもたせ）た | 503 |
| その他 | 炭酸水 | 590 |
| 機械関連 | 端子 | 201 |
| 医療関連 | 男子色情症［異常性欲］ | 397 |
| その他 | 男爵 | 503 |
| その他 | 短縮 | 503 |
| 機械関連 | 単シリンダ | 201 |
| 機械関連 | 単シリンダ機関 | 201 |
| 医療関連 | 胆汁 | 397 |
| 医療関連 | 胆汁酸 | 397 |
| 経済貿易関連 | 単身赴任する | 62 |
| 機械関連 | 断水 | 201 |
| その他 | 炭水化物 | 503 |
| 機械関連 | 弾性 | 201 |
| その他 | 男性 | 503 |
| 医療関連 | 男性化（症） | 397 |
| 機械関連 | 弾性バネ | 201 |
| 医療関連 | 胆石 | 397 |
| 機械関連 | 断線 | 201 |
| その他 | 炭素【C】 | 553 |
| 機械関連 | 単相 | 201 |
| 機械関連 | 単段 | 202 |
| 機械関連 | 単電池 | 202 |
| 機械関連 | 単動機関 | 202 |
| 経済貿易関連 | 担当業務 | 62 |
| 医療関連 | 胆嚢 | 397 |
| 医療関連 | 痰（たん）の検査 | 397 |
| 機械関連 | 暖房（器） | 202 |
| 医療関連 | タンポン挿入 | 398 |
| 機械関連 | 断面図 | 203 |
| 機械関連 | 断面積 | 203 |
| 機械関連 | 短絡　ショートカット | 203 |
| その他 | 淡緑青色の水 | 503 |

### ◆ち行

| 分類 | 用語 | ページ |
|---|---|---|
| 医療関連 | 血 | 398 |
| 医療関連 | ぢ（痔） | 398 |
| 医療関連 | チアノーゼ | 398 |
| 経済貿易関連 | 治安 | 62 |
| その他 | 地域 | 504 |
| 経済貿易関連 | 地域開発援助 | 62 |
| その他 | チーク | 592 |
| 医療関連 | 小さい | 398 |
| その他 | 小さい | 504 |
| その他 | 小さなねじのための小さな穴を開けるきり | 504 |
| その他 | チーズ | 571 |
| 機械関連 | チーム | 203 |
| 機械関連 | チェーンブロック | 203 |
| 医療関連 | チェックアップ、検査 | 398 |
| 経済貿易関連 | チェック項目 | 63 |
| 経済貿易関連 | チェックシート | 63 |
| 経済貿易関連 | チェックポイント | 63 |
| その他 | チェックリスト | 504 |
| 医療関連 | チオペンタールナトリウム（商標名；ペントサル） | 398 |
| 経済貿易関連 | 地価 | 63 |
| 経済貿易関連 | 違い | 64 |
| その他 | 地下室 | 504 |
| 経済貿易関連 | 地価税 | 64 |
| その他 | 近道 | 504 |
| 機械関連 | 力 | 204 |
| 経済貿易関連 | 力不足 | 64 |
| その他 | 地球 | 505 |
| その他 | チキンカレー | 571 |
| 医療関連 | 乳首 | 398 |
| 医療関連 | 恥垢 | 399 |
| その他 | 遅刻 | 505 |
| その他 | 地図、マップ | 505 |
| その他 | 地図作成、地図学 | 505 |
| 機械関連 | 地線 | 204 |
| その他 | チタン【Ti】 | 554 |
| その他 | 父 | 545 |
| 医療関連 | 父無し子 | 399 |
| 医療関連 | 膣［解剖学］ | 399 |
| 医療関連 | 膣炎 | 399 |
| 医療関連 | 膣痙 | 399 |
| 医療関連 | 膣形成術 | 399 |
| その他 | 窒素【N】 | 553 |
| 医療関連 | 血なまぐさい | 399 |
| 医療関連 | 知能指数 | 399 |
| 経済貿易関連 | 地方 | 65 |
| 医療関連 | チマーゼ | 399 |
| その他 | 茶 | 543 |
| その他 | チャート | 505 |
| 機械関連 | 着火点 | 204 |
| 機械関連 | チャック（装置）、つかみ具 | 205 |
| その他 | チャリティー | 506 |
| その他 | 茶碗 | 573 |
| その他 | チャンス | 506 |
| その他 | チャンネル | 506 |
| その他 | 注意 | 507 |
| その他 | 注意項目 | 507 |
| その他 | 注意点 | 507 |

| | | |
|---|---|---|
| 機械関連 | 中央 | 205 |
| 経済貿易関連 | 中央銀行 | 65 |
| 医療関連 | 中央材料室(CSSD) | 400 |
| 機械関連 | 中央処理装置 | 205 |
| 機械関連 | 中央部 | 205 |
| その他 | 中核 | 507 |
| 経済貿易関連 | 中核事業 | 65 |
| その他 | 中間 | 507 |
| 機械関連 | 中間スリーブ | 206 |
| 機械関連 | 中間ブッシュ | 206 |
| 経済貿易関連 | 中規模の | 65 |
| 機械関連 | 中継 | 206 |
| 経済貿易関連 | 中継貿易 | 65 |
| 経済貿易関連 | 中元 | 66 |
| その他 | 中国 | 550 |
| 経済貿易関連 | 中国株 | 66 |
| その他 | (中国)人民元 | 581 |
| 経済貿易関連 | 中国の環境問題 | 66 |
| 経済貿易関連 | 中国の資本市場 | 66 |
| 経済貿易関連 | 中古車 | 66 |
| 機械関連 | 中止 | 206 |
| 医療関連 | 中耳炎 | 400 |
| 医療関連 | 注射 | 400 |
| その他 | 駐車 | 507 |
| 医療関連 | 注射器 | 400 |
| その他 | 駐車場 | 507 |
| 医療関連 | 注射針 | 400 |
| 医療関連 | 中手骨 | 400 |
| 経済貿易関連 | 中小企業 | 66 |
| 機械関連 | 中心 | 207 |
| 機械関連 | 中心線 | 207 |
| その他 | 中心の、中央の | 508 |
| 機械関連 | 中心部 | 207 |
| 医療関連 | 虫垂炎 | 400 |
| 医療関連 | 虫垂切除(術) | 400 |
| 医療関連 | 中性脂肪 | 400 |
| 機械関連 | 中性な | 207 |
| 医療関連 | 中足骨 | 400 |
| 医療関連 | 中毒 | 400 |
| 経済貿易関連 | 中途採用 | 67 |
| 機械関連 | 注入、輸血 | 207 |
| 機械関連 | 注入機 | 208 |
| 機械関連 | チューブ | 208 |
| 機械関連 | チューブカッター | 208 |
| 医療関連 | (血管・リンパ管壁の)中膜 | 400 |
| その他 | 注目 | 508 |
| 経済貿易関連 | 注文書、発注書、購買注文 | 67 |
| その他 | チューリップ | 592 |
| 医療関連 | 腸 | 401 |
| その他 | 超薄型 | 508 |
| 医療関連 | 腸炎 | 401 |
| 医療関連 | 超音波診断装置 | 401 |
| 機械関連 | 超過 | 208 |
| 機械関連 | 超過回転 | 209 |
| 機械関連 | 超過速度 | 209 |
| 経済貿易関連 | 長期計画 | 67 |
| 経済貿易関連 | 長期契約 | 67 |
| 経済貿易関連 | 長期目標 | 67 |
| 経済貿易関連 | 調査、研究、研究論文、調査報告 | 67 |
| 経済貿易関連 | 調査 | 67 |
| 経済貿易関連 | 調査結果 | 67 |
| その他 | 長時間 | 508 |
| その他 | 長女 | 547 |
| 医療関連 | 聴診器 | 401 |
| 医療関連 | 超心理学 | 401 |
| 機械関連 | 調整 | 209 |
| 機械関連 | 調整器 | 209 |
| 機械関連 | 調整ネジ | 210 |
| 機械関連 | 調整弁 | 210 |
| 機械関連 | 調整ワッシャー | 210 |
| 経済貿易関連 | 調速機(ガバナ) | 68 |
| 経済貿易関連 | (資材等の)調達 | 68 |
| その他 | 調達 | 508 |
| 医療関連 | 腸チフス | 401 |
| 経済貿易関連 | 頂点、[航空]アペックス、事前購入割引回遊運賃 | 68 |
| その他 | 長男 | 547 |
| 医療関連 | 腸捻転 | 401 |
| その他 | 調味料・香辛料 | 578 |
| 機械関連 | 調和 | 210 |
| 医療関連 | チョーク | 401 |
| 機械関連 | 直接 | 211 |
| 機械関連 | 直接測定 | 211 |
| 経済貿易関連 | 直接投資 | 68 |
| 機械関連 | 直線 | 211 |
| 機械関連 | 直前 | 211 |
| その他 | 直線基延長 | 508 |
| 医療関連 | 直腸切除 | 401 |
| 医療関連 | 直腸痛 | 401 |
| 機械関連 | 直流 | 211 |
| 機械関連 | 直流回路 | 212 |
| 機械関連 | 直列3気筒DOHC | 212 |
| 機械関連 | 直列4気筒 | 212 |
| 機械関連 | 直列4気筒直噴ターボ | 213 |
| その他 | チョコレート | 571 |
| 経済貿易関連 | 著作権 | 68 |
| 経済貿易関連 | 貯蓄、貯金、節約、倹約 | 68 |
| 機械関連 | 直角 | 213 |
| 機械関連 | 直径 | 213 |
| その他 | 直結 | 508 |
| 医療関連 | 治療 | 402 |
| 医療関連 | 治療室 | 402 |
| 医療関連 | 治療法 | 402 |
| 医療関連 | 治療方法 | 402 |

| 分類 | 用語 | ページ |
|---|---|---|
| 経済貿易関連 | 賃 | 69 |
| 経済貿易関連 | 賃金 | 69 |
| 経済貿易関連 | 賃金交渉 | 69 |
| 経済貿易関連 | 陳謝 | 69 |
| 経済貿易関連 | 賃借人 | 69 |
| 経済貿易関連 | 賃貸 | 69 |
| 経済貿易関連 | 賃貸人 | 70 |
| 経済貿易関連 | 賃貸物件 | 70 |
| 医療関連 | 鎮静剤 | 402 |
| 経済貿易関連 | 賃料 | 70 |

### ◆つ行

| 分類 | 用語 | ページ |
|---|---|---|
| その他 | 追加 | 508 |
| その他 | 追加設定 | 509 |
| その他 | 通貨 | 580 |
| 医療関連 | 痛覚脱失(症)、無痛覚(症)、(痺れている) | 402 |
| 経済貿易関連 | 通常 | 70 |
| 経済貿易関連 | 通常価格 | 70 |
| 経済貿易関連 | 通常品 | 70 |
| 経済貿易関連 | 通信記録、業務日誌 | 70 |
| 経済貿易関連 | 通信障害 | 70 |
| 経済貿易関連 | 通知する | 70 |
| 医療関連 | 痛風 | 402 |
| その他 | 通訳 | 567 |
| 機械関連 | ツール | 213 |
| その他 | 杖 | 509 |
| その他 | 使い勝手 | 509 |
| その他 | 使い捨て製品、ディスポーザブル | 509 |
| その他 | 月 | 581 |
| その他 | 突きぎり | 509 |
| その他 | 継ぐ | 509 |
| その他 | 机 | 544 |
| その他 | 作り上げ | 509 |
| その他 | 伝わる | 509 |
| 医療関連 | ツチ骨 | 402 |
| 医療関連 | 唾(つば) | 402 |
| その他 | 妻 | 546 |
| 経済貿易関連 | 積荷目録 | 70 |
| 医療関連 | 爪 | 403 |
| 医療関連 | 詰め綿 | 403 |

### ◆て行

| 分類 | 用語 | ページ |
|---|---|---|
| 医療関連 | 手 | 403 |
| 医療関連 | 手足口病 | 403 |
| 医療関連 | 手足の指 | 403 |
| 医療関連 | 手洗装置 | 403 |
| 機械関連 | 低圧 | 213 |
| 機械関連 | 定圧 | 213 |
| 医療関連 | 提案 | 403 |
| 経済貿易関連 | 提案する、勧める | 70 |
| 医療関連 | DNA(デオキシリボ核酸) | 403 |
| 医療関連 | DCオペレーション | 404 |
| その他 | Tシャツ | 541 |
| 機械関連 | ディーゼル | 213 |
| 機械関連 | ディーゼル機関 | 214 |
| 機械関連 | ディーゼル機関車 | 214 |
| その他 | DVDタイプのナビゲーション | 509 |
| 経済貿易関連 | ディーラー | 71 |
| 機械関連 | 低下 | 214 |
| その他 | 定価 | 510 |
| 機械関連 | 定格 | 214 |
| 機械関連 | 定格回転速度 | 215 |
| 機械関連 | 定格出力 | 215 |
| 機械関連 | 定期 | 215 |
| 機械関連 | 定規 | 215 |
| 機械関連 | 定期検査 | 215 |
| 機械関連 | 定期点検 | 215 |
| 経済貿易関連 | 定期便(航空便) | 71 |
| 機械関連 | 定期報告 | 215 |
| 経済貿易関連 | 低金利 | 71 |
| 機械関連 | 抵抗回路 | 215 |
| 機械関連 | 停止 | 215 |
| 機械関連 | 停止ボタン | 215 |
| その他 | 低床フロア | 510 |
| その他 | ディスク | 510 |
| その他 | ディスクドライブ | 557 |
| その他 | 停戦、休戦 | 510 |
| 機械関連 | 低速(回転) | 215 |
| 機械関連 | 定速調速機 | 216 |
| その他 | ティッシュ | 588 |
| その他 | 蹄鉄(ていてつ)工 | 567 |
| 経済貿易関連 | 停電 | 71 |
| その他 | 程度 | 510 |
| その他 | ディフューザー形状 | 510 |
| 経済貿易関連 | 低予算 | 71 |
| 機械関連 | データ | 216 |
| 機械関連 | データ処理 | 216 |
| 機械関連 | データ転送 | 216 |
| 経済貿易関連 | データベース | 71 |
| 機械関連 | テーパー | 216 |
| 機械関連 | テーパーネジ | 216 |
| 経済貿易関連 | 手書き、肉筆、自筆 | 71 |
| 医療関連 | 手首 | 403 |
| その他 | デコード(復号する、解読する) | 510 |
| 医療関連 | デコリン(デヒドロコール酸) | 404 |
| その他 | デザイナー | 568 |
| その他 | デザイン | 510 |
| その他 | デザイン性 | 510 |
| 機械関連 | 手作業 | 216 |
| 経済貿易関連 | デジタル家電 | 71 |
| 経済貿易関連 | デジタル放送 | 71 |
| 機械関連 | デシベル | 216 |
| 経済貿易関連 | 手数料、コミッション | 71 |
| 機械関連 | テスター | 216 |
| 機械関連 | テスト | 217 |

| | | |
|---|---|---|
| その他 | 鉄【Fe】 | 554 |
| その他 | デッキ | 511 |
| その他 | デッキチェア | 544 |
| 機械関連 | 鉄筋 | 217 |
| 機械関連 | 鉄筋コンクリート | 217 |
| 機械関連 | 鉄骨 | 217 |
| 経済貿易関連 | 撤退する、脱退する | 71 |
| その他 | テニス | 577 |
| 医療関連 | 手の甲 | 404 |
| 医療関連 | 手のひら | 404 |
| その他 | デパート | 562 |
| その他 | デバッグ | 511 |
| 経済貿易関連 | デフォルト | 71 |
| 医療関連 | 手袋 | 404 |
| 経済貿易関連 | デフレ | 72 |
| 機械関連 | デュアルクラッチAMT | 217 |
| 医療関連 | テレパシー | 404 |
| 機械関連 | 電圧 | 217 |
| 機械関連 | 電圧計 | 217 |
| 機械関連 | 電圧降下 | 218 |
| 機械関連 | 電圧増幅 | 218 |
| 機械関連 | 電圧電流計 | 218 |
| 機械関連 | 転移 | 218 |
| その他 | 店員 | 568 |
| 医療関連 | 田園狂、痴呆 | 404 |
| 医療関連 | 伝音性難聴 | 404 |
| 機械関連 | 添加 | 218 |
| 機械関連 | 点火 | 218 |
| 機械関連 | 電荷 | 219 |
| その他 | 展開 | 511 |
| 機械関連 | 電解 | 219 |
| 機械関連 | 電界、荷電粒子を囲む力の場 | 220 |
| 医療関連 | 電解質 | 404 |
| 機械関連 | 点火装置 | 220 |
| 機械関連 | 添加物 | 220 |
| 機械関連 | 点火プラグ | 220 |
| 医療関連 | てんかん | 405 |
| 医療関連 | てんかん患者 | 405 |
| 機械関連 | 電気 | 220 |
| 機械関連 | 電気回路 | 221 |
| 機械関連 | 電気化学 | 221 |
| 機械関連 | 電気技師 | 222 |
| 機械関連 | 電気計器 | 222 |
| 機械関連 | 電気工学 | 222 |
| 機械関連 | 電気単位 | 222 |
| 機械関連 | 電気抵抗 | 222 |
| 医療関連 | 電気メス | 405 |
| 機械関連 | 電気メッキ | 222 |
| 機械関連 | 電球 | 222 |
| 機械関連 | 電気溶接 | 223 |
| 機械関連 | 電気用品 | 223 |
| 機械関連 | 電極 | 223 |

| | | |
|---|---|---|
| 機械関連 | 電気料金 | 223 |
| 医療関連 | デング熱 | 405 |
| 機械関連 | 点検 | 223 |
| 機械関連 | 電源 | 223 |
| その他 | 天才 | 511 |
| 機械関連 | 電子 | 224 |
| 機械関連 | 電磁エネルギー | 224 |
| 機械関連 | 電磁開閉器 | 224 |
| 機械関連 | 電子回路 | 224 |
| 機械関連 | 電磁クラッチ | 224 |
| 機械関連 | 電子計器 | 224 |
| 機械関連 | 電磁継電気 | 224 |
| 医療関連 | 電子顕微鏡 | 405 |
| 機械関連 | 電子検計 | 225 |
| 機械関連 | 電子工学 | 225 |
| 機械関連 | 電磁石 | 225 |
| 経済貿易関連 | 電子書籍 | 72 |
| 経済貿易関連 | 電子署名 | 72 |
| 機械関連 | 電磁波 | 226 |
| 機械関連 | 電磁弁 | 226 |
| 機械関連 | 電子望遠鏡 | 226 |
| その他 | 天井 | 511 |
| 機械関連 | 電磁力 | 227 |
| 機械関連 | 電子レンジ | 227 |
| 機械関連 | 点線 | 227 |
| 医療関連 | 伝染、感染 | 405 |
| 機械関連 | 伝染 | 227 |
| 機械関連 | 電線 | 228 |
| 経済貿易関連 | 伝送 | 72 |
| 経済貿易関連 | 伝送器 | 72 |
| 機械関連 | 電池 | 228 |
| 医療関連 | 点滴 | 405 |
| 機械関連 | 点灯 | 228 |
| その他 | 店頭 | 511 |
| 機械関連 | 伝導 | 228 |
| 機械関連 | 電動機 | 228 |
| その他 | 電動スライドドア | 511 |
| 医療関連 | 伝導体 | 405 |
| 機械関連 | 電動発電機 | 228 |
| 機械関連 | 電熱 | 229 |
| 機械関連 | 電熱線 | 229 |
| 機械関連 | 天然 | 229 |
| 機械関連 | 天然ガス | 229 |
| 経済貿易関連 | 天然資源 | 72 |
| 機械関連 | 電波 | 229 |
| 経済貿易関連 | 伝票 | 72 |
| 機械関連 | 添付 | 229 |
| 機械関連 | 添付図面 | 229 |
| その他 | 添付ファイル | 512 |
| その他 | 天文学 | 512 |
| 機械関連 | 点滅 | 229 |
| 機械関連 | 点滅ランプ | 229 |

| | | |
|---|---|---|
| 機械関連 | 点溶接 | 230 |
| 機械関連 | 電流 | 230 |
| 機械関連 | 電流計 | 230 |
| 機械関連 | 電流容量 | 230 |
| 機械関連 | 電力 | 230 |
| 機械関連 | 電力計 | 230 |
| 機械関連 | 電力消費量 | 230 |
| 機械関連 | 電力量 | 230 |
| 機械関連 | 電力量計 | 231 |
| 経済貿易関連 | 電話会議 | 73 |
| その他 | 電話機 | 512 |
| その他 | 電話交換 | 512 |
| その他 | 電話交換機 | 512 |
| その他 | 電話受話器 | 513 |

### ◆と行

| | | |
|---|---|---|
| 機械関連 | 度 | 231 |
| その他 | ドア | 538 |
| その他 | ドアトリム | 513 |
| その他 | ドアミラー | 513 |
| 経済貿易関連 | 問い合わせ、照会、調査 | 73 |
| その他 | トイレ | 539 |
| その他 | トイレットペーパー | 588 |
| その他 | 銅【Cu】 | 555 |
| 機械関連 | 等圧力 | 231 |
| 経済貿易関連 | 同意書 | 73 |
| 医療関連 | 同意する | 405 |
| 機械関連 | 投影 | 231 |
| その他 | 唐辛子 | 579 |
| 医療関連 | 導管 | 406 |
| 医療関連 | (脈管、血管の)導管 | 406 |
| 機械関連 | 銅管 | 231 |
| 医療関連 | 動悸 | 406 |
| 経済貿易関連 | 動議／申し立て | 73 |
| 経済貿易関連 | 投機的資金 | 73 |
| 経済貿易関連 | 統計、統計データ | 73 |
| 機械関連 | 統計 | 232 |
| 機械関連 | 統計学 | 232 |
| 医療関連 | 橈骨(とうこつ)動脈 | 406 |
| その他 | 搭載 | 513 |
| 経済貿易関連 | 倒産、破綻 | 73 |
| 経済貿易関連 | 投資 | 73 |
| 医療関連 | 同視 | 406 |
| 経済貿易関連 | 投資家 | 73 |
| 経済貿易関連 | 投資環境 | 74 |
| 機械関連 | 同軸(の) | 232 |
| 機械関連 | 同軸ケーブル | 232 |
| 経済貿易関連 | 投資収益 | 74 |
| 経済貿易関連 | 投資判断 | 74 |
| 経済貿易関連 | 同社 | 74 |
| 医療関連 | 頭状花序、頭、頭花 | 406 |
| その他 | 搭乗券 | 513 |
| 医療関連 | 動静脈 | 406 |
| 経済貿易関連 | 投資リスク | 74 |
| 医療関連 | 同性愛の女性、レズビアン | 406 |
| 医療関連 | 透析 | 406 |
| 医療関連 | 痘瘡、天然痘 | 407 |
| 医療関連 | 頭頂 | 407 |
| 医療関連 | 同等(にすること) | 407 |
| その他 | 同等の | 513 |
| その他 | 投入 | 513 |
| その他 | 豆乳 | 590 |
| 医療関連 | 糖尿病 | 407 |
| 経済貿易関連 | 投票、投票用紙 | 74 |
| その他 | 投票する | 513 |
| その他 | 豆腐 | 571 |
| その他 | 動物・昆虫類他 | 582 |
| 医療関連 | 動物学 | 407 |
| 医療関連 | 動物学者 | 407 |
| 医療関連 | 動物食性 | 407 |
| 医療関連 | 動物性愛症 | 407 |
| 医療関連 | 動物性毒素 | 407 |
| 医療関連 | 動物との性交(獣姦) | 407 |
| 医療関連 | 動脈 | 408 |
| 医療関連 | 動脈炎 | 408 |
| 医療関連 | 動脈管 | 408 |
| 医療関連 | 動脈硬化 | 408 |
| 医療関連 | 動脈硬化症 | 408 |
| 医療関連 | 動脈撮影 | 408 |
| その他 | 透明 | 543 |
| 機械関連 | 透明体 | 232 |
| その他 | とうもろこし | 595 |
| 機械関連 | 灯油 | 232 |
| 医療関連 | 動力学 | 408 |
| 機械関連 | 動力性能 | 232 |
| 経済貿易関連 | 登録、登記、記録 | 74 |
| 経済貿易関連 | 登録商標 | 74 |
| その他 | 尖った | 513 |
| 機械関連 | 特性 | 232 |
| 医療関連 | ドクターヘリ(ヘリコプター) | 409 |
| その他 | 特徴的 | 513 |
| 医療関連 | 毒物学 | 409 |
| 機械関連 | 特別仕様車 | 232 |
| その他 | 時計 | 513 |
| その他 | 時計回りに | 513 |
| 医療関連 | トコジラミ | 409 |
| 医療関連 | 床ずれ | 409 |
| その他 | どこに | 513 |
| その他 | どこへ | 514 |
| その他 | 床屋 | 562 |
| その他 | 年明け | 514 |
| その他 | 都市開発 | 514 |
| 経済貿易関連 | 都市計画 | 74 |
| 経済貿易関連 | 都市部 | 74 |
| 経済貿易関連 | 途上国 | 74 |

| | | |
|---|---|---|
| 医療関連 | 土食症、土食い | 409 |
| 医療関連 | 兎唇、三つ口 | 409 |
| その他 | 塗装 | 514 |
| 医療関連 | 土葬 | 409 |
| 経済貿易関連 | 土地価格、不動産価格 | 74 |
| 経済貿易関連 | 土地の購入 | 75 |
| 機械関連 | 凸型 | 232 |
| 経済貿易関連 | 特許、特許権 | 75 |
| その他 | 突如 | 514 |
| その他 | どっち | 514 |
| 機械関連 | 凸レンズ | 232 |
| その他 | 土手道 | 514 |
| その他 | どのぐらい(時間/長さ) | 514 |
| その他 | どのぐらい(数/量) | 514 |
| その他 | どのぐらい(距離) | 514 |
| その他 | どのように | 514 |
| その他 | トパーズ | 593 |
| 医療関連 | 吐物 | 409 |
| 機械関連 | 土木 | 233 |
| 機械関連 | 土木工学 | 233 |
| 機械関連 | 止めネジ | 233 |
| 機械関連 | 止弁 | 233 |
| その他 | 友達 | 514 |
| その他 | 土曜日 | 596 |
| その他 | 虎 | 583 |
| 機械関連 | ドライバー | 233 |
| その他 | ドライバー | 515 |
| その他 | ドライブ | 515 |
| その他 | トラック | 515 |
| その他 | ドラフト | 515 |
| 機械関連 | トラブル | 233 |
| 機械関連 | トランクエンジン | 233 |
| 機械関連 | トランクピストン | 233 |
| 機械関連 | トランジスタ | 233 |
| 機械関連 | トランスデューサー、変換機 | 234 |
| 機械関連 | トランスミッション | 234 |
| その他 | 取り上げる | 515 |
| 機械関連 | 取り扱い | 234 |
| 機械関連 | 取扱説明書 | 234 |
| 機械関連 | 取扱方法 | 234 |
| その他 | ドリアン | 548 |
| その他 | トリートメント | 553 |
| その他 | 鳥唐揚 | 571 |
| その他 | 取り組む | 515 |
| 経済貿易関連 | 取消可能信用状 | 75 |
| 経済貿易関連 | 取消不能信用状 | 75 |
| 経済貿易関連 | 取締役 | 75 |
| 経済貿易関連 | 取締役会 | 75 |
| 経済貿易関連 | 取締役会議事録 | 75 |
| 経済貿易関連 | 取締役会決議 | 75 |
| 経済貿易関連 | 取締役会の承認 | 75 |
| 機械関連 | 取り付け | 234 |
| 機械関連 | 取り付け方法 | 234 |
| その他 | 鶏肉 | 571 |
| 機械関連 | 取り外し | 234 |
| 医療関連 | 鳥肌 | 410 |
| 経済貿易関連 | 取引 | 75 |
| 経済貿易関連 | 取引条件 | 75 |
| 機械関連 | 塗料 | 234 |
| その他 | 度量衡 | 585 |
| 機械関連 | ドリル | 235 |
| その他 | ドルビー | 515 |
| 機械関連 | ドレイン | 235 |
| 機械関連 | ドレイン弁 | 235 |
| その他 | ドレスアップ | 515 |
| 医療関連 | トローチ | 410 |
| 医療関連 | トロカール、套管針 | 410 |
| 医療関連 | ドロップ | 410 |
| 医療関連 | トロピカル | 410 |
| その他 | トン | 587 |
| その他 | トンボ | 583 |

◆な行

| | | |
|---|---|---|
| 医療関連 | ナースコール | 410 |
| 医療関連 | ナースステーション | 410 |
| 医療関連 | 内因性 | 410 |
| 医療関連 | 内科 | 411 |
| 医療関連 | 内科医 | 411 |
| 機械関連 | 内径 | 235 |
| 医療関連 | 内耳 | 411 |
| 医療関連 | 内視鏡 | 411 |
| 経済貿易関連 | 内需、国内内需 | 76 |
| 医療関連 | 内反尖足 | 411 |
| その他 | ナイフ | 573 |
| 機械関連 | 内部 | 235 |
| 機械関連 | ナイフスイッチ | 235 |
| 機械関連 | 内部調整 | 235 |
| 機械関連 | 内部抵抗 | 235 |
| 医療関連 | (血管などの)内膜、脈管内膜 | 411 |
| 機械関連 | 内部調査 | 236 |
| その他 | 流し台 | 545 |
| その他 | 長袖 | 541 |
| 医療関連 | 中指 | 411 |
| 医療関連 | 流れ | 411 |
| 医療関連 | 泣く | 411 |
| その他 | 梨 | 548 |
| その他 | ナス | 595 |
| その他 | なぜ | 516 |
| その他 | 雪崩(なだれ) | 516 |
| その他 | 夏 | 547 |
| 機械関連 | ナット | 236 |
| その他 | ナトリウム【Ｎa】 | 553 |
| 機械関連 | 7速DCT | 236 |
| その他 | なに | 516 |
| その他 | 鍋 | 577 |

| | | |
|---|---|---|
| その他 | 生胡椒 | 579 |
| その他 | 生卵 | 571 |
| その他 | 生ビール | 590 |
| その他 | 鉛【Ｐｂ】 | 556 |
| 医療関連 | 鉛中毒 | 411 |
| その他 | 並み | 516 |
| その他 | (農家の)納屋 | 516 |
| その他 | 納屋の前庭、農家の内庭 | 516 |
| その他 | 悩む | 516 |
| 医療関連 | ナルシズム(自己陶酔症) | 411 |
| 医療関連 | 慣れ | 412 |
| 医療関連 | 軟膏、膏薬 | 412 |
| 医療関連 | 軟骨 | 412 |
| 医療関連 | 軟骨(の) | 412 |
| 医療関連 | 軟骨炎 | 412 |
| 医療関連 | 難産 | 412 |
| 機械関連 | 軟水 | 236 |
| 機械関連 | ナンバープレート | 236 |
| 医療関連 | 難病 | 412 |

### ◆に行

| | | |
|---|---|---|
| 機械関連 | ニードル弁 | 236 |
| その他 | 苦い | 537 |
| 機械関連 | 逃がし弁 | 236 |
| その他 | 2月 | 581 |
| 医療関連 | にきび | 412 |
| 医療関連 | 肉感主義、官能主義 | 413 |
| その他 | 肉まん | 572 |
| その他 | 荷車 | 516 |
| 経済貿易関連 | 二国間貿易 | 76 |
| 医療関連 | ニコチン酸 | 413 |
| 医療関連 | 二酸化炭素《$CO_2$》 | 413 |
| その他 | 二酸化物 | 517 |
| その他 | 錦(にしき)、金襴(きんらん) | 517 |
| その他 | 荷室 | 517 |
| その他 | 二足の | 517 |
| その他 | 日 | 558 |
| 経済貿易関連 | 日常業務 | 76 |
| その他 | 日曜日 | 595 |
| その他 | 日用品 | 588 |
| その他 | ニッケル【Ｎｉ】 | 555 |
| その他 | ニッケル水素バッテリー | 517 |
| 医療関連 | (特に上腕の)二頭筋 | 413 |
| その他 | 2倍 | 576 |
| 医療関連 | (機能・感覚など)を鈍くする | 413 |
| その他 | 1／2 | 576 |
| その他 | 日本 | 550 |
| その他 | (日本)円 | 581 |
| 機械関連 | 日本工業規格(ＪＩＳ) | 236 |
| その他 | 日本酒 | 590 |
| 医療関連 | 入院 | 413 |
| 医療関連 | 入院患者 | 413 |
| その他 | 乳液 | 552 |
| 経済貿易関連 | 入札実施通知書 | 76 |
| 医療関連 | 乳歯 | 413 |
| 機械関連 | 入出力 | 236 |
| 機械関連 | 入出力装置 | 236 |
| 医療関連 | 乳清 | 413 |
| 医療関連 | 乳腺 | 413 |
| 医療関連 | 乳腺葉 | 414 |
| 医療関連 | 乳頭痛 | 414 |
| 医療関連 | 乳房痛 | 414 |
| その他 | ニューモデル | 517 |
| 経済貿易関連 | 入力 | 76 |
| 機械関連 | 入力装置 | 237 |
| 機械関連 | 入力端子 | 237 |
| 医療関連 | 乳輪 | 414 |
| 医療関連 | 尿管 | 414 |
| 医療関連 | 尿管炎 | 414 |
| 医療関連 | 尿検査 | 414 |
| 医療関連 | 尿素 | 414 |
| 医療関連 | 尿糖 | 414 |
| 医療関連 | 尿道 | 414 |
| 医療関連 | 尿分析、検尿 | 415 |
| 医療関連 | 尿量減少 | 415 |
| その他 | 2列目シート | 517 |
| その他 | 庭 | 539 |
| その他 | 人気 | 517 |
| 医療関連 | 妊娠 | 415 |
| その他 | 人参 | 595 |
| 医療関連 | 妊娠した | 415 |
| 医療関連 | 妊娠する | 415 |
| その他 | にんにく | 579 |
| その他 | ニンニク | 595 |
| その他 | ～人乗り | 517 |

### ◆ぬ行

| | | |
|---|---|---|
| 医療関連 | 縫目 | 415 |
| 医療関連 | 塗り薬 | 415 |

### ◆ね行

| | | |
|---|---|---|
| 機械関連 | ネオン管 | 237 |
| その他 | ネクタイ | 541 |
| その他 | 猫 | 583 |
| 医療関連 | 猫背 | 415 |
| 機械関連 | (BA)ネジ | 237 |
| 機械関連 | ネジ | 237 |
| 機械関連 | ネジ頭 | 237 |
| 機械関連 | ネジ回し | 237 |
| 機械関連 | ネジ山 | 237 |
| 医療関連 | 寝小便 | 415 |
| その他 | ネズミ | 583 |
| その他 | (船・列車の)寝棚、寝台 | 517 |
| 医療関連 | 熱、発熱 | 415 |
| 機械関連 | 熱回路 | 237 |
| その他 | ネックレス | 594 |

| | | |
|---|---|---|
| 機械関連 | 熱交換器 | 237 |
| 機械関連 | 熱効率 | 237 |
| 医療関連 | 熱射病 | 416 |
| 機械関連 | 熱消費率 | 238 |
| 機械関連 | 熱消費量 | 238 |
| 機械関連 | 熱処理 | 238 |
| 医療関連 | 熱帯性下痢 ( 熱帯性スプルー ) | 416 |
| 機械関連 | 熱導体 | 238 |
| 経済貿易関連 | ネット犯罪 | 76 |
| その他 | ネットワーク | 557 |
| 医療関連 | 熱病の | 416 |
| 機械関連 | 熱風 | 238 |
| 機械関連 | 熱風乾燥 | 238 |
| 機械関連 | 熱放射 | 238 |
| その他 | ネパール | 550 |
| その他 | (ネパール)ルピー | 580 |
| 医療関連 | 寝不足 | 416 |
| その他 | 狙い目 | 518 |
| その他 | 年 | 558 |
| 医療関連 | 粘滑剤 | 416 |
| 経済貿易関連 | 年間売上、年商 | 76 |
| 経済貿易関連 | 年間消費量 | 76 |
| 経済貿易関連 | 年間生産能力 | 76 |
| 経済貿易関連 | 年間予算 | 76 |
| 経済貿易関連 | 年次報告書、アニュアル・レポート | 76 |
| 機械関連 | 粘着剤 | 238 |
| 機械関連 | 粘着性 | 238 |
| 機械関連 | 粘着度 | 238 |
| 機械関連 | 粘度 | 238 |
| 機械関連 | 粘土質 | 238 |
| その他 | 燃費 | 518 |
| 経済貿易関連 | 燃料・水・電気等の消費量 | 77 |
| 機械関連 | 燃料 | 238 |
| その他 | 燃料タンク | 518 |
| 医療関連 | 年齢 | 416 |

### ◆の行

| | | |
|---|---|---|
| 医療関連 | 嚢(のう)、包、滑液嚢 | 416 |
| 医療関連 | 脳 | 416 |
| 医療関連 | 脳溢血 | 416 |
| その他 | 農家 | 568 |
| 医療関連 | 膿痂疹、とびひ | 416 |
| 経済貿易関連 | 納期、納入日、引渡日 | 77 |
| 医療関連 | 脳梗塞 | 417 |
| 医療関連 | 濃縮した | 417 |
| 医療関連 | 脳症、脳障害 | 417 |
| 医療関連 | 脳神経 | 417 |
| 機械関連 | 濃度 | 239 |
| 医療関連 | 脳波検査 | 417 |
| 経済貿易関連 | 納品 | 77 |
| 経済貿易関連 | 納品書 | 77 |
| 機械関連 | 能率 | 239 |
| 経済貿易関連 | 能力、適性 | 77 |
| その他 | ノートパソコン | 557 |
| 機械関連 | のこぎり | 239 |
| その他 | 残る | 518 |
| 機械関連 | ノズル | 239 |
| 医療関連 | 喉(のど) | 417 |
| 医療関連 | 飲み薬 | 417 |
| 医療関連 | 飲み込むこと | 417 |
| その他 | 飲み物 | 588 |
| その他 | のり | 572 |
| その他 | 乗り心地 ( 良い ) | 518 |
| その他 | 乗り心地 ( 悪い ) | 518 |
| その他 | 乗り物 | 518 |

### ◆は行

| | | |
|---|---|---|
| 医療関連 | 歯 | 417 |
| その他 | バー | 562 |
| 医療関連 | パーキンソン病 | 418 |
| 機械関連 | パーセント | 239 |
| 経済貿易関連 | バーター貿易 | 77 |
| 機械関連 | ハードウェア | 239 |
| 機械関連 | バーナー | 239 |
| 医療関連 | 肺 | 418 |
| その他 | 灰 | 518 |
| 医療関連 | 肺炎 | 418 |
| 機械関連 | 煤煙 | 240 |
| 医療関連 | バイオテクノロジー | 418 |
| 機械関連 | 排気ガス | 240 |
| 機械関連 | 排気口 | 240 |
| 機械関連 | 排気行程 | 241 |
| 機械関連 | 排気する | 241 |
| その他 | バイキセノンヘッドランプ | 518 |
| 経済貿易関連 | 廃棄物 | 77 |
| その他 | 灰皿 | 518 |
| その他 | 歯医者 | 568 |
| 経済貿易関連 | 買収 | 77 |
| 経済貿易関連 | (企業を)買収する | 77 |
| 経済貿易関連 | 賠償 | 78 |
| 医療関連 | 杯状器官(部分) | 418 |
| 機械関連 | 排水 | 241 |
| 機械関連 | 排水管 | 241 |
| 機械関連 | 廃水処理 | 241 |
| 機械関連 | 配線 | 241 |
| その他 | 配置 | 518 |
| 機械関連 | 配電子 | 242 |
| 機械関連 | バイト | 242 |
| 機械関連 | バイト(IT系)、情報量の単位 | 242 |
| 経済貿易関連 | 配当金 | 78 |
| その他 | パイナップル | 548 |
| 医療関連 | 排尿 | 418 |
| 医療関連 | 排尿困難 | 418 |
| 医療関連 | 排尿障害 | 418 |
| 経済貿易関連 | 売買・買取代金、購入価格 | 78 |
| 経済貿易関連 | 売買契約 | 78 |

| | | |
|---|---|---|
| その他 | ハイブリッド | 519 |
| 医療関連 | 排便 | 418 |
| 医療関連 | 肺胞、気胞 | 418 |
| 医療関連 | 背理性流涙 | 419 |
| 機械関連 | 倍率 | 242 |
| その他 | 配列 | 519 |
| 機械関連 | 破壊 | 243 |
| 機械関連 | 破壊検査 | 243 |
| 医療関連 | 歯が抜ける | 419 |
| 機械関連 | 鋼 | 243 |
| 医療関連 | 吐き気 | 419 |
| 医療関連 | 歯ぎしり | 419 |
| その他 | パキスタン | 551 |
| 機械関連 | 吐き出し ( す ) | 243 |
| 機械関連 | 吐き出し圧力 | 243 |
| 医療関連 | 吐く | 419 |
| その他 | 履く、着る | 519 |
| 医療関連 | 歯茎 | 419 |
| その他 | 白金【Ｐｔ】 | 556 |
| その他 | 白菜 | 595 |
| 医療関連 | 白線 | 419 |
| その他 | 爆弾 | 519 |
| その他 | パクチー | 579 |
| 医療関連 | バクテリア | 419 |
| 医療関連 | 白内障 | 419 |
| 機械関連 | 爆発 | 243 |
| 医療関連 | 白斑 ( 尋常性白斑 ) | 420 |
| 機械関連 | 波形 | 243 |
| 機械関連 | 箱スパナ | 243 |
| その他 | 運び屋 | 519 |
| その他 | バザー | 519 |
| 機械関連 | 破砕 | 243 |
| その他 | 狭間 ( はざま )、胸壁 | 519 |
| 経済貿易関連 | 破産者 | |
| その他 | 橋 | 520 |
| その他 | 箸 | 573 |
| 医療関連 | はしか | 420 |
| 機械関連 | 梯子 | 243 |
| 医療関連 | 場所 | 420 |
| 医療関連 | 破傷風抗毒素 | 420 |
| その他 | 走り | 520 |
| その他 | 走る | 520 |
| その他 | バジル | 595 |
| その他 | 蓮、睡蓮 | 592 |
| その他 | パス ( 券 ) | 520 |
| その他 | パス ( 通 ) | 520 |
| その他 | バスケットボール | 577 |
| その他 | バス停留所 | 563 |
| 機械関連 | ハズミ車 | 244 |
| 医療関連 | バセドウ病 | 420 |
| その他 | パソコン | 557 |
| その他 | バター | 579 |
| 機械関連 | バタフライ弁 | 244 |
| 経済貿易関連 | 破綻する | 78 |
| その他 | 蜂 | 584 |
| その他 | 8月 | 581 |
| その他 | ハチファーム ( 養蜂場 ) | 563 |
| その他 | 蜂蜜 | 579 |
| 医療関連 | 発音障害 | 420 |
| その他 | ハッカー | 557 |
| 機械関連 | 発火点 | 244 |
| 医療関連 | 発汗 | 420 |
| 医療関連 | 発汗剤、発汗 ( 性 ) の | 420 |
| 医療関連 | 発がん性物 | 421 |
| その他 | 発揮 | 520 |
| 機械関連 | パッキング | 244 |
| 機械関連 | パッキン溝 | 245 |
| その他 | バック | 552 |
| その他 | バックアップする | 520 |
| 医療関連 | ( 死体などを ) 発掘する | 421 |
| その他 | パッケージング | 520 |
| 医療関連 | 白血球 | 421 |
| その他 | 発見する | 520 |
| 医療関連 | 発酵 | 421 |
| その他 | 発行 | 520 |
| 機械関連 | 発光塗料、夜光塗料 | 245 |
| 医療関連 | 抜歯 | 421 |
| 機械関連 | 発信 | 245 |
| 機械関連 | 発信機 | 245 |
| 医療関連 | 発声に必要な | 421 |
| 経済貿易関連 | 発注 | 78 |
| 経済貿易関連 | 発注書、注文書 | 78 |
| 機械関連 | バッテリー | 245 |
| 機械関連 | バッテリーチャージャー、バッテリー充電器 | 245 |
| 機械関連 | 発電機 | 245 |
| その他 | バット | 577 |
| 医療関連 | 発熱 | 421 |
| 医療関連 | 発熱原性 | 421 |
| その他 | 発売 | 520 |
| 機械関連 | バッファー ( ＩＴ系 ) | 246 |
| その他 | バドミントン | 577 |
| 医療関連 | はと胸 | 421 |
| 機械関連 | パドル | 246 |
| 医療関連 | 鼻 | 422 |
| その他 | 花、植物 | 591 |
| 医療関連 | 鼻風邪 | 422 |
| 医療関連 | 鼻毛 | 422 |
| その他 | バナナ | 548 |
| 医療関連 | 鼻の [ に関する ] | 422 |
| 医療関連 | 鼻の穴、鼻孔 | 422 |
| 医療関連 | 鼻水 | 422 |
| 医療関連 | 鼻水止め薬 | 422 |
| 医療関連 | バニオン ( 腱膜瘤 ) | 422 |
| 機械関連 | バネ | 246 |

| | | |
|---|---|---|
| その他 | 母 | 545 |
| その他 | パパイヤ | 548 |
| その他 | パフォーマンス | 520 |
| 機械関連 | バフ盤 | 247 |
| その他 | 歯ブラシ | 588 |
| 経済貿易関連 | バブル経済 | 79 |
| その他 | 葉巻 | 521 |
| その他 | ハム | 572 |
| 機械関連 | 速さ | 247 |
| その他 | 早番 | 521 |
| 医療関連 | 腹、腹部 | 422 |
| その他 | (人間・動物・魚の) 腹、腹部 | 521 |
| その他 | バラ | 592 |
| 経済貿易関連 | 払込資本、資本金 | 79 |
| その他 | バラス、砂利 | 521 |
| 機械関連 | バラツキ | 247 |
| 経済貿易関連 | パラメータ | 79 |
| 医療関連 | バランス | 423 |
| 機械関連 | 梁 | 247 |
| 医療関連 | ハリーバオイル | 423 |
| 機械関連 | 針金 | 247 |
| 機械関連 | 馬力 | 248 |
| その他 | 春 | 547 |
| その他 | バルーン、気球 | 521 |
| その他 | バルコニー、ベランダ | 539 |
| その他 | バルサム※液状樹脂 | 521 |
| その他 | 春雨 | 572 |
| 医療関連 | パルス | 423 |
| 機械関連 | パルス幅 | 248 |
| 機械関連 | パルスレーザー | 248 |
| 機械関連 | バルブ | 249 |
| 機械関連 | バルブ | 249 |
| その他 | バレーボール | 577 |
| 医療関連 | 破裂 | 423 |
| 機械関連 | ハロゲン電球 | 249 |
| その他 | パワフル | 521 |
| その他 | パン | 572 |
| 機械関連 | 板金 | 249 |
| その他 | バングラデシュ | 551 |
| その他 | (バングラデシュ) タカ | 580 |
| 機械関連 | 半径 | 250 |
| その他 | パン粉 | 579 |
| 医療関連 | 瘢痕 (はんこん)、あばた | 423 |
| 機械関連 | 反作用 | 250 |
| その他 | バンジー | 592 |
| 機械関連 | 反射 | 250 |
| 医療関連 | 反射作用 | 423 |
| 医療関連 | 半身不随 | 423 |
| 医療関連 | 反すう症 | 423 |
| その他 | 半袖 | 541 |
| その他 | パンダ | 584 |
| 医療関連 | 反対 | 424 |
| 機械関連 | ハンダ付け | 250 |
| 機械関連 | ハンダディップ | 250 |
| 機械関連 | パンチ | 250 |
| 機械関連 | 判定基準 | 250 |
| 機械関連 | 半導体 | 250 |
| 医療関連 | バンドエイド (救急絆創膏) | 424 |
| 機械関連 | ハンドル | 250 |
| 医療関連 | 反応 | 424 |
| 機械関連 | バンパー | 251 |
| 経済貿易関連 | 販売委託 | 79 |
| 経済貿易関連 | 販売実績、売上実績 | 79 |
| 経済貿易関連 | 販売促進、販促 | 79 |
| 経済貿易関連 | 販売的 | 79 |
| 経済貿易関連 | 販売店契約、販売契約 | 79 |
| 経済貿易関連 | 販売網 | 79 |
| その他 | パンフレット | 521 |
| 医療関連 | 半分 | 424 |
| 機械関連 | ハンマー | 251 |
| その他 | パン屋、パン類製造業者 | 563 |

◆ひ行

| | | |
|---|---|---|
| その他 | ピアノ | 521 |
| 機械関連 | ビーカー | 251 |
| 医療関連 | B型肝炎 | 424 |
| 機械関連 | ピーク圧 | 251 |
| 機械関連 | ピーク値 | 251 |
| その他 | ビーグル犬 | 584 |
| 医療関連 | ＢＣＧ | 424 |
| その他 | ビーズ、ガラス玉 | 593 |
| 機械関連 | ヒーター | 251 |
| 機械関連 | ヒーター、発熱体 | 252 |
| 医療関連 | ビート | 424 |
| その他 | ピーナッツ (落花生) | 572 |
| その他 | Bピラー | 522 |
| その他 | ビール | 590 |
| その他 | (ビール) 醸造所 | 563 |
| 医療関連 | 鼻咽頭炎 | 424 |
| 医療関連 | 冷え症 | 424 |
| 医療関連 | 脾炎 (脾臓炎) | 424 |
| その他 | 比較 | 522 |
| 機械関連 | 光 | 252 |
| 経済貿易関連 | 引き合い | 80 |
| その他 | 引き下ろし | 522 |
| 機械関連 | 引き伸ばし | 252 |
| 経済貿易関連 | 非居住者 | 80 |
| 経済貿易関連 | 引渡条件 | 80 |
| その他 | 低い | 522 |
| 医療関連 | ヒグローマ、嚢胞水腫 | 424 |
| 医療関連 | 被検者、受検者 | 425 |
| 経済貿易関連 | 非行、不正行為 | 80 |
| 医療関連 | 鼻孔、外鼻 | 425 |
| 医療関連 | 膝 (ひざ) | 425 |
| 医療関連 | 膝状の | 425 |

| 分類 | 項目 | ページ |
|---|---|---|
| 医療関連 | 膝（ひざ）のさら、膝蓋骨 | 425 |
| 医療関連 | 肘 | 425 |
| 機械関連 | 菱形 | 252 |
| 医療関連 | 肘に関する | 425 |
| 経済貿易関連 | ビジネスチャンス、商機 | 80 |
| 経済貿易関連 | ビジネス・リスク | 80 |
| 医療関連 | 肘前 | 425 |
| 医療関連 | 非社交的な | 425 |
| 医療関連 | 比重 | 425 |
| その他 | 美術家 | 568 |
| 医療関連 | 鼻出血 | 426 |
| その他 | 秘書 | 568 |
| その他 | 非常 | 522 |
| 機械関連 | 非常口 | 253 |
| 経済貿易関連 | 非常事態、緊急事態 | 80 |
| 機械関連 | 非常停止 | 253 |
| 医療関連 | 非上皮組織 | 426 |
| 医療関連 | 非人格化 | 426 |
| 医療関連 | 脾腎の | 426 |
| 機械関連 | ピストンパッキン | 253 |
| 機械関連 | ピストン弁 | 253 |
| 機械関連 | ピストン棒 | 253 |
| 機械関連 | ピストンリング | 253 |
| 経済貿易関連 | 非製造業 | 80 |
| 医療関連 | 微生物 | 426 |
| 医療関連 | 微生物学 | 426 |
| その他 | ヒ素【As】 | 555 |
| 医療関連 | ビタミン | 426 |
| 機械関連 | 左ネジ | 253 |
| その他 | ビチューメン（炭化水素化合物） | 522 |
| その他 | 日付 | 558 |
| 医療関連 | （身体の一部を）引っ込ませる | 426 |
| その他 | 羊 | 584 |
| 医療関連 | ヒップス、瞳孔跳躍、瞳孔変動、瞳孔動揺 | 426 |
| 医療関連 | 尾骶（びてい）骨 | 427 |
| 医療関連 | ひどい猫背 | 427 |
| 経済貿易関連 | 一言で言うと | 80 |
| 医療関連 | 人差し指 | 427 |
| 医療関連 | 人の（下肢の）内反（の） | 427 |
| その他 | ひと回り | 522 |
| 医療関連 | 一人部屋 | 427 |
| その他 | 避難、亡命、保護 | 522 |
| 医療関連 | 避妊具 | 427 |
| 機械関連 | 火花 | 253 |
| その他 | ヒヒ | 584 |
| 機械関連 | 備品 | 254 |
| 医療関連 | 皮膚 | 427 |
| 医療関連 | 皮膚移植用の皮膚片 | 427 |
| 医療関連 | 皮膚炎 | 427 |
| 医療関連 | 皮膚黄変（症） | 427 |
| 医療関連 | 皮膚科 | 427 |
| 医療関連 | 皮膚科専門医 | 428 |
| 医療関連 | 皮膚糸状菌症 | 428 |
| 医療関連 | 皮膚腺病 | 428 |
| 医療関連 | 皮膚の | 428 |
| 医療関連 | ひまし油 | 428 |
| その他 | ヒマラヤスギ | 592 |
| その他 | 向日葵 | 592 |
| 医療関連 | 肥満 | 428 |
| 医療関連 | 肥満体型 | 428 |
| 機械関連 | 微妙 | 254 |
| その他 | 紐、縄 | 523 |
| 医療関連 | 百日咳 | 428 |
| その他 | 日焼け止めクリーム | 552 |
| 機械関連 | ヒューズ | 254 |
| 経済貿易関連 | 表 | 80 |
| その他 | 費用 | 523 |
| その他 | 秒 | 559 |
| その他 | 病院 | 563 |
| 経済貿易関連 | 評価 | 81 |
| 経済貿易関連 | 評価、鑑定評価、不動産鑑定 | 81 |
| その他 | ［鉱石］を評価する | 523 |
| 医療関連 | 病気 | 429 |
| 機械関連 | 表示 | 255 |
| その他 | 美容師 | 568 |
| 医療関連 | 病室 | 429 |
| 機械関連 | 標準 | 255 |
| 経済貿易関連 | 標準価格 | 81 |
| 機械関連 | 標準器 | 255 |
| 機械関連 | 標準状態 | 255 |
| その他 | 標準装備 | 523 |
| 機械関連 | 標準偏差 | 255 |
| 機械関連 | 表示ランプ | 256 |
| 医療関連 | 病巣清掃、壊死組織除去術 | 429 |
| その他 | 美容（健康）体操法 | 523 |
| 機械関連 | 氷点 | 256 |
| 医療関連 | 病棟 | 429 |
| 医療関連 | 病人、病弱な、病身の | 429 |
| その他 | 漂白する | 523 |
| 医療関連 | 表皮 | 429 |
| 医療関連 | 表皮真菌症 | 429 |
| 医療関連 | 表面 | 429 |
| 機械関連 | 表面硬化 | 257 |
| 医療関連 | 病理 | 430 |
| 医療関連 | 病理学 | 430 |
| 機械関連 | 平型ガスケット | 257 |
| その他 | 開き口 | 523 |
| その他 | ピラフ | 572 |
| 医療関連 | 稗粒腫 | 430 |
| 機械関連 | 肥料 | 257 |
| その他 | 昼 | 559 |
| 経済貿易関連 | ビル | 81 |
| その他 | 広い | 523 |
| その他 | ピンク | 543 |

| | | |
|---|---|---|
| 医療関連 | 貧血症 | 430 |
| 経済貿易関連 | 品質 | 81 |
| 経済貿易関連 | 品質管理 | 81 |
| 経済貿易関連 | 品質管理検査 | 81 |
| 経済貿易関連 | 品質規格 | 82 |
| 経済貿易関連 | 品質基準 | 82 |
| 経済貿易関連 | 品質表 | 82 |
| 経済貿易関連 | 品質保証 | 82 |
| 機械関連 | 頻度 | 257 |
| 医療関連 | 頻尿 | 430 |
| 機械関連 | 品目 | 257 |
| ◆ふ行 | | |
| 医療関連 | ファラデー電流 (感応電流) | 430 |
| 医療関連 | 不安 | 430 |
| 医療関連 | 不安定 | 430 |
| その他 | ファンデーション | 552 |
| 医療関連 | フィラリア症 | 430 |
| その他 | フィリピン | 551 |
| その他 | (フィリピン) ペソ | 580 |
| 医療関連 | フィルタ | 431 |
| その他 | フィルム | 523 |
| 医療関連 | 風疹 | 431 |
| その他 | (展示) ブース | 523 |
| その他 | ブータン | 551 |
| その他 | ブーツ | 542 |
| 医療関連 | フード | 431 |
| その他 | 夫婦 | 547 |
| 医療関連 | フェラチオ | 431 |
| その他 | フォーク | 573 |
| 機械関連 | フォーム、形 | 257 |
| 機械関連 | フォーム、泡 | 258 |
| その他 | フォルダ | 558 |
| 経済貿易関連 | 不可 | 82 |
| 機械関連 | 負荷 | 258 |
| 経済貿易関連 | 付加価値税 (消費税) | 82 |
| 機械関連 | 深さ | 258 |
| 機械関連 | 不可能 | 258 |
| その他 | 武器 | 523 |
| その他 | 服 | 542 |
| 経済貿易関連 | 不具合 | 83 |
| 医療関連 | 副交感神経 | 431 |
| 機械関連 | 副産物 | 259 |
| 医療関連 | 腹式開腹術 | 431 |
| その他 | 複写 | 524 |
| 機械関連 | 複写機 (コピー機) | 259 |
| 医療関連 | 腹水症 | 431 |
| 医療関連 | 腹部 | 432 |
| 医療関連 | 腹鳴 | 432 |
| その他 | 複葉機 | 524 |
| 医療関連 | ふくらはぎ | 432 |
| その他 | フクロウ | 584 |
| 経済貿易関連 | 不合格 | 83 |
| 経済貿易関連 | 負債 | 83 |
| 経済貿易関連 | 不採算事業 | 83 |
| 医療関連 | 不死 | 432 |
| その他 | 無事 | 524 |
| 医療関連 | 不思議な | 432 |
| 経済貿易関連 | 不順 (順不同) | 83 |
| 医療関連 | 負傷の程度による治療優先順選択 | 432 |
| 機械関連 | 腐食 | 259 |
| 機械関連 | 腐食検査 | 259 |
| 医療関連 | 婦人科 | 432 |
| 医療関連 | 婦人科医 | 432 |
| 医療関連 | 婦人科学 | 432 |
| 医療関連 | 不整脈 | 433 |
| 医療関連 | 付属器官 (手・足など) | 433 |
| 医療関連 | 付属病院 | 433 |
| 経済貿易関連 | 付属品 | 83 |
| 経済貿易関連 | 付属品リスト | 83 |
| その他 | 豚 | 584 |
| 医療関連 | 双子 | 433 |
| その他 | 豚肉 | 572 |
| 医療関連 | 二人部屋 | 433 |
| その他 | ブタン | 524 |
| 医療関連 | プチマル、小発作 | 433 |
| 機械関連 | 付着 | 259 |
| 機械関連 | 付着力 | 260 |
| 医療関連 | 婦長 | 434 |
| 医療関連 | 部長 | 434 |
| 機械関連 | 普通 | 260 |
| 医療関連 | 普通の人にはわからない言葉 | 434 |
| 機械関連 | フック | 260 |
| 機械関連 | 物質 | 260 |
| その他 | フッ素【F】 | 553 |
| 経済貿易関連 | 物流コスト | 84 |
| 医療関連 | 物理 (理学) 療法 | 434 |
| 経済貿易関連 | 不適合品、不良品 | 84 |
| 経済貿易関連 | 不手際 | 84 |
| 機械関連 | 沸点 | 260 |
| その他 | ぶどう | 548 |
| 機械関連 | 不透過性 | 261 |
| その他 | 不凍剤 | 524 |
| 経済貿易関連 | 不動産 | 84 |
| 経済貿易関連 | 不動産会社 | 84 |
| 経済貿易関連 | 不動産開発業者 | 84 |
| 経済貿易関連 | 不動産ブーム | 84 |
| 経済貿易関連 | 不動産ブローカー、不動産業者 | 84 |
| その他 | 不動産屋 | 568 |
| 医療関連 | 舞踏病 | 434 |
| 医療関連 | ぶどう膜炎 | 434 |
| 機械関連 | 不透明体 | 261 |
| 機械関連 | 不透明度 | 261 |
| 機械関連 | 不透明 (な) | 261 |
| 医療関連 | 太もも | 434 |

| | | |
|---|---|---|
| 経済貿易関連 | 船積期限 | 84 |
| 経済貿易関連 | 船積条件 | 84 |
| 経済貿易関連 | 船積書類 | 85 |
| 経済貿易関連 | 船積日 | 85 |
| 経済貿易関連 | 船積み港 | 85 |
| 経済貿易関連 | 船積予定 | 85 |
| 経済貿易関連 | 船便 | 85 |
| 医療関連 | 船酔い | 434 |
| 医療関連 | 不妊(症) | 434 |
| 経済貿易関連 | 腐敗、汚職 | 85 |
| 経済貿易関連 | 不払い | 85 |
| 機械関連 | 部品 | 262 |
| 機械関連 | 部品管理 | 262 |
| 経済貿易関連 | 部品工場 | 85 |
| 機械関連 | 部品棚 | 262 |
| 機械関連 | 部品箱 | 262 |
| 経済貿易関連 | 部品表、材料表、資材購入表、BOM | 85 |
| 機械関連 | 部品表 | 262 |
| その他 | 部分 | 524 |
| その他 | 不満 | 524 |
| 経済貿易関連 | 不明 | 85 |
| その他 | 冬 | 547 |
| その他 | ブユ、ブヨ、ブト | 584 |
| その他 | フライドポテト | 572 |
| その他 | フライパン | 578 |
| 機械関連 | プライマー | 262 |
| その他 | ブラウス | 542 |
| 医療関連 | プラグ | 434 |
| 機械関連 | ブラシ | 263 |
| 医療関連 | プラズマ(消毒)滅菌器 | 435 |
| その他 | ブラックベリー | 549 |
| その他 | ブラックボックス | 525 |
| 経済貿易関連 | ブラックリスト | 86 |
| その他 | プラットフォーム | 525 |
| その他 | ブランデー | 590 |
| 経済貿易関連 | ブランド、銘柄 | 86 |
| 機械関連 | ブランド | 263 |
| 経済貿易関連 | ブランド・イメージ | 86 |
| 経済貿易関連 | ブランド戦略 | 86 |
| 医療関連 | フランベジア | 435 |
| 経済貿易関連 | 不利 | 86 |
| その他 | ブリーフケース | 525 |
| その他 | ブリケット(豆炭) | 525 |
| その他 | ブリップ | 525 |
| 経済貿易関連 | 不良債権、(金融機関の)不良資産 | 86 |
| 経済貿易関連 | 不良品 | 86 |
| 機械関連 | 不良品 | 263 |
| その他 | プリンター | 558 |
| その他 | ブルーベル | 592 |
| その他 | フル乗車 | 525 |
| 機械関連 | フル操業 | 264 |
| その他 | ブルドーザー | 525 |
| その他 | ブルネイ | 551 |
| その他 | (ブルネイ)ドル | 580 |
| その他 | フルモデルチェンジ | 526 |
| 機械関連 | ブレ | 264 |
| 機械関連 | ブレーキ | 264 |
| 機械関連 | ブレーキ帯 | 265 |
| 機械関連 | ブレーキ板 | 265 |
| 機械関連 | ブレーキシュー | 265 |
| 機械関連 | ブレーキ片 | 265 |
| その他 | ブレスレット | 594 |
| 経済貿易関連 | プレゼンテーション | 86 |
| 経済貿易関連 | プレゼンテーションをする | 86 |
| 経済貿易関連 | ブローカー | 87 |
| その他 | ブローチ | 594 |
| 機械関連 | フローチャート | 265 |
| 経済貿易関連 | プログラム、企画、計画 | 87 |
| その他 | プログラム | 526 |
| 経済貿易関連 | プロジェクト ファイナンス | 87 |
| 経済貿易関連 | プロジェクト マネジャー | 87 |
| 経済貿易関連 | プロセス仕様書 | 87 |
| その他 | ブロッコリー | 595 |
| その他 | プロトタイプ | 526 |
| 機械関連 | フロントグリル | 265 |
| 機械関連 | フロントグリルデザイン | 265 |
| 機械関連 | フロントサスペンション | 266 |
| 機械関連 | フロントシート | 266 |
| 機械関連 | フロントタイヤ | 266 |
| 機械関連 | フロントバンパー | 266 |
| 機械関連 | フロントフェンダー | 266 |
| 機械関連 | フロント周り | 266 |
| 機械関連 | フロントミドシップレイアウト | 266 |
| その他 | 分 | 559 |
| 機械関連 | 分解 | 266 |
| 機械関連 | 分解図 | 266 |
| 医療関連 | (物質・物体などを)分解する | 435 |
| 機械関連 | 分解整備 | 267 |
| その他 | 文学士 | 526 |
| 機械関連 | 分散 | 267 |
| 医療関連 | 分子生物学 | 435 |
| 医療関連 | 糞腫 | 435 |
| 医療関連 | 糞食性 | 435 |
| 機械関連 | 分析 | 267 |
| 機械関連 | 分析機 | 267 |
| 機械関連 | 分析結果 | 267 |
| その他 | 踏ん張り | 526 |
| 機械関連 | 分布 | 267 |
| 医療関連 | 分娩 | 435 |
| その他 | 文房具 | 526 |
| 医療関連 | 噴門部切除術 | 435 |
| 医療関連 | 分離、分解 | 436 |
| 機械関連 | 分離 | 268 |
| 機械関連 | 分離器 | 268 |

| | | |
|---|---|---|
| 機械関連 | 分立 | 268 |
| 機械関連 | 分量 | 269 |
| 機械関連 | 分類 | 269 |

### ◆へ行

| | | |
|---|---|---|
| その他 | ヘアクリップ | 526 |
| 機械関連 | ベアリング、荷重支持 | 269 |
| その他 | 塀 | 539 |
| 機械関連 | 平角 | 269 |
| その他 | 兵器庫 | 526 |
| 機械関連 | 平均 | 269 |
| 医療関連 | 平均血圧値 | 436 |
| 機械関連 | 平均誤差 | 269 |
| その他 | 平均寿命 | 526 |
| 機械関連 | 平均値 | 269 |
| その他 | 平均年齢 | 526 |
| 機械関連 | 平行 | 269 |
| 機械関連 | 平行線 | 269 |
| 機械関連 | 平行ネジ | 269 |
| 機械関連 | 閉鎖 | 270 |
| 機械関連 | 閉鎖型 | 270 |
| その他 | 平日 | 596 |
| 機械関連 | 平坦 | 270 |
| 医療関連 | 平熱(無熱) | 436 |
| その他 | 平方キロメートル | 586 |
| その他 | 平方メートル | 586 |
| その他 | 平凡 | 526 |
| その他 | ベーカリー | 563 |
| その他 | ベークライト | 526 |
| その他 | ベーコン | 572 |
| その他 | ベージュ | 543 |
| 機械関連 | ベース | 270 |
| その他 | ヘクタール | 586 |
| 医療関連 | ベクトル | 436 |
| その他 | ベクレル《Bq》 | 586 |
| その他 | ベゴニア | 592 |
| その他 | ベスト | 542 |
| 医療関連 | ベスト | 436 |
| 医療関連 | へそ(臍) | 436 |
| 医療関連 | へその緒(臍帯) | 436 |
| その他 | ペダル | 527 |
| その他 | ベッド | 545 |
| その他 | ヘッドスペース周り | 527 |
| 医療関連 | ベッドパンウォッシャー | 436 |
| その他 | ヘッドライト | 527 |
| その他 | ベトナム | 551 |
| その他 | (ベトナム)ドン | 580 |
| 医療関連 | ヘドニズム(快楽主義) | 437 |
| 医療関連 | ペドロジー(小児科学) | 437 |
| 医療関連 | ペニシリン類のカビによって作られる殺菌抗生物質 | 437 |
| その他 | ベビーシッター | 568 |
| 医療関連 | ヘモグロビン | 437 |
| その他 | 部屋 | 539 |
| その他 | ベリー | 549 |
| その他 | ヘリウム【He】 | 553 |
| 機械関連 | ベルト | 270 |
| その他 | ベルト | 542 |
| 機械関連 | ベルトコンベヤ | 270 |
| 医療関連 | ヘルペス、疱疹 | 437 |
| 機械関連 | ヘルメット | 271 |
| 機械関連 | 弁 | 271 |
| 機械関連 | 変圧 | 271 |
| 機械関連 | 変圧器 | 271 |
| 経済貿易関連 | 弁解 | 87 |
| 機械関連 | 変換器 | 271 |
| 機械関連 | ペンキ、塗料 | 271 |
| 経済貿易関連 | 勉強 | 88 |
| その他 | ペンギン | 584 |
| 経済貿易関連 | 弁護 | 88 |
| その他 | 変更 | 527 |
| その他 | 弁護士 | 569 |
| その他 | 編集者 | 569 |
| 機械関連 | 変色 | 271 |
| 医療関連 | 片頭痛 | 437 |
| その他 | ベンゼン | 527 |
| 医療関連 | 変態 | 437 |
| その他 | ベンチシートタイプ | 527 |
| 機械関連 | 変調 | 272 |
| 医療関連 | ベンチレーター(人工呼吸器) | 437 |
| 経済貿易関連 | 変動費、経費 | 88 |
| 医療関連 | ペントバルビタール | 438 |
| 機械関連 | 弁バネ | 272 |
| 医療関連 | 便秘 | 438 |
| 経済貿易関連 | 返品 | 88 |
| 医療関連 | 弁膜炎 | 438 |
| 医療関連 | 弁膜切開 | 438 |
| 経済貿易関連 | 便利 | 88 |

### ◆ほ行

| | | |
|---|---|---|
| その他 | ボア | 527 |
| その他 | ホイールベース | 527 |
| 医療関連 | 保育器 | 438 |
| 機械関連 | ボイラー | 273 |
| その他 | ポイント | 527 |
| 医療関連 | 法医学 | 438 |
| 医療関連 | 暴飲、深酒 | 438 |
| 経済貿易関連 | 貿易 | 89 |
| 経済貿易関連 | 貿易相手国 | 89 |
| 経済貿易関連 | 貿易赤字 | 89 |
| 経済貿易関連 | 貿易事務 | 89 |
| 経済貿易関連 | 貿易収支 | 89 |
| 経済貿易関連 | 貿易障壁 | 89 |
| 経済貿易関連 | 貿易保険 | 90 |
| その他 | 法学士 | 527 |
| 医療関連 | 放火癖、放火狂 | 438 |

| 分類 | 用語 | ページ |
|---|---|---|
| 機械関連 | 防火材料 | 273 |
| 経済貿易関連 | 放棄 | 90 |
| その他 | 法規 | 527 |
| 医療関連 | 剖検 | 438 |
| 機械関連 | 方向 | 273 |
| 医療関連 | 膀胱 | 439 |
| 医療関連 | 膀胱鏡検査 | 439 |
| その他 | 方向性 | 528 |
| 医療関連 | 膀胱造影図 | 439 |
| 医療関連 | 頬骨弓 | 439 |
| その他 | 防護服 | 528 |
| 機械関連 | 防止 | 273 |
| 機械関連 | 方式 | 274 |
| 機械関連 | 放射 | 274 |
| 医療関連 | 放射状の | 439 |
| 医療関連 | 放射性同位体 | 439 |
| 医療関連 | 放射性[能]の(ある) | 439 |
| 医療関連 | 放射線医学 | 439 |
| 医療関連 | 放射線医師 | 439 |
| 機械関連 | 放射能 | 274 |
| 経済貿易関連 | 法人 | 90 |
| 機械関連 | 防水 | 274 |
| 機械関連 | 防水加工 | 274 |
| 機械関連 | 防錆 | 274 |
| 機械関連 | 防錆剤 | 274 |
| その他 | 宝石・アクセサリー | 593 |
| 機械関連 | 包装 | 275 |
| 医療関連 | 包帯 | 439 |
| その他 | 包丁 | 578 |
| 医療関連 | 膨張性下剤 | 439 |
| 経済貿易関連 | 法定労働時間 | 90 |
| 経済貿易関連 | 法的手続き | 90 |
| その他 | 防波堤 | 528 |
| 医療関連 | 包皮環状切除 | 440 |
| 機械関連 | 防氷剤 | 275 |
| 機械関連 | 防腐剤 | 275 |
| その他 | 砲兵隊 | 528 |
| その他 | 法律 | 528 |
| 医療関連 | 法律学、法理学 | 440 |
| 経済貿易関連 | 法律を改正する | 90 |
| 経済貿易関連 | 法令順守、コンプライアンス | 91 |
| 医療関連 | ほお | 440 |
| その他 | ボーイスカウト | 528 |
| その他 | ボーキサイト | 528 |
| その他 | (らせん形の)ボートぎり、木工ぎり | 528 |
| 医療関連 | ほお骨 | 440 |
| 機械関連 | ボール弁 | 275 |
| その他 | ボールペン | 529 |
| 機械関連 | 保管 | 275 |
| その他 | (公文書)保管所 | 563 |
| 機械関連 | 保管料 | 275 |
| その他 | 補強する | 529 |
| 経済貿易関連 | 北米市場 | 91 |
| 医療関連 | ホクロ、火炎状母斑 | 440 |
| 医療関連 | 保険 | 440 |
| 医療関連 | 保健所 | 440 |
| 医療関連 | 保険証 | 441 |
| 医療関連 | 保険料 | 441 |
| 医療関連 | 埃(ほこり) | 441 |
| その他 | 誇る | 529 |
| その他 | 干し海老 | 572 |
| その他 | 保釈する | 529 |
| 機械関連 | 保守 | 275 |
| 経済貿易関連 | 保証 | 91 |
| 経済貿易関連 | 保証期間 | 91 |
| 経済貿易関連 | 保証状 | 91 |
| 機械関連 | 補正 | 275 |
| 経済貿易関連 | 保税倉庫 | 91 |
| 経済貿易関連 | 補正予算 | 91 |
| その他 | 舗装路面 | 529 |
| 経済貿易関連 | 保存 | 91 |
| 機械関連 | ボタン | 275 |
| 医療関連 | 発端 | 441 |
| その他 | ボディーサイズ | 529 |
| その他 | ボディースーツ | 529 |
| その他 | ホテル | 563 |
| 経済貿易関連 | ボトルネック、制約条件、障害 | 91 |
| 医療関連 | 母乳 | 441 |
| 医療関連 | 骨 | 441 |
| 医療関連 | 骨軟骨症 | 441 |
| その他 | ボビン | 529 |
| その他 | ほぼ完成版 | 529 |
| その他 | 洞穴、ケーブ | 529 |
| その他 | 掘り抜き井戸 | 530 |
| 機械関連 | ボルト | 276 |
| 機械関連 | ボルト頭 | 276 |
| 機械関連 | ボルト軸部 | 276 |
| 医療関連 | ホルマリン | 441 |
| その他 | 本 | 530 |
| その他 | 本格的 | 530 |
| その他 | 本革シート | 530 |
| その他 | 本革巻き | 530 |
| その他 | 本気 | 530 |
| 経済貿易関連 | 本社、本部 | 91 |
| 経済貿易関連 | 本社機構 | 92 |
| 経済貿易関連 | 本社社屋 | 92 |
| その他 | ボンネット | 530 |
| その他 | 本箱、書棚 | 545 |
| 機械関連 | ポンプ | 276 |
| その他 | 本屋 | 563 |

## ◆ま行

| 分類 | 用語 | ページ |
|---|---|---|
| 経済貿易関連 | マーケティング | 92 |
| 経済貿易関連 | マーケティング・コンサルタント | 92 |
| 経済貿易関連 | マーケティングリサーチ | 92 |

| | | |
|---|---|---|
| 機械関連 | マイクロコンピューター | 277 |
| その他 | マイクロバス | 530 |
| 医療関連 | 埋葬 | 441 |
| その他 | マイナーチェンジ | 530 |
| その他 | 毎日 | 559 |
| その他 | マイルドハイブリッド | 530 |
| その他 | マウス | 558 |
| 機械関連 | マウント | 277 |
| 医療関連 | 前足 | 441 |
| 経済貿易関連 | 前受金 | 92 |
| 経済貿易関連 | 前処理 | 92 |
| 経済貿易関連 | 前払費用 | 92 |
| 機械関連 | 曲がり管 | 277 |
| その他 | マグネシウム【Mg】 | 553 |
| 医療関連 | 枕 | 441 |
| 機械関連 | 曲げ | 277 |
| 機械関連 | 曲げ試験 | 277 |
| その他 | 孫 | 546 |
| 医療関連 | 麻疹 | 441 |
| その他 | まずい | 537 |
| 医療関連 | 麻酔医 | 442 |
| 医療関連 | 麻酔器 | 442 |
| 医療関連 | 麻酔性の薬 | 442 |
| 医療関連 | 麻酔分析 | 442 |
| 医療関連 | 麻酔をかける | 442 |
| その他 | マスカラ | 552 |
| 機械関連 | マスキング | 277 |
| 医療関連 | マスク | 442 |
| 機械関連 | マスターシリンダ | 277 |
| 機械関連 | マスターデータ | 277 |
| 医療関連 | 待合室 | 442 |
| 経済貿易関連 | 間違い | 92 |
| その他 | 松 | 593 |
| 医療関連 | (病気・患者が)末期の | 442 |
| 医療関連 | まつ毛 | 443 |
| 医療関連 | マッサージ | 443 |
| 医療関連 | 末梢 | 443 |
| 医療関連 | 松葉づえ | 443 |
| その他 | 窓 | 539 |
| その他 | まな板 | 578 |
| 経済貿易関連 | マネーロンダリング | 92 |
| 医療関連 | 麻痺 | 443 |
| 医療関連 | 麻痺性外反 | 443 |
| 医療関連 | 瞼 | 443 |
| 機械関連 | マフラー | 278 |
| その他 | マフラー、スカーフ | 542 |
| 医療関連 | 麻薬中毒 | 443 |
| 医療関連 | 眉毛 | 443 |
| 医療関連 | 迷い | 443 |
| その他 | マラソン | 577 |
| 医療関連 | マラリア | 444 |
| 機械関連 | マルチグレードオイル | 278 |
| 機械関連 | マルチフューエルエンジン | 278 |
| 機械関連 | マルチプラグ | 278 |
| 機械関連 | 丸ネジ | 278 |
| その他 | マレーシア | 551 |
| その他 | (マレーシア)リンギ | 580 |
| 医療関連 | まれに | 444 |
| その他 | 周り | 530 |
| その他 | マンガン【Mn】 | 554 |
| その他 | マンゴージュース | 590 |
| その他 | マンゴースチン | 549 |
| 医療関連 | 慢性の | 444 |
| その他 | 満足度 | 531 |

◆ **み行**

| | | |
|---|---|---|
| 医療関連 | ミイラ化 | 444 |
| 機械関連 | 磨き | 279 |
| その他 | ミカン | 549 |
| その他 | ミキサー | 578 |
| 機械関連 | 右ネジ | 279 |
| その他 | ミクロン | 587 |
| 医療関連 | 未経産 | 444 |
| 経済貿易関連 | 見込み | 92 |
| 医療関連 | 短いからせき | 444 |
| その他 | 短さ | 531 |
| 医療関連 | 水《$H_2O$》 | 444 |
| その他 | 水 | 590 |
| 機械関連 | 水電池 | 279 |
| その他 | 水の | 531 |
| 医療関連 | 水腫れ | 444 |
| 機械関連 | 水噴射 | 279 |
| 医療関連 | 水虫 | 444 |
| 医療関連 | 未成年 | 444 |
| その他 | 味噌 | 579 |
| 医療関連 | 3日目ごと | 445 |
| 機械関連 | 密度 | 279 |
| その他 | みつろう | 531 |
| その他 | 緑 | 543 |
| その他 | ミニスカート | 542 |
| その他 | ミネラルウォーター | 590 |
| その他 | ミニバン | 531 |
| その他 | 見本 | 531 |
| 機械関連 | 見本市 | 279 |
| 医療関連 | 見舞い | 445 |
| 医療関連 | 見舞い時間 | 445 |
| 医療関連 | 耳 | 445 |
| 医療関連 | 耳あか、蜜蝋 | 445 |
| 医療関連 | 耳の〜、聴覚の〜 | 445 |
| 医療関連 | 脈動 | 445 |
| 医療関連 | 脈動効果 | 445 |
| 医療関連 | 脈拍 | 445 |
| その他 | ミャンマー | 551 |
| その他 | (ミャンマー)チャット | 580 |
| その他 | ミリ | 585 |

| | | |
|---|---|---|
| その他 | ミリグラム | 585 |
| 医療関連 | ミリグラム時 | 446 |
| その他 | ミリメートル | 585 |
| その他 | 魅力 | 531 |
| その他 | ミリリットル | 587 |
| 医療関連 | ミルク | 446 |
| その他 | ミルク | 590 |
| その他 | ミルクティー | 590 |
| 経済貿易関連 | 民間需要 | 93 |

### ◆む行

| | | |
|---|---|---|
| 医療関連 | 無影灯 | 446 |
| その他 | 無煙炭 | 531 |
| 医療関連 | 無害の | 446 |
| 医療関連 | 無核細胞 | 446 |
| 医療関連 | 向こうずね | 446 |
| 医療関連 | 無呼吸 | 446 |
| 医療関連 | 無言症 | 446 |
| その他 | 蒸し暑い | 531 |
| 医療関連 | 虫下し | 447 |
| 医療関連 | 虫歯 | 447 |
| その他 | 虫眼鏡 | 531 |
| その他 | 息子 | 546 |
| その他 | 娘 | 546 |
| 医療関連 | 無精子症 | 447 |
| 医療関連 | 無定位運動症(アテトーシス) | 447 |
| 医療関連 | 胸 | 447 |
| 医療関連 | 無排卵性月経 | 447 |
| 機械関連 | 無負荷 | 279 |
| その他 | 紫 | 543 |

### ◆め行

| | | |
|---|---|---|
| 医療関連 | 目 | 447 |
| その他 | 姪 | 546 |
| 経済貿易関連 | 名刺を交換する | 93 |
| 医療関連 | 迷走神経性 | 447 |
| 経済貿易関連 | 命令、規制 | 93 |
| 経済貿易関連 | メインバンク | 93 |
| 機械関連 | メインボディー | 280 |
| その他 | メートル | 585 |
| 医療関連 | メガネ | 447 |
| 医療関連 | 目が不自由な人 | 447 |
| その他 | メガボルト | 586 |
| 医療関連 | 目薬 | 448 |
| 医療関連 | メス | 448 |
| 機械関連 | メタノールエンジン | 280 |
| 機械関連 | メタノール燃料 | 280 |
| 機械関連 | メタリックカラー | 280 |
| 機械関連 | メッキ | 280 |
| 医療関連 | 滅菌 | 448 |
| 医療関連 | 滅菌器 | 448 |
| その他 | メディア | 531 |
| 機械関連 | メネジ | 280 |
| 医療関連 | めまい | 448 |
| 機械関連 | メモリー | 280 |
| 機械関連 | 目盛 | 280 |
| その他 | メリット | 532 |
| その他 | メロン | 549 |
| 機械関連 | 綿 | 280 |
| 医療関連 | 免疫学者 | 448 |
| 医療関連 | 免疫の | 448 |
| 機械関連 | 面積 | 280 |
| その他 | 免状、卒業[履習]証書 | 532 |
| その他 | 免税店 | 563 |
| 機械関連 | メンテナンス | 280 |
| 機械関連 | メンテナンスフリーバッテリー | 281 |
| 医療関連 | 綿棒 | 448 |

### ◆も行

| | | |
|---|---|---|
| 医療関連 | 毛細血管 | 449 |
| 経済貿易関連 | 申し込み、見積書 | 93 |
| 経済貿易関連 | 申し出、申請、申込み | 93 |
| 経済貿易関連 | 申し出、条件提示、取引の申し込み | 93 |
| 医療関連 | 網状赤血球(網赤血球) | 449 |
| 医療関連 | (神経・血管などの)網状組織 | 449 |
| 医療関連 | 妄想症、偏執病(パラノイア) | 449 |
| 医療関連 | 盲腸炎 | 449 |
| 医療関連 | 毛嚢(もうのう)炎 | 449 |
| その他 | 毛布 | 532 |
| 医療関連 | 網膜 | 449 |
| 医療関連 | 網膜炎 | 449 |
| 医療関連 | 網膜症 | 449 |
| 機械関連 | モータアンテナ | 281 |
| 機械関連 | モータオクタン価 | 281 |
| 機械関連 | モータサイクル | 281 |
| その他 | 木材 | 532 |
| その他 | 木炭 | 532 |
| 経済貿易関連 | 目的、対象、物体 | 93 |
| 機械関連 | 木ネジ | 281 |
| その他 | 木曜日 | 596 |
| その他 | モジュール | 532 |
| 経済貿易関連 | 模造品、偽物、コピー製品、悪質な類似品 | 93 |
| 経済貿易関連 | 最も有利な条件のオファー | 93 |
| その他 | モデル | 532 |
| その他 | モデルチェンジ | 532 |
| その他 | モニター | 558 |
| 医療関連 | ものもらい | 449 |
| その他 | モバイル | 558 |
| その他 | 桃 | 549 |
| 医療関連 | モリキュール(分子) | 449 |
| 機械関連 | 漏れ | 281 |
| その他 | 門 | 539 |
| 機械関連 | モンキーレンチ | 281 |
| その他 | モンゴル | 551 |
| 経済貿易関連 | 問題 | 94 |

## ◆や行

| | | |
|---|---|---|
| その他 | 矢 | 532 |
| その他 | ヤード | 587 |
| その他 | やかん | 578 |
| その他 | ヤギ | 584 |
| 機械関連 | 焼入コイル | 281 |
| 機械関連 | 焼入性 | 282 |
| その他 | 焼き鳥 | 572 |
| 機械関連 | 焼戻し | 282 |
| その他 | 野球 | 577 |
| 機械関連 | 薬学 | 282 |
| 医療関連 | 薬学の、調剤の | 450 |
| 医療関連 | 薬剤師 | 450 |
| その他 | 薬剤師、薬屋 | 532 |
| その他 | 薬剤師 | 569 |
| その他 | 役所 | 563 |
| 機械関連 | 薬品 | 282 |
| 機械関連 | 薬品処理 | 283 |
| 医療関連 | 薬物依存症 | 450 |
| その他 | 役目を果たす | 533 |
| 医療関連 | 薬理学 | 450 |
| 機械関連 | 焼け | 283 |
| その他 | 野菜 | 594 |
| その他 | 椰子 | 593 |
| 機械関連 | ヤシ油 | 283 |
| その他 | 矢じり | 533 |
| その他 | 矢じり、釣り(針等)のあご・かかり、(辛辣な)言葉 | 533 |
| 機械関連 | 矢印 | 283 |
| その他 | 安い | 533 |
| その他 | 安さ | 533 |
| 経済貿易関連 | 家賃収入 | 94 |
| 医療関連 | (病院の)薬局、(工場の)診療所、(学校などの)医務室 | 450 |
| その他 | 薬局 | 563 |
| 経済貿易関連 | 雇う、(手段を)採用する | 94 |
| 医療関連 | 野兎病 | 450 |
| その他 | 屋根 | 539 |
| 医療関連 | やぶ医者、にせ医者 | 450 |
| その他 | ヤモリ | 584 |

## ◆ゆ行

| | | |
|---|---|---|
| 機械関連 | 油圧 | 283 |
| 機械関連 | 油圧駆動 | 283 |
| 機械関連 | 油圧指示器 | 283 |
| 機械関連 | 油圧シリンダ弁 | 283 |
| 機械関連 | 油圧制御装置 | 284 |
| 機械関連 | 油圧バルブリフタ | 284 |
| 機械関連 | 油圧ポンプ | 284 |
| 機械関連 | 油圧モータ | 284 |
| 医療関連 | 唯我論 | 451 |
| 機械関連 | 有鉛ガソリン | 284 |
| 医療関連 | 有害な、有毒な | 451 |
| その他 | 夕方 | 559 |
| 機械関連 | 有機物 | 284 |
| 機械関連 | 有限 | 284 |
| 経済貿易関連 | 有限会社 | 94 |
| 経済貿易関連 | (信用状などの)有効期限 | 94 |
| その他 | ユーザー | 533 |
| 機械関連 | U字管 | 284 |
| 機械関連 | 遊星ギア | 284 |
| 機械関連 | 遊星歯車機構 | 285 |
| その他 | 優先 | 533 |
| 経済貿易関連 | 優先事項、優先権 | 94 |
| 経済貿易関連 | 郵送先、住所 | 94 |
| 機械関連 | 融点 | 285 |
| 機械関連 | 誘導電動機 | 285 |
| その他 | 郵便局 | 564 |
| 経済貿易関連 | 有望な市場 | 94 |
| 経済貿易関連 | 有利子負債 | 94 |
| 経済貿易関連 | 優良企業 | 95 |
| その他 | 幽霊、お化け | 533 |
| その他 | 雪が多い | 533 |
| 医療関連 | 輸血 | 451 |
| 医療関連 | (輸血前の)型付 | 451 |
| 経済貿易関連 | 輸出 | 95 |
| 経済貿易関連 | 輸出、輸出する | 95 |
| 経済貿易関連 | 輸出制限 | 95 |
| 経済貿易関連 | 輸出品 | 95 |
| 経済貿易関連 | 輸送 | 95 |
| 経済貿易関連 | 輸送手段 | 95 |
| 機械関連 | 油田 | 285 |
| 医療関連 | ユニバーサルカセット | 451 |
| 経済貿易関連 | 輸入 | 95 |
| 経済貿易関連 | 輸入関税 | 95 |
| 経済貿易関連 | 輸入許可 | 95 |
| 経済貿易関連 | 輸入制限 | 95 |
| 経済貿易関連 | 輸入品 | 95 |
| 医療関連 | 指 | 451 |
| 医療関連 | 指関節 | 451 |
| 医療関連 | 指先 | 451 |
| その他 | 指輪 | 594 |
| 機械関連 | 油面計 | 285 |
| その他 | 百合 | 593 |
| 医療関連 | 揺りかご | 451 |
| 機械関連 | 油量計 | 285 |

## ◆よ行

| | | |
|---|---|---|
| 機械関連 | 予圧 | 285 |
| その他 | 良い | 533 |
| その他 | 用意する | 534 |
| 機械関連 | 要因 | 285 |
| 医療関連 | 溶液 | 451 |
| 機械関連 | 溶解 | 286 |
| 機械関連 | 溶解度 | 286 |
| 機械関連 | 溶解炉 | 286 |

| | | |
|---|---|---|
| その他 | 容器 | 534 |
| 機械関連 | 要求 | 286 |
| 機械関連 | 要求オクタン価 | 286 |
| その他 | 陽極酸化する | 534 |
| 機械関連 | 溶剤 | 286 |
| その他 | 養子 | 547 |
| 医療関連 | (特に乳母で育てる)幼児 | 452 |
| 機械関連 | 溶質 | 287 |
| 医療関連 | 羊水 | 452 |
| 医療関連 | 陽性 | 452 |
| 機械関連 | 溶接 | 287 |
| 機械関連 | 溶接金属 | 287 |
| 機械関連 | 溶接ビード | 287 |
| 経済貿易関連 | 用地 | 96 |
| 機械関連 | 溶着 | 287 |
| 機械関連 | 要点 | 287 |
| 経済貿易関連 | 用途 | 96 |
| その他 | 曜日 | 595 |
| 機械関連 | 用品 | 287 |
| 医療関連 | 腰痛 | 452 |
| 経済貿易関連 | 容量 | 96 |
| 機械関連 | ヨーク | 288 |
| その他 | ヨーグルト | 572 |
| 機械関連 | ヨーレイト | 288 |
| その他 | 浴室 | 539 |
| 医療関連 | 横からの | 452 |
| 経済貿易関連 | 予算案 | 96 |
| その他 | ヨウ素【I】 | 555 |
| 医療関連 | ヨダレが出る | 452 |
| 経済貿易関連 | 予定どおり | 96 |
| 機械関連 | 予熱 | 288 |
| 機械関連 | 余熱式ヒーター | 288 |
| 機械関連 | 予備 | 288 |
| 機械関連 | 予備品 | 288 |
| 機械関連 | 予備部品 | 288 |
| 医療関連 | ヨヒンバン | 452 |
| 機械関連 | 予防 | 288 |
| 医療関連 | 予防注射 | 452 |
| 医療関連 | 予防薬 | 452 |
| 医療関連 | 予約 | 452 |
| 医療関連 | 予約番号 | 453 |
| その他 | 余裕 | 534 |
| その他 | 夜 | 559 |
| 医療関連 | 弱い | 453 |
| 医療関連 | (病気で)弱った | 453 |
| 機械関連 | 四サイクル機関 | 288 |
| 機械関連 | 4WDモデル | 288 |
| 医療関連 | 四分 | 453 |
| 機械関連 | 四輪車(自動車) | 289 |

◆ら行

| | | |
|---|---|---|
| 医療関連 | 来院(病院到着)時死亡 | 453 |
| その他 | ライオン | 584 |
| その他 | ライス | 572 |
| 経済貿易関連 | ライセンス | 96 |
| 経済貿易関連 | ライセンス契約 | 96 |
| 経済貿易関連 | ライセンスプレート | 96 |
| 経済貿易関連 | ライセンス料 | 97 |
| その他 | ライチ | 549 |
| その他 | ライトバン | 534 |
| 経済貿易関連 | ライバル、競争相手 | 97 |
| その他 | ライム | 549 |
| その他 | ラインアップ | 535 |
| 機械関連 | ライン油圧 | 289 |
| その他 | ラオス | 551 |
| その他 | (ラオス)キープ | 580 |
| 経済貿易関連 | 落札決定者 | 97 |
| 経済貿易関連 | 落札する | 97 |
| その他 | らくだ | 585 |
| その他 | ラグビー | 577 |
| 機械関連 | ラジアルタイヤ | 289 |
| その他 | ラジウム【Ra】 | 556 |
| 機械関連 | ラジエーター | 289 |
| 機械関連 | ラチェットレンチ | 290 |
| 機械関連 | ラッカー | 290 |
| 機械関連 | ラッカーエナメル | 290 |
| 機械関連 | ラック | 290 |
| 機械関連 | ラベル | 291 |
| 機械関連 | ラミネート | 291 |
| 機械関連 | ラム | 291 |
| 医療関連 | 卵管 | 453 |
| 医療関連 | 卵管切除 | 453 |
| 医療関連 | 卵子 | 453 |
| 医療関連 | ランセット、ひらき針 | 453 |
| 医療関連 | 卵巣 | 454 |

◆り行

| | | |
|---|---|---|
| 機械関連 | リアエンジン | 291 |
| その他 | リアスタイル | 535 |
| 機械関連 | リアドライブ | 291 |
| 機械関連 | リアルタイム | 292 |
| 機械関連 | リークテスター | 292 |
| 機械関連 | リードタイム | 292 |
| 機械関連 | リードバルブ | 293 |
| 経済貿易関連 | 利益、利益率 | 97 |
| 機械関連 | 力学、動力学 | 293 |
| 機械関連 | 力率 | 293 |
| その他 | 陸上競技 | 577 |
| 経済貿易関連 | リコール | 97 |
| 機械関連 | リコール | 293 |
| 医療関連 | リザーブ | 454 |
| その他 | りす | 585 |
| 経済貿易関連 | リスク、危険 | 97 |
| 経済貿易関連 | リスクがある | 97 |
| 経済貿易関連 | リスク管理 | 97 |
| 経済貿易関連 | リスク分析 | 97 |

| | | |
|---|---|---|
| 経済貿易関連 | リスクを分散する | 97 |
| 経済貿易関連 | リストラ効果 | 98 |
| 医療関連 | リズム | 454 |
| 機械関連 | リターンポート、もどし穴 | 293 |
| その他 | リチウム【Li】 | 553 |
| その他 | リットル | 587 |
| その他 | リップクリーム | 552 |
| その他 | 立法メートル | 587 |
| その他 | 立法センチ | 587 |
| 医療関連 | 離乳下痢 | 454 |
| 医療関連 | 離乳させる | 454 |
| 医療関連 | 利尿 | 454 |
| 医療関連 | リネン | 454 |
| その他 | 理髪師、理容師 | 569 |
| 医療関連 | リハビリ | 454 |
| 経済貿易関連 | リベート | 98 |
| 機械関連 | リベッター | 294 |
| 機械関連 | リベット | 294 |
| 医療関連 | 流行性の、伝染性の | 454 |
| 医療関連 | 流産 | 454 |
| 医療関連 | 流出 | 455 |
| 医療関連 | 流体、体液 | 455 |
| 経済貿易関連 | 流通業界、物流業界 | 98 |
| 経済貿易関連 | 流通チェーン、小売りチェーン | 98 |
| 機械関連 | 粒度 | 294 |
| 機械関連 | 流動 | 294 |
| 機械関連 | 流動方向 | 294 |
| 機械関連 | 流量計 | 294 |
| 機械関連 | 流量センサ | 294 |
| 機械関連 | 流量調整弁 | 294 |
| 医療関連 | 流涙、流涙症 | 455 |
| その他 | リュックサック | 542 |
| その他 | 両替所 | 564 |
| 経済貿易関連 | 料金 | 98 |
| 経済貿易関連 | 料金表 | 98 |
| その他 | 漁師 | 569 |
| 経済貿易関連 | 両者の合意 | 98 |
| 経済貿易関連 | 領収書 | 99 |
| 経済貿易関連 | 了承、了解、承認、同意、許可 | 99 |
| その他 | 両親 | 546 |
| 医療関連 | 両側麻痺、両麻痺 | 455 |
| 経済貿易関連 | 量販店 | 99 |
| 機械関連 | 良品 | 294 |
| 医療関連 | 療法士 | 455 |
| 医療関連 | 緑視症 | 455 |
| その他 | 緑茶 | 590 |
| その他 | リリース | 535 |
| 機械関連 | リレー | 295 |
| その他 | 履歴書 | 535 |
| 機械関連 | 理論収量 | 295 |
| その他 | リン【P】 | 554 |
| 機械関連 | リングギア | 295 |
| 医療関連 | 臨月 | 455 |
| その他 | りんご | 549 |
| 医療関連 | 臨時代替医師 | 455 |
| その他 | リンス | 553 |
| 医療関連 | リンパ | 456 |
| 医療関連 | リンパ管 | 456 |

### ◆る行

| | | |
|---|---|---|
| 機械関連 | 類 | 295 |
| 医療関連 | 瘰癧（るいれき） | 456 |
| その他 | ルビー | 593 |

### ◆れ行

| | | |
|---|---|---|
| 経済貿易関連 | レイアウト、配置図 | 99 |
| 機械関連 | レイアウト | 295 |
| 医療関連 | 霊安室 | 456 |
| 機械関連 | 冷却効果 | 295 |
| 機械関連 | 冷却水（ポンプ） | 295 |
| 機械関連 | 冷却装置 | 295 |
| 機械関連 | 冷却損失 | 295 |
| 機械関連 | 冷却ファン | 295 |
| 機械関連 | 冷却方式（冷却方法） | 295 |
| 機械関連 | 冷却油 | 296 |
| その他 | 冷蔵庫 | 535 |
| 医療関連 | レイプ（強姦） | 456 |
| その他 | レインコート | 542 |
| 機械関連 | レークテスト、漏れテスト | 296 |
| 機械関連 | レーサー | 296 |
| 機械関連 | レーザー | 296 |
| 機械関連 | レーザー加工機 | 297 |
| 機械関連 | レーザー処理 | 297 |
| 機械関連 | レーザービーム | 297 |
| その他 | レーザープリンター | 558 |
| 機械関連 | レース | 297 |
| その他 | 歴史 | 535 |
| 機械関連 | レギュレータ | 297 |
| 機械関連 | レシーバ | 298 |
| 機械関連 | レジスター | 298 |
| 機械関連 | レジン、樹脂 | 298 |
| その他 | レストラン | 564 |
| その他 | レタス | 595 |
| 医療関連 | 裂開 | 456 |
| 医療関連 | 裂孔 | 456 |
| 医療関連 | レトルト | 456 |
| 機械関連 | レバー、てこ | 299 |
| その他 | レモン | 549 |
| その他 | レモンティー | 590 |
| その他 | れんが職人 | 569 |
| その他 | 錬金術 | 535 |
| 医療関連 | レンズ | 456 |
| 機械関連 | 連成計 | 299 |
| 機械関連 | 連続運転 | 299 |
| 機械関連 | レンチ、スパナ | 299 |

| | | |
|---|---|---|
| 医療関連 | レントゲン | 456 |

### ◆ろ行

| | | |
|---|---|---|
| その他 | 廊下 | 539 |
| 医療関連 | 老眼 | 456 |
| 経済貿易関連 | 労使関係 | 99 |
| 医療関連 | ろう者、ろうあ者 | 457 |
| 医療関連 | 老人性痒み | 457 |
| 医療関連 | 老人病専門（病院） | 457 |
| 医療関連 | 老人ホーム | 457 |
| その他 | ロウソク | 588 |
| 経済貿易関連 | 労働協定 | 99 |
| 経済貿易関連 | 労働コスト、人件費 | 99 |
| 経済貿易関連 | 労働生産性 | 99 |
| 経済貿易関連 | 労働力人口 | 99 |
| 医療関連 | 老年学 | 457 |
| 医療関連 | ローション | 457 |
| 機械関連 | ローダー | 299 |
| 機械関連 | ローディング | 300 |
| 機械関連 | ロードノイズ | 300 |
| 機械関連 | ローラー | 300 |
| 機械関連 | ローラーコンベヤ | 300 |
| その他 | 6月 | 581 |
| 医療関連 | 露出症 | 457 |
| 機械関連 | 六角式 | 300 |
| 機械関連 | 六角セットボルト | 300 |
| 機械関連 | 六角ボルト | 300 |
| 機械関連 | 六角形 | 300 |
| 医療関連 | 肋骨 | 457 |
| 機械関連 | 露点 | 300 |
| 機械関連 | ロボット | 300 |
| その他 | 路面 | 535 |
| その他 | 路面状況 | 535 |

### ◆わ行

| | | |
|---|---|---|
| その他 | ワールドプレミア | 535 |
| 医療関連 | Y染色体 | 457 |
| 機械関連 | ワイヤー | 301 |
| 機械関連 | ワイヤリングダイヤグラム | 301 |
| 経済貿易関連 | 賄賂 | 99 |
| その他 | 分かれる | 535 |
| 医療関連 | ワクチン | 457 |
| 医療関連 | ワクチン接種 | 458 |
| 医療関連 | ワクチン（予防接種）をする | 458 |
| 機械関連 | ワゴン | 301 |
| その他 | ワゴンセール | 536 |
| その他 | 和室 | 539 |
| 医療関連 | ワセリン | 458 |
| その他 | 話題 | 536 |
| その他 | 私 | 536 |
| その他 | 私たち | 536 |
| 機械関連 | ワックス | 301 |
| 機械関連 | ワッシャー | 302 |
| 機械関連 | ワット | 302 |
| その他 | ワニ | 585 |
| 経済貿易関連 | 割当、ノルマ | 99 |
| 医療関連 | ワレリアナ根、吉草根 | 458 |
| その他 | 湾、入り江 | 536 |
| その他 | 碗 | 573 |
| その他 | ワンピース | 542 |
| 機械関連 | 1BOX型 | 302 |
| その他 | ＜類別詞＞ | 596 |
| その他 | ～個（菓子・小さなもの一般） | 596 |
| その他 | ～人（人間） | 596 |
| その他 | ～台（自動車） | 596 |
| その他 | ～本（スプーン、フォーク） | 596 |
| その他 | ～台（機械） | 596 |
| その他 | ～部（新聞） | 597 |
| その他 | ～冊（雑誌） | 597 |
| その他 | ～通（手紙） | 597 |
| その他 | ～枚（布） | 597 |
| その他 | ～切れ（切り身） | 597 |
| その他 | ～組（衣類） | 597 |
| その他 | ～セット（食器） | 597 |
| その他 | ～個（果物） | 597 |
| その他 | ～枚（切符、葉） | 597 |
| その他 | ～枚（ハンカチ、タオル、シーツ） | 597 |
| その他 | ～枚（CD、板、紙） | 597 |
| その他 | ～粒（宝石、錠剤、米） | 597 |
| その他 | ～個（ボール、果物） | 597 |
| その他 | ～冊（本） | 597 |
| その他 | ～本（ろうそく、針、はさみ、ナイフ） | 597 |
| その他 | ～頭 | 597 |
| その他 | ～匹（獣、魚、鳥、虫） | 598 |
| その他 | ～着（衣服） | 598 |
| その他 | ～個（机、椅子） | 598 |
| その他 | ～本（糸、紐、ロープ、毛髪） | 598 |
| その他 | ～本（びん） | 598 |
| その他 | ～皿 | 598 |
| その他 | ～品（料理） | 598 |
| その他 | ～杯（ご飯、そば） | 598 |
| その他 | ～杯（飲物） | 598 |
| その他 | ～箇所（場所） | 598 |
| その他 | ～本（ペン、鉛筆） | 598 |
| その他 | ～個（缶詰） | 598 |
| その他 | ～足（靴、靴下） | 598 |
| その他 | ～組（夫婦、カップル） | 598 |
| その他 | ～膳（箸） | 598 |
| その他 | ～機（航空機） | 598 |
| その他 | ～隻（船） | 598 |

価値あるビジネス情報をさまざまなスタイルでご提供しています

## 雑誌のご案内 Business Magazine

### ■ 新エネルギー新報　The New Energy Business News

**「新エネルギー」は次世代ビジネスのキーワード**

**雑誌**は、新エネルギーの各テーマに沿った特集のほか、個々のテーマを掘り下げたレポート、注目企業や製品を取り上げるクローズアップなどを掲載。ウェブサイトに掲載した情報もサマリで一覧できます。

セット商品

**WEBサイト**は、新エネルギーに関する企業動向や製品情報などを毎日更新。さらにこれまで提供した情報は企業・分野・地域別に検索可能なデータベースになります。

http://nenergy.jp
毎日配信

月2回刊（5・20日）　年間 50,000 円＋税　　半年 30,000 円＋税

### ■ アジア・マーケットレヴュー　AMR ASIA Market Review

**グローバルアジアのビジネス・リスク分析**

これまで蓄積してきた高いレベルでの情報力・分析力で、アジアの企業活動にスポットを当て様々な角度からアジアビジネスを取材、実践面から産業動向をレポートしたアジア地域専門の産業情報誌。アジアビジネス関係者のみならず、産業界のあらゆる層で把握しておくべき情報が満載です。

**【WEB版も公開中！】**

http://amr-net.jp/mg/

読者限定ウェブ版
★本誌内容
★「日本企業のアジア進出状況」PDF
★アジアにおける様々な経済指標

月2回刊（1・15日）　年間 88,000 円＋税　　半年 47,000 円＋税

### ■ エンジニアリング・ネットワーク　ENN ENGINEERING NETWORK

**プラントエンジニアの指針として欠かせぬ一冊！**

エンジニアリング企業から機器サプライヤー、ユーザーまで幅広く取材し、業界の現状を浮き彫りにする業界専門誌。国内外の化学・鉄鋼・発電プロジェクトの動向に加え、業界が注目する新ビジネスへも焦点。プラント・エンジニアリング産業の的確な情報を提供します。

**― Project Survey ―**

国内外で注目されているプロジェクトの状況を表にして掲載しています。海外案件は国別・機種別、国内案件を業種別・企業別に分類しており、主要な案件の進捗状況を一覧で見る事ができます。
読者の方はENNホームページより、PDF版をダウンロードする事が可能です。

月2回刊（10・25日）　年間 49,000 円＋税　　半年 29,000 円＋税

http://www.enn.net.com/

**まずは無料サンプルをお試し下さい！　ホームページにて受付中！**

**重化学工業通信社**  〒101-0041　東京都千代田区神田須田町 2-11　協友ビル8F
TEL 03-5207-3331 代　FAX 03-5207-3333 代　jkn.co.jp

### 編著者紹介

**宇塚れおん (U THUKHA YEAUNG)**

　1962年4月11日ミャンマーのヤンゴン生まれ。1983年から1989年にかけてヤンゴン短期大学機械科、ヤンゴン大学数学科卒業後、日本の岐阜大学工学部情報工学科の修士課程を卒業。1989年血圧計モニター製造の日本コーリンに入社し7年間勤務。1996年ミャンマーの民主化に期待してミャンマーに一時帰国。2000年医療・産業用の各種滅菌、洗浄装置等製造販売のサクラ精機に入社、2002年から2006年まで同社タイ駐在事務所所長、2007年から2011年までサクラインターナショナル統括本部副部長として44カ国との貿易とODA関連ビジネスに従事。2012年 Thukha Business Suport Center (宇塚ビジネスサポートセンター) を設立し代表就任。ミャンマーを中心に日系企業のコンサルティングなど幅広いビジネスを展開する。

---

#### 日・英・ミャンマー3カ国語対訳

## 経済貿易・機械・医療関連用語集

---

2015年4月20日印刷
2015年5月11日発行

| | |
|---|---|
| 編　者 | ウツカ・ビジネス・サポートセンター |
| | utsuka.yeaung@gmail.com |
| | 宇塚 れおん／宇塚 大晴／Thyin Thyin Hlaing |
| 発行者 | 吉田　耕造 |
| 発行所 | 重化学工業通信社 |
| | 〒101-0041 東京都千代田区神田須田町2-11 |
| | (協友ビル) |
| | TEL 03(5207)3331 代　FAX 03(5207)3333 |

印刷・製本　丸井工文社

ISBN978-4-88053-161-8 C2560　　¥8500E

Printed in Japan

---

本書を無断で複写 (コピー) 転訳載・磁気媒体への入力、抄録、要約等及びネットワーク上で公開、配布することを禁じます。なお、落丁・乱丁はお取り替えいたします。